AF605814

REWIND | *Italia*

Early Video Art in Italy

I primi anni della videoarte in Italia

This publication is dedicated to

Luigi Viola for my journey through Italy
[Stephen Partridge]

My lovely husband Simone
[Laura Leuzzi]

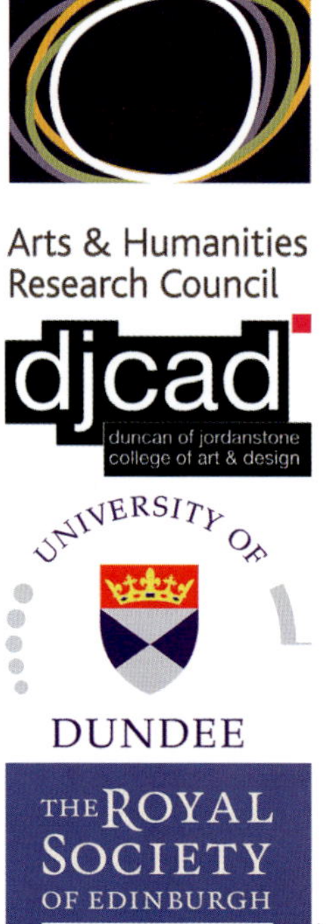

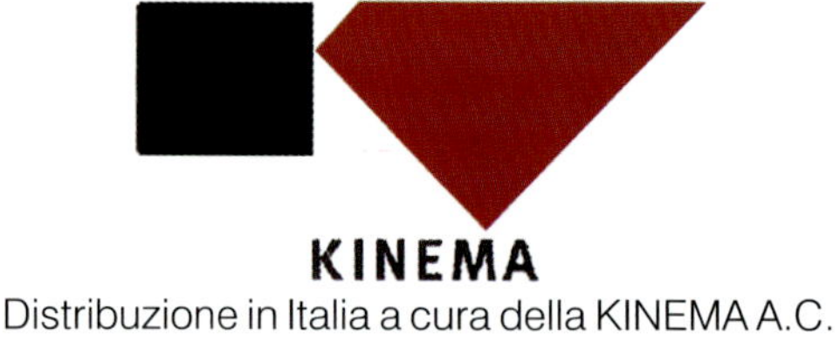

Distribuzione in Italia a cura della KINEMA A.C.

Research supported by:

Arts & Humanities Research Council; Duncan of Jordanstone College of Art & Design; University of Dundee; Royal Society of Edinburgh

REWIND | *Italia*

Early Video Art in Italy
I primi anni della videoarte in Italia

Edited by
Laura Leuzzi and Stephen Partridge

Translations by
Simona Manca, unless otherwise specified

Copy Editors
Emile Shemilt and Laura Leuzzi

Image editors
Laura Leuzzi and Adam Lockhart

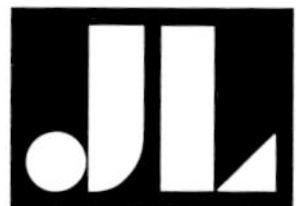

British Library Cataloguing in Publication Data

REWIND | *Italia*
Early Video Art in Italy/
I primi anni della videoarte in Italia

A catalogue entry for this book is available from the British Library

ISBN: 9780 86196 721 6 (Hardback)

Published by
John Libbey Publishing Ltd, 3 Leicester Road, New Barnet, Herts EN5 5EW, United Kingdom
e-mail: john.libbey@orange.fr; web site: www.johnlibbey.com
Direct orders (UK and Europe): direct.orders@marston.co.uk

Distributed Worldwide by Indiana University Press, Herman B. Wells Library – 350,
1320 E. 10th St., Bloomington, IN 47405, USA. www.iupress.indiana.edu

Printed and bound in China by 1010 Printing International Ltd.

Contents

Foreword / Prefazione
Don Foresta 1

Introduction / Introduzione
Stephen Partridge 5

Chapter 1 *Video Recording in Bologna / Video-recording a Bologna*
Renato Barilli 21

Chapter 2 *Memory of Video: Italy in the Seventies / Memoria del video: Italia anni Settanta*
Silvia Bordini 35

Chapter 3 *The Video Library – The Classification / La videoteca – la classificazione*
Luciano Giaccari 69

Chapter 4 *Centro Video Arte of Palazzo dei Diamanti / Il Centro Video Arte di Palazzo dei Diamanti*
Lola Bonora 87

Chapter 5 *art/tapes/22. Conversation with Maria Gloria Bicocchi / art/tapes/22 Conversazione con Maria Gloria Bicocchi*
Cosetta G. Saba and Mirco Infanti 95

Interview with Maria Gloria Bicocchi / Intervista a Maria Gloria Bicocchi
Stephen Partridge and Laura Leuzzi

Chapter 6 *The Video Season / La stagione del video*
Paolo Cardazzo 123

Chapter 7 *Italian Reaction to Video / La reazione italiana al video*
Simonetta Fadda 135

Chapter 8 *Symbols and Materials: Notes on Three Artists Working in Video in Venice in the 1970s / Simboli e materiali: alcune note su tre artisti che hanno lavorato col video a Venezia negli anni Settanta*
Grahame Weinbren 147

Chapter 9 *Some Notes on Luca Maria Patella's videotapes /*
Alcune note sui videotape di Luca Maria Patella
Laura Leuzzi 165

Chapter 10 *Videoperformance in Italy in the '70s – Authorship, Collaborations and International Contaminations /*
La videoperformance in Italia negli anni Settanta – Autorialità, collaborazioni e contaminazioni internazionali
Cinzia Cremona 183

Chapter 11 *Glitch Aesthetics and Impossible Flights /*
Estetica del 'glitch' e voli impossibili
Sean Cubitt 203

Chapter 12 *Video Art in Search of a New Language /*
La videoarte alla ricerca di un nuovo linguaggio
Marco Maria Gazzano 221

Chapter 13 *Video's Broken Paths. A Conversation with Paolo Rosa and Fabio Cirifino /*
I sentieri interrotti del video. Una conversazione con Paolo Rosa e Fabio Cirifino
Valentina Valentini 231

Chapter 14 *Time, Body, Medium. Some Notes on the Continuity and Discontinuity Between Artists' Cinema and Video in Italy in the Seventies /*
Tempo, corpo, medium. Alcune note sulla continuità e discontinuità tra cinema e video d'artista in Italia negli anni Settanta
Bruno Di Marino 259

Chapter 15 *Parallel Time in Selected Italian and UK Early Video Works /*
Tempi paralleli in una selezione di opere dei primi anni del video in Italia e Gran Bretagna
Adam Lockhart 273

Chapter 16 *Perceptions of a Real Event: Tensions Between the Seen and the Unseen in Performance and its Video Documentation /*
Percezioni di un evento reale: tensioni tra il visibile e l'invisibile nella performance e nella sua videodocumentazione
Emile Shemilt 291

Chapter 17 *Between Cinema and Poetronic (and Beyond) /*
Fra cinema e poetronica (e oltre)
Sandra Lischi 301

Chapter 18 *Memory of Video: Continuous Present /*
Memoria del video: presente continuo
Vittorio Fagone 309

Chapter 19 *The Chronology of Video Art in Italy (1952–1992)*
Laura Leuzzi and Valentino Catricalà 319

The Contributors 335

Bibliography 343

Index 345

Foreword / Prefazione

Why Save Video Art History | Perché salvare la storia della videoarte

Don Foresta

The REWIND*Italia* effort to retrace, and bring back to international attention, the early years of artistic experimentation with video in Italy, parallels efforts going on throughout Europe, and my own interest in recovering the stories, and saving and making available the creative processes which were so important to a generation of artists and, thus, art historians today.

Video art is art: the expression of the artistic exploration of the new electronic tools becoming available. It was an important stage in the evolution of contemporary art, one ignored or even attacked in its time, and it is still accepted with difficulty by the art establishment. Its role in the transition from earlier 20th Century forms of artistic experimentation with duration, interactivity, time-based or performance art to the multiple forms possible today through information technology, was key but often overlooked. Video art was an early playground for the synthesis between the visual arts and the performing arts, which has be-

Lo sforzo effettuato da REWIND*Italia* di ripercorrere e di riportare all'attenzione internazionale i primi anni della sperimentazione artistica col video in Italia si muove in parallelo con gli sforzi in tutta Europa, e con il mio interesse personale, di recuperare e custodire le storie, preservare e mettere a disposizione di tutti dei processi creativi che sono stati fondamentali per un'intera generazione di artisti e, di conseguenza, di storici dell'arte.

La videoarte è arte, è l'espressione dell'esplorazione artistica dei nuovi strumenti elettronici divenuti disponibili. Ha rappresentato un momento importante nell'evoluzione dell'arte contemporanea, ignorato o addirittura attaccato negli anni in cui si sviluppava e tuttora accolto con difficoltà dal mondo dell'arte. Il suo ruolo nella transizione dalle forme di sperimentazione artistica con la durata, l'interattività, l'arte *time-based* e le performance dei primi anni del ventesimo secolo, alle molteplici forme oggi possibili attraverso le tecnologie dell'informazione, è stato fondamentale ep-

come a major tendency in artistic experimentation today.

It was also part of the idealistic dream of breaking free from the art market, democratizing art with unlimited copies making a direct link between the artist and the people, the dream of artists' television. In his 1970 cult book *Expanded Cinema*, Gene Youngblood imagined artists' television channels by 1986. By that same year most TV stations, which had experimented with artists to explore a potentially new form of television, had stopped that collaboration. Given the state of television and the art market today, there is no longer any place for that unrequited dream within the system we call the art world. At the same time, the network provides a new impetus for activating that dream one more time by making available the experimentation of a previous generation and that of a new generation of artists who operate in the same virtual space.

Ironically, we are in the process of moving from an art form on the verge of disappearing completely because of its technical drawbacks, to one which could become the best documented art form in history. As the old tapes dry out and their magnetic particles become the dust of history, we're seeing the beginning of a movement to save that work digitally and make it available on a very large scale. Those collections online will eventually come with a wide range of built in analytical and annotational tools, and the data-bases that will eventually accumulate behind them will be available to anyone interested in the work. Not only will the work become available, but people's reaction to it will also become part of the historical record.

We may actually avoid the accidents of history, wars, natural disasters, lost, theft, all the ways that filtered what came down to us as art history. This will also make the job of the art historian bigger and more demanding. How this will sort itself out will be interesting to follow. The material itself will be almost unlimited but researchers plowing through it will determine what versions be-

pure spesso sottovalutato. La videoarte fu il primo terreno di gioco per quella che è diventata una tendenza importante nella sperimentazione artistica odierna: la sintesi tra le arti visive e le arti performative.

Faceva anche parte del sogno idealistico di svincolarsi dal mercato dell'arte, democratizzando l'arte con copie illimitate e creando un legame diretto tra l'artista e la gente, il sogno della TV d'artista. Nel suo libro cult del 1970 *Expanded Cinema*, Gene Youngblood prevedeva che entro il 1986 sarebbero esistiti dei canali televisivi di artisti. Ma entro quell'anno le collaborazioni di alcuni artisti con diverse stazioni televisive, volte a esplorare una potenziale forma nuova di televisione, si erano già interrotte. A causa della situazione della televisione e del mercato dell'arte odierni, quel sogno non corrisposto non trova più spazio all'interno del sistema che chiamiamo mondo dell'arte. Allo stesso tempo, la rete fornisce ancora una volta un nuovo impeto per la realizzazione di quel sogno mettendo a disposizione la sperimentazione di una generazione precedente insieme a quella di una nuova generazione di artisti che operano nel medesimo spazio virtuale.

Ironicamente, siamo nella fase di passaggio da una forma d'arte sull'orlo della scomparsa totale a causa dei suoi svantaggi tecnologici a una che potrebbe diventare la forma d'arte meglio documentata della storia. Mentre i vecchi nastri si rovinano e le loro particelle magnetiche diventano la polvere della storia, stiamo testimoniando l'inizio di un movimento che vuole preservare digitalmente quei lavori e renderli disponibili su larga scala. Le collezioni online verranno offerte, infine, con una vasta gamma di strumenti analitici e con glosse incorporate, e i database che verranno creati grazie a questi strumenti saranno a disposizione di chiunque sia interessato alle opere. Non saranno solo i lavori a essere fruibili, ma anche le reazioni delle persone a queste opere entreranno a far parte della documentazione storica.

Potremmo di fatto evitare gli incidenti

come canon. But with so much material available that concept will never be a closed one. We'll probably see many chapels defending different versions of what is artistically important emerging from that period. In closing let me propose my own.

I am working very closely with Steina and Woody Vasulka in preparing a major exhibition of their work, but in a very new fashion. I consider them two of the four founders of video art along with Nam June Paik and Wolf Vostell. They are also two of my oldest friends and we've discussed these issues for many years. Woody, in an interview we did for a gallery in the UK, once said that the role of our generation was to test the new technologies for their artistic potential. I think that job is fundamental and will take more than one generation but I think he hit the heart of the matter historically. That role is essential during a time of transition when so many things change to the point of demanding a redefinition of the institutions and processes in our society. The role of the artist is changing along with the means of artistic production. We share many of the same tools as science to explore our world and it is no accident that the interface between art and science has become so important, even if often misunderstood.

New artistic tools have always meant new languages, new ways of expressing many of the same artistic questions. Fundamentally, the role of the artist maintains a certain constant, assigning symbolic meaning to things as a way of looking beyond the material to better understand who we are. But the way the artist interacts with society, communicates, fits in, changes with the means of communication. Communication media grew in western society with very little input from art. By the time the artists starting using the tools of cinema or television, for instance, those media had already been established in society in a different role – one, which apart from various attempts at propaganda, has become basically commercial. Art is extremely marginal in media space. The dream of the early days of video

della storia, le guerre, i disastri naturali, le perdite, i furti, tutti quei fattori che hanno filtrato ciò che poi è giunto a noi come storia dell'arte. Tutto ciò renderà anche il lavoro degli storici dell'arte più oneroso e più impegnativo. Sarà interessante seguire l'evoluzione di questa situazione. Il materiale in sé sarà praticamente illimitato, ma i ricercatori che porteranno avanti questo lavoro sceglieranno quali versioni diventeranno il canone. Con così tanto materiale a disposizione, tuttavia, quel concetto non sarà mai definito. Probabilmente ci saranno fazioni e opinioni contrastanti riguardo l'eredità artistica di quel periodo. Per concludere, lasciatemi proporre la mia versione.

Sto lavorando a stretto contatto con Steina e Woody Vasulka alla preparazione, in maniera molto innovativa, di un'importante mostra del loro lavoro. Considero questi artisti tra i quattro fondatori della videoarte insieme a Nam June Paik e Wolf Vostell. Sono anche due dei miei più vecchi amici ed è da diversi anni che discutiamo su questi argomenti. Una volta Woody ha detto, in un'intervista fatta per una galleria nel Regno Unito, che il ruolo della nostra generazione era di testare le nuove tecnologie per il loro potenziale artistico. Credo che quel lavoro sia fondamentale e ci vorrà più di una generazione per svolgerlo, ma credo che Woody abbia centrato il cuore della questione in una prospettiva storica. Quel ruolo è essenziale durante un momento di transizione, quando cambiano così tante cose da rendere necessaria una ridefinizione delle istituzioni e dei processi all'interno della nostra società. Il ruolo dell'artista sta cambiando insieme ai mezzi di produzione artistica. Condividiamo con la scienza molti strumenti per l'esplorazione del nostro mondo, e non è un caso che l'interfaccia tra arte e scienze sia diventata così importante, per quanto spesso fraintesa.

L'avvento di nuovi strumenti artistici ha sempre significato la comparsa di altrettanto nuovi linguaggi, nuovi modi di esprimere molte delle stesse domande artistiche. Sostanzialmente, il ruolo dell'artista mantiene

art was to right this already recognized wrong. We all failed.

The arrival of the network, particularly the very high bandwidth network – the next wave of innovation – offers the possibility of changing that formula. The ubiquity and openness of the network – at least in its current form – may allow us to go back to the idealism often expressed in early video and to try again. It has been the motivation behind my own work and, I think, the principal reason why so many people are intent on retracing the histories and saving that important period of artistic experimentation.

The 20th century was a century of interrupted dreams, wars, revolutions, the first war, the second, the cold war, depressions, the perversions of fascism, communism and now unbridled capitalism have all smashed the utopian yearnings of our people. As we try again, it's good to have the past present, to see first hand what some of those people were trying to propose, to help us to do it better, to avoid reinventing the wheel and, maybe, this time succeed.◆

Don Foresta, *Paris, France, January 2015*

una certa costante assegnando significati simbolici alle cose per poter così guardare al di là del materiale e meglio capire chi siamo. Ma il modo in cui l'artista interagisce con la società, comunica e si integra, cambia con i mezzi di comunicazione. La comunicazione attraverso i media è cresciuta nel mondo occidentale con un apporto minimo da parte dell'arte. Quando gli artisti hanno iniziato a utilizzare il mezzo cinematografico o televisivo, ad esempio, quei media si erano già affermati nella società con un ruolo diverso, un ruolo che, esclusi alcuni tentativi propagandistici, è diventato fondamentalmente commerciale. L'arte occupa uno spazio estremamente marginale tra i media. Il sogno agli albori della videoarte era di correggere ciò che già era identificato come sbagliato. Abbiamo fallito tutti.

L'arrivo della rete, e nello specifico della banda larga – la successiva ondata di innovazioni – offre la possibilità di cambiare quella formula. L'ubiquità e l'apertura della rete – almeno nella sua forma attuale – possono permetterci di tornare a quell'idealismo spesso espresso nei primi video e di provarci ancora. È stata questa la motivazione alla base del mio stesso lavoro e, credo, la ragione principale per cui così tante persone sono intente a ridisegnare le storie e a preservare quel periodo importante di sperimentazione artistica.

Il XX secolo è stato un secolo di sogni interrotti, guerre, rivoluzioni, la prima guerra mondiale, la seconda e quella fredda, le depressioni, la perversione del fascismo e quella del comunismo e, oggi, un capitalismo sfrenato che hanno distrutto i desideri utopici della nostra gente. Nel riprovarci, è bene avere davanti agli occhi il nostro passato, per vedere in prima persona cosa stavano cercando di proporre alcune di quelle persone, per aiutarci a fare meglio, per evitare di reinventare la ruota e, forse, questa volta avremo successo.◆

Don Foresta, *Parigi, Francia, gennaio 2015*

Introduction / Introduzione

Stephen Partridge

This book represents the third major research project into the early history of artists' film and video that our small team 'headquartered' in Dundee, Scotland have been involved with.[1] In the Introduction to our publication on British video art we stated:

> Any attempt to write history finds itself beset with challenges. Histories of the recent past are especially tricky. For the history of British video art in the 70s and 80s, these challenges include the surprisingly rapid loss of both artworks and documentation; the investment of living participants in those events in claiming their stake in the narrative; the question whether it is possible or desirable to avoid forming a canon of works which will, by their mention in these pages, have that much greater chance of survival; the risk of mythologizing; and the equal risk of nostalgia. These are all the more tempting because of the experimental nature of so much of the work made at the time, and of the institutions which came into being,

Questo libro costituisce il terzo importante progetto di ricerca sulla storia dei primi anni del video e del film d'artista, condotto dal nostro piccolo gruppo con sede a Dundee in Scozia[1]. Nell'introduzione alla nostra pubblicazione sulla videoarte britannica asserivamo che:

> Qualsiasi tentativo di scrivere la storia si presenta irto di sfide. La storia del passato più recente è particolarmente complicata. Le maggiori sfide legate alla scrittura della storia della videoarte britannica degli anni Settanta e Ottanta comprendono: la perdita sorprendentemente rapida sia dei lavori sia della documentazione; il coinvolgimento dei partecipanti a quegli eventi al fine di rivendicare il proprio ruolo nel racconto; l'interrogativo se sia possibile o desiderabile evitare di formare un canone di opere che avrà, grazie alla loro menzione in queste pagine, un'opportunità molto più ampia di sopravvivenza; il rischio di mitizzare e, parimenti, quello di apparire nostalgici.

flourished, and often disappeared with all their archives.[2]

These challenges apply equally to this volume, whose research journey commenced in 2007 at the opening week of the Venice Biennale – when I started to explore the possibilities of undertaking a study on the early years of Italian video art in discussions with colleagues Sonia Rolak, Luigi Viola, Elaine Shemilt, Paolo and Gabriella Cardazzo, Lorenzo Taiuti, and Richard Demarco and Terry-Anne Newman. Added to these common challenges was a most significant additional one, that of language. Having exhibited some of my first works in Italy back in the 1970s (*Videotapes by British Artists*, Galleria del Cavallino, Venice, 1977 and *Video '79- The first decade. Dieci anni di videotape,* Rome), – I was very aware of the fact that Italy in the 1970s was a vibrant and international centre of video art activity through production, exhibition and distribution.

However the various histories of video art that had been written since that time seemed to be largely unaware of this. An exception was Chris Meigh-Andrews' *A History of Video Art*,[3] which recognized the importance of Italian video activity when he asserted that:

> The establishment of the Videoteca Giaccari was significant and constituted a major presence, contributing to the most important Italian and International festivals.[4]

The early discussions with Luigi Viola, in particular, confirmed the need for a study to be undertaken and the possibly controversial strategy of this being led by a British researcher. On a second research trip in 2008 to Venice, Ferrara and Procida, Luigi and I were encouraged and sometimes overwhelmed at the task in front of us through meetings with Lola Bonora, Paolo and Gabriella Cardazzo, and Maria Gloria Bicocchi. We learned that although there would be much collegial support from Italian artists, curators and researchers – funding

Tutto ciò è ancora più allettante per via della natura sperimentale di molti dei lavori eseguiti in quegli anni e delle istituzioni che nacquero, prosperarono e spesso scomparirono con tutti i loro archivi[2].

Le stesse sfide sono valide per questo volume, il cui viaggio di ricerca è iniziato nel 2007 alla settimana inaugurale della Biennale di Venezia quando, discutendo con i colleghi Sonia Rolak, Luigi Viola, Elaine Shemilt, Paolo e Gabriella Cardazzo, Lorenzo Taiuti, Richard Demarco e Terry-Anne Newman, ho iniziato a esplorare la possibilità di intraprendere uno studio sui primi anni della videoarte italiana. A queste sfide comuni se ne aggiungeva una ancora più rilevante, quella della lingua. Avendo esposto alcuni dei miei primi lavori in Italia già negli anni Settanta (*Videotapes by British Artists*, Galleria del Cavallino, Venezia, 1977 e *Video '79 – The first decade. Dieci anni di videotape*, Roma), ero ben consapevole del fatto che l'Italia in quel periodo, con la sua produzione, esposizione e distribuzione di videoarte, era un centro di attività vibrante e internazionale.

Tuttavia le varie storie della videoarte che sono state scritte a partire da allora sembravano largamente ignorare questo aspetto. Un'eccezione è rappresentata da *A History of Video Art* di Chris Meigh-Andrews[3], che riconosceva l'importanza dell'attività video italiana affermando che:

> La fondazione della Videoteca Giaccari fu fondamentale e la sua presenza rilevante, poiché contribuì ai più importanti festival italiani e internazionali[4].

Le prime discussioni con Luigi Viola, in particolare, confermarono la necessità di intraprendere una ricerca e di chiarire la strategia, probabilmente discutibile, legata al fatto che lo studio sarebbe stato condotto da un ricercatore britannico. Nel secondo viaggio di ricerca a Venezia, Ferrara e Procida nel 2008, io e Luigi incontrammo Lola Bonora, Paolo e Gabriella Cardazzo e Maria Gloria Bicocchi e fummo incoraggiati e

was unlikely from any Italian cultural agency, and that the fragmentary and city-based nature of both the actual history and the contemporary cultural and research base mitigated against an Italian-led initiative. If it were possible that a Scottish University could win funding for the necessary research – credibility would be forthcoming. Armed with these re-assurances, enthusiasm and naivety I determined that REWIND would turn its attention to Italy.

Turning to the context and status of early video art by the mid 2000s, TATE Director Sir Nicolas Serota is alleged to have said that videoart started in 1997. He was paraphrased and his actual words were meant to be deliberately contentious and referred to the market-led breakthrough of the YBAs (Young British Artists) into the main stream.[5]

Over the past decade, once neglected, the early history and display of artists' film and video art in Europe has become a growing interest to circles of international researchers and curators. Large survey exhibitions in different countries[6] have utilised outcomes from research and archival projects devoted to the collection and preservation of analogue videoworks undertaken since the early 1990s (for example: Electronic Arts Intermix, New York; Netherlands Media Art Institute; Video Data Bank, Denmark; Heure Exquise, France; Atopia, Oslo, Norway; C^3 Budapest, Hungary; and ZKM in Germany).

In the UK two significant AHRC funded projects have advanced research and created significant resources: the British Artists' Film and Video Study Collection at Central St Martins[7] in London and our previous research project REWIND| Artists' Video in the 70s & 80s based at DJCAD, University of Dundee.[8] REWIND in particular, has created considerable interest in the artists and the work of the period, evidenced by the use of the online and offline resources by scholars, students and the public and by a growing list of curators who have used the REWIND collection for exhibitions.[9]

qualche volta sopraffatti dal compito che ci aspettava. Avevamo capito subito che nonostante il forte sostegno collegiale da parte di artisti, curatori e ricercatori italiani, il finanziamento da parte di una qualsiasi istituzione culturale italiana era improbabile, e che la natura frammentaria e cittadina sia della storia sia della struttura contemporanea della ricerca e della cultura avrebbe posto degli ostacoli a un'iniziativa condotta da italiani. Se un'università scozzese avesse avuto la possibilità di ottenere i finanziamenti per questa necessaria ricerca, ne avrebbe sicuramente accresciuto il prestigio. Mosso da queste rassicurazioni, dall'entusiasmo e dall'ingenuità, decisi che REWIND avrebbe rivolto la sua attenzione all'Italia.

Si dice che verso la metà degli anni 2000 il direttore della TATE Sir Nicolas Serota, riferendosi al contesto e allo *status* dei primi anni della videoarte, abbia affermato che la videoarte ha avuto inizio nel 1997. Era stato parafrasato, e in realtà le sue parole si riferivano polemicamente al successo, spinto dal mercato, degli YBAs (Young British Artists) nel circuito *mainstream*[5].

L'esposizione e la storia dei primi anni del film d'artista e della videoarte in Europa, trascurata in passato, hanno guadagnato nell'ultimo decennio un interesse crescente tra ricercatori e curatori internazionali. Importanti mostre antologiche in diversi paesi[6] si sono avvalse dei risultati della ricerca e dei progetti archivistici dedicati alla raccolta e alla conservazione di lavori video in analogico portati avanti sin dagli inizi degli anni Novanta (come ad esempio quelli di: Electronic Arts Intermix, New York; Netherlands Media Art Institute; Video Data Bank, Danimarca; Heure Exquise, Francia; Atopia, Oslo, Norvegia; C^3 Budapest, Ungheria; e ZKM in Germania).

In Gran Bretagna due rilevanti progetti finanziati dall'AHRC hanno sviluppato la ricerca e creato importanti risorse: la British Artists' Film and Video Study Collection a Central St Martins[7] a Londra e il nostro precedente progetto di ricerca REWIND| Artists' Video in the 70s & 80s con sede al

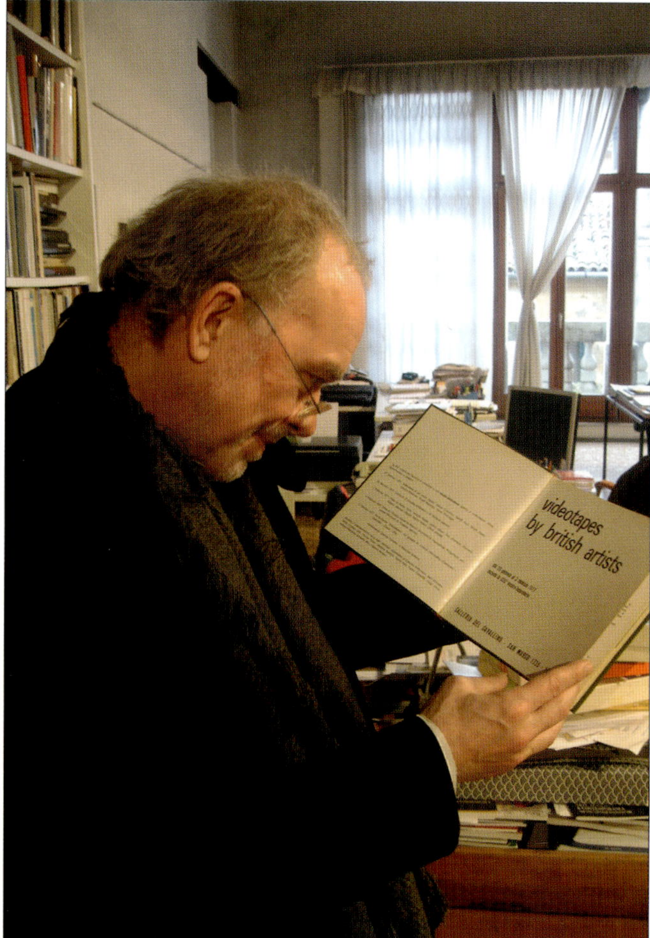

Fig. 1.
Partridge studying the catalogue for the exhibition, *Videotapes by British Artists* (Galleria del Cavallino, Venice, 1977), at the offices and archive of Cavallino Edizioni d'Arte in Venice, 12 December 2008.

Partridge che studia il catalogo della mostra *Videotapes by British Artists* (Galleria Cavallino, Venezia, 1977) negli uffici-archivio di Cavallino Edizioni d'Arte a Venezia, 12 dicembre 2008.

[Image rights Stephen Partridge.]

Video art has developed since the 1960s to now encompass a broad range of artistic outputs, techniques and media employed by established and younger artists. It has become part of our global visual heritage across the developed world. International Biennales often exhibit hundreds of video works and installations, and major international and permanent commissions in prestigious buildings – again demonstrate the transition of video to the "mainstream".

The early international history of video

DJCAD, dell'Università di Dundee[8]. REWIND, in particolare, ha suscitato un grande interesse sugli artisti e sul lavoro di quel periodo, dimostrato dall'uso delle risorse online e offline da parte di studiosi, studenti e del pubblico, e dalla crescente lista di curatori che hanno utilizzato la collezione di REWIND per alcune mostre[9].

La videoarte si è sviluppata fin dagli anni Sessanta, e racchiude oggi una vasta gamma di lavori artistici, tecniche e media utilizzati sia da artisti affermati sia da giovani artisti. È diventata parte del nostro patrimonio visivo globale in tutto il mondo occidentale. Le biennali internazionali espongono spesso centinaia di opere video e installazioni, mentre importanti e permanenti commissioni internazionali in edifici prestigiosi dimostrano ancora una volta la transizione del video verso il "*mainstream*".

La storia internazionale dei primi anni del video rimane contesa e nel raccontarla spesso ci si concentra unicamente su un singolo aspetto. La narrazione in Italia era, per sua stessa natura, internazionale e fungeva da specchio per lo sviluppo del video in tutto il mondo. L'Italia si pose, dagli inizi, come un centro vibrante di produzione ed esposizione di videoarte, ma fino ad ora questi successi sono stati largamente sottovalutati dagli studiosi internazionali. L'assenza di impegno critico è ancora più straordinaria per via dell'ambizione, della portata e della natura internazionale dei lavori prodotti, ed è questo impeto che sta alla base del progetto di ricerca REWIND*Italia*.

La lista di artisti attivi in Italia o che hanno esposto i propri lavori durante eventi organizzati da centri italiani di videoarte è ricca di nomi famosi: Vito Acconci, Eleanor Antin, John Baldessari, Joseph Beuys, Christian Boltanski, Chris Burden, Daniel Buren, David Hall, Allan Kaprow, Jannis Kounellis, Marina Abramović, Ed Emshwiller, Terry Fox, Christina Kubisch, Shigeko Kubota, Marie-Jo Lafontaine, Dalibor Martinis, Nam June Paik, Ulrike Rosenbach, Jeffrey Shaw, Ulay, Peter Weibel e Bill Viola. Questa iniziale abbondanza di produzioni ed esposizioni

remains contested and most narratives focus upon a fragment. The narrative in Italy was by its nature international, and holds up a mirror to the development of video across the world. Italy was a vibrant centre of early video art production and exhibition, but so far, these achievements have been largely overlooked by international scholarship. The absence of critical engagement is all the more remarkable because of the international ambition, reach and nature of the work produced and this was the impetus behind the REWIND*Italia* research project.

Of the artists active in Italy, or whose work was exhibited at events organized by Italian video centres, include well-known names such as: Vito Acconci, Eleanor Antin, John Baldessari, Joseph Beuys, Christian Boltanski, Chris Burden, Daniel Buren, David Hall, Allan Kaprow, Jannis Kounellis, Marina Abramović, Ed Emshwiller, Terry Fox, Christina Kubisch, Shigeko Kubota, Marie-Jo Lafontaine, Dalibor Martinis, Nam June Paik, Ulrike Rosenbach, Jeffrey Shaw, Ulay, Peter Weibel and Bill Viola. This early profusion of production and exhibition laid the foundation for video art worldwide with possibly only the UK, Germany and the Netherlands operating in Europe at a similar level of quality and capacity. The recent research, analysis and histories undertaken in Europe and North America have overlooked the important role that Italian innovators and centres played in the international development, production and exhibition of video art. Thus we felt it was timely that the history, and the social, cultural and economic circumstances that characterized Italian video production, its rise and, ultimately, its fall into relative critical oblivion were brought to light.

Alongside the study of individual artists across Italy our research focused on the activities of video production and documentation of the four most prolific centres, all directed and driven by extraordinary individuals:

- art/tapes/22, run by Maria Gloria Bicocchi

ha posto le basi per la videoarte a livello mondiale con, probabilmente, solo la Gran Bretagna, la Germania e l'Olanda in grado di operare in Europa agli stessi livelli di capacità e qualità. Gli studi, le analisi e le storie intrapresi di recente in Europa e nel Nord America, hanno sottovalutato il ruolo importante che hanno giocato gli innovatori e i centri italiani nello sviluppo, nella produzione e nell'esposizione internazionale di videoarte. Sentivamo perciò che era opportuno che la storia e le circostanze sociali, culturali ed economiche che hanno caratterizzato la produzione italiana, la sua ascesa e, alla fine, la sua caduta nel relativo oblio critico, venissero riportate alla luce.

Insieme allo studio sui singoli artisti in tutta Italia, la nostra ricerca si è concentrata sulle attività di video produzione e documentazione condotte dai quattro più prolifici centri, tutti gestiti e guidati da personalità straordinarie:

- art/tapes/22, diretto da Maria Gloria Bicocchi a Firenze tra il 1973 e il 1976, uno dei primi centri europei per il video d'artista, che ha prodotto quasi 200 opere. Art/tapes/22 viene trattato in dettaglio nelle due interviste a Maria Gloria Bicocchi condotte da Stephen Partridge e Laura Leuzzi e da Cosetta G. Saba e Mirco Infanti. I lavori creati da art/tapes/22 sono, invece, analizzati in dettaglio da Cinzia Cremona nel capitolo 10.
- Il Centro Video Arte di Palazzo dei Diamanti, diretto da Lola Bonora a Ferrara tra il 1972 e il 1994, un raro esempio di centro per la produzione e l'esposizione di videoarte finanziato con soldi pubblici, che ha aiutato numerosi artisti a creare diverse centinaia di videotape, installazioni e performance. Il centro di Ferrara viene raccontato dalla Bonora nel capitolo 4 e le opere vengono discusse da Sean Cubitt nel capitolo 11 e da Grahame Weinbren nel capitolo 8.
- Galleria del Cavallino a Venezia, diretta da Paolo e Gabriella Cardazzo, che ha

in Florence between 1973 and 1976, one of the first European studios for artist videos which produced around 200 works. art/tapes/22 is explored in detail in two interviews with Bicocchi by Stephen Partridge and Laura Leuzzi and Cosetta G. Saba and Mirco Infanti. Works by art/tapes/22 are closely analysed by Cinzia Cremona in Chapter 10.

- The Centro Video Arte di Palazzo dei Diamanti led by Lola Bonora in Ferrara between 1972 and 1994, a rare example of public sponsored video art centre for production and exhibition, which helped artists create many hundreds of videotapes, installations and performances. Ferrara is explored by Bonora in Chapter 4 and works are discussed by Sean Cubitt in Chapter 11 and Grahame Weinbren in Chapter 8.
- Galleria del Cavallino based in Venice and directed by Paolo and Gabriella Cardazzo which produced over 100 works. Cavallino is covered in Chapter 6 by Paolo Cardazzo. Works from Cavallino are discussed by Grahame Weinbren in Chapter 8, by Cinzia Cremona in Chapter 10, by Adam Lockhart in Chapter 15 and Emile Shemilt in Chapter 16.
- The videotape collection of Luciano Giaccari, who was interested in using the new medium for artistic documentation and production. This is detailed in the Chapters 3 by Giaccari, and 18 by Vittorio Fagone.

The productions from these centres were shown at the time in exhibitions and festivals all over the world, but have received only scant international exposure over the ensuing decades, with one notable exception, the exhibition *art/tapes/22*, curated by Alice Hutchinson at the Long Beach, UCLA University Art Museum, in October 2008, which extensively covered the eponymous studio in Florence.[10]

Other Chapters present various other aspects of activity and insights. Marco Maria Gazzano provides an overview of the chal-

prodotto oltre 100 lavori. L'esperienza della Galleria del Cavallino viene raccontata da Paolo Cardazzo stesso nel capitolo 6. I lavori della Galleria del Cavallino vengono esaminati da Weinbren nel capitolo 8, da Adam Lockhart nel capitolo 15, da Emile Shemilt nel capitolo 16 e da Cinzia Cremona nel capitolo 10.

- La collezione di videotape di Luciano Giaccari, che era interessato a utilizzare il nuovo *medium* per la documentazione e la produzione artistica. Questa collezione è trattata in dettaglio nei capitoli 3 e 8, rispettivamente da Giaccari e da Vittorio Fagone.

Le produzioni di questi centri sono state esposte all'epoca durante mostre e festival in tutto il mondo, ma hanno ricevuto scarsa copertura internazionale nei decenni successivi, con una sola eccezione degna di nota, la mostra *art/tapes/22*, curata da Alice Hutchinson all'UCLA University Art Museum at Long Beach, nell'ottobre del 2008, che ha trattato estensivamente l'eponimo studio a Firenze[10].

Altri capitoli presentano diversi aspetti legati alle attività e alle idee della videoarte del periodo. Nel capitolo 12, Marco Maria Gazzano fornisce una visione d'insieme delle sfide che gli artisti video si trovavano ad affrontare agli inizi degli anni Ottanta. Il capitolo 9 di Laura Leuzzi analizza i video pionieristici di Luca Maria Patella, recuperati nel 2011 da REWIND*Italia* dopo oltre 30 anni di oblio, dovuto all'obsolescenza del formato in cui i videotape erano stati originariamente registrati. Il capitolo 17, di Sandra Lischi, è dedicato allo studio del poeta, scrittore, giornalista, videoartista e cineasta italiano Gianni Toti. Il pionieristico gruppo di artisti Studio Azzurro viene presentato nel capitolo 13, attraverso una storica intervista di Valentina Valentini a Fabio Cirifino e a Paolo Rosa, scomparso prematuramente nel 2013. Le intersezioni tra cinema sperimentale e video sono discusse da Bruno Di Marino nel capitolo 14, mentre il primo ca-

lenges that were presented to video artists at the beginning of the 1980s in Chapter 12. Chapter 9, by Laura Leuzzi analyses Luca Maria Patella's seminal videos that were recovered in 2011–12 by REWIND*Italia* after more than 30 years in 'oblivion' due to the obsolescence of the video tape format on which they were originally recorded. Chapter 17 by Sandra Lischi, is dedicated to a study of the Italian poet, writer, journalist, video artist and cineaste, Gianni Toti. The pioneering artist group Studio Azzurro is represented in Chapter 13 in a seminal interview by Valentina Valentini with Fabio Cirifino and Paolo Rosa, who died prematurely in 2013. The intersections between experimental cinema and video are discussed in Chapter 14 by Bruno Di Marino, while Chapter 1 by Renato Barilli recalls the seminal exhibition *Gennaio 70* in Bologna. Weinbren analyses seminal works from three Venetian artists in Chapter 8. Both Silvia Bordini and Simonetta Fadda provide an overview of the period in their Chapters Numbers 2 and 7 respectively.

Not surprisingly our research found many similarities in the ideas and development of the medium. European artists, along with their American 'cousins' are of course, part of the same broad cultural tradition over two millennia and a new medium will reflect this. The early works reveal the struggle to make sense of the form, but video was heightened by its apparent closeness to two other dominating media of the 20th century: film and television. From our digital perspective today, these may well be seen as 'carriers' but in those days this was not the case. McLuhan's assertion that new media ape the older established ones held true, but video also argued for an autonomy, short-lived though this may have been, and only immediacy and access remains and it could be argued, video's 'progeny' is seen within YouTube, the desktop and the mobile phone.

An example of the similarities and video's cross referencing of film and television is Giorgio Turi's *Scusate il disturbo*

pitolo, scritto da Renato Barilli richiama la fondamentale mostra *Gennaio 70* a Bologna. Nel capitolo 8 Weinbren analizza gli influenti lavori di tre artisti veneziani. Sia Silvia Bordini sia Simonetta Fadda forniscono una visione d'insieme del periodo in esame rispettivamente nei capitoli 2 e 7.

Non è un caso che la nostra ricerca abbia scoperto molte affinità nelle idee e nello sviluppo di questo *medium*. Gli artisti europei, insieme ai loro "cugini" americani, hanno ovviamente condiviso per due millenni la stessa ampia tradizione culturale e un nuovo *medium* non poteva che riflettere questa situazione. I primi lavori rivelano la difficoltà di dare un senso alla forma, eppure il video beneficiava della sua vicinanza a due altri media dominanti del XX secolo: il film e la televisione. Dalla nostra prospettiva digitale odierna, questi possono sembrarci semplicemente dei "vettori", ma in quei giorni non era così. L'affermazione di McLuhan che i nuovi media scimmiottano quelli vecchi e consolidati era valida, ma il video rivendicava anche una sua autonomia, per quanto breve essa sia stata, e ne restano solo quell'immediatezza e accessibilità che, si potrebbe affermare, sopravvivono nella "progenie" del video in YouTube, nel computer o nel telefono cellulare.

Un esempio delle analogie e dei riferimenti incrociati del video con film e televisione è dato da *Scusate il disturbo* di Giorgio Turi del 1968 (16mm, 16 minuti, b/n, audio). Il film utilizzava il montaggio e le clip dei canali televisivi trasferite su film, decontestualizzando il messaggio e, secondo Donatella Valente:

> Un'interruzione estetica così aggressiva non era solo una voce militante di cinema di contro-cultura, ma anche il potente mezzo che Turi utilizzava per politicizzare la tecnologia dei media al fine di rompere l'ipnosi testuale e di sovvertire il potere della comunicazione dell'informazione. Nel 1971, l'artista video britannico David Hall adottò una simile estetica critica nel suo *Television Interventions* [sic], che mirava a separare l'immagine dalla realtà,

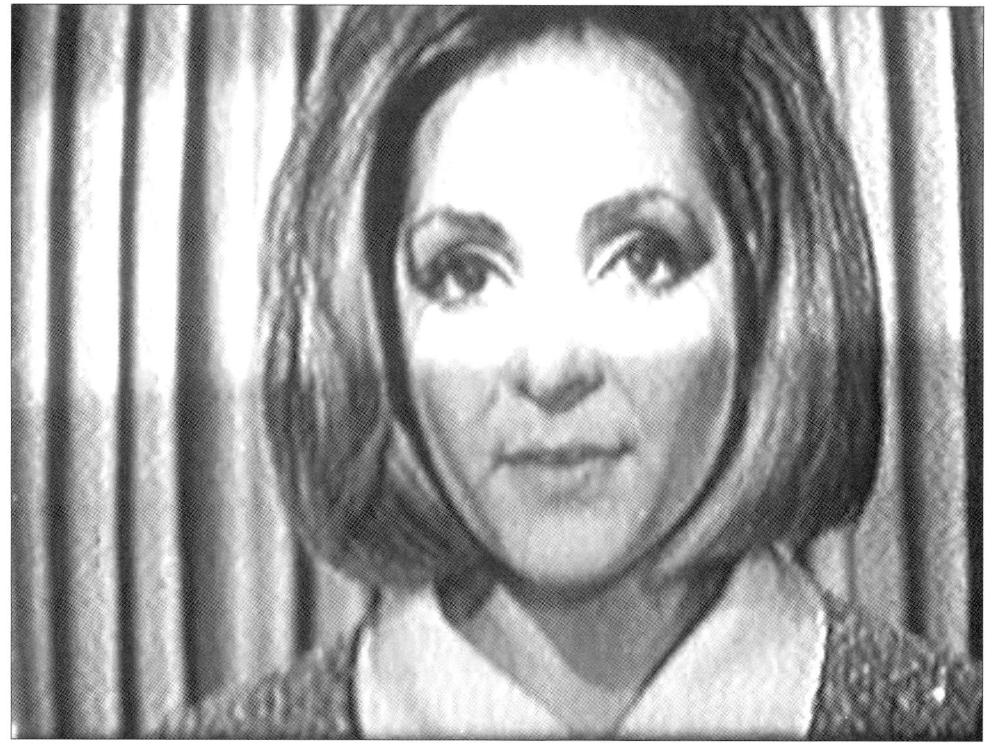

Fig. 2. Giorgio Turi, *Scusate il disturbo* [Apologies for the Interruption], 1968. Courtesy of Archivio Di Marino.

[Apologies for the Interruption] (1968, 16mm, 16 minutes, b/w, sound). His film used montage and kinescope clips from broadcast television channels, de-contextualising the messages and, in the opinion of Donatella Valente:

> Such aggressive interruption aesthetic was not only one militant voice of countercultural cinema, but also Turi's powerful means of politicising media technology in order to rupture televisual hypnosis and subvert the power of information communication. In 1971, British video artist David Hall adopted a similar critical aesthetic in his *Television Interventions* [sic], which aimed at separating image from reality, apparatus from illusion. While in Turi's film the audience may be engrossed in watching impactful events, such as a documentary newsreel on the effects of the napalm bombs, the film abruptly ends with the TV female presenter announcing: 'Scusate il disturbo, grazie.' ['Apologies for the interruption. Thank you for watching'.]. Thus, the film is an overt criticism of the popular medium of television and aims at

l'apparecchio dall'illusione. Mentre nel film di Turi il pubblico può essere completamente assorbito dalla visione di eventi cruciali, quali il cinegiornale documentario sugli effetti delle bombe al napalm, il film termina bruscamente con la presentatrice televisiva che dice: "Scusate il disturbo, grazie". Così, il film è una critica manifesta della televisione quale *medium* popolare e punta a descrivere la desensibilizzazione che provoca nella società consumistica quando questa si confronta con la morte o con immagini di guerra, e allo stesso tempo rievoca una critica indiretta alla guerra in Vietnam. L'improvvisa interruzione da parte della presentatrice dà voce a un cinico commento di Turi sull'esperienza manipolata della realtà quotidiana del pubblico, che lo porta a percepire storie e immagini così strazianti, quali vere e proprie intrusioni nella sua vita[11].

Oltre al riferimento ai primi lavori di Hall, la descrizione rispecchia molti altri lavori creati in particolare in Europa e anticipa il

depicting the desensitisation it causes consumer society when confronted with death and war imagery, while invoking an indirect criticism of the Vietnam War. The TV presenter's sudden interruption voices Turi's cynical commentary on the audience's manipulated experience of their daily reality, leading them to perceive such harrowing stories and pictures as the real intrusion into their lives.[11]

Aside from the reference to Hall's early work, the description mirrors many other works from across Europe in particular and foreshadows the *Scratch Video* movement of the early 1980s.

During our research we learnt about the curious earlier intervention into broadcast television by John Cage, whose curious appearance on a popular Italian TV show stands out as possibly the most subversive artist interventions of all. In 1959 Cage participated in *Lascia o raddoppia* (double or nothing), the Italian quiz show hosted by Mike Bongiorno. Cage played three different pieces during his five weekly Thursday appearances as a contestant in the show and answered questions about mushrooms. One of the performances was *Water Walk* (which he later also performed on a similar American TV quiz Show, *I've got a secret* in 1960). The other works were *Amores*, and *Sounds of Venice*. A copy was rumoured to be in the archive at RAI Teche, but our research reveals that all copies have been lost. A fragment of the final installment from quiz show exists as a transcript and is available online however.[12]

Another event that could be termed as a genuine 'intervention' into broadcast television was Fabio Mauri's *Il televisore che piange* [The Crying Television] (1972), broadcast by RAI. This work was in the form of an event or happening, and part of a television programme entitled *Happening* curated by Paquito del Bosco and Enrico Rossetti following an historical survey of the art phenomenon of the time. Mauri's sequence is introduced by the artist himself,

movimento dello *Scratch Video* dei primi anni Ottanta. Inoltre durante la nostra ricerca siamo venuti a conoscenza dell'originale intervento televisivo di John Cage, la cui curiosa comparsa in un famoso programma televisivo italiano spicca come l'intervento artistico più sovversivo di tutti. Nel 1959 Cage partecipò a *Lascia o raddoppia*, il programma condotto da Mike Bongiorno il giovedì sera. Durante la sua partecipazione alla trasmissione – durata 5 settimane – come concorrente esperto di funghi, Cage presentò tre diverse opere. Una delle performance era *Water Walk* (che successivamente presentò anche durante *I've got a secret* un quiz televisivo, simile a *Lascia o raddoppia*, in onda sulla TV americana nel 1960). Si diceva che una copia esistesse presso Rai Teche, ma dalle nostre ricerche è emerso che tutte le copie sono andate perdute. Tuttavia, un frammento della parte finale del quiz televisivo esiste in trascrizione ed è disponibile online[12].

Un altro evento che potremmo definire un autentico "intervento" durante le trasmissioni televisive è *Il televisore che piange* (1972) di Fabio Mauri, trasmesso dalla RAI. Questo lavoro, che seguiva un'indagine storica su questo fenomeno artistico dell'epoca, si presentava come evento o *happening* e faceva parte del programma televisivo intitolato *Happening*, curato da Paquito del Bosco ed Enrico Rossetti. La sequenza di Mauri è introdotta dallo stesso artista che, di fronte alla telecamera, dà una spiegazione di cosa è un *happening*. Dopo la spiegazione di Mauri, lo schermo diventa bianco e vuoto, e successivamente la voce fuori campo di un pianto spezza il silenzio. Sullo schermo appare allora il titolo dell'"intervento". Infine la videocamera incornicia la scritta "*The End*" su uno dei dipinti di Mauri. La strategia di Mauri è intrigante, poiché egli impiega uno degli accorgimenti maggiormente usati dai presentatori – ossia, una spiegazione fatta rivolgendosi direttamente alla telecamera, che egli usa per supportare la breve sezione di 30 secondi di pianto e schermo bianco; con questo processo in-

who, facing the camera, gives an explanation of Happenings. After Mauri's explanation the screen becomes a blank white picture, and then a voice-over of a crying sound breaks the silence. On the screen appears the title of the 'intervention'. Then the camera frames the inscription 'The End' from one of Mauri's paintings. Mauri's strategy is intriguing, as he employs one of the most frequent devices that the broadcaster uses – that is, an explanation through a-piece-to-camera which he uses to book-end the short 30 second section of crying and white screen, and in the process introduces and concludes his own work, thus pre-empting and defeating any effort by the broadcaster to mediate the work itself.

Mario Sasso also produced works for television over the period by himself as title sequences, short artwork pieces and also by acting as a producer for many different artists. His work is discussed by Adam Lockhart in Chapter 15.

The international nature of the artists was similar between those of the UK and Italy. One of the first artists I met from the Italian scene was Theo Eshetu at the World Wide Video Festival in the Hague, Netherlands. Theo was born in London and grew up in Addis Ababa, Dakar, and Belgrade, before settling in Rome and starting his practice. In 2011 we met once more at his studio to discuss Italian video and view his extraordinary, recent video works.

We also found that there are important differences between the UK and Italy in support structures and funding. In the UK video developed with considerable publicly funded support from agencies such as the Arts Councils of the various home nations and was often produced and sustained within the art schools and independent workshops. In Italy public funding was extremely rare and the art conservatoires could be described as conservative on art forms.

This volume cannot possibly deliver a definitive or whole history of Italian video art, which is a Sisyphean task; what we have

troduce e conclude il suo stesso lavoro, svuotando e annullando così in partenza qualsiasi sforzo da parte del presentatore di farsi mediatore dell'opera d'arte.

Anche Mario Sasso ha realizzato diversi lavori per la televisione in quel periodo sia creando sigle televisive e brevi opere d'arte sia producendo opere di altri artisti. Il suo lavoro viene trattato da Adam Lockhart nel capitolo 15.

La natura internazionale degli artisti era comune alla Gran Bretagna e all'Italia. Uno dei primi artisti della scena italiana che ho incontrato è stato Theo Eshetu, al World Wide Video Festival dell'Aia, nei Paesi Bassi. Theo è nato a Londra ed è cresciuto tra Addis Abeba, Dakar e Belgrado, prima di stabilirsi a Roma e iniziare la sua pratica artistica. Nel 2011 ci siamo rincontrati nel suo studio per discutere della videoarte italiana e delle sue più recenti straordinarie opere video.

Abbiamo anche scoperto che ci sono differenze fondamentali tra la Gran Bretagna e l'Italia per quanto riguarda le strutture di sostegno e i finanziamenti. In Gran Bretagna il video si è sviluppato grazie a consistenti finanziamenti pubblici da parte di istituzioni quali gli *Arts Councils* delle varie nazioni, ed era spesso prodotto e sostenuto dalle scuole d'arte e da laboratori indipendenti. In Italia i finanziamenti pubblici erano estremamente rari e le accademie possono essere descritte come conservatrici rispetto alle forme d'arte.

Questo volume non può offrire una storia esaustiva o completa della videoarte italiana, che sarebbe una fatica di Sisifo; quello che abbiamo cercato di fare è evidenziare alcuni dei maggiori tratti comuni e descrivere i centri, le organizzazioni e le persone coinvolte. I testi sono presentati in italiano e in inglese e comprendono una selezione di alcuni fondamentali saggi scritti all'epoca, accanto a una serie di saggi critici più recenti di studiosi e storici dell'arte italiani, ora tradotti in inglese per la prima volta. Accanto a questi testi storici ne abbiamo commissio-

tried to do is represent some of the main threads, and the centres, organisations and people involved. The texts are presented in both Italian and English languages and include a selection of some of the seminal essays written at the time, alongside a series of more recent critical essays from Italian scholars and art historians, now translated into English for the first time. Alongside these historical texts we have commissioned new ones offering contemporary perspectives.

Our approach to the translations from Italian was to keep a sense of the Italian style and voice, rather than transform into *standard* English. This extends to use of punctuation too, where Italian colleagues often tend to use longer sentences with judicious use of the semi and full colon, to enable thoughts to flow, one from another, sometimes resulting in some highly complex paragraphs.

The book ends with a 40-year Chronology starting from 1952, which lists the main events in the development of video practice in Italy, but also references other artforms, especially cinema and performance where we felt it was appropriate and offered contextual information. The Chronology was undertaken as a joint project between REWIND*Italia* and the Dipartimento di Filosofia, Comunicazione e Spettacolo Università degli Studi Roma Tre, and researched by Laura Leuzzi and Valentino Catricalà, supervised by Marco Maria Gazzano of Roma Tre.

This book and the research on which it is based could not have been possible without the support, engagement and encouragement of a considerable number of people to both myself, and our Post Doctoral Research Fellow Laura Leuzzi. In particular and first amongst these to be thanked and acknowledged, is my good friend and outstanding artist – Luigi Viola – who was in from the beginning and also offered hospitality with Luciana along the way– and Marco Maria Gazzano of Roma Tre, who provided indispensable access and unfailingly good

nati di nuovi cercando di offrire una prospettiva contemporanea.

Il nostro approccio alla traduzione dall'italiano è stato quello di conservare lo stile e la voce italiana, piuttosto che trasformarli in inglese *standard*. Questo approccio si estende all'uso della punteggiatura, dove i colleghi italiani tendono spesso a utilizzare periodi più lunghi, con un uso attento del punto e virgola e dei due punti per favorire il flusso da un pensiero all'altro, creando talvolta paragrafi profondamente complessi.

Il libro si chiude con una cronologia di 40 anni che parte dal 1952 ed elenca i maggiori avvenimenti nello sviluppo della pratica video in Italia, ma che fa anche riferimento ad altre forme d'arte, in particolare film e performance laddove è sembrato opportuno fornire informazioni contestuali. La stesura della cronologia è stata intrapresa come progetto congiunto tra REWIND*Italia* e il Dipartimento di Filosofia, Comunicazione e Spettacolo dell'Università degli Studi Roma Tre, e la ricerca è stata effettuata da Laura Leuzzi e Valentino Catricalà, con la supervisione di Marco Maria Gazzano di Roma Tre.

Questo libro e la ricerca che sta alla sua base non sarebbero stati possibili senza il sostegno, l'impegno e l'incoraggiamento offerto a me e alla nostra ricercatrice post doc Laura Leuzzi da un considerevole numero di persone. Il primo a cui vanno i miei ringraziamenti è il mio caro amico e artista eccezionale, Luigi Viola, che ci ha accompagnato fin dall'inizio e che insieme a Luciana mi ha offerto la sua ospitalità. Oltre a lui, Marco Maria Gazzano di Roma Tre, che ci ha fornito accesso indispensabile e infallibili buoni consigli durante gli anni di ricerca e ci ha aperto le porte del suo Archivio privato e del Dipartimento universitario, che ha funzionato come nostra Sede italiana. La famiglia Cardazzo conserva un posto speciale nella storia e, dopo la dipartita di Paolo Cardazzo nel 2011, sua figlia Angelica ha preso il suo posto nel sostenere il progetto senza esitazioni. Gli ammirevoli pionieri Lola

advice throughout the years of research and opened the doors to his private Archive and the Department at University, which acted as an Italian HQ. The Cardazzo family hold a special place in the history, and after Paolo Cardazzo's passing in 2011, his daughter Angelica continued the role to support the project without hesitation. The exemplary pioneers Lola Bonora, Maria Gloria Bicocchi and Luciano Giaccari† welcomed us to their homes in Ferrara, Procida and Varese, regaling us with their memories and insights to those early days, which echoed the enthusiasm with which they must have encouraged the artists to produce the original works. The list of artists who invited us either to their studios or homes giving access to their works and stories need a special mention: Claudio Ambrosini, Gianfranco Baruchello, Gabriella Cardazzo, Theo Eshetu, Rosa Foschi, Federica Marangoni, Luca Maria Patella, Sonia Rolak, Michele Sambin, Guido Sartorelli, Mario Sasso and Luigi Viola. We also would like to thank: Pierangela Allegro, Adriana Amodei, Mirella Bentivoglio, Anna Valeria Borsari, Maurizio Camerani, Luciano Celli, Ida Gerosa, Paolo Gioli, Sanja Iveković, Živa Kraus, Dalibor Martinis, G. C. Maud, Bianca Menna, Enzo Minarelli, Ugo Nespolo, Luigi Ontani, Fabrizio Plessi, Lucio Pozzi, Carlo Quartucci, Mario Sillani Djerrahian, Leonardo Sangiorgi, Studio Azzurro, Peggy Stuffi, Carla Tatò, Giacomo Verde.

Early on in our research "Maestro" Patella trusted us with his precious and original videotapes for our recovery process, and it is especially pleasing to see how these 'lost' works have been received by both audiences and the art world.

We would like to thank all the authors that participated to the book, including: Renato Barilli, Silvia Bordini, Valentino Catricalà, Fabio Cirifino, Bruno Di Marino, Simonetta Fadda, Vittorio Fagone, Don Foresta, Mirco Infanti, Sandra Lischi, Cosetta G. Saba, Valentina Valentini.

We would like also to thank George

Bonora, Maria Gloria Bicocchi e Luciano Giaccari† ci hanno accolto nelle loro case a Ferrara, a Procida e a Varese, concedendoci i loro ricordi e fornendoci una visione più accurata di quei primi giorni, che echeggiava dell'entusiasmo col quale devono aver incoraggiato gli artisti a produrre i loro lavori originali. Meritano una menzione speciale gli artisti che ci hanno invitato sia nei loro studi sia nelle loro case, permettendoci di accedere ai loro lavori: Claudio Ambrosini, Gianfranco Baruchello, Gabriella Cardazzo, Theo Eshetu, Rosa Foschi, Federica Marangoni, Luca Maria Patella, Sonia Rolak, Michele Sambin, Guido Sartorelli, Mario Sasso e Luigi Viola.

Vorremmo inoltre ringraziare: Pierangela Allegro, Adriana Amodei, Mirella Bentivoglio, Anna Valeria Borsari, Maurizio Camerani, Luciano Celli, Ida Gerosa, Paolo Gioli, Sanja Iveković, Živa Kraus, Dalibor Martinis, G. C. Maud, Bianca Menna, Enzo Minarelli, Ugo Nespolo, Luigi Ontani, Fabrizio Plessi, Lucio Pozzi, Carlo Quartucci, Mario Sillani Djerrahian, Leonardo Sangiorgi, Studio Azzurro, Peggy Stuffi, Carla Tatò, Giacomo Verde.

Agli inizi della nostra ricerca il maestro Patella ci ha affidato i suoi preziosi e originali videotape per il nostro processo di recupero, ed è un piacere estremo poter testimoniare la ricezione positiva di questi lavori "perduti" da parte del pubblico e del mondo dell'arte.

Vorremmo ringraziare, inoltre, tutti gli autori che hanno contribuito a questo volume e in particolare: Renato Barilli, Silvia Bordini, Valentino Catricalà, Fabio Cirifino, Bruno Di Marino, Simonetta Fadda, Vittorio Fagone, Don Foresta, Mirco Infanti, Sandra Lischi, Cosetta G. Saba, Valentina Valentini.

Si ringraziano, inoltre, George Barber, David Critchley, Debi Hall, Mick Hartney e Anna Ridley.

Tra gli accademici, scrittori, curatori e studiosi che ci hanno aiutato vorremmo ringraziare: Pia Abelli Toti, Chiara Agnello, Carlo Ansaloni, Angelo Bacci, Anna Benedetto, Lorenzo Bianda, Laura Bistacchia, Achille

Barber, David Critchley, Debi Hall, Mick Hartney and Anna Ridley.

Academics, writers, curators and scholars that helped included: Pia Abelli Toti, Chiara Agnello, Carlo Ansaloni, Angelo Bacci, Anna Benedetto, Lorenzo Bianda, Laura Bistacchia, Achille Bonito Oliva, Francesca Maria Cadin, Maurizio Calvesi, Marcella Campitelli, Eleonora Charans, Laura Cherubini, Mario Chiari, Stuart Comer, Veronica D'Auria, Mario de Candia, Giorgio De Vincenti, Lia Durante, Valerio Eletti, Dario Evola, Marco Fabiano, Gianpiero Frassinelli, Francesca Gallo, Mario Gorni, Annamaria Licciardello, Simonetta Lux, Angela Madesani, Dino Marangon, Anna Mazzanti, Silvia Moretti, Lisa Parolo, Lisa Pedicino, Giorgia Quadri, Antonella Renzitti, Antonella Sbrilli, Lino Strangis, Carla Subrizi, Lorenzo Taiuti, Maria Grazia Tolomeo, Maurizio Marco Tozzi, Paolo Vampa, Andrea Varisco, Elena Volpato, Marisa Volpi†, Claudio Zambianchi.

Organisations that were key to the research included: Accademia di Belle Arti di Venezia; Alighiero Boetti Archive, Rome; Archivio Videoteca Giaccari, Varese; ASAC – The Historical Archives of Contemporary Arts, La Biennale di Venezia; Associazione Culturale Alberto Grifi, Rome; Associazione Culturale Kinēma, Rome; C.A.R.M.A. – Centro d'Arti e Ricerche Multimediali Applicate, Rome; Centre d'Art Contemporain Genève; Cineteca Nazionale (National Film Archive) of Centro Sperimentale di Cinematografia in Rome; Dipartimento di Filosofia, Comunicazione e Spettacolo, Università degli Studi Roma Tre; Dipartimento di Storia dell'arte e Spettacolo, Sapienza Università di Roma; DOCVA Documentation Center for Visual Arts, Milan; Franco Angeli Archive, Rome; Incontri Internazionali d'Arte, Rome; Istituto Nazionale per la Grafica, Rome; La Casa Totiana, Rome; La Quadriennale di Roma; MACRO – Museo d'Arte Contemporanea Roma; Mario Schifano Archive, Rome; MLAC Museo Laboratorio di Arte Contemporanea della Sapienza; RAI Teche, Rome; Studio Fabio Mauri, Associazione per l'Arte

Bonito Oliva, Francesca Maria Cadin, Maurizio Calvesi, Marcella Campitelli, Eleonora Charans, Laura Cherubini, Mario Chiari, Stuart Comer, Veronica D'Auria, Mario de Candia, Giorgio De Vincenti, Lia Durante, Valerio Eletti, Dario Evola, Marco Fabiano, Gianpiero Frassinelli, Francesca Gallo, Mario Gorni, Annamaria Licciardello, Simonetta Lux, Angela Madesani, Dino Marangon, Anna Mazzanti, Silvia Moretti, Lisa Parolo, Lisa Pedicino, Giorgia Quadri, Antonella Renzitti, Antonella Sbrilli, Lino Strangis, Carla Subrizi, Lorenzo Taiuti, Maria Grazia Tolomeo, Maurizio Marco Tozzi, Paolo Vampa, Andrea Varisco, Elena Volpato, Marisa Volpi†, Claudio Zambianchi.

Organizzazioni che sono state fondamentali per la ricerca includono: Accademia di Belle Arti di Venezia; Archivio Alighiero Boetti, Roma; Archivio Franco Angeli, Roma; Archivio Mario Schifano, Roma; Archivio Videoteca Giaccari, Varese; ASAC – Archivio Storico delle Arti Contemporanee, La Biennale di Venezia; Associazione Culturale Alberto Grifi, Roma; Associazione Culturale Kinēma, Roma; C.A.R.M.A. – Centro d'Arti e Ricerche Multimediali Applicate, Roma; Centre d'Art Contemporain Genève; Cineteca Nazionale del Centro Sperimentale di Cinematografia a Roma; Dipartimento di Filosofia, Comunicazione e Spettacolo, Università degli Studi Roma Tre; Dipartimento di Storia dell'arte e Spettacolo, Sapienza Università di Roma; DOCVA Documentation Center for Visual Arts, Milano; Incontri Internazionali d'Arte, Roma; Istituto Nazionale per la Grafica, Roma; La Casa Totiana, Roma; La Quadriennale di Roma; MACRO – Museo d'Arte Contemporanea Roma; MLAC Museo Laboratorio di Arte contemporanea della Sapienza; RAI Teche, Roma; Studio Fabio Mauri, Associazione per l'Arte e per l'Esperimento del Mondo, Roma; Tate Modern, Londra; *VIDEOEX* International Experimental Film and Video Festival, Zurigo.

Sean Cubitt è stato una costante "irregolare" nel progetto, offrendo il suo contributo quando e dove necessario; e la mia

e per l'Esperimento del Mondo, Rome; Tate Modern, London; *VIDEOEX* International Experimental Film and Video Festival, Zurich.

Sean Cubitt has been a constant 'irregular' on the project, providing inputs whenever and wherever called upon; and my partner Elaine Shemilt has both shared the journey and provided strong and unfailing support. Cinzia Cremona stepped in at short notice and with great enthusiasm and added greatly to our small team. As for the team itself, I'd like to thank Adam Lockhart for his unfailing work and adoption of the 'cause'; Grahame Weinbren for his individual research that he undertook on our behalf in Venice; Anna Notaro for her early work on the project including the successful application to the AHRC; Emile Shemilt for acting as a voluntary assistant – taking on proofreading, spell-checking, and knit-picking over grammar, references, citations and acting as a sounding board; Simona Manca for her translations – a far from easy task with academic writings; and of course, Laura Leuzzi whose unbounded energy, good spirits and sheer loyalty has kept us all going over the past four years. Finally a special mention for my dear friend and colleague, Deirdre MacKenna, who accompanied me on the first research trips, conducting the initial interviews and acting as the translator. She also introduced me to her region of Italy, Molise, which she is relentlessly re-discovering and developing the rich culture, and where Elaine and I have made many new friends in Venafro, Isernia and Campobasso.◆

For those who want to learn more about video art and its history, visit our webpages:
http://www.rewind.ac..uk
http://www.rewind.ac.uk/rewind/index.php/l-chi_siamo

Venafro, Molise, Italy, September, 2014.

compagna Elaine Shemilt che ha condiviso con me questo viaggio dimostrandosi un sostegno forte e saldo.

Cinzia Cremona è intervenuta, nonostante il breve preavviso, con grande entusiasmo e offrendo un contributo prezioso.

Per quanto riguarda il team vero e proprio, vorrei ringraziare Adam Lockhart per il suo operato infallibile e per avere sposato la nostra "causa"; Grahame Weinbren per le ricerche che ha effettuato per nostro conto a Venezia; Anna Notaro per il suo lavoro iniziale al progetto compresa la richiesta di fondi all'AHRC; Emile Shemilt per aver lavorato come assistente volontario – facendo da revisore di bozze, controllando la grammatica, i riferimenti, le citazioni, e facendo da cassa di risonanza; Simona Manca per le sue traduzioni – un compito tutt'altro che facile con gli scritti accademici; e ovviamente, Laura Leuzzi che con la sua energia infinita, il suo buonumore e la sua totale lealtà ha spronato tutti noi ad andare avanti negli ultimi quattro anni.

Infine una menzione particolare va alla mia cara amica e collega, Deirdre MacKenna, che mi ha accompagnato nei primi viaggi di ricerca, conducendo le interviste iniziali e adoperandosi come interprete. Mi ha anche introdotto alla sua regione italiana, il Molise, del quale sta riscoprendo e sviluppando incessantemente la ricca cultura e dove io ed Elaine abbiamo trovato dei nuovi amici a Venafro, Isernia e Campobasso.◆

Per coloro che volessero maggiori informazioni sulla videoarte e la sua storia, è possibile visitare le nostre pagine web:
http://www.rewind.ac.uk
http://www.rewind.ac.uk/rewind/index.php/l-chi_siamo

Venafro, Molise, Italia, settembre, 2014.

Luciano Giaccari died on 4 August 2015 as this book went to press. His invaluable and generous contribution to this book will not be forgotten.

Luciano Giaccari è scomparso il 4 agosto 2015 mentre questo libro veniva dato alle stampe. Il suo inestimabile e generoso contributo a questo volume non sarà dimenticato.

Endnotes

1. The other projects are *REWIND British Artists' Video in the 1970s & 1980s* and *Narrative Exploration in Expanded Cinema* led by Dr Jackie Hatfield, both funded by the Arts & Humanities Research Council from 2004–10.
2. Sean Cubitt, Stephen Partridge, 'Introduction', in Sean Cubitt, Stephen Partridge (eds.), *REWIND | British artists' video in the 1970s & 1980s* (New Barnett, Herts: John Libbey Publishing, 2012), p. 3.
3. Chris Meigh-Andrews, *A History of Video Art* (Oxford: Berg, 2006).
4. Ibid., pp. 30–32.
5. 'Video has been around for thirty years but this generation has taken it off the television screen into a larger scale and given it a weight and an importance it has never previously had', Nicholas Serota, on the occasion of Gillian Wearing winning the Turner prize, *The Guardian,* front page, 3rd December 1997.
6. *Shoot Shoot Shoot*, Tate Modern, 2002; *Early British Video Art*, Tate Britain, 2003; *X-screen*, Vienna, 2003; *Running Time*, Scottish National Gallery of Modern Art, 2009.
7. http://www.studycollection.org.uk (Accessed 17 February 2015).
8. http://www.rewind.ac.uk (Accessed 17 February 2015).
9. *Video Art in the 1970s*, doggerfisher, Edinburgh 2008; *Expanded Cinema: Activating The Space Of Reception*, TATE Modern, 2009; *Lost & Found*, Street Level, Glasgow, 2010; *From the REWIND Archive,* Stills, Edinburgh, 2009; *Lightroom*, TATE Modern, 2010; *British Video Art*, DOCVA, Milan 2011–2012; *End Piece*, Ambika P3, London, 2012; *VIDEOEX*, Zurich, 2014;
10. Alice Hutchinson (ed.), *art/tapes/22: video tape production* (Long Beach: California University Art Museum, 2009).
11. Donatella Valente, 'The Unconscious of archival film footage in the Italian experimental cinema of the Sixties', in Francesco Federici and Cosetta G. Saba (eds.), *Cinema and Art as Archive. Form Medium Memory* (Milan: Mimesis International, 2014), pp. 181–196; for the quote see pp. 186–187.
12. http://www.johncage.it/en/1959-lascia-o-raddoppia.html#gong75 (Accessed 17 February 2015).

Note

1. Gli altri progetti sono *REWIND British Artists' Video in the 1970s & 1980s* e *Narrative Exploration in Expanded Cinema* condotti dalla Dottoressa di ricerca Jackie Hatfield, ed entrambi finanziati dall'Arts & Humanities Research Council dal 2004 al 2010.
2. Sean Cubitt, Stephen Partridge, 'Introduction', in Sean Cubitt, Stephen Partridge (a cura di), *REWIND | British artists' video in the 1970s & 1980s* (New Barnett, Herts: John Libbey Publishing, 2012), p. 3.
3. Chris Meigh-Andrews, *A History of Video Art* (Oxford: Berg, 2006).
4. Ibid., pp. 30–32.
5. "Il video esiste da trent'anni, ma questa generazione l'ha portato via dallo schermo televisivo su una scala maggiore e gli ha dato un peso e un'importanza che non aveva mai avuto in precedenza", Nicholas Serota, in occasione della vittoria del Turner Prize da parte di Gillian Wearing su *The Guardian*, prima pagina, 3 dicembre 1997.
6. *Shoot Shoot Shoot*, Tate Modern, 2002; *Early British Video Art*, Tate Britain, 2003; *X-screen*, Vienna, 2003; *Running Time*, Scottish National Gallery of Modern Art, 2009.
7. http://www.studycollection.org.uk (ultimo accesso 17 febbraio 2015).
8. http://www.rewind.ac.uk (ultimo accesso 17 febbraio 2015).
9. *Video Art in the 1970s*, doggerfisher, Edimburgo 2008; *Expanded Cinema: Activating The Space Of Reception*, TATE Modern, 2009; *Lost & Found*, Street Level, Glasgow, 2010; *From the REWIND Archive,* Stills, Edimburgo, 2009; *Lightroom*, TATE Modern, 2010; *British Video Art*, DOCVA, Milano 2011–2012; *End Piece*, Ambika P3, Londra, 2012; *VIDEOEX*, Zurigo, 2014;
10. Alice Hutchinson (a cura di), *art/tapes/22: video tape production* (Long Beach: California University Art Museum, 2009).
11. Donatella Valente, 'The Unconscious of archival film footage in the Italian experimental cinema of the Sixties', in Francesco Federici e Cosetta G. Saba (a cura di), *Cinema and Art as Archive. Form Medium Memory* (Milano: Mimesis International, 2014), pp. 181–196; per la citazione si vedano pp. 186–187.
12. http://www.johncage.it/en/1959-lascia-o-raddoppia.html#gong75 (ultimo accesso 17 febbraio 2015).

Today, art historians and critics, unanimously acknowledge *Gennaio 70. Terza biennale internazionale della giovane pittura. Comportamenti Progetti Mediazioni* [January 70. Third Biennale of Young Painting. Behaviours, Projects, Mediations], curated by Maurizio Calvesi, Renato Barilli and Tommaso Trini, at the Museo Civico in Bologna, as a seminal exhibition for the development of video art in Italy.

Seventeen Italian artists were invited to produce and show works on videotape, including video documentation of performances and events. Those videotapes are today lost. This article by Renato Barilli, *Video-recording a Bologna* [Video recording in Bologna], which first appeared in *Marcatré* (n. 58–60, May 1970), is among the few recollections of this event. It provides a vivid insight into his experience and is a seminal, critical analysis of the early use of the medium by Italian artists. This article was later included with the title *Il "video-recording"* [The 'video-recording'] in Barilli's anthology *Informale, oggetto, comportamento. La ricerca artistica degli anni '70* [Informal, Object, Behaviour. The Artistic Research in the Seventies] (Milan: Feltrinelli, 1979), pp. 85–95.

Chapter 1 / Capitolo 1
Video Recording in Bologna | Video-recording a Bologna

Renato Barilli

At present, the most widespread attitude in avant-garde circles consists, as everybody knows, of a strict analysis of the prejudices that a 'Western' tradition has attributed to art. Art, over the past two or three centuries, was considered as 'solid and material work', as 'product', as a separate and disconnected object, something to preserve religiously, on which to attach both a market and a cultural value, therefore to be afforded an unctuous and affected respect. By now we condemn the ethereal nature that, according to the renowned lecture once given by Dewey, ends up seizing everything in the artistic sphere. Now, one of the fundamentals of this theory surely consists in the necessity of a work that is long lasting and set, if not forever, at least long enough. If we want to see the other side of the coin, then it will be necessary to get rid of any ambition for duration, aiming for a temporary, contingent existence; the aesthetic behaviour, the action, either physical or conceptual, will focus first of all on its intensity, heedless of the fact that in order to fulfil such prerogatives, it will have to, indeed, bar itself from preservation.

L'atteggiamento più diffuso oggi negli ambienti d'avanguardia consiste, come è noto, in un severo esame dei pregiudizi che una tradizione "occidentale", in due o tre secoli di vita, ha assegnato all'arte. Arte come "opera", come "prodotto", come oggetto staccato e separato, da conservare religiosamente, da investire sia di un valore merceologico, sia di un valore culturale, e quindi di un rispetto untuoso e manierato. È la denuncia del carattere "etereo" che, secondo la famosa requisitoria pronunciata a suo tempo da Dewey, finisce per impadronirsi di tutto quanto riguarda la sfera dell'artistico. Ora, uno dei capisaldi di questa concezione sta sicuramente nell'esigenza che l'opera sia duratura, fissata se non per l'eternità almeno per un lasso di tempo sufficientemente lungo. A voler capovolgere la medaglia, converrà allora fare allegramente getto di ogni aspirazione alla durata, puntare su un'esistenza precaria e contingente; il comportamento estetico, l'azione, sia essa fisica o concettuale, mirerà prima di tutto alla sua intensità, incurante se, per realizzare tali prerogative, dovrà precludere a se stessa, appunto, la via della

But such attitude may be suggested only on a theoretical level, in fact some corrective coefficients intervene inevitably; and just to begin with, the same centrifugal movement in relation to the 'Western' tradition occurs nevertheless within this same tradition, and it represents a further step of its own evolutionary process.

So we have to wonder when it becomes possible to commit violence against the most typical western needs, cultivated for so long? To what an extent will it be possible to entirely remove some ethnocentric tendencies and to recover the sublime neglect for the 'aesthetic behaviours' demonstrated by populations and cultures unfamiliar with the western area? In other words, will this worship of an aesthetic action completely entrusted to the act and the moment – therefore disinterested in its permanence – be carried out up to the end, or just 'mimicked', and, we could say, emblematically celebrated? This rhetorical question seems to be favourable to the second hypothesis: rather than completely cut out the problem of preservation: this has to be committed to new terms which respond to the changed characteristics, or what presents itself now, as worthy of being saved from complete dispersal.

The previous 'artistic' tradition professed the sharpest contempt against a variety of relatively external means (in themselves neutral and detached) that catch on now: these are photography, filming, topographic plan, electromagnetic recording both of sound and image (the process of video recording that we will specifically emphasize in this note). We could say that the use of these means implies a certain amount of hypocrisy, or at best it is characterized by a sort of ambiguity typical of instruments that we cannot easily define as just subsidiary or actually fundamental to the aesthetic experience. It is the same hypocrisy and ambiguity that for some time now has been accompanying the performances of theatre actors (it is, besides, well known how much the status of what was

conservazione. Questo almeno a livello di programma; ma intervengono inevitabilmente dei coefficienti correttivi; e tanto per cominciare, lo stesso movimento centrifugo rispetto alla tradizione "occidentale" avviene pur sempre all'interno di essa, si colloca come tappa ulteriore di un suo processo evolutivo. Fino a che punto sarà possibile fare violenza totale alle più tipiche esigenze occidentali, così a lungo coltivate? Fino a che punto sarà possibile rimuovere per intero certe tendenze etnocentriche e ritrovare il sublime disinteresse per i "comportamenti estetici" di cui danno prova popolazioni e culture estranee all'area occidentale? In altre parole, questo culto di un'azione estetica tutta affidata all'atto e all'attimo, e di conseguenza incurante di rimanere, sarà realizzato fino in fondo, o soltanto "mimato", quasi si potrebbe dire celebrato simbolicamente? Interrogativo retorico che sembra proprio suonare a favore della seconda ipotesi: più che abolire interamente il problema della conservazione, si tratterà di proporlo in termini nuovi, rispondenti alle caratteristiche mutate di ciò che si presenta ora come meritevole di essere salvato da una completa dispersione.

Prende quota allora tutta una serie di mezzi relativamente esterni, di per se stessi neutri e distaccati, contro cui la precedente tradizione "artistica" professava il più netto disprezzo: saranno questi la foto, la ripresa cinematografica, la pianta topografica, il registratore elettromagnetico, sia del suono che della visione (il procedimento del *video-recording* su cui insisterà in modo particolare questa nota). Se si vuole, è insita, nel ricorso a questi mezzi, una certa dose di ipocrisia, o per lo meno un certo carattere di ambiguità proprio di strumenti non si sa fino a qual punto semplicemente sussidiari dell'esperienza estetica, o costitutivi di essa. È la stessa ipocrisia e ambiguità che da tempo accompagna le prestazioni degli attori di teatro (si sa del resto quanto l'odierno *status* dell'artista detto una volta "figurativo" converga verso quello dell'attore): essi ignorano la presenza o meno di qualche

once called 'figurative' artist today meets that of the actor): they ignore whether there are photographic or audio recording devices or not, all their energies and skills are focused on the act, on the direct meeting with the audience. This is, in fact, the kind of artistic performance that avoided, for the longest time (even within our own Italian tradition), any process of 'fixing'; relying only on the audience's memory. But then, how valuable to us are those few snapshots of some famous *mise en scène* taken during the last century of the history of theatre! And which performance, innovative or not, really refuses to remain: in some way, fixed by some picture or by some cinematographic shoot? Video recording, however, amongst all these instruments that we have described as external and slightly hypocrite, has to some extent what it takes to claim its own excellence. We had a proof of it at *Gennaio 70* [January 70] in Bologna, and not because it might have been the first time it had been used (matters of chronological supremacy are always hard, and also a bit fatuous, to assert), but simply because it had never happened before – as it did on that occasion – that it turned into a proper show lasting more than an hour.

Just to begin with, the method of video recording causes less disturbance than its close competitor, the cinematographic filming: the former enters, so to say, on tiptoes into the studio where the artist wants to carry out his/her action, it is ready to capture the feeble light, without the need for wearisome supplementary installations of light devices. The electromagnetic tape in fact (I do not want to assert something not supported from a technical point of view, but direct experience seems to prove it) appears to be a lot more sensitive than the film designed for photochemical treatment. But even more significant are some handling qualities peculiar to video recording compared to filming: electromagnetic recording allows one to watch immediately on a monitor the development of the action while it is happening: there is a perfectly symmetrical relation,

mezzo di registrazione foto o fonografica, bruciano le loro energie e le loro doti nell'atto, nell'incontro diretto col pubblico. È questo infatti il tipo di performance artistica che, anche all'interno della nostra tradizione, ha evitato il più a lungo i procedimenti di "fissazione", affidandosi soltanto alla memoria degli spettatori. Ma quanto preziose ci appaiono le poche istantanee di qualche celebre *mise en scène* degli ultimi cento anni di storia del teatro! E quale spettacolo, più o meno innovatorio, rinuncia attualmente a "restare", in qualche modo, fissato in qualche foto o in qualche ripresa cinematografica?

Il *video-recording* tuttavia, tra tutti questi mezzi relativamente esterni e leggermente ipocriti nel senso che si è detto, ha dei numeri per vantare una sua eccellenza. Lo si è potuto vedere al *Gennaio 70* di Bologna, e non perché fosse la prima volta a venire impiegato: le questioni di primato cronologico sono sempre difficili da sostenere, e anche un po' fatue; ma perché mai come in quella occasione se ne è fatto uno spettacolo continuo della durata di un'ora abbondante.

Tanto per cominciare, il procedimento del *video-recording* è poco ingombrante rispetto al suo più stretto concorrente, cioè la ripresa cinematografica: penetra, per così dire, in punta di piedi nell'atelier ove l'artista vuol compiere la sua azione, è pronto a catturarne la poca luce, senza esigere laboriose installazioni suppletive di apparecchi illuminanti. Il nastro elettromagnetico cioè (non vorrei fare un'affermazione insostenibile dal lato tecnico, ma l'esperienza diretta pare confermarlo) si rivela molto più sensibile della pellicola destinata al trattamento fotochimico. Ma contano ancor più certe doti di manovrabilità di cui dispone il primo, a differenza della seconda: la registrazione elettromagnetica infatti è immediatamente visibile su un monitor, nello stesso momento in cui si dipana l'azione reale: c'è un rapporto di specularità perfetta, assolutamente limpida; e poi, un particolare fascino sta nella possibilità di "cancellare": come l'azio-

absolutely limpid; and a distinctive attraction is the possibility of deleting: just as the real action irremediably disappears soon after it has been performed leaving room for a subsequent action, in the same way the electromagnetic tape can be deleted and it will therefore be ready to be recorded on again. It is possible to delete at any time, leaving no trace of heavy burdens or leftovers of potential failures. To this we can add what at first glance seems like an inconvenience of video recording compared to cinematographic filming, but one that turns out to be the element of major agreement and homology with the fresh and spontaneous nature of action: video recording, despite being so easy to delete, cannot, on the other hand, be 'cut'; or at best this process would be really difficult and the results would not be guaranteed. This means that a sequence has to be saved *in toto*, or it needs to be rejected, which means totally deleted: thus maintaining a perfect equivalence with the real action that cannot be interrupted and restarted at one's pleasure, but has to respect its own gestalt, its own total character. Naturally, some training is allowed for that action through rehearsals, but when the time comes, the action has to develop from the beginning until the end without second thoughts: just as has happened since the beginning of time, we might say, in theatre, which is the action *par excellence* and by definition. Talking again about video recording as a clear and trustworthy mirror of the action, the consequence of this interpretation is that video recording does not allow montage: this can seem a restriction of the possibilities, but, as stated previously, it simply confirms the homology with real experienced action, rejecting even the disturbing interference of an intermediary individual acting as director.

Unquestionably, video recording involves a minimum degree of direction, as it can use different cameras, some with zoom lenses; here arise, then, issues of angles and framing that are however not so disturbing or absorbing; the 'actor' can easily ad-

ne reale, subito dopo essere stata effettuata, si disperde irrimediabilmente cedendo il posto a un'azione successiva, così il nastro elettromagnetico può essere cancellato e prestarsi a ricevere quindi nuove registrazioni. Il colpo di spugna è possibile a ogni momento, senza lasciare alle spalle pesanti ingombri e residui degli eventuali fallimenti. Si aggiunge a tutto ciò quello che a prima vista appare un inconveniente del *video-recording* rispetto alla ripresa cinematografica, ma che poi si converte nel suo elemento di maggiore rispondenza e omologia rispetto al carattere fresco e spontaneo di un'azione: esso infatti, così docile a essere cancellato, non può d'altra parte venir "tagliato", o per lo meno quest'operazione riuscirebbe molto complicata e di esito non garantito. Questo significa che una sequenza si salva *in toto*, oppure va respinta, vale a dire cancellata altrettanto globalmente: appunto con perfetta equivalenza rispetto all'azione reale che non può essere interrotta e ripresa a piacimento, ma deve rispettare un suo connotato "totale" o gestaltico. Certo, è lecito l'allenamento all'azione stessa, attraverso le prove, ma quando poi scocca la sua ora, questa deve scorrere dal principio alla fine senza pentimenti: come avviene si può dire da sempre in quell'azione per eccellenza e per definizione stessa che è il dramma teatrale. Ritornando al suo specchio limpido e fedele fornito dal *video-recording*, ne viene che esso non ammette montaggio: limitazioni di possibilità, costrizione che però, come si diceva, ne ribadisce la stretta omologia con l'azione vissuta e reale, respingendo anche il disturbante intervento di un operatore intermedio investito del compito di regista. Certo, un minimo grado di regia sussiste anche nel *video-recording*, che può valersi di varie "camere", alcune delle quali magari provviste di zoom; nascono quindi problemi di angolatura, ma non così ingombranti e assorbenti che l'"attore" non li possa risolvere da sé, dando precise indicazioni in merito prima dell'"azione", o affidandosi alla normale perizia tecnica di chi effettua la registrazione.

dress them giving detailed directions before the action starts, or just relying on the usual technical skill of the person recording. The relative neutrality and transparency of the mirroring instrument is protected by the almost complete abolition of the aesthetic intervention of a director. Video recording maintains its meek nature, which allows one to fix the flow of life in some kind of everlasting present, uninterrupted by time gaps or other editing difficulties. New advantages appear at the time of broadcasting. Cinematographic sequences require a single showing in a dark space; to these necessary technical requirements we have to add some others of psychological nature and relating to our habits: we are used, in fact, to watching a movie at the cinema, sitting, enduring the imposition of a big screen, finding ourselves as completely passive spectators. Different technical requirements and, above all, different habits allow TV screens to have a more unobtrusive presence: they don't assign us a static role, but on the contrary they allow us to keep to our normal activities, satisfied with being at times just barely perceived, out of the corner of our eye. What's more, they are repeatable: a place can be filled with TVs synchronized on a single transmission that will therefore accompany us and wrap us in a single wave, breaking the lonely and individual nature that usually belongs to the contemplation of a cinema screen. It's useful to think, as some sort of example, of the fascinating – and also, if you want, nauseating – feeling of iteration and stereotypy that we can experience when, while walking on a summer evening along the streets of a city, we are bombarded with the same TV programme echoing from a thousand open windows.

We cannot say that the use of video recording in Bologna was technically perfect: a certain haste at the time of recording, the novelty itself of the instrument and therefore the relative lack of preparation of both the technicians and the artists, caused some disturbance; but the impressiveness

Risulta tutelata, insomma, una relativa neutralità e trasparenza del mezzo rispecchiante, con quasi totale abolizione dell'intervento estetico di un regista. Il *video-recording* mantiene fino in fondo un carattere di docilità a fissare il flusso di vita in una sorta di eterno presente non rotto da salti temporali e da altre complicazioni di montaggio.

Nuovi vantaggi appaiono al momento della trasmissione. La sequenza cinematografica richiede una proiezione unica, in un ambiente buio: esigenze tecniche obbligatorie, queste, cui se ne aggiungono altre di origine psicologica o abitudinaria: siamo infatti abituati ad assistere alle proiezioni cinematografiche stando seduti, subendo l'imposizione di uno schermo di vaste proporzioni, trovandoci interamente relegati nella parte di spettatori passivi. Esigenze tecniche diverse, e soprattutto abitudini diverse consentono invece agli schermi televisivi una presenza molto più discreta: non ci immobilizzano in un ruolo fisso, ma anzi consentono il normale esercizio di altre attività, accontentandosi di essere percepiti a volte soltanto marginalmente e con la coda dell'occhio; di più, hanno la proprietà fondamentale di essere ripetibili: tutto un ambiente può essere costellato di televisori sincronizzati su un'unica emissione, che dunque ci accompagna e ci avvolge in un'unica onda, spezzando il carattere solitario e individuale che ha di solito la contemplazione di uno schermo cinematografico. Si pensi, al limite, quale affascinante – e anche, se si vuole, nauseante – senso di iterazione e di stereotipia ci dà il camminare in una sera estiva per le vie di una città ricevendo l'inevitabile bombardamento di uno stesso programma televisivo echeggiato da mille finestre aperte.

Che l'impiego del *video-recording* a Bologna fosse tecnicamente perfetto, non si può dire: una certa fretta al momento delle registrazioni, la novità stessa del mezzo e quindi la relativa impreparazione sia dei tecnici che degli artisti hanno provocato qualche fenomeno di disturbo; ma l'imponenza

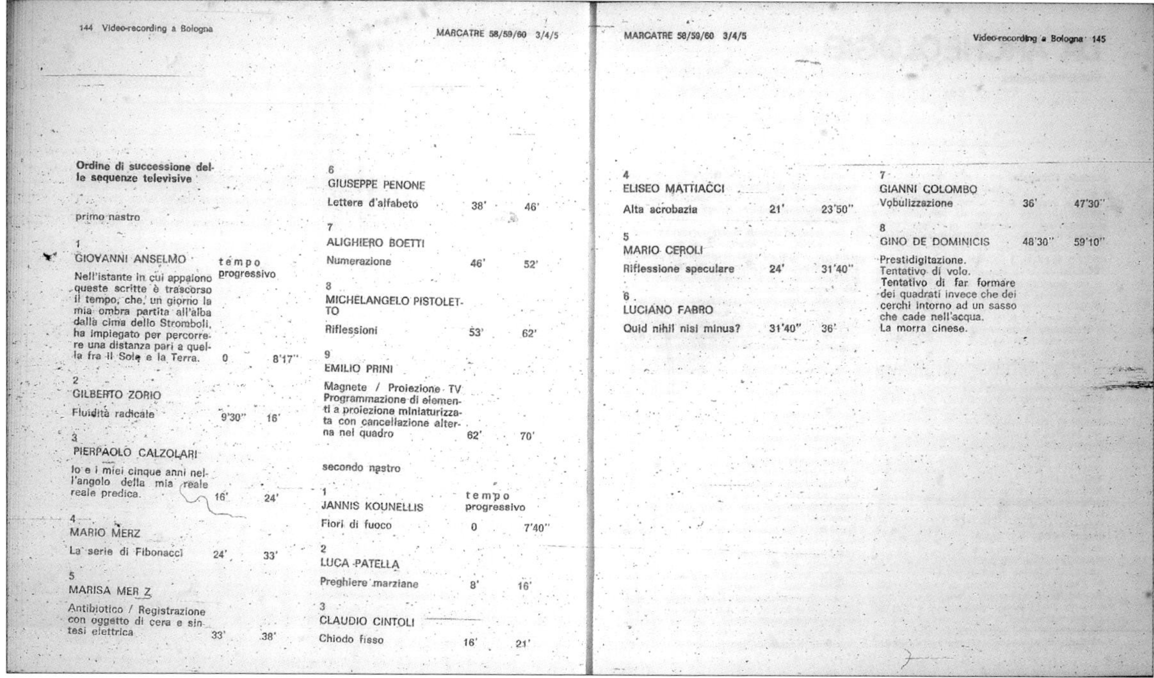

144 Video-recording a Bologna — MARCATRE 58/59/60 3/4/5

Ordine di succession delle sequenze televisive

primo nastro

1
GIOVANNI ANSELMO — tempo progressivo
Nell'istante in cui appaiono queste scritte è trascorso il tempo, che, un giorno la mia ombra partita all'alba dalla cima dello Stromboli, ha impiegato per percorrere una distanza pari a quella fra il Sole e la Terra. — 0 — 8'17"

2
GILBERTO ZORIO
Fluidità radicale — 9'30" — 16'

3
PIERPAOLO CALZOLARI
Io e i miei cinque anni nell'angolo della mia reale reale predica. — 16' — 24'

4
MARIO MERZ
La serie di Fibonacci — 24' — 33'

5
MARISA MERZ
Antibiotico / Registrazione con oggetto di cera e sintesi elettrica — 33' — 38'

6
GIUSEPPE PENONE
Lettere d'alfabeto — 38' — 46'

7
ALIGHIERO BOETTI
Numerazione — 46' — 52'

8
MICHELANGELO PISTOLETTO
Riflessioni — 53' — 62'

9
EMILIO PRINI
Magnete / Proiezione TV Programmazione di elementi a proiezione miniaturizzata con cancellazione alterna nel quadro — 62' — 70'

secondo nastro

1
JANNIS KOUNELLIS — tempo progressivo
Fiori di fuoco — 0 — 7'40"

2
LUCA PATELLA
Preghiere marziane — 8' — 16'

3
CLAUDIO CINTOLI
Chiodo fisso — 16' — 21'

MARCATRE 58/59/60 3/4/5 — Video-recording a Bologna 145

4
ELISEO MATTIACCI
Alta acrobazia — 21' — 23'50"

5
MARIO CEROLI
Riflessione speculare — 24' — 31'40"

6
LUCIANO FABRO
Quid nihil nisi minus? — 31'40" — 36'

7
GIANNI COLOMBO
Vobulizzazione — 36' — 47'30"

8
GINO DE DOMINICIS — 48'30" — 59'10"
Prestidigitazione.
Tentativo di volo.
Tentativo di far formare dei quadrati invece che dei cerchi intorno ad un sasso che cade nell'acqua.
La morra cinese.

Fig. 1. 'Order of succession' of the video works made for the exhibition *Gennaio 70*, published at the end of the article *Video-recording a Bologna*.
"Ordine di successione" delle opere video realizzate per la mostra *Gennaio 70*, pubblicato in chiusura dell'articolo *Video-recording a Bologna.*

and the extent of the experiment, together with the material quantity with which it was carried out, allowed its most significant and specific qualities to stand out, as explained above; another result was the chance to display its stylistic variations. The participation of the seventeen young artists to which the use of the instrument was offered can be classified under the following different entries:

Iteration. Boetti and Merz. Boetti 'counts' the series of prime numbers, every time going back to zero and then increasing by one, and he accompanies the counting with a beat on a percussion instrument. A violinist, on behalf of Merz, plays shrill sounds with his instrument in harmonization with Fibonacci numbers (the mathematical formula which, according to Merz, grasps one of the most intimate and fundamental structures of the universe, one which the growth of plants and animals seems to follow). This is a merely conceptual structure that is useful, however, to help confirm through the observation of the most dissimi-

e la vastità dell'esperimento, la quantità materiale con cui è stato attuato hanno consentito di farne emergere le caratteristiche più significative e specifiche, come appunto risulta dal discorso svolto sopra, e anche di farne risultare le molte varianti stilistiche. La partecipazione dei diciassette giovani artisti cui è stato offerto l'impiego del mezzo può infatti venir rubricata sotto le seguenti molteplici voci:

Iterazione: Boetti e Merz. Boetti "conta" la serie dei numeri primi ritornando ogni volta a zero e aumentando di uno, accompagnando la numerazione con i battiti su uno strumento a percussione. Per conto di Merz, un violinista ricava dallo strumento suoni striduli in omologia con la serie di Fibonacci, la formula matematica che, ad avviso di Merz, coglie una delle più intime strutture portanti dell'universo, cui si adeguerebbe la crescita di piante e di animali. Una struttura puramente concettuale, che tuttavia conviene portare a manifestarsi nei più disparati fenomeni fisici (visivi, auditivi, sensoriali in genere) a conferma della sottile

lar phenomena (visual, auditory, and sensorial in general) the subtle sympathy that links all things. In one case and in the other it is the triumph of monotony, the search for an irritating, provocative effect, enemy of the aesthetic canon of pleasant variations and therefore aimed to focus on obsession. Here is where the tractable and linear nature of video recording turns to be a great help: what is important, in fact, is the pure duration that does not allow cuts or angle and framing changes. Furthermore, it is fundamental that the iterative nature of the action is also promptly repeated on a transmission level; that is to say, the project requires that a network of TVs would accompany the visitor, never letting him/her go, not even for a moment, taking him/her from room to room, under the control and the fascination of its sound wave, that in this case is undeniably more important than the visual image. The frissons of Merz's bow or Boetti's numeric litanies represent a sure *leit-motiv* of the entire journey, some kind of unitary measure that enfolded the entire exhibition.

Image fixing. Calzolari presents one of those epigraphic inscriptions of his, absurd on the meaning level. Ceroli establishes a didactic (compared to his habitual way of operating) symmetry between a live female figure and a stylized wooden shape. Marisa Merz stops to contemplate a wax skullcap, fixing it first in its external appearance and then in its internal one, as if the latter was the result of some kind of X-ray. We are not far from the previous entry, even if here the monotony is not emphasized by a phonic stressing. It is once more the complete success of the symmetry that we saw existing between reality and video recording: as if the operator had forgotten to close the lens and the current of things penetrates through a dam into a canal which is smaller, but is still completely homologous, and where it is easier therefore to take some measurements on the intensity of the flow or the volume of the current itself.

Casual tone. Video recording lends itself very well to cut out pieces from the fabric

simpatia che lega tutte le cose. In un caso e nell'altro è il trionfo della monotonia, la ricerca di un effetto esasperante, provocatorio, nemico del canone estetico della variazione piacevole, e quindi deciso a puntare sull'ossessione. Qui appunto si rivela di grande aiuto il carattere docile e lineare del *video-recording*: quel che conta infatti è la pura durata, che non ammette tagli, né mutamenti di angolazione. Inoltre, è fondamentale che il carattere iterativo dell'azione in se stessa venga prontamente ripreso anche a livello di emissione; occorre cioè che una rete di televisori accompagni il visitatore, non lo lasci neanche un istante, lo riprenda di stanza in stanza sotto il controllo e la fascinazione della sua onda sonora, che in questo caso evidentemente conta molto di più dell'immagine visiva. I fremiti dell'archetto di Merz o le litanie numerali di Boetti costituivano un sicuro *leit-motiv* dell'intero percorso, una specie di misura unitaria in cui tutta la mostra veniva fasciata.

Fissazione dell'immagine. Calzolari propone una di quelle sue scritte epigrafiche assurde a livello di significato. Ceroli stabilisce una specularità a sapore didascalico (rispetto all'operazione che gli è consueta) tra una figura femminile vivente e una sagoma di legno stilizzata. Marisa Merz si arresta alla contemplazione di una calotta di cera fissandola ora nella sua apparenza esterna, ora in quella interna come risultante da una specie di radiografia. Non siamo molto lontani dalla rubrica precedente, anche se qui la monotonia non viene sottolineata da una scansione fonica. È ancora una volta il pieno successo della specularità che abbiamo visto sussistere tra la realtà e il *video-recording*: come se l'operatore avesse dimenticato di chiudere l'obiettivo, e la corrente delle cose penetrasse attraverso una chiusa in un canale minore per portata, ma del tutto omologo, dove quindi riesce più agevole fare certe misurazioni circa l'intensità del flusso o la portata della corrente stessa.

Taglio casuale. Il *video-recording* si presta molto bene a ritagliare delle fette dal

of the world, proceeding lightly and spontaneously. Video recording can be handled for example as Penone has done: once he had grasped the video camera, he used it to start writing letters against a sky or earth or urban landscape background, chosen without any particular selective criteria. Certainly, the whole operation is set in motion by an artificial-cultural act such as writing the letters of our alphabet; but this is just an excuse to start somewhere to curb the infinite wealth of reality. What is most important is, once again, the lightness and tractability of the instrument that allows one to transform the traditional principle of writing, i.e. the marking of a sign over a flat surface, in a script, or better an 'inscription' on the live flesh of the world. As for Gilberto Zorio, he has thought to recover a very significant concentrate of free randomness, or the spontaneous flow of things within the walls of a brick factory, and precisely in the space where the rotor blades of the powerful drying room fans whirl around. Here too there is a small artificial intervention, even declamatory, given by the presence of the artist who allows himself to be caught in the foreground while uttering the symbolic phrase 'radical fluidity'; but then the word is an explanatory example and it couldn't be more full and concrete, and it is up to the video recording to throw upon us, in large quantity, the rumble of the rotating rotor blades: here again we have iteration and fixation, but on a continuous level.

Metatheatre. The possibility of playing with the symmetrical relation between video recording and reality, establishing a complicated game of mutual cross-references, could not escape some artists' notice. As predictable, the first to insist on this point was Pistoletto. At first the game is simple, the camera is hidden, it just frames a normal and obvious reflective surface offered by a mirror: a mirror where Pistoletto lets his image slowly advance; his image is attired in a histrionic way, as if he was a wizard intent on a ritual, or even better, as if he was a sea captain devoted to an adventurous naviga-

tessuto del mondo procedendo con leggerezza e spontaneità. Lo si può manovrare, ad esempio, come ha fatto Penone che, impugnata la "camera", si è dato a scrivere con essa delle lettere contro uno sfondo di cielo o di terra o di panorama urbano, assunti senza alcun particolare criterio selettivo. Certo, tutta l'operazione è messa in moto da un atto artificiale-culturale come quello di scrivere le lettere del nostro alfabeto; ma questo è appena un pretesto tanto per cominciare da qualche parte a imbrigliare l'infinita ricchezza della realtà. Conta prima di tutto, ancora una volta, la leggerezza e la docilità del mezzo che consente di trasformare il tradizionale principio della scrittura, ovvero la deposizione di un segno su un supporto piatto, in una scrittura, o meglio "iscrizione" sulla carne viva del mondo. Gilberto Zorio da parte sua ha pensato di ritrovare un concentrato molto indicativo della libera casualità, o spontaneo fluire delle cose entro le pareti di una fabbrica di mattoni, e precisamente nell'ambiente in cui vorticano le pale dei potenti ventilatori dell'essiccatoio. C'è anche qui un minimo di intervento artificiale, perfino declamatorio, dato dalla presenza dell'artista che si fa sorprendere in un primo piano mentre pronuncia la frase simbolica "fluidità radicale"; ma poi la parola è all'esemplificazione, che non potrebbe essere più piena e tangibile, e sta appunto al *video-recording* rovesciare su di noi in grande quantità il fragore delle pale ruotanti: anche qui, iterazione, fissazione, ma a livello di tessuto continuo.

Metateatro. Non poteva sfuggire all'attenzione di qualche artista la possibilità di giocare sul rapporto speculare tra il *video-recording* e la realtà, istituendo una complessa partita di rimandi reciproci. Come era prevedibile, il primo a insistere in questo senso è stato Pistoletto. Dapprima il gioco è semplice, la camera sta nascosta, si limita a inquadrare una normale e ovvia superficie speculare data da uno specchio: uno specchio su cui Pistoletto fa avanzare lentamente la sua immagine conciata in modo un po' istrionico, come di uno stregone intento a un

tion, dressed with a waterproof cloak and a sugar-loaf hat. When the image, proceeding with solemn slowness, reaches almost the edge of the visual field, the body in the flesh appears; that body, however – let's not forget it -is also present on the video as image. For a short time the real artist and his 'double' come alongside, then the 'double' exits and the 'real' finishes his procession turning to the audience and showing them his face. This is a theatre prologue, histrionic, even, to a more subtle and specifically visual game that starts when the camera comes openly out and gives up its privileged position of Olympian spectator, and it begins to shoot the monitor, where, on the other hand, what else can we see if not the camera itself in the act of filming the monitor? The two eyes catch each other deeply, they rebound one into the other, they propagate in an infinite series of dissociations and cross-referencing; in an extreme case, the ray of light, which has now been given more depth and is rebounding between the two devices that send it back and forth along a single axis, becomes a dazzling note almost unbearable to the eye. Afterwards the camera abandons that burning *tête-à-tête* with its partner and starts wandering in the room, dealing with the plastic material (or also the live presences, but properly immobilized as objects) with long and slow tracking shots. Here in fact, as someone has promptly noticed, the risk is that of slipping into the sphere of a normal cinematographic use of the instrument, with excellent but not really new results, on the same line of the *nouvelle vague*. But when the gaze dives once again into that sort of arm wrestling with its receiver, when the short circuit between camera and monitor has been re-established, who can deny that we find ourselves once again faced with that subtle, sharp exploitation of the instrument in its most significant qualities?

The same idea of a tête-à-tête is the basis of Prini's piece; but this time the camera fixes an uninteresting TV that has an old, bulky and complicated shape. When all de-

rito o meglio, come di un capitano di mare votato a una navigazione avventurosa, vestito con mantella impermeabile e cappello a pan di zucchero. Quando l'immagine incedendo con lentezza ieratica è giunta quasi al limite del campo visivo ecco apparire il corpo "in carne e ossa" che tuttavia non dimentichiamolo, sul video è anch'esso presente in immagine. Per un breve tratto il vero e il suo "doppio" si affiancano, poi *exit* il "doppio" e il "vero" termina la sua processione rivoltandosi verso il pubblico e presentandoglisi di faccia. È questo un prologo teatrale, perfino gigionesco, a un gioco più sottile e specificamente visivo che comincia quando la "camera" esce allo scoperto, abbandonando la sua posizione privilegiata di spettatore olimpico, e si dà a riprendere il monitor, sul quale d'altra parte che cosa mai può comparire, se non appunto la camera nell'atto di riprenderlo? I due occhi si colgono di infilata, rimbalzano l'uno nell'altro, si propagano in una serie infinita di sdoppiamenti e di rinvii; al limite, il raggio luminoso così infittito e rimandato tra i due apparecchi che se lo palleggiano lungo un unico asse esce in una nota abbagliante quasi insostenibile allo sguardo. Poi, la camera abbandona quel bruciante *tête-à-tête* col suo partner e si dà a gironzolare per la stanza, affrontandone il materiale plastico (o anche le presenze umane, però debitamente immobilizzante allo stato di cose) con lunghe e lente carrellate. Qui in effetti, come qualcuno ha subito notato si rischia di scivolare nell'ambito di un normale uso cinematografico del mezzo con effetti di ottima lega ma non nuovissimi sulla linea della *nouvelle vague*. Ma quando lo "sguardo" si rituffa in quella sorta di braccio di ferro con il suo ricevitore, quando cioè si ristabilisce il corto-circuito tra la camera e il monitor, chi può negare che si rientri nel giro di un acuto, sottile sfruttamento del mezzo in quanto ha di più specifico?

La stessa idea del *tête-à-tête* è anche alla base del brano di Prini; solo che questa volta la camera fissa un banale televisore un po' vecchiotto nella sagoma, ingombrante

vices are working, the video shows a 'grey' scene: the interior of an office dominated in fact by the mass of the TV that in its turn frames a grey scene dominated by a TV... A similarly uninteresting typewriting noise is the appropriate accompanying sound. Successively, the TV can be partially switched off, and then the scene records the simultaneous switching off of that central eye that still dominates the scene, but that has suddenly become opaque and dull; or with a more resolute action, the same camera can be switched off, and then the result is a vacuum, a non-image together with a non-sound: a state of zeroed perception. Then the camera is switched on again and a blinding flash marks the reopening of the eye, again accompanied by the flow of a sound wave... A perfect score of audio-visual scansions, rhythmically alternated, obtained through very simple 'poor' means, completely faithful to the specific nature of the instruments used.

Montage. Some of the artists involved tried to do some editing, at least ideally, placing next to each other several separate scenes, and therefore challenging the specific qualities of video recording. But such specific qualities ended up being reconfirmed (through evidence to the contrary), suggesting therefore that more suitable cinematographic tools should be left to deal with such an operation. But even so, we cannot say that video recording could not prove its usefulness. In this case it can be used to take some sort of notes, some study, for what will become a proper cinematographic sequence. Fabro gave vent to his baroque vein, which alternates with the 'minimalist' and essentialist one. The result is a meditation on 'nothingness and surroundings' (propitiated by the caption *Quid minus nisi nihil*) with apparitions of partial blazes that burn a mannequin's hand. All this occurs almost on the threshold of a conceptual 'art', in a historical and therefore baroque sense, as we will also say for one of the next entries. Patella, as a technological wizard, led a representative of the pro-

e macchinosa. Quando tutto funziona, il video inquadra una scena "grigia", un interno di ufficio, dominato appunto dalla mole del televisore che a sua volta inquadra una scena grigia dominata da un televisore... Un altrettanto banale rumore di dattilografia è l'opportuno accompagnamento sonoro. Successivamente, si può operare uno spegnimento parziale del televisore, e allora la scena registra lo spegnersi simultaneo di quel suo occhio centrale, che resta a campeggiare, ma divenuto improvvisamente opaco e smorto; oppure, con atto più deciso, si può spegnere la camera stessa, e allora è il formarsi del vuoto, della non-immagine, assieme al non-rumore: uno stato di percezione azzerata. Poi la camera viene riaccesa e un lampo accecante segna il riaprirsi dell'occhio, nuovamente accompagnato dallo scorrere del fiotto sonoro... Una perfetta partitura di scansioni visivo-sonore, ritmicamente alternate, ottenute con mezzi semplicissimi, "poveri", totalmente aderenti alla natura specifica degli strumenti impiegati.

Montaggio. C'è chi ha tentato di valersene, almeno idealmente, accostando tante scene staccate, e sfidando così le proprietà specifiche del mezzo. Queste probabilmente ne sono uscite riconfermate, attraverso una prova per contrario, consigliando così di rimandare l'operazione al più rispondente mezzo cinematografico. Ma anche così non è detto che il *video-recording* non mostri una sua utilità. In questo caso esso può servire per buttar giù come degli appunti, degli studi, per quella che sarà poi una normale sequenza cinematografica.

Fabro ha dato corso alla sua vena barocca, quella che si alterna all'altra "minimalista" ed essenzialista. Ne è risultata una meditazione sul "nulla e dintorni" (propiziata dal la didascalia *Quid minus nisi nihil*), con apparizione di roghi parziali in cui si consuma la mano di un manichino. Il tutto quasi alle soglie di un'arte "concettuale", in senso storico e quindi barocco, come ci avverrà di dire anche a una prossima rubrica. Patella,

fane common people (in this case Fabio Sargentini) to discover with him the traces of a spatial invasion. The recourse to interiors, exteriors, zooming, and clever musical accompaniments turned this piece into a precious technical *tour de force*. Something similar could be said about Simonetti, who carried on his counterpoint on the subject of mass media and the audio-visual stereotypes of our culture: unfortunately, however, some recording hitches made his contribution really hard to interpret.

Conceptuality. This is the entry that corresponds to one of the more *à la page* aspects of the avant-garde research, but, as already said in relation to Fabro, at least in the samples present in Bologna, the futuristic proposal was enlivened by a captivating historical aspect that almost recovered the baroque concept, i.e. an unusual matching of distant things, joined by the perception of a surprising, and sometimes humorous, analogy. Here video recording plays again a valid role. Maybe the 'purists' of conceptual art will express their displeasure. They, in fact mistrust all things physical, visible, tangible; they aim at the transmission of extremely reduced signals, enjoyable only on a mental plane. Video recording instead provides the concept with a convenient, concrete example. Mattiacci tries to be an equilibrist on a board, with intentional clumsiness and unskillfulness; such ostentatious failure prepares us for a better enjoyment of the sudden revival of a light, quick, almost immaterial acrobatic performance obtained through his fingers proceeding, ant-like, along the edge of a modest, not intimidating precipice.

With De Dominicis the exemplification goes as far as becoming acting, almost that of a mime, or also, as I have happened to say on a previous occasion, rhetoric action directed at convincing us of an absurdity. In a first sketch De Dominicis challenges with beautiful smartness the uninteresting and hackneyed nature of a romantic 'concept': that of stealing the moon, making it disappear through nimble fingers just as a con-

nella veste di mago in versione tecnologica, ha condotto un rappresentante del volgo profano (per l'occasione Fabio Sargentini) a scoprire assieme a lui le tracce di un'invasione spaziale. Il ricorso a interni, a esterni, a zoomate, a sapienti accompagnamenti musicali ha fatto di questo brano un prezioso *tour de force* tecnico. Qualcosa del genere potrebbe valere per Simonetti, che ha proseguito il suo contrappunto sul tema dei mass media e degli stereotipi visivi-sonori della nostra civiltà, ma purtroppo certi inconvenienti di registrazione hanno reso molto ardua la lettura del suo contributo.

Concettualità. È la rubrica che corrisponde a uno degli aspetti più *à la page* della ricerca d'avanguardia, ma, come già si diceva a proposito di Fabro, almeno nei campioni presenti a Bologna, la proposta avveniristica si è colorata di un accattivante aspetto storico di quasi recupero del "concetto" barocco, cioè di un accostamento raro tra cose distanti, unificate dalla percezione di una analogia sorprendente e a volte umoristica. Anche qui il *video-recording* gioca una sua valida carta. Forse i "puri" della *conceptual* storceranno la bocca. Essi infatti diffidano di tutto quello che è fisico, visibile, tangibile; mirano a una trasmissione di segnali ridottissimi, fruibili solo in una dimensione mentale. Il *video-recording* invece provvede il concetto di un conveniente esempio concreto. Mattiacci tenta di fare l'equilibrista su un asse, con voluta goffaggine e imperizia; un fallimento così ostentato ci prepara a gustare meglio l'improvvisa rinascita di un equilibrismo leggero, spedito, quasi immateriale ottenuto con le dita della mano fatte procedere "a formica" sul filo di un modesto e non temibile precipizio.

In De Dominicis l'esemplificazione diventa addirittura recitazione, quasi di un mimo, o anche, come mi è già capitato di dire, azione retorica volta a convincerci di un'assurdità. In un primo *sketch* De Dominicis sfida con bella eleganza il carattere perfino trito e banale di un "concetto" romantico: rubare la luna, farla sparire tra le

jurer makes a coin disappear, to give it back right afterwards. Or let us take *Flight attempt* as a further example: why should Man, through a patient exercise during millennia, not learn to fly? But let's think of how boring it would be to "think" of this concept without any concrete help (and is it even possible for us to 'think' of something without making it pass through an image level?). De Dominicis kindly helps us, offering a series of clumsy and disastrous flight attempts. The same can be said about the eager acting out of the attempt to obtain square refraction rings, instead of circular ones, when throwing a stone in a pond. We follow the artist's patient throws, as he, as we said, simply throws the stones into the water, waiting for the miracle, and we are almost convinced that it can really happen, we just need to have the patience to wait a bit longer... And finally we can consider the anti-metaphor, or, better, the reverse of the baroque concept, that is to take literally a meaning that in the common language is already figurative: we have here the case of *Morra cinese* [Chinese morra], where rock, paper and scissors are in this case the normal, literal, 'real' physical objects corresponding to those nouns. Magritte and the surrealists shifted this correspondence between signifier and signified; nowadays after several semantic shifts, the only way to still surprise the audience is to re-establish an exact correspondence between signifier and signified. Only acting, though, is able to give to this operation, otherwise too dry, a proper accompaniment of wonder and spectacular values.

Anselmo, more austere than his Roman colleagues, works on a scientific concept: the time that it takes for light to travel from the Sun to the Earth; here too, however, we experience a reversal of the trend: it is in fact a case of bringing vases to Samo,[1] that is to say, to give back to the Sun a bit of what it gives to us in abundance; even if it is a 'negative' return, of shadow instead of light. The over eight minutes that it takes for Anselmo's shadow to get from Mount Strom-

dita agili così come un prestigiatore fa sparire un soldo per poi restituirlo subito dopo.

Oppure *Tentativo di volo*: perché l'uomo, attraverso un paziente esercizio di millenni, non dovrebbe imparare a volare? Si pensi però come sarebbe noioso "pensare" questo concetto senza alcun aiuto concreto (ed è forse possibile per noi "pensare" qualcosa senza farlo passare per il livello delle immagini?). De Dominicis ci aiuta benevolmente dandoci una serie di goffi e fallimentari tentativi di volo. Lo stesso si dica per la volonterosa recitazione del tentativo di far fare, a un sasso scagliato in uno stagno, degli anelli di rifrazione quadrati invece che circolari. Seguiamo i getti pazienti dell'artista che appunto getta i sassi nell'acqua, in attesa del miracolo, quasi convinti che esso possa realmente accadere, solo di avere la pazienza di aspettare ancora un poco... E infine l'anti-metafora vale a dire il concetto barocco alla rovescia, cioè il prendere alla lettera un significato che è figurale già nel linguaggio comune: ecco la *Morra cinese*, ove il foglio, il sasso, le forbici sono in questo caso i normali, letterali, "veri" oggetti fisici corrispondenti a quei nomi. Magritte e i surrealisti "spostavano" la corrispondenza tra il significante e il significato; oggi, dopo tanti spostamenti semantici, l'unico modo di sorprendere ancora il pubblico è quello di ristabilire tra il significante e il significato una corrispondenza precisa. Solo la recitazione però è in grado di dare a quest'operazione, altrimenti troppo arida, un opportuno accompagnamento di meraviglia e di valori spettacolari.

Anselmo, più austero dei colleghi romani, lavora su un concetto scientifico: il tempo che la luce ci mette dal sole alla terra; anche qui, però, con un rovesciamento di tendenza: si tratta infatti di "portar dei vasi a Samo", vale a dire, di restituire al sole un po' di quanto esso ci trasmette così abbondantemente; anche se è una restituzione "in negativo", di un'ombra invece che di una luce. Gli otto e passa minuti che l'ombra di Anselmo, partita dallo Stromboli, ci mette a giungere sul sole sarebbero mentalmente

boli to the Sun, would be mentally inexistent, if it weren't for the TV recording making them concrete through a measurable 'length' of emptiness or non-image on the screen.

Electronics. So far we have spoken profusely about the tractability of video recording to copy the natural spectacle. But this is an illusion, one of the many caused by our persistent anthropocentrism. As a matter of fact the electronic flow goes on by itself, and we are the ones to impose on it to be mimetic in relation to our reality. The slightest thing is enough: even the smallest technical problem can let the electronic flow escape from the cage where we forced it, and then we watch astounded, on the screens, the unrestrained dances it celebrates. Some artist was bound to choose to free the wild beast, to be enthralled by it: or better, to control it, but in its own bursts and impulses of free animal. This is the task that Gianni Colombo decided to undertake, and he obtained brilliant results of kinetic dances, a lot faster and nimbler than what he usually obtains through the construction of wearisome mechanical devices. Probably this encounter between Colombo and video recording has not been an isolated and accidental one, but one full of future developments.

Spectacle – happening. Last but not least, and in fact maybe the '*gran finale*', is the most proper and specific use of video recording, completely devoted, without 'conceptual' complications, to the natural task of fixing an action in all its evidence and flagrancy. Kounellis places on top of some floor tiles laid out as a number of flower petals, the exact same number of metaldehyde tiles that he then burns. These flowers burn as if a swath of fire were running through their internal veins, or as if a *rendezvous* of *ignis fatuus* was there to stipple them. That's all: about ten minutes of silent combustion, that are also ten minutes of vision, as if the uninteresting scene of a floor was for some period of time visited by exceptional beings, and then neglected again to return to its usual dull and modest appearance. The internal light, that reveals the

inesistenti, se appunto non ci pensasse la registrazione televisiva a concretarli in una misurabile "durata" di vuoto o di non-immagine sullo schermo.

Elettronica. Fin qui si è parlato tanto della docilità del *video-recording* a "copiare" lo spettacolo naturale. Ma questa è un'illusione, una delle tante del nostro persistente antropocentrismo. In realtà il flusso elettronico va per i fatti suoi, e siamo noi a imporgli di essere mimetico nei confronti della nostra realtà. Basta un nulla, un piccolo incidente tecnico per far fuggire il flusso elettronico dalla gabbia cui lo obblighiamo, e allora assistiamo allibiti, sui teleschermi, ai balletti sfrenati che esso celebra. Qualche artista doveva pur scegliere di dare libertà alla belva, di lasciarsene trascinare: o meglio, di controllarla, ma nei suoi stessi scatti e impulsi di animale libero. È quanto si è incaricato di fare Gianni Colombo, ottenendo brillanti risultati di danze cinetiche, molto più rapide e sciolte di quanto normalmente egli non ottenga attraverso la costruzione di laboriosi apparati meccanici. Probabilmente è stato, questo di Colombo col *video-recording*, un incontro non sporadico e casuale, ma pieno di futuri sviluppi.

Spettacolo-happening. *Last but not least*, anzi, forse il "gran finale", ovvero l'uso più proprio e specifico del mezzo, interamente abbandonato, senza complicazioni "concettuali", al compito naturale di fissare un'azione in tutta la sua evidenza e flagranza. Kounellis colloca, sulle mattonelle di un pavimento disposte come tanti petali di fiori, altrettante formelle di meta, che poi incendia. I fiori ardono, come se le loro venature interne fossero percorse da una lingua di fuoco, o come se un convegno di fuochi fatui fosse venuto a punteggiarle. È tutto qui: una decina di minuti di silenziosa combustione, che sono anche dieci minuti di "visione", come se la banale scena di un pavimento fosse per qualche tempo visitata da esseri d'eccezione, e poi di nuovo abbandonata all'aspetto dimesso e scialbo di sempre. La luce interna, rivelatrice dei segreti della materia, si spegne, e ritorniamo

secrets of the material, is switched off, and we return to the grey daily prose, still a bit dazzled by the vision.

Cintoli has himself wrapped up: it is the elementary, childish show of the forming of a skein, a tangle, a show that is always followed with eyes and mouth wide-open, forcing the spectators to 'stay and see', notwithstanding the obviousness of the action. We have a meddler (Fabio Sargentini in this occasion) busy trotting around the bigger and bigger head of lettuce, almost offering a shrewd parody, or reduction to the primary, of the labours of a technician around a spaceship being sent into orbit. And even the communications going on between the 'wrapped up one', the artist slowly disappearing under the broadening of the bandages, and his 'helper' – communications that the tape sound lets echo more than they should – provide the parody of the exchange of messages between astronauts and base. In the end, the nail driven down with heavy blows, thundering more than they should, adds a touch of 'cruelty'. We are fascinated in contemplating that shapeless globe that has absorbed a precise and definite human presence without leaving any trace.◆

alla grigia prosa quotidiana, ma ancora un poco abbagliati dalla visione.

Cintoli si fa incartare: è lo spettacolo elementare, infantile del formarsi di una matassa, di un garbuglio, spettacolo che si fa sempre seguire a occhi e a bocca aperta, costringendo gli spettatori a "stare a vedere" nonostante l'ovvietà della cosa. C'è l'affaccendarsi dell'inserviente (Fabio Sargentini per l'occasione) che trotterella attorno a quel sempre più crescente cespo d'insalata, quasi offrendo un'arguta parodia, o riduzione al primario, degli affanni di un tecnico attorno a una navicella da mettere in orbita. E anche le comunicazioni intercorrenti tra l'"incartato", l'artista via via sparente sotto il dilatarsi delle bende, e il suo "aiuto" – comunicazioni che il sonoro del nastro fa echeggiare un po' più del dovuto – vengono a fornire la parodia degli scambi di messaggi tra gli astronauti e la base-terra. Infine il "chiodo fisso" piantato con mazzate, anch'esse rimbombanti più del normale, dà al tutto un pizzico di "crudeltà". Restiamo affascinati a contemplare quell'informe globo entro cui è stata fagocitata una precisa e definita presenza umana senza più lasciare tracce.◆

Endnote

1. This phrase is the Italian equivalent of the English phrase 'carrying coals to Newcastle': a metaphor to say that you bring something somewhere where it is not needed because there is already in abundance, i.e. vases in the Greek island of Samo which was famous in antiquity for its production [Note of the Translator].

Bordini's *Memoria del video: anni Settanta* [Memory of Video: Italy in the Seventies] first appeared in the monographic issue of the art journal *Ricerche di Storia dell'arte* entitled *Videoarte in Italia* [Video Art in Italy] (n. 88, 2006), which was dedicated to Italian video art.
Starting with Lucio Fontana (who anticipates the research on the creative possibilities of new media), the article constitutes an exceptional survey and critical analysis of video art in Italy in the 1970s. With an excursus on the most relevant players and seminal works of the decade, it includes exhibitions such as *Gennaio 70* [January 70], *Artevideo e Multivision, Camere incantate* [Enchanted Rooms] and *Video '79*, as well as production centres and galleries such as art/tapes/22, Galleria del Cavallino, VideObelisco, Studio 970/2 and the Centro Video Arte of Palazzo dei Diamanti in Ferrara.

Chapter 2 / Capitolo 2

Memory of Video: Italy in the Seventies | Memoria del video: Italia anni Settanta

Silvia Bordini

1 – Artistic Expressions of a New Model: Lucio Fontana

The first intuitions on the possible creative uses of the new technologies offered by television arose from the ferments that had run through the art world in the post-war period.[1] Lucio Fontana adopted a position in the name of the hypothesis of a radical evolution of art, based on a new synthesis between science (as theoretic dimension of the modern), creativity (as spiritual and subconscious dimension of art), and technological applications (as tools for the material transformation of life). The statements about television disseminated in his *Manifesti* [Manifestos] seem today like archetypes if compared to the variety of discussions around the increasing phenomenon known today as Electronic Art or Media Art, which became more and more frequent from the end of the last century up until now. Such definitions describe works that use (by now almost always together) video, computer graphics, animation, installations, interac-

1 – Espressioni artistiche di un nuovo modello: Lucio Fontana

Le prime intuizioni sulla possibilità di utilizzare creativamente i nuovi strumenti offerti dalla televisione provengono dai fermenti che percorrono il mondo dell'arte nell'immediato secondo dopoguerra[1]. È Lucio Fontana a prendere posizione, nel segno dell'ipotesi di una radicale evoluzione dell'arte fondata su una nuova sintesi tra la scienza (come dimensione teorica del moderno), la creatività (come dimensione spirituale e subconscia dell'arte), e le applicazioni tecnologiche (come mezzo della trasformazione materiale della vita). Le dichiarazioni sulla televisione disseminate nei suoi manifesti hanno oggi il sapore di archetipi, rispetto alla pluralità di discorsi che si sono via via infittiti dagli ultimi decenni del secolo scorso ad oggi intorno al sempre più vasto fenomeno di quella che attualmente prende il nome di arte elettronica o *media art*, per indicare opere che utilizzano (e ormai quasi sempre insieme) video, computer grafica, animazio-

tive devices and the Internet. At the same time, we can define as primordial the products, experiences, methods and instruments used at the dawn of this form of art, when it did not yet have a suitable, defining name, before we started calling it Video Art.

This is an extremely hastened story, marked by experiences that chase each other and are worn out (and forgotten) in close relation to the exponential speed of technological discoveries; from the manipulation of the television signal to the synthesizers, from the television camera to computer processing. Electronic and multimedia arts shared, since their birth, the cultural trends of the Sixties and Seventies. They aimed at overcoming the idea of the work of art as a precise and stable object and were gearing towards its concept as event and experience. Justifiably the first experiences were developed on an international level within the stirrings of the idea of art and technique of art, of artist and public led by Fluxus. The identity of art forms connected to electronic techniques was slowly defined through research that not only involved the artists' choices, but also the relation between the work of art and the public and critics' language, thereby stimulating the necessity to create a specific terminology and method of interpretation.

Our aim is to ponder some aspects of the reception and of the first expressions conveyed by video in Italy, where the initial attention led to significant qualities and definitions, which spread through a buoyant, albeit scarcely known, series of initiatives.

Fontana can, therefore, be taken as the starting point for an historical examination. He precociously reflects upon the potential of the television medium as transmitter of works of art and as instrument of a new art. In a contemporary world transformed by science and technics, there is no longer room, according to Fontana, for the traditional forms of art, which need to modify and display themselves in a new synthesis: 'like a sum of physical elements, colour, sound,

ne, installazioni, dispositivi interattivi e internet. Così come appaiono arcaici i prodotti, le esperienze, i metodi e gli strumenti dei primordi di questa forma d'arte, quando ancora non aveva un nome adatto a definirla, prima ancora di chiamarsi videoarte.

Si tratta di una storia estremamente accelerata, ritmata da esperienze che si rincorrono e si consumano (e si dimenticano) in stretta relazione con la rapidità esponenziale delle invenzioni tecnologiche; dalla manipolazione del segnale televisivo ai sintetizzatori, dalla telecamera alle elaborazioni informatiche. Fin dagli esordi le arti elettroniche e multimediali hanno condiviso le tendenze culturali degli anni Sessanta e Settanta verso il superamento dell'opera come oggetto stabile e definito e la sua declinazione in termini di evento ed esperienza; non a caso le prime sperimentazioni maturano nell'ambito internazionale dei sommovimenti dell'idea di arte e di tecnica dell'arte, di artista e spettatore, condotti da Fluxus. L'identità delle forme d'arte legate alle tecniche elettroniche si definisce lentamente attraverso ricerche che coinvolgono non solo le scelte degli artisti ma anche la relazione tra opera e pubblico e il linguaggio della critica, stimolando l'esigenza di mettere a punto un lessico e un metodo di lettura specifico.

All'interno di questa storia ci interessa riflettere su alcuni aspetti della ricezione e delle prime articolazioni del video in Italia, dove l'iniziale attenzione ha avuto caratteristiche e definizioni importanti disseminate in una vivace, e poco nota, sequenza di iniziative.

Fontana, dunque, può essere preso come punto di partenza di una ricognizione storica. Egli riflette precocemente sulle potenzialità del *medium* televisivo come trasmettitore di opere e come strumento di un'arte nuova. Nel mondo contemporaneo trasformato dalla scienza e dalla tecnica non vi è più posto, secondo Fontana, per le forme tradizionali dell'arte, che devono perciò modificarsi e manifestarsi in una nuova sintesi: "come una somma di elementi fisici:

movement, time, space, that integrate a psycho-physical unity'.[2]

These ideas drew strength from Fontana's previous experiences and took shape in the spatial research that would develop upon his return to Italy (in Milan) finding expression both in works of art and in theoretical production. His *Manifesti*, written between 1947 and 1952, increasingly focused on the reflection of material and art, on shapes and colours, on the concept of an unlimited spatiality towards the overcoming of the limits of both traditional forms of painting and sculpture, on the eternity of the act and on the perishability of material through time. He reaffirmed the historical necessity for the artist to appropriate the means offered by scientific discoveries, seen as an encouragement to create. It was within this background that a reference to television appeared for the first time, included in *Primo Manifesto dello Spazialismo* [First Manifesto of Spatialism] – (1947, signed by Beniamino Joppolo, Fontana, Giorgio Kaisserlian, Milena Milani):

> We refuse to think that art and science are two separate facts... Artists anticipate scientific acts; scientific acts always give rise to artistic acts. Neither radio nor television could spring from man's soul without an urge that goes from science to art. It is impossible for man not to move from canvas, from bronze, from chalk, from plasticine towards the pure, airy, universal, suspended image.[3]

These same themes are again analysed by Fontana's *Secondo Manifesto Spaziale* [Second Spatial Manifesto] of the 18 March 1948: 'with the resources offered by modern techniques, we will make artificial shapes, rainbows of wonder, luminous inscriptions appear in the sky. We will broadcast, through radio-television, artistic expressions of a new model'. Fontana's *Proposta di un regolamento del movimento spaziale* [Proposal for a Regulation for the Spatial Movement] (2 April 1950) also dealt with such issues, as it clearly specified that 'the

colore, suono, movimento, tempo, spazio, la quale integri una unità fisico-psichica"[2].

Queste idee traevano forza dalle precedenti esperienze di Fontana e prendono corpo nelle ricerche spaziali che si sviluppano al suo ritorno in Italia, a Milano, esplicandosi sia nelle opere sia nella produzione teorica. Si intensifica infatti nei *Manifesti* (tra il '47 e il '52) la riflessione sulla materia e sull'arte, sulle forme e sui colori, sul concetto di una spazialità infinita, verso il superamento sia dei limiti delle forme tradizionali del quadro e della scultura, sia, nell'"eternità" del gesto, della deperibilità della materia nel tempo; e viene ribadita con insistenza la necessità storica dell'appropriazione da parte dell'artista dei mezzi offerti dalle scoperte scientifiche intese come stimolo alla creazione. In tale contesto di idee appare per la prima volta anche il riferimento alla televisione, nel *Primo Manifesto dello Spazialismo* (1947, firmato da Beniamino Joppolo, Fontana, Giorgio Kaisserlian, Milena Milani):

> Ci rifiutiamo di pensare che scienza ed arte siano due fatti distinti [...]. Gli artisti anticipano gesti scientifici, i gesti scientifici provocano sempre gesti artistici. Né radio né televisione possono essere scaturiti dallo spirito dell'uomo senza un'urgenza che dalla scienza va all'arte. È impossibile che l'uomo dalla tela, dal bronzo, dal gesso, dalla plastilina non passi alla pura immagine aerea, universale, sospesa[3].

Su questi temi Fontana ritorna ancora nel *Secondo Manifesto Spaziale* del 18 marzo '48: "con le risorse della tecnica moderna, faremo apparire nel cielo: forme artificiali, arcobaleni di meraviglia, scritte luminose. Trasmetteremo per radiotelevisione, espressioni artistiche di nuovo modello", e nella *Proposta di un regolamento del movimento spaziale* (2 aprile 1950), in cui si precisa che "il Movimento spaziale si propone di raggiungere una forma d'arte con mezzi nuovi che la tecnica mette a disposizione degli artisti"; tra questi si indicano "la

Spatial Movement aims to reach a form of art with the new means that technics offer to artists'; among these are 'radio, television, black light, radar and all those means that man's intelligence will still be able to discover'. The paper furthermore stresses that 'the creation devised by the Spatial Artist [Artista Spaziale] is projected into the space' and that 'a new awareness is taking shape within mankind, so much so that there is no longer a need to represent a man, a house, or nature, but to create with one's own creativity the spatial sensations'.[4]

It is during these years that Fontana accomplished fundamental works oriented towards the directions specified in his writings and which have been considered by critics as forerunners of the future outcomes of the environment and Conceptual Art: *Ambiente spaziale con forme spaziali e illuminazione a luce nera* [Spatial Environment with Spatial Shapes and black light illumination] was displayed for six days at the Galleria del Naviglio in Milan in 1949; in 1951, a sinuous two hundred metre tangle of neon lights was laid in the great hall of the IX Triennale di Milano.

Television is therefore repeatedly indicated among the instruments of the new art; although, despite several references, Fontana only used it on one occasion: on the 17 May 1952, in an experimental broadcast for Milan RAI TV. In spite of its uniqueness, this experience assumes a specific meaning in Fontana's career. As a matter of fact, Fontana used the first slashed *tele e carte telate* [canvas and linen papers] precisely for the creation of the luminous moving images which made up his 'video'; at the same time (May 1952) he displayed these slashed canvas and linen papers in a one-man show at the Galleria del Naviglio, calling his works *Concetti Spaziali* [Spatial Concepts]. As observed by Crispolti 'the origin of Fontana's *Buchi* ['holes'] should be related to this implication of new technologies'.[5] His television broadcast stood as an innovative experiment in Italy, where the regular state television was only launched in 1954 and

radio, la televisione, la luce nera, il radar e tutti quei mezzi che l'intelligenza umana potrà ancora scoprire", specificando che "l'invenzione concepita dall'Artista spaziale viene proiettata nello spazio" e che "nell'umanità è in formazione una nuova coscienza, tanto che non occorre più rappresentare un uomo, una casa, o la natura, ma creare con la propria fantasia le sensazioni spaziali"[4].

È questo il periodo in cui Fontana realizza opere fondamentali, che vanno nelle direzioni indicate dagli scritti e che tra l'altro sono state lette dalla critica come antesignane dei futuri esiti dell'*environment* e del concettuale; nel '49 l'*Ambiente spaziale con forme spaziali e illuminazione a luce nera* esposto per sei giorni a Milano alla Galleria del Naviglio; nel 1951, il sinuoso groviglio di duecento metri di luci al neon sullo scalone d'ingresso della IX Triennale di Milano.

La televisione è dunque ripetutamente indicata tra gli strumenti di un'arte nuova; tuttavia, malgrado i numerosi riferimenti, Fontana la utilizzò soltanto in un'occasione, il 17 maggio del '52, realizzando una trasmissione sperimentale per la RaiTv di Milano. L'esperienza assume nell'iter di Fontana un particolare significato, malgrado la sua unicità. Infatti Fontana utilizza le prime tele e carte-telate bucate proprio per la realizzazione delle immagini luminose in movimento che costituivano questo suo 'video'; e contemporaneamente (maggio '52) le espone in una personale alla Galleria del Naviglio, chiamando le sue opere *Concetti Spaziali*. Come nota Crispolti "la nascita dei 'buchi' di Fontana va posta esattamente in relazione a questa implicazione di nuove tecnologie"[5]. Inoltre la sua trasmissione televisiva si pone come una sperimentazione innovativa in Italia, dove le emissioni televisive pubbliche regolari iniziano solo nel '54, e dove Fontana trova spazio per impostare il problema dell'integrazione tra le caratteristiche formali del mezzo e la tematica artistica dello spazialismo. Si tratta di un'opera progettata per la televisione e basata su forme che interagiscono con la luce e che

where Fontana was able to set up the matter of the integration between the formal features of the medium and the artistic theme of Spazialismo. The broadcast is a work planned for television and based on shapes which interact with light and are not only animated, but further spatialised by the technical device of the broadcasting station. On screen, the *Tagli*, which constitute the original matrix, become event; the work of art exists and no longer presents itself as a final and accomplished expression of a process but as a process in the making, it identifies itself with the ephemeral duration of the television programme, dematerialising itself. For this reason it is indissolubly linked to the definition of the medium, to which the expansion of aspirations and messages is assigned – virtually unlimited in time and space and nonetheless enjoyable only in spatial and temporal conditions determined by the same medium.

The *Manifesto del movimento Spaziale per la televisione* [Manifesto of the Spatial Movement for Television] – (17 May 1952, signed by Ambrosini, Burri, Crippa, Deluigi, De Toffoli, Dova, Donati, Fontana, Giancarozzi, Guidi, Joppolo, La Regina, Milena Milani, Morucchio, Peverelli, Tancredi, Vianello) was written to coincide with the television broadcast and with a view to broaden art's horizons by linking it to the use of new media. It is worth commenting on the entire Manifesto, not only for its historical significance, but also because it prominently reproposed some essential elements of Fontana's artistic philosophy:

> For the first time throughout the world, we Spatialists are using television to transmit our new forms of art based on the concepts of space, to be understood from two points of view: the first concerns spaces that were once considered mysterious but that are now known and explored, and that we therefore use as plastic material; the second concerns the still unknown spaces of the cosmos – spaces to which we address ourselves as

sono non solo animate ma anche ulteriormente spazializzate dal dispositivo tecnico dell'emittente. Sul monitor il quadro con i buchi, che costituisce la matrice originaria, si trasforma in evento; l'opera si dinamizza e si dà non più come termine finale e compiuto di un processo ma come un processo in atto, si identifica con la durata effimera della trasmissione, smaterializzandosi. Per questo si lega indissolubilmente alla determinazione del mezzo, cui si affida l'espansione di aspirazioni e messaggi illimitati virtualmente nello spazio e nel tempo – e tuttavia fruibili solo in condizioni spaziali e temporali determinate dal mezzo stesso.

In concomitanza con la trasmissione televisiva e nella logica della ricerca di un ampliamento dell'arte collegato all'uso di mezzi nuovi, viene redatto il *Manifesto del movimento Spaziale per la televisione* (17 maggio 1952, firmato da Ambrosini, Burri, Crippa, Deluigi, De Toffoli, Dova, Donati, Fontana, Giancarozzi, Guidi, Joppolo, La Regina, Milena Milani, Morucchio, Peverelli, Tancredi, Vianello), che vale la pena di riportare per intero, non solo per il suo significato storico ma anche perché ripropone significativamente alcuni elementi fondanti della poetica di Fontana:

> Noi spaziali trasmettiamo, per la prima volta nel mondo, attraverso la televisione, le nostre nuove forme d'arte, basate sui concetti dello spazio, visto sotto un duplice aspetto: il primo, quello degli spazi, una volta considerati misteriosi ed ormai noti e sondati, e quindi da noi usati come materia plastica; il secondo, quello degli spazi ancora ignoti nel cosmo, che vogliamo affrontare come dati di intuizione e di mistero, dati tipici dell'arte come divinazione. La televisione è per noi un mezzo che attendevamo come integrativo dei nostri concetti. Siamo lieti che dall'Italia venga trasmessa questa nostra manifestazione spaziale, destinata a rinnovare i campi dell'arte.
>
> È vero che l'arte è eterna, ma fu sempre legata alla materia, mentre noi vogliamo

data of intuition and mystery, the typical data of art as divination.

For us, television is a medium that we have been waiting for to give completeness to our concepts. We are happy that this Spatial manifestation of ours is being transmitted from Italy – a manifestation destined to renew the fields of art.

It is true that art is eternal, but it was always tied to the material, whereas we want it to be freed from the material. Through space, we want it to be able to last a millennium even for a transmission of only one minute.

Our artistic expressions multiply the lines of the horizon to the infinite and in infinite dimensions. They are a research for an aesthetic in which a painting is no longer painted, a sculpture no longer sculpted, and in which the written page goes out from its typographical form. We Spatialists feel ourselves to be the artists of today, since the conquests of technology are by now at the service of the art we profess.[6]

In his previous writings Fontana's reference to television did not single out a specific 'video' in the sense which would be generalised and structured from the Sixties, but a more general technological horizon to which art had to turn to evolve with the times, overcome the boundaries of the painting, be projected in an endless spatiality through the combination of gesture and technology. The *Manifesto per la Televisione* [Manifesto for Television] is instead more explicit in characterising the features of the medium both as transmitting and as an integral part of the research and of the work itself. The use of television involves the intentionality to revise the notion of the work of art as object and to raise questions about its structure, its perception, and its relationship with the public. Particularly meaningful is the idea of a wide, global expansion towards a virtually unlimited public, and the reference to the dematerialisation of art and the overcoming

che essa ne sia svincolata e che attraverso lo spazio possa durare un millennio, anche nella trasmissione di un minuto. Le nostre espressioni artistiche moltiplicano all'infinito, in infinite direzioni, le linee d'orizzonte; esse ricercano una estetica per cui il quadro non è più quadro, la scultura non è più scultura, la pagina scritta esce dalla sua forma tipografica.

Noi spaziali ci sentiamo gli artisti di oggi, poiché le conquiste della tecnica sono ormai a servizio dell'arte che noi professiamo[6].

Nei precedenti scritti il riferimento di Fontana alla televisione non individuava uno specifico "video" nel senso che si generalizzerà e si articolerà dagli anni Sessanta, ma un più generale orizzonte tecnologico cui l'arte doveva far ricorso per evolversi con i tempi, superare i limiti del quadro, proiettarsi in una spazialità illimitata, reso con l'abbinamento del gesto e della tecnologia, il *Manifesto per la Televisione* è più esplicito nell'individuare le caratteristiche del mezzo, sia come trasmittente sia come parte integrante della ricerca e dell'opera stessa. L'impiego della televisione implica l'intenzionalità di rielaborare la nozione di opera come oggetto e di proporre interrogativi sulla sua struttura, sulla percezione, sul rapporto con il pubblico. Particolarmente significativi sono l'idea di un'espansione ampia, nel mondo, verso un pubblico virtualmente illimitato, e il riferimento alla dematerializzazione dell'arte e al superamento della dimensione di un tempo confinato alla trasmissione, in virtù della sua dimensione spaziale. Spazio come categoria mentale più e oltre che fisica, non rimando illusionistico ma processo concettuale, come il gesto che lo genera (non può non cogliersi il collegamento con i successivi tagli), e per questo assimilabile al tempo come eternità.

Sull'uso della televisione inserita in una problematica spaziale Fontana torna in altre occasioni, come nella dichiarazione *Perché sono spaziale*, sempre nel 1952; esplicitan-

of the dimension of time confined to the duration of the transmission, by virtue of its spatial dimension. Space is conceived as a mental category, more than physical, not as illusionistic reference but as conceptual process, like the act that generates it (it is impossible not to grasp the link with the future slashes), and for this reason assimilable to time as eternity.

Fontana writes again on the use of television within Spatialism, among others, in his 1952 statement *Perché sono spaziale* [Why I am Spatial]. He also explicates references to the plastic dynamism of Futurism, to the differences with Cubism, and to the spatial experimentation in architecture and in its modern materials (cement). Fontana takes up a core theme of the previous *Manifesti* on the connection between art and the evolution of its medium through time ('there won't be evolution in art using stone and colour. A new art can be done with light, with television, and only the new artist can transform these techniques into art'). He also discusses the core themes of spatial art, of the exit from the painting to penetrate the dimensions of time and space, and of the development of 'a form of art based on the techniques of our time, neon, television, radar etc.'.[7]

Again, almost ten years later, talking to Carla Lonzi and criticising those artists devoted to cinema, (to do 'art of cinema is the most foolish thing, it does not have a dimension, it only has movement and it does not have depth'), Fontana asserts that through television 'I wouldn't transmit figures, I would invade environments by colour, I would project, I would do what I want to, but you arrive through a space and through new elements'.[8] Such statements reaffirmed how the interest for the medium was focused on its innovative ability of sensorial, visual and spatial activation, following the same drive that guided his most famous works, *Concetti spaziali* [Spatial Concepts].

Fontana thus indicates – at least potentially – that the combination of the artist's role, the media structure and the audience

do anche il riferimento al dinamismo plastico dei futuristi, alle differenze con il cubismo, alla sperimentazione spaziale nell'architettura e nei suoi materiali moderni (cemento), Fontana riprende i temi portanti dei precedenti *Manifesti* sul rapporto dell'arte con l'evoluzione dei mezzi nel tempo ("non ci può essere un'evoluzione nell'arte con la pietra e il colore, si potrà fare un'arte nuova con la luce, televisione, solo l'artista creatore deve trasformare queste tecniche in arte"), sull'arte spaziale, sull'uscita dal quadro per penetrare nella dimensione del tempo e dello spazio, sullo sviluppo di "una forma d'arte basata sulle tecniche del nostro tempo, neon televisione, radar ecc."[7].

Ancora, quasi un decennio più tardi, dialogando con Carla Lonzi e polemizzando con gli artisti che si dedicano al cinema (fare "dell'arte di cinema, è la cosa più cretina che ci possa essere, non ha dimensione, ha movimento solo, e non ha volume"), Fontana dichiara che con la televisione "non è che trasmetterei delle figure, invaderei degli ambienti di colore, farei delle proiezioni, farei quello che vorrei, ma arrivi attraverso uno spazio e arrivi attraverso degli elementi veramente nuovi"[8]. Frasi in cui si ribadisce che l'interesse per il mezzo è concentrato sulle sue capacità innovative di attivazione sensoriale, visiva e spaziale, secondo la stessa pulsione che orienta la produzione delle opere più famose, i *Concetti spaziali*.

Fontana indica così, almeno potenzialmente, quella sintesi tra le funzioni dell'artista, della struttura mediale e dello spettatore che sarà in seguito una caratteristica portante delle opere video. Non solo inaugura, quasi simbolicamente, l'uso della televisione per produrre e trasmettere un'opera d'arte, ma anche, in senso più largo e generale, afferma la necessità creativa di impiegare i nuovi mezzi forniti dalle scoperte scientifiche del suo tempo, e così facendo cattura già la disponibilità del video a collegarsi e rielaborare altre forme e linguaggi dell'arte contemporanea.

will become a fundamental feature of future video art. Not only does he initiate – almost symbolically – the use of television to create and broadcast a work of art but, in a wider and more general sense, he also affirms the creative necessity of using the new medium offered by the scientific discoveries of his time. By doing so, he captures the ability of video to connect with and review other forms and languages of contemporary art.

2 – Videorecording: from *gesture* to *video*

Fontana's ideas on television as a medium were not immediately followed up. The stimuli of his hypothesis on the connection between art and technologies find space rather in the development of environmental and perceptive practices, such as those, among others, of kinetic art. Research of kinetic art on the real or virtual movement of paintings, objects and installations, fundamentally linked to the spectator, are indeed part of the breeding ground from which video art emerges.[9]

It was only after almost two decades, in 1970, that a new interest in art and video grew again in Italy – as a consequence of experiences already tested in an international setting – thanks to the exhibition *Gennaio 70* [January 70], organised by Renato Barilli, Maurizio Calvesi and Tommaso Trini at the Museo Civico in Bologna.[10] *Gennaio 70* was a group exhibition about the most recent art trends – mainly conceptual and behavioural – presented within a critical argument which still dealt with the materiality of the informal, the overcoming of Pop Art, the metaphor offered by Arte Povera, the straying in space on one side, and the immaterial on the other. In his reflection on the shift of attention from the artistic object to its conceptual matrix and dimensions, Trini stressed how the exhibition also dealt with ideological issues, the requests to 'go beyond the aesthetic' and the questioning of what to do about art and artists, so significant back then.[11]

2 – *Videorecording*: dall'azione al video

Le idee di Fontana sul mezzo televisivo non hanno un seguito immediato; gli stimoli delle sue ipotesi sul rapporto tra arte e tecnologie trovano spazio piuttosto negli sviluppi di pratiche di tipo ambientale e percettivo, come quelle tra le altre, dell'arte cinetica, le cui ricerche sul movimento reale o virtuale di dipinti, oggetti e installazioni, fondamentalmente relazionati all'osservatore, fanno parte senza dubbio del terreno di coltura da cui emerge la videoarte[9].

Ma soltanto dopo quasi due decenni, nel 1970, si torna a parlare in Italia di arte e video, a seguito di esperienze già sperimentate in ambito internazionale, nella mostra *Gennaio 70*, organizzata da di Renato Barilli, Maurizio Calvesi e Tommaso Trini al Museo Civico di Bologna[10]. *Gennaio 70* è una collettiva sulle tendenze artistiche più recenti – largamente concettuali e comportamentali – presentate all'interno di un ragionamento critico che fa i conti ancora con la fisicità dell'informale, con il superamento della Pop art, con le disponibilità alla metafora dell'arte povera, con gli sconfinamenti nello spazio, da un lato, e nell'immateriale dall'altro; e tocca inoltre i problemi ideologici, le richieste di procedere "oltre l'estetico", il "che fare" dell'arte e dell'artista, così pregnante in quegli anni, come analizza Trini riflettendo sullo spostamento di attenzione dall'oggetto artistico alla sua dimensione e matrice concettuale[11]. In questo contesto vengono presentate, con un sistema di trasmissione a circuito chiuso, le registrazioni delle azioni di vari artisti (Giovanni Anselmo, Gilberto Zorio, Pierpaolo Calzolari, Mario Merz, Marisa Merz, Giuseppe Penone, Alighiero Boetti, Michelangelo Pistoletto, Emilio Prini, Jannis Kounellis, Luca Patella, Claudio Cintoli, Eliseo Mattiacci, Mario Ceroli, Luciano Fabro, Gianni Colombo, Gino De Dominicis, Gianni Emilio Simonetti), concepite espressamente per essere riprese sul nastro magnetico e trasmesse nei monitor[12]: vengono proiettati inoltre *Land Art* di

In this context the recordings of the actions of several artists were presented, with a closed circuit transmission, (Giovanni Anselmo, Gilberto Zorio, Pierpaolo Calzolari, Mario Merz, Marisa Merz, Giuseppe Penone, Alighiero Boetti, Michelangelo Pistoletto, Emilio Prini, Jannis Kounellis, Luca Patella, Claudio Cintoli, Eliseo Mattiacci, Mario Ceroli, Luciano Fabro, Gianni Colombo, Gino De Dominicis, Gianni Emilio Simonetti), specifically devised to be recorded on magnetic tape and transmitted onto the monitors:[12] Gerry Schum's *Land Art* [13] and Joseph Beuys's *Eurasienstab*[14] were also projected. Among all the types of video art emerging within the international environment, the one at that time and context was that of the documentation of ephemeral works of art – actions, linked to the presence of the artist and to the immediacy of their actions – which through video acquired nonetheless a wider visibility, a long lasting memory. What's more, in such works a new unity was created between the image of the work of art, the process of its making and the recording of this image-process. Recording is not a mere transfer of works of art within the filming and electronic transmission system; it is above all a reformulation, a passage to a different visual instrument that naturally produced a transformation. When exhibited to the public, the recording itself becomes event; the transitory action, once fixed in the immateriality of the reproduced image – consisting of a vibrant flux of light pulses – takes the shape and is read as another work of art, which tends to acquire its own codes. The relation between the observed object and the observer, between space and time, are modified through the self-reflexive potentialities of the mechanical appearance of the video.

Early expressions of video art, such as the praxis of recording conceptual, performing and behavioural works of art (Body Art's presence was particularly rich) were then taking shape and spreading thanks to Gerry Schum's ideas and initiatives. As gallerist, he devoted himself to producing and pro-

Gerry Schum[13], e *Eurasienstab* di Joseph Beuys[14]. Tra le varie anime della videoarte emergenti in campo internazionale si sceglie in quel momento e in quel contesto quella della documentazione di opere effimere – le azioni, legate alla presenza dell'artista e all'immediatezza del suo agire – che comunque attraverso il video acquistano una visibilità più ampia, una memoria duratura; modificandosi inoltre nella coincidenza nuova tra l'immagine dell'opera, il processo del suo farsi e la registrazione stessa di questa immagine-processo. La registrazione infatti non è un semplice trasferimento di opere all'interno del sistema di ripresa e trasmissione elettronica, ma è una riformulazione, è il passaggio ad uno strumento visivo diverso che necessariamente produce una trasformazione. Esposta al pubblico, la registrazione dell'evento diventa essa stessa evento; l'azione transitoria, una volta fissata nell'immaterialità dell'immagine riprodotta, composta da un flusso vibrante di impulsi luminosi, si configura e si legge come un'altra opera, che tende ad acquisire modalità proprie; si modificano le relazioni tra osservato e osservatore, tra spazio e tempo, attraverso le potenzialità autoriflessive dello sguardo meccanico del video.

Tra le esperienze iniziali della videoarte la prassi della registrazione di opere a carattere performativo, concettuale e comportamentale (particolarmente ricca la presenza della Body art), si stava proprio allora caratterizzando e diffondendo grazie alle idee e alle iniziative di Gerry Schum: un gallerista che si dedica a produrre e promuovere film da riversare nel video, basati sulle registrazioni di eventi nella natura più remota e solitaria (come il già citato *Land Art* del 1969), e di azioni di artisti (*Identifications*, 1970[15]), con la consapevolezza non solo di documentare e presentare processi dell'operare artistico che all'epoca facevano tendenza, ma anche di realizzare un'idea "che include il fatto che la riproduzione, mediante il mezzo filmico e televisivo, sia parte della realizzazione"[16]. Schum inoltre, non si accontenta del pubblico ristretto

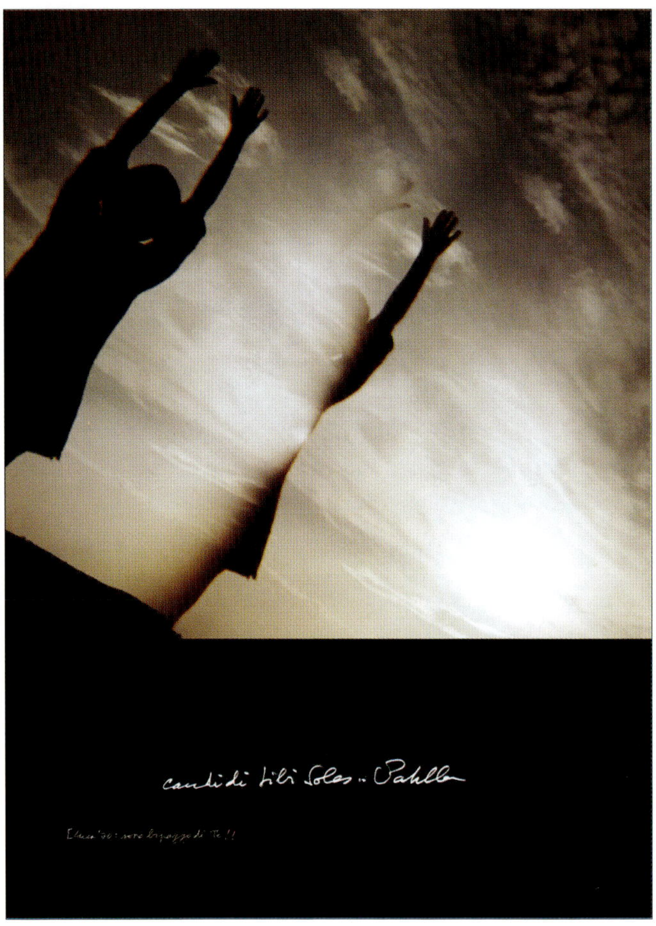

Fig. 1. Luca Maria Patella, *Sono bipazzo di te!* (da "Reportage Marziano") [I am double-crazy of you – from 'Martian Reportage'], 1970. © foto Luca Maria Patella.

moting films to be transferred onto video, based on the recordings of events of the most remote and solitary nature (such as the aforementioned 1969 *Land Art*), and on artists' actions (*Identifications*, 1970).[15] He knew he was not only documenting and presenting methods of artistic practice, which were the trend at the time, but also forging an idea 'which involves the fact that reproduction, through the filmic and television medium, is part of the act'.[16] Schum wanted more than just a restricted audience (used to performances and to the very first video art) and sought a wider and more motivated form of communication by designing a television gallery, the Fernseh-Galerie in Berlin. It had to be conceived – he wrote – not as a physical space but as a 'mental institution that has a life of its own only during a television transmission. It is not the place where real art objects can be

(consueto alle performance come alla prima videoarte), ma cerca una comunicazione ampia e motivata progettando una galleria televisiva, la Fernsehgalerie a Berlino, concepita, egli scrive, non in quanto spazio fisico ma come "istituzione mentale che esiste realmente solo nel momento della trasmissione televisiva. Non è il posto per mostrare oggetti artistici reali che si possono comprare e portare a casa. Una delle nostre idee è la comunicazione dell'arte invece del possesso dell'oggetto artistico"[17].

È questa dunque l'impostazione che trova spazio a *Gennaio 70*, dove l'esperienza della registrazione punta a sostituire la performance al vivo, di fronte al pubblico, e dove i curatori della mostra per la prima volta si confrontano, intenzionalmente, con immagini e tecniche nuove e si cimentano ad elaborare uno sguardo e un linguaggio critico adeguato. Le loro indicazioni puntano a sottolineare la novità dell'iniziativa e a cercare nello stesso tempo di legittimarla sottolineando la connessione dei video con gli orientamenti artistici contemporanei di cui si fanno immagine, documento e memoria. Come afferma Calvesi, "il vecchio metro del giudizio di valore è inadatto" per la rassegna bolognese, in cui si rappresenta "uno sfasamento tra il campo dell'arte e il campo dell'estetico"; e spiega:

> La principale innovazione [...] è costituita nella registrazione video di "azioni" svolte da altrettanti artisti [...] e nella loro riproduzione all'interno della mostra con apparecchi a circuito chiuso. Di fatto, il posto che nelle case occupava un tempo il dipinto o la stampa è stato usurpato dal televisore: un riquadro contenente immagini che ha denunciato l'arcaicità degli altri. Legittimo dunque sperimentare la sostituzione anche all'interno di una mostra; la trasmissione su più canali avrebbe dovuto, nel progetto iniziale, far sì che girando l'occhio da un televisore all'altro il visitatore potesse soffermarsi su azioni diverse, come ci si sofferma sui quadri che più avvincono[18].

Dunque si avanza l'ipotesi che il moni-

shown and possibly purchased. One of our ideas is the communication of art instead of the possession of the object'.[17]

These are the lines embraced by *Gennaio 70,* where the experience of recording aimed to substitute live performance in front of an audience, and where the exhibition curators intentionally faced for the first time, new images and techniques and sought to express a new critical perspective and language. Their ideas aimed at emphasizing the originality of the initiative while trying to legitimise it, by stressing the link between the video and the contemporary artistic trends by which the video medium becomes portrait, document and memory.

As stated by Calvesi, 'the old criterion of the value of judgement is inadequate' for the Bolognese exhibition, where 'a discrepancy between the art field and the aesthetic field' was represented; and he explained that: 'The main innovation ... is constituted by the video recording of "actions" carried out by as many artists ... and in their reproduction within the exhibition through closed circuit devices. As a matter of fact the space that was once occupied in a home by a painting or a print has been usurped by the television set: a panel containing images that labels anything previous as archaic. It is therefore legitimate to experiment with this substitution in an exhibition; in the original project, the transmission on more channels should have ensured that by looking from one television to the other the spectator could set his eyes on different, specific actions, as when we decide to focus on some paintings rather than others that draw our attention'.[18]

So the hypothesis that the screen can assume and substitute the value of a painting's frame was made public: an interpretation that seemed to assign the status of Art to the very first experience of video art in Italy, even though it suggested that enjoyment was still bound to the traditional criteria of the vision of the painting hung on the wall. Also because Videos were not yet interpreted as autonomous works of art, but as

tor possa assumere, e sostituire, le valenze del quadro: una lettura che sembra voler dare alla primissima esperienza di videoarte in Italia uno statuto di arte, pur suggerendone una fruizione che è ancora legata ai parametri tradizionali della visione del dipinto appeso al muro. Anche perché i video presentati non sono ancora intesi come opere a sé stanti ma subordinati alla flagranza dell'opera comportamentale: "la funzione della registrazione video, che esclude il montaggio, – continua infatti Calvesi – è soprattutto quella di documentare nel modo più adeguato e anonimo questo nuovo mezzo espressivo che è l''azione' dell'artista, senza trasformarla in un'opera di regia"[19].

Anche Barilli segnala, nel catalogo, il settore *video-recording* della mostra come la sperimentazione di un mezzo "inedito particolarmente intonato ai caratteri di una 'civiltà elettronica' avanzata"; e lo pone a confronto con le proposizioni di McLuhan sugli esiti sociali e culturali della diffusione delle comunicazioni elettroniche, e con il linguaggio del cinema. Del mezzo televisivo Barilli sottolinea le differenze rispetto a quello cinematografico, a supporto rigido e condizionato dai tagli e dal montaggio, mentre il nastro elettromagnetico è "morbido" e capace di affidare le immagini ad un flusso visivo, in sintonia con il flusso della vita; ma va notato come la novità delle esperienze video sia subito ridimensionata con l'allusione ad "un clima avveniristico da futurologia, da anni duemila"[20]. Barilli torna comunque sui *video-recording* in un articolo su "Marcatré", e affronta anche lui il discorso sul nuovo tipo di rappresentazione di azioni connaturate all'atto e all'attimo, per il tramite di mezzi che gli appaiono "esterni neutri e distaccati", come uno "specchio limpido e fedele". Ma si chiede anche quanto tali mezzi siano "semplicemente sussidiari dell'esperienza estetica, o costitutivi di essa"[21].

Per rispondere a questa domanda di fondo l'autore propone una "rubricazione" delle esperienze video degli artisti di *Gennaio 70* secondo alcune categorie che corrispondono all'esigenza di fondare una

subordinate to the happening of the behavioural work: 'the task of video-recording, which excludes editing – continues Calvesi – is above all that of documenting in the most adequate and anonymous way, this new expressive medium, which is the artist's action, without transforming it into a work of direction'.[19]

In the exhibition catalogue Barilli too indicates the 'video-recording' area as the experimentation of a medium that is 'fresh particularly in tune with the features of an advanced "electronic society"'. He compares it with the language of cinema and with McLuhan's ideas on the social and cultural outcomes of the diffusion of electronic communications. Barilli stresses the differences between television and the cinematographic medium, the latter being hard-bearing and subject to cuts and editing while the electromagnetic tape is 'soft' and able to entrust the images to a visual flow in tune with the flow of life. It is significant to notice that the freshness of the video experiences is immediately reconsidered with the allusion to 'a futurology atmosphere, worth of the 21st century'.[20] Barilli writes again about video-recordings for the magazine *Marcatré*, analysing the subject of the new form of representation of actions which is ingrained in the act and the moment, through medium which he sees as 'external, neutral and detached', as a 'clear and faithful mirror'. He also wonders, however, whether these media are 'simply subsidiary or constituent of the aesthetic experience'.[21]

To answer this basic question, the author suggests a 'classification' of the video experiences of the artists involved in *Gennaio 70* by defining some categories that meet the need to create a terminology and a specific reading method: 'Iteration', is used to describe the exasperated monotony and the search for mere duration of Boetti serially increasing the prime numbers by beating the rhythm through percussion instruments, as well as Merz's drawing up Fibonacci's sequence to the shrill sound of a violin. 'Image fixing', is used to describe

terminologia e un metodo di lettura specifico: "*iterazione*", per la monotonia esasperata e la ricerca di pura durata in Boetti, che aumenta serialmente un conteggio dei numeri primi ritmandolo al suono di una percussione, e in Merz che accosta la serie di Fibonacci al suono stridulo di un violino; "*fissazione dell'immagine*" per la specularità di Calzolari, di Ceroli (tra una sagoma di legno e una persona vera), e di Marisa Merz (tra se stessa e una calotta di cera); "*taglio casuale*" per la scrittura di lettere con la telecamera sul cielo e sulla terra in Penone, e per la casualità fluida del divenire degli oggetti in Zorio; "*metateatro*" per il gioco tra specchio, telecamera e video, tra il vero e il suo doppio in Pistoletto e per le scansioni ritmiche tra percezione e non- immagine nel televisore acceso-spento- acceso di Prini; "*montaggio*" per la meditazione sul nulla di Fabro, e per l'affabulazione magico-tecnologica di Patella sulle tracce di un'invasione spaziale "*concettualità*" per i segnali di Mattiacci sull'idea di equilibrio, per i gesti-metafora di De Dominicis, per la misurazione visiva del tempo che la luce impiega per arrivare dal sole alla terra di Anselmo; "*elettronica*" per la messa in libertà e insieme il controllo del flusso elettronico in Colombo; "*spettacolo-happening*", per la pura registrazione delle azioni di Kounellis (i fiori di fuoco sul pavimento) e degli invasivi grovigli inchiodati di Cintoli[22].

Da parte degli artisti le posizioni e le scelte appaiono strettamente legate alle rispettive poetiche (poveristiche, concettuali, performative), e l'escursione nel video non sembra indicare una vera adesione al mezzo quanto un travasamento di temi e motivi; la loro esperienza col video rimarrà in genere abbastanza sporadica, anche se alcuni di essi si sono già confrontati con la ripresa filmica e produrranno anche in seguito altri interventi di videoarte, in particolare Luca Patella[23]. Assume una posizione autonoma e di grande interesse il lavoro di Gianni Colombo, che ha alle spalle una precedente ricerca sulle possibilità di interazione tra arte scienza e tecnologia come artista cinetico e

the specular character of Calzolari's work, of Ceroli (between a wooden shape and a real person), and of Marisa Merz (between herself and a wax skullcap). 'Casual tone', is used to describe Penone's writing letters in the sky and on earth using a television camera, and the fluent randomness of becoming of Zorio's objects. 'Metatheatre', is used to describe the game between mirror, television camera and video, between reality and its double in Pistoletto and Prini's rhythmical scansion between perception and non-image on the switched-on-off-on television. 'Montage', is used to describe Fabro's meditation about nothing, and the magical-technologic narrative of Patella on the tracks of a space invasion (fig. 1). 'Conceptuality', is used to describe Mattiacci's signals about the idea of balance, De Dominicis' metaphor-gestures and Anselmo's visual measurement of time which light takes to travel from the Sun to the Earth. 'Electronics', is used to describe Colombo's release and, at the same time, control of the electronic flow. 'Spectacle-happening', is used to describe the mere recording of Kounellis' actions (the fire flowers on the floor) and Cintoli's invasive nailed tangles.[22]

The artists' views and choices appear as strictly linked to their own artistic philosophy (Arte Povera, conceptual, performing), and the venture into video does not seem to denote a real devotion to the medium but rather a transfer of themes and motifs. Their experience with video will remain quite intermittent, even if some of them – especially Luca Patella – had already dealt with television filming and would later produce more video art works.[23]

Gianni Colombo's work assumes an autonomous and extremely interesting position. He could count on a previous study on the possibilities of interaction between art, science and technology as a kinetic artist and exponent of the Gruppo T. His work *Segnali Vobbulati* – Colombo explains – is a video composed of 'images obtained by using a generating pattern A which directly generates the electronic signal B sub-

esponente del Gruppo T. *Segnali Vobbulati* – spiega Colombo – è un video costituito da "immagini ottenute utilizzando un pattern generatore A che genera direttamente il segnale elettronico B successivamente deformato variando le frequenze e l'ampiezza dell'unità di riflessione sul piano orizzontale"[24]. Tra le tante opzioni proposte dal mezzo televisivo l'artista sceglie dunque (o forse semplicemente riscopre) quella, inventata da Nam June Paik e in seguito largamente praticata, dell'intervento diretto sul dispositivo e della deformazione del segnale per programmare l'autogenerarsi di immagini astratte; i patterns geometrici che si aggregano e si disgregano in un equilibrio caleidoscopico azzerano il vincolo del riferimento ad una realtà esterna al mezzo stesso. Lo sottolinea Barilli su "Marcatré", scrivendo che "fin qui si è parlato della docilità del *videorecording* a 'copiare' lo spettacolo 'naturale'. Ma questa è un'illusione, una delle tante del nostro persistente antropocentrismo. In realtà il flusso elettronico va per fatti suoi, e siamo noi ad imporgli di essere mimetico nei confronti della nostra realtà"[25]. Mentre Colombo spiega:

> nella convinzione che un oggetto destinato ad un uso visivo, qualunque sia il significato che intende comunicare è in origine una emittente di luce stimolante gli organi della visione e quindi rappresenta un certo modo di organizzare la luce, consentaneo ci appare l'impiego, in tali oggetti, della luce artificiale in quanto è il mezzo più misurabile e diretto per intervenire nel processo ottico percettivo dell'osservatore e ciò con massima economia negli elementi presentazionali. Fra le numerose sorgenti di luce artificiale di cui possiamo disporre il cinescopio TV è una delle più complesse e internamente modulabili. In questa esperienza ho scelto di utilizzare la televisione quale possibilità per indagare 'segnali' ottenuti elettronicamente e non come strumento di registrazione di oggetti ripresi dalla realtà[26].

La dichiarazione di Colombo è illumi-

sequently deformed varying the frequencies and the width of the reflection unit on the horizontal level'.[24] Amongst the several options offered by the television medium, the artist chose (or perhaps simply re-discovered), the one conceived by Nam June Paik – and then largely used – of the direct action on the device and the deformation of the signal to plan the auto-generation of abstract images. The geometrical patterns which aggregate and break up in a kaleidoscopic balance cancel the need to refer to a reality external to the same medium. Barilli stressed this concept on *Marcatré*, by writing that: 'so far we have spoken profusely about the tractability of video recording to "copy" "the natural" spectacle. But this is an illusion, one of the many caused by our persistent anthropocentrism. As a matter of fact the electronic flow goes on by itself, and we are the ones to impose on it to be mimetic in relation to our reality'.[25]

While Colombo explains:

> In the firm belief that an object intended for visual use, whatever the meaning it intends to convey, is originally a light transmitter which stimulates visual organs and thus represents a particular way to organise light, the use of artificial light in these objects appears to us adequate as it is the most direct and measurable medium to intervene with the observer's perceptive optical process, all of this with the maximum thrift of presentational elements. Amongst the several artificial light sources available, the television kinescope is one of the most complex and internally modulable. In this experience I have used television as a chance to investigate electronically obtained 'signals' and not as a recording tool for reality objects.[26]

Colombo's statement is enlightening to sustain the connection – mental, ideological and methodological – which links the kinetic and programmed art experience with video art. Thanks to an on-going research aimed at investigating perception and its activation through the control and the dynamic modulation of light, the artist finds himself almost naturally dealing with the creative use of television as a source of artificial light and as a tool for programming images in continuous transmutation.

nante per confermare il collegamento – mentale, ideologico e metodologico – che salda l'esperienza dell'arte cinetica e programmata a quella della videoarte; nella continuità di un'indagine rivolta a sondare la percezione e la sua attivazione attraverso il controllo e la modulazione dinamica della luce, l'artista si trova quasi naturalmente a fare i conti con l'uso creativo della televisione come fonte di luce artificiale e come strumento di programmazione di immagini in continua trasmutazione.

In questo contesto di iniziale sperimentazione in Italia si delineano dunque parametri di lettura che oscillano tra l'apprezzamento dell'innovazione portata dal mezzo elettronico e il senso della sua subordinazione alle opere d'arte di tipo performativo; emerge una volontà di classificazione e di razionalizzazione nelle cui maglie si avverte da un lato la forte disponibilità ad aprirsi alle nuove esperienze, dall'altro la difficoltà del riconoscimento di una loro autonomia. Se prevale infatti l'idea che il video sia funzionale soprattutto alla documentazione di altre opere, l'esigenza di definizione che accompagna il discorso critico evidenzia quanto sia in realtà avvertita la particolare relazione tra opera e riproduzione che i video intercettano, ripropongono e interpretano, fondando un linguaggio specifico.

3 – La disseminazione del video

L'esperienza portata da *Gennaio 70* costituisce comunque un modello che sarà immediatamente seguito da varie altre iniziative che si accendono in Italia. Su una vasta gamma di ipotesi, tra creazione artistica, documentazione, comunicazione, alternativa al sistema, la videoarte guadagna spazi, idee, attenzione, vitalità; vengono coinvolte inizialmente le attività delle gallerie private ed anche di istituzioni pubbliche, mentre solo più tardi inizieranno i circuiti dei Festival.

A Milano Tommaso Trini organizza a maggio del '70 *Eurodomus 3, Telemuseo*, in cui riportava l'esperienza di *Gennaio 70*,

lation of light, the artist almost naturally found himself dealing with the creative use of television as an artificial light source and as an instrument for the programming of continuously transmuting images.

Within this context of early experimentation in Italy, interpretation criteria alternated between the appreciation of the innovation brought by the electronic medium and the sense of its subordination to the works of performance art; the consequent will to classify and rationalise shows on one hand a strong open-mindedness towards new experiences but on the other the difficulty in acknowledging their own autonomy. If indeed, it can be said that video is above all functional in documenting other works of art, the need for a definition felt by critics actually stresses the perception of the original relation between work of art and reproduction: a link intercepted, reproposed and interpreted by videos, thus creating a specific language.

3 – Diffusion of video

The *Gennaio 70* experience represented a model that would be quickly followed by several other initiatives in Italy. Video art gained space, ideas, attention and verve on a wide array of hypothesis such as artistic creation, research, and communication, alternative to the system. At first, only private galleries and public organisations were involved, whereas Festivals would join in later. Tommaso Trini, the organiser of *Eurodomus 3, Telemuseo* in Milan, May 1970, furthered *Gennaio 70*'s experience by opening it to other works (by Marotta, Martin, Fabio Mauri and Trini himself) and extending it with the use of ten monitors.[27] In 1974, curators Germano Celant and Daniela Palazzoli launched *Nuovi Media – film e videotapes* [New Media – Films and Videotapes], with a section on Body art by Lea Vergine.[28] In 1975, at Milan's Rotonda della Besana, *Artevideo e Multivision*, curated by Tommaso Trini, focused on a U-turn whereby documentary video-recordings were dis-

allargandola ad altri interventi (di Marotta, Martin, Fabio Mauri e dello stesso Trini) ed estendendola a dieci monitor[27]; nel '74 si inaugura *Nuovi Media – film e videotapes*, a cura di Germano Celant e Daniela Palazzoli e con una sezione di Lea Vergine sulla Body art[28]; nel '75, alla Rotonda della Besana, *Artevideo e Multivision*, curata da Tommaso Trini, indica un'inversione di tendenza escludendo le videoregistrazioni di carattere documentario e scegliendo di esporre una rassegna di video di artisti internazionali connotati da un impegno informativo, didattico e di denuncia politica[29]; nel '79 Vittorio Fagone presenta la mostra *Camere incantate. Video cinema fotografia e arte negli anni '70*, importante per la presenza di numerose videoinstallazioni[30]. A Roma nel '71 si attiva la partecipazione di alcune gallerie di punta, come L'Obelisco, di cui si parlerà più avanti, e come L'Attico di Fabio Sargentini, che propone con la collaborazione di Luciano Giaccari alcuni videotape collegati alla performance; nel '73 la Quadriennale ha un settore video curato da Francesco Carlo Crispolti e si inaugura la mostra *Contemporanea* (1973–74), una manifestazione di vasto respiro, disseminata in varie sezioni nel grande spazio del parcheggio sotterraneo di Villa Borghese; la sezione *Area aperta* comprende la rassegna di *Videotapes e film d'artista*, insieme a *Arte e Ideologia* e *Self-made videotape*, quest'ultima modellata, come nella mostra bolognese, sulla registrazione e riproposizione in circuito chiuso di azioni di artisti. Il contesto ha una impostazione ideologica di controinformazione, rivolta, come scrive Bonito Oliva a privilegiare "il rilevamento e l'informazione più che l'espressività e l'espressione. All'aura di memoria e di creatività che l'opera tradizionale persegue, si sostituisce la registrazione e la notizia", puntando a far emergere criticamente le contraddizioni dell'arte e della realtà contemporanea[31]. Nel '74 l'associazione Incontri Internazionali d'Arte, di Graziella Lonardi, organizza con Achille Bonito Oliva gli *Incontri video*[32]. Nel 1976 nasce la compagnia teatrale Gaia Scienza, di Giorgio Bar-

carded to favour didactic, informative and political denunciation-oriented videos by international artists.[29] In 1979 Vittorio Fagone presented *Camere incantate. Video cinema fotografia e arte negli anni '70* (Enchanted Rooms. Video Cinema Photography and Art in the Seventies), an important exhibition due to its number of video-installations.[30]

In Rome, 1971 marked the active involvement of some top galleries such as L'Obelisco, which we will discuss later on, and Fabio Sargentini's L'Attico, which showed – with Luciano Giaccari's aid – some videotapes linked to performance. In 1973, the Quadriennale had a video section curated by Francesco Carlo Crispolti and the exhibition *Contemporanea* (1973–74) was launched, a wide ranging manifestation, whose varying sections were scattered through the vast space of Villa Borghese's underground car park. The *Area aperta* [Open Area] section included the screening of *Video-tapes e film d'artista* [Videotapes and Art Films] together with *Arte e Ideologia* [Art and Ideology] and *Self –made videotape* – the latter being crafted, as in *Gennaio 70*, on the recording and re-presentation in a close circuit of artists' actions. As stated by Bonito Oliva, the background had an ideological setting of counter-information aimed at favouring 'research and information rather than expressiveness and expression. The aura of memory and creativity pursued by the traditional work of art was replaced by the recording and the news', aiming to let the contradictions of contemporary art and reality critically emerge.[31] In 1974 Graziella Lonardi's association, Incontri Internazionali d'Arte and Achille Bonito Oliva organised *Incontri video*[32] [Video Encounters]. In 1976 Giorgio Barberio Corsetti established the theatre company *Gaia Scienza*, which worked with theatre, video and video-installations. In 1979, Alessandro Silj endorsed the important exhibition *Video '79*, which we will discuss later on.

The Venice Biennale's interest in video experiences commenced in 1970 with the staging of a closed circuit installation that

berio Corsetti, su teatro, video e videoinstallazioni; del '79 è l'importante rassegna *Video '79*, promossa da Alessandro Silj di cui si parlerà più avanti. A Venezia la Biennale inizia a interessarsi alle esperienze video sin dal '70, allestendo un impianto a circuito chiuso che pone in comunicazione esterno e interno dell'esposizione; l'edizione del 1972 comprende una sezione dedicata al video a cura di Gerry Schum; nella Biennale del '78 vengono esposte le opere video di Fabrizio Plessi; nel '74 la Galleria del Cavallino di Paolo Cardazzo inizia a dedicarsi alla videoarte, organizzando mostre, producendo numerosi video di artisti, e partecipando alle più significative iniziative degli anni Settanta[33]. Nel '72 ad Acireale si svolge *Circuito chiuso-aperto. IV Rassegna d'arte contemporanea*, organizzata da Italo Mussa e Francesco Carlo Crispolti[34]. A Pesaro nel '73, alla IX Mostra internazionale del Nuovo Cinema, artisti e critici dibattono su *L'altro video, incontro sul videotape*, adottando come punto di vista privilegiato la concezione, all'epoca di largo seguito, del video come strumento di analisi e di comunicazione sociale[35]. Intanto un effimero segnale di interesse proviene dalla TV italiana, con il programma *Happening* di Enrico Rossetti che, tra l'altro, trasmette nel '72 il video di Fabio Mauri *Il televisore che piange* (figg. 2a, 2b, 2c).

Le iniziative più importanti in questi anni sono costituite dai laboratori di Ferrara e di Firenze. A Ferrara inizia nel 1972 l'attività del Centro Video Arte del Palazzo dei Diamanti, diretto da Lola Bonora; il Centro è un'emanazione della Galleria Civica d'Arte Moderna, e già per questo carattere istituzionale assume una connotazione di eccezionalità e nello stesso tempo di solidità professionale che ne accompagna le vicende. Esordisce lavorando nel campo della documentazione video, sia delle mostre allestite dalla Galleria, sia di un ventaglio di interviste e dichiarazioni di artisti e critici; ma già nel '73 entra in contatto con Fabrizio Plessi, realizza il suo primo videotape, *Acquabiografico* (fig. 3)[36], e si apre ad una

connected the exterior with the interior. In 1972, the Biennale had a section dedicated to video curated by Gerry Schum; Fabrizio Plessi's video art works were exhibited in the 1978 edition. In 1974 Paolo Cardazzo's Galleria del Cavallino began showing some interest in video art, by organizing exhibitions, producing several artists' videos, and taking part in the most significant initiatives of the Seventies.[33]

In 1972, Italo Mussa and Francesco Carlo Crispolti organised the exhibition *Circuito chiuso-aperto. IV Rassegna d'arte contemporanea* [Closed-Open Circuit. IV Exhibition of Contemporary Art] in Acireale.[34] In 1973, during the IX Pesaro International Film Festival, artists and critics debated *L'altro video, incontro sul videotape* [The other Video, Encounter on Videotape], adopting the privileged notion, widely successful at the time, of video as an instrument for social communication[35]. Meanwhile a short-lived interest arose from Italian Television thanks to Enrico Rossetti's show *Happening;* amongst other things, they broadcast Fabio Mauri's video *Il televisore che piange* [The Crying Television] in 1972 (figs. 2a, 2b, 2c).

Ferrara and Florence's video centres were arguably the main *loci* of the time. Ferrara's Centro Video Arte at Palazzo dei Diamanti [Palazzo dei Diamanti Video Art Centre] – run by Lola Bonora – opened in 1972; it was part of the Galleria Civica d'Arte Moderna [Municipal Modern Art Gallery], and because of this institutional character, it acquired a reputation for professionalism and extraordinariness. The Centre began working in video documentation, both of the exhibitions staged at the Gallery and of interviews and declarations by artists and critics. As early as 1973 it came into contact with Fabrizio Plessi, and produced its first videotape, *Acquabiografico* [Waterbiographic] (fig. 3),[36] as well as opening up to a series of experiences ranging from the production of video art works to the planning of exhibitions, international expositions and conventions, meetings and studies.

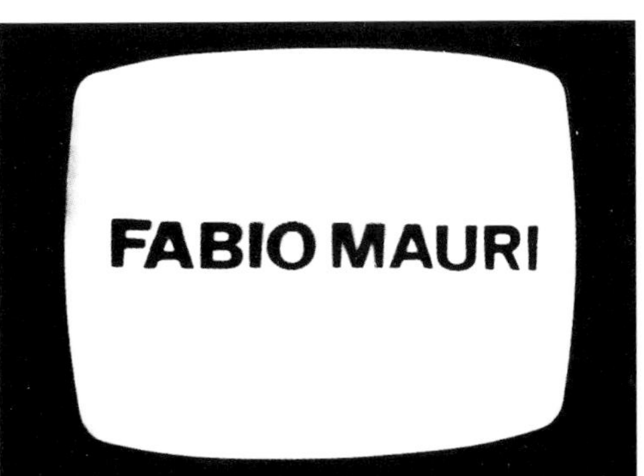

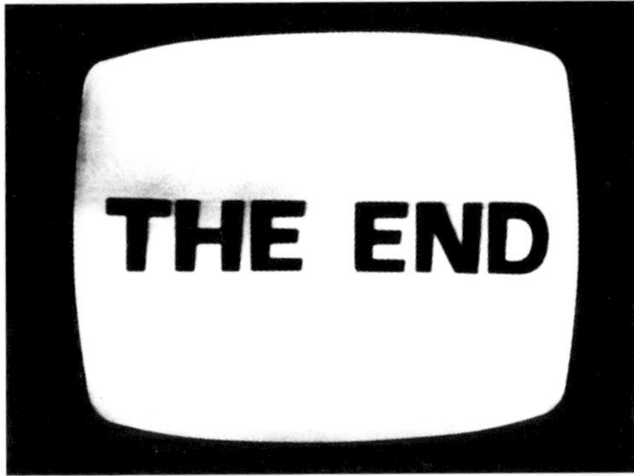

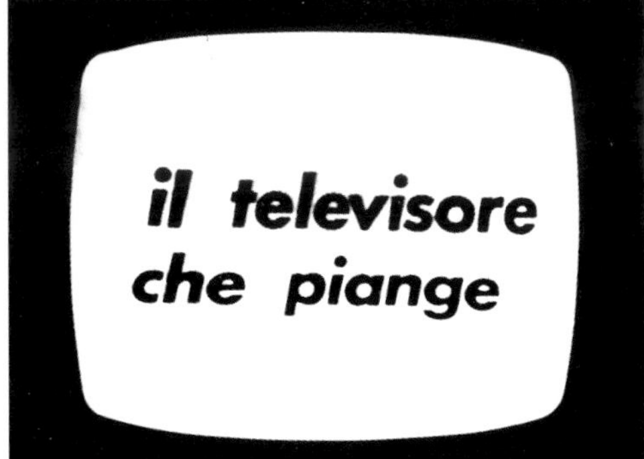

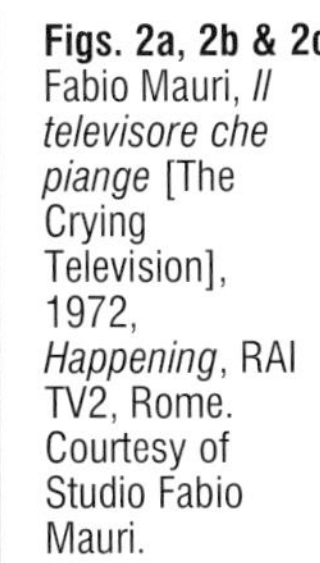
Figs. 2a, 2b & 2c. Fabio Mauri, *Il televisore che piange* [The Crying Television], 1972, *Happening*, RAI TV2, Rome. Courtesy of Studio Fabio Mauri.

serie di esperienze che vanno dalla produzione di opere video all'organizzazione di mostre, rassegne e convegni internazionali, incontri, dibattiti, ricerche.

Oltre a Fabrizio Plessi, la cui produzione di video, videosculture e videoinstallazioni è realizzata nel laboratorio di Ferrara, in stretta collaborazione con Carlo Ansaloni, numerosi artisti di varia provenienza e nazionalità[37] realizzano al Centro (o espongono alle sue numerose manifestazioni) i loro videotape e le installazioni (figg. 4–5). Ferrara diventa così un punto di riferimento non solo in Italia ma nel contesto internazionale della crescente attenzione per la videoarte, tra

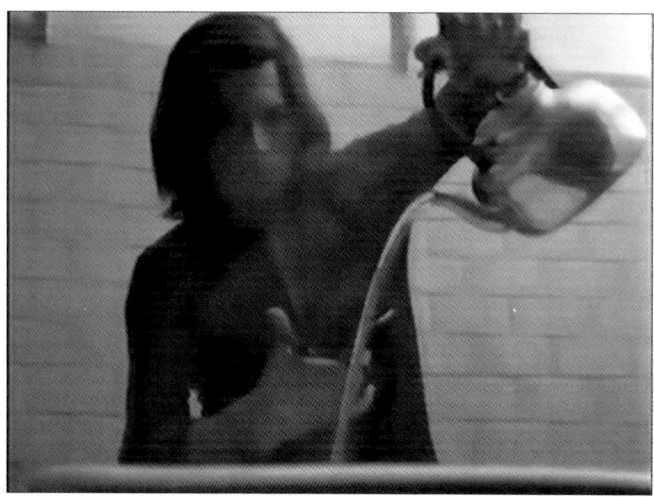

Fig. 3. Fabrizio Plessi, *Acquabiografico*, 1973. Video Stills Courtesy of Carlo Ansaloni.

Besides Fabrizio Plessi, creating his videos, video-sculptures and video-installations with Carlo Ansaloni's close collaboration in Ferrara's workshop, many other artists of different origin and nationality[37] produced their videotapes and installations at the Centre (or exhibited on several occasions; figs. 4–5). Ferrara inevitably became a landmark of the growing interest towards video art not only in Italy but also worldwide. The centre began working with similar hubs in Buenos Aires, Antwerp, Barcelona, with the Pompidou in Paris, with MoMa in New York and, on a didactic level, with New York University, involving critics such as Jorge Glusberg, Pierre Restany, Angiola Churchill, Vittorio Fagone, Gregory Battcock.

Established in Florence in 1973 by Maria Gloria Bicocchi,[38] art/tapes/22 was another major centre of international renown. This studio for the production and distribution of artist videotapes, had a very close connection and exchanged experiences – since its early days – with the European and U.S. art circuits. Many artists worked there, among others Marina Abramović, Vito Acconci, Vincenzo Agnetti, Joseph Beuys, Chris Burden, Giuseppe Chiari, Douglas Davis, Gino De Dominicis, Joan Jonas, Jannis Kounellis, Urs Lüthi, Giulio Paolini, and Bill Viola. Some of them only worked with video occasionally, like Kounellis or Paolini (fig. 6); to them, as asserted by Bicocchi, 'creating a videotape meant working on their

l'altro lavorando con analoghi centri di Buenos Aires, di Anversa, di Barcellona, con il Pompidou di Parigi, con il MoMA di New York e, sul piano didattico, con la New York University, coinvolgendo critici come Jorge Glusberg, Pierre Restany, Angiola Churchill, Vittorio Fagone, Gregory Battcock.

Un altro polo di grande vivacità e di respiro internazionale è costituito da art/tapes/22, fondato a Firenze da Maria Gloria Bicocchi nel 1973[38]. È un laboratorio di produzione e distribuzione di videotape d'artista, in cui fin dagli inizi è forte la connessione, e lo scambio di esperienze, con quanto avveniva in Europa e negli Stati Uniti. Vi lavorano molti artisti (tra gli altri Marina Abramović, Vito Acconci, Vincenzo Agnetti, Joseph Beuys, Chris Burden, Giuseppe Chiari, Douglas Davis, Gino De Dominicis, Joan Jonas, Jannis Kounellis, Urs Lüthi, Giulio Paolini, Bill Viola); alcuni si accostano al video occasionalmente, come Kounellis, o come Paolini (fig. 6), per i quali, come commenta Bicocchi, "creare un videotape voleva dire lavorare ad una propria opera", significava "l'adozione di un mezzo piuttosto che un altro"[39]; altri invece sono artisti che nascono con il video, e che continueranno ad usarlo come fondamentale strumento delle proprie opere, come l'ormai famosissimo Bill Viola che collabora dal '74 con le funzioni di tecnico.

Nel 1974 art/tapes/22 organizza la mostra itinerante *Americans in Florence: Europeans in Florence* (che si sposta negli Stati Uniti, in Jugoslavia e in Olanda) e riflette sui propri intendimenti;

> Noi di art/tapes/22 sentiamo che il video si trova su una frontiera avanzata nel sistema delle relazioni dell'arte e la sua profonda strutturale immediatezza lo lancerà indubbiamente verso una posizione vitale in un futuro (nei termini di una riorganizzazione, su questa base, del fare arte e del comunicare). Per portare i nostri sforzi ad una piena fruizione, la diffusione deve estendersi oltre il circuito esistente delle gallerie e musei, per creare un sistema di scambio culturale

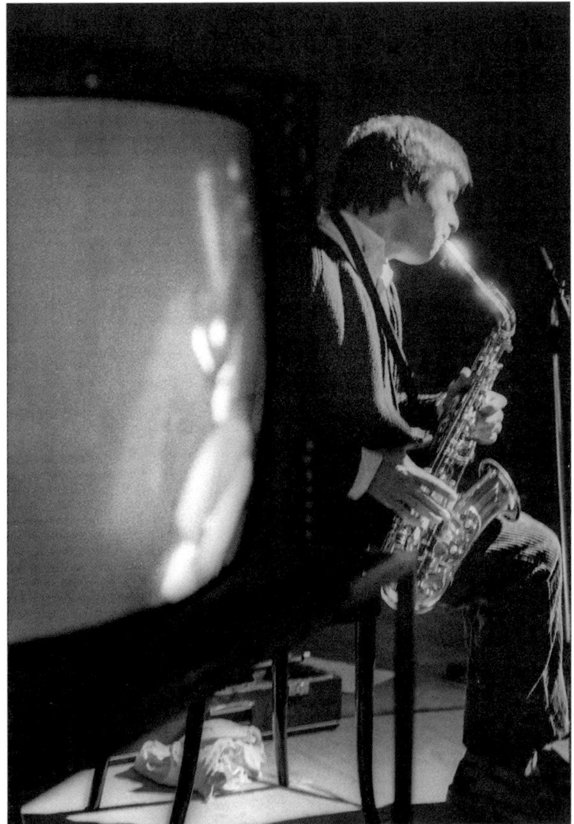

Fig. 4. Michele Sambin, *Looking for listening*, performance for videotape and music instruments presented at Sala Polivalente (CVA), Ferrara, 1978.
Michele Sambin, *Looking for listening*, performance per videotape e strumenti musicali presentata alla Sala Polivalente (CVA) Ferrara, 1978. © Marco Caselli Nirmal.

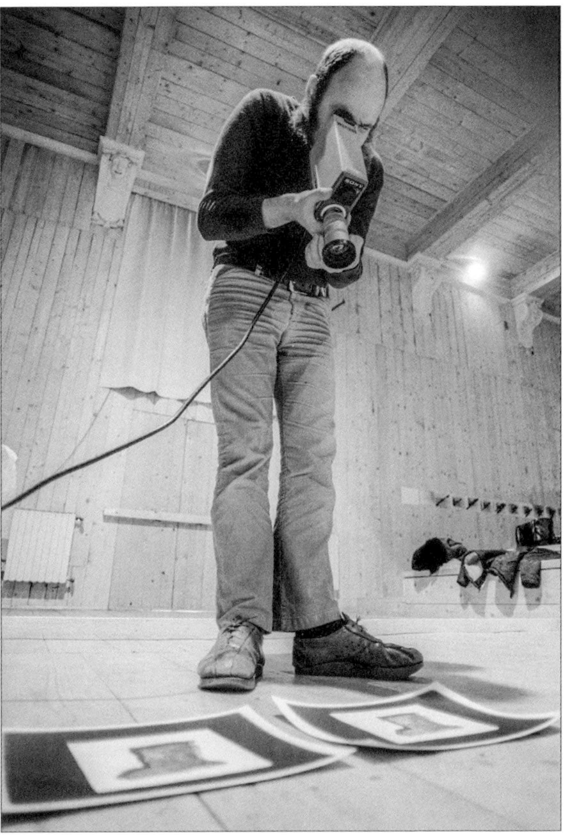

Fig. 5. Wolf Kahlen, photo performance presented at Sala Polivalente (CVA) Ferrara, 1978.
Wolf Kahlen, foto performance presentata alla Sala Polivalente (CVA) Ferrara, 1978. © Marco Caselli Nirmal.

own work of art', it was 'the mere adoption of one medium instead of another'.[39] Others, on the other hand, became artists with video and would continue using it as a central tool in their work (world-famous Bill Viola would collaborate from 1974 as a technician). In 1974 art/tapes/22 organised the travelling exhibition *Americans in Florence: Europeans in Florence* (it would go to the United States, Yugoslavia and the Netherlands) and pondered its own intentions:

> We at art/tapes/22 fell that video is at the forefront of artistic concerns and its profound structural immediacy will undoubtedly launch it to a vital position in the future (in terms of a reorganization of both the art activity and communication about it). To bring our efforts to full fruition, dissemination must extend beyond the

incrociato "*open-ended*"[...]. Grazie alla sua natura il *medium* del video unisce l'arte a molte altre discipline e funziona come catalizzatore per la corrente trasformazione di idee e di energie in più generali forme di espressione[40].

4 – VideObelisco

Si attiva dunque nell'arco di pochi anni un pullulare di iniziative, spesso episodiche, con un fecondo scambio di opere e di idee che dalle iniziali ipotesi legate alla registrazione di performance si allargano ad un più ampio ventaglio di articolazioni. Tra le tante esperienze che sarebbe utile approfondire – come fanno su altre pagine di questo numero di "Ricerche di Storia dell'arte" i saggi di Veronica Collavini e di Francesca

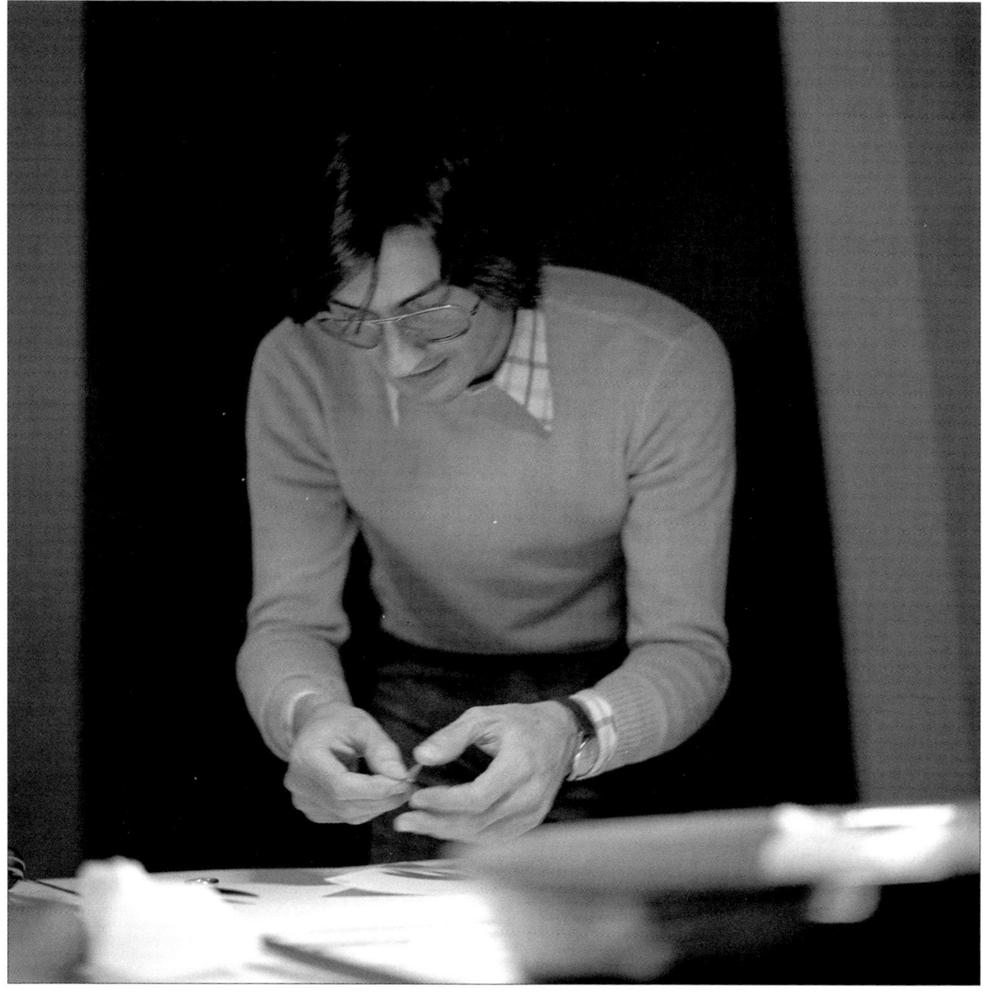

Fig. 6. Giulio Paolini during the making of *Unisono* [Unison], 1974. Giulio Paolini mentre realizza *Unisono*, 1974. Photo © Copyright Archivio Gianni Melotti, Florence.

existing circuit of galleries and museums to create a open-ended system of cross-cultural exchange ... By its nature, the medium of video coalesces art with several other disciplines, and functions as a catalyst for the current transformation of ideas and energies into more generalistic forms of expression.[40]

4 – VideObelisco

Within a few years several initiatives – often episodic – began proliferating, with a fertile exchange of works of art and ideas which shifted from the early theories connected to the recording of performances to a wider array of articulations. Among the many experiences that should deserve a

Gallo[41] – quella della Galleria de L'Obelisco a Roma è poco indagata ma può essere osservata come un caso esemplare, malgrado la breve durata, poiché in essa si concentrano le principali istanze del momento relative al video: la galleria infatti nel 1971 organizza la VideObelisco AVR *(Art Video Recording)*, una sezione video intesa come struttura per la sperimentazione tecnica ed espressiva e come offerta concreta di strumenti e spazi per gli artisti e per il pubblico. Con l'apporto di Francesco Carlo Crispolti, la galleria si trasforma in laboratorio di ricerca e di produzione, tenta la via della diffusione dei video via cavo, contribuisce alla messa a fuoco di ipotesi critiche connotate dal rapporto tra arte e comunicazione e dalla fiducia incondizionata nelle potenzialità del mezzo elettronico. "L'avven-

deeper analysis – as Francesca Gallo and Veronica Collavini do in their paper in this same number of *Ricerche di Storia dell'arte* –[41] is the Galleria dell'Obelisco. It has not been studied a lot, however it can be considered as an exemplary case, despite its brief existence, as it contains the main examples of video from the period. In 1971, the gallery organised VideObelisco AVR (*Art Video Recording*), a video section designed as a structure for technical and expressive experimentation and as a concrete offering of instruments and spaces for both artist and audience. Francesco Carlo Crispolti helped the gallery to become a research and production studio, which ventured into cableway video broadcasting and contributed to the focusing of critical hypothesis on the link between art and communication and a complete faith in the electronic medium: 'The introduction of video recording has been welcomed by the Obelisco Gallery as an extremely useful new medium for a closer rapport between the artist and his public'. This was stated on the programme of potential activities, such as:

Individual compositions of artists who utilize one of the video recording systems currently on the market. /Art documentaries for use in schools and museums or by private individual./Biographies of artists./Commentaries on topical artistic subjects./Revivals and new ideas of the old and modern photography./Documentation of important exhibitions./Demonstration of past and present artistic techniques./ Archaeological discoveries. /Ecological problems./Visits to museums and to private collections/Happenings./ Etc.[42]

In April VideObelisco presented a 45 minute videotape at the 1st Marché International des Programmes et Equipements Vidéocassettes et Vidéodisques in Cannes. On the 14 May a video-evening was organised, in coordination with Francesco Carlo Crispolti, leading to the catalogue *Videolibro*

to della videoregistrazione non ha lasciato indifferente la Galleria dell'Obelisco che ritiene questo nuovo mezzo utilissimo a quanti si occupano di problemi artistici, siano essi creatori o fruitori", viene annunciato nella presentazione del programma di possibili attività:

> Lavori autonomi di artisti che utilizzeranno uno dei sistemi di videoregistrazione attualmente sul mercato./ Documentari sull'arte, ad uso delle scuole, dei musei, dei privati./ Biografie di artisti./ Raccolta di opinioni su argomenti artistici di attualità./ Recupero e proposta della fotografia vecchia e nuova./ Documentazione di mostre importanti./ Dimostrazione di tecniche artistiche vecchie e nuove./ Scoperte archeologiche/ Ecologia./ Visite a collezioni private e musei./ Improvvisazioni./ Ecc.[42].

In aprile la VideObelisco presenta un videotape di 45 minuti al "I Marché International des Programmes et Equipements Vidéocassettes et Vidéodisques di Cannes". E il 14 maggio organizza una videoserata coordinata da Francesco Carlo Crispolti, di cui rimane un catalogo, il *Videolibro n°1, Improvvisazioni su videonastro VPL 6 IC, Videoregistratore LDL 1000, Telecamera Mini Compact* (fig. 7).

Redatto in italiano, inglese e francese, completato da un lessico e dalla bibliografia, *Videolibro n°1 si apre con la presentazione del programma* e dei propri intenti:

> Videoregistrazione come modulo nuovo; telecamera e videotape come memoria, presa diretta provocazione, dissenso dai canali ufficiali, *happening* gesto presenza casualità spontaneità scatole cinesi, e infinite altre possibilità per le arti visive, questa volte inserite nel concetto più vasto di informazione – annuncia Crispolti -. La videoregistrazione offre un canale preciso allo sforzo dell'arte d'oggi diretto a penetrare nelle possibilità interne del flusso del reale[43].

Modello riconosciuto è la videogalleria di Gerry Schum, ma il riferimento di Crispolti va anche alle radici storiche delle avanguar-

Fig. 7. Cover of *Videolibro n°1 [Videobook n°1]*, VideObelisco, 1971. Copertina di *Videolibro n°1*, VideObelisco, 1971.

n°1, Improvvisazioni su videonastro VPL 6 IC, Videoregistratore LDL 1000, Telecamera Mini Compact (*Videobook No. 1, Improvisations on VPL 6 IC videotape, Videotape recorder LDL 1000, Video camera Mini Compact*, fig. 7). Compiled in Italian, English and French and complete with a glossary and a bibliography, *Videolibro n°1* opens by presenting the programme and its scope:

> Video-recording, therefore, as a new form; telecamera and videotape as memory, direct shot, provocation, dissent from official channels, happening, gesture, presence, uncertainty, spontaneity, Chinese puzzles, and an unlimited number of other possibilities for the visual arts, this time framed within the broader concept of information ... – Crispolti goes on – Video-recording offers a channel precisely for those efforts of modern art, aimed at penetrating the internal possibilities of the flow of reality.[43]

The acknowledged model was Gerry Schum's video-gallery, but Crispolti also referred to the avant-garde historic roots: Marinetti and Masnata's manifesto *La Radia* (1933), Mondrian's interest for Luigi Russolo's noise music.[44] History featured in the exhibition through the electronic adaptation of *Fuoco d'artificio* [Firework], an abstract lights ballet commissioned by Sergei Diaghilev to Giacomo Balla in 1915, based on Strawinski's music for *Feu d'artifice* (1908), and staged in Rome at the Costanzi theatre in 1917. Next to this work of art several screens broadcast a series of videos such as Gianni Colombo and Vincenzo Agnetti's (who dealt with the sound) *Vobulazione e bieloquenza* (in the 1970 version exhibited at *Eurodomus* in Milan), Franco Berdini's *Il mio occhio* [My Eye], Luca Patella's *Alberi parlanti* [Talking Trees]. Works by Cristoforo, Filippo Panseca, Giovanni Valentini also featured, as well as a sculpture by Attilio Pierelli, *Sculture sonore* (Sound Sculptures), which had been previously used at the *Concerto di sculture come strumenti musicali*

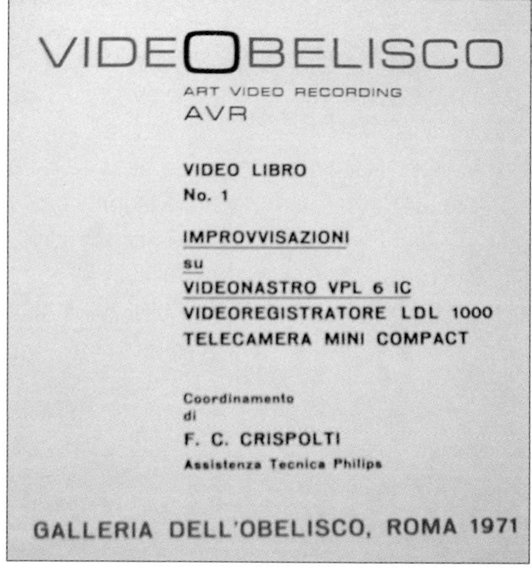
VIDEOBELISCO
ART VIDEO RECORDING
AVR
VIDEO LIBRO
No. 1
IMPROVVISAZIONI
su
VIDEONASTRO VPL 6 IC
VIDEOREGISTRATORE LDL 1000
TELECAMERA MINI COMPACT
Coordinamento
di
F. C. CRISPOLTI
Assistenza Tecnica Philips
GALLERIA DELL'OBELISCO, ROMA 1971

die: il manifesto *La Radia* di Marinetti e Masnata, del 1933, gli interessi di Mondrian per la musica "rumoristica" di Luigi Russolo[44]. La storia entra infatti nell'esposizione con la ricostruzione elettronica del *Fuoco d'artificio*, balletto astratto di luci, commissionato nel '15 da Sergei Diaghilev a Giacomo Balla, sulla musica di *Feu d'artifice* del 1908 di Strawinski, rappresentato a Roma nel 1917 al Teatro Costanzi. Accanto a quest'opera vari monitor trasmettevano una serie di video tra cui *Vobulazione e bieloquenza* (nella versione presentata all'esposizione *Eurodomus*, Milano 1970) di Gianni Colombo e Vincenzo Agnetti (cui si deve l'elaborazione sonora), *Il mio occhio* di Franco Berdini, *Alberi parlanti* di Luca Patella; inoltre i lavori di Cristoforo, Filippo Panseca, Giovanni Valentini, e una scultura di Attilio Pierelli, *Sculture sonore*, che l'artista aveva impiegato già in un *Concerto di sculture come strumenti musicali* tenuto a Roma nel febbraio 1966. Costituiva un aspetto innovativo l'utilizzazione delle telecamere a circuito chiuso che trasformavano un normale vernissage in un confronto diretto degli spettatori con i nuovi mezzi, nel segno della fusione dei ruoli tra artista e fruitore e dell'intreccio di tempo e spazio. Un sistema di videoregistratori, monitor e telecamere trasmetteva in diretta, da diverse angolazioni, quanto avveniva dentro e fuori la Galleria, ripetendo varie volte le riprese e mescolandole con i video

[Concert for Sculptures as Musical Instruments] held in Rome in February 1966.

The use of closed circuit television cameras, which transformed a classic vernissage into a direct confrontation between the public and the new medium, was innovative in the fusion between the roles of the artist and the audience and of the interweaving of time and space. A system of videotape recorders, monitors and television cameras broadcast live, from different angle shots, anything happening inside and outside the Gallery, repeating the shootings and mixing them with the artists' videos. The video-gallery did not stop there: in August Gerald Minkoff presented the video *23' 18"*, based on self-representation, filmed with a television camera, two videotape recorders and two monitors, with no editing. Three evening events followed in November with Minkoff, Shu Thakahashi, Luca Patella, Yamaguchi and contributions from the public. The Gallery began experiments on condominial cableway television by connecting the videotape recorder cable to the free channels of the house television with a central aerial. Such experience became part of the book *Programmazione tecnologica e processi di comunicazione* [Technologic Planning and Communication Processes], published by the Ente autonomo Fiere di Bologna in Bologna in 1972. In May 1972, VideObelisco joined in the 'video-events' of the Impact Gallery in Lausanne.[45]

These and other initiatives gave birth to a sort of workshop of miscellaneous works of art and trends: from those marked by a wide range of research, to those combining post-production work, studies on colour planning and the use of new instruments such as the synthesizer, to those aimed at an inclusion of an environmental, plastic and enthralling inclination in video-sculptures and video-installations. These paths quickly showed the directions of the research for identity which found its reasons for critical and operational programming particularly through two main topics: on one hand, the need for rationalization through a

degli artisti. L'attività della videogalleria continua: ad agosto Gerald Minkoff presenta il video *23' 18''*, realizzato con una telecamera, due videoregistratori e due monitors, senza montaggio, basato sul tema dell'autorappresentazione. A novembre si susseguono altre tre serate, con la partecipazione di Minkoff, Shu Thakahashi, Luca Patella, Yamaguchi, e con i contributi del pubblico. Si avviano inoltre le sperimentazioni di televisione via cavo condominiale collegando il cavo del videoregistratore ai canali liberi della televisione domestica con antenna centralizzata. L'esperienza viene a far parte della documentazione del libro *Programmazione tecnologica e processi di comunicazione*, edito nel 1972 dall'Ente autonomo Fiere di Bologna; a maggio del '72 la *VideObelisco* partecipa ai "videoeventi" della galleria Impact di Losanna[45].

Si configura, nell'insieme di queste e altre iniziative, una sorta di laboratorio di opere e tendenze disparate, da quelle improntate ad un'ampia gamma di documentazioni, a quelle in cui confluiscono il lavoro di postproduzione, le ricerche sull'elaborazione del colore e sull'uso di strumenti nuovi come il sintetizzatore, a quelle rivolte all'apertura di una vocazione ambientale, plastica e coinvolgente, nelle videosculture e nelle videoinstallazioni. Rapidamente si evidenziano, all'interno di questi percorsi, le direzioni di una ricerca di identità che trova motivi di elaborazione critica e operativa soprattutto attraverso due principali tematiche: da un lato è evidente l'esigenza di razionalizzazione attraverso una classificazione capace di incanalare le svariate direzioni del rapporto arte-video; dall'altro il confluire della videoarte nei meandri di uno specifico impegno sociale e ideologico.

5 – La Classificazione di Giaccari

Sul versante della classificazione si muove Luciano Giaccari che già alla fine degli anni Sessanta aveva iniziato a organizzare a Varese una videoteca che raccoglieva un'ampia documentazione, sulla musica, sul

classification able to channel the various directions of the art-video relation; on the other, video art convergence in the maze of a specific social and ideological commitment.

5 – Giaccari's Classification

At the end of the Sixties, Luciano Giaccari took his first steps towards classification by organising a videotape collection in Varese, which gathered a wide documentation on music, theatre and dance, to which artist's videos would be added.[46] The project began in 1968 with the name *Televisione come memoria* [Television as Memory] to document the works of art which took part in *24 ore di no stop theatre, opere di fumo e di vento, esperimento di nuovo teatro* [24 Hours of Non-stop Theatre, Works of Smoke and Wind, New Theatre Experiment]: an exhibition devised with Studio 970/2, equipped with 24 screens which broadcast every hour the events in progress, both live and pre-recorded. The focus on music, dance and theatre remained a main feature, while the videotape collection extended dramatically. In 1972 Giaccari wrote the *Classificazione dei metodi di impiego del videotape in arte* [Classification of Methods of Use of Videotape in Art] (published in 1973); his aim was to define and distinguish the fields of video use, on a theoretical and practical level, within the need for categorisation (already different from Barilli's) prompted, as explained by the author himself, by the lack of definition of the video object even inside the circle of its wide diffusion in the 'myriad of indescribable works realised by photographers, copywriters, graphic designers, musicians and prodigy poets, theatre authors, "video-letters" editors, and so on and so forth. ... The classification of methods of use – Giaccari continues – was based on two main hypothesis: the first saw the artist have a direct relation with the instrument, used for creative reasons; the second saw the artist have an intermediated relation, as the instrument

teatro e sulla danza, cui si aggiungono presto i video d'artista[46]; il progetto nasce nel 1968 con il titolo *Televisione come memoria* per la documentazione video delle opere che partecipavano alla *24 ore di no stop theatre, opere di fumo e di vento, esperimento di nuovo teatro*, una manifestazione realizzata con lo Studio 970/2, corredata da 24 monitor che ogni ora trasmettevano in diretta e in differita gli eventi in corso. L'attenzione per il settore musica danza e teatro rimane caratterizzante, mentre la videoteca si sviluppa ad ampio raggio. Nel '72 Giaccari elabora la *Classificazione dei metodi di impiego del videotape in arte* (pubblicata per la prima volta nel '73); l'intento è quello di definire e distinguere gli ambiti dell'uso del video, a livello teorico e pratico, all'interno di un'esigenza di sistematizzazione (ormai diversa da quella di Barilli), stimolata, come spiega lo stesso autore, dalla mancanza di definizione dell'oggetto video pur nell'ambito di una sua larga diffusione nella

> miriade di ineffabili opere realizzate da fotografi, creativi pubblicitari, grafici, musicisti e poeti-prodigio, autori di teatro, compilatori di 'video-lettere' e chi più ne ha più ne metta. [...] La classificazione dei metodi di impiego – scrive Giaccari – si basava su due ipotesi fondamentali: nella prima l'artista ha un rapporto diretto con lo strumento, che usa per scopi creativi; nella seconda l'artista ha un rapporto mediato con lo strumento, che viene usato da altri sulla sua opera creativa e con finalità prevalentemente documentarie o didattiche[47].

Su queste basi venivano distinti vari tipi di impiego diretto e creativo: il *videotape*, che usa un linguaggio specifico e indipendente; la *videoperformance/videoenvironment*, in riferimento ad azioni o allestimenti creati con l'impiego di circuiti chiusi e per indicare gli eventi concepiti espressamente per essere registrati. Per l'impiego mediato del video Giaccari indicava invece le *videodocumentazioni* di performances, concerti e spettacoli teatrali, intese come memorizzazioni ed espansioni del fenomeno artistico

was used by others on his creative work and with a largely documentary and didactic scope'.[47]

Different types of direct and creative use were discerned on these premises: *videotape* used a specific and independent language, whereas *videoperformance/ videoenvironment* referred to actions or productions which were created using closed circuits and indicated events specifically devised to be recorded. For the intermediated use of video, Giaccari indicated instead concerts, theatre pieces and performances' *video-documentations*, which were considered as recordings and developments of the original artistic phenomenon. They would stress the importance of video ease of use compared to cinematographic filming, of the non-selectivity compared to photography, but also the risks of a subjective interpretation linked to the operator's mediation. Lastly, in the same non-directly creative section were *video-reportage*, *videocritics*, *videodidactic*, demanding for better organisation of the publishing aspect and the visual, video production and distribution circuits; issues that, as of today, are still mainly to be determined.[48]

Ferrara's Centro Video Arte also outlined a cataloguing system for its activities within the intense web of its paths and relations. The sectors of this classification included five sections – *videoart*, *videorecording*, *video debates*, *videosocial*, *videodidactic*[49] – whose extensive formulation drew on Giaccari's model.

6 – The Rise and Fall of Controinformazione [Counter-information]

Another observation that unquestionably emerged from this jumble of activities and definitions from the Seventies in Italy, was the innovative and dismantling boost brought by video in relation to art and its system. The fact that video art could establish a completely new and 'distinct' commu-

originario, individuando l'importanza della maneggevolezza del video nei confronti della ripresa cinematografica, della non selettività nei confronti della fotografia, ma anche i rischi dell'interpretazione soggettiva legata alla mediazione dell'operatore. Infine, ancora nel settore non direttamente creativo, venivano annoverati il *videoreportage*, la *videocritica*, la *videodidattica*, auspicando una migliore organizzazione dell'aspetto editoriale e dei circuiti di visione, produzione e distribuzione dei video, problemi a tutt'oggi in gran parte ancora da risolvere[48].

Anche nell'intenso tessuto di percorsi e di relazioni del Centro Video Arte di Ferrara viene messo a punto un sistema di catalogazione delle sue attività. I settori di questa classificazione comprendono cinque compartimenti – *videoarte*, *videoregistrazione*, *videodibattiti*, *videosociale*, *videodidattica*[49] – secondo una formulazione ampia, che riprende il modello di Giaccari.

6 – Ascesa e declino della controinformazione

L'altra notazione che emerge decisamente in questa congerie di attività e di definizioni degli anni Settanta in Italia è la carica innovativa e destrutturante portata dal video rispetto all'arte e al suo sistema. Viene colto e sviluppato il fatto che la videoarte può fondare un territorio di comunicazione interamente nuovo e "altro"; e all'interno di questa valutazione si sviluppa una forte componente ideologica. Artisti, operatori culturali, critici, in sintonia con il clima politico post-sessantottesco, abbracciano l'utopia di un'arte che attraverso l'uso dei mezzi elettronici si possa liberare dalle maglie del sistema, uscire dalle gallerie e dai musei, misurarsi col sociale, farsi strumento democratico di comunicazione e di controinformazione. Queste posizioni trovano uno spazio specifico nell'attività di singole personalità, come Alberto Grifi, e di gruppi militanti, come Videobase e Laboratorio di Comunicazione Militante[50], costituendo anche una diffusa chiave di lettura della vi-

nication territory was understood and developed and a strong ideological component grew within such assessment. Artists, cultural operators, critics, in tune with the political climate following the 1968 protest movement, embraced the utopia of an art which – through the use of electronic medium – could free itself from the system network, come out of galleries and museums, measure itself against society and become a democratic medium of communication and counter-information. These views found a specific space in the activities of both single personalities like Alberto Grifi and militant groups such as Videobase and Laboratorio di Comunicazione Militante.[50] They also symbolised a widespread reading of video art by critics, who were in search of their own identity at the time.

The 'alternative' commitment involves very nearly everyone, and not only in Italy. With reference to VideObelisco, Francesco Carlo Crispolti wrote: 'Television seen as show creates images-object, fetishes-symbol, archaeological crystallizations: video-recording as live recording is not only a transposition of life, but a way of being, a perceptive procedure of life, a perceptive medium for some towards the social whole'.[51] As stated by Ernesto Francalanci in the presentation of the exhibition *Videotapes* at the Cavallino in Venice in 1975,

> ....the political potential of V.T. (videotape) is clear if managed by a collective group (as it happens in factories, school and district actions, where all the people present – by taking possession of the tool – can create a self-recording, of any kind and with any purpose) which can verify and clarify the artist's immersive and de-celebratory will.

His introduction stressed the role of filter, between perceived and perceiving, of videotape's boosted look and pointed out "the extraordinary and possibly revolutionary contribution that V.T. brought to the is-

deoarte da parte della critica, all'epoca essa stessa alla ricerca di una propria identità. L'impegno "alternativo" coinvolge infatti un po' tutti (e non solo in Italia).

> La televisione come spettacolo crea immagini-oggetto, feticci-simbolo, cristallizzazioni archeologiche: la videoregistrazione come presa diretta non è solo una trasposizione della vita ma un modo di essere, una modalità percettiva della vita, un tramite percettivo di alcuni al tutto sociale scrive, ad esempio, Francesco Carlo Crispolti in occasione di VideObelisco[51]. È evidente il potenziale politico che il V.T. (videotape) possiede se esso viene amministrato da una gestione collettiva (come ad esempio, in operazioni di fabbrica, di scuola e di quartiere, dove tutti gli intervenuti, prendendo possesso dello strumento, possono realizzare una autoregistrazione, di qualsiasi specie e con qualsiasi funzione) che può verificare e chiarificare la volontà immersiva e decelebrativa dell'artista, afferma Ernesto Francalanci nella presentazione della mostra *Videotapes* al Cavallino di Venezia nel 1975, all'interno di un discorso che sottolinea il ruolo di filtro, tra percepito e percipiente, dello sguardo potenziato del videotape, e che rileva "lo straordinario e forse rivoluzionario contributo che il V.T. reca alla questione del rapporto tra attività critica e attività artistica"[52].

Anche Giaccari avverte, nel corso dei dibattiti, fortemente politicizzati, all'incontro su *L'altro video* a Pesaro nel '73, che "la realizzazione di una pluralità di informazione televisiva è essenzialmente un fatto politico e per niente un fatto tecnico-comunicazionale"[53]; mentre *art/tapes/22* definisce l'intento di un uso diverso dei dispositivi televisivi non solo sul piano del linguaggio creativo, ma anche nel confronto nuovo con le realtà dell'arte e della società, al limite riuscendo a portare il suo messaggio direttamente nelle case, tra un pubblico e vasto e differenziato: "Guardiamo alla televisione come ad una soluzione ideale, così che la

sue of the relation between critical activity and artistic activity.[52]

Giaccari also felt, throughout the strongly politicised debates at Pesaro's meeting *L'altro video* [The Other Video] in 1973, that "the achievement of a plurality in television information is essentially a political fact and never one of technical-communicational".[53] art/tapes/22 instead defined the aim of a different use of television devices not only on a creative language level, but also in the new confrontation with art and society, succeeding, at the most, to deliver its message directly to the homes, among a wide and differentiated audience: the curators of the exhibition organised in 1974 by art/tapes/22 asserted

> Let's look at television as an ideal solution, so that people are no longer forced to go to museums, galleries, universities and other institutions to gather information, but can enjoy it directly at home. It is fundamental to insist on the fact that video allows the circulation of ideas and not objects. Its unlimited nature symbolises a victory against speculation in the art field. It has already started to mix the distinctions between different branches of art and the same is happening with culture as a whole.[54]

The idea that video could contribute to a cultural and social change by gathering art, life, ideology and critics, found its climax – as well as its epilogue – during the Roman exhibition *Video '79*, organised by Alessandro Silj (figs. 8–9). This was a wide range initiative that chose more than 340 works of art by international artists and produced a bilingual catalogue, in Italian and English, packed with contributions.[55] The essays mainly discussed on the role and methods of information and the political role of videotape and cableway television. The works of art focused instead on the variety of video art experiences regarding social commitment – featuring Alberto Grifi, Antoni Muntadas, Raša Todosijević, Videobase, Meatball, the feminist group of *Processo per stupro* [Trial for Rape] – as well as perform-

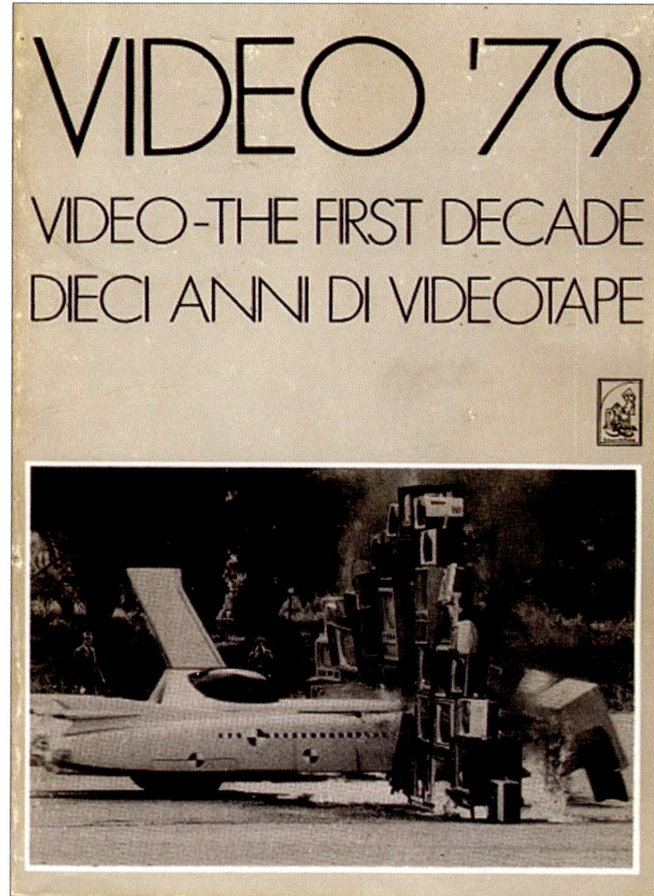

Fig. 8. Cover for the catalogue *Video '79*, 1979. Copertina del catalogo *Video '79*, 1979.

gente non sia più obbligata ad andare nei musei, nelle gallerie, nelle università e nelle altre istituzioni a raccogliere informazioni, ma possa giovarsi di riceverla nelle proprie abitazioni", affermano i curatori della mostra organizzata nel '74 da art/tapes/22.

> È molto importante insistere sul fatto che il video permette una circolazione di idee e non di oggetti. Essendo la sua vera natura illimitata, costituisce una vittoria sulla speculazione in campo artistico. Ha già iniziato a confondere le distinzioni tra le varie branche dell'arte e lo stesso avviene con la cultura nel suo insieme[54].

Quest'idea che il video potesse contribuire ad un cambiamento culturale e sociale unendo nelle sue opere arte, vita, ideologia e critica, trova un momento culminante, e anche un epilogo nel corso della rassegna romana *Video '79*, organizzata da Alessandro Silj (figg. 8–9).

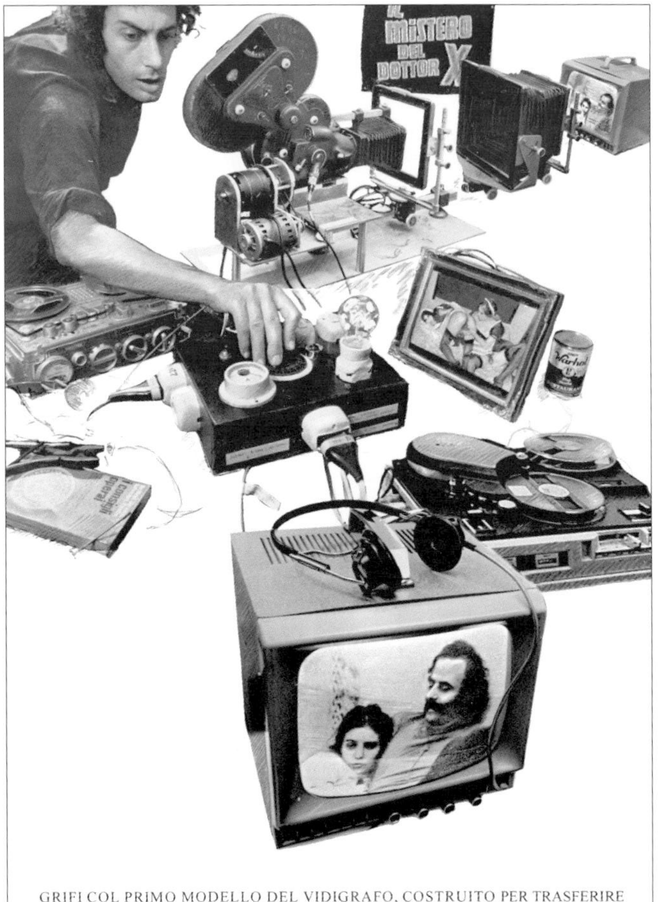

Fig. 9. Alberto Grifi with the first model of 'vidigrafo' [a form of kinescope] that he built to transfer the video *Anna* to film. The picture was published in *Video '79* catalogue.

Alberto Grifi con il primo modello di "vidigrafo" costruito per trasferire il videotape *Anna* su pellicola cinematografica. La foto fu pubblicata sul catalogo di *Video '79*. Courtesy of Associazione Culturale Alberto Grifi.

ance and the experimentation of the potential of the medium. Artists semi-unknown today as well as famous ones participated: Marina Abramović, Robert Cahen, Douglas Davis, Jean-Luc Godard, Bruce Nauman, Charlemagne Palestine, Bill Viola, the Vasulkas. The exhibition however testified a change of trend; the counter-information utopia came to an end with 1977's political disruption. The *Anni di piombo* [Years of Lead], the end of ideologies, left their mark in the cultural and artistic fields too, crushing the generous and unrealistic hypothesis of a social activism through video. This was confirmed by Alessandro Silj:

> Today we know that videotape is not necessarily 'democratic', nor necessarily poorer than other communication means, nor necessarily 'newer', at least as regards some of the uses applied to it.

Si tratta di una iniziativa di vasto respiro che seleziona più di 340 opere di artisti internazionali e produce un catalogo bilingue, italiano e inglese, denso di contributi[55]. I saggi in catalogo dibattono prevalentemente sul ruolo e i metodi dell'informazione e del ruolo politico del videotape e della TV via cavo, mentre le opere evidenziano la molteplicità delle esperienze della videoarte sia sul versante dell'impegno sociale, tra gli altri Alberto Grifi, Antoni Muntadas, Raša Todosijević, Videobase, Meatball, il gruppo femminista di *Processo per stupro*, sia su quello della performance e della sperimentazione delle potenzialità del mezzo; vi partecipano artisti oggi poco noti insieme ad altri oggi famosi come Marina Abramović, Robert Cahen, Douglas Davis, Jean-Luc Godard, Bruce Nauman, Charlemagne Palestine, Bill Viola, i Vasulka.

Ma nell'insieme dei suoi aspetti la rassegna testimonia un cambiamento di tendenza; l'utopia della controinformazione si dissolve di fatto con la cesura politica del '77. Gli anni di piombo, la fine delle ideologie, lasciano il segno anche in campo culturale e artistico, stroncando l'ipotesi, generosa e velleitaria, di un attivismo sociale attraverso il video. Lo attestano lucidamente alcune osservazioni di Alessandro Silj:

> Oggi sappiamo che il videotape non è necessariamente "democratico", né necessariamente più povero di altri mezzi di comunicazione, né necessariamente più "nuovo", almeno per quanto concerne alcune utilizzazioni che ne sono state fatte. Gli entusiasmi iniziali hanno ceduto il passo a valutazioni più realistiche. È nata così l'idea di *Video '79*. Dall'esigenza di tentare un primo bilancio, una

Initial fervours gave way to more realistic evaluations. This was how *Video '79* came to life. It sprang from the need to draw an assessment, a critical reflection of the experiences lived in Italy and elsewhere; to analyse the 'uniqueness' of videotape language compared to other audio-visual languages ... As far as the results are concerned, if we had to acknowledge the effectiveness of the two intervention styles – European and American – we wouldn't take for granted that the second resulted less effective than the first: probably they will both be useless. Perhaps this is the drama of alternative video, in any country, within the forms and situations that have portrayed its development so far.[56]

A few years later, with the second edition of the exhibition, *Video Roma 82/83*, Silj laid it on thicker, aware of a deeply changed situation;

> Paradoxically – he wrote – we can say that the poor and democratic video of ten years ago was an elitist phenomenon, of avant-garde artists and of small political militancy vanguards, while nowadays video, no longer so poor, is used by an ever larger number of operators, even though the cost for a good video has increased remarkably. Does this mean that video has lost its own shattering, alternative feature against traditional information and cultural production channels?... I believe it is not as much about determining whether video has ceased to be an alternative medium or not, as to discuss the features which distinguish it from other media and from other forms of artistic production or communication: it is precisely within these features that its uniqueness and its potential – in my opinion still intact – of being 'alternative' has to be found.[57]

This was a precise indication, among others at the time, of a trend turning point towards a more precise and articulated definition and experimentation that will completely plunge – albeit with scarce endorsement by the institutions for a long

> riflessione critica sulle esperienze fatte, in Italia e in altri paesi; di analizzare la 'specificità' del linguaggio del videotape rispetto ad altri linguaggi audiovisivi. [...] Se dovessimo riconoscere l'efficacia, in quanto a risultati, dei due stili di intervento, europeo e americano, non è affatto detto che il secondo risulterebbe meno efficace del primo: probabilmente entrambi risulterebbero inutili. È forse questo il dramma del video alternativo, di qualsiasi paese, nelle forme e nelle situazioni che hanno caratterizzato il suo sviluppo fino ad oggi[56].

Pochi anni dopo, con la seconda edizione della rassegna, *Video Roma 82/83*, Silj rincara la dose, nella consapevolezza di situazione profondamente mutata:

> Paradossalmente – egli scrive – si può dire che il video povero e democratico di dieci anni fa fu un fenomeno d'*èlite*, artisti d'avanguardia e piccole avanguardie di militanza politica, mentre oggi il video, non più tanto povero, viene usato da un numero sempre più grande di operatori, malgrado il costo di fare del buon video sia notevolmente cresciuto. Forse ciò significa che il video ha perso il proprio carattere dirompente, di alternativa ai tradizionali canali di informazione e produzione culturale? [...] Personalmente mi sembra che non si tratta ormai tanto di stabilire se il video abbia smesso di essere o no un *medium* alternativo, quanto di discutere le caratteristiche che lo distinguono dagli altri media e da altre forme di produzione artistica o di comunicazione – e proprio in queste sue caratteristiche va individuata e definita la sua specificità e il suo potenziale, a mio parere ancora intatto di essere "alternativo"[57].

È un segnale preciso, tra altri che emergono all'epoca, di una svolta di tendenza nella direzione di una più precisa e articolata definizione e sperimentazione che si calerà completamente – anche se per vari anni con scarsi riscontri nelle istituzioni – nel mondo dell'arte e nel suo sistema. Si inaugura così

time – in the art world and in its system. The different climate in which, during the following decades, the linguistic and aesthetic researches of electronic art spread, was thus inaugurated.◆

Endnotes

1. This essay further analyses the studies published in Silvia Bordini, *Videoarte & arte. Tracce per una storia* (Rome: Lithos, 1995), and by the same author, 'Le molte dimore. La videoarte in Italia negli anni Settanta', in Paola Sega Serra Zanetti & Maria Grazia Tolomeo (eds.), *La coscienza luccicante. Dalla videoarte all'arte interattiva*, exhibition catalogue (Rome: Gangemi, 1998), pp. 28–40. On video art history see: Marco Maria Gazzano & Gianni Toti, 'La videoarte in Italia', in *Video*, supplement to "Immagine & Pubblico", 2–3, April–September 1990, p. 36 et seq.; Maurizio Calvesi, 'Documenti di un percorso', in Sega Serra Zanetti & Tolomeo 1998, pp. 55–62; Simonetta Fadda, *Definizione zero. Origini della videoarte fra politica e comunicazione* (Genoa: Costa & Nolan, 1999); Bruno Di Marino & Lara Nicoli, *Elettroshock. 30 anni di video in Italia* (Rome: Castelvecchi, 2001).
2. The *Manifiesto Blanco* 1946, in Enrico Crispolti, *Lucio Fontana. Catalogo generale* (Milan: Electa, 1986), p. 35.
3. *Primo Manifesto dello spazialismo*, 1947, signed by Beniamino Joppolo, Fontana, Giorgio Kaisserlian, Milena Milani, Crispolti, Lucio Fontana, p. 36.
4. *Secondo Manifesto Spaziale*, 18 March 1948 and *Proposta di un regolamento del movimento spaziale*, 2 April 1950, in Crispolti, *Lucio Fontana. Catalogo generale*, p. 36.
5. Crispolti, *Lucio Fontana. Catalogo generale*, p. 18.
6. *Manifesto del movimento Spaziale per la televisione*, 17 May 1952, signed by Ambrosini, Burri, Crippa, Deluigi, De Toffoli, Dova, Donati, Fontana, Giancarozzi, Guidi, Joppolo, La Regina, Milena Milani, Morucchio, Peverelli, Tancredi, Vianello, in Germano Celant, *Offmedia. Nuove tecniche artistiche: video disco libro* (Milan: Dedalo, 1977), pp. 11–15, and Crispolti, *Lucio Fontana. Catalogo generale*, p. 37.
7. *Perché sono spaziale*, 1952, in Enrico Crispolti, *Lucio Fontana*, exhibition catalogue, Rome, Palazzo delle Esposizioni 1988 (Milan: Electa, 1998), p. 177.
8. Carla Lonzi, *Autoritratto* (Bari: De Donato, 1969), p. 122.
9. Bordini, *Videoarte & arte*, pp. 25–28.
10. Renato Barilli, Maurizio Calvesi, Tommaso Trini (eds.), *Gennaio 70, Terza biennale internazionale della giovane pittura. Comportamenti Progetti Mediazioni*, exhibition catalogue, Museo Civico di Bologna, 31 January – 28 February 1970 (Bologna: 1970).

il diverso clima in cui, nei decenni successivi, si diramano le ricerche linguistiche ed estetiche dell'arte elettronica.◆

Note

1. Nel presente saggio vengono approfondite le ricerche apparse in Silvia Bordini, *Videoarte & arte. Tracce per una storia* (Roma: Lithos, 1995), e idem, 'Le molte dimore. La videoarte in Italia negli anni Settanta', in Paola Sega Serra Zanetti, Maria Grazia Tolomeo (a cura di), *La coscienza luccicante. Dalla videoarte all'arte interattiva*, catalogo della mostra (Roma: Gangemi, 1998), pp. 28–40. Sulla storia della videoarte in Italia si veda: Marco Maria Gazzano, Gianni Toti, 'La videoarte in Italia', *Video*, suppll. 2–3 di "Immagine & Pubblico", Aprile–Settembre 1990, pp. 36 sgg; M. Calvesi, 'Documenti di un percorso', in Sega Serra Zanetti, Tolomeo (a cura di), *La coscienza luccicante*, pp. 55–62; Simonetta Fadda, *Definizione zero. Origini della videoarte fra politica e comunicazione* (Genova: Costa & Nolan, 1999); Bruno Di Marino, Lara Nicoli (a cura di), *Elettroshock. 30 anni di video in Italia* (Roma: Castelvecchi, 2001).
2. Il *Manifiesto Blanco*, 1946, in Enrico Crispolti, *Lucio Fontana. Catalogo generale* (Milano: Electa, 1986), p. 35.
3. *Primo Manifesto dello spazialismo* (1947, firmato da Beniamino Joppolo, Fontana, Giorgio Kaisserlian, Milena Milani), in Crispolti, *Lucio Fontana*, p. 36.
4. *Secondo Manifesto Spaziale* del 18 marzo '48 e *Proposta di un regolamento del movimento spaziale* (2 aprile 1950), in Crispolti, *Lucio Fontana. Catalogo generale*, cit., p. 36.
5. Crispolti, *Lucio Fontana. Catalogo generale*, cit., p. 18.
6. *Manifesto del movimento Spaziale per la televisione* (17 maggio 1952, firmato da Ambrosini, Burri, Crippa, Deluigi, De Toffoli, Dova, Donati, Fontana, Giancarozzi, Guidi, Joppolo, La Regina, Milena Milani, Morucchio, Peverelli, Tancredi, Vianello), in Germano Celant, *Offmedia. Nuove tecniche artistiche: video disco libro*, (Milano: Dedalo, 1977), pp. 11–15, e Crispolti, *Lucio Fontana. Catalogo generale*, p. 37.
7. *Perché sono spaziale*, 1952, in Enrico Crispolti (a cura di), *Lucio Fontana*, catalogo della mostra al Palazzo delle Esposizioni di Roma, 1988 (Milano: Electa, 1998), cit., p. 177.
8. Carla Lonzi, *Autoritratto* (Bari: De Donato, 1969), cit., p. 122.
9. Bordini, *Videoarte & Arte*, cit., pp. 25–28.
10. Renato Barilli, Maurizio Calvesi, Tommaso Trini (a cura di), *Gennaio 70. Terza biennale internazionale della giovane pittura. Comportamenti Progetti Mediazioni*, catalogo della mostra, Museo Civico di Bologna, 31 gennaio–28 febbraio 1970 (Bologna: 1970).

11. Tommaso Trini, 'Mutare le attitudini concettuali in pratica', in Barilli, Calvesi, Trini, *Gennaio 70*, pp. 26–28.

12. *Gennaio 70*'s 'video-recordings' include: *Nell'istante in cui appaiono queste scritte è trascorso il tempo che un giorno la mia ombra partita all'alba dalla cima dello Stromboli ha impiegato per percorrere una distanza pari a quella fra il Sole e la Terra* by Giovanni Anselmo; *Fluidità radicale* by Gilberto Zorio; *Io e i miei cinque anni della mia reale reale predica* by Pierpaolo Calzolari; *La serie di Fibonacci* by Mario Merz; *Antibiotico / Registrazione con oggetto di cera e sintesi elettrica* by Marisa Merz; *Lettere d'alfabeto* by Giuseppe Penone; *Numerazione* by Alighiero Boetti; *Riflessioni* by Michelangelo Pistoletto; *Magnete/ Proiezione TV. Programmazione di elementi a proiezione miniaturizzata con cancellazione alterna nel quadro* by Emilio Prini; *Fiori di Fuoco* by Jannis Kounellis; Patella, Luca, *Preghiere marziane*; *Chiodo fisso* by Claudio Cintoli; *Alta acrobazia* by Eliseo Mattiacci; Riflessione speculare by Mario Ceroli; *Quid nihil nisi minus?* by Luciano Fabro; *Segnali vobbulati* by Gianni Colombo; *Presdigitazione. Tentativo di volo. Tentativo di far formare dei quadrati invece che dei cerchi intorno ad un sasso che cade nell'acqua. La morra cinese* by Gino De Dominicis; *Camera folta (a, a, a,) (acquitrino, ansietà artificio)* by Gianni Emilio Simonetti, whose video, based on a modified television camera is not shown because of technical inconveniences.

13. *Land Art* is a television film where Schum draws on works by Marinus Boezem, Walter De Maria, Jean Dibbets, Barry Flanagan, Mike Heizer, Richard Long, Dennis Oppenheim, Robert Smithson, and shows them in the Freies Berlin network on the 15 April 1969; later on it will be transmitted within several exhibitions from *Prospect 69* to the Dusseldorf Kunsthalle (1969). On Schum see: Valentina Valentini (ed.), *Cominciamenti, Taormina Arte 1988, III Rassegna Internazionale del Video d'Autore* (Rome: De Luca, 1988), pp. 47–48, and, among the most recent contributions Ulrike Groos, Barbara Hess, Ursula Wevers (eds.), *Ready to Shoot – Fernsehgalerie Gerry Schum*, exhibition catalogue (Düsseldorf: Kunsthalle, 2003–04).

14. On Beuys' video production see: Fabrice Hergott (ed.), *Joseph Beuys, Films et vidéos* (Paris: Centre G. Pompidou, 1994).

15. *Identifications* is a video produced by Schum using the actions of several international artists (some of them already present at *Gennaio 70*). It is broadcast for the first time on the 30 November 1970 by SudWestfunk Baden Baden.

16. Gerry Schum, *Fernsehausstellung Land Art*, Hannover 1970, quoted in Valentini, *Cominciamenti*, p. 55.

17. Valentini, *Cominciamenti*, p. 54.

18. Maurizio Calvesi, *Azioni al video* in *Avanguardia di Massa*, (Milan: Feltrinelli, 1978), p. 226, first published as Maurizio Calvesi, 'Schermi T.V. al posto dei quadri', *L'Espresso*, 15 March 1970.

11. Tommaso Trini, 'Mutare le attitudini concettuali, in pratica', in Barilli, Calvesi, Trini, *Gennaio 70*, cit., pp. 26–28.

12. I "*videorecording*" di *Gennaio 70* comprendono: *Nell'istante in cui appaiono queste scritte è trascorso il tempo che un giorno la mia ombra partita all'alba dalla cima dello Stromboli ha impiegato per percorrere una distanza pari a quella fra il Sole e la Terra*, di Giovanni Anselmo; *Fluidità radicale* di Gilberto Zorio; *Io e i miei cinque anni della mia reale predica* di Pierpaolo Calzolari; *La serie di Fibonacci* di Mario Merz; *Antibiotico / Registrazione con oggetto di cera e sintesi elettrica* di Marisa Merz; *Lettere d'alfabeto* di Giuseppe Penone; *Numerazione* di Alighiero Boetti; *Riflessioni* di Michelangelo Pistoletto; *Magnete/ Proiezione TV. Programmazione di elementi a proiezione miniaturizzata con cancellazione alterna nel quadro* di Emilio Prini; *Fiori di Fuoco* di Jannis Kounellis; *Preghiere marziane* di Luca Patella; *Chiodo fisso* di Claudio Cintoli; *Alta acrobazia* di Eliseo Mattiacci; *Riflessione speculare* di Mario Ceroli; *Quid nihil nisi minus?* di Luciano Fabro; *Segnali vobbulati* di Gianni Colombo; *Presdigitazione. Tentativo di volo. Tentativo di far formare dei quadrati invece che dei cerchi intorno ad un sasso che cade nell'acqua. La morra cinese* di Gino De Dominicis; *Camera folta (a, a, a,) (acquitrino, ansietà artificio)* di Gianni Emilio Simonetti il cui video, basato su una telecamera modificata, non viene presentato per inconvenienti tecnici.

13. *Land Art* è un film per la televisione in cui Schum riprende opere di Marinus Boezem, Walter De Maria, Jean Dibbets, Barry Flanagan, Mike Heizer, Richard Long, Dennis Oppenheim, Robert Smithson, e le diffonde nella rete Freies Berlin il 15 aprile 1969; successivamente sarà trasmesso nell'ambito di varie mostre, a partire da *Prospect 69* alla Kunsthalle di Düsseldorf (1969). Su Schum si veda Valentina Valentini (a cura di), *Cominciamenti, Taormina Arte 1988, III Rassegna Internazionale del Video d'Autore* (Roma: De Luca, 1988), pp. 47–48, e, tra i contributi più recenti, Ulrike Groos, Barbara Hess, Ursula Wevers (eds), *Ready to Shoot – Fernsehgalerie Gerry Schum*, catalogo della mostra (Düsseldorf: Kunsthalle, 2003–04).

14. Sulla videografia di Beuys si veda Fabrice Hergott (a cura di), *Joseph Beuys, Films et vidéos* (Parigi: Centre G. Pompidou, 1994).

15. *Identifications* è un video prodotto da Schum con azioni di vari artisti internazionali (alcuni già presenti a *Gennaio 70*). Viene trasmesso per la prima volta il 30 novembre 1970 dalla SudWestfunk Baden Baden.

16. Gerry Schum, *Fernsehausstellung Land Art*, (Hannover: 1970), cit. in Valentini, *Cominciamenti*, p. 55.

17. *Ibidem*, p. 54.

18. Maurizio Calvesi, 'Schermi T.V. al posto dei quadri', *L'Espresso*, 17 marzo 1970, ora in Maurizio Calvesi, *Avanguardia di Massa* (Milano: Feltrinelli, 1978), p. 226, con il titolo *Azioni al video*.

19. *Ibidem*.

19. Ibid.
20. Renato Barilli, 'Equivalenza di opposti', in Barilli, Calvesi, Trini, *Gennaio 70*, p. 15.
21. Renato Barilli, 'Video-recording a Bologna', *Marcatré*, 58–60, (1970), p. 136.
22. Ibid., pp. 138–142.
23. On artist film see: Bruno Di Marino, 'Ventiquattro fotogrammi al secondo + uno. Dal cinema sperimentale all'arte elettronica', in Bordini, *Videoarte & arte*, pp. 95–107; Bruno Di Marino, *Sguardo Inconscio Azione. Cinema sperimentale e underground a Roma (1965–1975)* (Rome: Lithos, 1999).
24. Gianni Colombo, G., inset in Barilli, Calvesi, Trini, *Gennaio 70*.
25. Barilli, 'Video Recording in Bologna', p. 142.
26. Colombo, G., inset in Barilli, Calvesi, Trini, *Gennaio 70*.
27. Special recommend: Fabio Mauri, *Dibattito*, where artists and critics (Marotta, Achille Mauri, Restany, Trini and an anonymous lady) discuss about Arte Povera. Cfr R. Comi, 'L'Eurodomus 3: il Telemuseo di Trini', *Metro*, 16–17.
28. *Nuovi Media – film e videotapes*, curated by Germano Celant and Daniela Palazzoli.
29. See: Tommaso Trini, 'Artevideo e Multivision', *D'Ars Agency*, 75, 1975, p. 19.
30. Vittorio Fagone (ed.), *Camere incantate. Video cinema fotografia e arte negli anni '70*, (Milan: Feltrinelli, 1980).
31. Achille Bonito Oliva (ed.), *Contemporanea*, (Rome: Centro Di, 1974), p. 8.
32. *Incontri 1974–75, Quaderni del Centro di Informazione Alternativa* (Roma: Incontri Internazionali d'Arte, 1980).
33. Dino Marangon, *Videotapes del Cavallino* (Venice: Cavallino, 2004).
34. Italo Mussa & Francesco Carlo Crispolti, *Circuito chiuso-aperto. IV Rassegna d'arte contemporanea* (Acireale, 1972).
35. *L'altro video, incontro sul videotape, IX Mostra internazionale del Nuovo Cinema*, Pesaro, 12–19 September 1973, "Quaderno informativo", no. 44.
36. On Ferrara's Centro Video Arte see Francesca Gallo, 'Il video al museo: il Centro Video Arte di Palazzo dei Diamanti a Ferrara negli anni '70 e '80', *Ricerche di Storia dell'arte*, 88, 2006, pp. 47–62.
37. Among the artists actively involved at Ferrara's Centro Videoarte are Marina Abramović, Sylvano Bussotti, Maurizio Camerani, Giorgio Cattani, Giuseppe Chiari, Claudio Cintoli, Ed Emshwiller, Terry Fox, Piero Gilardi, Christina Kubisch, Shigeco Kubota, Marie-Jo Lafontaine, Dalibor Martinis, Nam June Paik, Pipilotti Rist, Ulriche Rosenbach, Jeffrey Shaw, Gianni Toti, Ulay, Klaus vom Bruch, Peter Weibel.
38. Maria Gloria Bicocchi, *Tra Firenze e Santa Teresa dentro le quinte dell'arte. art/tapes/22* (Venice: Cavallino, 2003); see also Veronica Collavini,

20. Renato Barilli, 'Equivalenza di opposti', in Barilli, Calvesi, Trini, *Gennaio 70*, cit., p. 15.
21. Renato Barilli, 'Video-recording a Bologna', *Marcatré*, n. 58–60, Maggio 1970, p. 136.
22. *Ibidem*, pp. 138–142.
23. Sul film d'artista si veda Bruno Di Marino, *'Ventiquattro fotogrammi al secondo + uno. Dal cinema sperimentale all'arte elettronica'*, in Bordini, *Videoarte & Arte*, cit., pp. 95–107; idem, *Sguardo Inconscio Azione. Cinema sperimentale e underground a Roma (1965–1975)* (Roma: Lithos, 1999).
24. Scheda di G. Colombo in R. Barilli, M. Calvesi, T. Trini, *Gennaio 70*, cit.
25. Barilli, 'Videorecording a Bologna', cit., p. 142.
26. Scheda di G. Colombo in Barilli, Calvesi, Trini, *Gennaio 70*, cit.
27. Particolarmente interessante *Dibattito* di Fabio Mauri, in cui artisti e critici (Marotta, Achille Mauri, Restany, Trini e un'anonima signora) discutono sull'Arte Povera. Cfr R. Comi, 'L'Eurodomus 3: il Telemuseo di Trini', *Metro*, 16–17.
28. *Nuovi Media – film e videotapes*, a cura di Germano Celant e Daniela Palazzoli.
29. Si veda Tommaso Trini, 'Artevideo e Multivision', *D'Ars Agency*, 75, 1975, p. 19.
30. Vittorio Fagone (a cura di), *Camere incantate. Video cinema fotografia e arte negli anni '70* (Milano: Feltrinelli, 1980).
31. Achille Bonito Oliva (a cura di), *Contemporanea* (Roma: Centro Di, 1974), p. 8.
32. *Incontri 1974–75, Quaderni del Centro di Informazione Alternativa* (Roma: Incontri Internazionali d'Arte, 1980).
33. Dino Marangon, *Videotapes del Cavallino* (Venezia: Cavallino, 2004).
34. Italo Mussa e Francesco Carlo Crispolti (a cura di), *Circuito chiuso-aperto. IV Rassegna d'arte contemporanea* (Acireale: 1972).
35. *L'altro video, incontro sul videotape, IX Mostra internazionale del Nuovo Cinema*, Pesaro, 12–19 settembre 1973, "Quaderno informativo" n° 44.
36. Sul Centro Video Arte di Ferrara si veda il contributo di Francesca Gallo, 'Il video al museo: il Centro Video Arte di Palazzo dei Diamanti a Ferrara negli anni '70 e '80', *Ricerche di Storia dell'arte*, 88, 2006, pp. 47–62.
37. Tra gli artisti attivi al Centro Videoarte di Ferrara sono Marina Abramović, Sylvano Bussotti, Maurizio Camerani, Giorgio Cattani, Giuseppe Chiari, Claudio Cintoli, Ed Emshwiller, Terry Fox, Piero Gilardi, Christina Kubisch, Shigeco Kubota, Marie-Jo Lafontaine, Dalibor Martinis, Nam June Paik, Pipilotti Rist, Ulriche Rosenbach, Jeffrey Shaw, Gianni Toti, Ulay, Klaus vom Bruch, Peter Weibel.
38. Maria Gloria Bicocchi, *Tra Firenze e santa Teresa dentro le quinte dell'arte. art/tapes/22* (Venezia: Cavallino, 2003); si veda inoltre Veronica Collavini, 'Amnesie italiane. Lo strano caso di art/tapes/22', *Ricerche di Storia dell'arte*, 88, 2006, pp. 25–38.

'Amnesie italiane. Lo strano caso di art/tapes/22', *Ricerche di Storia dell'arte*, 88, 2006, pp. 25–38.

39. Alessandra Cigala & Valentina Valentini, 'Intervista a Maria Gloria Bicocchi', in Valentini, *Cominciamenti*, p. 65.
40. *Americans in Florence: Europeans in Florence*, exhibition catalogue, Long Beach Museum of art, California 1974. Cfr Valentini, *Cominciamenti*, p. 85.
41. See notes 36 and 38.
42. Francesco Carlo Crispolti, *Videolibro n° 1*, exhibition catalogue (Rome: Galleria dell'Obelisco, 1971), no page numbers.
43. Ibid.
44. Ibid.: "It is significant that technological progress allows today the complete accomplishment of what, inside the aesthetic research environment had been object of analysis at the beginning of the century: significant because it shows how technology can discover its own deep meaning only if connected to an historical reason".
45. Mussa, Crispolti, *Circuito chiuso-aperto*, passim.
46. See: Marco Meneguzzo (ed.), *Memoria del video. La distanza dalla storia. Vent'anni di eventi video in Italia raccolti da Luciano Giaccari*, exhibition catalogue (Milan PAC, 1987), no page numbers, and Vittorio Fagone, *L'immagine video* (Milan: Feltrinelli, 1990), pp. 167–172; Simonetta Fadda, *Definizione zero*, pp. 78 – et seq.
47. Luciano Giaccari, 'La videoteca – La classificazione – La mostra', in Meneguzzo, *Memoria del video*.
48. Ibid. These subjects are reproposed by Giaccari at the Venice Biennale in 1993, with the project Museo Elettronico (MuEl). See Rossana Buono, 'Intervista a Luciano Giaccari', *Ricerche di Storia dell'arte*, 88, 2006, pp. 39–46.
49. Janus (ed.), *Videoarte a Palazzo dei Diamanti, 1973–79*, exhibition catalogue (Turin, 1980).
50. Valentina Valentini (ed.), *Dissensi, Taormina Arte 1991, VII Rassegna Internazionale del Video d'Autore* (Palermo: Sellerio, 1991); Fadda, *Definizione zero*, pp. 124 – et seq.
51. Crispolti, F. C., *Videolibro n° 1*.
52. Ernesto Luciano Francalanci, 'V.T. is not T.V', in *Videotapes* (Venice: Galleria del Cavallino, 1975), no page numbers.
53. Giaccari, L., 'Videotapes Seconda Generazione', in *L'altro video, IX Mostra internazionale del Nuovo Cinema*, p. 70.
54. *Americans in Florence*, quoted in Valentini, *Cominciamenti*, p. 85.
55. Alessandro Silj (ed.), *Video '79. Video – the first decade. Dieci anni di videotape* (Rome: Kane, 1979).
56. Ibid., p. 11.
57. Alessandro Silj (ed.), *Video Roma 82/83* (Rome: 1982), p. 3.

39. Alessandra Cigala, Valentina Valentini, 'Intervista a Maria Gloria Bicocchi' in Valentini, *Cominciamenti*, cit., p. 65.
40. *Americans in Florence: Europeans in Florence*, catalogo della mostra, Long Beach Museum of art, California 1974. Cfr Valentini, *Cominciamenti*, cit., p. 85.
41. Si vedano note 36 e 38.
42. Francesco Carlo Crispolti, *Videolibro n° 1*, catalogo della mostra (Roma: Galleria dell'Obelisco, 1971 (senza numerazione delle pagine).
43. *Ibidem*.
44. *Ibidem*: "È sintomatico che il progresso tecnologico permetta oggi l'attuazione completa di ciò che in sede di ricerca estetica era stato oggetto di analisi all'inizio del secolo: sintomatico perché mostra come la tecnologia possa scoprire un suo senso profondo del mondo solo se collegata ad una motivazione storica".
45. Mussa, Crispolti, *Circuito chiuso-aperto*, cit., *passim*.
46. Si veda Marco Meneguzzo (a cura di), *Memoria del video. La distanza dalla storia. Vent'anni di eventi video in Italia raccolti da Luciano Giaccari*, catalogo della mostra (Milano: PAC, 1987) (senza numerazione delle pagine) e Vittorio Fagone, *L'immagine video* (Milano: Feltrinelli, 1990), pp. 167–172; Fadda *Definizione zero*, pp. 78 sgg.
47. Luciano Giaccari, 'La videoteca – La classificazione – La mostra', in Meneguzzo *Memoria del video*, cit.
48. *Ibidem*. Queste tematiche sono riproposte da Giaccari alla Biennale di Venezia del '93, con il progetto Museo Elettronico (MuEl). Si veda Rossana Buono, 'Intervista a Giaccari', *Ricerche di Storia dell'arte*, n. 88, 2006.
49. *Videoarte a Palazzo dei Diamanti, 1973–79*, catalogo della rassegna a cura di Janus, Torino 1980.
50. Valentina Valentini (a cura di), *Dissensi*, Taormina Arte 1991,VII Rassegna Internazionale del Video d'Autore (Palermo: Sellerio, 1991); Fadda, *Definizione zero*, pp. 124 sgg.
51. Crispolti, *Videolibro n° 1, senza numero di pagina.*
52. E. L. Francalanci, 'V.T. is not T.V.', in *Videotapes* (Venezia: Galleria del Cavallino, 1975), senza numerazione delle pagine.
53. Luciano Giaccari, 'Videotapes Seconda Generazione', in *L'altro video, IX Mostra internazionale del Nuovo Cinema*, Pesaro, 12–19 settembre 1973, Quaderno informativo n° 44, p. 70.
54. *Americans in Florence*, cit. in Valentini, *Cominciamenti*, p. 85.
55. Alessandro Silj (a cura di), *Video '79. Video-the first decade. Dieci anni di videotape* (Roma: Kane, 1979).
56. *Ibidem*, p. 11.
57. Alessandro Silj (a cura di), *Video Roma 82/83* (Roma: 1982), p. 3.

La videoteca – La classificazione [The Video Library – the Classification] by Luciano Giaccari is an extract from an essay, which first appeared as *La videoteca – La classificazione – La mostra* [The Video Library – the Classification – the Exhibition] in the exhibition catalogue *Memoria del video: vent'anni di eventi video in Italia raccolti da Luciano Giaccari*, volume 1: *La distanza della storia* [Memory of Video: Twenty Years of Video Events collected by Luciano Giaccari, volume 1: The Distance of History], edited by Marco Meneguzzo (Milan: Nuova Prearo Editore – PAC, 1987). The book was published for an exposition at Padiglione d'Arte Contemporanea (PAC) in Milan, held between 15 December 1987 and 31 January 1988.

In the essay the artist and video-maker, Luciano Giaccari, explains in detail how he established his Videoteca in Varese and how he came to design and write his renowned classification. This taxonomy of video starts from the main distinction between the unmediated and mediated use of the medium and discusses the different practices and typologies of video.

This chapter includes a selection of views of video installations conceived by Giaccari at the beginning of the 70s and showed in various events and exhibits. These artworks are the less known and studied aspect from his production. He is more renown for his large production of artist's videotape and videodocumentations. Most seminal video installations include: *Lo s chermo n egato* [The Denied Screen] that opened the Camel Award at Rotonda della Besana in Milan, 1975; and *Play Live* at the Third International Encounter on Video at Palazzo dei Diamanti in Ferrara in 1975; and *Poem*, an anthology presented at *ARTEL. Media Elettronici nell'arte visuale in Italia* [ARTEL. Electronic Media in visual arts in Italy] in Cagliari in 1992. In September 2014 the Centre d'Art Contemporain de Genève organised a relevant exhibition on Giaccari's artworks that included his historical video installation. From this the installations views, included in this chapter were taken.

Chapter 3 / Capitolo 3

The Video Library – the Classification | La videoteca – la classificazione

Luciano Giaccari

The Video Library

The way many artists chose to experience the last few years of the Sixties was to work together instead of carrying out an individual kind of research. At that time, a crisis around the '*object*' of art also manifested itself, which was being substituted more and more by actions, behaviour, environments and even the use of non-traditional media, such as photos and film. It was in this climate that I organised the mainly outdoor events with Studio 970/2: *24 ore di no stop theatre; Opere di fumo e di vento; Esperimento di nuovo teatro;* [24 Hours of Non-Stop Theatre; Works of Smoke and Wind; New Theatre Experiment] – with many of the most important artists and critics of the time taking part.

La Videoteca

Un modo di vivere gli ultimi anni Sessanta da parte di molti artisti fu quello di lavorare insieme piuttosto che attuare una ricerca di tipo individuale. In quel periodo si manifestò inoltre una crisi dell'"*oggetto*" d'arte, sostituito sempre più spesso da azioni, comportamenti, ambienti, anche con l'impiego di media non tradizionali come foto e film. In questo clima furono da me realizzate con lo Studio 970/2 le manifestazioni – prevalentemente all'aperto – *24 ore di no stop theatre*, *Opere di fumo* e *di vento*, *Esperimento di nuovo teatro*, con la partecipazione di molti dei più importanti artisti e critici dell'epoca. Tutte le manifestazioni venivano documentate sia con foto e film sia median-

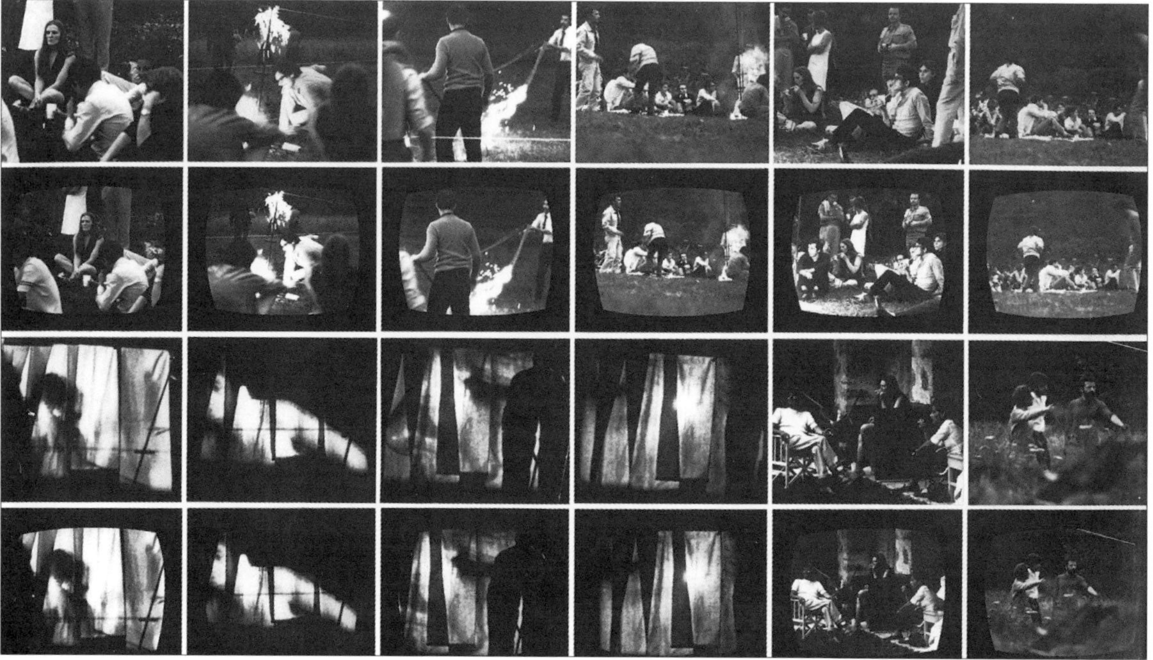

Fig. 1 (a, b). Studio 970/2, *24 ore di no stop theatre* [24 Hours of Non-Stop Theatre], 1968. Courtesy of Archivio Videoteca Giaccari.

All the events were documented with both photo and film, as well as with sound recordings and therefore the subsequent use of video, when it became available, was the natural and logical progression of my previous work.

The project *Televisione come memoria* [Television as Memory] in 1968 overlapped the live artists' work, who participated in *24 ore di no stop theatre*, with a second level – that of 'instantaneous documentation' – offered by video, which both recorded the events that were underway each hour, and re-presented and accumulated the memories of the events that had taken place in the preceding hours. On 24 video screens the two essential parameters of television were fulfilled at the same time: that of 'direct' communication and that of 'delayed' communication.

Working with video between the end of the 60s and the start of the 70s meant being inevitably influenced by two fundamental examples: the previous work of Nam June Paik in the USA and the contemporary work of Gerry Schum in Germany. Both examples were crucial: Paik's was more theoretical and experimental, Schum, whose research originated from galleries, tended to create

te registrazione sonora e quindi l'impiego successivo del video, al momento della sua disponibilità, costituì la naturale e logica prosecuzione del mio lavoro precedente.

Il progetto *Televisione come memoria* del 1968 mirava appunto a sovrapporre al lavoro degli artisti, che partecipavano alla *24 ore di no stop theatre*, un secondo livello – quello della "documentazione istantanea" – proposto dal video, che ad ogni ora doveva sia riprendere gli avvenimenti in corso e sia riproporre, accumulandole, le memorie di quelli accaduti nelle ore precedenti. Su 24 monitors si realizzavano così contemporaneamente i due parametri essenziali della televisione: quello della comunicazione "diretta" e quello della comunicazione "differita".

Lavorare con il video tra la fine degli anni 60 e gli inizi degli anni 70 voleva poi dire essere inevitabilmente influenzati da due esempi fondamentali: quello precedente del lavoro di Nam June Paik negli USA e quello contemporaneo di Gerry Schum in Germania. Entrambi i parametri erano essenziali: quello di Paik più teorico e sperimentale, quello di Schum, la cui ricerca, di matrice galleristica, tendeva a realizzare vi-

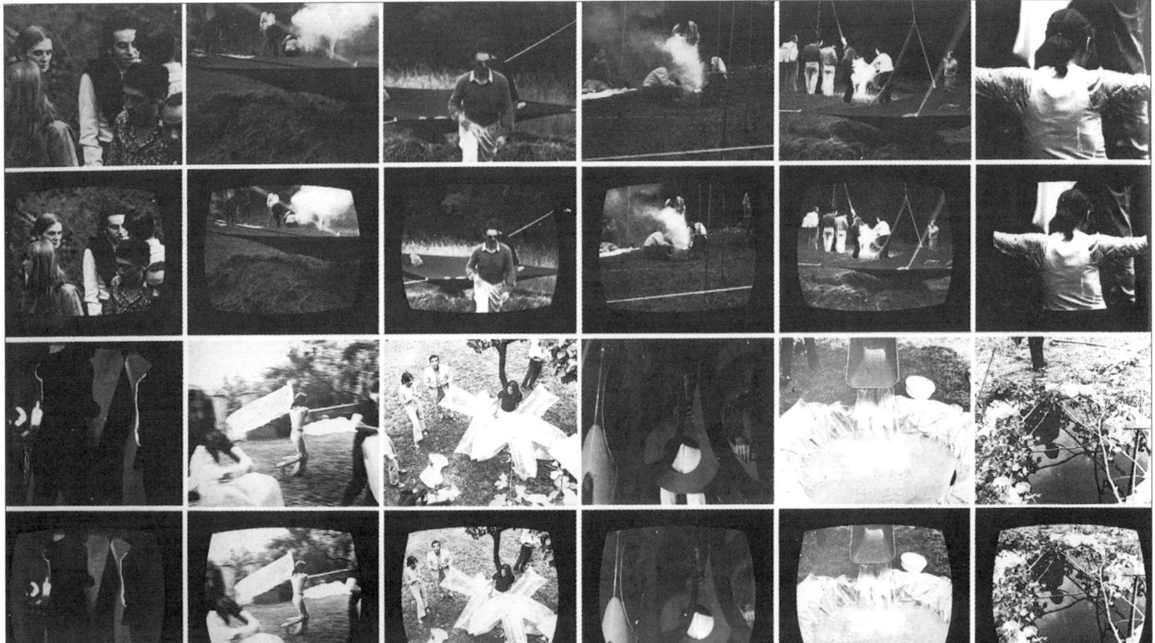

artist video-works that were also sellable 'objects'. However, both of these experiences concentrated on the production of 'video-works', leaving a vast field of application for video in art, performance and culture.

It was exactly this space that interested me in particular, although for a long time we were the only ones in Italy to create 'videotapes' with various important artists of the time. On the other hand it must be emphasised that artist's video in Italy, while having its own individuality during this initial historic period, in some way came on the heels of American and German experiences. Whereas, regarding our work on the 'real time' documentation of performances and music, dance and theatre shows, it was definitely earlier than all other European experiences, which came into their own much later, and many of the American ones.

This is how our work was developed later towards video-documentation. The passage was quite gradual, and around 1974 and 1975, as the artists [we were working with] proposed less and less interesting videos, we drew our attention to theatre, (although we had already documented American seminal music and dance shows

deo d'artista che fossero anche "oggetti" vendibili.

Entrambe queste esperienze si concentravano però nella produzione di "video-opere", tralasciando un enorme campo di applicazione del video in arte, nello spettacolo e comunque nella cultura.

Fu proprio questo spazio che mi interessò particolarmente, anche se per un lungo periodo fummo gli unici in Italia a realizzare "videotapes" con diversi importanti artisti del momento. D'altro canto va sottolineato che il video d'artista in Italia, pur con una sua individualità in questo primo periodo storico, veniva in qualche modo a ruota delle esperienze americane e tedesche mentre, per quanto riguarda il nostro lavoro di documentazione in "tempo reale" di performance e spettacoli di musica, danza e teatro, si era sicuramente in anticipo su tutte le esperienze europee, maturate molto più tardi, e su molte di quelle americane.

Fu così che il nostro lavoro si sviluppò, in seconda battuta, prevalentemente nel senso delle video-documentazioni: il passaggio fu abbastanza graduale e verso il '74–'75, man mano che gli artisti che proponevano di realizzare dei video ci sembravano meno interessanti, rivolgemmo

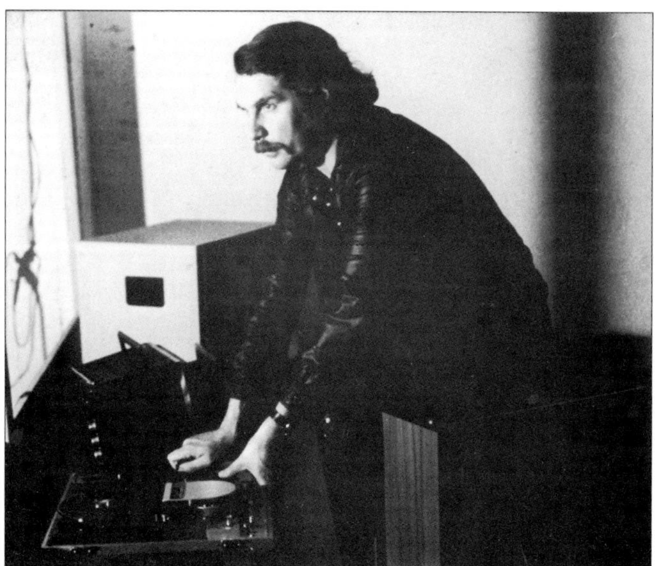

Fig. 2. Giaccari in the first Studio 970/2 control room, 1972. Giaccari nella prima regia dello Studio 970/2, 1972. Courtesy of Archivio Videoteca Giaccari.

in 1972). In actual fact these fields of action had become much more exciting than the field of artist's video, which had in some way, exhausted its first historical life cycle and moved towards both inevitable and improbable academia.

The essential feature of our Videoteca was always being connected to the most vital ferments of artistic expression, taking on the cyclical rhythms of attention/production, linked to the most incisive moments of such expression, which was, however, considered as a whole. The phenomena of interconnection between various artistic forms are anyway known: as for example there would have not been some form of theatre without the precedent of some [artists'] performances. There is no need to even underline the many parallel developments in music, dance, and theatre.

So – on the basis of the *Classificazione dei metodi d'impiego del videotape in arte* [Classification of the Methods of Uses of Video in Art] – the videoteca developed in different directions: from art video to performance, from music to dance, from theatre to poetry, etc. It is this articulation that is the central, unique, focus, of the Videoteca's testimony of the artistic events that took place in Italy in the last twenty years at an international level.

l'attenzione al settore del teatro, dopo che già nel '72 avevamo documentato integralmente importanti spettacoli di musica e danza americana.

In realtà questi campi di azione erano divenuti molto più stimolanti di quello del video d'artista, che in qualche modo aveva esaurito il suo primo ciclo storico vitale e si avviava verso una tanto inevitabile quanto improbabile accademia.

La caratteristica essenziale della nostra Videoteca è stata proprio quella di essere sempre legata ai fermenti più vitali dell'espressione artistica assumendo quindi dei ritmi ciclici di attenzione/produzione, collegati ai momenti più incisivi di tale espressione, considerata comunque nella sua globalità. Sono noti d'altra parte i fenomeni di interconnessione delle varie forme artistiche, per cui ad esempio non ci sarebbe stato un certo tipo di teatro senza il precedente di alcune performance. Non c'è poi neanche da sottolineare molti sviluppi paralleli della musica, della danza e del teatro.

Quindi – anche sulla base della *Classificazione dei metodi d'impiego del videotape in arte* – la collezione della videoteca si è sviluppata in diverse direzioni: dal video d'artista alla performance, dalla musica alla danza, dal teatro alla poesia etc. Proprio questa articolazione costituisce il punto centrale, unico nel suo genere, della testimonianza della Videoteca sugli avvenimenti artistici, di portata internazionale, verificatasi in Italia nell'arco degli ultimi venti anni.

La Classificazione

Il "clima" artistico, già descritto a proposito della nascita della collezione, è il medesimo in cui va collocata la *Classificazione dei metodi d'impiego del videotape in arte* da me redatta sul finire del 1972.

L'esigenza di definire ambiti precisi all'uso del video in arte nasceva da una notevole confusione esistente sullo strumento, sia a livello teorico che pratico. Pur non mancando esempi di estrema coerenza

The Classification

The artistic climate, already described with regards to the creation of the collection, is the same one to which the *Classificazione dei metodi d'impiego del videtape in arte* [Classification of the Methods of Uses of Video in Art] must be connected, which I wrote at the end of 1972.

The need to define clear areas of use of video in art was borne out of the considerable confusion existing around the instrument, both at a theoretical level, as well as a practical one. While there was not a lack of extremely consistent examples of use, the widespread use of videotape both in the USA and Canada, as well as in Europe, was often based on a series of misinterpretations, which greatly limited the results. First of all, a kind of 'transfer' of the medium of work existed, so it was believed that by using a instrument – which was revolutionary at a technical level – that innovative results would be achieved automatically, even at a level of content. Then the myth of the revolutionary video convinced many people that a revolution could also be achieved with this instrument, and from this state of confusion arose sad experiences of artists, who made a kind of socio-political video, and of political 'activists' that produced para-artistic tapes. Another mistaken identification was that of the entire video and portapak (portable recording device) phenomenon, which was connected to a moment of total freedom in the use of the medium.

Therefore this instrument was used even in situations where it was completely unsuitable, both in the shooting and editing stages. Essentially awareness of the production phenomenon was lacking, which also exists in micro-television situations.

Lastly, there were artists and film-makers that transferred older work to video that had already done in film. As can be seen, besides a lack of definition concerning the video-object, there was also an almost total lack of clarity about how to do it, how to

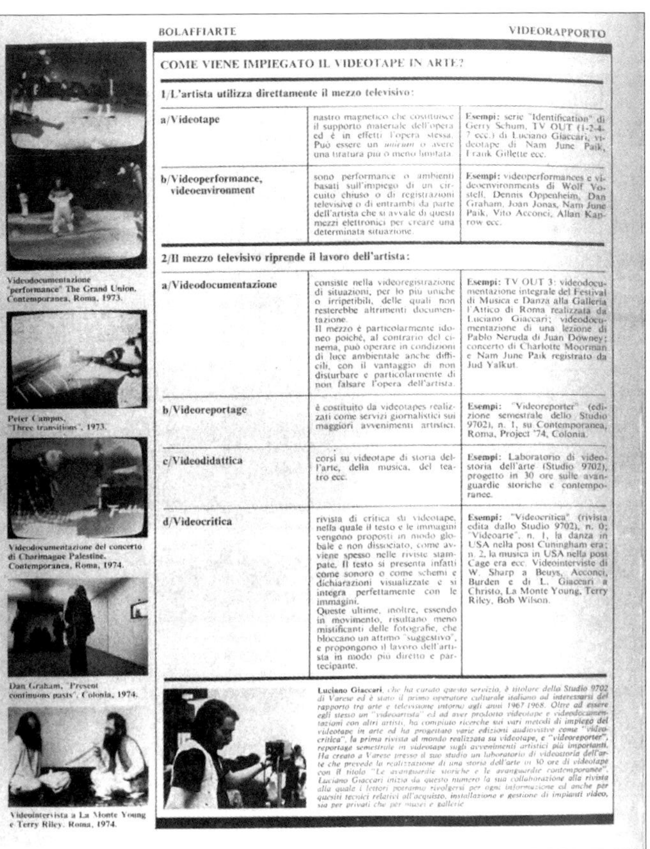

BOLAFFIARTE VIDEORAPPORTO

COME VIENE IMPIEGATO IL VIDEOTAPE IN ARTE?

1/L'artista utilizza direttamente il mezzo televisivo:

a/Videotape	nastro magnetico che costituisce il supporto materiale dell'opera ed è in effetti l'opera stessa. Può essere un *unicum* o avere una tiratura più o meno limitata.	**Esempi:** serie "Identification" di Gerry Schum, TV OUT (1-2-4-7 ecc.) di Luciano Giaccari, videotape di Nam June Paik, Frank Gillette ecc.
b/Videoperformance, videoenvironment	sono performance o ambienti basati sull'impiego di un circuito chiuso o di registrazioni televisive o di entrambi da parte dell'artista che si avvale di questi mezzi elettronici per creare una determinata situazione.	**Esempi:** videoperformances e videoenvironments di Wolf Vostell, Dennis Oppenheim, Dan Graham, Joan Jonas, Nam June Paik, Vito Acconci, Allan Kaprow ecc.

2/Il mezzo televisivo riprende il lavoro dell'artista:

a/Videodocumentazione	consiste nella videoregistrazione di situazioni, per lo più uniche o irripetibili, delle quali non resterebbe altrimenti documentazione. Il mezzo è particolarmente idoneo poiché, al contrario del cinema, può operare in condizioni di luce ambientale anche difficili, con il vantaggio di non disturbare e particolarmente di non falsare l'opera dell'artista.	**Esempi:** TV OUT 3: videodocumentazione integrale del Festival di Musica e Danza alla Galleria l'Attico di Roma realizzata da Luciano Giaccari; videodocumentazione di una lezione di Pablo Neruda di Juan Downey; concerto di Charlotte Moorman e Nam June Paik registrato da Jud Yalkut.
b/Videoreportage	è costituito da videotapes realizzati come servizi giornalistici sui maggiori avvenimenti artistici.	**Esempi:** "Videoreporter" (edizione semestrale dello Studio 9702), n. 1, su Contemporanea, Roma, Project '74, Colonia.
c/Videodidattica	corsi su videotape di storia dell'arte, della musica, del teatro ecc.	**Esempi:** Laboratorio di videostoria dell'arte (Studio 9702), progetto in 30 ore sulle avanguardie storiche e contemporanee.
d/Videocritica	rivista di critica su videotape, nella quale il testo e le immagini vengono proposti in modo globale e non dissociato, come avviene spesso nelle riviste stampate. Il testo si presenta infatti come sonoro o come schemi e dichiarazioni visualizzate e si integra perfettamente con le immagini. Queste ultime, inoltre, essendo in movimento, risultano meno mistificanti delle fotografie, che bloccano un attimo "suggestivo", e propongono il lavoro dell'artista in modo più diretto e partecipante.	**Esempi:** "Videocritica" (rivista edita dallo Studio 9702), n. 0; "Videoarte", n. 1, la danza in USA nella post Cuningham era; n. 2, la musica in USA nella post Cage era ecc. Videointerviste di W. Sharp a Beuys, Acconci, Burden e di L. Giaccari a Christo, La Monte Young, Terry Riley, Bob Wilson.

Luciano Giaccari, *che ha curato questo servizio, è titolare dello Studio 9702 di Varese ed è stato il primo operatore culturale italiano ad interessarsi del rapporto tra arte e televisione intorno agli anni 1967-1968. Oltre ad essere egli stesso un "videoartista" ed ad aver prodotto videotape e videodocumentazioni con altri artisti, ha compiuto ricerche sui vari metodi di impiego del videotape in arte ed ha progettato varie edizioni audiovisive come "videocritica", la prima rivista al mondo realizzata su videotape, e "videoreporter", reportage semestrale in videotape sugli avvenimenti artistici più importanti. Ha creato a Varese presso il suo studio un laboratorio di videostoria dell'arte che prevede la realizzazione di una storia dell'arte in 30 ore di videotape con il titolo "Le avanguardie storiche e le avanguardie contemporanee". Luciano Giaccari inizia da questo numero la sua collaborazione alla rivista alla quale i lettori potranno rivolgersi per ogni informazione ed anche per quesiti tecnici relativi all'acquisto, installazione e gestione di impianti video, sia per privati che per musei e gallerie.*

Videodocumentazione "performance" The Grand Union. Contemporanea, Roma, 1973.

Peter Campus, "Three transitions", 1973.

Videodocumentazione del concerto di Charimagne Palestine. Contemporanea, Roma, 1974.

Dan Graham, "Present continuous pasts", Colonia, 1974.

Videointervista a La Monte Young e Terry Riley. Roma, 1974.

Fig. 3. Luciano Giaccari, *Classificazione dei metodi d'impiego del videotape in arte* [Classification of the Methods of Uses of Video in Art], 1972–75. Courtesy of Archivio Videoteca Giaccari.

di impiego, l'uso generalizzato del videotape sia in USA che in Canada che in Europa, si basava spesso su una serie di equivoci che ne limitava ampiamente i risultati.

Innanzi tutto esisteva una sorta di "transfert" dal mezzo all'opera, per cui si riteneva che usando uno strumento – rivoluzionario a livello tecnico – si ottenessero automaticamente dei risultati innovativi anche a livello di contenuti. Il mito del video rivoluzionario convinse poi molti che con questo strumento si potesse fare anche la rivoluzione, e in questo stato confusionale nacquero tristi esperienze di artisti che facevano una sorta di video socio-politico, e di "impegnati" politicamente che producevano nastri para-artistici. Un'altra identificazione errata era quella tra l'intero fenomeno del video e il portapak (apparecchio portatile da ripresa), che era legata anche ad una istanza di totale libertà nell'uso del mezzo.

Questo strumento s'impiegava quindi anche in situazioni in cui era del tutto inade-

develop it, and where and how to propose it.

In this situation, and with the support of experiences I had already gained, I developed the 'classification', which may be appropriate to propose again even today, given that the ideological-procedural confusion may have moved to a more advanced level, but is certainly not in short supply. Currently in fact, in this which could be defined as the second historical cycle of 'artist's video', alongside few remarkable productions, a myriad of ineffable works are being created, made by photographers, advertising creatives, graphic designers, musicians and wonder-poets, playwrights and 'video letters' compilers and so on and so forth.

The classification of the methods of use was based on two fundamental hypotheses: in the first, the artist has a *direct* relationship with the instrument, which he or she uses for creative means; in the second the artist has a *mediated* relationship with the instrument, which is used by others on their creative work and for mainly documentative or teaching reasons.

(a) – Within the specific ambit of creative use, which sees the artist in a direct relationship with the instrument, I would still make the following three hypotheses today:

1 – Videotape

It was, at the beginning, the main example of direct use of the medium by the artist.

In videotape, identification between the medium and the work takes place, where the magnetic tape is the material support, just like canvas, stone, photo, film, etc.

In regards to videotape, I warned in 1971 – at the opening of the first video-room at the Diagramma Gallery in Milan – of the risk of it becoming a 'cultural genre', and thereby greatly limiting the potential and the features connected to the nature of the mass medium of television. In fact, there was strong request coming from galleries that tended to 'box up' artistic products in

guato, sia in fase di ripresa che di montaggio.

In sostanza mancava la consapevolezza del fenomeno produttivo, che esiste comunque anche in situazioni di micro-televisione.

Infine, c'erano poi artisti e *film-makers* che riversavano in video vecchie cose già fatte in film. Come si vede, oltre che una mancanza di definizione dell'oggetto-video, c'era anche una carenza pressoché totale di chiarezza sul come farlo, come elaborarlo, dove e a chi proporlo.

In questa situazione e con il supporto delle esperienze già compiute, elaboravo la "classificazione", che può essere opportuno riproporre anche oggi, visto che le confusioni ideologico-pratiche si sono forse spostate su un livello più evoluto, ma certamente non scarseggiano. Attualmente infatti, in questo che potrebbe essere definito il secondo ciclo storico del 'video d'artista' nascono, accanto a poche produzioni di tutto rispetto, una miriade di ineffabili opere realizzate da fotografi, creativi pubblicitari, grafici, musicisti e poeti-prodigio, autori di teatro, compilatori di "video-lettere" e chi più ne ha più ne metta.

La classificazione dei metodi di impiego si basava su due ipotesi fondamentali: nella prima l'artista ha un rapporto diretto con lo strumento, che usa per scopi creativi; nella seconda l'artista ha un rapporto mediato con lo strumento, che viene usato da altri sulla sua opera creativa e con finalità prevalentemente documentative o didattiche.

(a) – Nell'ambito specifico dell'impiego creativo, che vede l'artista in rapporto diretto con lo strumento, ancora oggi farei le seguenti tre ipotesi:

1 – Videotape

Ha costituito all'origine il caso principale dell'uso diretto del mezzo da parte dell'artista. Nel videotape avviene una identificazione tra il mezzo e l'opera, dove il nastro magnetico costituisce il supporto materiale della stessa così come la tela, la pietra, la

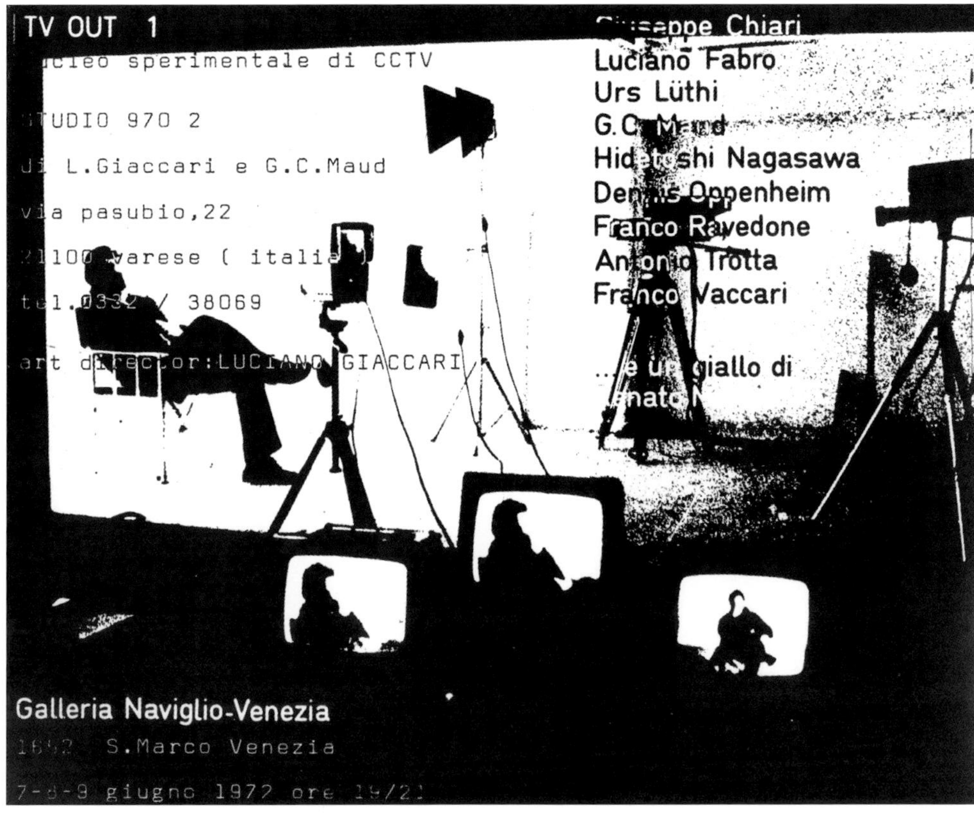

Fig. 4. Poster from the screening *TV OUT*, first series of videos produced by Videoteca Giaccari, Venice, 1972. Manifesto della rassegna *TV OUT*, prima serie di video prodotta dalla Videoteca Giaccari, Venezia, 1972. Courtesy of Archivio Videoteca Giaccari.

videotape, which are difficult to sell by their nature, like Land Art, Body Art, Behavioural Art, etc. In this sense it can be said that, paradoxically, the large American galleries, even while having produced good works, initially moved more for the crystallisation, rather than for the development, of art videotape. Perhaps it was also due to fear of losing exclusivity with important artists tempted to make videos in external workshops. Better then to forget those local attempts of creating videotape supermarkets, that is to say a product that even now is difficult to place, even at a specialist level.

Up until now, also due to the high rate of costs in television production, it can be said that artist's video has very rarely found the capacity to define its own specific language, which completely takes account of the medium's potential. Probably, if wanting to take stock, it would be difficult to save more than thirty videotapes to consign to history.

With a bit of courage and perhaps dis-

foto, il film etc... A proposito del videotape avvertivo nel 1971 – in occasione dell'inaugurazione della prima videosaletta alla Galleria Diagramma di Milano – del rischio che lo stesso potesse divenire un "genere culturale", limitandosi così di molto le potenzialità e le caratteristiche connesse alla natura di *mass-medium* della televisione.

Esisteva infatti una forte istanza di matrice galleristica che tendeva ad "inscatolare" nel nastro prodotti artistici, in natura difficilmente commerciabili, come la Land art, la Body art, l'arte comportamentale etc... E in questo senso si può dire che paradossalmente le grosse gallerie americane, pur avendo prodotto dei buoni lavori, abbiano giocato inizialmente più per una cristallizzazione che per uno sviluppo del videotape d'artista, anche forse per il timore di perdere situazioni di esclusiva verso artisti importanti, tentati di realizzare video presso laboratori esterni.

Meglio poi lasciare al giusto oblio quei tentativi nostrani di realizzare supermercati

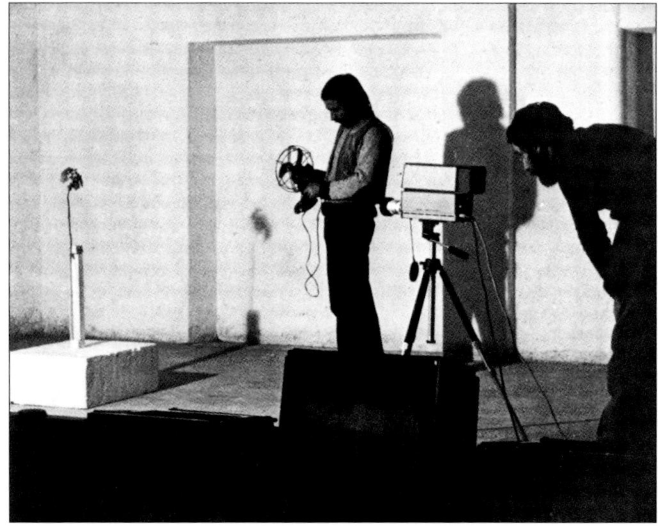

Fig. 5. Antonio Trotta, *The Coleridge Dream*, 1972, backstage. Courtesy of Archivio Videoteca Giaccari.

pleasing some of the critics, it could also be said that so-called 'video art' does not exist and much more profitably, common denominators in the complexity of drives and motivations could be looked for. Those which lead artists, now coming from very different origins, to place themselves in dif-

del videotape, cioè di un prodotto che tuttora è di difficile collocazione anche a livello specialistico.

Fino ad oggi, anche per l'alta incidenza dei costi di produzione televisiva si può dire che il video d'artista abbia trovato molto raramente la capacità di definire un proprio linguaggio specifico, che tenga conto fino in fondo delle potenzialità del mezzo. Probabilmente, volendo fare un bilancio, sarebbe difficile salvare più di una trentina di videotapes da consegnare alla storia.

Con un po' di coraggio e magari scontentando una certa parte della critica, si potrebbe anche dire che la cosiddetta "*videoart*" non esista e molto più proficuamente si potrebbe ricercare denominatori comuni nella complessità di spinte e motivazioni che portano artisti, ormai di estrazione anche molto diversa, a porsi in vario modo in rapporto a questo strumento o a collocarlo in certe posizioni di integrazione-

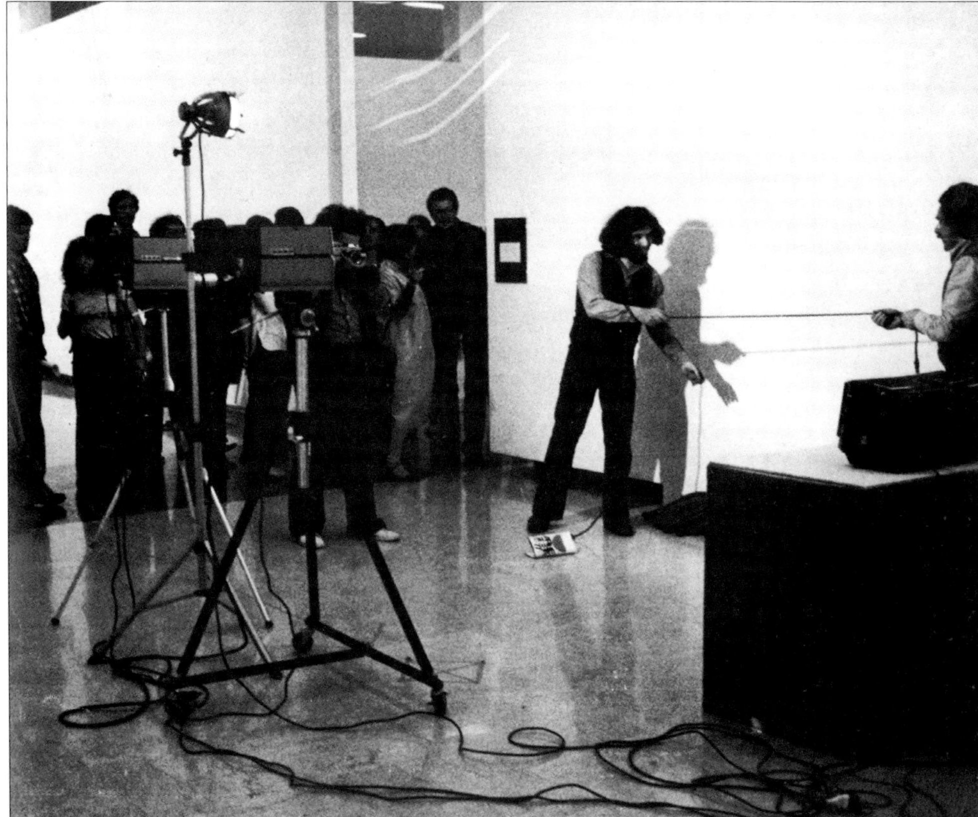

Fig. 6. Luciano Giaccari, *Tiro alla fune (Parametri)* [Tug of War (Parameters)], installation view at Galleria Comunale di Arte Moderna di Bologna, 1977. Luciano Giaccari, *Tiro alla fune (Parametri)*, vista dell'installazione alla Galleria Comunale di Arte Moderna di Bologna, 1977. Courtesy of Archivio Videoteca Giaccari.

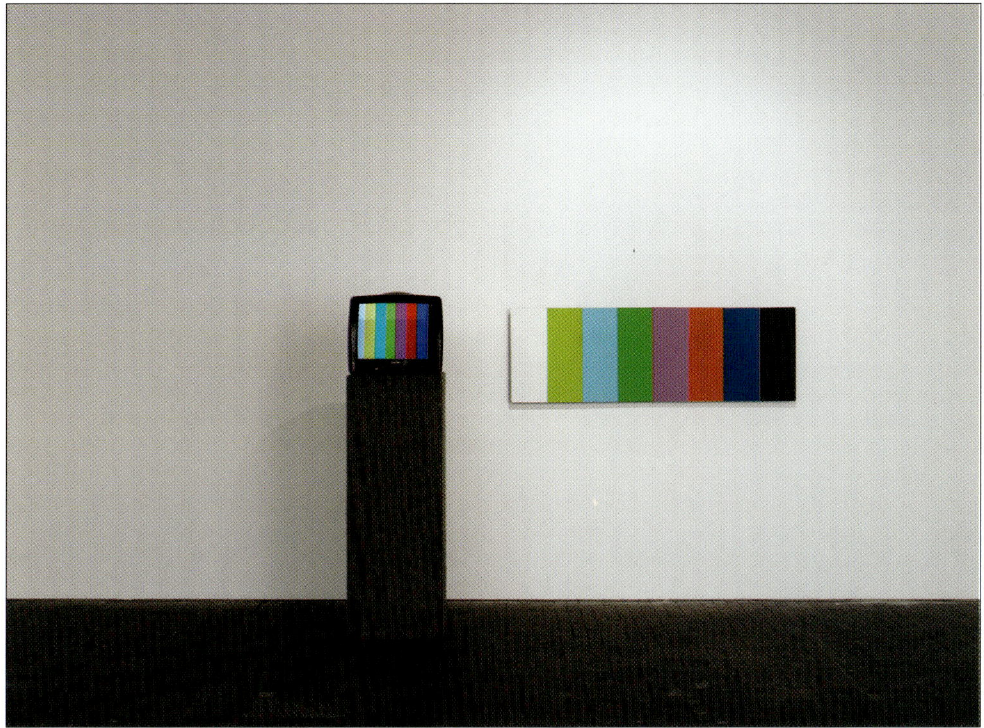

Fig. 7.
Luciano Giaccari, *Tautologia* [Tautology], 1988, installation view at Centre d'Art Contemporain de Genève (CH), 2014.
Luciano Giaccari, *Tautologia*, 1988, vista dell'installazione al Centre d'Art Contemporain de Genève (CH), 2014. Courtesy of Archivio Videoteca Giaccari.

ferent ways in relation to this instrument or to place it in certain positions of integration-interference with other media and with other components within their work.

Probably video – which we could also define as the work of artists that is not directed at other situations (performance, concert, staging) but created for independent fruition – will largely clarify its own specific language on the basis of its loss of identity as a work of art and by virtue of a convergence to macro-television in terms of its spectacular nature. The ways in which this will occur constitute the real problem of videotape and must be put in perspective with any new attitudes of large or small-scale television broadcasting.

Historically it must be registered that while at the beginning it was mostly artists coming from the 'visual arts' who dedicated themselves to videotape, the most current trend sees video being created by artists coming from intermediate areas, such as performance, theatre, dance and particularly music. Indeed in many cases there is a phase of 'substitution' of the original product (disc, performance, concert) with the

interferenza con altri media e con altri componenti all'interno della propria opera.

Probabilmente il videotape – che potremmo definire anche in negativo come opera dell'artista non finalizzata ad altre situazioni (performance, concerto, allestimento), ma realizzata per una fruizione autonoma – preciserà maggiormente un suo linguaggio specifico sulla base di una perdita di identità in quanto opera d'arte ed in forza di un avvicinamento alla macro-televisione in termini di spettacolarità.

I modi in cui ciò avverrà costituiscono il reale problema del videotape e vanno messi in relazione ad eventuali nuovi atteggiamenti dell'editoria televisiva grande e piccola.

Storicamente c'è da registrare che mentre alle origini si dedicavano al videotape soprattutto gli artisti provenienti dalle "arti visive" la tendenza più attuale vede impegnati nella realizzazione di video artisti provenienti da aree intermedie tra la performance, il teatro, la danza e particolarmente la musica. Si assiste in molti casi addirittura a una fase di "sostituzione" del prodotto originario (disco, performance, concerto) con quello elettronico. Nella mu-

Fig. 8. Luciano Giaccari, *Tempo del tempo* [Time of Time], 1993, installation view at Centre d'Art Contemporain de Genève (CH), 2014. Luciano Giaccari, *Tempo del tempo*, 1993, vista dell'installazione al Centre d'Art Contemporain de Genève, 2014. Courtesy of Archivio Videoteca Giaccari.

electronic one. In music, for example, videos, created for promotional reasons, have often acquired independent circulation and status. Similarly, in the field of theatre the phase of television documentation is becoming increasingly supported by videos designed and created directly as works.

2/3 Video performance/video environment

These still fall into the hypothesis of the direct use of video by the artist and consist of actions and staging created with the help of live closed circuit television and/or tape recordings. In the case of video performance there is the live presence of the artist, in video installation the artist is absent. As for videotape, the original source of the phenomenon dates back to visual artists that inserted video into their work together, for the most part, with other elements. At present, however, the situation has been expanded to other areas, such as theatre, dance, music, and it can also be said that it is exactly in these sectors that greater initiative in the use of the medium is found.

sica per esempio i video, nati per ragioni promozionali, hanno acquistato spesso dignità e circolazione autonome. Analogamente in campo teatrale la fase della documentazione televisiva viene sempre più affiancata da video pensati e realizzati direttamente come opere.

2/3 Videoperformance/videoenvironment

Rientrano sempre nell'ipotesi dell'uso diretto del video, da parte dell'artista e consistono in azioni o allestimenti creati con l'ausilio di circuiti chiusi televisivi in diretta e/o con nastri registrati. Nel caso della video-performance si ha la presenza dal vivo dell'artista, nella videoinstallazione l'artista è assente. Come per il videotape, la matrice originaria del fenomeno risale agli artisti visivi che inserivano il video nel loro lavoro assieme per lo più ad altri elementi, attualmente però la situazione si è molto dilatata verso altre aree come il teatro, la danza, la musica e si può anzi dire che proprio in questi settori si assista ad una maggior intraprendenza nell'uso del mezzo.

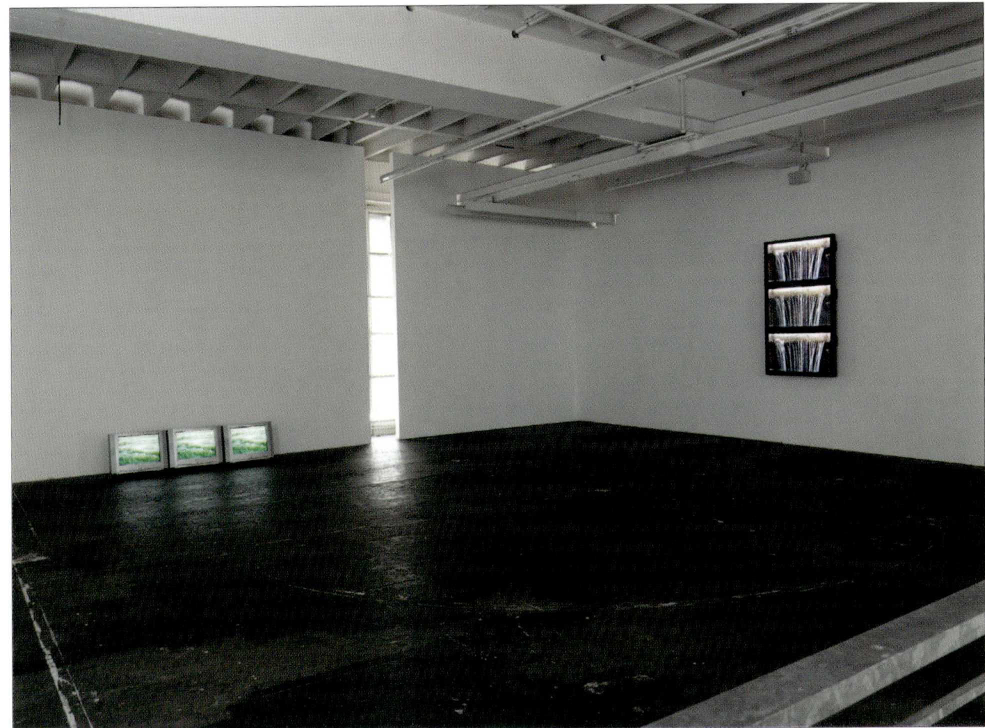

Fig. 9.
Luciano Giaccari, *Parametro orizzontale – Vento* [Horizontal Parameter – Wind], 1972, and *Parametro verticale* [Vertical Parameter], 1973–2003, installations' view at Centre d'Art Contemporain de Genève (CH), 2014.
Luciano Giaccari, *Parametro orizzontale – Vento,* 1972, e *Parametro vertical*, 1973–2003, vista delle installazioni al Centre d'Art Contemporain de Genève (CH), 2014.
Courtesy of Archivio Videoteca Giaccari.

This expansion is also characterised by the highest degree of use, crossed with various media, and it is likely that it is exactly via these techniques that a better definition of the language of artist's video can be achieved. This could also be facilitated by the fact that often 'remnants' of pre-existing television languages are often used, and so, in the hypothesis of opening up on the part of macro-television towards these particular works, it would help to maintain 'feed-back' between macro and micro-television.

In some instances video performance is defined as a performance that is carried out in order to be televised. In this case, provided it is not a video documentation hypothesis, I would say that such a work should be more appropriately considered as videotape. If then you wanted to truly distinguish it from other types of video, and if anything I would define it as 'performance in video'.

(b) – Lets move now to consider the hypotheses after 'creative' video, in which other subjects mediate the relationship between the video and artist. It seems to me that even in this second hypothesis the fol-

Questa espansione è inoltre caratterizzata dal massimo grado di impiego incrociato di vari media e proprio attraverso queste tecniche è probabile che si possa arrivare ad una maggior definizione di linguaggio del video artistico. Ciò potrebbe essere anche agevolato dal fatto che in queste situazioni vengono impiegati spesso "residuati" di linguaggi televisivi preesistenti e quindi, nell'ipotesi di apertura da parte della macrotelevisione verso queste particolari opere, si assisterebbe ad un continuo "*feedback*" tra macro e micro-televisione.

Viene in alcuni casi definita videoperformance una performance che sia eseguita per essere registrata televisivamente. In questo caso, sempre che non si tratti di una ipotesi di videodocumentazione, direi che tale lavoro vada più propriamente considerato come un videotape; se poi lo si volesse proprio distinguere da altri tipi di video allora semmai lo definirei 'performance in video'.

(b) – Passiamo ora a considerare dopo il video "creativo" quelle ipotesi nelle quali il rapporto tra il video e l'artista viene mediato da altri soggetti.

Anche in questa seconda ipotesi mi

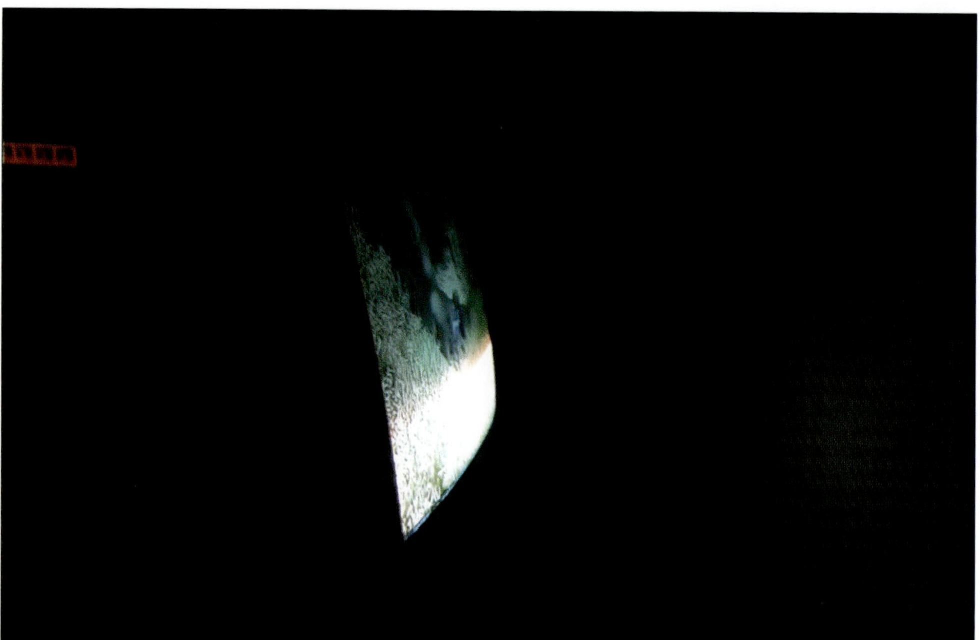

Fig. 10. Luciano Giaccari, *Luce del video* [Video's Light], 1973, installation view at Centre d'Art Contemporain de Genève (CH), 2014. Luciano Giaccari, *Luce del video* [Video's Light], 1973, installation view at Centre d'Art Contemporain de Genève (CH), 2014. Courtesy of Archivio Videoteca Giaccari.

lowing distinctions can be preserved, on which my original classification was structured:

1 – Video documentation

It is the fundamental phenomenon of the hypothesis of the artist/television mediated relationship, where others use the instrument on the artist's work, and is created from the need/possibility of leaving a televised memory of events, like a performance, concert, theatre show and other situations, of which there would remain no concrete trace of it being carried out otherwise. Video documentation, therefore, is also first and foremost a form of expansion of the original artistic phenomenon, as an audience that is generally much broader than the reproduced performance's audience, can view it afterwards.

Technically, with the very simplified option of shooting, video has opened up perspectives in 'real time' that were unthinkable with the use of film or photography. In respect to cinema, television is actually less cumbersome and can also utilise many camera units at the same time, without the inconvenience of upsetting, due to the very

pare che ancora oggi si possano conservare le seguenti distinzioni sulle quali si strutturava la mia classificazione originaria:

1 – Videodocumentazione

È il fenomeno basilare dell'ipotesi di rapporto mediato artista/mezzo televisivo, in cui altri usano lo strumento sul lavoro dell'artista, e nasce dalla esigenza/possibilità di lasciare una memoria televisiva di avvenimenti come la performance, il concerto, lo spettacolo teatrale ed altre situazioni di cui altrimenti non resterebbe una traccia concreta compiuta. La videodocumentazione costituisce perciò innanzitutto anche una forma di espansione del fenomeno artistico originario, potendo essere successivamente visionata da un pubblico complessivamente molto più ampio di quello dello spettacolo riprodotto.

Tecnicamente il video ha aperto, con la possibilità molto semplificata di registrare "in tempo reale", delle prospettive che erano impensabili con l'uso del film o della fotografia. Rispetto al cinema la televisione risulta, infatti, sostanzialmente meno ingombrante e può impiegare contemporaneamente anche molte unità di ripresa

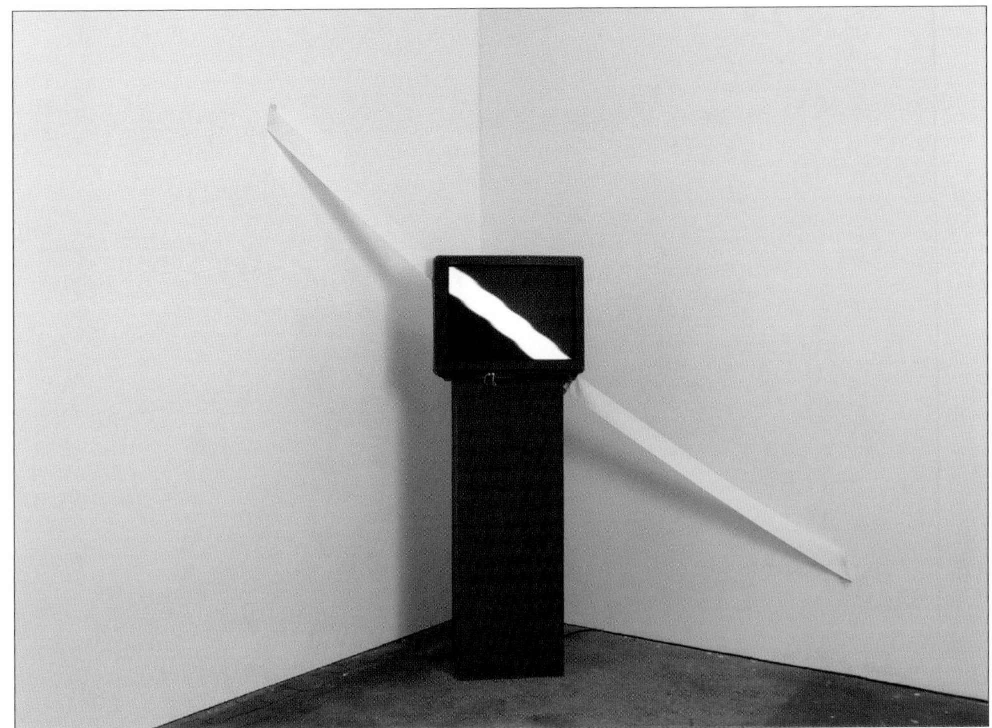

Fig. 11. Luciano Giaccari, *Vento elettronico* [Electronic Wind], 1972, installation view at Centre d'Art Contemporain de Genève (CH), 2014.
Luciano Giaccari, *Vento elettronico*, 1972, vista dell'installazione al Centre d'Art Contemporain de Genève (CH), 2014. Courtesy of Archivio Videoteca Giaccari.

fact of its presence, the performance, which is instead observed with a film crew. Compared to photography, video documentation in real time bypasses, precisely by definition, the mystifying tendency of the photographic medium to select 'suggestive' images.

From the theoretical point of view, the main problem of video communication is the need for objectivity, considering that it involves 'reproducing' the work of others. In fact, one or more people, that are not the artist, create the video documentation and so there is a substantial risk of 'interpretation' concerning the artist's work. It is said: that which you see on video is not the artist's work, but the result of the way that the person who has made the video documentation sees the work. Therefore we are right in the middle of the mediation issue and its greater or lesser legitimacy.

For tactical reasons of exposition, I would reference the function of the critic and therefore to a type of classic, and now proven, mediation that intervenes between the artist and his work and its viewer. I would say that the function of the person who

senza con questo stravolgere, per il fatto stesso della presenza, lo spettacolo, inconveniente che invece si riscontra con una équipe cinematografica. In rapporto alla fotografia, la documentazione video in tempo reale salta poi a piedi pari, proprio per definizione, la tendenza mistificante del mezzo fotografico a selezionare immagini "suggestive".

Dal punto di vista teorico il maggior problema della videocomunicazione è quello della esigenza di obbiettività, considerato che si tratta di "riprodurre" il lavoro di altri. La videodocumentazione, infatti, viene realizzata da una o più persone diverse dall'artista e quindi si corre un grosso rischio di "interpretazione" della sua opera. Si dice: ciò che si vede sul video non è l'opera dell'artista, ma il risultato del modo di vedere l'opera stessa da parte di chi compie la videodocumentazione. Siamo quindi in pieno nella problematica della mediazione e della sua maggiore o minore legittimità.

Per ragioni tattiche di esposizione, farei riferimento alla funzione della critica e cioè ad un tipo di mediazione classica e ormai collaudata che interviene tra l'artista e la sua

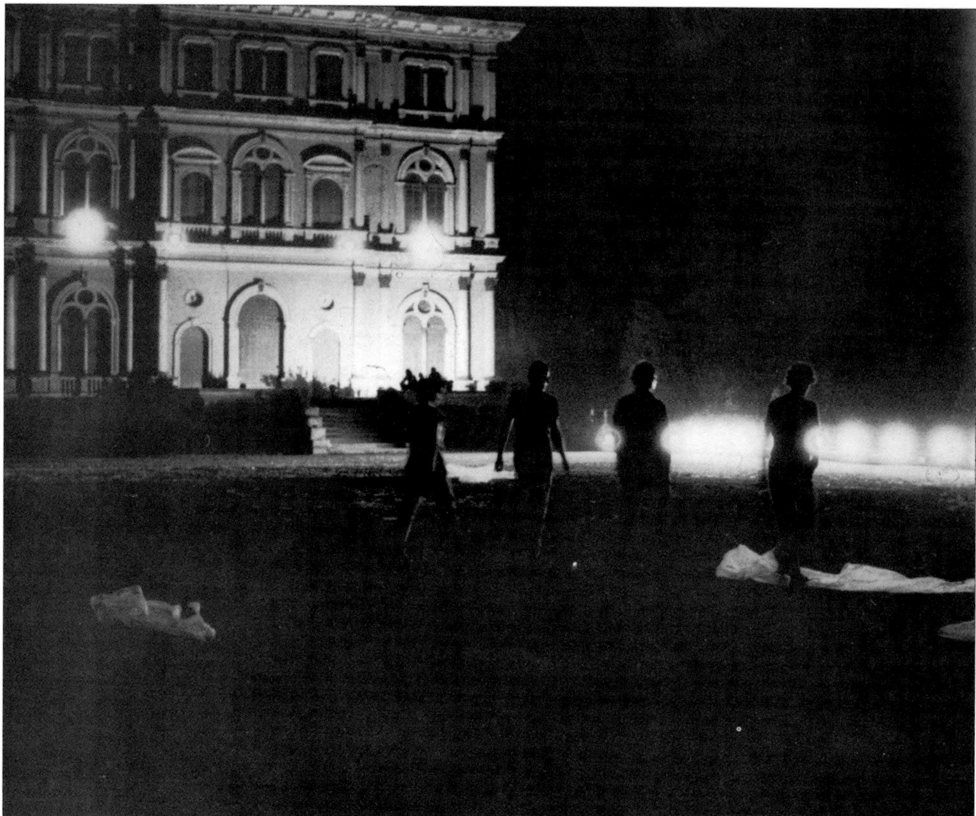

Fig. 12. *Ultimi segnali* [Last Signals] post-modern Italian theatre show organised by Videoteca Giaccari, Villa Ponti, Varese. Show by La Gaia Scienza. *Ultimi segnali* rassegna di teatro post-moderno italiano organizzato dalla Videoteca Giaccari, Villa Ponti, Varese 1982. Spettacolo de La Gaia Scienza. Courtesy of Archivio Videoteca Giaccari.

makes the documentation, as an intermediary, could be likened to that of the critic, but that their work is loaded, at least in theory, with the opposite ideology. In fact, the critic mediates explaining and giving a key to the reading of the artists' work; the practitioner who makes the video documentation is asked instead to mediate 'reproducing' the artist's work and reducing the margin of interpretation as much as possible. This requirement for objectivity is only possible however at a purely theoretical level, as clearly the 'transition' via the intermediary excludes the feasibility of an absolutely objective documentation in any case, as already occurs in cinema and photography, which can be employed for similar uses.

Paradoxically, however, the problem becomes even more severe for video, given that the instrument, due to its characteristics, allows you to get closer to what we could consider a reproduction. The structural obstacles to complete objectivity are both technical and personal in nature. In-

opera ed il fruitore. Direi che la funzione di chi compie la documentazione, in quanto intermediario, si possa assimilare a quella del critico, ma che la sua attività si carica, almeno in teoria, di segno opposto. Il critico, infatti, istituzionalmente "media" esplicando e dando una chiave di lettura dell'opera dell'artista; a chi compie la videodocumentazione si chiede invece di mediare "riproducendo" l'opera dell'artista e riducendo al massimo il margine interpretativo. Questa richiesta di obbiettività è però possibile solo a livello puramente teorico poiché ovviamente il "passaggio" attraverso l'intermediario esclude in ogni caso la fattibilità di una documentazione assolutamente obiettiva, come del resto era già avvenuto per il cinema e la fotografia impiegati per usi analoghi.

Paradossalmente però il problema diviene ancora più acuto per il video, dato che lo strumento, per le sue caratteristiche, consente maggiormente di avvicinarsi a quella che si potrebbe considerare una riproduzione.

deed it is not possible that the mindset of the person making the video documentation does not act as a 'filter' in some way between the work and its televised reproduction.

The other feature is technical and refers to the existing morphological difference between reality and its reproduction in video, which necessarily entails the transition from a three-dimensional situation to a two-dimensional one on the television screen.

The intervention of the 'video documenter' is therefore also in the recodification in terms of the two dimensionality of a situation that was originally three-dimensional.

Here then are the elements that must be analysed in particular in order to obtain the requirements for documentation that, even if not objective, can at least be considered to be correct.

To eliminate the risks involved with the technical component as much as possible, the video documenter must understand the instrument they are using perfectly and, above all, know that they have chosen the type of equipment correctly, as well as the most functional and least cumbersome technical preparation compared to the characteristics of the artist's work. Accordingly it is essential that the opera itself and the previous personal work of the artist be well known by the person making the documentation, and the crew.

After the above considerations it is evident that the task of video documentation, beyond misleading claims of super-objectivity, is to be considered as a process in itself with independent and original characteristics. And in this sense the current evolution of the phenomenon must also be considered, which paradoxically sees two tendencies coexist that are exactly the opposite of one another: on the one hand specialist researchers in a sector, theatre for example, driven by needs of 'desemantising' a show, actually requesting documentation with a fixed camera. On the other hand, due to the need to also bring the televised reproduction to the highest level of

Gli impedimenti strutturali all'obbiettività integrale sono sia di carattere tecnico che personale. Infatti non è possibile che l'atteggiamento mentale di chi compie la videodocumentazione non faccia in qualche modo da 'filtro' tra l'opera e la sua riproduzione televisiva.

L'altro aspetto è di tipo tecnico e si riferisce allo scarto morfologico esistente tra la realtà e la sua riproduzione in video, che implica necessariamente il passaggio da una situazione tridimensionale a quella bidimensionale dello schermo televisivo.

L'intervento del "videodocumentatore" consiste quindi anche nel ricodificare in termini di bidimensionalità una situazione originariamente tridimensionale.

Ecco quindi quali elementi vanno analizzati in particolare per ottenere i presupposti per una documentazione che, anche se non obiettiva, possa almeno considerarsi corretta.

Per azzerare al massimo i rischi della componente tecnica, occorre che il videodocumentatore conosca perfettamente lo strumento che usa e soprattutto che abbia scelto correttamente il tipo di apparecchiature e di allestimento tecnico più funzionali e meno ingombranti in rapporto alle caratteristiche dell'opera dell'artista. Correlativamente è essenziale che l'opera stessa ed il precedente lavoro personale dell'artista siano ben noti a chi compie la documentazione, il personale.

Dopo le considerazioni che precedono è evidente che l'attività di videodocumentazione, al di là di pretese illusorie di superobbiettività, sia da considerare un'operazione a sé stante con caratteristiche autonome ed originali. Ed in tal senso va considerata anche l'attuale evoluzione del fenomeno che vede coesistere paradossalmente due tendenze di tipo esattamente opposto: da un lato studiosi specialistici di un settore, per esempio teatrale, che spinti da esigenze di "desemantizzazione" di uno spettacolo richiedono una documentazione addirittura a camera fissa. D'altro canto, per l'esigenza di portare anche la riproduzione televisiva al

spectacularity, it often occurs that video documentation is revised retrospectively in order to remove television dead time or to add significant details rendered possible by electronic means, which makes this easier than the natural creation of the original work.

The Magazzini Criminali define these interventions as the 'active betrayal' of performance during a set design class at the Polytechnic University of Milan when the 'restitution' of performance was discussed. These, and other definitions, indicate that people who work on the works of others are now permitted to carry out manipulations, as long are they related to problems and techniques of television recodification and relevant to the nature and substance of the 'reproduced' work. In some cases the task of revision has absolutely authentic characteristics for the collaboration between the creator and the video maker. It seems to me that it is further reiterated even by these last considerations, as well as the independent character of the televised intervention of the work and the need for elevated professionalism by those who make it, so far as highlighting the need to differentiate television interventions, both in relation to different aims that motivate them and in relation to the end users of the product that may belong to different categories.

2/3/4 – Video report/video critique/video didactics

Like video documentation, 'video report', 'video critique' and 'video didactics' all realise hypotheses of the artist/video-mediated relationship and are attributable, in various ways and in a broad sense, to the concept of information. They can be created as independent projects or they can start as post-production phenomena from video documentation that has already been made.

The classic video report of an artistic event, as an immediately informative fact, is the service that includes an interview with the insertion of clips from the performance.

massimo grado di spettacolarizzazione, accade spesso che la videodocumentazione venga rielaborata a posteriori allo scopo di eliminare tempi morti televisivi o di aggiungere particolari significanti che l'impiego dell'elettronica rende possibile più facilmente che nella realizzazione naturale del lavoro originario.

I Magazzini Criminali definiscono questi interventi "tradimento attivo" dello spettacolo, mentre in un corso di scenografia al Politecnico di Milano si è parlato di "restituzione" dello spettacolo.

Queste ed altre definizioni stanno a indicare che ormai è consentito a chi lavora col video sull'opera di altri di compiere delle manipolazioni purché attinenti ai problemi ed alle tecniche della ricodificazione televisiva e pertinenti alla natura ed alla sostanza dell'opera "riprodotta". In alcuni casi poi l'operazione di rielaborazione ha caratteristiche di assoluta autenticità per la collaborazione tra autore e *videomaker*. Anche da queste ultime considerazioni mi pare che venga ulteriormente ribadito e il carattere autonomo dell'intervento televisivo sull'opera e l'esigenza di alta professionalità in chi lo compia, così come pure si evidenzia la necessità di differenziare gli interventi televisivi sia in rapporto agli scopi diversi che li motivano sia in rapporto agli utenti finali del prodotto che possono appartenere a varie categorie.

2/3/4 – Videoreportage/videocritica/videodidattica

Come le videodocumentazioni concretano ipotesi di rapporto mediato artista/video e sono riconducibili in vario modo e in senso lato al concetto di informazione. Possono essere realizzate sia come progetto autonomo sia partendo, come fenomeno di postproduzione, da una videodocumentazione già effettuata.

Il classico videoreportage di un avvenimento artistico, come fatto immediatamente informativo, è il servizio

On the other hand, the video-interview is one of the instruments with the highest critical value that can be utilised in the analysis of a work. Moreover television iconography has unquestionable advantages over the traditional photographic one in critical magazines in some cases.

Therefore, in 1972, I drafted *Videocritica* [Video Critique], a magazine about videotape, which allowed, among other things, for a type of critique to be formulated that primarily established itself as a key to reading the phenomena, and which could be perceived visually in the completeness of the video at the same time. This last point, even assuming that it is not complete, surpasses the limits of simple suggestiveness, which is rather typical to photography and which 'stops' moments that are often overly special of a whole.

Lastly video-didactics can materialise, based on the assembly of various materials that have already been considered for other hypotheses, in teaching courses to be used for viewing or completely independently or as a support for teachers' regular work. As can be seen in these sectors, the potential of the television instrument is enormous and we are spoiled for choice, but at this point the problem of television production costs arises.

With the current widespread diffusion of the video instrument there is no doubt that today it is simpler than before to take on a production, which, however, still has an economic burden that can obviously only be maintained in the face of a clear editorial project. But, unfortunately, historically the editorial vision of the video phenomenon has been lacking and, for example, with my critical magazine project, critics and artists were in agreement, yet I could not find a publisher.

However the shortages are not just typical to production facilities, as even in the subsequent phase of distribution things are not any better. Just think that in Italy not even universities constitute a real, homogenous network equipped for video circulation. The

comprendente un'intervista con l'inserimento di brani dello spettacolo.

D'altra parte la video-intervista costituisce uno degli strumenti a più alta valenza critica che si possano impiegare nell'analisi di un lavoro. Inoltre la iconografia televisiva ha in alcuni casi degli indubbi vantaggi su quella tradizionale fotografica delle riviste di critica.

Nel 1972 avevo perciò progettato "Videocritica", una rivista su videotape, che consentiva tra l'altro di formulare un tipo di critica che si ponesse soprattutto come chiave di lettura di fenomeni, che si potevano contemporaneamente percepire visivamente nella completezza della documentazione video.

Quest'ultima, anche nell'ipotesi che non sia integrale, supera comunque il limite delle semplice suggestività che è tipico invece della fotografia, che "blocca" dei momenti spesso troppo particolari di un tutto. Infine la video-didattica può concretarsi, sulla base dell'assemblaggio di vari materiali già considerati per le altre ipotesi, in corsi di insegnamento di cui usufruire con una visione o del tutto autonoma oppure in funzione di supporto al lavoro abituale dei docenti. Come si vede in questi settori le potenzialità dello strumento televisivo sono enormi e c'è solo l'imbarazzo della scelta, ma a questo punto si pone il problema dei costi della produzione televisiva.

Con la attuale maggior diffusione degli strumenti video non c'è dubbio che oggi sia più semplice di un tempo affrontare una produzione, che però ha tuttora un peso economico che ovviamente può essere sostenuto solo a fronte di un preciso progetto editoriale. Ma purtroppo è storicamente mancata proprio la visione editoriale del fenomeno video e per esempio il mio progetto di rivista di critica, sul quale erano concordi critici ed artisti, non riuscì a trovare un editore.

Ma le carenze non sono tipiche solo degli apparati produttivi poiché anche nella successiva fase della distribuzione le cose non vanno meglio.

rule is that a few days before an exhibition or a course or an event in any case in which videos have been put in the programme, we run around to find the required equipment.

This then leads, consequently, to viewing networks that are poorly constructed at times and so the artist or editor, who often have not even been able to count on the slightest financial remuneration, because they are subjected to small extortions of various kinds, do not even get the satisfaction that their works are viewed under optimal conditions.

In conclusion, under that which could be defined as the 'political' aspect of video production and distribution, in the sectors of culture and art, it would be desirable if a editorial vision were specified as soon as possible, that only a few still seem to possess today. The same should be stated in relation to the on-going evolution of the technology that would allow increasingly perfect products to be created. If this were to occur, the current contradiction would ultimately be surpassed, for which the circulation of works created with video outside of culture and art is very rare – it is instead the most important means of mass communication.◆

Basti pensare che in Italia neanche le università costituiscono un circuito reale omogeneamente attrezzato per la circolazione di video. La regola è che pochi giorni prima di una rassegna o di un corso o comunque di una manifestazione per la quale si siano messi in programma dei video si corre a reperire le attrezzature necessarie. Questo porta poi come conseguenza che i circuiti di visione siano talora mal realizzati e quindi l'artista o l'editore, che spesso non hanno potuto nemmeno contare sulla benché minima remunerazione economica, perché soggetti a piccoli ricatti di vario tipo, non hanno neanche la soddisfazione che i loro lavori vengano visionati in condizioni ottimali.

In conclusione, sotto quello che si potrebbe definire l'aspetto "politico" della produzione e distribuzione del video, nei settori della cultura e dell'arte, sarebbe auspicabile che si precisasse al più presto una visione editoriale, che solo pochi ancora oggi pare posseggano.

Ciò va detto anche in rapporto alla continua evoluzione delle tecnologie che consentirebbe di realizzare prodotti sempre più perfetti. Se questo avvenisse si supererebbe in definitiva l'attuale contraddizione per cui è scarsissima la circolazione di opere e lavori realizzati con il video che al di fuori della cultura e dell'arte – è invece il più importante mezzo di comunicazione di massa.◆

This essay by Lola Bonora first appeared in the exhibition catalogue edited by Lorenzo Magri, entitled *Centro Video Arte: 1974–1994. Videoarte performance partecipazioni* [Centro Video Arte: 1974–1994. Video Art Performance Participations] (Ferrara: Gabriele Corbo, 1995). The exhibition and the catalogue constitute a milestone, as they include and record Centro Video Arte di Palazzo dei Diamanti's twenty years of activity.

In the piece, Bonora explains some of the political, social and technical challenges that she and her team had to overcome in order to establish and run the only publicly funded video art centre in Italy. The text gives an overview of the Centro's seminal experiments with the medium, and their promotion of Video Art in Italy and abroad.

Chapter 4 / Capitolo 4

Centro Video Arte of Palazzo dei Diamanti | Il Centro Video Arte di Palazzo dei Diamanti

Lola Bonora

I feel slightly embarrassed in having to write about an activity that has totally absorbed more than twenty years of my life, and the risk of being too involved when explaining the facts, or even just part of them, is constant. It is the publisher who asked me to write this piece and, notwithstanding my reticence, I wouldn't want to disappoint him, due to the great respect I hold for him. However I know perfectly well, as the publisher himself states, that if this catalogue was only addressed to the individuals who belong to the specialized world of international contemporary art, it would not need too much explanation. It would be enough to look through the list of names that appear in the catalogue to realise that we are talking about work that has favoured research and technological experimentation in the art field, and that allowed a unique and unrepeatable – and therefore precious – activity to be documented. This surely isn't anything new, but in our country it did not, and still does not, exist as an experience comparable to the one carried out in our city.

Excellent examples of an activity such

Sento un certo imbarazzo nel dover scrivere di una attività che ha assorbito totalmente più di venti anni della mia esistenza ed il pericolo di essere troppo coinvolta nell'esporre la vicenda o anche semplicemente parte di essa, è costante. La richiesta mi viene dall'editore e nonostante le mie reticenze, non vorrei, per la stima che gli porto, deluderlo. Tuttavia, so perfettamente, come lui sostiene, che se questo catalogo fosse destinato unicamente all'ambiente specialistico dell'arte contemporanea internazionale non avrebbe bisogno di troppe spiegazioni: basterebbe scorrere l'elenco dei nomi che vi appaiono per rendersi conto che si è trattato di un lavoro che ha privilegiato la ricerca e la sperimentazione tecnologica in campo artistico, consentendo in questo modo che un'attività unica e irripetibile e perciò stesso preziosa, potesse essere documentata. Non si tratta certo di una novità, ma nel nostro paese non è esistito e non esiste tuttora una esperienza simile a quella realizzata nella nostra città.

Esempi eccellenti di una attività come

as that carried out at the Centro Video Arte of Ferrara, are still operating in Western Europe, in the United States and obviously in Japan. The singularity of the Ferrara facility, compared to those that exist in the rest of the world, can be found in what, according to various experts, is recognised as a phenomenon. In fact, it has been possible to carry out professional work of a high standard, almost without any funding.

It is well known that countries such as France and Germany (if we just refer to Europe), support – specifically financially with substantial capital sums – the structures that favour artistic research both in the visual and musical field. This is so important for those communities, to which we have often had the chance of being invited and hosted. We have been invited to prestigious venues, such as the Centre Georges Pompidou and the Grand Palais in Paris, the Museum Ludwig in Cologne, the Lenbachhaus Städitsche Galerie in Munich, the Museum am Ostwall in Dortmund, the Gemeentemuseum in The Hague, the Museum Moderner Kunst Stiftung Ludwig in Vienna, the Lousiana Museum in Denmark, the Institute of Contemporary Arts in London, the Joan Mirò Foundation in Barcelona and the Museum of Modern Art in New York, (just to name the most famous ones), to exhibit the results of our research and to compare our styles and the technological and artistic choices we have adopted. Documenting a multiform activity such as that of the Centro Video Arte is by no means easy, since it has always been fundamentally important to be attentive and open to the changes and the evolutions imposed by the research. Despite only being a small team, our highly professional qualities allowed us to carry out projects that were both bold and provocative at the same time. We have established ourselves little by little, achieving a relevant place in the contemporary art history of the last twenty years. Kassel's documenta and the Venice Biennale have validated the integrity and importance of the Centro, by exhibiting in different editions, the work pro-

quella svolta dal Centro Video Arte di Ferrara sono tuttora operanti nell'Europa occidentale, negli Stati Uniti e ovviamente in Giappone. La singolarità della struttura ferrarese rispetto a quelle esistenti nel resto del mondo, si ravvisa in ciò che a detta di molti esperti, è sembrato un prodigio. Infatti, si è potuto fare un lavoro professionale e ad alto livello in assenza pressoché di finanziamenti.

È risaputo che paesi come la Francia, la Germania, se restiamo in Europa, sostengono soprattutto economicamente con consistenti capitali le strutture che privilegiano la ricerca artistica sia in campo visivo che in campo musicale. Ciò è talmente importante per quelle comunità che non di rado abbiamo avuto la possibilità di essere da loro invitati e ospitati in sedi prestigiose come il Centre Georges Pompidou e il Grand Palais di Parigi, il Museum Ludwig di Colonia, la Lenbachhaus Städitsche Galerie di Monaco, il Museum am Ostwall di Dortmund, il Gemeentemuseum Den Haag, il Museum Moderner Kunst Stiftung Ludwig di Vienna, il Lousiana Museum in Danimarca, l'Institute of Contemporary Arts di Londra, la Fondazione Joan Mirò di Barcellona, il Museum of Modern Art di New York per citare le più note, ad esporre i risultati della nostra ricerca e a confrontarci sugli stili, sulle scelte tecnologiche ed artistiche adottate. Documentare un'attività multiforme come è stata quella del Centro Video Arte non è del tutto agevole in quanto è stato di vitale importanza essere sempre attenti e disponibili alle mutazioni e alle evoluzioni che la ricerca impone. Solo uno staff numericamente ridotto, ma con caratteristiche professionali elevate ha consentito di realizzare progetti audaci e provocatori insieme che si sono via via affermati ottenendo un posto di primo piano nella storia dell'arte contemporanea degli ultimi venti anni. Documenta di Kassel e la Biennale di Venezia ne hanno sancito la veridicità e l'importanza ospitando in diverse edizioni il lavoro che il Centro ha realizzato per gli artisti con i quali ha stretto un sodalizio tecnico-artistico fin dal suo nasce-

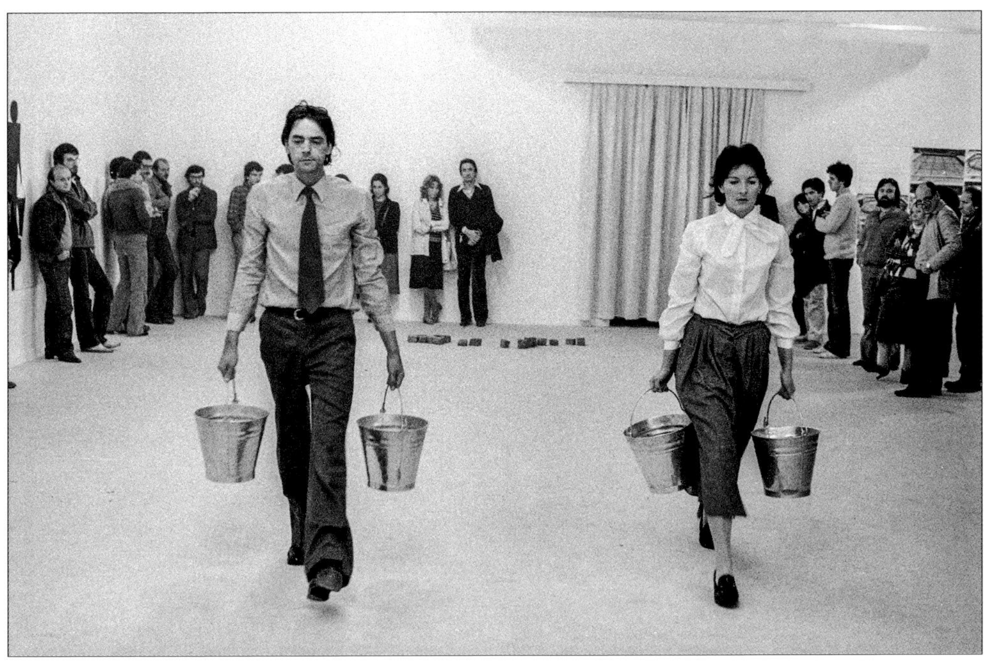

Fig. 1. Marina Abramović and Ulay, *Relation work*, 1978, performance made at the Centro Attività Visive di Palazzo dei Diamanti and recorded on video by the Centro Video Arte. The duration in front of the audience was of six consecutive hours.
Marina Abramović e Ulay, *Relation work*, 1978, performance realizzata al Centro Attività Visive di Palazzo dei Diamanti e registrata in video dal Centro Video Arte. La durata alla presenza del pubblico è stata di sei ore consecutive.
© Marco Caselli Nirmal.

duced by the Centro and the artists with whom it has established a strong technical-artistic association since its foundation. This is an association that has been recognised as successful for both the production and advancement of the cultural profile that it offers.

At this point I would like to offer some practical essentials for an easy consultation of this catalogue.

In the twenty years since the Centro was founded it has mainly developed in three directions. In order to facilitate the consultation of the catalogue-register we have divided these three directions into three different chapters. The first chapter covers the production of videos designed by the artists and made by the technical team of the Centro, described, by the official critique as *video art,* the recording of events such as performances, theatre acts, contemporary music and dance, and also the visual documentation of video interviews with the protagonists of the figurative culture: painters, sculptors, directors, critics, poets, musicians, philosophers, scientists.

The subject of the second archive is the annual programme of the Sala Polivalente that has alternated between varied propos-

re, riconosciuto vincente sia sul piano della creazione, sia per il profilo culturale avanzato che proponeva.

A questo punto vorrei offrire alcuni elementi pratici per una consultazione agevole di questo catalogo.

L'attività ventennale del Centro si è articolata in buona sostanza in tre direzioni. Per agevolare la consultazione del catalogo-regesto le abbiamo separate in tre capitoli: la produzione di video progettati dagli artisti e realizzati dalla équipe tecnica del Centro, definita dalla critica ufficiale come *video art,* la videoregistrazione di eventi come le performance, le azioni teatrali, la danza e la musica contemporanea, come pure la documentazione visiva di grandi mostre realizzate in quegli anni a Palazzo dei Diamanti e numerose video interviste con i protagonisti della cultura figurativa pittori, scultori, registi, critici, poeti, musicisti, filosofi, scienziati.

L'ambito del secondo archivio è dato dalla programmazione annuale della Sala Polivalente che ha visto alternarsi proposte diversificate sempre situate nell'area della ricerca estetica contemporanea, si è così potuto spaziare con estrema libertà nel panorama esteso dell'arte visiva, dal compor-

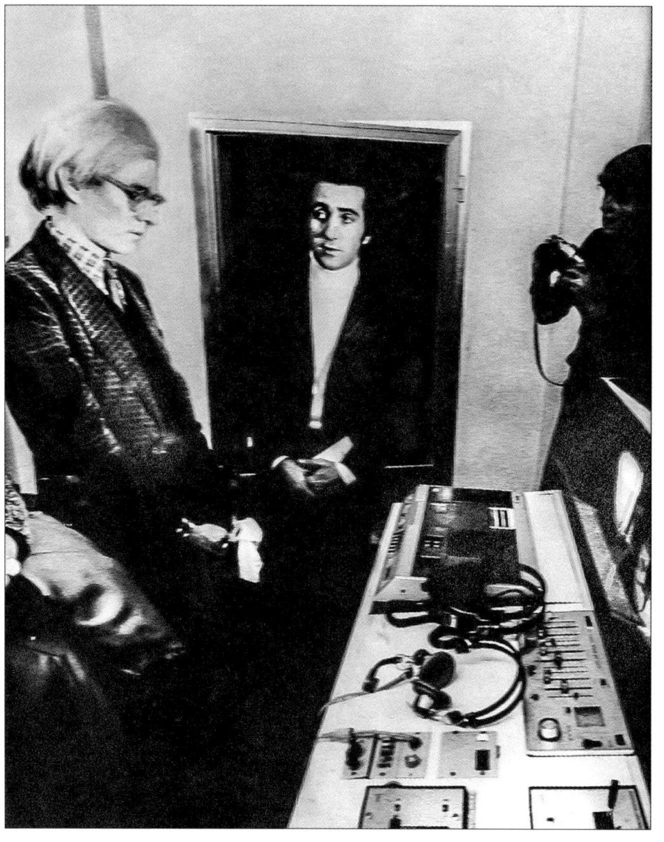

Fig. 2. Andy Warhol and gallerist Luciano Anselmino visit the Centro Video Arte's studio during Warhol's exhibition *Ladies and Gentlemen* at Palazzo dei Diamanti, curated by Franco Farina in 1975. Andy Warhol e il gallerista Luciano Anselmino visitano lo studio del Centro Video Arte in occasione della mostra dell'artista *Ladies and Gentlemen* allestita a Palazzo dei Diamanti, curata da Franco Farina nel 1975. © Marco Caselli Nirmal.

als that are always within the field of contemporary aesthetic research. It is therefore been possible to move with extreme freedom in the wide landscape of visual art, from behaviour to body art, from performance to theatre, from dance to music with special attention towards jazz and electronic music. Cinema, photography, literature and poetry have not been disregarded. Recently great attention has been given to multimedia that, as many know, through the use of sophisticated technologies such as electronics and IT, offers the key to transversally enter all the experiences of artistic behaviour, manipulating the existing to create a product that aspires to be the synthesis of artistic creation.

Finally, the third direction covers the collaborations and the participation of the Centro Video Arte in projects carried out with different institutions, such as theatres, museums, universities, festivals, most of them abroad, since this area of contemporary art is notoriously more represented in very in-

tamento alla body art, dalla performance al teatro, dalla danza alla musica con un occhio di riguardo verso il jazz e la musica elettronica. Non è stato trascurato il cinema, la fotografia, la letteratura, la poesia. Recentemente grande attenzione è stata dedicata alla multimedialità che come molti sanno attraverso l'uso di tecnologie sofisticate come l'elettronica e l'informatica offre la chiave per introdursi trasversalmente in tutte le esperienze del fare artistico manipolando l'esistente per restituirci un prodotto che vuole essere ed è la sintesi della creazione artistica.

Infine, la terza direzione riguarda le collaborazioni e le partecipazioni del Centro Video Arte a progetti realizzati con diverse istituzioni come teatri, musei, università, festival, nella maggioranza dei casi all'estero, essendo questo settore dell'arte contemporanea notoriamente più presente in paesi veramente industrializzati e moderni come la Germania e la Francia per quanto concerne l'Europa, gli Stati Uniti, il Giappone e la Cina per quanto riguarda il resto del mondo.

Altre due esperienze molto importanti, che potrebbero costituire da sole un intero capitolo, sono state in ordine di tempo quella didattica condivisa con la New York University e la manifestazione internazionale *L'immagine elettronica.* La collaborazione con l'università newyorchese è iniziata nel 1980, rivolta agli studenti americani frequentanti il Graduate Program della New York University. I corsi di *video art* organizzati e condotti dal Centro, hanno ottenuto immediatamente molto successo fra gli studenti. Alcuni video da loro realizzati sono stati premiati da giurie qualificate e sono stati presentati in rassegne internazionali di *video art*. La New York University sta editando un catalogo che raccoglie questa attività, evidenziandone gli aspetti didattici e quelli più squisitamente artistici. La gestione da parte del Centro della sezione artistica della manifestazione internazionale *L'immagine elettronica,* iniziata nel 1982 a Bologna, si è conclusa a Ferrara dopo nove edizioni. Fra i numerosi meriti conseguiti da questo ap-

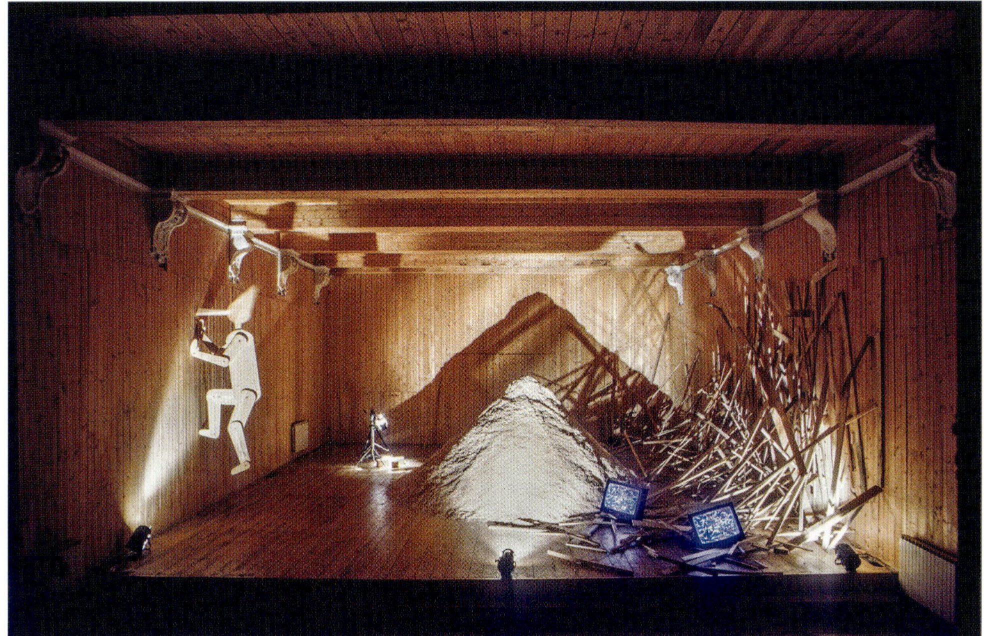

Fig. 3.
Joël Hubaut, *Il Picchiocchio*, 1983, live performance and video installation made by the Centro Video Arte and presented at the Sala Polivalente (CVA).
Joël Hubaut, *Il Picchiocchio*, 1983, live performance e videoinstallazione realizzata dal Centro Video Arte e presentata alla Sala Polivalente (CVA).
© Marco Caselli Nirmal.

dustrialised and modern countries, such as Germany and France in Europe, the United States, Japan and China in the rest of the world.

Two other very important experiences that could make up an entire chapter on their own were, in chronological order, the didactic experience shared with New York University and the international exhibition

puntamento annuale, divenuto in seguito biennale, vi è sicuramente quello di avere coinvolto il Gotha dell'arte elettronica.

Gli artisti che si sono confrontati in quella straordinaria palestra di ingegni sono stati Nam June Paik, Bill Viola, Woody e Steina Vasulka, Wolf Vostell, Jeffrey Shaw, Buky Schwartz e Ulrike Rosenbach.

Il conferimento dell'ambito e prestigio-

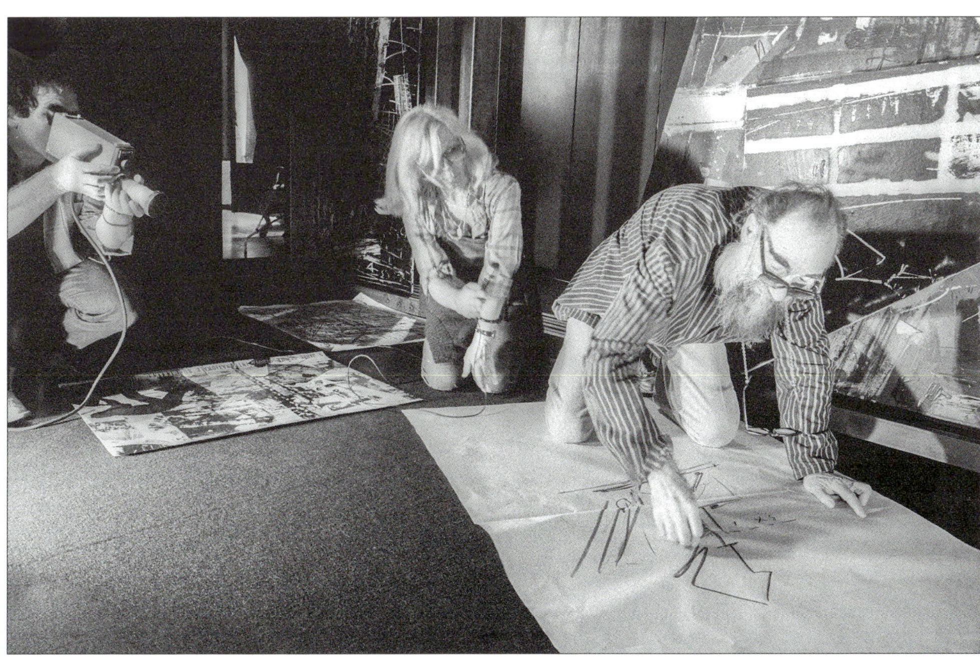

Fig. 4.
Emilio Vedova, *Grafica e Didattica* [Graphics and Didactics], 1975, 40' video made by the Centro Video Arte for the artist's solo exhibition at the Tour Fromage in Aosta.
Emilio Vedova, *Grafica e Didattica*, 1975, video della durata di 40' realizzato dal Centro Video Arte per la mostra personale dell'artista alla Tour Fromage di Aosta.
© Marco Caselli Nirmal.

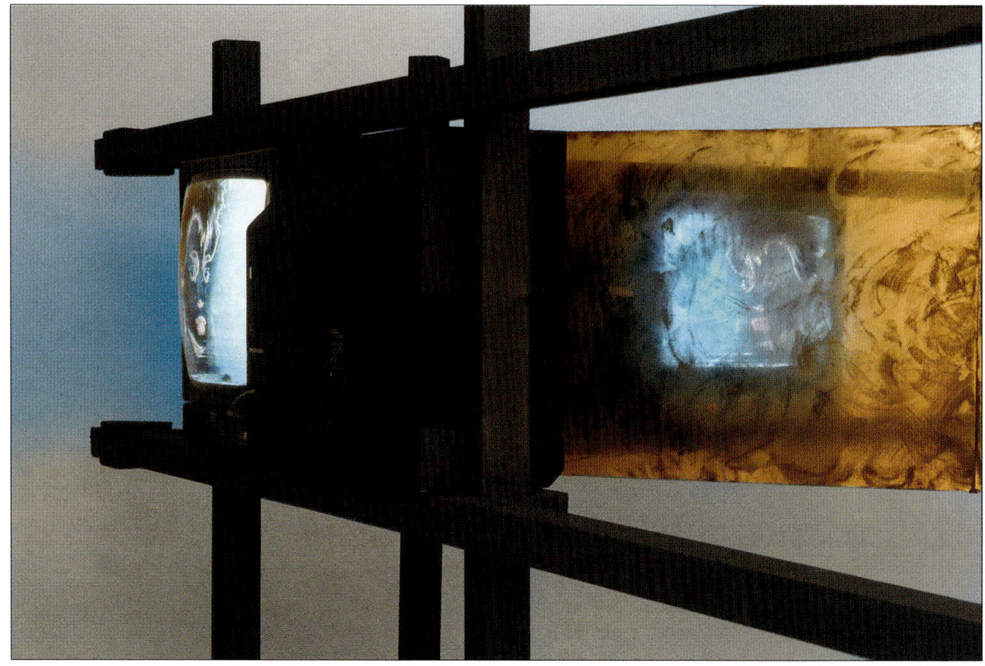

Fig. 5. Leonie Bodeving, *L'ansia letale* [Lethal Anxiety], video installation displayed at the exhibition *Videoset 89* at the PAC Padiglione Arte Contemporanea di Ferrara and made by the team of the Centro Video Arte, 1989. Leonie Bodeving, *L'ansia letale*, videoinstallazione ospitata nella mostra *Videoset 89* allestita al PAC Padiglione Arte Contemporanea di Ferrara e realizzata dall'equipe del Centro Video Arte, 1989. © Marco Caselli Nirmal.

L'immagine elettronica [The Electronic Image].

The collaboration with New York University began in 1980, and was directed to the American students attending the Graduate Program of the university. The video art courses, organised and given by the Centro, immediately became very popular among the students. Some of the videos they pro-

so premio che veniva assegnato in ogni edizione, da una giuria internazionale, è stato conferito anche a diversi artisti italiani e fra questi mi piace ricordare Luigi Veronesi, Michelangelo Antonioni, Luigi Nono, Fabrizio Plessi, Carlo Rambaldi assieme naturalmente agli artisti stranieri più illustri che hanno sostato su quella che è stata una splendida piattaforma elettronica.

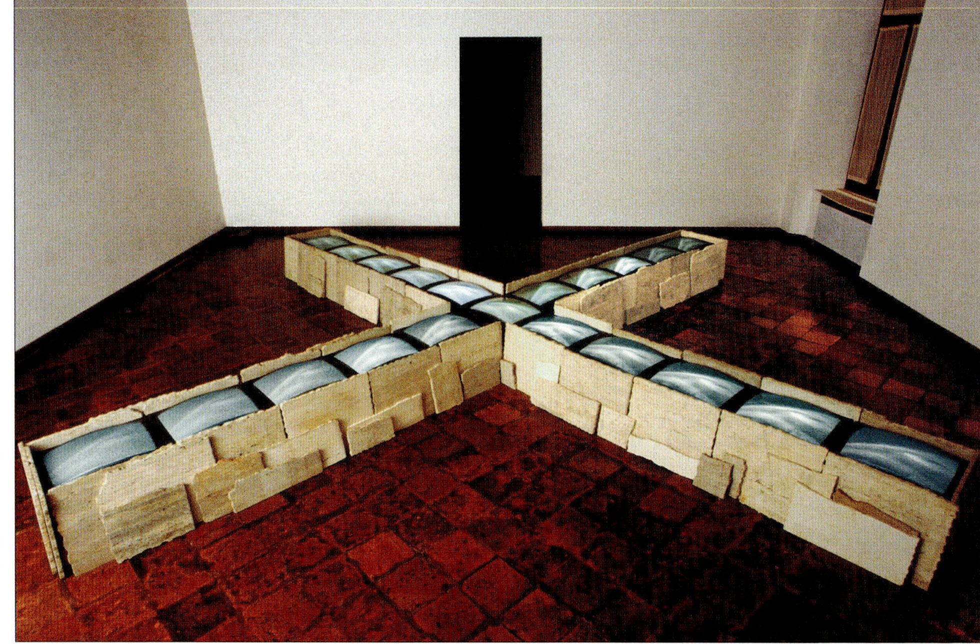

Fig. 6. Fabrizio Plessi, *Water Cross*, video installation made by the Centro Video Arte and presented at the Galleria d'arte moderna di Ferrara (room B. Tisi) during the 1989 edition of *L'immagine elettronica*. Fabrizio Plessi, *Water Cross*, videoinstallazione realizzata dal Centro Video Arte e presentata alla Galleria d'arte moderna di Ferrara (sala B. Tisi) per l'edizione del 1989 di *L'immagine elettronica* © Marco Caselli Nirmal.

duced have been awarded prizes by qualified juries and they have been presented during international exhibitions of video art. New York University are editing a catalogue that gathers this undertaking, highlighting the didactic aspects and the most exquisitely artistic ones.

The Centro's direction of the artistic section of the international exhibition *L'immagine elettronica*, started in Bologna in 1982 and came to an end in Ferrara after nine editions. Among the several merits of this annual appointment, which later became biennial, is certainly that of having involved the élite of electronic art. The artists who came to exchange views within that extraordinary ground for talent were Nam June Paik, Bill Viola, Woody and Steina Vasulka, Wolf Vostell, Jeffrey Shaw, Buky Schwartz and Ulrike Rosenbach.

The conferring of the desired and prestigious award that was presented at every edition by an international jury, has also been awarded to several Italian artists. Among those who I would like to point out, are Luigi Veronesi, Michelangelo Antonioni, Luigi Nono, Fabrizio Plessi, Carlo Rambaldi. Together, they have dwelled with the most famous foreign artists in what was a wonderful electronic platform.

It is only right, on my part, to express my most wide and heartfelt gratitude to the Artists, who both believed in the cultural choice of the Centro, in the professionalism of the facility, and above all, to those who also believed that the Centro would become (as it did exactly), a decisive point of reference for research and experimentation within an important part of contemporary art – art that would later be collected by international museums.

I am also extremely grateful to the audience within this city, those who grew up with the Centro and who participated, shared, disagreed, but were always aware of being involved in an adventure, which they shared and which often made them the main characters of extraordinary art events. This was extraordinary since they would draw their

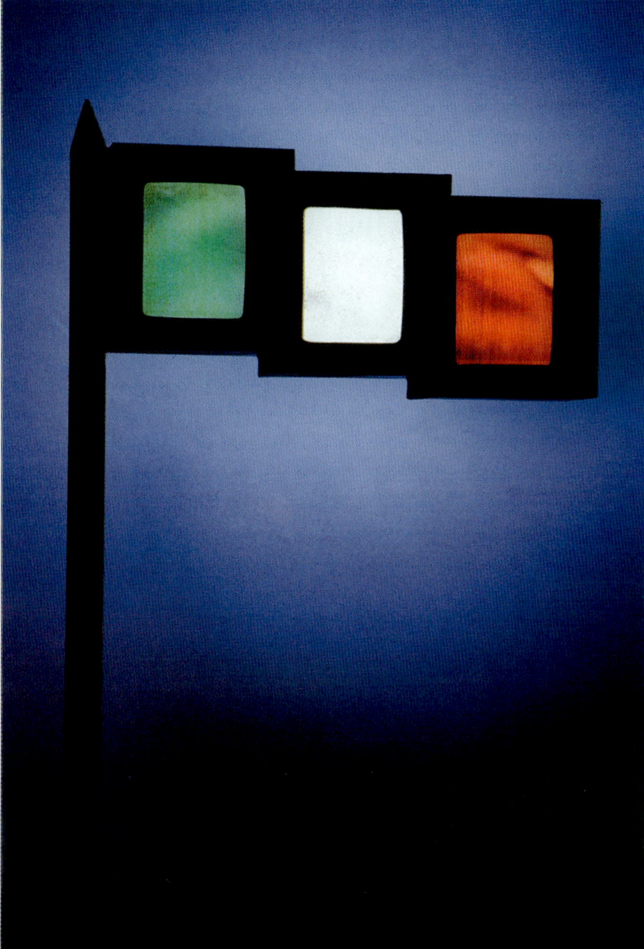

Fig. 7. Enzo Minarelli, *La bandiera* [The Flag], 1989, sound poetry video installation from *Video Regina,* presented at the PAC in Ferrara during *L'immagine elettronica* 1989. Enzo Minarelli, *La bandiera*, 1989, videoinstallazione di poesia sonora da *Video Regina,* presentata al PAC di Ferrara per *L'immagine elettronica* 1989. © Marco Caselli Nirmal.

È doveroso da parte mia esprimere la più ampia e sentita gratitudine verso gli artisti i quali per primi hanno creduto nella scelta culturale del Centro, nella professionalità della struttura, ma soprattutto hanno creduto che sarebbe diventata, come è puntualmente avvenuto, un luogo di riferimento determinante per la ricerca, la sperimentazione e la verifica di molta parte dell'arte contemporanea entrata poi a far parte delle collezioni dei musei internazionali. Sono anche molto grata a quella parte del pubblico di questa città che è cresciuto con il Centro, che ha partecipato, che ha condiviso, che ha dissentito, ma sempre consapevole di essere coinvolto in una vicenda che lo rendeva partecipe e spesso protagonista di eventi artistici eccezionali, in quanto traevano origine da realtà metropolitane spesso in antitesi con la nostra cultura

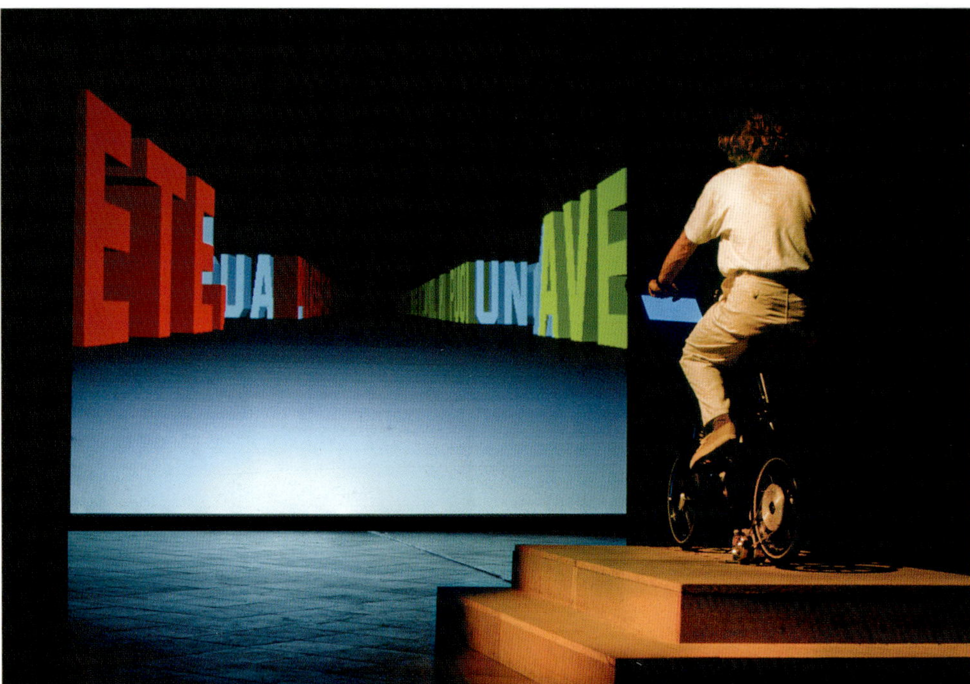

Fig. 8. Jeffrey Shaw, *The Legible City*, 1991, interactive video installation presented during *L'immagine elettronica* in Ferrara, in the deconsecrated church of San Romano. Jeffrey Shaw, *The Legible City*, 1991, videoinstallazione interattiva presentata in occasione de *L'immagine elettronica* a Ferrara, nella chiesa sconsacrata di San Romano. © Marco Caselli Nirmal.

origins from urban realities often in contrast with our provincial culture. This audience has been offered stimulating starting points for debate and reflection, but what is most important, was the chance of getting directly acquainted with important aspects of contemporary culture without the exploitable abuse of an ideological mediation aimed at maintaining, as much as possible, the *status quo*. It is with confidence that I leave – to the young artists and to all those who are interested, for professional reasons or simply for intellectual vivacity – a strong mark that has received the widest acknowledgement within the official establishment of contemporary art, and that has been extensively mentioned in the textbooks of most developed countries. It is therefore right to hope that in a near future, our country will also overtake a culture that is excessively pompous and dusty and that too often turns to the myths of the past, revised in a fetishistic way and therefore smacks of restoration, in order to give more space to a culture that tends towards new horizons, to be able to properly witness itself and its own time.◆

provinciale. A questo pubblico sono stati offerti spunti stimolanti di dibattito e riflessione, ma quel che più conta, la possibilità di conoscere direttamente aspetti importanti della cultura contemporanea senza la prevaricazione strumentale di una mediazione ideologica volta a man tenere il più possibile lo *status quo*. Con fiducia lascio ai giovani artisti ed a quanti sono interessati per ragioni professionali o semplicemente per vivacità intellettuale, una traccia sicura che ha avuto il più ampio riconoscimento dell'ambiente ufficiale dell'arte contemporanea ampiamente citata nei libri di testo dei paesi più evoluti, ed è perciò lecito sperare che in un prossimo futuro anche il nostro paese sappia superare una cultura eccessivamente paludata e polverosa, troppo spesso rivolta ai miti del passato rivisitati in chiave feticistica e pertanto in odore di restaurazione, per lasciare maggiore spazio alla cultura che si proietta verso nuovi orizzonti per poter dare testimonianza legittima di sé e del proprio tempo.◆

This chapter includes two interviews with Maria Gloria Bicocchi, founder of art/tapes/22.

The first is an extract from an interview made by Cosetta G. Saba and Mirco Infanti and published in *Arte in videotape. Art/tapes/22, collezione ASAC. La Biennale di Venezia. Conservazione, restauro, valorizzazione* [Art in Videotape. Art/tapes/22, ASAC Collection. Venice Biennale. Conservation, Restoration, Enhancement] (Cinisello Balsamo: Silvana Editoriale, 2007), edited by Saba herself. The book aimed to present the extensive program of recovery of video artworks from art/tapes/22 – preserved at Archivio Storico delle Arti Contemporanee (ASAC) – Venice Biennale – that had been brought out by University of Udine in its venues of Gorizia and Gradisca d'Isonzo and coordinated by Saba from 2004 to 2007.

The second interview was made by Partridge and Leuzzi at the early stages of REWIND*Italia* in May 2011 in Follonica (Tuscany).

The two interviews cover with Maria Gloria a varied range of topics with the aim of retrace and convey the seminal experimentation at art/tapes/22 and the story that followed the ending of that experience.

Chapter 5 / Capitolo 5

art/tapes/22. Conversation with Maria Gloria Bicocchi | art/tapes/22. Conversazione con Maria Gloria Bicocchi

Cosetta G. Saba and Mirco Infanti

Cosetta G. Saba: *I would like to start this conversation discussing the double level of "presence" that you perceive regarding art/tapes/22. The 'presence' at that time: the making, the thinking of art/tapes/22, as if the fact of embarking on an experiential journey coincided with the action of tracing it, of "inventing" it, but without any predetermination or purpose. The 'thinking and making of art/tapes/22' – you said – 'was like "breathing"...'. Today's 'presence', instead, implies a path of historicisation that lets you look at that experience from some sort of distance, making you feel like a 'spectator' of art/tapes/22 – a centre of production and distribution of artists' videotapes and of 'video art' dissemination. 'Video art', which did not have a 'name' nor a definition at that time (I'm thinking about the long reflection that René Berger dedicated to this topic in 1974, with his essay* L'art vidéo. Defis et

Cosetta G. Saba: *Vorrei cominciare questa conversazione dal tema del doppio livello di "presenza" che tu senti di avere verso art/tapes/22. La "presenza" di allora: il fare, il pensare art/tapes/22 come se il fatto di intraprendere un percorso esperienziale coincidesse con l'azione di tracciarlo, di "inventarlo", ma senza alcuna predeterminazione o mira; "pensare e fare 'art/tapes/22' – hai detto – è stato come 'respirare'...". La "presenza" attuale che implica invece un percorso di storicizzazione e che ti fa guardare a quell'esperienza da una qualche distanza e ti fa sentire "spettatrice" di art/tapes/22 – centro di produzione, distribuzione di videotape d'artista e di disseminazione della "video arte". "Video arte" che allora non aveva "nome", né definizione (penso alla lunga riflessione che nel 1974 René Berger dedicava a questo tema nel saggio* L'art vidéo. Defis et paradoxes[1]*) e*

paradoxes[1]) *and that nowadays is still invested with 'productive issues'.*

che è ancora oggi investita di problematicità "produttive".

Maria Gloria Bicocchi: Yes, I agree that developing the work with the artists, in producing their video-pieces, was a labour-of-love, journeying through my own life and often their own lives. It was never a rigorous project but a completely horizontal operation, a creative journey, as making art generally is in reality. Culture walks preceding itself, it moves forward without premeditation and without cultural or political plans.

As for the definition, even today 'video art' is still all and nothing. There are works by artists who have simply 'used' the video medium and there are works by artists (Bill Viola) whose marvellous '*tableaux vivants*' are based on an extraordinary and sophisticated research into the medium; therefore the result, contrary to other experiences, is a vertical extensive work. 'Better' or 'worse' do not exist. There are artists who are different from one other, free to create their own personal art with any medium and with any approach to any medium, and then there are people who, when watching the works of different artists, identify themselves in one rather than another, subjectively and legitimately.

Maria Gloria Bicocchi: Sì, ti confermo che il lavoro fatto con gli artisti per produrre le loro opere in video è stato un "lavoro" di attraversamento della mia stessa vita, spesso anche della loro vita, mai un progetto rigoroso, è stata un'operazione assolutamente orizzontale, un percorso creativo come è in realtà quello dell'arte in genere, la cultura cammina precedendo se stessa, va avanti senza premeditazione né disegni di politica culturale.

In quanto alla definizione, ancora oggi "video arte" è tutto e niente. Esistono dei lavori di artisti che hanno semplicemente "usato" il mezzo video ed esistono lavori di artisti (Bill Viola) i cui meravigliosi "*tableaux vivants*" si basano su una ricerca straordinaria e sofisticata del mezzo e quindi il risultato, al contrario di altre esperienze, è un'opera in verticale, in profondità. Non esiste un "meglio" o un "peggio", esistono artisti diversi tra loro, liberi di realizzare la propria arte con qualsiasi mezzo e con qualsiasi approccio a ogni mezzo, ed esistono poi persone che vedendo le opere di artisti diversi si riconoscono maggiormente in una piuttosto che in un'altra, soggettivamente e legittimamente.

CGS: *Yes, this is surely not a matter that can be resolved from a qualitative or aesthetic perspective. If anything, it is a subject that is pertinent to the definition of art, to the* vexata quaestio *of what art is or what its function is, also in regards to media and languages. In the interview with Valentina Valentini and Alessandra Cigala – referring in particular to Jannis Kounellis'* No Title *and to Giulio Paolini's* Unisono *[Unison], you affirmed: 'When I started producing artists' videos I did not turn exclusively to those artists for whom video language was their specific field and preferred mode of expression. In the visual arts (and at that time we were in the full spring of Performance art) I have never distinguished between video artists and* tout court

CGS: *Sì, non è certo una questione risolvibile sul piano del giudizio qualitativo o del giudizio estetico. Semmai è un tema che pertiene alla definizione dell'arte, alla* vexata quaestio *del che cosa sia l'arte o quale sia la sua funzione, anche rispetto ai media e ai linguaggi. Nell'intervista di Valentina Valentini e Alessandra Cigala – riferendoti in particolare a* No title *di Jannis Kounellis e a* Unisono *di Paolini, sostenevi: "Quando ho iniziato a produrre video di artisti non mi sono rivolta essenzialmente a chi faceva del linguaggio video il suo campo specifico e preferenziale di espressione. Nel campo delle arti visive (e allora eravamo in piena fioritura della Performance art) non ho mai distinto il video-artista dall'artista* tout court *che speri-*

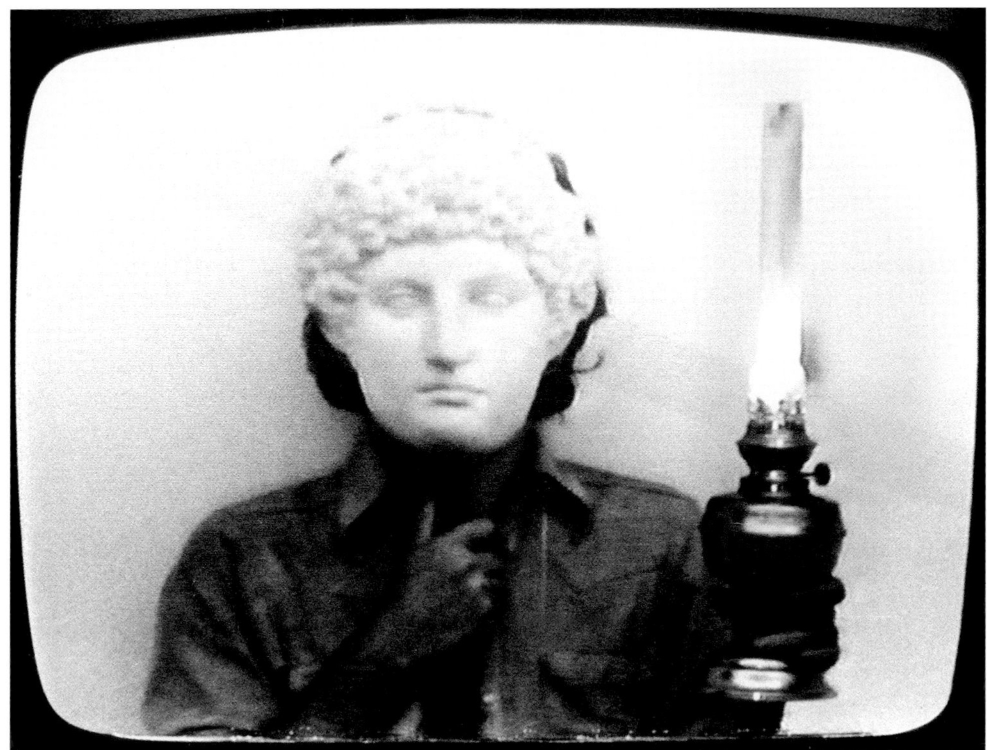

Fig. 1. Jannis Kounellis, *No title*, 1973. Photo © Copyright Archivio Gianni Melotti, Florence.

artists, who experiment with different languages and techniques. I have never made this distinction. I do not believe in the video artist as a concept. I believe in the artist. Even when he/she makes only one videotape, it is only one part of his/her entire work. It is one of his/her works'.[2]

menta diversi linguaggi e tecniche. Non ho mai operato questa distinzione. Non credo nell'artista video, credo nell'artista che fa anche un videotape, e questo fa parte del suo lavoro globale, è uno dei suoi lavori"[2].

MGB: I am still convinced, with some exceptions, that the value lies in the artist's work, in the art, rather than in the type of medium the artist used to carry it out, and I am still convinced that video leaves all the possible freedom to whom uses it to create a work. The freedom given by this intermediary is so much so that, for example, Bill Viola – who uses it as a tri-dimensional lens, almost a rotating hologram, a very precise painting – is precisely an artist who works with video, as others, and not just a video artist, as he is usually defined. There are many ways of 'painting', we should not forget that Jannis Kounellis describes himself as a 'painter', and rightly so, even if he never touches a paintbrush! Art is the emotional and visual result of the work.

MGB: Con qualche eccezione sono ancora convinta che il valore stia nel lavoro dell'artista, nell'arte, piuttosto che nel tipo di supporto con cui un artista lo ha realizzato, e sono ancora convinta che il video lasci tutta la libertà possibile a chi lo usi per produrre una sua opera. Tanta è la libertà di questo tramite che, ad esempio, Bill Viola – che lo usa come una lente tridimensionale, quasi un ologramma ruotante, una pittura precisissima – esattamente un artista che lavora con il video, come gli altri, e non un video artista e basta, come si usa definirlo. Ci sono tanti modi per "dipingere", non scordiamoci che Jannis Kounellis si definisce "pittore" e con ragione, anche se non tocca un pennello! L'arte è il risultato emozionale e visivo dell'opera.

CGS: *The definition 'anti-videotape' is yours; it is contained in the previously mentioned interview with Valentina Valentini and Alessandra Cigala. You spoke of Kounellis' work referring to it – in my opinion in a rather interesting way – as a 'rhetorically "anti-videotape" notion [...]: there is no colour, or action or sound. It is a long sequence where Jannis appears, with his face covered by an Apollo's mask and holding an oil lamp, standing still for half an hour, for the entire duration of the tape. It is obvious that it is a long still life because he moves his hand slightly. Yet, it isn't a performance, it is only his "living" work, that remains in history thanks to the video medium'.*[3]

MGB: Yes, I stand by my words and I can also add that I know for sure that Kounellis often does not remember having created 'a videotape', yet he definitely remembers one of his works that he made with me in Florence, where, while wearing an Apollo's mask, he held an oil lamp in his left hand. Why did I call Jannis's work 'anti-video'? Because as this is a work that expresses itself only, besides the medium's possibilities, it can be defined as an 'anti-videotape', but *No Title* is absolutely what it should have been: a work by Kounellis created with video, the only medium with which this specific work could be made in order to 'last', in contrast to performances. It is a beautiful videotape, it is a real videotape! The result lies in the freedom of each and every artist to express themselves without the limitation of feeling that video is a language that has its own rules.

[...]

CGS: *art/tapes/22 is a place of crossings, of presences and (borrowing the definition from Gerard Genette) of an "operative plurality":*[4] *Daniel Buren's*[5] *motionless 'installation', Jannis Kounellis' 'anti-videotape', Giulio Paolini's 'Unisono', etc. In other words, videotape was part of the expressive*

CGS: *La definizione di "anti-videotape" è tua; è contenuta nella già citata intervista di Valentina Valentini e Alessandra Cigala. Parlavi dell'opera di Kounellis riferendola – secondo me in modo piuttosto interessante – a "una concezione retoricamente 'anti-videotape' [...]: non ci sono né colore né azione né suono. È una lunga sequenza nella quale appare Jannis, con il volto coperto dalla maschera di Apollo e una lampada a olio in mano e immobile per mezz'ora, per tutta la durata del nastro. Si capisce che una lunga* still life *perché la sua mano un po' si muove. Ma non è una performance, è un suo lavoro 'vivo' che rimane nella storia attraverso il mezzo video"*[3],

MGB: Sì, confermo le mie parole e aggiungo anche che so per certezza che Kounellis spesso non ricorda di aver fatto "un videotape" ma sicuramente ricorda una sua opera realizzata a Firenze con me, in cui con la maschera di Apollo tiene una lanterna nella mano sinistra. Perché ho chiamato "anti-videotape" quello di Jannis? Perché, essendo questo lavoro soltanto un'opera che esprime se stessa, al di là delle possibilità del mezzo, può definirsi "anti-videotape", ma "Senza titolo" e assolutamente quello che doveva essere: un'opera di Kounellis realizzata con il solo mezzo con cui questo specifico lavoro poteva essere realizzato per "rimanere", al contrario di una performance, quindi il video. È un bellissimo videotape, è un vero videotape! Il risultato sta nella libertà di ogni artista di esprimersi appunto senza il vincolo di sentire il mezzo video come un linguaggio che abbia le sue regole.

[...]

CGS: *art/tapes/22 è un luogo di attraversamenti, di presenze e (mutuando la definizione da Gerard Genette) di una "pluralità operale"*[4]*: l'"installazione" immobile di Daniel Buren*[5]*, l'"anti-videotape" di Jannis Kounellis, l'"*Unisono*" di Giulio Paolini ecc. Detto altrimenti, il videotape era parte dell'opera-*

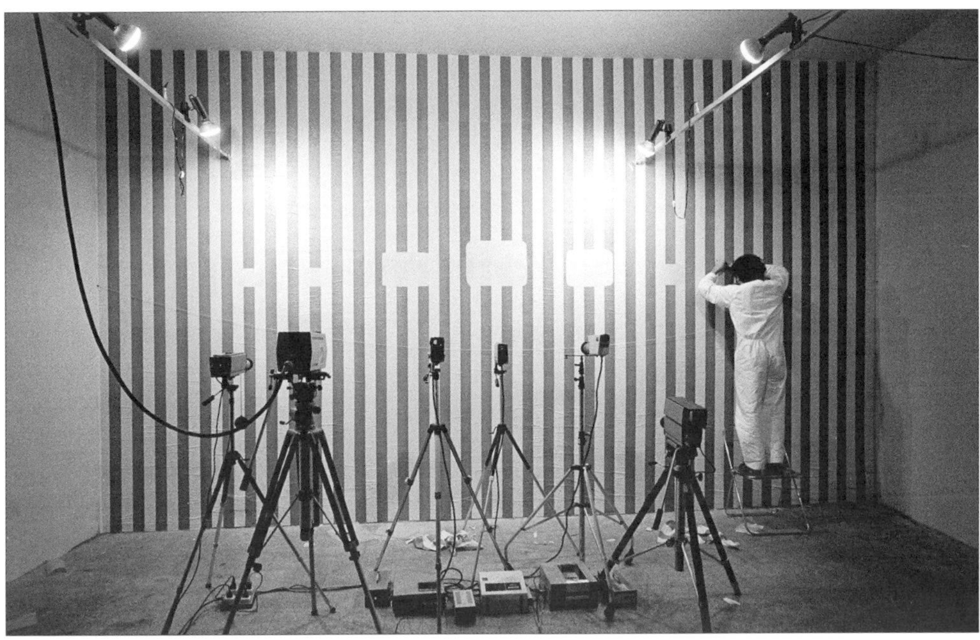

Fig. 2. Daniel Buren, *Da un riquadro all'altro, 7 immagini, frammento di un modello di ritrasmissione simultanea, scala1/1: "Recouvrant/Effaçant"* [From one squared section to another, 5 images, fragments of pattern of simultaneous re-transmission, scale 1/1: *"Recouvrant/Effaçant"*], 1974. Photo © Copyright Archivio Gianni Melotti, Florence.

operation that the artists were carrying out during that period.

MGB: I speak extensively about these friends, great artists, in my book.[6] Their presence was continuous, every summer in Santa Teresa, many Christmases in Sant'Ippolito (two places particularly dear to me) and always with great and mutual friendship. It is still [...] the same with many of them.

CGS: *Yet another question about the content of Buren's 'motionless' installation that put his 'impersonal painting' in a closed circuit, towards which he had pointed his videocameras connected to monitors of different sizes, which he had not set to record, but only to [carry out] the "absolute and simultaneous" transmission. So, the monitors acted as frame and painting at the same time? Was that, in your opinion, an operation on the limits of a pictorial work or a critique of the video medium?*

MGB: Daniel Buren's installation was the only 'event' of this type that we were involved with: it consisted of remaking, in honour of Gerry Schum, a work already planned for him years earlier. I saw Daniel working to

zione espressiva che gli artisti stavano compiendo in quel periodo.

MGB: Di questi amici, grandi artisti, parlo a lungo nel mio libro[6]: le presenze loro erano costanti, tutte le estati a Santa Teresa, molti Natali a Sant'Ippolito (due luoghi a me molto cari) e sempre con reciproca e grande amicizia: tutt'ora, [...], è così con molti di loro.

CGS: *Ancora una domanda sul contenuto dell'"installazione immobile" di Buren che metteva in circuito chiuso la sua "pittura impersonale" sulla quale aveva puntato delle telecamere collegate a dei monitor di differenti grandezze non attivando la registrazione, bensì solo la trasmissione "assoluta e simultanea". I monitor dunque fungevano, al contempo, da cornice e da quadro? È stata, secondo te, un'operazione sui limiti dell'opera pittorica o una critica del medium video?*

MGB: L'installazione di Daniel Buren è stata il solo "evento" di questo tipo affrontato da noi: consisteva nel rifare in onore di Gerry Schum, un lavoro già progettato per lui anni prima. Ho visto tante volte lavorare Daniel

create his works (three of which have been carried out in my houses, the last on the terrace of the house where I live now, in Procida), but that time the 'manual' work was collective, we were all together, and it was exciting. It was also one of few artist installations that undoubtedly referenced the framing of paintings and the paintings themselves, which were nothing more than sections cut out by Daniel from the opposite wall, covered with stripes.

[...]

CGS: *Interestingly the video works of art/tapes/22 traced a complex conceptual relationship between 'artist' and 'author', or rather, more precisely, some sort of problematic 'artist-author' hendiadys. An example is Gino De Dominicis, who seems to experiment an almost Artaudian poetic of the work (I am thinking of the essays by Jacques Derrida on Antonin Artaud and on his work as a 'waste', a persecutory trace[7]). With* Videotape, *Gino De Dominicis as the 'artist', puts 'into words', critically and from a metalinguistic viewpoint, himself as the 'author'.*

Mirco Infanti: *in a sort of reflecting game between mirrors.*

CGS: *He specifically insisted on the double: the artist and the author, the* artifex *(which in its etymology denominates making; composed of* ars, artis *and* -fex, *stem of the agent noun of* facēre*), but also, at the same time, the author (the notion of more recent formation, identity-making and a stylistic 'signature').*

MGB: The question is not really clear to me. Every artist is absolutely an artist-author in regards to his/her work, whatever the medium he/she uses to create it. I believe that the interpretation of each work, by scholars and historians, can extract references and citations that in reality, in the spontaneity of the work (in this case absolutely ironic), the artist did not place at all, at least not con-

per realizzare le sue opere (tre di queste nelle mie case, l'ultimo per la terrazza della casa dove vivo ora, a Procida), ma quella volta il lavoro "manuale" era collettivo, tutti insieme, ed è stato molto emozionante. È stata anche una delle poche video installazioni dell'artista, certamente con riferimento all'incorniciatura di quadri e ai quadri stessi che altro non erano che le porzioni ritagliate da Daniel nella parete opposta ricoperta con le sue strisce!

[...]

CGS: *È interessante notare come nelle opere video di art/tapes/22 si tracci una complessa relazione concettuale tra "artista" e "autore", anzi si può precisare una sorta di endiadi problematica "artista-autore". Gino De Dominicis, ad esempio, che sembra sperimentare una poetica quasi artaudiana dell'opera [penso ai saggi di Jacques Derrida su Antonin Artaud e sull'opera in quanto "scoria", traccia persecutoria[7]). Gino De Dominicis artista, nel fare* Videotape, *"mette in testo", in chiave metalinguistica.*

Mirco Infanti: *in una sorta di gioco di riflessi tra specchi*

CGS: e criticamente De Dominicis autore. Egli insiste propriamente sul doppio: l'artista e l'autore, l'*artifex (che nell'etimo nomina il fare; comp. di* ars, artis *e* -fex, *tema di nome d'agente di* facēre*), ma anche, nello stesso tempo, l'autore (nozione di formazione più recente, "firma" identitaria e stilistica).*

MGB: Non capisco bene la domanda. Ogni artista è assolutamente un artista-autore rispetto al suo lavoro, qualunque sia il mezzo che usa per realizzarlo. Credo che poi la lettura di ogni opera, da parte di studiosi e storici, possa estrapolarvi riferimenti e citazioni che in realtà nella spontaneità dell'opera (in questo caso assolutamente ironica) l'artista non aveva assolutamente messo,

sciously. This is about a paradox rather than a reflection, and also about the idea that 'video' is everything that moves on the TV screen, on the monitor and which does not have to be necessarily 'readable' by the spectators.

MI: *We should go back to the mirroring again for a moment: the monitor becomes a kind of mirror, where the artist reflects himself, the medium and the work. This expresses a self-reflectiveness of the medium, a sort of narcissism or simply, indeed, an 'electronic mirror' through which a new way of seeing, perceiving, understanding and analysing the world can emerge?*

MGB: Yes, in most cases (with Vito Acconci for example), the monitor is specifically a 'mirror' through which the work emerges, but, contrary to the mirror, the monitor is loyal, it does not invert left and right, it is really 'you'. 'Monitor as a mirror': it is unquestionable that working with video becomes a narcissistic discipline, but it is almost always self-referential rather than self-reflective. This is a reflection on the process of the work of the artist with video, but in the case of Gino De Dominicis, for example, and for the first time in his works with this medium (see also those carried out with Gerry Schum), the artist does not appear in them. There is no narcissism or mirroring, and this is obviously intentional, a way to muddle up ideas, to astonish in respect to the expectations of those who expect a work that would be more similar to the previous videos. Before we got to this tape, as I said in my book,[8] we tried many others, all absurd and all filled with great and genial irony.

CGS: *But don't you think that, maybe, beyond the narcissist dimension (widely investigated by Rosalind Krauss[9]) there is, staying with art/tapes/22, on the one hand, a markedly performative practice, that is specified in video (the 'feedback with oneself' masterly depicted by Vito Acconci, Taka Ito Iimura's*

almeno non coscientemente. Qui si tratta di un paradosso più che di un rispecchiamento, e anche dell'idea che "video" è tutto ciò che si muove sullo schermo televisivo, sul monitor, e che non necessariamente deve essere "leggibile" dai fruitori.

MI: *Richiamiamo ancora per un attimo i rispecchiamenti: il monitor diventa una sorta di specchio in cui l'artista riflette se stesso, il mezzo e l'opera. Ciò esprime una auto-riflessività del medium, una sorta di narcisismo o semplicemente, appunto, uno "specchio elettronico" attraverso il quale far emergere un nuovo modo di vedere, percepire, comprendere e analizzare il mondo?*

MGB: Sì, nella maggior parte dei casi (Acconci, ad esempio) il monitor è assolutamente uno "specchio" attraverso il quale fare emergere l'opera, ma, al contrario dello specchio, il monitor è fedele, non capovolge destra e sinistra, è davvero "te". "Il monitor come specchio": è indiscutibile che lavorare con il video diventi una disciplina narcisistica, ma più che autoriflessiva credo sia quasi sempre autoreferenziale. Questa è una riflessione sul processo del lavoro dell'artista con il video, ma nel caso di Gino De Dominicis, ad esempio, e per la prima volta nei suoi lavori con questo mezzo (vedi quelli realizzati con Gerry Schum), l'artista non vi appare, nessun narcisismo e nessun rispecchiamento, e questo è naturalmente intenzionale, un confondere le idee, sbalordire rispetto alle attese di chi si aspetti un lavoro più simile a quelli precedenti in video. Prima di arrivare a questo tape, come dico nel mio libro[8], ne abbiamo provati molti altri, tutti assurdi e tutti impregnati di grande e geniale ironia.

CGS: *Ma non pensate che, forse, oltre la dimensione narcisista (piuttosto investigata da Rosalind Krauss)[9] vi sia, restando ad art/tapes/22, da un lato, una pratica marcatamente performativa che si precisa in video (il* "feedback con se stessi" *di cui parla magistralmente Vito Acconci, il lavoro sul*

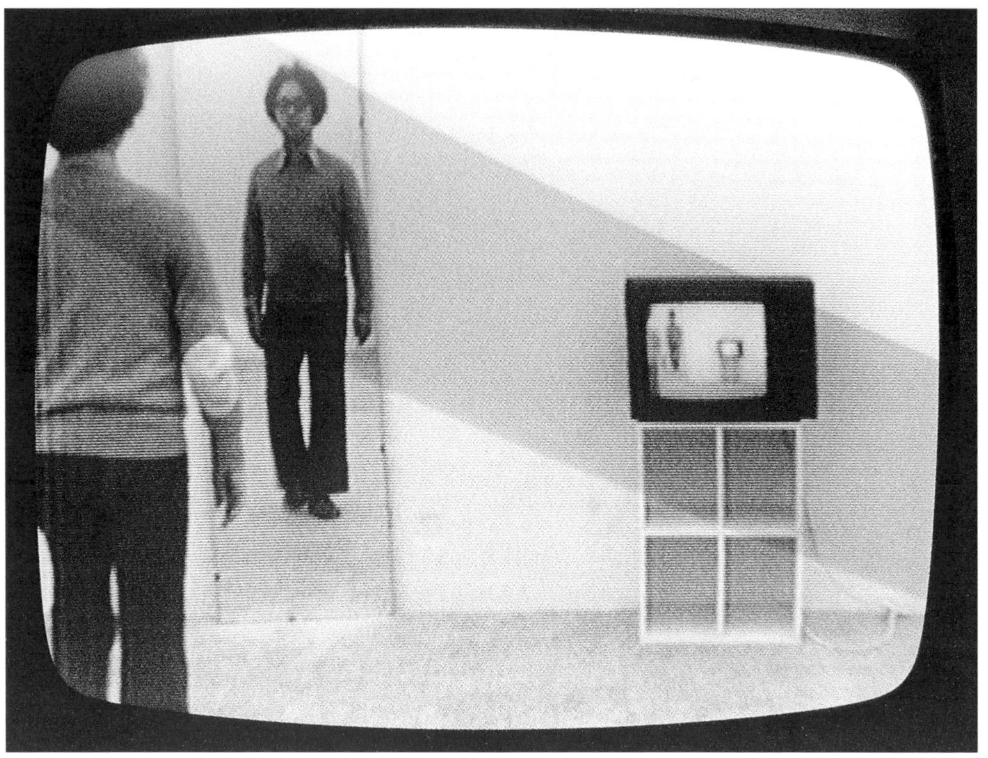

Fig. 3. Taka Ito Iimura, *Self Identity 1,2,3*, 1974. Photo © Copyright Archivio Gianni Melotti, Florence.

work on the enunciation subject, Arnulf Rainer's expressive deformations, etc.) and, on the other some structural relationships between 'videotape' and 'conceptual art' that can be traced?

soggetto enunciazionale di Taka Ito Iimura, le deformazioni espressive di Arnulf Rainer ecc.) e, dall'altro lato, si tracci un qualche legame strutturale tra "videotape" e "arte concettuale"?

MGB: It seems to me that here we are analysing the video as a medium and not the work produced: certainly, the medium is both things, and much more, it is a container open to the individual creativity of each artist, therefore it can be a performative (Marina Abramović), deformative (mirroring, Rainer), or enunciative practice (tautological, Vincenzo Agnetti) or simply, a medium for a 'mind's painting' (Kounellis). For this reason I reassert that the work is not the medium and the medium is not the work. I would have liked to work with Joseph Kosuth and with other conceptual artists also, but it did not happen. Only Vincenzo Agnetti made a 'conceptual' video with us (the first one created by art/tapes/22 [*Documentary #2*, 1973]) where he used numbers instead of words. On the other hand, video is a completely adaptable and free medium. For

MGB: Qui mi sembra che si stia analizzando il mezzo video e non l'opera prodotta: certo, il mezzo video è questo e quello, e anche molto altro, un contenitore aperto alla creatività singolare di ogni artista, quindi può essere pratica performativa (Marina Abramović), deformativa (specchiante, Rainer) enunciativa (tautologica, Vincenzo Agnetti) o semplicemente supporto per un "quadro della mente" (Kounellis), per questo ribadisco che l'opera non è il mezzo e il mezzo non è l'opera. Avrei voluto lavorare anche con Joseph Kosuth e con altri artisti concettuali, ma non è accaduto. Solo Vincenzo Agnetti ha fatto con noi un video (il primo realizzato da art/tapes/22) "concettuale" [*Documentario N. 2*, 1973] in cui usa numeri invece di parole. D'altronde il video è assolutamente un mezzo duttile e libero. Ad esempio, io sono ora una grande ammira-

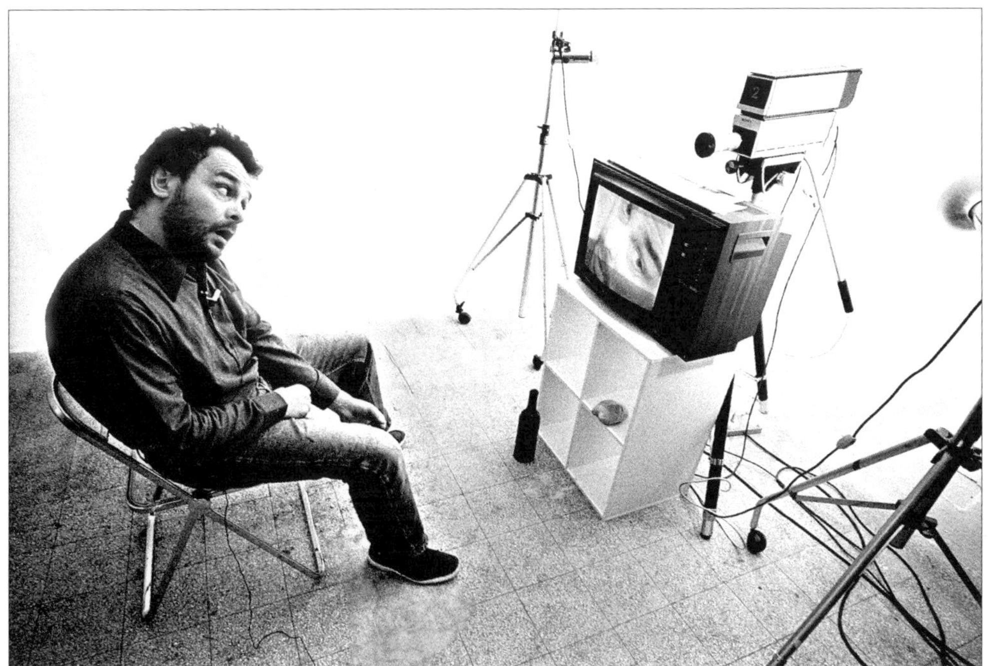

Fig. 4. Arnulf Rainer, *Mouth Piece*, 1974, backstage. Photo © Copyright Archivio Gianni Melotti, Florence.

example, I am now a great admirer of some music video clips and commercials. I'm repeating myself, but I think that video is a medium, and as such it can contain everything. Certainly the use of this medium, as technology has become more sophisticated, has affected the work in itself more and more: Bill Viola's work is a clear example of this, it could only be made with video, but the result is, in any case, the perfection of a mannerist painting.

[...]

CGS: *Do you think that the causes that 'motivated' and induced the handover of the art/tapes/22* corpus *to the ASAC are still present in the contemporary art system?*

MGB: It was an ideology strictly associated with the historical-ethical-political situation of those years (I still believe so), that privileged the importance of the artist's work and of production, therefore it avoided perverting the journey of life, enthusiasm, common work, in the case of art/tapes/22, keeping 'together' a *corpus* that, in its specific diversity remains, in any case – as a whole – an

trice di alcuni videoclip musicali e di alcuni *commercials*. Mi ripeto, ma per me il video è un mezzo e come tale può contenere tutto. Certo che l'uso di questo mezzo, via via che la tecnologia si è fatta più sofisticata, ha sempre di più inciso sul lavoro stesso: ne è un esempio il lavoro di Bill Viola: non potrebbe che essere realizzato con il video, ma il risultato è comunque la perfezione di un dipinto manierista.

[...]

CGS: *Pensi che le cause che hanno "motivato" e indotto la cessione del* corpus *art/tapes/22 all'ASAC siano ancora presenti nel sistema dell'arte contemporanea?*

MGB: Si è trattato di una ideologia molto legata alla situazione storico-etico-politica di quegli anni (io la penso ancora così) che privilegiava assolutamente l'importanza del lavoro dell'artista e anche della produzione, quindi il non spicciolare un percorso di vita, di entusiasmo, di lavoro comune, nel caso di art/tapes/22, mantenendo "insieme" un *corpus* che nella sua specifica diversità ri-

important part of art history written by the artists who worked with me, rather than privileging a speculative vision that we never even took into consideration. Giancarlo and I could personally no longer sustain the immense financial burden of the production of videos that we had bore up until then: Florentine establishments were deaf to our appeals, as, probably, they had not understood the importance of the work carried out and *in fieri*. At the Biennale, there were, instead, people such as Carlo Ripa di Meana, Germano Celant, Vittorio Gregotti, Wladimiro Dorigo and Luca Ronconi, who was an enthusiast of the videos of art/tapes/22. All of them were extremely far-sighted friends with great intellectual qualities!

MI: *From your current viewpoint, which paths does contemporary video art seem to be taking?*

MGB: A fractal free path. We are going towards a new, lighter and horizontal aesthetic, and video, with its speed and its legitimate distribution through the web will be a shortcut, now indispensable, to express oneself in many sectors of the new culture.

CGS: Yet art/tapes/22 is still in the future. The preservation of the art/tapes/22 corpus allowed videotapes to be made 'visible' again, limiting the degenerative evolution of the 'matter', of the magnetic tape, of the masters and/or the videotape copies and, in restoring their transmissibility once again, it has defined not only their memorial aspect (as historic documents), but it has also actualized their very existence (as works) again. What can be added to this new actuality? What can be seen or revised about contemporary art through these artists' videotapes?

MGB: The story of a great, free adventure whose traces are, with much evidence, beautiful works of art.

mane comunque un tutt'unico, un'importante parte di storia dell'arte scritta dagli artisti che hanno lavorato con me, piuttosto che privilegiare una visione speculativa che non abbiamo nemmeno mai preso in considerazione. Io e Giancarlo non potevamo più sostenere in prima persona l'onere immenso della produzione dei video che era stata tutta e solo sulle nostre spalle: le strutture fiorentine sono rimaste sorde ad ogni appello, non avendo forse compreso l'importanza del lavoro svolto e *in fieri*, alla Biennale invece c'erano persone come Carlo Ripa di Meana, Germano Celant, Vittorio Gregotti, Wladimiro Dorigo e Luca Ronconi, che era entusiasta dei video di art/tapes/22, tutti amici di grandi qualità intellettuali e lungimiranti!

MI: *Dal tuo punto di osservazione attuale, quali percorsi sembra intraprendere la videoarte contemporanea?*

MGB: Un percorso frattalico libero, si va incontro ad una nuova estetica più lieve e orizzontale, e il video con la sua velocità e la sua legittima divulgazione attraverso il web sarà una scorciatoia ormai indispensabile per esprimersi in molti settori della nuova cultura.

CGS: *Ma art/tapes/22 è ancora nel futuro. Il restauro preservativo del corpus art/tapes/22 ha consentito di rendere nuovamente "visibili" i videotape limitando l'evoluzione degenerativa della "materia", del nastro magnetico, dei master e/o delle copie dei videotape che restituendo nuovamente la loro trasmissibilità ne ha definito non solo l'aspetto memoriale (in quanto documenti storici), ma anche ne ha riattualizzata l'esistenza stessa (in quanto opere). Che cosa è possibile aggiungere a questa nuova attualità? Che cosa è possibile vedere o rivedere dell'arte contemporanea attraverso questi videotape d'artista?*

MGB: La storia di una grande, libera avventura le cui tracce sono con grande evidenza delle bellissime opere d'arte.

Endnotes

1. René Berger, 'L'art vidéo. Défis et paradoxes', in *Impact art video art*, Exhibition catalogue (Lausanne 1974).
2. Alessandra Cigala, Valentini Valentini (ed.), 'Interview with Maria Gloria Bicocchi, director of Art/Tapes/22. L'avventura di Art/Tapes/22', in Valentina Valentini (ed.), *Cominciamenti, Fernsehgalerie Gerry Schum, Art/tapes/22, Lafontaine, Pirri-Eitetsu Hayashi* (Taormina, 30 August – September 1988) (Rome: De Luca Edizioni d'Arte, 1988), p. 63.
3. Ibidem.
4. See Gérard Genette, *L'oeuvre de l'art. Immanence et transcendance* (Paris: Éditions du Seuil, 1994) (It. trans. *L'opera dell'arte. I. Immanenza e trascendenza*, CL UEB: Bologna, 1999); Gérard Genette, *L'oeuvre de l'art. La relation esthétique*, (Paris: Éditions du Seuil, 1997) (It. trans. *L'opera dell'arte. II. La relazione estetica*, Bologna: CLUEB, 1998).
5. '... it was a motionless installation, an environment built with monitors and videotapes. On a stripy wall the areas of a few differently sized monitors were cut out. These were shot by a video camera that projected the wall stripes on monitors that were the same size of these areas, placed on the opposite wall. Every area seemed directly cut out over the monitor. This was the only installation we presented publicly'. Maria Gloria Bicocchi, *Tra Firenze e Santa Teresa. Dentro le quinte dell'arte ('73/'87)* (Venice: Edizioni del Cavallino, 2003), p. 40; see Alessandra Cigala, Valentini Valentini, *Cominciamenti*, p. 67, note 1.
6. See note 5.
7. See in particular Jacques Derrida, 'Artaud: la parole soufflée' in *L'écriture et la différencee* (Paris: Éditions du Seuil: 1967) (It. trans. *La scrittura e la differenza*, Turin: Einaudi, 1971).
8. Bicocchi, *Tra Firenze e Santa Teresa*, pp. 29–31.
9. See Rosalind Krauss, 'Video, the Aesthetics of Narcissism', *October*, 1 (Boston: The MIT Press, 1976) (It. trans. in 'Video, l'estetica del narcisismo', Valentina Valentini (ed.), Rome: Lithos, 1998).

Note

1. René Berger, 'L'art vidéo. Défis et paradoxes', in *Impact art video art*, catalogo della mostra (Losanna 1974).
2. Alessandra Cigala, Valentini Valentini (a cura di), 'Intervista a Maria Gloria Bicocchi, direttrice di Art/Tapes/22. L'avventura di Art/Tapes/22', in Valentina Valentini (a cura di), *Cominciamenti, Fernsehgalerie Gerry Schum, Art/tapes/22, Lafontaine, Pirri-Eitetsu Hayashi* (Taormina, 30 agosto – settembre 1988) (Roma: De Luca Edizioni d'Arte, 1988), p. 63.
3. *Ibidem*.
4. Cfr. Gérard Genette, *L'oeuvre de l'art. Immanence et transcendance* (Parigi: Éditions du Seuil, 1994) (trad. it. *L'opera dell'arte. I. Immanenza e trascendenza*, Bologna: CLUEB, 1999); Gérard Genette, *L'oeuvre de l'art. La relation esthétique*, (Parigi: Éditions du Seuil, 1997) (trad. it. *L'opera dell'arte. II. La relazione estetica*, Bologna: CLUEB, 1998).
5. "[...] era un'installazione immobile, un *environment* costruito con monitor e videotape. Su un muro a strisce erano ritagliate le aree di alcuni monitor di diverse dimensioni, queste venivano riprese da una telecamera che rimandava, su dei monitor delle dimensioni di queste stesse aree, collocati sulla parete di fronte, le strisce della parte. Ogni area sembrava ritagliate direttemente sul monitor. È stata questa l'unica installazione che abbiamo presentato in pubblico Maria Gloria Bicocchi, *Tra Firenze e Santa Teresa. Dentro le quinte dell'arte* ('73/'87) (Venezia: Edizioni del Cavallino, 2003), p. 40; cfr. Alessandra Cigala, Valentini Valentini, *Cominciamenti*, p. 67, nota 1.
6. Si veda nota 5.
7. In particolare cfr. Jacques Derrida, 'Artaud: la parole soufflée' in *L'écriture et la différencee* (Parigi: Éditions du Seuil, 1967) (trad. it. *La scrittura e la differenza*, Torino: Einaudi, 1971).
8. Bicocchi, *Tra Firenze e Santa Teresa*, cit., pp. 29–31.
9. Cfr. Rosalind Krauss, 'Video, the Aesthetics of Narcissism', *October*, 1 (Boston: The MIT Press, 1976) (trad it. in 'Video, l'estetica del narcisismo', a cura di Valentina Valentini, Roma: Lithos, 1998).

Interview with Maria Gloria Bicocchi | Intervista a Maria Gloria Bicocchi

by Stephen Partridge and Laura Leuzzi, conducted in Follonica, 26 May 2011

Laura Leuzzi: *How did you come up with the idea of establishing art/tapes/22? Why did you decide to explore the video medium?*

Maria Gloria Bicocchi: I think I can summarize it in one sentence: I love to work with artists and not for artists. So any other form of gallery or curative collaboration seemed reductive to me, compared to the possibility of participating first hand in work that was still experimental at the time. Together with all the artists, I still had a lot to learn about it, at least in Europe and in Italy.

LL: *During those years your experimentation in Italy was unequivocally cutting edge; at the beginning of this experience especially, you used technology that you yourself describe as 'rudimentary'. Do you think this was a challenge or a limitation for the artists involved?*

MGB: First of all, yes, our experience was extraordinary, not only in Italy, but I would say it was also the first in Europe. Gerry Schum owned a gallery – this was very different – his work was connected to sales, while the work of art/tapes/22 was exclusively linked to production. The technology was neither a challenge nor a condition: it

Laura Leuzzi: *Come nasce l'idea di dare vita ad art/tapes/22? Perché decide di esplorare il mezzo video?*

Maria Gloria Bicocchi: Credo che si possa riassumere in una frase: amo lavorare con gli artisti e non per gli artisti. Quindi qualsiasi altra forma di collaborazione, galleristica, curatoriale mi sembrava riduttiva rispetto alla possibilità di essere partecipe in prima persona di un lavoro, allora sperimentale, quindi tutto da imparare insieme agli artisti per lo meno in Europa, per lo meno in Italia.

LL: *In quegli anni la vostra sperimentazione in Italia era di assoluta avanguardia; in particolare agli inizi di quest'esperienza voi utilizzavate una tecnologia, che lei stessa definisce "rudimentale": questo ha costituito una sfida o un limite per gli artisti?*

MGB: Intanto sì, la nostra iniziativa è stata straordinaria non solo per l'Italia, ma direi anche è stata la prima in Europa. Gerry Schum aveva una galleria – una cosa questa molto diversa – il suo lavoro era legato alla vendita, mentre art/tapes/22 era legato esclusivamente alla produzione. La tecnologia non è stata né una sfida né una condi-

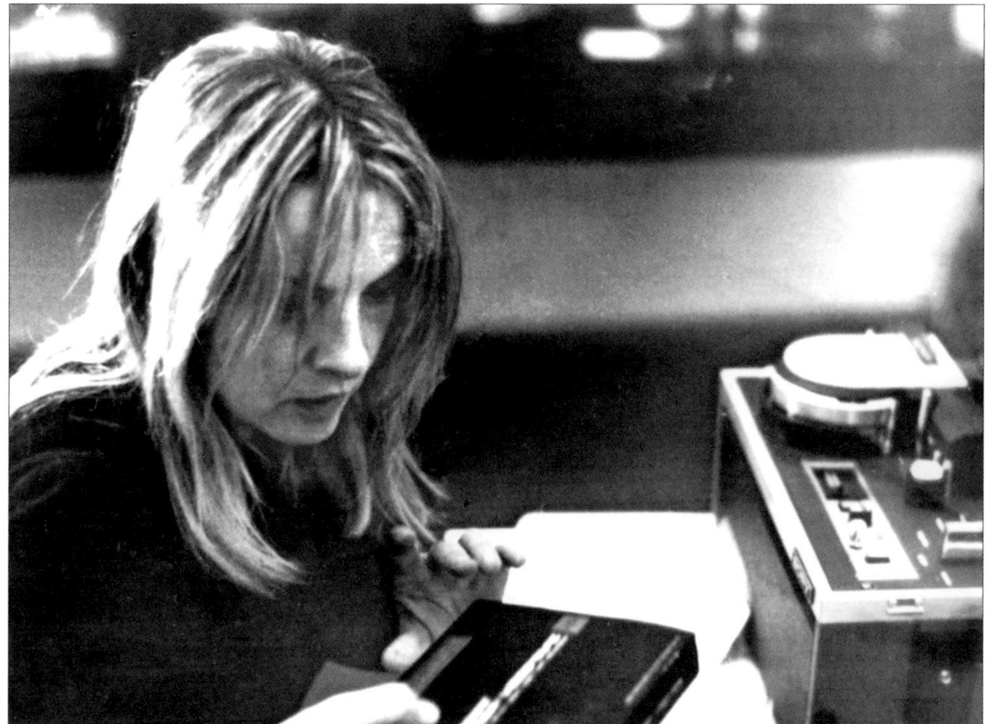

Fig. 1.
Maria Gloria Bicocchi, editing, 1974.
Maria Gloria al montaggio, 1974.
Photo © Copyright Archivio art/tapes/22, Florence.

was what it was. We started with the equipment that was available at the time and the artists created their works with it, not using the medium as a language.

LL: *You structured art/tapes/22 as a complex system, because it included videotape production on the one hand and their distribution on the other. How was the work organised? How did you structure the staff around you?*

MGB: We had this really big space, just below my house at number 22 in via Ricasoli in Florence and there were different collaborators: at first Alberto Pirelli and Nuccio Fornari, then Andrea Giorgi and Lello Corazzari, and finally Bill Viola, who stayed with us for three years as an 'all-round collaborator'. Besides our own video production, many artists gave us, spontaneously, the works they made in America, to distribute. We obviously changed the standard from NSTC to PAL and we added the works to our distribution catalogue. It was all very utopian, I have to say, the distribution I mean. In fact, except for a few art fairs or exhibitions (like

zione: era quella che era. Abbiamo incominciato con i macchinari che erano allora disponibili e con quelli gli artisti hanno fatto le loro opere, non usando il mezzo come linguaggio.

LL: *Avevate strutturato art/tapes/22 come un organismo complesso, perché si prevedeva da una parte la produzione ma dall'altra anche una distribuzione di videotape. Come veniva organizzato il lavoro? Come era strutturato lo staff che la circondava?*

MGB: Avevamo questo spazio molto grande sotto la mia casa di via Ricasoli 22 a Firenze e c'erano diversi operatori: inizialmente Alberto Pirelli e Nuccio Fornari, poi Andrea Giorgi e Lello Corazzari, e alla fine Bill Viola che è stato con noi tre anni come "collaboratore a tutto tondo". Oltre alla nostra produzione di video, molti artisti ci davano spontaneamente in distribuzione i lavori da loro fatti negli Stati Uniti. Cambiavamo ovviamente lo standard da NSTC in PAL e li mettevamo nel nostro catalogo per la distribuzione. È stato tutto devo dire molto utopistico, intendo dire la distribuzione. In-

the one in Cologne or some important exhibitions, such as *Americans in Florence: Europeans in Florence,* held in Paris in 1974 at the Musée d'Art Contemporain and in Brussels and in a few other exhibition spaces), the videos remained in our space, just stuck there. We had two collectors, namely Paolo Cardazzo and Luigi Rossi, both in Venice.

LL: *How did you display your videotapes in the exhibitions and fairs? How were they presented to the audience?*

MGB: My assistant Lesley Pinnock and I transported the equipment by train, which at the time was extremely heavy. We set up very unpretentious stands, with black and white television sets. Talking of which, I have a very interesting story about this: once I was in Basel, as a guest of Lucio Amelio's stand. I had with me the three very first videos – Giuseppe Chiari, Jannis Kounellis and Vincenzo Agnetti. While we were setting up I saw a woman, sitting on a wooden case, watching the videos. So I introduced myself, I said to her "Good evening", and the woman, in good Italian, said 'Tell me, why videos?' I answered: 'I became passionate about this discipline because I like experimentation, I like to work with the artists' and she replied 'Who would you like to work with?'. To which I answered: 'I'd like to make a video with Vito Acconci'. She looked at me and said 'I'm Ileana Sonnabend, Vito Acconci is one of the artists of my gallery, come for breakfast with me and Leo Castelli later'.[1] And that's when we settled our *gentleman's agreement*, according to which I would cover the costs, but they would allow me to work with their artists for five years too. This was a very rare thing since they had an 'exclusive' agreement with their artists.

LL: *But the agreement, if I am correct, also called for another exchange that did not take place in the end...*

MGB: It entailed that after five years the

fatti, a parte qualche fiera d'arte, o qualche mostra (come a Colonia o delle esposizioni importanti come *Americans in Florence. Europeans in Florence* nel '74 a Parigi al Musée d'Art Contemporain e a Bruxelles e in pochi altri spazi espositivi), i video sono rimasti nel nostro spazio, fermi lì. Abbiamo avuto due collezionisti, che erano Paolo Cardazzo e Luigi Rossi, entrambi a Venezia.

LL: *Come allestivate i videotape nelle mostre e nelle fiere? Come erano presentati al pubblico?*

MGB: Io e la mia assistente Lesley Pinnock portavamo in treno i macchinari, che all'epoca erano pesantissimi. Allestivamo questi stand molto semplicemente, con televisori in bianco e nero. E c'è un racconto molto interessante a proposito: una volta ero a Basilea ospite dello stand di Lucio Amelio. Avevo con me i primissimi tre video: Giuseppe Chiari, Jannis Kounellis e Vincenzo Agnetti. Mentre stavamo allestendo, vedo una signora seduta su una cassa di legno che guarda i video. Allora io mi presento, le dico "Buonasera", e la signora mi fa "Come mai i video, mi dica" in un buon italiano. Rispondo: "Mi sono appassionata a questa disciplina perché mi piace la sperimentazione, mi piace lavorare con gli artisti" e lei replica "Con chi vorrebbe lavorare?". E io: "Mi piacerebbe fare un video con Vito Acconci". Lei mi guarda e dice "Io sono Ileana Sonnabend, Vito Acconci è un artista della mia galleria, venga a colazione con me e Leo Castelli più tardi"[1]. E di lì è nato il nostro *gentleman agreement*, per cui io avrei sostenuto tutte le spese, però loro per cinque anni mi avrebbero permesso di lavorare anche con i loro artisti. Cosa molto rara questa perché loro avevano un' "esclusiva" sui loro artisti.

LL: *L'accordo, se non sbaglio, prevedeva però anche un ulteriore scambio che poi non è avvenuto...*

MGB: Prevedeva che dopo cinque anni le

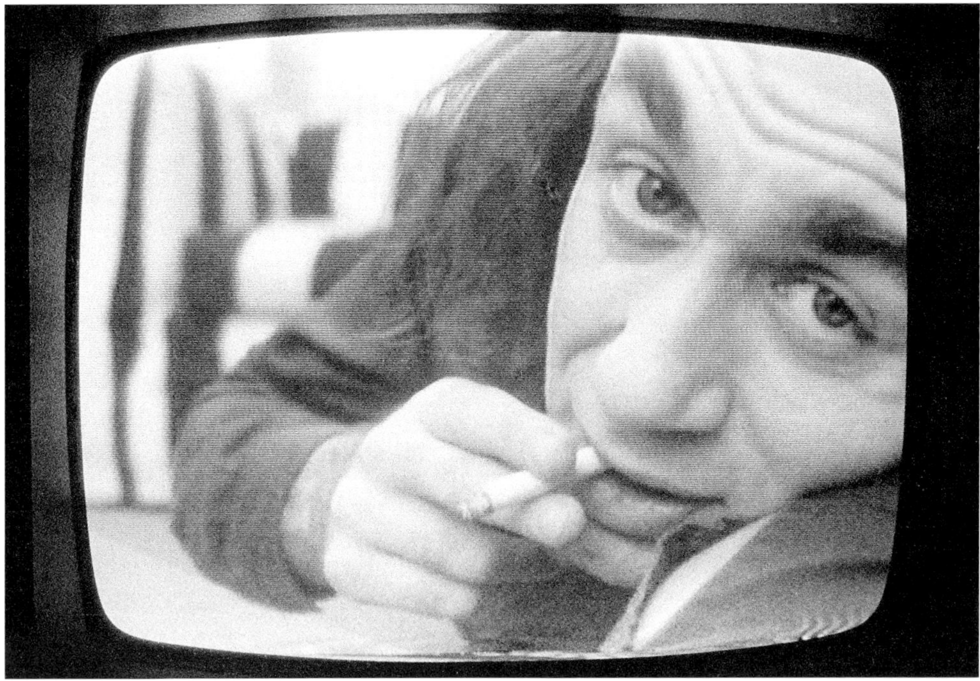

Fig. 2. Vito Acconci, *Theme Song*, 1973. Photo © Copyright Archivio Gianni Melotti, Florence.

Sonnabend and Castelli galleries would financially become part of the structure, which would then become a *singularity*, strong. But art/tapes/22 didn't get that far, because I funded the production with my family's money, and it wasn't possible for me to carry on.

LL: *You mentioned your family. Your father, Primo Conti, was an intellectual, a poet and an artist, a unique figure. Do you think that it was the figure of your father that stimulated you to engage in such a vital relationship with other artists?*

MGB: This is an interesting question. I grew up being on very familiar terms with artists. I met Picasso and Stravinsky. De Chirico and his wife Isabelle used to come to spend a few days during the summer in our holiday home in Fiesole. This helped me to have an equal relationship with the artists of my time, a friendship. It is obvious, though, that the art I dealt with, which only now can I interpret as 'non-experimental' since it became historical, was in those years in contrast to the art of the first half of the Twentieth century. Moreover, time lets you see things in a struc-

gallerie Sonnabend e Castelli sarebbero entrate a far parte anche economicamente della struttura, che quindi sarebbe diventata un *unicum*, forte. Ma art/tapes/22 non è arrivata a quel punto. Perché io ho finanziato la produzione con i soldi della mia famiglia, ma non è stato possibile proseguire oltre.

LL: *Ha menzionato la sua famiglia: lei è figlia di un intellettuale, poeta e artista, una figura unica, come Primo Conti. Pensa che la figura di suo padre l'abbia stimolata a intraprendere questo rapporto vivo con gli artisti?*

MGB: Questa è una domanda interessante. Io sono cresciuta in grande familiarità con gli artisti. Ho conosciuto Picasso, Stravinsky… nella nostra casa estiva a Fiesole veniva De Chirico con la moglie Isabelle a passare dei giorni d'estate. Questo mi ha aiutato ad avere un rapporto paritario con gli artisti del mio tempo, di amicizia. È chiaro, però, che l'arte della quale mi sono occupata, e che solo ora riesco a leggere come "non sperimentale" perché diventata storica, in quel periodo era in contrapposizione a quella del primo Novecento; poi il tempo

tural way, and it is not difficult to find common roots among the different experiences!

LL: *Of course, Futurism was already open to new technologies...*

MGB: Indeed.

LL: *An opening that is surely alive in your experience...*

MGB: Movement especially, the moving image came from Futurism.

LL: *Who were the artists that first participated in the project and how enthusiastic were they?*

MGB: Very enthusiastic. I had already done my first video with Giuseppe Chiari, who was a friend and lived in Florence, and the second with Vincenzo Agnetti in Milan. Then I took a train and went to Rome to meet Jannis Kounellis and Gino De Dominicis. It was a wonderful meeting. We spoke for hours at Jannis' house. Two days later he arrived with a mask with a golden mouth to make a wonderful video.

LL: *And Kounellis was also an artist who had never used video before [except for his participation to* Gennaio 70*], just like Giulio Paolini.*

MGB: Yes, both worked with video for the first time with me.

LL: *And what kind of approach did they have to video?*

MGB: A natural approach, as with any other artwork. This obviously regards the artists who worked with me, especially the European ones. The approach of American artists was much more professional from a technological point of view. For the European artists it was just like drawing. It was

fa leggere le cose in modo strutturale e non è difficile trovare delle radici comuni tra le varie esperienze!

LL: *Certo, già il Futurismo si era aperto alle nuove tecnologie...*

MGB: Certo.

LL: *Una apertura che sicuramente è viva nella sua esperienza...*

MGB: Soprattutto il movimento, l'immagine in movimento nasce dal Futurismo...

LL: *Quali furono gli artisti che per primi aderirono al progetto e con quali entusiasmi?*

MGB: Entusiasmo enorme. Avevo fatto il primo video con Giuseppe Chiari, che era un amico e abitava a Firenze, e il secondo con Vincenzo Agnetti a Milano. Poi ho preso il treno, sono andata a Roma a incontrare Jannis Kounellis e Gino De Dominicis. È stato un incontro meraviglioso. Abbiamo parlato per lunghe ore a casa di Jannis. Dopo due giorni lui è arrivato con la maschera con la bocca d'oro per fare un video meraviglioso.

LL: *Che poi Kounellis era un artista che non aveva mai utilizzato il video [eccetto nella sua partecipazione a Gennaio 70], come del resto Paolini.*

MGB: Sì, entrambi hanno lavorato per la prima volta con il video con me.

LL: *E quale fu il loro approccio al video?*

MGB: Naturale. Come per un'opera d'arte qualsiasi. Questo ovviamente per quanto riguarda gli artisti che hanno lavorato con me, soprattutto quelli europei; per gli artisti americani l'approccio è stato molto più professionale dal punto di vista tecnologico. Gli artisti europei era come se facessero un disegno: è come se Paolini rovesciasse la

as if Giulio Paolini was just turning his canvasses, as if Kounellis was staging one of his performances, without using the medium as a language.

LL: *How did the audience react? How did those 'Wednesday night young university students' react to an art they had never seen before?*

MGB: The fact is, they were a really small number. There was only 'us', people who frequented Schema, Zona and then Bruno Corà's Area and art/tapes/22. It was as if, within our family, we exchanged seats to go for a drink. It was unfortunately a very private thing. Unfortunately universities didn't even have a player to see the *tapes*. Therefore the reaction was surely one of curiosity. There were students of Pio Baldelli's History of Cinema course who attended regularly, but they could be counted on the fingers of your hands. They were always the same ones.

LL: *Who were the first critics to show some interest in art/tapes/22?*

MGB: Surely three of the most important critics of the time: Achille Bonito Oliva, Germano Celant and Bruno Corà. They have all been very close.

LL: *And was there a continuous exchange?*

MGB: Bonito Oliva did the first exhibition at the Incontri Internazionali [International Encounters] with Graziella Lonardi, but then Germano was closer on a more 'practical' level.

LL: *We are speaking specifically about Italian critique, because, with regard to American critique, David Ross was also very close.*

MGB: Yes. David was my great mentor, in the sense that he sent Bill Viola to me. We met in Cologne, David Ross was with this young professional and he asked me if I wanted to take him with me. He had just

tela, era come se Kounellis facesse una sua performance. Senza usare il mezzo come linguaggio.

LL: Qual era la reazione del pubblico? Qual era la reazione di quei "giovani universitari del mercoledì sera" verso un'arte che non avevano mai visto prima?

MGB: Intanto erano pochissimi. Eravamo sempre tutti "noi", persone che frequentavano Schema, Zona e poi Area di Bruno Corà e art/tapes/22. Era come se in famiglia scambiassimo i posti per andare a bere un bicchiere, era un fatto purtroppo molto privato.
Le università non avevano neppure il lettore per poter vedere i *tapes*. Quindi la reazione era di curiosità certo. C'erano degli studenti di Pio Baldelli di Storia del Cinema che venivano assiduamente, ma si contavano sulla punta delle dita. Erano sempre gli stessi.

LL: Quali furono invece i critici che si interessarono per primi ad art/tapes/22?

MGB: Tutti e tre i critici che sono poi tra i più importanti di allora sicuramente: Achille Bonito Oliva, Germano Celant e Bruno Corà. Sono stati molto vicini tutti e tre.

LL: E ci fu uno scambio continuo?

MGB: Bonito Oliva fece la prima mostra agli Incontri Internazionali con Graziella Lonardi, però poi, come vicinanza più "pratica", è stato Germano.

LL: *Questo se parliamo di critica italiana. Perché per la critica americana sicuramente è David Ross ...*

MGB: Sì. David è stato il mio grande mentore, nel senso che mi ha mandato lui Bill Viola. Ci siamo visti a Colonia e lui era con questo giovane operatore e mi chiese se avrei voluto prenderlo con me. Aveva finito

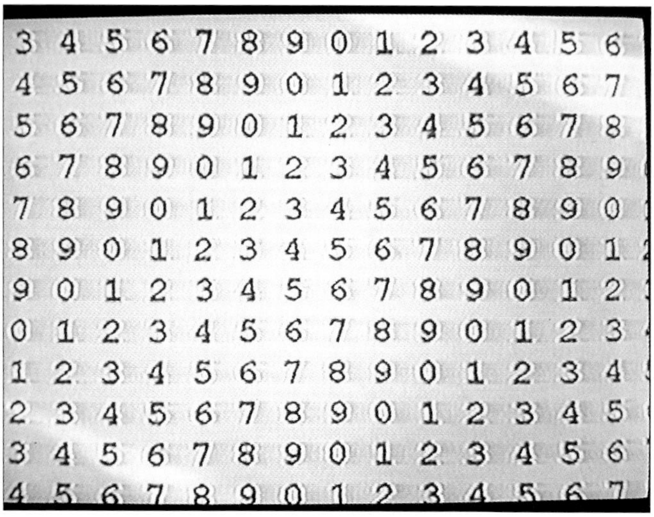

Fig. 3. Vincenzo Agnetti, *Documentario n°2* [Documentary n°2], 1973. Photo © Copyright Archivio Gianni Melotti, Florence.

finished his studies at Syracuse University. Bill arrived two months later and stayed for three years.

LL: *What part did Bill Viola play within art/tapes/22? How did he contribute to the project?*

MGB: Well, listen, there were never roles, even if it is clear that everything depended on me. There was constant discussion, even about culture in general, with the artists. It was collaborative. The videos were created with the artists. An artist would rarely come with a plan for a project. Only some American artists, as for example Allan Kaprow, who did *Third Routine* at art/tapes/22, would come with an actual written, professional project. The video was then created little by little, all together. Bill Viola was an amazing technician and a very important cultural support. What's more, he made his own videos.

LL: *You too took part in some videos (Lucio Pozzi's* Portrait of Maria Gloria *and Andy Mann's* Tutti i Bicocchi – [All the Bicocchis]*). How did it feel to be in front of the camera? To be 'on the other side'?*

MGB: It seemed normal to me because it was, maybe, part of an exchange that started the night before, when we would speak of what kind of video we would do.

la Syracuse University. E Bill è arrivato dopo due mesi ed è rimasto tre anni.

LL: *Quale è stato il ruolo di Bill Viola in art/tapes/22? Qual è stato il suo apporto al progetto?*

MGB: Ma senti, ruoli non ce ne sono mai stati, anche se è chiaro che poi tutto faceva capo a me. C'era una discussione continua, anche culturale, con gli artisti. I video si creavano con gli artisti. Raramente un artista veniva con lo schema di un progetto. Solamente alcuni americani, come ad esempio Allan Kaprow che ha fatto ad art/tapes/22 *Third Routine*, venivano proprio con un progetto professionale, scritto. Il video si costruiva via via, tutti insieme.
Bill Viola è un tecnico meraviglioso e un supporto culturale molto importante. In più faceva i suoi video.

LL: Tu stessa hai preso parte ad alcuni video (*Portrait of Maria Gloria* di Lucio Pozzi e *Tutti i Bicocchi* di Andy Mann). Com'è stato essere davanti alla telecamera? Essere "dall'altra parte"?

MGB: Mi sembrava normale, perché faceva parte magari di un discorso che era nato la notte prima, in cui si parlava di che tipo di video si sarebbe fatto.

LL: *Con De Dominicis c'è stato un rapporto particolare. Ce ne vuole parlare?*

MGB: Sì. È stato un grandissimo amico per 30 anni. Ha passato tutte le sue estati da noi a Follonica[2]. Era buffissimo, ci faceva ridere. Ha fatto con me mille tentativi per realizzare un video, facendomi fare delle "figure" terribili… e poi ne ha fatto uno alla fine. Lui ha scelto di morire perché voleva essere eterno.

LL: *Per la diffusione e la promozione di art/tapes/22 è stata fondamentale la mostra* Americans in Florence. Europeans in Flo-

LL: *There was a special relationship with Gino De Dominicis. Would you like to talk about it?*

MGB: Yes. He was a very great friend for 30 years. He spent all his summers with us in Follonica.[2] He was really funny, he was a good laugh. He attempted to make a video with me thousands of times, asking me to cut poor figures. He only made one in the end. He chose to die because he wanted to be eternal.

LL: *The 1974 exhibition* Americans in Florence: Europeans in Florence *was fundamental to the diffusion and promotion of art/tapes/22. How did the idea for an exhibition arise?*

MGB: It was principally David Ross who came up with the idea. We longed to show to an art world, which was still reactionary when compared to the progress of our project, that video art is the only form of expression that allows the work of art to be present, in its uniqueness, contemporaneously in a thousand different places, although never as a 'copy'.

LL: *It is always the original that is showed.*

MGB: It's like music. You listen to Mozart on the radio, on a DVD, at a concert, wherever you want. Music is in the air, it is not yours. The idea of the exhibition was born precisely to demonstrate this concept. Several museums opened this exhibition at the same time. The catalogue of Centro Di contains my introduction and Ross' one.

LL: *And then there is the 'original' material, the artists' texts.*

MGB: And that is fundamental. art/tapes/22 owed its success to its artists, not to me. I want to stress that. It was them who risked taking part in this adventure without knowing how it would end, how it would go, what kind

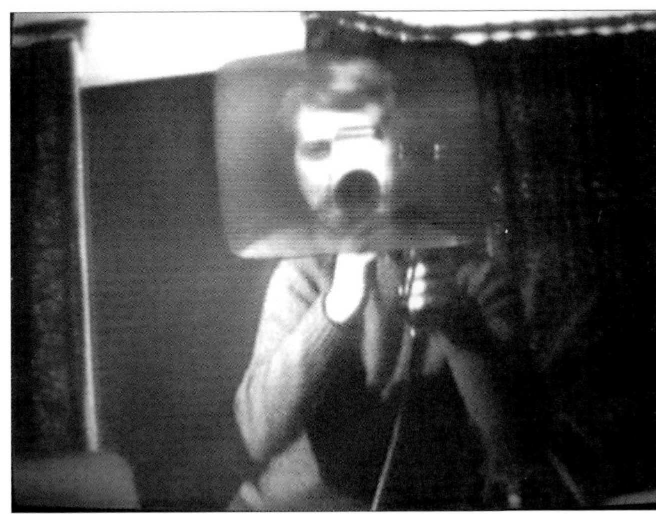

Fig. 4. David Hall, *Relative Surfaces*, 1974. Courtesy of Debi Hall.

rence *nel '74. Com'è nata l'idea di una esposizione?*

MGB: È nata soprattutto da David Ross: quello che ci premeva di dimostrare in questo mondo dell'arte ancora così retrogrado, rispetto all'avanzamento del nostro progetto, era che la videoarte è l'unica espressione che permette all'opera nella sua unicità di essere contemporaneamente presente in mille posti diversi, pur non essendo mai "copia".

LL: È sempre l'originale che viene mostrato.

MGB: È come la musica. Senti Mozart alla radio, su un DVD, a un concerto, dove vuoi. La musica è nell'aria, non è tua. Proprio per dimostrare questo concetto, nacque l'idea della mostra. Allo stesso momento, venne inaugurata in vari musei. Il catalogo del Centro Di contiene la mia introduzione e quella di Ross.

LL: *E poi c'è il materiale "primo", i testi degli artisti.*

MGB: Che è quello fondamentale. Il successo di art/tapes/22 è dovuto agli artisti, non a me. Io lo voglio sottolineare, questo. Loro hanno rischiato a prendere parte a questa avventura senza sapere come sarebbe finita, come sarebbe andata, che tipo di pro-

of product we would manage to create. They were amazing.

LL: *Why did this adventure come to an end?*

MGB: Because I didn't have any more money to invest in the project. I first turned to some organizations in Florence for help, but nobody responded. Then Ripa di Meana got in touch with me, and I handed all the materials over to the (Venice) Biennale (1976).

LL: *When you transferred your videotapes to ASAC [Historical Archive for Contemporary Arts], did you have any issues with copyright?*

MGB: I informed all the artists that there were two solutions: either to sell every single tape individually, for example to sell to Castelli the tapes of his artists, dividing up the works, or – as I wanted – to keep the art/tapes *corpus* together. Obviously it was without any profit because the Biennale paid only me for the cost of the mere tapes. They didn't 'pay' for the videos.

Thirty million (of lire) against the 200 we spent, 30 million paid out in three years. Therefore the artists decided with me to keep all the works together. Our hope then was that the Biennale would really take care of managing them, however we then had 20 years of total radio silence.

LL: *You collaborated with ASAC for some time though.*

MGB: I did for the first year. Not for the distribution of the videos though, because that aspect was still to be organized. I carried out a project: a 'full immersion' month of videotapes. I invited Marshall McLuhan to Italy for the very first time.[3]

LL: *Did you organize a symposium?*

dotto saremmo riusciti a fare. Sono stati fantastici.

LL: *Perché quest'avventura si concluse?*

MGB.: Perché non avevo più soldi da investire nel progetto. Mi sono rivolta in primo luogo alle organizzazioni fiorentine chiedendo aiuto, ma nessuno ha risposto. Poi mi ha contattato Ripa di Meana, e ho passato tutti i materiali alla Biennale.

LL: *Quando avete trasferito i videotape all'ASAC vi furono problemi con il copyright?*

MGB: Io avvertii tutti gli artisti dicendo che le soluzioni erano due: o che io vendessi ogni *tape* singolarmente, non so a Castelli quelli dei suoi artisti, dividendo le opere oppure – cosa che io volevo fare – che mantenessi il *corpus* di art/tapes insieme, ovviamente però senza guadagno perché la Biennale mi ha pagato solamente il costo dei nastri puri. Non mi hanno "pagato" i video.

Trenta milioni (i.e di lire) rispetto ai 200 spesi, 30 milioni pagati in tre anni. E gli artisti quindi scelsero con me di mantenere tutto insieme. Allora la speranza era che veramente la Biennale si sarebbe occupata di gestirli, poi ci sono stati 20 anni di buio totale...

LL: *Per un periodo però tu hai collaborato con l'ASAC...*

MGB: Per il primo anno. Non però per la distribuzione dei video perché ancora quella parte era in via di organizzazione. Ho realizzato un progetto: un mese di *full immersion* nel videotape. Ho invitato Marshall McLuhan per la prima volta in Italia[3].

LL: *Organizzasti un convegno?*

MGB: Yes. Franco Ferrarotti, Marshall McLuhan and many others took part in it. Then, once this project was finished, I ended my collaboration with the Biennale.

LL: *Did you carry on your mission of promoting art/tapes/22 during the Eighties and Nineties?*

MGB: No, I didn't. I couldn't get a word in with the Biennale again. They never informed me of anything again. They excluded me from everything. Every time I sent someone to see the *tapes*, they would then report to me that the tapes were in appalling conditions. I wrote some articles on the issue. I also urged the Biennale to do something about it, along with some other people. Today, after twenty years, they are taking care of the tapes. They are restoring them, even if, in my opinion, they are not using the correct procedure for the medium.

LL: *Talking of the issue we mentioned previously: you tended to stress in several interviews that the medium is not the work. And this clearly affects the issue of the preservation and the restoration. Can you better explain your position? And, consequently, what is the problem that has developed to date?*

MGB: First of all, I want to go back in time. When we produced videotapes as art/tapes/22, we were late compared to the rest of the world but we were precocious compared to the rest of Europe's adaptation of technology. Video wasn't seen by artists as a language, but as a medium, on the contrary of what McLuhan had hypothesized. Hence you can see from the videos by Jannis Kounellis, Giulio Paolini, Alighiero Boetti that there were artists who used video as a sheet of paper and artists who used it as the exhibition of a mask. There was nothing that indicated technology, nothing that was specific to that technology. Therefore video is not in the language. It does not always lie in the language. It's because video is not identifiable with its medium,

MGB: Sì. Parteciparono Franco Ferrarotti, Marshall McLuhan e molti altri. Poi, finito questo progetto, ho terminato la mia collaborazione con la Biennale.

LL: *Negli anni Ottanta e Novanta hai proseguito la sua missione, per promuovere art/tapes/22?*

MGB: No, no. Non ho mai più messo bocca con la Biennale. Non mi hanno mai più informato di nulla. Mi hanno escluso da tutto. Quando mandavo qualcuno a vedere i *tape*, venivo a sapere che erano in pessime condizioni. Ho scritto degli articoli a riguardo. Mi sono mossa anche con altre persone per sollecitare la Biennale. Dopo vent'anni, oggi, se ne stanno occupando, li stanno restaurando, anche se in modo a mio parere non corretto rispetto al mezzo.

LL: *Giungendo alla questione cui si accennava prima: in varie interviste lei ha teso a sottolineare che il supporto non è l'opera. E questo evidentemente entra nella questione della conservazione e del restauro. Ci può spiegare meglio questa sua posizione? E quindi qual è il problema che a oggi si è venuto a creare?*

MGB: Io voglio partire intanto da un po' più lontano. Quando si producevano i videotape ad art/tapes/22, in ritardo rispetto al resto del mondo ma precocemente rispetto alla tecnologia europea, il video non era visto dagli artisti come un linguaggio ma come un mezzo, come invece McLuhan ipotizzava; quindi si vede dal video di Jannis Kounellis, dal video di Giulio Paolini, di Alighiero Boetti, che lo usano chi come un foglio di carta, chi come l'esposizione di una maschera. Non c'era niente che ne indicasse la tecnologia, che fosse specifico per quella tecnologia. Quindi il video non è nel linguaggio. Non sempre sta nel linguaggio. Non essendo il video identificabile con il suo supporto, non essendo un oggetto. È una forma di arte nata, creata libera per una visione allargata.

because video is not an object. It is a born art form, created freely for a widespread viewing. You cannot think that by buying the tape and framing it that you own the artist's work. The tape wears out, goes away, you cannot see the magnetization any more.

LL: *What would wish for then?*

MGB: Firstly [I would wish for] – as the Biennale already does – an update of the medium, this is really important as long as it can be done. I don't think things are eternal. Just as a thing dies, also a video ceases to exist. The sea dies, human beings die, and these things are probably more important than art works. It is clear, though, that some attention to them, keeping them as long as possible, is really important, but I reject that maniacal attitude that sees preservation in simply conserving the medium. There is no need to horde the object like treasure, because the video art work is not inside the object.

LL: *In several talks, you referred to the different approach between America and Italy, according to which, in 'Europe the medium is used as such, it never represents the language'. What creates this difference? What does this difference depend on in your opinion?*

MGB: It is quite simple. The very first productions were always linked to galleries, for example Howard Rice collected but he never produced. Leo Castelli produced but only with artists of his own gallery, therefore the idea was very different. In America, in New York especially and in California – and this was confirmed also by David Ross – there was a very technological, quite professional approach, consequently the studio opened at 4pm, and technicians would wear white overalls. At the end of the working day the production stopped. It was a cold approach. This did not happened in Italy. We worked all night long with Kaprow, because he needed that kind of atmosphere. It

Non si può pensare che comprando la cassetta e mettendola in cornice si possieda il lavoro dell'artista. La cassetta si consuma, va via, la magnetizzazione non si vede più.

LL: *Quindi cosa auspicherebbe?*

MGB: Intanto – come fa anche la Biennale – che si aggiorni il supporto, questo è molto importante finché si può farlo. Le cose non le vedo eterne. Come una cosa muore, anche un video finisce di esistere. Muore il mare, muoiono gli esseri umani, che forse sono più importanti delle opere d'arte. È chiaro però che una cura, mantenerli più a lungo possibile, è molto importante, ma rifiuto quella maniacalità che vede nella preservazione del mezzo la conservazione. Non bisogna tesaurizzare l'oggetto, perché nell'oggetto non c'è l'opera d'arte video.

LL: *In diversi suoi interventi, ha fatto riferimento spesso al differente approccio tra America e Italia per in cui in "Europa il mezzo viene usato come tale, e non è mai il linguaggio". Da cosa dipendeva questa differenza a suo parere?*

MGB: È abbastanza semplice. Le primissime produzioni erano sempre legate a gallerie, per esempio Howard Rice collezionava ma non produceva, Leo Castelli produceva, ma produceva con artisti della sua galleria, quindi era un concetto molto diverso. In America, a New York soprattutto e in California – e questo anche David Ross lo confermava – c'era un approccio molto tecnologico, molto professionale, per cui lo studio video si apre alle quattro del pomeriggio, i tecnici hanno il camice bianco. Alla fine dell'orario di lavoro si interrompe la produzione. Quindi è un approccio freddo. In Italia questo non accadeva. Con Kaprow abbiamo lavorato la notte perché lui aveva bisogno di quel tipo di atmosfera. Cioè non

means that there were no boundaries between life and work, at least in art/tapes/22. The straying beyond boundaries was absolute, therefore technology was collateral. It wasn't central.

LL: *You started, in that period, to develop relationships with other Italian Video Art centres also, didn't you?*

MGB: I met Lola Bonora a few times, she produced interesting videos for the Palazzo dei Diamanti in Ferrara, especially with the artists of the Museum, therefore in a more restricted ambit; and [I also met] Giaccari, but he used to work with documenting. That was extremely important work, he documented the performances that took place in galleries, but nevertheless, it was something quite different. No, art/tapes/22 was quite isolated, it was in Florence by chance – you know, because I lived in Florence – but it could have been in any other part of the world.

LL: *And what future developments do you see for the study of Video Art?*

MGB: The Web. I hope that the Biennale, which has all my videos and also Gerry Schum's ones – a very important video collection – I hope they will manage to upload them to a web channel where they can show their entire video legacy. It would be significant for scholars, for collectors, for art lovers, for curious people, and for those who do not know anything about it.

Stephen Partridge: I'm interested in why both of us saw video as a special agent for change. Do you have thoughts?

MGB: It was a big opportunity to change the mentality of seeing and owning art works. Video doesn't lend itself to art collection, you cannot put it on the walls. It was a change, a deep change, as big as the computer has been. When you can know everything that is happening in the world in one minute, when

c'erano limiti tra la vita e il lavoro, per lo meno in art/tapes/22. Lo sconfinamento era totale per cui la tecnologia era collaterale, come dire, non era qualcosa di fondamentale.

LL: *In quel periodo avete cominciato a sviluppare rapporti anche con altri centri di videoarte italiana?*

MGB: Ho incontrato qualche volta Lola Bonora, che produceva dei video interessanti per il Palazzo dei Diamanti a Ferrara, soprattutto con gli artisti del Museo, in un ambito più ristretto quindi; e Giaccari che però faceva documentazione. Un lavoro importantissimo: documentava le performance nelle gallerie. Comunque un'altra cosa. No, art/tapes/22 è stata abbastanza isolata, per caso a Firenze – sai io abitavo a Firenze – perché altrimenti poteva essere in qualsiasi parte del mondo.

LL: *E per il futuro, quali ulteriori sviluppi vede per lo studio della videoarte?*

MGB: Il Web. Io auguro che la Biennale che ha tutti i tape miei e anche quelli di Gerry Schum – che è una collezione molto importante di video – io auguro che riescano a metterli su un canale Web dove mostrare tutto il loro patrimonio di video. Sarebbe importante per gli studiosi, per i collezionisti, per gli amanti dell'arte, per i curiosi, per chi non ne sa nulla.

SP: *Mi interesserebbe sapere perché, secondo te, abbiamo entrambi percepito il video come uno speciale mezzo di cambiamento?*

MGB: Era una grossa opportunità per cambiare la mentalità riguardo la fruizione e il possesso delle opere d'arte. Il video non permette di collezionare opere d'arte, non puoi appenderlo al muro, è un cambiamento, un cambiamento profondo, paragonabile a quello apportato dai computer. Così come oggi si può sapere tutto quello succe-

it is contemporary, video is the same. You can go into the work of the artist and be part of it, just watching it, and in a special period of time. Time is the issue of video too.

de nel mondo in un minuto, contemporaneamente, è lo stesso col video, puoi penetrare il lavoro dell'artista e farne parte, semplicemente guardandolo, e in un momento specifico, anche il tempo è una questione strettamente legata al video.

SP: *And yet in the1990s and now today, we have seen that the market, and the gallerists, have managed to monetise video works. They do editions, they are limited and this makes it like a painting.*

SP: *Eppure abbiamo visto, negli anni Novanta e ancora oggi, che il mercato e i galleristi sono riusciti a monetizzare le opere video. Ne fanno edizioni limitate e questo le rende simili a un dipinto.*

MGB: They make it like an object. They sell the support [physical carrier]. But it's illegal, I mean, it's not honest because after 20 years they won't find anything on that *cassetta* or in that support. So it's a trick.

MGB: Le rendono un oggetto. Vendendone il supporto [l'elemento fisico]. Ma è illegale, voglio dire, non è onesto, perché dopo vent'anni non ci sarà più niente su quella *cassetta* o in quel supporto. Quindi è una truffa.

SP: *It's interesting because what they are doing essentially – the gallery is selling a promise.*

SP: *È interessante perché, essenzialmente, quello che stanno facendo – quello che la galleria fa, è vendere una promessa.*

MGB: Yes.

MGB: Sì.

SP: *They say if the copy we sold you degrades we will give you a new one.*

SP: *E dicono – se la copia che ti vendiamo si rovina, te ne daremo una nuova.*

MGB: Can you imagine? So they sell the object. If the shoe doesn't fit any more I can sure change your shoes. The foot is not working, not the shoes.

MGB: Ci pensi? Di fatto, stanno vendendo l'oggetto. Se la scarpa non ti sta più posso certamente sostituirla. Ma è il piede che non va più bene, non la scarpa.

SP: *When I first used video, I was 19 and I thought it was magical and by reading what you say it seemed to me you had the same feeling in Florence in 1972–73. Is this magic? Is this power? How did you see your role with these artists?*

SP: *La prima volta che mi sono cimentato col video avevo diciannove anni e pensavo fosse magico, in base a ciò che hai detto mi è sembrato che tu avessi la stessa sensazione. A Firenze nel 1972–73 avvertivi questa magia, questo potere? Come percepivi il tuo ruolo rispetto agli artisti?*

MGB: I saw it in great collaboration. In art/tapes/22 we never got a project, a professional project. Not even the engineers were professionals. They were students at the Philosophy Faculty, except for Bill (Viola). We felt we were all learning together, all experimenting together. It was a political moment, so important, so full of a real

MGB: Era una grande collaborazione. Con art/tapes/22 non avevamo mai un progetto, un progetto professionale. Nemmeno i tecnici erano professionisti, erano studenti della Facoltà di Filosofia, tranne Bill [Viola]. Sentivamo che stavamo imparando tutti insieme, stavamo sperimentando tutti insie-

change of behaving. Life and video at that moment was the same. Not split between life and art. It was a political way of making culture.

SP: *There was a spirit.*

MGB: We were dreaming with Roberto Faenza to create a cable TV art channel. We couldn't do it – but that was our dream. Now we can have it all through the Web and nobody does it.

SP: *Yes, the irony is that now it is technically so easy.*

MGB: Yes, for example, I have a blog and everybody can go and look at it.

SP: *We can use Youtube, Vimeo and get all the work…*

MGB: From what I understand, nobody wants to do it because there is no money there, no control of money. If you want to, you can go to iTunes and buy music, so you could do the same with video, but it is not enough because they want much more. They want to sell the object.

SP: *Did you know MonteVideo in Amsterdam?*

MGB: I heard about it, Yes.

SP: *I think there was a similarity of spirit. Obviously, they were different. These centres popped up all around Europe and America of course. Actually they were slightly different in America, I think. What do you think was the difference in the characteristics – was there a European sensibility compared to an American sensibility?*

MGB: It is the power of technology, in the USA. In the States, they were looking for the best and most advanced technology. [For example] they were very proud to have the

me. Era un momento politico, davvero importante, che apportava un cambiamento reale nel comportamento. La vita e il video erano, allora, la stessa cosa. Non separare la vita dall'arte era un modo politico di fare cultura.

SP: *C'era uno "spirito"…*

MGB: Io e Roberto Faenza sognavamo di creare un canale di arte nella TV via cavo. Non ci riuscimmo – ma quello era il nostro sogno. Ora possiamo avere tutto grazie al web e nessuno lo fa.

SP: *Sì, l'ironia sta nel fatto che oggi è tecnicamente così semplice.*

MGB: Sì, io ad esempio, ho un blog e chiunque può andare a dargli un'occhiata.

SP: *Possiamo usare Youtube, Vimeo e metterci tutti i lavori…*

MGB: Per quanto ne so, non lo vuole fare nessuno perché non è remunerativo, non c'è nessun controllo economico. Se vuoi, puoi andare su iTunes e comprare della musica, si potrebbe fare lo stesso col video, ma non è abbastanza, perché loro vogliono molto di più. Vogliono vendere l'oggetto.

SP: *Conoscevi MonteVideo ad Amsterdam?*

MGB: Sì, ne ho sentito parlare.

SP: *Credo che lì vi fosse lo stesso spirito. Ovviamente quei centri erano diversi; comparivano dappertutto in Europa e in America. In realtà credo che in America fossero leggermente diversi. Quale pensi fosse la differenza, quali le caratteristiche – possiamo parlare di una sensibilità europea contrapposta a una sensibilità americana?*

MGB: Negli Stati Uniti [la differenza] sta nel potere della tecnologia. In America si ricercava la tecnologia più avanzata, la migliore. [Ad esempio] erano molto orgogliosi di ave-

video synthesizer. I saw fantastic video installations; all based on sophisticated technology: Dan Graham, Peter Campus, for example. In Europe we didn't even believe in those things. The technology was not the protagonist in that period.

SP: *It was the ideas, the spirit.*

MGB: In the States, American art is much more visible, much more allied to the project, with actions. In Italy, in Europe it is much more intellectual.

SP: *Before working with video, were you working in the artworld in some way?*

MGB: I was always interested in art. I brought to Florence, in a little space, some graphics by all the Pop Artists, the first graphic of Kounellis, and that of Ad Reinhardt; but I didn't want to sell them. I used to keep them for me, or give them to the students. So I gave the gallery to Bruno Corà and started art/tapes/22 [instead].

SP: *What was your first experience with video? When did you see the first machine?*

MGB: I went with my husband Giancarlo to buy this very first big portapak, the first one. In the evening in our house in via Ricasoli we tried to shoot the kids playing with dogs.

SP: *Why did you buy it?*

MGB: Because I decided I wanted to do this, and learn this, and then let the artists use it. The very first videotapes we did in our house [as I said] and only later I found a space.

SP: *There were other people that could have been doing this. It must have been some notion?*

MGB: All an intuition. I believe in intuition:

re il sintetizzatore [video]. Ho visto delle video installazioni fantastiche, e tutte facevano affidamento su una tecnologia sofisticata... Dan Graham, Peter Campus. In Europa non credevamo in quelle cose. La tecnologia non era protagonista in quel periodo.

SP: *Erano le idee, lo spirito.*

MGB: Negli Stati Uniti, l'arte americana è molto più visibile, molto più legata al progetto, attraverso l'azione. In Italia, in Europa è molto più intellettuale.

SP: *Prima d'inizare a lavorare col video, lavoravi in qualche modo nel mondo dell'arte?*

MGB: Mi sono sempre interessata all'arte. Portai a Firenze, in un piccolo spazio, alcune opere di tutti gli artisti della Pop Art, le prime opere grafiche di Kounellis, e quelle di Ad Reinhardt, ma non volevo venderle. Solitamente le tenevo per me o le davo agli studenti. Così ho dato la galleria a Bruno Corà e [invece] ho fondato art/tapes/22.

SP: *Qual è stata la tua prima esperienza col video? Quando hai visto il primo apparecchio?*

MGB: Andai con mio marito Giancarlo a comprare questo primissimo grande portapak, il primo. Di sera, a casa nostra in via Ricasoli cercammo di riprendere i bambini che giocavano coi cani.

SP: *Perché l'avevate comprato?*

MGB: Perché avevo deciso che era quello che volevo fare, che volevo imparare a fare video, e volevo permettere agli artisti di usarlo. [Come ho già detto] facemmo il nostro primo videotape a casa nostra, e solo successivamente ho trovato uno spazio.

SP: *Anche altre persone avrebbero potuto fare la stessa cosa. C'era forse una qualche idea?*

something that has arrived by itself. The important things in life are like this.

SP: *All my fellow artists were doing film – and they were saying that the quality of video was terrible. They thought it was so poor by comparison.*

MGB: I loved that quality. I like the difference between the greys of that age. No more are greys like that. Those were marvellous greys. They were soft. The greys of Charlemagne Palestine's very first tape, were shining a little bit. You would never find that grey today. It was not black and white. I don't want the Biennale to remake my tapes and make them black and white. I want them to maintain this soft grey. But how can I explain this to them? It is the very same thing with the very first films such as *Mister M*. When you see them after they are restored, it is like they become *crudi* (rough). We shouldn't patch the things but accept them.

SP: *For about two decades, if I showed this work to my students in the Eighties and Nineties, they were quickly bored and dismissed it. In the last 8/10 years they are interested again. I am wondering what has changed?*

MGB: Because they [the works] have become history. Students look at them like something historical. We represent the last past they can still look at. Now they look at us with veneration. This is different.

Follonica, 26 May 2011

MGB: E' stata un'intuizione. Credo nell'intuizione: qualcosa che viene da sé. Queste sono le cose importanti nella vita.

SP: *Tutti i miei amici artisti stavano facendo dei film – e dicevano che la qualità del video era terribile, davvero scadente…*

MGB: Adoravo quella qualità. Mi piace la differenza che si può trovare tra i grigi di quegli anni. Non ci sono più i grigi di una volta. Quelli erano meravigliosi, morbidi, i grigi del primo video di Charlemagne Palestine, leggermente brillanti. Non si può trovare un grigio simile oggi. Non era bianco e nero.
Non voglio che la Biennale rifaccia i miei video e li faccia in bianco e nero. Voglio che mantengano questo grigio morbido. E come riesco a spiegarglielo?
È esattamente la stessa cosa con i primissimi film, come *Mister M*: quando li vedi dopo che sono stati restaurati, è come se fossero diventati *crudi*. Non dovremmo correggere le cose ma accettarle.

SP: Per circa due decenni, negli anni Ottanta e Novanta, quando mostravo questo tipo di lavori ai mie studenti, si annoiavano facilmente e non li prendevano in considerazione. Negli ultimi otto/dieci anni gli studenti hanno mostrato un nuovo interesse. Perciò mi chiedo, che cosa è cambiato?

MGB: Forse è perché [quelle opere] sono ormai diventate storia. Gli studenti vedono queste opere come qualcosa di storico. Noi rappresentiamo il passato più recente, a cui possono ancora fare riferimento. Ora ci guardano con venerazione. È diverso.

Follonica, 26 maggio 2011

Endnotes

1. Ileana Sonnabend (born Schapira, 1914–2007) was a Romanian-born gallerist and art dealer, who later naturalised in the USA. Leo Castelli (born Krauss, 1907–1999) was an art dealer, a gallerist and a collector, born in Trieste (now Italy), of

Note

1. Ileana Sonnabend (nata Schapira, 1914–2007) è stata una gallerista e mercante d'arte rumena, naturalizzata americana. Leo Castelli (nato Krauss, 1907–1999) è stato un mercante d'arte, un gallerista e un collezionista, nato a Trieste (oggi

Jewish Hungarian and Italian origins. They met in 1932 in Bucharest and later got married. They lived at the time in Paris where Leo Castelli opened his first gallery in Place Vendôme. In the 40s, the couple fled to the US due to the Nazi persecutions in Europe. They divorced in 1959 but remained friends and business partners. Leo Castelli founded the Leo Castelli Gallery on E. 77th Street in New York in 1957. Later in 1970 he opened a new venue on 420 of West Broadway. After the divorce Sonnabend came back to Europe and in 1967 founded a gallery in Paris. In 1970 she opened a gallery in New York, first on Madison Avenue and later moved to a new venue in Soho, which became very renowned. In 1974 they founded the Castelli-Sonnabend Tapes and Films company, an independent subsidiary of the galleries in New York, for sale and distribution of films and videotapes from artists linked to the galleries. The company catalogue included works by Vito Acconci, John Baldessarri, Lynda Benglis, Christian Boltanski, Peter Campus, Nancy Holt, Joan Jonas, Robert Morris, Claes Oldenburg, Yvonne Rainer, Robert Rauschenberg, Ed Ruscha, Richard Serra, Robert Smithson and many others. The company closed in 1985. Today the archives from the Castelli-Sonnabend Tapes and Films company are preserved at Smithsonian Archives of American Art.

2. The Bicocchi owned a house in Santa Teresa, near Follonica (in the province of Grosseto, Tuscany). There the Bicocchi moved art/tapes/22 activities and hosted numerous friends including artists, critics, thinkers, architects during the summers.

3. Following the transfer of art/tapes/22's materials, Maria Gloria Bicocchi worked at the Venice Biennale for a short period, in charge of the video section: in 1977 she curated the screening *Gli Art Tape dell'Asac* [Asac's Art Tapes] and the seminary *Artisti e videotape* [Artists and videotapes] and the course Teoria e pratica del videotape [Theory and practice of the videotape] in which it's also invited for the first time in Italy the media theorist Marshall McLuhan.

Italia), di origini ebraiche italiano- ungheresi. I due si incontrano a Bucarest nel 1932 e successivamente si sposarono. Vivevano a Parigi quando Leo Castelli aprì la sua prima galleria in Place Vendôme. Negli anni Quaranta, la coppia si rifiugiò negli Stati Uniti per sfuggire alle persecuzioni naziste in Europa. I due divorziarono nel 1959 ma rimasero amici e soci in affari. Nel 1957 Leo Castelli fondò la Leo Castelli Gallery sulla 77a strada nell'Upper East Side a New York. Nel 1970 aprì una nuova sede al numero 420 di West Broadway. Dopo il divorzio la Sonnabend ritornò in Europa e nel 1967 aprì una galleria a Parigi. Nel 1970 inaugurò la sua galleria a New York, prima su Madison Avenue e in seguito in un nuovo spazio, che divenne molto conosciuto, a Soho. Nel 1974 i due fondarono la Castelli-Sonnabend Tapes and Films una società sussidiaria indipendente a New York per la vendita e distribuzione di film e videotape d'artisti legati alle gallerie. Il suo catalogo includeva lavori di molti artisti tra cui Vito Acconci, John Baldessarri, Lynda Benglis, Christian Boltanski, Peter Campus, Nancy Holt, Joan Jonas, Robert Morris, Claes Oldenburg, Yvonne Rainer, Robert Rauschenberg, Ed Ruscha, Richard Serra, Robert Smithson. La società chiuse nel 1985. Oggi gli archivi della Castelli-Sonnabend Tapes and Films sono conservati agli Smithsonian Archives of American Art.

2. I Bicocchi avevano una casa a Santa Teresa, vicino Follonica (in provincia di Grosseto, Toscana) dove per le vacanze estive trasferivano le attività di art/tapes/22 e ospitavano numerosi amici tra cui artisti, critici, pensatori e architetti.

3. A seguito del trasferimento dei materiali di art/tapes/22, Maria Gloria Bicocchi ha lavorato per un breve periodo alla Biennale di Venezia, occupandosi della sezione video: nel 1977 ha curato le rassegne *Gli Art Tape dell'Asac*, il seminario *Artisti e videotape* e il corso *Teoria e pratica del videotape* nell'ambito del quale è invitato per la prima volta in Italia il teorico dei media Marshall McLuhan.

In *La stagione del video* [The Video Season], Paolo Cardazzo vividly recollects the adventure of producing artists' videotapes at Galleria del Cavallino, which he led with his sister Gabriella.

Cardazzo retraces how they began using the VTR, their fundamental encounters with Maria Gloria Bicocchi (art/tapes/22) and Lola Bonora (Centro Video Arte of Palazzo dei Diamanti) and seminal events such as the *Motovun Encounters* and the video workshops he organised at the gallery.

This text first appeared in the volume by Dino Marangon, *I videotapes del Cavallino* [Cavallino's Videotapes] (Venice: Edizioni del Cavallino, 2004), which narrates, in detail, the videotape production at Galleria del Cavallino, and also includes several essays by Cavallino artists and a catalogue of Cavallino videotapes.

Chapter 6 / Capitolo 6

The Video Season | La stagione del video

Paolo Cardazzo

Since 1972 my sister Gabriella and I both felt the need, to introduce into the exhibition space of the Galleria del Cavallino, new media that were different from those that were usually exhibited in other galleries.

During that same year, as a matter of fact, the news of the showing of some experimental films by Sirio Luginbühl and Franco Vaccari appeared in the index of the exhibitions at the Cavallino. I remember being particularly struck by one of Vaccari's 8mm short films: *La placenta azzurra* [The Light Blue Placenta] (1968), which I still consider to be an anticipation of the physical perception of the television image.

However we need to go back two years, to June 1970, in order to find the first experiment of the introduction of video into the normal activities of the gallery. During the exhibition *Anticipazioni memorative* [Memorative Anticipations] (with works by Anselmi, Costalonga, Fulgenzi, Patelli e Perusini) a videotape featuring some of the artists' speeches was recorded and then shown on a television in the exhibition room for the

Fin dal 1972 mia sorella Gabriella ed io abbiamo sentito l'esigenza, condivisa da entrambi, di introdurre nello spazio espositivo della Galleria del Cavallino media diversi da quelli che generalmente venivano esposti nelle altre gallerie.

Nel corso di quell'anno, infatti, compare nell'indice delle mostre del Cavallino la notizia della programmazione di alcuni film sperimentali di Sirio Luginbühl e di Franco Vaccari. Di quest'ultimo – ricordo – fui colpito da un cortometraggio in 8 mm: *La placenta azzurra* (1968), che considero tuttora un' anticipazione della percezione fisica dell'immagine televisiva.

Dobbiamo però andare indietro di due anni, cioè al mese di giugno del 1970 per trovare il primo esperimento di introduzione del video nella normale attività della galleria. Infatti, durante la mostra *Anticipazioni memorative* (con opere di Anselmi, Costalonga, Fulgenzi, Patelli e Perusini) un videotape, con alcuni interventi degli artisti registrati su nastro video e successivamente mostrati su un televisore in sala per tutta la durata della mostra, spiegava al pubblico

duration of the exhibition. It explained to the audience the artists' choices of artwork, faithful to the theme suggested by the exhibition title, which was drawn on an essay by Enzo Paci.[1] This was actually the Cavallino's first videotape, lasting 30 minutes, made with one of the first video recorders produced by Philips, and of which now exists in the gallery archive with only a few photographs and a film reel that unfortunately can no longer be viewed. The aim of this and other videotapes that followed was to help the audience to 'read' an exhibition, by explaining the technical and mental processes that were behind an artist's work of art, interviewing the critics who had worked on the text for the catalogue,[2] documenting some performances that took place in the gallery space, or by taking a stand on events that permeated our city's cultural life. This was the case, to cite an example, for the controversy over the transformation of the historic Magazzini del sale [Salt Warehouses] in the Zattere area, where the Council of Venice planned to build a public swimming pool. At that time our gallery already owned one of the first portapaks distributed in Italy by Sony, and with this convenient and instant means (of recording), we collected the views of leading personalities of the Venetian cultural environment, that were viewed and commented on in the evenings (of the same day they were recorded) at the gallery. Fortunately, the swimming pool has never been built, and the spaces have been used for the Biennale exhibitions and all the speeches produced during those evenings were then collected in a publication by Edizioni del Cavallino. The Galleria del Cavallino started collaborating with Filmstudio in Rome in 1971, and the showings in the main hall of the gallery became a weekly event. Moreover we had recently restored the gallery space and had introduced all the technical innovations necessary for cinematographic showings, including the emergency exits. During these evenings, always attended by a large audience, we presented, for the first

la scelta delle loro opere che erano aderenti al tema suggerito dal titolo della mostra, ripreso da un saggio di Enzo Paci[1]. Questo è stato effettivamente il primo "Videotape del Cavallino", della durata di circa 30 minuti, realizzato con uno dei primi videoregistratori prodotti dalla Philips, del quale esistono tuttora nell'archivio della galleria soltanto alcune immagini fotografiche e una bobina di videonastro purtroppo non più visionabile. Scopo di questo e di altri videotape che seguirono era quello di aiutare il pubblico a "leggere" una mostra, illustrando il processo tecnico e mentale che sta alla base dell'opera di un artista, intervistando i critici che avevano preparato il testo da usare in catalogo[2], documentando alcune performances svoltesi nello spazio della galleria, oppure prendendo posizione su avvenimenti che investivano la vita culturale della nostra città. È stato il caso, per citare un esempio, della polemica sulla trasformazione degli storici Magazzini del sale alle Zattere entro i quali il Comune di Venezia intendeva costruire una piscina pubblica. Allora la nostra galleria era già entrata in possesso di uno dei primi portapak distribuiti dalla Sony in Italia e con questo mezzo, molto maneggevole e immediato, venivano raccolte le opinioni di personalità del mondo della cultura veneziana che venivano visionate e commentate, la sera stessa delle riprese, nei locali della Galleria. La piscina fortunatamente non fu mai realizzata, gli spazi furono poi utilizzati per esposizioni della Biennale e tutti gli interventi prodotti nel corso di quelle serate furono poi raccolti in una pubblicazione delle Edizioni del Cavallino. Fin dal 1971 la Galleria del Cavallino era entrata in collaborazione con il Filmstudio di Roma e le proiezioni nella sala principale della galleria assunsero una frequenza settimanale. Del resto avevamo da poco restaurato i locali della galleria e avevamo introdotto tutte le innovazioni tecniche necessarie per le proiezioni cinematografiche, uscite di sicurezza comprese. Nel corso di quelle serate, alle quali assisteva sempre un folto pubblico, vennero presentati per la pri-

time in our city, films by Stan Brakhage, Andy Warhol, Fred Thompson, Stan Vanderbeek and by all the American and European cinematographic avant-garde. In addition, some years earlier (in 1965), the Gallery hosted an exhibition on Hans Richter and all of the films made by this artist were shown during the exhibition.

Anyway, I have always dealt with cinema and photography, a passion inherited from my father Carlo, and it is logical that the introduction of new media in the conceptual arts field, had an immediate hold over me. As a matter of fact the Galleria del Cavallino started using videotapes in the late Sixties, when the first non-professional video recorders were put on the market. Even if the equipment was rather rudimentary and used low density magnetic tapes,[3] it was really thanks to this that we could start practising with such new means of recording. Carrying on the video-interview experimentation, for which was congenial the use of the portable video recorder, we created the series *Arte del dopoguerra a Venezia* [Postwar Art in Venice], whose aim was to collect live accounts of some of the protagonists of the Venetian art scene. For this project Giovanni Poli (who had previously directed the Teatro di Ca' Foscari and was now directing that of Avogaria), Armando Pizzinato, the Spatial artists Edmondo Bacci and Gino Morandi (interviewed by Toni Toniato), Mario Deluigi, Antongiulio Ambrosini, Giuseppe Marchiori, Berto Morucchio, Ferruccio Bortoluzzi and Gino Rizzardini (both members of the group L'Arco, active in Venice during the first postwar period) were interviewed. In 1973 we had the fundamental encounter with Maria Gloria Bicocchi who was then the director of art/tapes/22, in Florence, the first videoarts centre in Italy. In her studio in Florence, where she used the most sophisticated and cutting edge technical equipment, it was possible to see for the first time in Italy, the works of US video-makers such as Vito Acconci, Dennis Oppenheim, Bill Viola, Les Levine, Chris Burden, etc. In 1974 we participated together at the Arte Fiera in

ma volta nella nostra città i film di Stan Brakhage, Andy Warhol, Fred Thompson, Stan Vanderbeek e di tutta l'avanguardia cinematografica americana ed europea. Alcuni anni prima (1965), inoltre, vi era stata una mostra di Hans Richter e nel corso dell'esposizione erano stati presentati tutti i film realizzati dall'artista.

Del resto mi sono sempre occupato di cinema e fotografia, una passione ereditata da mio padre Carlo, ed è logico che l'introduzione di nuovi media nel campo dell'arte concettuale abbia fatto immediatamente presa su di me. La Galleria del Cavallino infatti cominciò ad usare il videotape verso la fine degli anni Sessanta, quando vennero immessi sul mercato italiano i primi videoregistratori non professionali. Nonostante si trattasse di apparecchiature piuttosto rudimentali, che utilizzavano nastri magnetici a bassa densità[3], fu proprio grazie a questi che si iniziò a fare pratica su tali nuovi mezzi di registrazione. Continuando la sperimentazione della video-intervista, per la quale era congeniale l'uso del videoregistratore portatile, abbiamo realizzato la serie "Arte del dopoguerra a Venezia" che doveva raccogliere dal vivo le testimonianze di alcuni dei protagonisti del panorama artistico veneziano. Per questo progetto furono intervistati Giovanni Poli (che aveva diretto nel passato il Teatro di Ca' Foscari e che allora dirigeva quello dell'Avogaria), Armando Pizzinato, gli artisti spaziali Edmondo Bacci e Gino Morandi (intervistati da Toni Toniato), Mario Deluigi, Antongiulio Ambrosini, Giuseppe Marchiori, Berto Morucchio, Ferruccio Bortoluzzi e Gino Rizzardini (appartenenti entrambi al gruppo L'Arco, attivo a Venezia nel primo dopoguerra). Nel 1973 ci fu il fondamentale incontro con Maria Gloria Bicocchi che dirigeva allora, a Firenze, art/tapes/22, il primo centro di videoarte in Italia. Presso il suo studio di Firenze, dove utilizzava gli strumenti tecnici più perfezionati e all'avanguardia, era possibile vedere per la prima volta in Italia le opere di *videomakers* statunitensi tra i quali Vito Acconci, Dennis Oppenheim, Bill Viola, Les Levine,

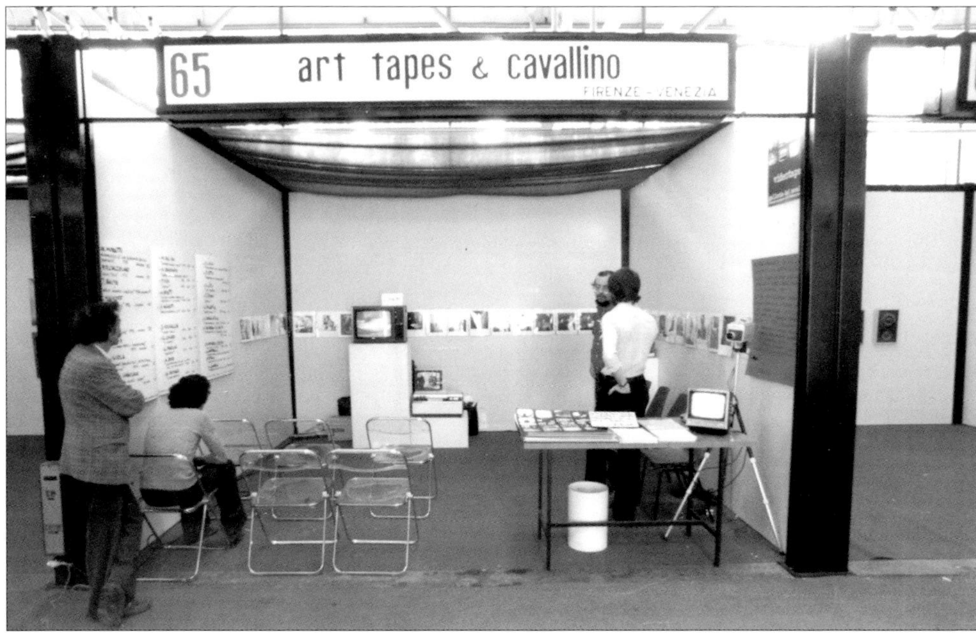

Fig. 1. art/tapes/22 and Galleria del Cavallino's stand at Bologna Art Fair, May–June 1975. Lo stand di art/tapes/22 e della Galleria del Cavallino alla Fiera di Bologna, maggio–giugno 1975. Courtesy of Archivio Cavallino, Venice.

Bologna, showing in adjoining spaces the videotapes produced in those initial years.

This encounter, together with that, almost contemporaneous, with Lola Bonora of the Centro Video Arte in the Palazzo dei Diamanti in Ferrara, was really stimulating for the video experience that I was developing in Venice, as it allowed me to gain knowledge on an operational level and above all on a linguistic level.

In 1974 in the Istrian town of Motovun, during a meeting whose theme was the landscape and to which had been invited Italian, Slovenian and Croatian artists, having brought with me my portapak I made, together with Peggy Stuffi, a real-time videotape, with no interruptions, *Da zero a zero* [From Zero to Zero], that showed the circular trend of the walls surrounding the small Istrian city. This was the very first 'Videotapes del Cavallino' [Videotapes by Cavallino]. Later on I made, again with Peggy Stuffi, three more videotapes: *Berenice* (1979), in which we analysed the process of superimposition of image through the use of matte, *Alcune differenze* [Some differences] (1978), on the different perceptions of the same program, of the same duration, where the action was repeated with no variation at all, but with small differ-

Chris Burden, ecc. Nel 1974 partecipammo insieme all'Arte Fiera di Bologna, presentando in spazi contigui i videotape prodotti in quei primi anni.

Questo incontro, assieme a quello quasi contemporaneo con Lola Bonora del Centro Video Arte del Palazzo dei Diamanti a Ferrara, fu molto stimolante per l'esperienza video che stavo svolgendo a Venezia, permettendo di acquisire nuove conoscenze sul piano operativo e soprattutto su quello del linguaggio.

Nel 1974 nella cittadina istriana di Motovun (Montona), in occasione di un incontro che aveva come tema il paesaggio e a cui erano stati invitati artisti italiani, sloveni e croati, ho realizzato assieme a Peggy Stuffi, avendo portato con me il portapak, un videotape in tempo reale, cioè senza interruzioni, *Da zero a zero* dove veniva dimostrato l'andamento circolare delle mura che circondavano la piccolo città istriana. È stato questo il primo vero "Videotape del Cavallino".

In seguito ho realizzato, sempre con Peggy Stuffi altri tre videotape: *Berenice* (1979), nel quale veniva analizzato il processo di sovrapposizione dell'immagine mediante il *matt*, *Alcune differenze* (1978) sulla differenza di percezione di uno stesso pro-

ences during the shooting and the mixing (with colour, without colour, with music or only with noises, etc) and *La marcia del tempo* [The Time March] (1978) where a static action in front of the television camera, seemed a lot longer than a dynamic action of the same duration. When realising our videos, the artists (and myself too), would start with the assumption of creating something 'that could be rendered only through video'. The meeting in Motovun in 1974 had a follow up two years later, when the Croatian artists who took part in the Motovun event organised a gathering of Italian and Yugoslavian video-artists and video-producers in Zagreb. It was decided there that the following meeting, that would take place in August of the same year, would mainly focus on video.

The Museum of Modern Art in Zagreb, gave its support and officially took part in the project with three artists, Sanja Iveković, Dalibor Martinis and Goran Trbuljak accompained by the Experimental Department director, Marijan Susovski. On that occasion more than twenty videos were produced, whose theme was identity. During this meeting the Italian and Yugoslavian artists discussed the possibility of continuing the experience through seminars in other places.

Initially Zagreb was suggested, but as the venue lacked the necessary technical equipment, Venice was proposed as the ideal place where the videos created during the meeting could be arranged and where new ones could be produced.

In fact, since 1977 and for the following three years, the Galleria del Cavallino interrupted its normal schedule of exhibitions to dedicate a particular time of the year (February) to the production of artists' videotapes, and spaces in the gallery were transformed into a television studio. Meanwhile we kept improving the gallery video equipment, we introduced the use of colour and production became less fragmentary. During these video workshops, where we alternated between the production of artists'

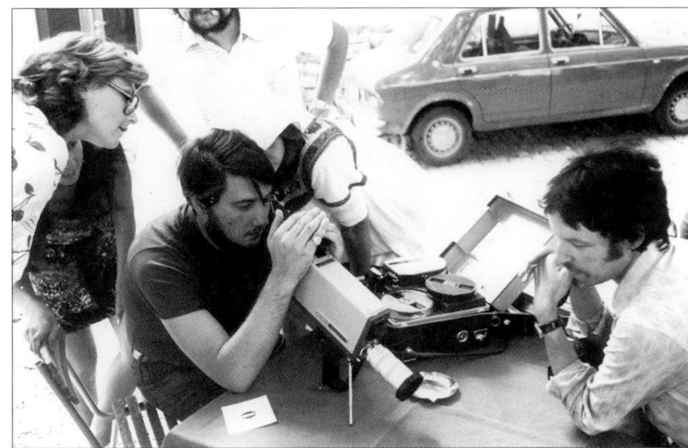

Fig. 2. During the shoot for the video *Da zero a zero* [From Zero to Zero], Motovun, 1974. From left: Peggy Stuffi, Paolo Cardazzo e Guido Sartorelli. Durante la realizzazione del video *Da zero a zero*, Motovun, 1974. Da sinistra: Peggy Stuffi, Paolo Cardazzo e Guido Sartorelli. Courtesy of Archivio Cavallino, Venice.

gramma, della stessa durata temporale, nel quale l'azione veniva ripetuta senza alcuna variante ma con piccole differenze durante la ripresa e il missaggio (con il colore, senza il colore, con la musica o con i soli rumori ecc.) e *La marcia del tempo* (1978) in cui un'azione statica davanti alla telecamera risultava molto più lunga di un'azione dinamica di pari durata. In generale, realizzando i nostri video, gli artisti (ed io stesso) partivano sempre con il presupposto di realizzare qualcosa "che si poteva realizzare *soltanto* attraverso il video".

L'incontro di Motovun del '74 ebbe un seguito due anni dopo, quando gli artisti croati presenti a Motovun organizzarono a Zagabria un raduno di videoartisti e videoproduttori italiani e jugoslavi. Qui venne deciso che l'incontro successivo, avvenuto nell'agosto dello stesso anno, avrebbe riguardato in buona parte il video.

Il Museo d'Arte Moderna di Zagabria diede la propria adesione e partecipò ufficialmente al raduno con tre artisti Sanja Iveković, Dalibor Martinis e Goran Trbuljak accompagnati dal direttore della sezione sperimentale Marijan Susovski. In quella occasione furono prodotti più di una ventina di video, aventi come tema l'identità.

Durante questo incontro gli artisti italiani e quelli jugoslavi discussero la possibilità di continuare l'esperienza con seminari presso altre sedi.

In un primo tempo si avanzò l'ipotesi di Zagabria, ma non essendovi l'apparato tecnico necessario, fu proposta Venezia come

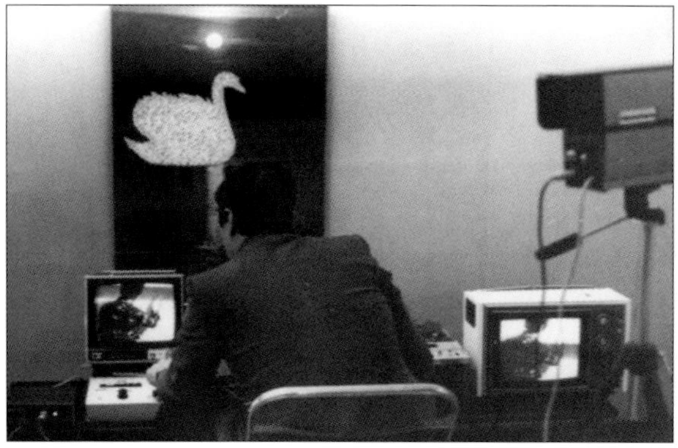

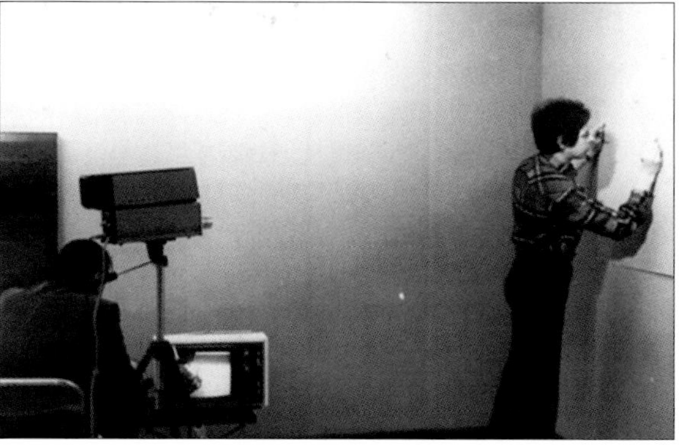

Figs. 3a, b. Making of *Filarete* by Guido Sartorelli, Venice, 1975. In the photos: Paolo Cardazzo and Guido Sartorelli. Realizzazione di *Filarete* di Guido Sartorelli, Venezia, 1975. Nelle foto Paolo Cardazzo e Guido Sartorelli. Courtesy of Archivio Cavallino, Venice.

videos and the screening of some video works acquired during the frequent journeys to European and North American capitals,[4] we did various experiments on television language and on the use of filming equipment used by the artists who would sometimes collaborate as cameramen or as sound technicians to realise a colleague's work.

On my side, together with Andrea Varisco, who often appears in the videotapes credits as cameraman or video mixer operator, I was constantly involved in the preliminary talks held with the artists to technically verify how much they intended to create, to seek new solutions, to 'invent' some ploy to overcome the inadequacy of our elementary equipment.

luogo ideale dove poter sistemare i video già realizzati durante l'incontro e dove poter produrne di nuovi.

Infatti a partire dal 1977 e per tre anni consecutivi, interrotto il normale ritmo delle esposizioni, venne dedicato un particolare periodo dell'anno (il mese di febbraio) alla produzione di videotape d'artisti, adattando le sale della Galleria del Cavallino a laboratorio televisivo. Nel frattempo la strumentazione video in dotazione alla galleria continuava a migliorare, veniva introdotto l'uso del colore e la produzione diventava meno frammentaria. Durante questi *videolaboratori*, durante i quali la produzione dei video di artisti veniva alternata con la visione di opere video acquisite durante i continui viaggi nelle capitali europee e nel nord Ame-

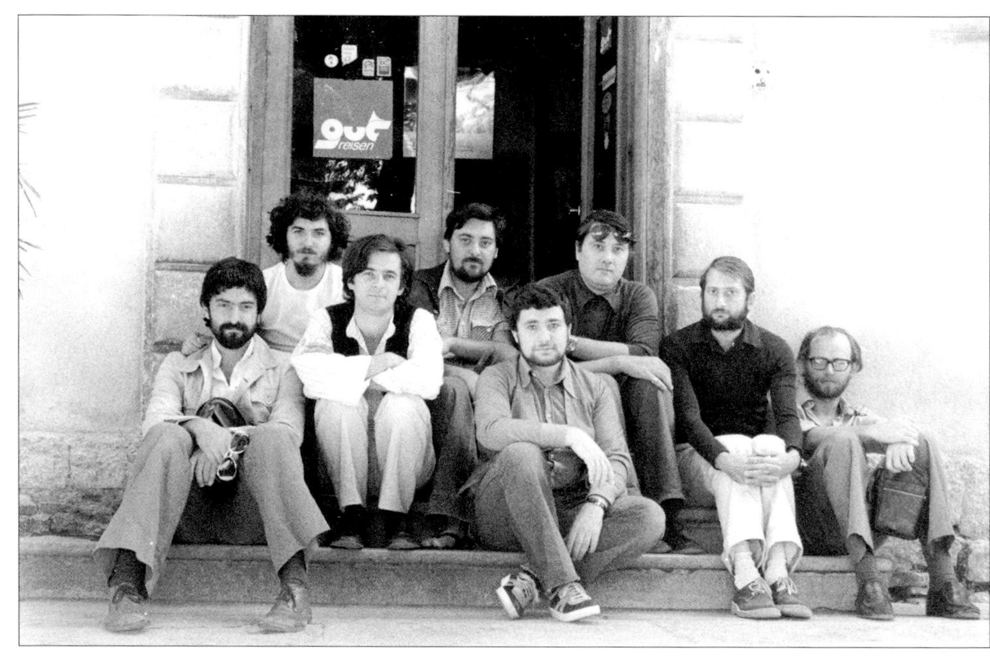

Fig. 4. Italian artists who took part to the Motovun video encounter in 1976. Artisti italiani che hanno partecipato al video incontro di Motovun (Istria) del 1976. From left on top/Da sinistra in alto: Andrea Varisco, Luigi Viola, Paolo Cardazzo. In the front row from left/In prima fila da sinistra: Claudio Ambrosini, Michele Sambin, Mario 'Piccolo' Sillani Djerrahian, Luciano Celli, Enzo Pitacco. Courtesy of Archivio Cavallino, Venice.

Many Italian and foreign artists were invited to Venice to present or realise their video works, offering new stimulus for discussions, which sprang from the viewing of the tapes acquired from specialised galleries in Europe and elsewhere (some video selling points had been opened, as a matter of fact, in New York, London, Amsterdam; Paris, Graz, Düsseldorf). Already in 1977, more than ninety videotapes had been produced, amongst these the recordings of performances by Vincenzo Agnetti, by Douglas Davis, by Marina Abramović, by Sanja Iveković[5] and of works expressly realized for video by Claudio Ambrosini, Michele Sambin, Guido Sartorelli, Luigi Viola, Piccolo Sillani, Dalibor Martinis, Luciano Celli, Paolo Fassetta and many others.

In the galleries, the early Eighties saw new languages taking over from those belonging to the conceptual arts, which had been using innovative means of expression including cinema, photography and television. Transavantgarde was now overturning art concepts intent on the dematerialisation of the art object, and was restoring a return to craft and to executive pleasantness, which were features of the traditional pictorial language.

Also at the Galleria del Cavallino we had the feeling that we were working on projects that were by then outdated, so we decided to discontinue the production of videos after the organisation of the last video workshop that took place in winter 1979. The equipment used to realise the videotapes became the technical basis of a television production enterprise, that was still active in Venice until a few years ago. In a little handbook published some years ago,[6] just at the end of the videotapes production experience, Sirio Luginbühl and I drew a short outline of the events that had developed over the preceding years in the field of video recording and its employment, from the middle Sixties, especially in the political, social and artistic environment. We should not forget that, at that time, recording a video on tape, was a relatively recent technological innovation

rica[4], si fecero vari esperimenti sul linguaggio televisivo, sull'uso delle attrezzature di ripresa che venivano adoperate dagli artisti che talvolta collaboravano come cameramen o come tecnici del suono alla realizzazione dell'opera di un loro collega.

Da parte mia, assieme ad Andrea Varisco, che figura spesso nelle schede dei videotape prodotti sia come cameraman sia come operatore mixer video, vi era un continuo coinvolgimento durante i colloqui preparatori con gli artisti per verificare tecnicamente quanto volevano realizzare, per cercare nuove soluzioni, per "inventare" qualche *escamotage* per superare quanto le nostre elementari attrezzature non erano ancora in grado di fare.

Molti artisti italiani e stranieri furono invitati a Venezia per presentare o realizzare le loro opere video, offrendo nuovi stimoli alle discussioni, alimentate dalla visione di *tapes* acquisiti nelle gallerie specializzate d'Europa e non solo (alcuni centri vendita di video erano, infatti, stati aperti a New York, Londra, Amsterdam, Parigi, Graz, Düsserdorf). Già nel 1977 si era, intanto, raggiunta la cifra di oltre novanta videotape prodotti, tra i quali le registrazioni di performance di Vincenzo Agnetti, di Douglas Davis, di Marina Abramović, di Sanja Iveković[5] e di opere realizzate espressamente per il video da Claudio Ambrosini, Michele Sambin, Guido Sartorelli, Luigi Viola, Piccolo Sillani, Dalibor Martinis, Luciano Celli, Paolo Fassetta e da molti altri.

Con l'inizio degli anni Ottanta nuovi linguaggi prendevano il posto, nelle gallerie, di quelli appartenenti all'arte concettuale che aveva utilizzato diversi nuovi mezzi d'espressione quali cinema, fotografia e televisione.

Ora la Transavanguardia stava ribaltando quel concetto dell'arte tesa verso la smaterializzazione dell'opera e ripristinava il ritorno alla manualità e alla piacevolezza esecutiva, caratteristiche del linguaggio pittorico tradizionale.

E la sensazione di lavorare a progetti ormai inattuali la dovette provare anche la

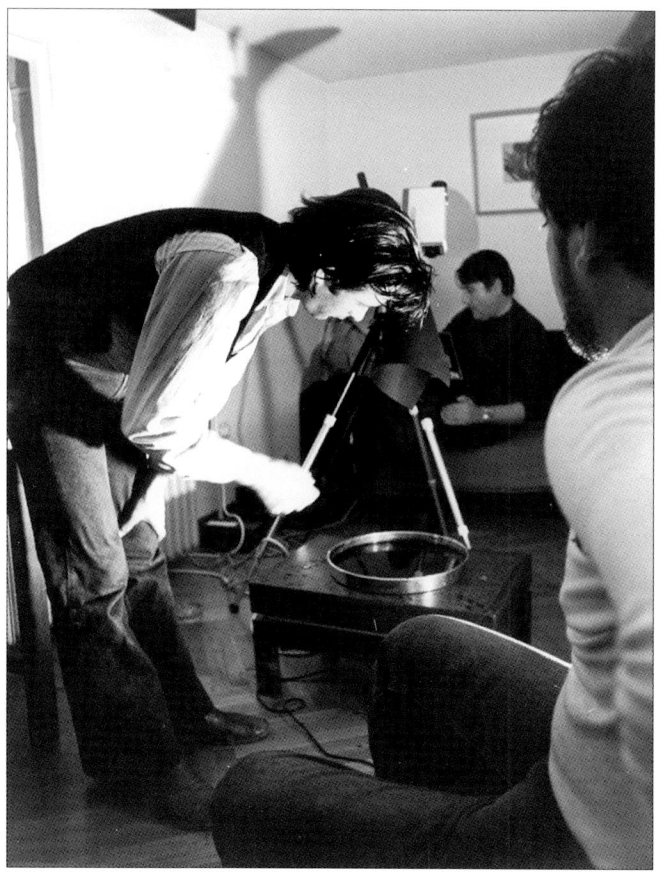

Fig. 5. Michele Sambin during the shooting of *OihccepS* [RorriM], Motovun 1976. Michele Sambin durante le riprese di *OihccepS*, Motovun, 1976. Courtesy of the artist & Archivio Cavallino, Venice.

and, if in the professional environment its introduction did not happen until 1957 (at that time Ampex launched its first 2" tape

Galleria del Cavallino che decise di mettere fine alla sua attività di produzione video dopo l'organizzazione dell'ultimo video laboratorio avvenuto nell'inverno del 1979. La strumentazione usata per la realizzazione dei videotape divenne la base tecnica di un'impresa commerciale di produzione televisiva che, fino a pochi anni fa, era ancora operante a Venezia. In un piccolo manuale, pubblicato alcuni anni fa[6], proprio al termine dell'esperienza della produzione di videotape, Sirio Luginbühl ed io abbiamo tracciato un breve profilo degli avvenimenti che si erano sviluppati nel corso degli anni precedenti sulla registrazione video e sull'utilizzazione che ne era stata fatta, a partire dalla seconda metà degli anni Sessanta soprattutto in campo politico, sociale ed artistico. Non va dimenticato che la registrazione video su nastro era allora una innovazione tecnologica relativamente recente e se in campo professionale la sua introduzione non avviene che nel 1957 (la Ampex immette allora sul mercato il primo videoregistratore a nastro di 2"), solo qualche anno dopo le emittenti *broadcast* ne generalizzano l'uso, soppiantando ben presto il vecchio sistema di conservazione degli archivi di programmi con l'uso del riversamento su

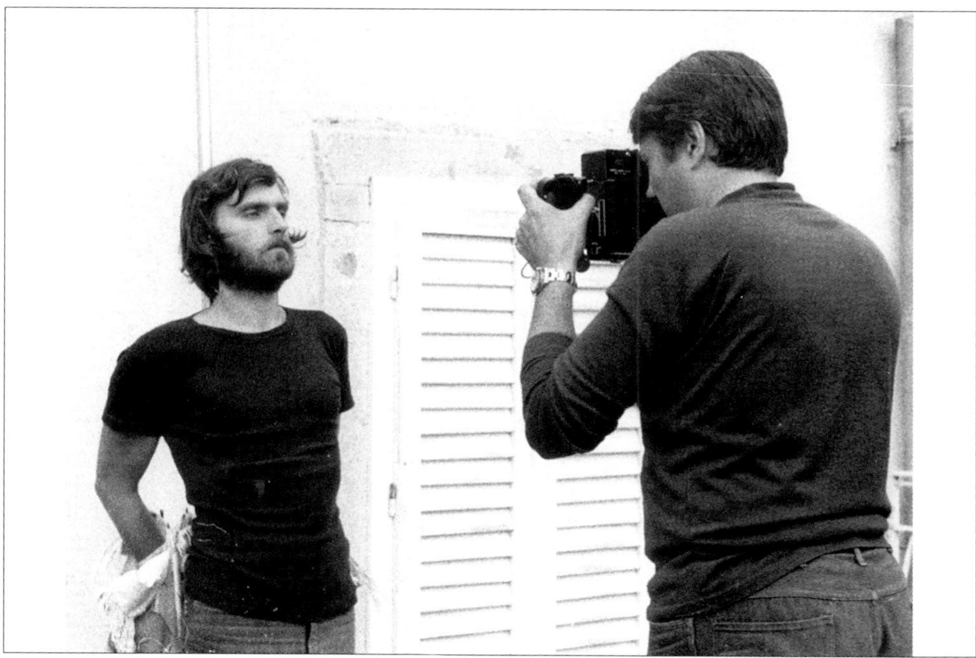

Fig. 6. Dalibor Martinis and Paolo Cardazzo, Motovun, 1976. Dalibor Martinis e Paolo Cardazzo, Motovun, 1976.

video recorder), it was only a few years later that broadcasting stations would generalise its use, soon supplanting the old system of archive preservation of programmes transferring them onto cinematographic film thanks to a kinescope. In the semi-professional world (such as ours) this equipment arrived a few years later. It was quite expensive, and the results were not very encouraging.

There is a substantial difference between the cinematographic image and the television image, since the former has a chemical origin and the latter an electronic one.

All in all, after around forty years we became aware of the strong deterioration of the television image, when recorded on tape, due to the decline in support and to the layer of magnetic material deposited over it, to the loss of the lubricating system that allows the tape to freely run on the cylinder that contains the video-heads, all of this aggravated by the continuous succession of new technologies that soon led to the disappearance, from the market, of the first video recorders that allowed us to view what had been recorded and the transposition onto more recent systems. In just a few years the classic ½ inch reel to reel (open reel) portapak , was replaced by the ¾ inch cassette video recorder and then by the current digital video recorder.

This problem forced the wisest operators of the sector to immediately transcribe their production onto a new support, as soon as a new system was put on the market. And while this was possible for the big television production companies, this has been less feasible in the specific field of video art, where the lack of big sums of money made it difficult to acquire new technologies, ever more sophisticated and expensive.

The same problem presented itself in the field of cinema, but in a less dramatic form. In fact, even in the case of the loss of the original negative film, a good 35mm or 16mm copy can be, thanks to an efficient

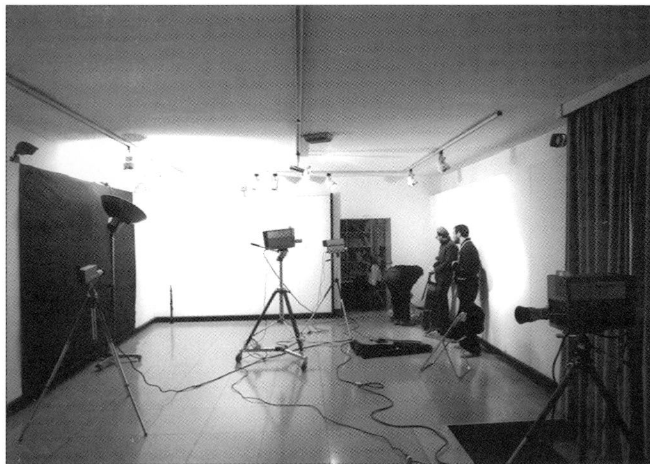

Fig. 7. Video workshop at the Galleria del Cavallino, Venice. Videolaboratorio allestito nello spazio della Galleria del Cavallino, Venezia. Courtesy of Archivio Cavallino, Venice.

pellicola cinematografica attraverso il videografo. Nel campo semiprofessionale (che era poi il nostro) le apparecchiature giunsero qualche anno più tardi, erano molto costose e i risultati non erano molto incoraggianti.

Vi è una sostanziale differenza tra l'immagine cinematografica e quella televisiva, essendo la prima di origine chimica e la seconda di origine elettronica. A conti fatti dopo circa quarant'anni ci si è accorti del forte deperimento dell'immagine televisiva registrata su nastro dovuta allo scadimento del supporto e dello strato di materiale magnetico su questo depositato, alla perdita del sistema di lubrificazione, che consente al nastro di scorrere liberamente sul tamburo contenente le testine di riproduzione, tutto questo aggravato dalla successione continua di tecnologie che hanno portato ben presto alla scomparsa dal mercato dei primi videoregistratori che consentivano la visione del registrato e la trasposizione su sistemi più recenti. In pochi anni il classico portapak a ½", a nastro aperto, è stato sostituito dal videoregistratore a cassetta a ¾" e quindi dall'attuale videoregistratore digitale.

Un problema che ha costretto gli operatori del campo più avveduti a trascrivere immediatamente, appena un nuovo sistema compariva sul mercato, la loro produzione su un nuovo supporto. E se questo è stato possibile per le grosse imprese di

Fig. 8. Performance *Lezione di design* [Design Lecture] by Vincenzo Agnetti at Arte Fiera, Bologna, 1976. The performance was integrally recorded on video. Performance *Lezione di design* di Vincenzo Agnetti ad Arte Fiera, Bologna, 1976. La performance è stata registrata integralmente su video. Courtesy of Archivio Cavallino, Venice.

restoration system, the basis for a new copy for future preservation in appropriate archives.

With video all this is made more difficult: the image deterioration is made more evident by the strong loss of contrast, and this cannot be fixed by simply copying it, unless one can use very sophisticated devices and programs. In the case of the '*Videotapes del Cavallino*', on many occasions the recovery of the works produced by the gallery has been possible because often, in later times, for public events, in Italy or abroad, videos were put onto U-matic cassettes. This process allowed us to retrieve some videos whose masters could no longer be used, therefore they could not be digitised to be transferred to DVD.

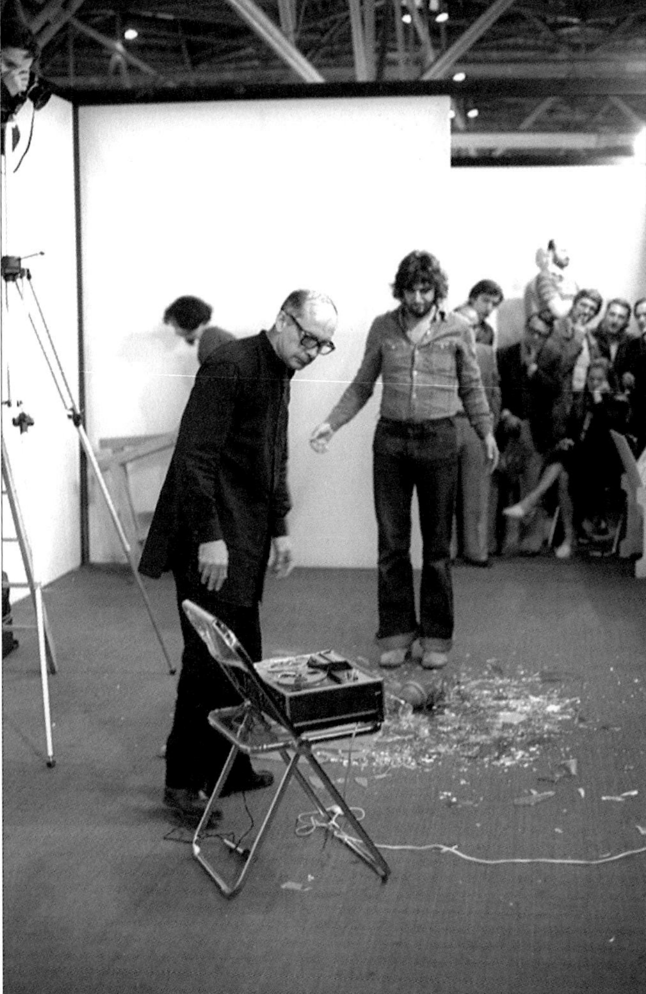

produzione televisiva, un poco meno lo è stato nel campo specifico della videoarte, meno dotate di mezzi economici per acquisire nuove tecnologie, sempre più raffinate e costose.

Lo stesso problema si è posto per il cinema, però in forma meno drammatica. Infatti una buona copia sia in 35mm che in 16mm, anche nel caso della perdita del negativo originale, con un efficace sistema di restauro può essere base di una nuova copia per una futura conservazione in archivi appropriati.

Nel video tutto ciò è reso di più difficile soluzione: il deterioramento dell'immagine si esplica soprattutto in una forte perdita di contrasto cui non è semplice porre rimedio attraverso la fase di copia se non attraverso l'uso di strumenti e di programmi assai sofisticati. Nel caso dei "Videotapes del Cavallino" molte volte il recupero delle opere prodotte è stato possibile perché spesso, in momenti successive, in occasione di manifestazioni pubbliche, in Italia o all'estero i video venivano riversati su cassetta U-matic, pratica questa che ha consentito di poter recuperare dei video i cui master erano diventati inutilizzabili e non potevano essere perciò digitalizzati per essere poi riversati su DVD.

Potrei concludere questo mio breve intervento, dopo aver lasciato spazio alle dichiarazioni degli artisti che maggiormente si sono impegnati nella produzione dei "Videotapes del Cavallino", aggiungendo che l'impresa, pur utilizzando molte delle risorse della galleria, è stata entusiasmante e ci ha consentito di collocare Venezia, con Firenze e Ferrara tra i principali centri della produzione di videoarte in Italia, durante la breve stagione dell'arte concettuale.◆

Note

1. Enzo Paci, *Funzione delle scienze e significato dell'uomo* (Milano: Il Saggiatore, 1963).
2. Per esempio il secondo videotape del Cavallino *Anselmi e Marchiori*, tuttora visibile perché realizzato con una nuova attrezzatura (un portapak Sony) e recentemente digitalizzato

I could conclude this brief speech of mine after I have left some space for the statements by the artists that most committed themselves to the production of the '*Videotapes del Cavallino*', adding that the enterprise, even if it used most of the resources of the gallery, has been exhilarating and allowed us to place Venice, with Florence and Ferrara among the main centres of video art production in Italy during the brief season of conceptual art.◆

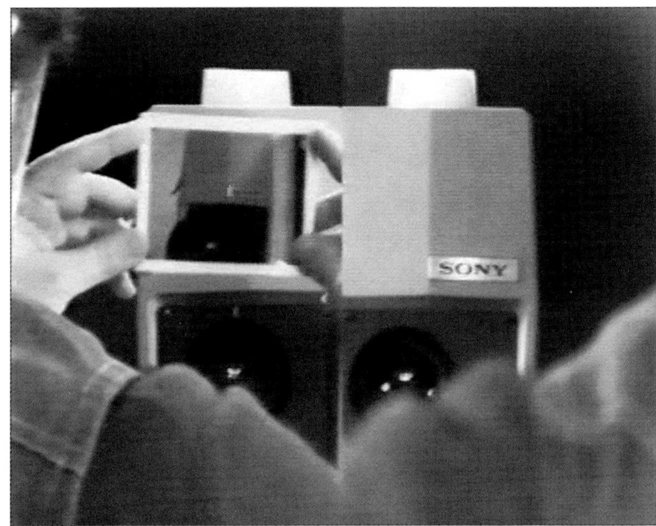

Fig. 9.
Mario 'Piccolo' Sillani Djerrahian, *Narcissus*, 1978. Courtesy of the artist & Archivio Cavallino, Venice.

Endnotes

1. Enzo Paci, *Funzione delle scienze e significato dell'uomo* (Milan: Il Saggiatore, 1963).
2. i.e the second videotape by the Cavallino *Anselmi e Marchiori* [Anselmi and Marchiori] still viewable because it was realised with new equipment (a Sony portapak) and recently digitalised, or the third videotape with an interview of about thirty minutes between Mario Deluigi and Antongiulio Ambrosini, realised in 1972 in the studio of the Venetian spatial painter and used in 1997 by Luca Massimo Barbero for the exhibition *L'officina del contemporaneo: Venezia '50–'60* [The Workshop of Contemporaneity: Venice '50–'60].
3. It was a Philips LDL 1000 video recorder that used tape reel of approximately 45 minutes.
4. The first videotapes presentation at the Galleria del Cavallino was held at the beginning of 1975 with works produced by the gallery and by art/tapes/22 (in Florence). The exhibition was introduced by a meaningful essay by Ernesto Luciano Francalanci.
5. The main artists' performances that took place in this period and that have been documented by video recording are listed in the video files, in the appendix of Dino Marangon (ed.), *I videotapes del Cavallino* (Venice: Edizioni del Cavallino, 2004), pp. 127–152.
6. Sirio Luginbühl & Paolo Cardazzo, *Videotapes, Arte tecnica storia* (Padua: Mastrogiacomo, 1980).

oppure il terzo videotape con un colloquio di circa trenta minuti tra Mario Deluigi e Antongiulio Ambrosini, realizzato nel 1972 nello studio del pittore spaziale veneziano e utilizzato nel 1997 da Luca Massimo Barbero per l'esposizione *Venezia '50-'60: l'officina del contemporaneo*.

3. Si trattava di un videoregistratore Philips LDL 1000 che utilizzava bobine di nastro di circa 45 minuti.
4. La prima presentazione di videotape alla Galleria del Cavallino era avvenuta all'inizio del 1975 con opere prodotte dalla galleria e da art/tapes/22 di Firenze. La mostra era introdotta da un significativo saggio di Ernesto Luciano Francalanci.
5. Le principali performances di artisti, che si sono svolte in questo periodo e che sono state documentate da una registrazione video, vengono elencate nelle schede dei video, in appendice di: Dino Marangon (a cura di), *I videotapes del Cavallino* (Venezia: Edizioni del Cavallino, 2004), pp. 127–152.
6. Sirio Luginbühl & Paolo Cardazzo, *Videotapes, Arte tecnica storia* (Padova: Mastrogiacomo editore, 1980).

This text was extracted from a chapter from *Definizione zero. Origini della videoarte tra politica e comunicazione* [Zero Definition: Beginnings of Videoart between Politics and Communication] (1999, second edition 2005) by Simonetta Fadda, and revised and implemented by the author for this publication.
In that chapter Fadda creates an overview of the early use of videotape by artists in Italy, including the most representative productions and galleries.
A special focus is dedicated to Luciano Giaccari and his *Classificazione dei metodi d'impiego del videotape in Arte* [Classification of the Methods of Uses of Video in Art].

Chapter 7 / Capitolo 7
Italian Reaction to Video | La reazione italiana al video

Simonetta Fadda

The 'video phenomenon' started relatively late in Italy (1971–1972) compared to the United States (1965–1967) and it had a sudden explosion, in a climate of general enthusiasm, where artists, poets, directors, musicians, let the new medium captivate them. It was a kind of collective infatuation that was not initially matched by an equally aware and truly widespread use of the medium. During those years most of those who used the electronic device had an audio-visual culture borrowed from cinema and they tended to misinterpret the new television language or to exploit it in a restrictive way. Therefore video in Italy was initially confused with cinema's state of ferment that had been under way for some time and had already produced a 'painters' cinema',[1] (which is how art house cinema was described at the time) – especially visible in art galleries –, but also 'militant cinema', projected in trade unions' branches or in universities. A passion for cinema that was supported, also, by a very articulate network of film clubs spread all over the country and with very different aims, and where experimental and *underground*

In Italia il "fenomeno video" comincia relativamente tardi (1971–1972) rispetto agli Stati Uniti (1965–1967) e scoppia improvviso, in un clima di entusiasmo generalizzato in cui artisti, poeti, registi, musicisti si lasciano affascinare dal nuovo strumento. Una specie di ubriacatura collettiva a cui sulle prime non corrisponde, tuttavia, un utilizzo altrettanto consapevole e realmente diffuso del mezzo. In quegli anni i più, fra quanti si rivolgono al dispositivo elettronico, hanno una cultura audiovisiva mutuata dal cinema e tendono a fraintendere il nuovo linguaggio televisivo, o a sfruttarlo in modo riduttivo. Così il video, in Italia, si confonde inizialmente con il fermento cinematografico in atto da tempo che aveva già prodotto un "cinema dei pittori"[1], come si diceva allora intendendo il cinema d'artista, visibile soprattutto nelle gallerie d'arte, ma anche un "cinema militante", proiettato nelle sezioni sindacali o nelle università. Una passione cinematografica sostenuta anche da una rete articolatissima di cineclub diffusi su tutto il territorio e con le più diverse finalità, in cui trovava circolazione il cinema sperimentale e *underground* in 8mm, Super8 o

cinema on 8mm, Super8 or 16mm circulated. Video appeared in this context and it was immediately considered little more than a simple cinematographic innovation capable of considerably reducing production costs.

Video, though, uses an independent code based on live reproduction, thanks to the closed-circuit. It is a code based on reality, recording without staging, offering the possibility of visually controlling the shooting during its making. The aesthetic of video is made of details in macro, of images free of depth of field, of luminescent colours. Video, to sum up, does not have the time and tempo of the cinematographic apparatus or its aesthetic, but initially the differences between the two media were not particularly noticed in Italy. Thus, there were many artists, interested in cinema, who decided to experiment with the new electronic medium, but they did it still thinking in cinematographic terms, considering video as a simple device and not like a proper linguistic tool.

The practice of transferring pieces already produced on film to video was common in the early Seventies; but this, according to some,[2] created a misinterpretation endorsed also by the critics. Video, in the publications of the time, appeared together with art house and *underground* cinema, without specifying any difference between the media, because everything belonged to the same 'technological' language that still had to be completely absorbed in the artistic field: 'cinema, ...as video tape, becomes a new tool for the proposal of an active field of expansion of the artistic universe', wrote for example Vittorio Fagone.[3] Fagone was talking about the 'cinematographic painters',[4] collected in a catalogue raisonné on art house cinema in Italy, including Dadamaino, Mario Schifano, Hidetoshi Nagasawa, Arnaldo Pomodoro, Anna and Martino Oberto, Franco Vaccari, among others, but also Fabrizio Plessi who, presenting his production of films, videos, films transposed on video and videos trans-

16mm. Il video approda in questo contesto e subito viene considerato poco più di una semplice innovazione cinematografica in grado di ridurre notevolmente i costi di produzione.

Quello del video, però, è un codice autonomo basato sulla riproduzione in diretta, grazie al circuito chiuso, sulla registrazione della realtà senza messe in scena, sulla possibilità di controllare visivamente la ripresa nel suo farsi; l'estetica video è fatta di dettagli in macro, di immagini prive di profondità di campo, di colori luminescenti. Il video, insomma, non ha i tempi e i ritmi della macchina cinematografica e della sua estetica, ma ciononostante all'inizio in Italia non si riflette molto sulle differenze tra i due mezzi. Così, sono molti gli artisti interessati al cinema che decidono di sperimentare il nuovo strumento elettronico, ma lo fanno pensando ancora in termini cinematografici, considerando cioè il video come un semplice supporto e non come un vero e proprio mezzo linguistico.

La pratica di riversare sul video cose già prodotte in pellicola è frequente nei primi anni Settanta; ma questo, secondo alcuni[2], avrebbe creato una confusione avallata anche a livello critico. Il video, nelle pubblicazioni dell'epoca, compare insieme al cinema d'artista e a quello *underground* e non si fa differenza tra strumenti, poiché tutto quanto appartiene a uno stesso linguaggio "tecnologico" che deve ancora essere completamente assimilato in campo artistico: "il cinema, [...] come il video-tape, diventa un nuovo utensile per la proposta di un campo attivo di espansione dell'universo artistico", scrive ad esempio Vittorio Fagone[3]. Fagone sta parlando dei "pittori cinematografici"[4] riuniti in un ragionato catalogo sul cinema d'artista in Italia. Fra gli altri, Dadamaino, Mario Schifano, Hidetoshi Nagasawa, Arnaldo Pomodoro, Anna e Martino Oberto, Franco Vaccari, ma anche Fabrizio Plessi il quale, presentando la sua produzione di film, di video, di film riversati su video e di video trasferiti in pellicola, realizzati tra il 1973 e il 1976, afferma: "spes-

posed on film, all made between 1973 and 1976, stated: 'often I am interested in an entire film only because I can draw from it a sequence for video tapes and in turn from this sequence I will only take a picture that matters to me'.[5] Plessi made an intentionally naive use of the images here, created using the different media, since he was more interested in the contiguity of the different languages than in their peculiarities: 'I believe more and more in the different media that identify themselves with one language', he affirmed. On the other hand, the art house videos that circulated in Italy at the time, were mostly performance events and exhibition documentaries, or they were video recreations of the technical operations at the base of the work of different artists or they were video interviews: rather than focusing the interest in using video to make independent works conceived for video, and only possible through video and its language, the didactic purpose prevailed. Video was simply seen as a medium able to help the understanding of the artist's work, a work that had been created as another form that was *not* video.

The combination of video and cinema by critics and the artists themselves does not seem to be the result of a precise linguistic standpoint, but rather a consequence of the difficulties met by those artists who, at the time in Italy, chose media as a medium of artistic expression. Video, when it started circulating in the Italian peninsula, had to come to terms with a situation of general technological underdevelopment, that was reflected in a limited commercial diffusion of the devices on the market, while the artistic and cultural environment, traditionally old-school, certainly did not encourage the experimentation on a tool that still had to be completely discovered. Video was, initially, undervalued.

In the Seventies the circulation of experimental films was not easy, notwithstanding the very active circle of film clubs, cinema collectives and cooperatives[6] scattered everywhere. Consequently transfer-

so un intero film mi interessa solo perché da questo posso trarre una sequenza per video tapes ed a sua volta da questa sequenza trarrò una sola foto che mi preme"[5]. Plessi fa qui un uso volutamente ingenuo delle immagini realizzate per mezzo dei vari media, più attento alle contiguità dei vari linguaggi che alle loro peculiarità: "credo sempre più ai diversi media che [...] si identificano in un unico linguaggio", afferma ancora. D'altra parte, i video d'artista che circolano in Italia in quel periodo sono per lo più documentazioni di eventi, di performance, di mostre, oppure ricostruzioni in video del lavoro tecnico alla base dell'opera dei vari artisti e videointerviste: più che l'interesse a realizzare col video opere in sé autonome, concepite per il video e possibili unicamente per mezzo del video e del suo linguaggio, prevale l'intento didattico: il video viene visto come un mezzo in grado di facilitare la lettura del lavoro dell'artista, un lavoro che produce, però, altre opere che *non* sono video.

L'assimilazione di video e cinema da parte della critica e degli stessi artisti non sembra il frutto di una presa di posizione linguistica precisa quanto, piuttosto, una conseguenza delle difficoltà che incontra chi all'epoca, in Italia, sceglie i media come mezzo d'espressione artistica. Il video, quando inizia a circolare nella penisola, deve fare i conti con una situazione di generale arretratezza tecnologica, che si traduce in una rarefatta diffusione commerciale delle apparecchiature, mentre l'ambiente artistico e culturale, tradizionalmente passatista, certamente non incentiva la sperimentazione su uno strumento ancora tutto da scoprire. Il video, sulle prime, viene sottovalutato.

Negli anni Settanta, del resto, non è facile nemmeno la circolazione dei film sperimentali, a dispetto del circuito attivissimo di cineclub, collettivi e cooperative cinematografici[6] sparsi un po' dappertutto. A volte, di conseguenza, riversare i video su pellicola e viceversa è una mera necessità per poter mostrare pubblicamente le opere, ma

ring videos on film and vice versa was often a sheer necessity in order to publicly show the works, but this situation also facilitated a superficial attitude of the artists towards the employed linguistic media and especially towards video, the 'new kid on the block'. The therefore scarcity of equipment, the lack of financial and institutional support for research and the difficulty in organizing a circuit for the distribution and the fruition of the video works, all contributed to damaging an informed and mature use of the electronic medium. In Italy in the Seventies, video was experienced as and considered to be more of a trend, ephemeral by definition, rather than a linguistic medium, full of expressive potential still to be identified.

The Italian debut of video in an art public space was at the Museo Civico in Bologna, on January 1970, for the exhibition *Gennaio 70,* organized by Renato Barilli, Maurizio Calvesi, Tommaso Trini and Andrea Emiliani, where two two-hour video programs were shown, among the other art pieces. The two video programs presented the recordings of the interventions of several artists who were taking part in the exhibition. The video equipment and the technical staff were provided by Philips and in the period before the exhibition, Renato Barilli himself went to the studios to create, together with the artists, some works that used the new electronic language. It is in this way that the first versions of really famous works came into being, such as Gino De Dominicis' *Tentativo di volo* [Attempt at Flight] or Gianni Colombo's 'synthetic' experimentation on the audiovisual signal. However, quite tragically, the videotapes of the program presented during the exhibition have been lost forever, damaged due to negligence.[7]

Since 1971, various important Italian galleries opened up to the new technology: Gaspero del Corso's Galleria dell'Obelisco in Rome with some experimental evening events, Luciano Inga-Pin's Diagramma in Milan, Fabio Sargentini's Attico in Rome, Paolo Cardazzo's Il Cavallino in Venice, and later on also Francois Lambert, Toselli and

questa situazione favorisce anche un atteggiamento superficiale da parte degli artisti rispetto ai media linguistici impiegati e soprattutto rispetto al video, ultimo arrivato. Così, la carenza di mezzi, la mancanza di un sostegno economico e istituzionale per la ricerca e la difficoltà di organizzare un circuito per la distribuzione e la visione dei lavori in video, concorrono tutti a penalizzare un uso consapevole e maturo del dispositivo elettronico. Nell'Italia degli anni Settanta, il video è vissuto e trattato più come una moda, effimera per definizione, che come un mezzo linguistico ricco di potenzialità espressive ancora da individuare.

Nel 1970, il video entra temporaneamente anche in un'istituzione italiana, il Museo Civico di Bologna. Infatti, all'esposizione *Gennaio 70*, organizzata da Renato Barilli, Maurizio Calvesi, Tommaso Trini e Andrea Emiliani, fra le altre opere, sono visibili due programmi video di due ore con le registrazioni degli interventi di numerosi artisti presenti alla mostra. La strumentazione video e lo staff tecnico erano stati forniti dalla Philips e nel periodo precedente all'esposizione Renato Barilli era andato direttamente negli studi per realizzare insieme con gli artisti alcune opere che utilizzassero il nuovo linguaggio elettronico. Nascono così le prime versioni di azioni notissime, come il *Tentativo di volo* di Gino De Dominicis, o le sperimentazioni "sintetiche" sul segnale audio-video di Gianni Colombo. Tragicamente, però, i nastri video della programmazione presentata alla mostra sono andati definitivamente perduti, usurati dall'incuria[7].

A partire dal 1971, diverse importanti gallerie italiane si aprono alla nuova tecnologia: la galleria dell'Obelisco di Gaspero del Corso a Roma, con alcune serate sperimentali; il Diagramma di Luciano Inga Pin a Milano; L'Attico di Fabio Sargentini a Roma; il Cavallino di Paolo Cardazzo a Venezia; in seguito, anche François Lambert, Toselli e Marconi a Milano, Martano e Christian Stein a Torino e la galleria De Domizio di Pescara[8], inaugurando delle mostre in cui il mezzo

Marconi in Milan, Martano and Christian Stein in Turin and the gallery De Domizio in Pescara,[8] opened some exhibitions where the medium was present, in particular, to document in real-time and non-real time the events that were taking place. It was the conceptual art moment; the work was conceived as information while photo, film and video were the most suitable media. Therefore in the exhibitions, among other things, television sets and cinema projectors appeared that diffused the films on the wall of the exhibition space or over special 'screen-objects'.[9] Even though in the Seventies the electronic medium was often hosted in galleries 'those few people who were interested in video in that period did not feel the need to organize themselves, with precise ideas and clear aims to start with, in order to create videos with continuity, nor to organise a proper circuit of fruition'.[10]

The equipment was, in most cases, retrieved only in occasion of video events, while the aim of building archives remained often at a project stage, except on rare occasions. Additionally, the continuous and very fast evolution of electronic technology[11] contributed in discouraging long-term investments on video by the Italian art world, which was fundamentally conservative. Beyond the initial enthusiasm, there was a lack of interest in concretely investing in the new medium.

There were, fortunately, some exceptions, such as in the case of the Galleria del Cavallino in Venice, managed by Paolo and Gabriella Cardazzo, which started a production of videos documenting the exhibitions activity in 1972, and went on to then permanently produce art house videos. Or art/tapes/22, established in Florence, in 1972, as an art gallery and artists' video production centre managed by Maria Gloria Bicocchi, which was active until 1977. Or, still Fabio Sargentini's L'Attico in Rome that began an intense collaboration with Luciano Giaccari in 1972. Another example, even if very short lasting, was that of VideObelisco AVR (Art Video Recording) in Rome, estab-

è presente soprattutto per documentare, in tempo reale e non, gli eventi in atto. È il momento concettuale dell'arte, l'opera è concepita come informazione e la fotografia, il film e il video sono i supporti "freddi" più adatti. Nelle mostre, così, fra le altre cose compaiono i televisori e i cineproiettori, che diffondono film sul muro dello spazio espositivo su appositi "oggetti-schermo"[9]. Tuttavia, benché negli anni Settanta il mezzo elettronico venga ospitato spesso in galleria, "le poche persone che si interessano al video in quel periodo non sentono la necessità di organizzarsi insieme, con idee precise e obiettivi chiari in partenza, in modo da realizzare video con continuità, né tantomeno si organizza un vero e proprio circuito di visione"[10].

Le apparecchiature nella maggior parte dei casi sono recuperate soltanto in occasione degli eventi video, mentre l'intenzione di costruire degli archivi resta spesso a una fase progettuale, salvo rare eccezioni. Inoltre, l'evoluzione continua e rapidissima della tecnologia elettronica[11] concorre a scoraggiare gli investimenti a lungo raggio sul video da parte del mondo dell'arte italiano, tendenzialmente conservatore. Al di là dell'entusiasmo iniziale, manca la volontà di investire concretamente sul nuovo mezzo.

Ci sono, per fortuna, alcune eccezioni, come nel caso della Galleria del Cavallino di Venezia, gestita da Paolo e Gabriella Cardazzo, che nel 1972 avvia una produzione di video per documentare l'attività espositiva, arrivando poi a produrre continuativamente video d'artista. Oppure art/tapes/22, nata a Firenze, sempre nel 1972, come galleria d'arte e centro di produzione di video di artisti e gestita da Maria Gloria Bicocchi, in funzione fino al 1977. O, ancora, l'Attico di Fabio Sargentini a Roma, che avvia nel 1972 un'intensa collaborazione con Luciano Giaccari.

Un altro esempio, anche se di brevissima durata, è quello del VideObelisco AVR (Art Video Recording) di Roma, fondato nel 1971 da Gaspero del Corso della Galleria dell'Obelisco, concepito per la sperimenta-

Fig. 1a, b. Luciano Giaccari, *Prima videosaletta europea* [First European Video Room], 1971, Galleria Diagramma, Milan. Courtesy of Archivio Videoteca Giaccari.

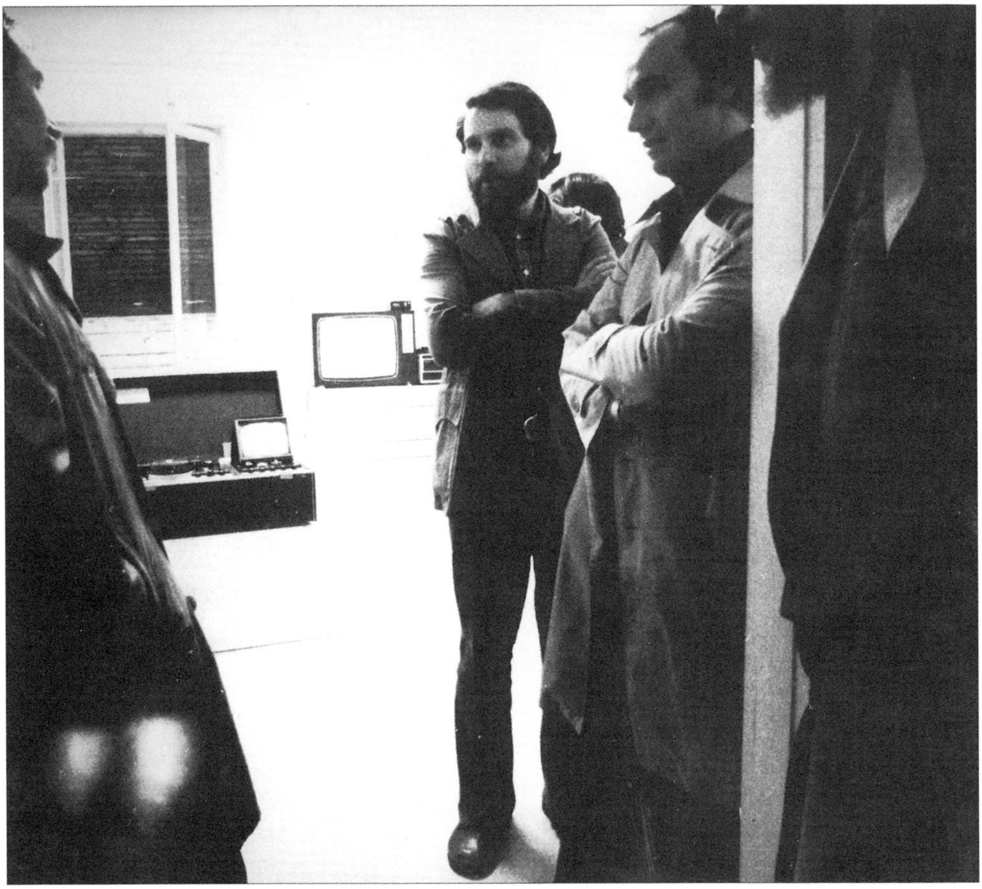

lished in 1971 by Gaspero del Corso of the Galleria dell'Obelisco, created for video experimentation and to provide the artists with equipment and spaces, an experiment that did not seem to produce results. The Centro

zione video e per mettere a disposizione degli artisti apparecchiature e spazi, un esperimento che non sembra aver dato frutti. Un caso a parte, poi, è quello del Centro di Video Arte di Palazzo dei Diamanti a

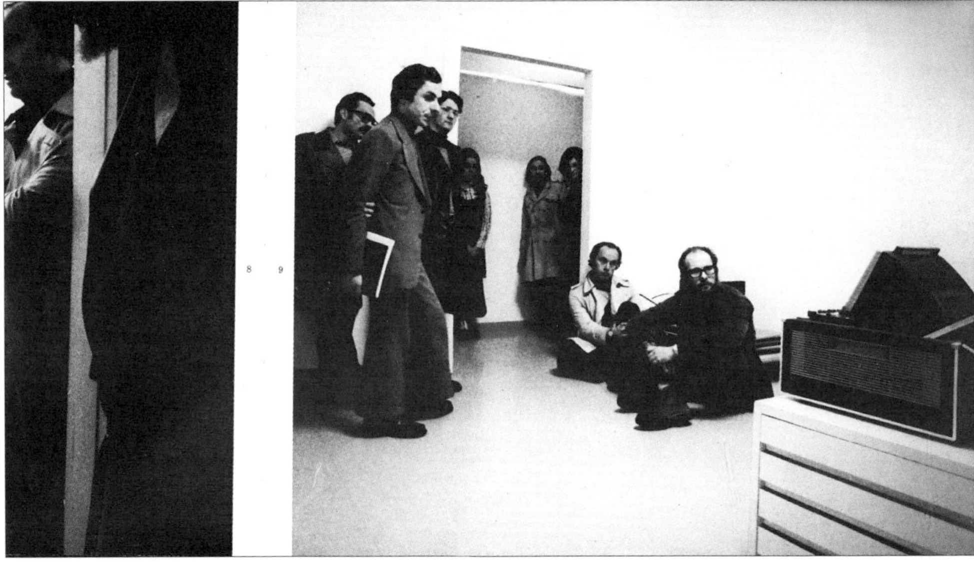

di Video Arte di Palazzo dei Diamanti in Ferrara was a case on its own, established in 1972. Developed in the ambit of the Galleria Civica d'Arte Moderna and managed by Lola Bonora, the centre constituted the only Italian example of a state structure dedicated to the production of videos, an activity carried on, especially subsequently, in the Eighties, with the opening of special exhibitions and festivals that promoted the video work done by the team composed of video artists active in the centre.[12]

Between 1972 and 1975, therefore, video conquered Italian galleries and artists, but we have been left only a few video traces of what looked like, on paper, a very fervent activity. The artists themselves, who were often mentioned for the videos made at the time, subsequently continued working with other mediums: 'those who, between 1972 and 1975, were overcome by the "video fever", did not always really know what they wanted', noticed Luciano Giaccari. A careful observation, especially because it was given by the video maker who virtually made most of the art house videos present at the time in the art circle.[13] The feeling therefore is that video, at the time, had been understood by the artists mostly as a means of advertising, through which they could showcase their work – that was, however, carried out with other means – and they could participate in the international artistic context, which was 'multimedia' and 'conceptual' at the time. The electronic apparatus and technology did not initially stimulate the creativity of Italian artists, hence, the video language was not explored in its peculiarities and video was mostly used for documenting.

Between 1974 and 1975, at the height of 'video fever', art/tapes/22 started collaborating with Castelli-Sonnabend's Tapes and Films and Bill Viola arrived in Florence as artistic director and video production manager.[14] Tapes and Films, a company for the production of art videos, had been established in New York by the gallery owners Leo Castelli and Ileana Sonnabend, as a reaction to the diffusion of the video phenome-

Ferrara, nato nel 1972. Sviluppatosi nell'ambito della Galleria Civica d'Arte Moderna e diretto da Lola Bonora, costituisce infatti l'unico esempio italiano di struttura pubblica dedicata alla produzione di video, una attività esplicata soprattutto successivamente, negli anni Ottanta, con l'inaugurazione di rassegne e festival appositi che divulgano il lavoro video svolto dalla scuderia di videoartisti del centro[12].

Tra il 1972 e il 1975 perciò, il video conquista le gallerie e gli artisti italiani, ma oggi resta ben poca traccia di quello che sui documenti appare come una fervida attività. Gli stessi artisti che sono spesso citati per i video realizzati all'epoca, in seguito hanno continuato a operare con altri mezzi: "chi, tra il 1972 e il 1975, si è fatto prendere dalla 'febbre del video' non sapeva sempre bene cosa voleva" nota infatti Luciano Giaccari. Un'osservazione puntuale, poiché a farla è il videomaker che ha realizzato nella pratica la maggior parte di questi "video d'artista" presentati allora nel circuito dell'arte[13]. L'impressione perciò, è che il video all'epoca sia stato inteso dagli artisti per lo più come un veicolo pubblicitario, attraverso cui far conoscere il proprio lavoro, praticato tuttavia con altri mezzi, e partecipare al contesto artistico internazionale, all'epoca "multimediale" e "concettuale".

La tecnologia del dispositivo elettronico inizialmente non stimola la creatività degli artisti italiani, così il linguaggio video non viene esplorato nelle sue peculiarità e il video viene utilizzato soprattutto per la documentazione.

Tra il 1974 e il 1975, nel pieno della "febbre del video", art/tapes/22 inizia una collaborazione con la Tapes and Films di Castelli-Sonnabend e Bill Viola arriva a Firenze come direttore tecnico e responsabile della produzione video[14]. La Tapes and Films, una struttura per la produzione di video d'arte, era stata creata a New York dai galleristi Leo Castelli e Ileana Sonnabend, in reazione alla diffusione del fenomeno video negli Stati. Dotando i propri artisti delle apparecchiature e dei tecnici necessari a rea-

non in the United States. Providing their artists with the equipment and the technicians needed to make the videos, the two gallery owners ensured the exclusive rights over the produced works in respect to the new electronic medium. In order to enforce their monopoly, they looked for allies abroad, colonizing those 'poor countries', such as Italy, where video held out on the enthusiasm and on the almost-voluntary work of a few passionate artists, in the absence of a financially strong state and private structures capable of supporting artistic research. Video, initially, was an American artistic phenomenon and it remained so also when it started travelling around the world: it is capital which decides history and organizes memory, so video was easily contained and directed by the financial investments that it was (or was not) granted.

So, when in 1977 the collaboration with Tapes and Films stopped, art/tapes/22 closed down, entrusting its entire video archive to the Venice Biennale. The other galleries also progressively reduced to commission video documentation of their expository work, while in the early Eighties the Cavallino gallery decided to discontinue, once and for all, the production of art house videos: 'The languages of conceptual art were substituted in the galleries by new ones' explained Paolo Cardazzo,

> ... and we felt then that it was time to put an end to our activity and to take experimentation back to the more suitable environment of the television studio. The equipment used to produce the artists' video tapes became the technical base of a commercial television company, still operating close to Venice.[15]

Stop. The journey finished in this way. Video as an art medium was liquidated, since it was only thought useful to create conceptual art, and commercial TV took over. Video fever was already finished.

Meanwhile, from 1971, the video adventure of Luciano Giaccari[16] started, with

lizzare i video, i galleristi si assicuravano così l'esclusiva sulle opere prodotte, anche riguardo al nuovo mezzo elettronico. Per far valere il proprio monopolio, cercano alleati all'estero, colonizzando quei "paesi poveri" come l'Italia dove il video si regge faticosamente sull'entusiasmo e sul quasi-volontariato dei pochi appassionati, nella latitanza di strutture pubbliche e private economicamente forti per il sostegno della ricerca artistica. Il video, all'inizio, è un fenomeno artistico americano e tale resta anche quando va m giro per i1 mondo: è il capitale che decide la storia e organizza la memoria, e il video viene facilmente contenuto e instradato dagli investimenti economici che vengono (o non vengono) fatti al suo riguardo.

Così, quando nel 1977 la collaborazione con la Tapes and Films si interrompe, art/tapes/22 chiude i battenti, affidando il proprio archivio video alla Biennale di Venezia. Anche le altre gallerie diradano progressivamente la documentazione in video del lavoro espositivo, mentre all'inizio degli anni Ottanta il Cavallino decide di chiudere definitivamente la produzione di video d'artista: "nuovi linguaggi venivano a sostituire nelle gallerie quelli dell'arte concettuale", spiega Paolo Cardazzo

> [...] e abbiamo sentito allora che era giunto il momento di mettere fine, alla nostra attività di ricondurre la sperimentazione nell'ambiente più congeniale dello studio televisivo. La strumentazione usata per produrre i videotape degli artisti divenne quindi la base tecnica di una impresa commerciale di produzione televisiva, tuttora operante nei pressi di Venezia[15].

Stop. Il viaggio si conclude così. Il video come mezzo d'arte viene liquidato, dato che serve solo per fare arte concettuale, e gli subentra la televisione commerciale. La febbre del video è già finita.

Nel frattempo, a partire dal 1971, si era avviata l'avventura col video di Luciano Giaccari[16], con la già citata videoregistrazione dell'*happening Print Out* che Allan Ka-

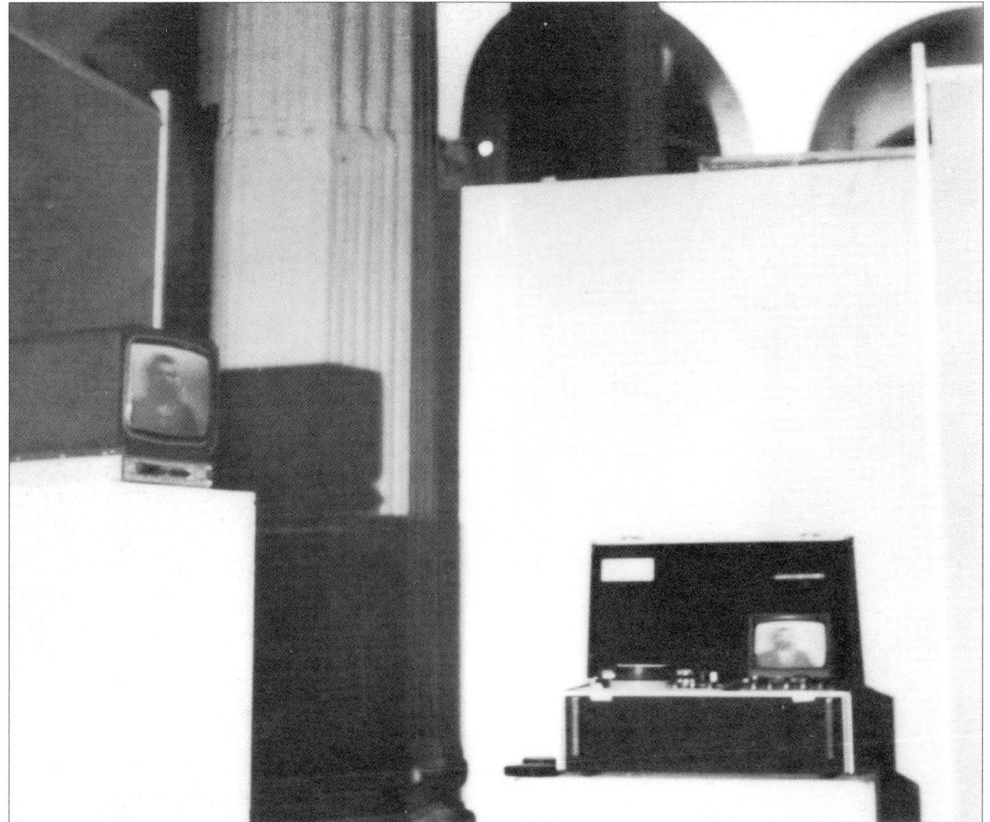

Fig. 2. Videoroom for *Print Out* by Allan Kaprow, Rotonda della Besana, Milan 1971. Videosaletta per *Print Out* di Allan Kaprow, Rotonda della Besana, Milano, 1971. Courtesy of Archivio Videoteca Giaccari.

the already mentioned video recording of the happening *Print Out* that Allan Kaprow carried out in a street in the suburbs of Milan, in the ambit of an exhibition on Nouveau Réalisme curated by Pierre Restany at the Rotonda della Besana. It was the interest for documentation of the live events produced by the artists of the time that led Giaccari towards video, a truly perfect instrument for this purpose. He, in fact, supported, 'the essential value of the "cold video", used in art with purposes different from the production of works ("hot video")'.[17]

Under the impression of works he had seen, Giaccari created independent documents with video, but the clash between the protectionism of the art world and the creative 'authorality' of those who made an aware use of the video language, was, in the end, inevitable. Hence, the project of a video journal that could document the artistic ferment and the consequent debate in progress remained unrealized, with the impossibility of finding an external support.

prow aveva realizzato in una strada della periferia di Milano, nell'ambito di una rassegna sul *Nouveau Réalisme* curata da Pierre Restany alla Rotonda della Besana. E l'interesse per la documentazione degli eventi vivi prodotti dall'arte del periodo a portare Giaccari verso il video, uno strumento davvero perfetto per questo fine. Egli, infatti, sostiene "la valenza essenziale del 'video freddo', usato in arte per fini diversi dalla produzione di opere ('video caldo')"[17].

Sulla suggestione delle opere incontrate, Giaccari crea in video documenti autonomi, ma lo scontro tra i protezionismi del mondo artistico e l'"autorialità" creativa di chi fa un uso consapevole del linguaggio video, alla fine, è inevitabile. Così, il progetto di una videorivista attraverso cui documentare il fermento artistico, e il dibattito in corso conseguente, resta nel cassetto, nell'impossibilità di trovare un sostegno all'esterno.

Un periodo comunque intenso, in cui il lavoro di documentazione col video porta

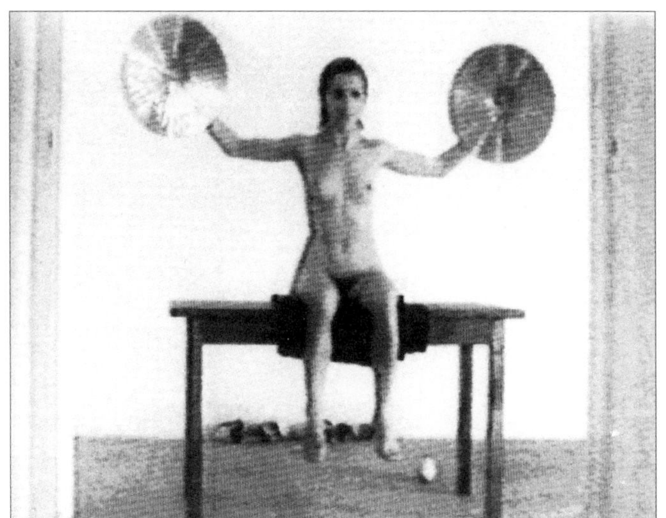

Fig. 3. Luciano Giaccari, *L'eroe da camera* [Chamber Hero] by Vettor Pisani, 1972. Courtesy of Archivio Videoteca Giaccari.

It remained, nonetheless, an intense period, during which the documentation work produced on video led Giaccari to closely ponder the medium, exploring its linguistic potentiality, until the already mentioned *Classificazione dei metodi di impiego del video in arte* [Classification of the Methods of Use of Video in Art]. The aim was to create order in the confusion that surrounded video-as-art, in a moment in which it seemed that it was possible to do all and nothing with the electronic medium. Fortified by his experience, Giaccari differentiated between a 'direct use' of the medium, that of the artists, that included 'art house video tapes', 'video performances' and 'video environment'; and a didactic and documentative 'mediated video', that included 'video documentation', 'video reportage', 'video criticism' and 'video didactics'.

Meanwhile, his name started circulating, while his video archive grew rich with prestigious artists such as Richard Serra, Joseph Beuys, Vito Acconci, Dennis Oppenheim, Giuseppe Chiari, Gina Pane, Nam June Paik, Luciano Fabro, Wolf Vostell, Mario Merz, Vettor Pisani, Eliso Mattiacci and many others. Yet, his independent production of videos on art was discouraged by the commercial exclusive imperatives of the galleries system and by the 'widespread lack of sensibility for video', a circumstance

Giaccari a riflettere da vicino sul mezzo, esplorando le sue potenzialità linguistiche, fino alla redazione della già citata *Classificazione dei metodi di impiego del video in arte*. L'intento è di fare ordine nella confusione che circonda il video come strumento per l'arte, in un momento in cui sembra che col mezzo elettronico si possa fare tutto e niente. Forte della sua esperienza, Giaccari distingue tra un "uso diretto" del mezzo, quello degli artisti, che comprende il "videotape d'artista", la "videoperformance" e il "videoenvironment"; e un "video mediato", quello didattico-documentativo, che comprende la "videodocumentazione", il "videoreportage", la "videocritica" e la "videodidattica".

Intanto, il suo nome inizia a circolare, mentre il suo archivio video si arricchisce di artisti prestigiosi come Richard Serra, Joseph Beuys, Vito Acconci, Dennis Oppenheim, Giuseppe Chiari, Gina Pane, Nam June Paik, Luciano Fabro, Wolf Vostell, Mario Merz, Vettor Pisani, Eliseo Mattiacci e molti altri. Ma la sua attività di produzione indipendente di video sull'arte viene scoraggiata dalle esclusive mercantili del sistema delle gallerie e dalla "diffusa mancanza di sensibilità per il video", una circostanza che a metà degli anni Settanta lo porta a rivolgersi ad altre situazioni artistiche a suo parere "più calde", come la musica, il teatro e la danza, disertando gli appuntamenti in galleria.

Il video si rivela uno strumento problematico, in grado di introdurre nella creazione artistica nuovi fattori eversivi, portatore di un'economia del lavoro in netto contrasto con quella "individualistica" dell'eroe-artista su cui è basato il mercato dell'arte. Lo stesso concetto di opera d'arte come oggetto, passibile di essere venduto perché unico, viene messo in crisi dal supporto magnetico, replicabile innumerevoli volte e deteriorabile, perciò effimero, oltre che visibile soltanto attraverso un apparato specifico. Il video è complicato e la libertà d'azione che esso promette in Italia non è così facilmente praticabile come sembra altrove. È una nuo-

that in the mid-Seventies led him to turn to other artistic situations that he thought 'warmer', such as music, theatre and dance, and to neglect gallery events.

Video revealed itself to be a problematic medium, able to introduce new revolutionary factors in the artistic creation, bearer of a work economy in sharp contrast with the 'individualistic' one of the artist-hero on which the art market is based. The same concept of work of art as an object, subject to being sold because of its uniqueness, was thrown into crisis by the magnetic media, repeatable countless times and perishable, hence ephemeral, besides being visible only with specific equipment. Video was complicated and the freedom of action that it allowed was not so easily practicable in Italy as elsewhere. It was a new technology, exclusively originated for private, amateur use, with no need of being spread through the air or enjoyed collectively. Even in the United States, the immediate creation of video theatres that followed the commercial diffusion of video came as a surprise for the industry. It is not by chance that it took some time to reach large-scale production of good quality video projectors to be used in public venues. Video, when it was born, was only intended for the consumer's free time, to immortalize holidays or a day of celebration with the family, and it was not designed for documenting grassroots events of public interest (militant video), for the implementation of miniature television systems (artists' closed-circuit) or for the aesthetic revisiting of a space (video installations). Video was not aimed at producing communication, but at consuming (free) time.◆

Endnotes

1. So termed by Alberto Farassino in Vittorio Fagone, *Arte e cinema: per un catalogo di cinema d'artista in Italia 1965–1977* (Venice: Marsilio, 1977), p. 3.
2. Like Luciano Giaccari.
3. Vittorio Fagone, *Arte e cinema*, p. 7.
4. *Ibid*, p. 6.

va tecnologia, nata esclusivamente per il consumo privato, amatoriale, senza velleità di diffusione via etere o di fruizione a livello collettivo. Persino negli Stati Uniti, l'immediata creazione dei videoteatri che ha seguito la diffusione commerciale del video ha colto di sorpresa l'industria. Non è un caso se c'è voluto del tempo per arrivare alla produzione su larga scala di videoproiettori di buona qualità da impiegare nei locali pubblici. Il video, quando nasce, è destinato unicamente al tempo libero del consumatore, per immortalare la vacanza o la giornata di festa in famiglia, e non è pensato per la documentazione dal basso di eventi di pubblico interesse (video militante), per la messa in opera di sistemi televisivi in miniatura (circuito chiuso degli artisti), o per la rivisitazione estetica di uno spazio (videoinstallazioni). Il video non è inteso per produrre comunicazione, ma per far consumare il tempo (libero).◆

Note

1. Così si esprime, ad esempio, Farassino in Vittorio Fagone, *Arte e cinema: per un catalogo di cinema d'artista in Italia 1965–1977* (Venezia: Marsilio, 1977), p. 3.
2. Come Luciano Giaccari.
3. Fagone, *Arte e cinema*, cit., p. 7.
4. *Ibidem*, p. 6.
5. *Ibidem*, p. 78.
6. Si ricordano tra gli altri, la Cooperativa Cinema Indipendente e il Collettivo Cinema Militante.
7. Alla mostra curata da Maurizio Calvesi, Renato Barilli, Tommaso Trini e Andrea Emiliani, parteciparono numerosi artisti mentre gli interventi video erano di: Giovanni Anselmo, Alighiero Boetti, Pierpaolo Calzolari, Mario Ceroli, Claudio Cintoli, Gianni Colombo, Gino De Dominicis, Luciano Fabro, Jannis Kounellis, Eliseo Mattiacci, Marisa e Mario Merz, Luca Patella, Giuseppe Penone, Michelangelo Pistoletto, Emilio Prini and Gilberto Zorio.
8. Si rimanda alla cronologia in Simonetta Fadda, *Definizione zero Origini della videoarte tra politica e comunicazione* (Milano: Costa & Nolan, 2005 [1999]), pp. 137–177.
9. Come il cilindro rotante di plastica, legno e specchi escogitato da Umberto Bignardi per la visione pubblica di *Motion Vision* (1967), realizzato con Alfredo Leonardi; il film è stato presentato all'Attico di Roma e alla Bertesca di Genova.

5. *Ibid*, p. 78.
6. It is worth recalling, among others, the Cooperativa Cinema Indipendente and the Collettivo Cinema Militante.
7. Several artists took part in the exhibition curated by Maurizio Calvesi, Renato Barilli, Tommaso Trini and Andrea Emiliani, while the video interventions were by: Giovanni Anselmo, Alighiero Boetti, Pierpaolo Calzolari, Mario Ceroli, Claudio Cintoli, Gianni Colombo, Gino De Dominicis, Luciano Fabro, Jannis Kounellis, Eliseo Mattiacci, Marisa and Mario Merz, Luca Patella, Giuseppe Penone, Michelangelo Pistoletto, Emilio Prini and Gilberto Zorio.
8. See chronology in Simonetta Fadda, *Definizione zero Origini della videoarte tra politica e comunicazione* (Milan: Costa & Nolan, 2005 [1999]), pp. 137–177.
9. Like the rotating cylinder made of plastic, wood and mirrors devised by Umberto Bignardi for the public viewing of *Motion Vision* (1967), made with Alfredo Leonardi; the film was presented at the Attico in Rome and at the gallery La Bertesca in Genoa.
10. Interview made by the author to Giaccari, 1999.
11. In 1970 the new size AV portapak was launched, with 1/2" video cassette, in 1972 Philips launched the first 1/2" video recorder for domestic use on the European market, in 1975 Sony presented its betamax while, in 1976, JVC launched VHS; see chronolgy in Fadda, *Definizione zero*, pp. 137–177.
12. See chronology in Fadda, *Definizione zero*, pp. 137–177.
13. For example, in the ambit of the 15th Festival dei Due Mondi in Spoleto, that took place in 1972, an extensive international exhibition of art house films and videos was presented; all the presented Italian videos had been created by Luciano Giaccari.
14. During his stay, Bill Viola created at art/tapes/22 the videos *Gravitional Pull, Eclipse* and *Hornpipes*; and also, still in Florence, he carried out the installation *Il vapore* [Steam] for the exhibition *Per conoscenza* [For Your Information] at Zona.
15. Paolo Cardazzo in Anna Maria Montaldo e Paolo Atzori (eds.), *ARTel, media elettronici nell'arte visuale in Italia* (Nuoro: Ilisso edizioni, 1995).
16. In 1970 Luciano Giaccari bought, even before the portapak was launched in the Italian market, Shibaden video equipment for closed circuit (with open reel 1/2" tape video recorder).
17. Interview made by the author to Giaccari, 1999.

10. Intervista dell'Autrice a Luciano Giaccari, 1999.
11. Nel 1970 esce il nuovo formato AV di portapak, con video cassetta da ½", nel 1972 la Philips commercializza in Europa il primo videoregistratore da ½" per uso domestico, fino a che nel 1975 la Sony presenta il betamax mentre, nel 1976, la JVC lancia il VHS; cfr. Si rimanda alla cronologia in Fadda, *Definizione zero*, cit., pp. 137–177.
12. Si rimanda alla cronologia in Fadda, *Definizione zero*, cit., 137–177.
13. Ad esempio, nell'ambito del XV Festival dei Due Mondi di Spoleto, svoltosi nel 1972, viene presentata un ampia rassegna internazionale di film e video d'artista; i video italiani presenti erano stati tutti realizzati da Luciano Giaccari (cfr. Si rimanda alla cronologia in Fadda, *Definizione zero*, cit., pp. 137–177).
14. Nel corso di questo soggiorno, Bill Viola crea presso art/tapes/22 i video *Gravitional Pull, Eclipse e Hornpipes*; inoltre, sempre a Firenze, realizza l'installazione *Il vapore* per la mostra *Per conoscenza* presso Zona.
15. Paolo Cardazzo in Anna Maria Montaldo e Paolo Atzori (a cura di), *ARTel, media elettronici nell'arte visuale in Italia* (Nuoro: Ilisso edizioni, 1995).
16. Nel 1970 Luciano Giaccari aveva acquistato, prima ancora che il portapak fosse commercializzato in Italia, un'attrezzatura video Shibaden per il circuito chiuso (con videoregistratore a bobina aperta e nastro da ½")
17. Intervista dell'Autrice a Luciano Giaccari, 1999.

Chapter 8 / Capitolo 8
Symbols and Materials | Simboli e materiali

Grahame Weinbren

Notes on Three Artists Working in Video in Venice in the 1970s

The keyboard of a typewriter fills the monitor screen, one hand marking the left frame edge, the other hand the right. The image is black and white, low contrast, the 'early video' portapak look. Text crawls up-screen between the hands.

Videotapes del Cavallino
Venezia 1977
LUIGI VIOLA
A 5' WRITING
Camera Andrea Varisco

When the artist's name is at the mid-point, the hands begin to clap in a regular rhythm, stiff and pointed, coming together at the horizontal center of the screen, a prayer pose at each meeting of the hands. Clap. Clap. Clap. It continues. After about 30 seconds, words are superimposed. I'm walking. Clap. Clap. Clap. A minute and a half later another phrase. I'm jumping. The clapping continues, never stops. I'm running. Clap. Clap. Clap. Approximately 4 minutes in, the hands stop clapping and

Alcune note su tre artisti che hanno lavorato col video a Venezia negli anni Settanta

Lo schermo del monitor è occupato dalla tastiera di una macchina da scrivere, una mano delimita il lato sinistro della cornice, l'altra il lato destro. L'immagine è in bianco e nero, il contrasto è debole, l'aspetto tipico dei "primi video" fatti col portapak. Il testo scorre sullo schermo, tra le mani.

Videotapes del Cavallino
Venezia 1977
LUIGI VIOLA
A 5' WRITING
Camera Andrea Varisco

Quando il nome dell'artista è a metà schermo, le mani iniziano a battere con un ritmo regolare e rigido, si giungono al centro dello schermo, in posizione di preghiera a ogni battito. Clap. Clap. Clap. Continua. Dopo circa trenta secondi, appaiono le parole in sovrimpressione. *I'm walking* [Sto camminando]. Clap. Clap. Clap. Dopo un minuto e mezzo, ancora un'altra frase. *I'm jumping* [Sto saltando]. Il battimani conti-

Fig. 1. Luigi Viola, *A 5' writing*, 1977. Courtesy of the artist & Archivio Cavallino, Venice.

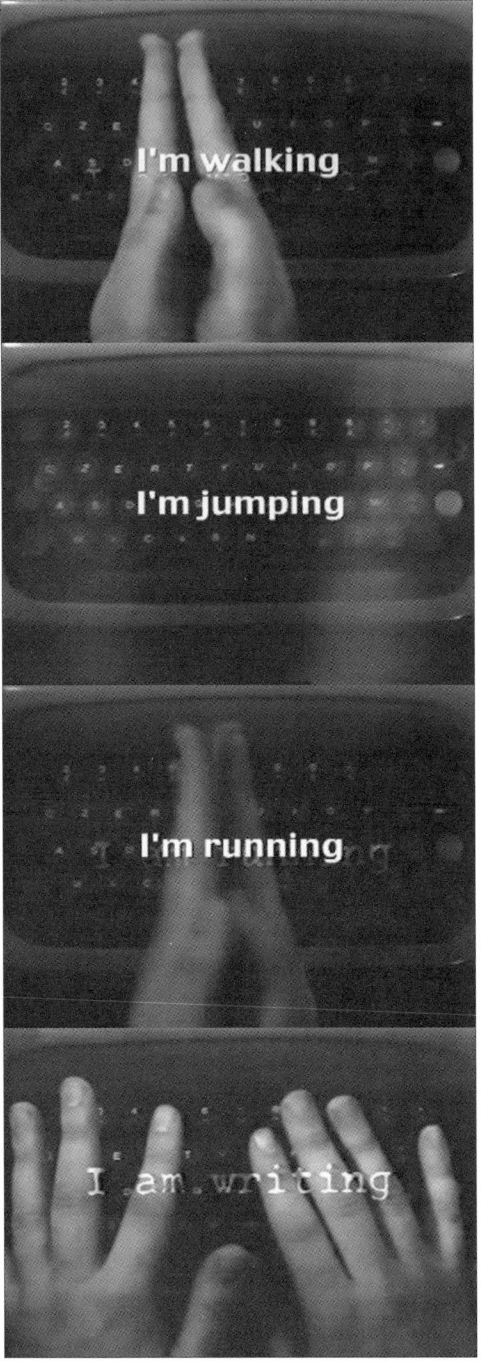

hover above the keyboard, palms away from the camera as if about to tap the keys, and the clapping sound is replaced by typing. I'm writing is superimposed over the image of the hands, and immediately the sans serif letters dissolve into a typewriter font: I am writing. With the sound of a carriage return, the words fade away, then the hands.

nua. *I'm running* [Sto correndo]. Clap. Clap. Clap. A circa quattro minuti dall'inizio, le mani smettono di battere e rimangono sospese sopra la tastiera con i palmi lontani dalla telecamera, quasi stessero per iniziare a battere sui tasti, il rumore del battito è sostituito da quello dei tasti. *I'm writing* [Sto scrivendo] è in sovraimpressione sull'immagine delle mani, e immediatamente le lettere in *sans serif* sfumano in un *font* da macchina da scrivere: I am writing. Col rumore del ritorno del carrello, le parole scompaiono, e anche le mani.

The Box of Life di Federica Marangoni è la registrazione di una performance documentata attraverso un video color terra di Siena[1]. L'artista apre un armadietto e ne estrae, uno alla volta, dei calchi di parti anatomiche: un volto, un busto di donna, un seno, una mano, un braccio, una gamba, un piede. Poggia le varie parti sul tavolo, disponendole poi a formare, approssimativamente, un corpo. Federica Marangoni è alta e atletica: i calchi, se anche non creati da stampi del suo corpo, sicuramente lo raffigurano. Manipola i calchi con attenzione e precisione. Cade un piede. Lei lo ritira su senza esitare. Sparge alcuni mucchi di una sostanza rossa imprecisata intorno ai pezzi. Quando le parti sono sistemate, l'artista prende lentamente un cannello a gas e, di proposito, inizia a puntare la fiamma su tutto quello che si trova sul tavolo. Crepita e fischia. Il calore è palpabile. Le parti anatomiche si sciolgono orribilmente, rovinandosi e decomponendosi, il viso, soprattutto, mantiene le sue fattezze umane troppo a lungo, mentre i cumuli rossi bruciano uniformemente, spargendosi e creando un mare rosso sangue nel quale giacciono ora le parti del corpo deformate. Soddisfatta del suo lavoro, l'artista indossa una maschera trasparente sul volto, dopodiché dà delle maschere simili a sette spettatori seduti in fila, che vediamo ora per la prima volta. Si siede in mezzo a loro. L'opera termina con la traduzione in italiano dell'epitaffio sulla lapide di Marcel Duchamp ("D'altronde sono sempre gli altri che muoiono").

Federica Marangoni's *The Box of Life* is a record of a performance, documented in video tinted to a golden sienna.[1] The artist opens a cabinet and removes, one at a time, casts of body parts. A face, a female torso, a single breast, a hand, an arm, a leg, feet. She carries each part over to a table, on which she places them in an approximate shape of a body. Ms. Marangoni is tall and athletic: the body fragments, if not actually cast from molds of her own body, certainly represent it. She handles the casts with care and precision. A foot falls over. She unhesitatingly stands it up again. She scatters a few red clusters of an indeterminate substance around the pieces. When the parts are laid out, the artist slowly picks up a gas jet and deliberately applies the flame to everything on the table. It roars and hisses. The heat is palpable. The anatomical elements melt, hideously, decaying and decomposing, the face especially retaining its human form for too long, while the red clusters melt more evenly, spreading into a blood-red sea in which the now deformed body parts lie. Satisfied with her work, the artist puts a transparent mask on her face, then gives similar masks to seven viewers sitting in a row, whom we now see for the first time. She sits in the middle of them. The piece ends with an Italian translation of the epitaph on Marcel Duchamp's headstone ('D'altronde sono sempre gli altri che muoiono' in English 'Anyway, it's always other people that die').

In *Zoom*, the artist Claudio Ambrosini is standing in the center of the image. As the camera zooms in, he reaches for the edges of the frame, finding them on the right side and top of the screen, but his pointing finger a good distance within the frame on the left side and bottom.

What are we to make of this trio of short works? Or, the salient issue for this essay: what methods of interpretation and analysis are best applied to them? How do Luigi Viola's *A 5' Writing* and Federica Marangoni's *The Box of Life* or Claudio Ambrosini's *Zoom speak*? This question must be an-

In *Zoom*, l'artista Claudio Ambrosini sta al centro dell'immagine. Quando la telecamera zuma, allunga un braccio per riuscire a tracciare il perimetro della cornice dello schermo, riesce a toccare la parte in alto e quella a destra dello schermo, ma l'indice rimane a considerevole distanza dalla parte sinistra e dalla parte inferiore della cornice.

Qual è il valore di questi tre brevi video? O, per riprendere l'argomento centrale di questo saggio: quali sono i metodi d'interpretazione e analisi che meglio si applicano a questi video? In che modo *parlano A 5' Writing* di Luigi Viola, *The Box of Life* di Federica Marangoni o *Zoom* di Claudio Ambrosini? È necessario rispondere a questa domanda prima di poter iniziare a considerare quello che ci *dicono* questi lavori. Qual è la base estetica di ognuno dei lavori – in che cosa si somigliano, in che cosa sono diversi?

* * *

Agli inizi di dicembre 2012, mi sono trasferito in un appartamento nel sestiere San Polo a Venezia, grazie al sostegno della Fondazione Emily Harvey. Era l'inizio di una residenza d'artista di sei settimane. Non avevo mai visitato Venezia prima, e ho trascorso intere giornate a girare a piedi e sui vaporetti meravigliandomi della mescolanza di storia salvaguardata e decadenza, di muri esterni intonacati che si sbriciolavano ma che nascondevano raffinati interni contemporanei, catturato dalla continua interazione tra passato e presente. Poiché questa era primariamente un'opportunità lavorativa e non una vacanza, sentivo l'obbligo di rendere produttiva la mia permanenza, perciò giravo per la città nei momenti tra gli intensi periodi di riprese e di scrittura. Ho incontrato anche tre artisti che hanno prodotto dei video negli anni Settanta e Ottanta: Claudio Ambrosini, Federica Marangoni e Luigi Viola. Il video non è un *medium* predominante per nessuno dei tre: Ambrosini è compositore e musicista, Marangoni è scultrice e artista d'installazioni e Viola è pittore,

swered before we can begin to assess what the works *say*. What is the aesthetic basis of each – how are they similar, how are they different?

* * *

In early December 2012 I moved into an apartment in the San Polo *sestiere* in Venice, courtesy of the Emily Harvey Foundation. It was the beginning of a six week artist residency. I had not visited Venice before, and I spent my days on foot and *vaporetto* marveling at the combination of preserved history and decadence, of crumbling plastered exterior walls concealing fashionable contemporary interiors, gripped by the constant interplay of past and present. I wandered around the city between intense periods of shooting and writing, since this was in principle a work opportunity, not a holiday, and I felt an obligation to make my stay productive. I also met three artists who had produced video in the 1970s and 80s: Claudio Ambrosini, Federica Marangoni, and Luigi Viola. Video is not a primary medium for any of the three: Ambrosini is a composer and musician, Marangoni a sculptor and installation artist, and Viola a painter, poet and photographer. The latter two continue to work with video, while the former, as he puts it 'hires professionals' when he needs video for his performances. All three made me feel welcome and shared many hours with me, showing and discussing their works in video and other media.

I devoted much of my time in Venice to looking at Renaissance painting. Many commissioned works, particularly paintings, are still in the very locations for which they were produced, in most cases churches, and many are by artists well-known to students and enthusiasts of Renaissance art – *Titian, Tintoretto, Veronese: Rivals in Renaissance Venice* to quote the title of a recent exhibition at the Boston Museum of Fine Arts. The paintings were in almost all cases enthralling and provocative, even if sometimes scarred by time, neglect or misguided restoration efforts, or difficult to see with

poeta e fotografo. Gli ultimi due continuano a lavorare col video, mentre il primo, come dice lui, "assume dei professionisti" quando ha bisogno di video per le sue performance. Tutti e tre mi hanno fatto sentire a mio agio e hanno trascorso con me diverse ore, discutendo e mostrandomi sia le loro opere video sia quelle in altri media.

Ho dedicato molto del mio tempo a Venezia a esaminare quadri del Rinascimento. Molti lavori fatti su commissione, specialmente i quadri, sono ancora nei luoghi per i quali furono creati, nella maggior parte dei casi in chiese, e molti sono di artisti noti agli studenti e agli appassionati di arte rinascimentale – *Titian, Tintoretto, Veronese: Rivals in Renaissance Venice* per citare il titolo di una recente mostra al Boston Museum of Fine Arts. I dipinti erano, nella maggior parte dei casi, affascinanti e provocatori, anche se in alcuni casi erano danneggiati dal tempo, dall'oblio o da incaute opere di restauro, oppure difficili da vedere perché collocati in posizioni scomode, scarsamente illuminati o con superfici riflettenti. Vedere i dipinti *in situ* è un'esperienza indiscutibilmente diversa rispetto alla fruizione in un museo d'arte. A una mostra, ci si avvicina alle opere d'arte in quanto oggetti culturali ed estetici, ma nelle chiese di Venezia è impossibile sottrarsi al loro significato religioso, anche per qualcuno come me, solitamente cinico nei confronti di qualsiasi tipo di religione. La differenza tra questi due tipi di approccio, tra i metodi d'interpretazione e analisi che ci ritroviamo a utilizzare, è la base della mia discussione sui tre artisti veneziani che trentacinque anni fa hanno prodotto delle serie di video.

* * *

Gli imprenditori veneziani hanno escogitato diverse strategie per attingere dal portafogli dei turisti, poiché il turismo è, ormai da oltre un secolo, la maggior fonte di profitto della città. Il Chorus Pass ne è un esempio: è un biglietto che permette di entrare in diverse chiese sparse in tutta la città, quindici visite, una visita per chiesa (tra quelle presenti

their awkward placement and dim lighting or reflective surfaces. Seeing paintings *in situ* is a markedly different experience from looking at them in an art museum. In an exhibition one approaches works of art as cultural and aesthetic objects; but in the Venice churches their religious significance is inescapable, even to one as cynical as I towards religion of any kind. The difference between these two ways of looking, between the methods of interpretation and analysis one finds oneself applying, is the basis of my discussion of the three Venetian artists who created bodies of video work three and a half decades ago.

* * *

Venetian entrepreneurs have devised many schemes for dipping into the visitor's wallet, since tourism has been the city's main source of income for well over a century. The Chorus Pass, for example, is a card that covers the admission fee for churches all over Venice – a fifteen-visit pass, with one visit allowed per church on the list. An attendant at each church stamps the card so that one cannot enter the same church more than once without paying admission again. The pass encourages the tourist to 'collect' churches – it takes at least a week, and in my case several weeks, to fill the whole Chorus Pass. Several check boxes on the card required expeditions to previously unexplored parts of the city.

As the end of my residency approached, I had visited churches crammed with resplendent or somber works by Venetian artists known and unknown to me. A number of churches boasted a special feature: the eccentric placement of a sculpture or painting, a huge gallery accessible through a small door at the side of the altar, an entire church devoted to the works of one particular artist like a four-century solo show, a local myth or ghost story attached to a specific work of art, or a live re-enactment of the Christmas story by young children, a flurry of cell phones held in the air by adoring parents on all sides. One of the

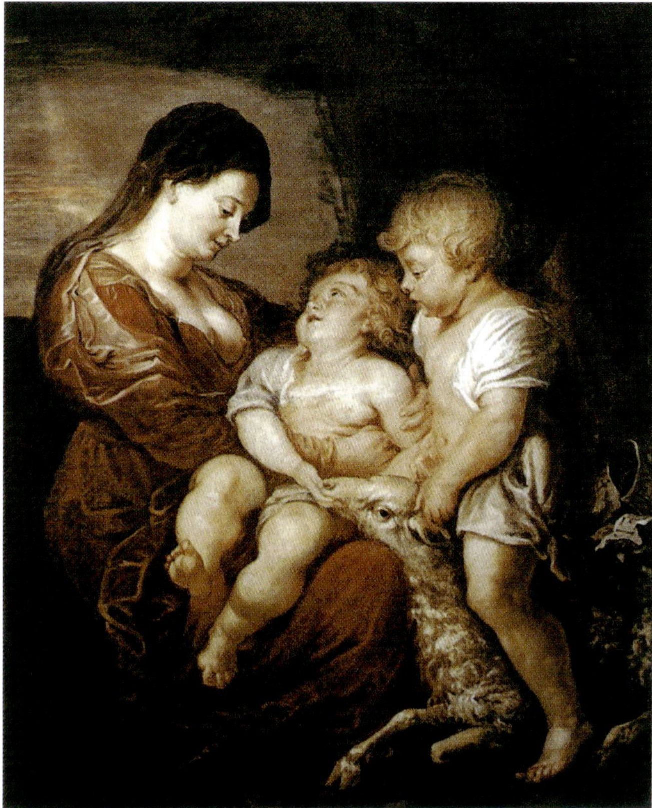

Fig. 2. Peter Paul Rubens, *Madonna col Bambino e San Giovannino* [Virgin and Child with the Infant St John], Santa Maria del Giglio, Venice.

nella lista). Un incaricato in ogni chiesa timbra la tessera così che non si possa rientrare due volte nella stessa chiesa senza pagare di nuovo l'ingresso. Il pass incoraggia il turista a 'collezionare' chiese – ci vuole almeno una settimana, e nel mio caso anche di più, per completare il Chorus Pass. Per riuscire a timbrare le varie caselle mi sono dovuto spingere in zone della città in cui non mi ero mai avventurato prima.

Verso la fine della mia residenza d'artista avevo visitato chiese piene zeppe di lavori, brillanti o scuri, di artisti veneziani a me noti o sconosciuti. Molte chiese vantavano una qualche caratteristica particolare: la collocazione eccentrica di una scultura o di un quadro, un'enorme galleria accessibile attraverso una porticina al lato dell'altare, un'intera chiesa dedicata ai lavori di un singolo artista quasi fosse una personale lunga quattro secoli, una leggenda locale o una storia di fantasmi legate a un'opera d'arte specifica, o una rievocazione della Natività interpretata da bambini, con tanto di telefo-

boxes still unmarked on my Chorus Pass was the church of Santa Maria del Giglio, which had been closed on my first couple of trips to the area. At last, on a gloomy overcast day, I made my way inside. In the center of the fairly typical small church I was delighted, almost shocked, to find a painting by Peter Paul Rubens, an artist I had studied in some detail for an earlier project. Rubens' *Virgin and Child with the Infant St John* is the only painting in Venice by the Flemish master. It is gorgeous in Rubenesque detail: the succulent flesh of the three figures glowing in a soft golden light, the woman and two children gracefully arranged within the borders of the painting, the fold and creases of flowing red fabric simultaneously revealing and concealing the body of the Madonna, the intelligence and depth of three pairs of eyes, each focused on a detail within the scene, the realistically crooked feet and toes of the infants, the masterful handling of paint – for me a visual treat, fresh and familiar at the same time.

The painting is presented not only for its aesthetic values in the Church of Santa Maria del Giglio, but equally, if not more so, as an object of veneration. It is lit like a movie star on the Broadway stage, and there is a small one-person pew directly in front of it. A viewer is invited, by implication, to kneel before the painting. It goes without saying that one who takes this opportunity will not be worshipping the painting itself. This would be blasphemy. The religion prohibits icons: consider the Golden Calf incident described in the Book of Exodus. But visitors are not praying to the figures depicted either. I slowly came to the realization, obvious to those more knowledgeable of the doctrines of Christianity, that the painting was not supposed to *depict* the Madonna and Child with St. John, as if the three of them had actually sat for a portrait. Divine figures are not representable – they are not even elements of the material world. They cannot be depicted. But they can be contemplated. The painting is in the strongest sense, a *symbol* of the divine. It is designed

nini tenuti a mezz'aria da adoranti genitori tutt'intorno. Una delle caselle ancora non spuntate nel mio Chorus Pass era quella della chiesa di Santa Maria del Giglio, che avevo trovato chiusa le prime volte che mi ero avventurato in quell'area della città. Alla fine, in una giornata scura e nuvolosa, sono riuscito a entrare. Sono rimasto piacevolmente colpito nel trovare, al centro della chiesetta caratteristicamente piccola, un quadro di Peter Paul Rubens, artista che avevo studiato approfonditamente per un progetto precedente. La *Madonna col Bambino e san Giovannino* di Rubens è l'unico dipinto a Venezia del maestro fiammingo. Il quadro è magnifico nei suoi dettagli rubensiani: le forme carnose dei tre soggetti risplendono nella morbida luce dorata, la donna e i due bambini, graziosamente collocati all'interno della cornice del quadro, le pieghe e le grinze del fluente tessuto rosso che allo stesso tempo mostrano e nascondono il corpo della Madonna, l'intelligenza e la profondità dei tre sguardi, ognuno concentrato su un dettaglio della scena, i piedi e le dita dei bambini così realisticamente curvi, il magistrale impiego del colore – una delizia visiva, per me, nuova e familiare allo stesso tempo.

Il dipinto è esposto all'interno della Chiesa di Santa Maria del Giglio non solo per il suo valore estetico, ma anche, se non principalmente, in quanto oggetto di culto: è come una stella del cinema sul palcoscenico di Broadway. Di fronte al dipinto si trova un piccolo banchetto per una sola persona, che invita il visitatore a inginocchiarsi davanti al quadro. Non c'è bisogno di aggiungere che chi approfitta di questa possibilità non sta adorando il quadro in sé. Questo sarebbe blasfemo. La religione proibisce le icone: basti pensare al vitello d'oro descritto nel Libro dell'Esodo; ma i visitatori non stanno nemmeno rivolgendo le loro preghiere ai soggetti raffigurati. Sono lentamente arrivato alla conclusione, ovvia per coloro che hanno maggiori conoscenze della dottrina cristiana, che l'obiettivo del dipinto non fosse quello di *rappresentare* la Madonna e il

to bring the Virgin, St John, and the Savior to the mind of the spiritually adept supplicant. As he or she contemplates the glorious image, the Holy figures and everything they represent become present to the believer.

Symbolism is not part of the analytic arsenal I usually bring to the interpretation of an artwork. But after my moment of epiphany before the Rubens painting, I remembered that the placement of a single person pew before paintings, especially, but not only, images of the Madonna or Christ, was a frequent appurtenance of Venetian churches. Many paintings in churches invite prayer and reflection – which, if I am correct, depends on an apprehension of the work as symbolic. 'The meaning of word is its use in the language', Ludwig Wittgenstein famously writes in the *Philosophical Investigations*. The same idea is applicable to art: the meaning of a painting is its use in the culture. These paintings are symbols, not depictions, of the scene they represent. If they depict anything at all, it would be the models the artist employed to pose for him (or, in a few cases, her). Symbolism is a device for eliciting in the mind of the spectator something that cannot be materially represented – in this case divinities, but it could be anything that lies beyond 'the limits of language', to use Wittgenstein's terminology once again. Kant's position is similar. A frequently quoted passage from the *The Critique of Judgement* proposes that the subject of art is transcendental since the artist 'ventures to make sensible rational ideas of invisible beings, the realm of the blessed, the realm of hell, eternity, creation etc., as well as to make that of which there are examples in experience, e.g., death, envy, and all sorts of vices, as well as love, fame, etc., sensible beyond the limits of experience, with a completeness which goes beyond anything of which there is an example in nature'.

* * *

Art historian Linda Blair suggested to me that a way to delineate symbolism more

Bambino con san Giovannino, come se i tre avessero davvero posato per un ritratto. I soggetti divini non sono rappresentabili – non sono nemmeno elementi del mondo materiale. Non possono essere rappresentati, ma possono essere contemplati. Il dipinto è, nel suo senso più forte, *simbolo* del divino. È ideato per evocare la Vergine, san Giovanni e il Salvatore nelle menti degli adepti supplicanti. Mentre i visitatori contemplano la gloriosa immagine, i soggetti sacri e tutto ciò che essi rappresentano diventano reali per il credente.

Il simbolismo non fa parte dell'arsenale analitico che solitamente utilizzo per interpretare un'opera d'arte. Tuttavia, dopo il mio momento epifanico davanti al quadro di Rubens, mi sono ricordato che la collocazione di un banchetto singolo davanti a dei quadri, specialmente, ma non solo, davanti a immagini della Madonna o del Cristo, era un elemento comune nelle chiese veneziane. Molti dipinti nelle chiese invitano alla preghiera e alla riflessione – che, se non sbaglio, dipende da una percezione dell'opera come simbolica. "Il significato di una parola è il suo uso nel linguaggio" scrive notoriamente Ludwig Wittgenstein nelle sue *Indagini filosofiche*. Lo stesso concetto si può applicare all'arte: il significato di un dipinto sta nell'uso che se ne fa nella cultura. I dipinti sono simboli, e non rappresentazioni, della scena che ritraggono. L'unica cosa che rappresentano sono, tutt'al più, i modelli che hanno posato per l'artista (nella maggior parte dei casi un uomo, ma raramente anche una donna). Il simbolismo è un mezzo per sollecitare nella mente dello spettatore qualcosa che non può essere rappresentato materialmente – in questo caso delle divinità, ma potrebbe essere qualsiasi cosa che si pone oltre "i limiti del linguaggio", per usare ancora una volta la terminologia di Wittgenstein. La posizione di Kant è simile. Un passaggio spesso citato dalla *Critica del giudizio* prospetta che il soggetto dell'arte sia trascendentale dacché l'artista "osa dar corpo ad idee della ragione di esseri invisibili, del regno dei

decisively is to draw a contrast between symbolism and metonymy. Consider a compelling example of metonymy: Bill Viola's recently completed altarpiece *Martyrs (Earth, Air, Fire, Water)*, a four-channel video work installed in London's daunting Saint Paul's Cathedral. In no way does this work submit to analysis or interpretation through the trope of symbolism. The four figures, each subjected to a specific torture, are contemporary, plainly dressed, registering not anguish but more a kind of tolerance and patience in the midst of pain, driven by allegiance to a cause or belief – a commitment that relieves, or compensates for, the physical stresses and agonies imposed on their bodies. At least this is what a viewer projects onto the figures. Bill Viola describes the work in these words: 'It's really about what would you give your life for. I mean, that's a huge question and that's something most of us don't have to face every day. So as an artist that was an incredible challenge'.[2] He does not see the work as portraying specific figures significant to the history of the church, saints perhaps, but, rather, as giving the viewer an opportunity to address certain personal issues. 'Everyone has something that they need to resolve, something that they need to understand better, and I think that's the main essence right here,' Viola says in another interview.[3]

The works, in other words, invite *identification* with the figures finding their way through elemental suffering. The piece elicits empathy, an engagement with the figures' pain, their forbearance, and their journey through their own struggles, their *individual* reactions to their particular ordeals. The 'martyrs' in Viola's videos stand for the many who have battled or are currently battling agonies and tortures, physical or mental – each of the four individuals is a paradigm, a perfect stand-in. Each is a *representative* of the rest of humanity.

Symbolism functions by raising in the imagination that which cannot be captured pictorially or linguistically, while metonymy presents a concrete instance of a specific

beati, dell'inferno, dell'eternità, della creazione ecc.; od anche dà corpo, con una perfezione della quale non si trova esempio in natura, a cose che ricorrono nell'esperienza (ad esempio la morte, l'invidia e gli altri vizi, così l'amore, la gloria ecc.), trascendendo i limiti dell'esperienza con un'immaginazione che, in gara con la ragione, tende verso il massimo"[2].

* * *

La storica dell'arte Linda Blair mi ha suggerito che per descrivere il simbolismo in maniera più definita è necessario tracciare una contrapposizione tra simbolismo e metonimia. Considerate un esempio inoppugnabile di metonimia: la pala d'altare recentemente completata da Bill Viola, *Martyrs (Earth, Air, Fire, Water)*, un'opera video a quattro canali installata nella straordinaria cattedrale di Saint Paul a Londra. Quest'opera non si lascia analizzare o interpretare attraverso il tropo del simbolismo. I quattro martiri, ognuno sottoposto a una tortura specifica, sono contemporanei, vestiti in maniera sobria, e non esprimono angoscia, ma piuttosto una sorta di tolleranza e pazienza miste al dolore, suscitate dalla fedeltà a una causa o credo – un impegno che alleggerisce o che compensa lo stress fisico e i tormenti a cui vengono sottoposti i loro corpi. O almeno questo è quello che lo spettatore proietta sulle figure. Bill Viola descrive l'opera con queste parole: "In sostanza, si tratta di ciò per cui saresti disposto a dare la vita. Mi spiego, è un quesito enorme ed è qualcosa che molti di noi non devono affrontare ogni giorno. Quindi, come artista, quella è stata una sfida incredibile"[3]. L'artista non vede l'opera come un modo per ritrarre personaggi specifici, rilevanti per la storia della chiesa, forse santi, ma piuttosto come un modo per dare allo spettatore l'opportunità di affrontare alcuni problemi personali. "Ognuno di noi ha qualcosa di irrisolto, qualcosa che deve capire meglio, e credo che qui sia quella l'essenza fondamentale", commenta Viola in un'altra intervista[4].

issue as an example that may be multiplied across similar situations. The martyrs in the work in St Paul's represent any person undergoing an experience of suffering – but the images do not *symbolize* suffering, martyrdom, or sainthood. It is no surprise that Viola says he was 'flummoxed' with the second part of the commission[4] – to portray Mary, a specific figure in the culture of the church who is beyond representation except through symbolic means. It will be interesting to see how he and Kira Perov approach the problem, whether they decide to grapple with the Symbolic, or develop an alternative approach more in synch with current artistic modes of interpretation.

What one brings to a work is a result of background and training, like one's taste in food or design. If I had grown up in a world where the Symbolic was a fundamental characteristic of works that I admired, my initial approach to a work would certainly be different. And of course Venice is the environment in which Luigi Viola, Federica Marangoni and Claudio Ambrosini have spent their working lives, an environment where art is prevalent and, as I have suggested, its values and its meanings are somewhat different from the art of the streets, museums, galleries, or alternative cinemas, my own points of reference.

* * *

Luigi Viola, trained as a poet, took up video in 1974–75. The subject of *A 5' Writing*, described at the beginning of this text, is, as its title suggests, writing. But no writing takes place, and at first encounter the piece is opaque and difficult to decipher. However, once the concept of symbolism is engaged, the work softens and reveals itself. Where does writing, i.e. *creative writing,* occur? A creative act takes place internally, in the mind of the writer, not in the making of marks or the tapping of keys on a typewriter or keyboard. In the last decade speech recognition and dictation softwares have become common, but when the piece was made, manual labour was an inescapable

Le opere, in altre parole, spingono all'*identificazione* con i soggetti trovando la propria strada attraverso sofferenze primarie. L'opera suscita empatia, una partecipazione al dolore dei soggetti, alla loro tolleranza e al loro viaggio attraverso le proprie lotte, alle loro reazioni *individuali* alle loro prove particolari. I 'martiri' dei video di Viola rappresentano le tante persone che hanno lottato o stanno attualmente lottando contro agonie e torture, fisiche o mentali, ognuno dei quattro individui si pone come paradigma, un'elaborazione perfetta. Ognuno è *rappresentativo* del resto dell'umanità.

Il simbolismo funziona stimolando l'immaginazione che non può essere catturata pittoricamente o linguisticamente, mentre la metonimia presenta l'esempio concreto di un problema specifico come modello che può essere moltiplicato attraverso situazioni simili. I martiri nell'opera a St. Paul rappresentano qualsiasi persona che sta affrontando delle sofferenze – ma le immagini non *simbolizzano* sofferenza, martirio o santità. Non sorprende che Viola affermi di essere rimasto "sbalordito" quando ha ricevuto la seconda parte della commissione[5]: ritrarre Maria, una figura distinta nella cultura della Chiesa, che va oltre la rappresentazione, tranne attraverso elementi simbolici. Sarà interessante vedere come Viola e Kira Perov affronteranno il problema, se decideranno di confrontarsi con il Simbolico o se svilupperanno un approccio alternativo più in sintonia con gli attuali modelli artistici di interpretazione.

Ciò che ognuno apporta a un lavoro è la combinazione del proprio retroterra e della propria formazione, come i gusti personali sul cibo o sul design. Se io fossi cresciuto in un mondo dove l'elemento simbolico era una caratteristica fondamentale delle opere che ammiravo, il mio approccio iniziale a un'opera d'arte sarebbe certamente differente. E ovviamente Venezia è l'ambiente in cui hanno trascorso le loro vite lavorative Luigi Viola, Federica Marangoni e Claudio Ambrosini, un ambiente dove l'arte

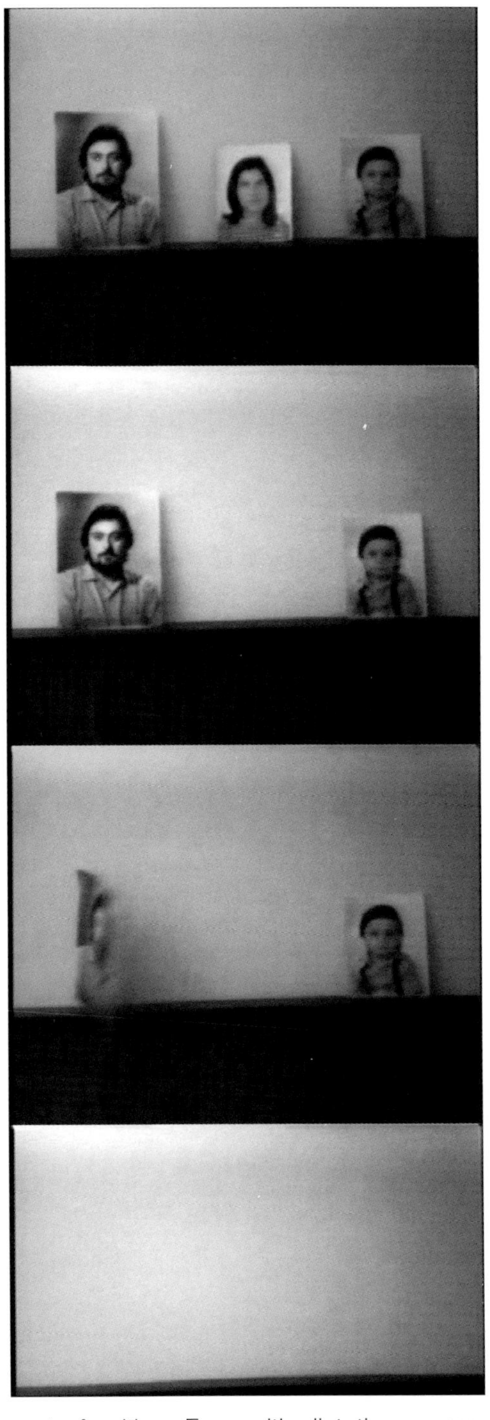

Fig. 3. Luigi Viola, *Fall and Loss of a Dear Family*, 1976. Courtesy of the artist & Archivio Cavallino, Venice.

part of writing. Even with dictation, someone's hand, if not the author's, was essential to the process. However, the mental activities and changing formations in one's consciousness that constitute the basis of the act of writing cannot be directly depicted. *A 5' Writing* describes 'language caught in its

primeggia e, come ho suggerito, dove i suoi valori e i suoi significati sono in qualche modo diversi da quelli dell'arte di strada, dei musei, delle gallerie o dei cinema underground, miei effettivi punti di riferimento.

* * *

Luigi Viola, formatosi come poeta, ha iniziato a lavorare col video nel 1974–75. Il soggetto di *A 5' Writing*, descritto all'inizio di questo testo, è, come suggerisce il titolo stesso, la scrittura. Ma non c'è traccia di scrittura nel video, e a una prima visione, l'opera è oscura e difficile da decifrare. Tuttavia, una volta metabolizzato il concetto di simbolismo, il lavoro si ammorbidisce e si rivela per quello che è. Dov'è che ha luogo la scrittura, ad esempio la *scrittura creativa*? Un atto creativo ha luogo interiormente, nella mente dello scrittore, non mentre traccia dei segni o batte sui tasti di una macchina da scrivere o su una tastiera. Nell'ultimo decennio sono diventati comuni i software di riconoscimento vocale e dettatura, ma quando quest'opera è stata creata, il lavoro manuale era una parte inevitabile dello scrivere. Anche con la dettatura, le mani di qualcuno, se non quelle dell'autore, sono necessarie per il processo. Tuttavia, le attività mentali e le formazioni mutevoli nella consapevolezza di un individuo, che costituiscono la base dell'atto dello scrivere, non possono essere rappresentate direttamente. *A 5' Writing* descrive "il linguaggio catturato nel suo momento di transizione tra pensiero e articolazione" (per utilizzare le parole di Finian O'Toole tratte da un contesto alquanto diverso)[6]. L'immagine della macchina da scrivere e delle due mani che battono è un *simbolo* dell'esperienza dello scrivere, fa parte dello stesso dominio ontologico dell'esperienza interna di correre o saltare. Per lo scrittore o agente, questi non sono processi materiali (anche se causati da processi elettro-chimici che avvengono nel cervello – un'immagine di una risonanza magnetica del cervello di un poeta che sta creando un sonetto non è una foto della

moment of transition between thought and articulation' (to take the words of Finian O'Toole from a quite different context)[5]. The image of typewriter and two hands clapping, is a *symbol* of the experience of writing, in the same ontological realm as the internal experience of running or jumping. For the writer or agent, these are not material processes (even if caused by electro-chemical processes in the brain – an MRI image of the brain of a poet conceiving a sonnet is not a picture of writing). The act of writing cannot be pictured, only symbolized.

The 1976 *Fall and Loss of a Dear Family* shows three passport size photographs on a mantelpiece. A hand flicks them off one by one. I watched the video with Luigi and his wife Luciana. She gently objected – the photo of their son was last, but she fell before her husband. The straightforward symbolism in the weight of that which one cannot confront, the death of one's loved ones and, as significantly, oneself, is portrayed in this piece with minimal gestures. Symbolism sets an object or activity in the place of something that cannot be represented pictorially. In this case it is a dread often present in the artist's mind, an apprehension or anxiety that he cannot bear to envision – the fall and loss of a dear family.

Viola was well aware of the visual indigence of Portapak video in the works he produced in the 1970s. He told me that he gave up video when he saw the more highly resolved images produced by the better equipment available to artists in the United States – in this connection he mentioned seeing the work of Bill Viola (to whom he says he is not related) when it was shown in Italy for the first time and appreciating immediately that the technology Bill used would be necessary for Luigi to realize his vision in video. But it was not available to him. For, as evidenced by his paintings and photographs, Luigi Viola possesses a highly attuned visual sensibility, a deep awareness of the interplay of color and form, and a mastery of the manipulation and presentation of these qualities. The minimal resolu-

scrittura). L'atto dello scrivere non può essere raffigurato, solo simbolizzato.

In *Fall and Loss of a Dear Family* del 1976 ci vengono mostrate tre foto in formato passaporto su un camino. Una mano le toglie una alla volta. Ho visto il video con Luigi e sua moglie Luciana. Lei ha gentilmente obbiettato – la foto del figlio era l'ultima, ma lei era caduta prima del marito. Il simbolismo diretto del peso che una persona non può sopportare, la morte dei propri cari e, significativamente, di se stessi, viene rappresentato in quest'opera attraverso gesti minimali. Il simbolismo mette un oggetto o un'attività al posto di qualcosa che non può essere rappresentata pittoricamente. In questo caso è una paura spesso presente nella mente dell'artista, un'apprensione o ansia che non può sopportare di affrontare – la caduta e perdita di un proprio caro.

Viola era ben consapevole della povertà visiva del video nei lavori che ha creato negli anni Settanta col portapak. Mi ha detto di aver abbandonato il video dopo aver visto le immagini dalla maggiore risoluzione, prodotte con le migliori attrezzature di cui disponevano gli artisti negli Stati Uniti – a riguardo mi ha raccontato di aver visto il lavoro di Bill Viola (col quale non ha nessuna parentela) quando venne presentato in Italia per la prima volta e di aver subito capito che la tecnologia utilizzata da Bill era ciò di cui lui avrebbe avuto bisogno per poter realizzare la sua visione attraverso il video. Questa tecnologia, però, non era a sua disposizione. Come dimostrato dai suoi dipinti e dalle sue foto, Luigi Viola possiede una sensibilità visiva fortemente armonica, una profonda consapevolezza dell'interazione tra colore e forma e la maestria nella manipolazione e presentazione di queste qualità. La risoluzione minimale e il basso contrasto del video portapak lo costringevano a ideare lavori che non facessero affidamento per il loro impatto sull'elemento visivo, e la serie di video prodotti alla fine degli anni Settanta sono o registrazioni di performance o rappresentazioni simboli-

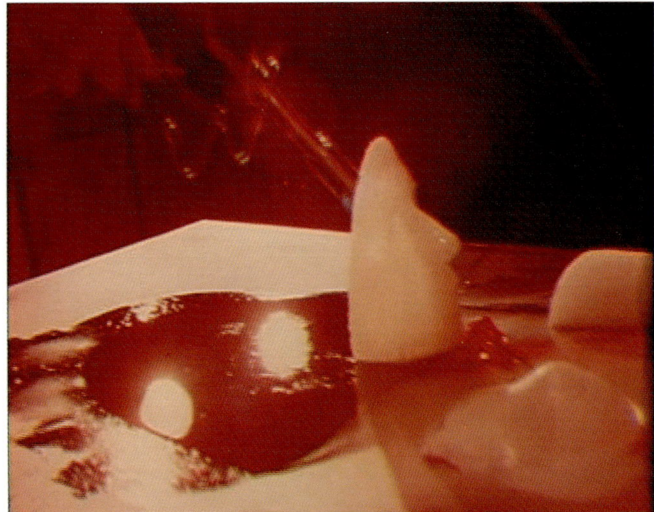

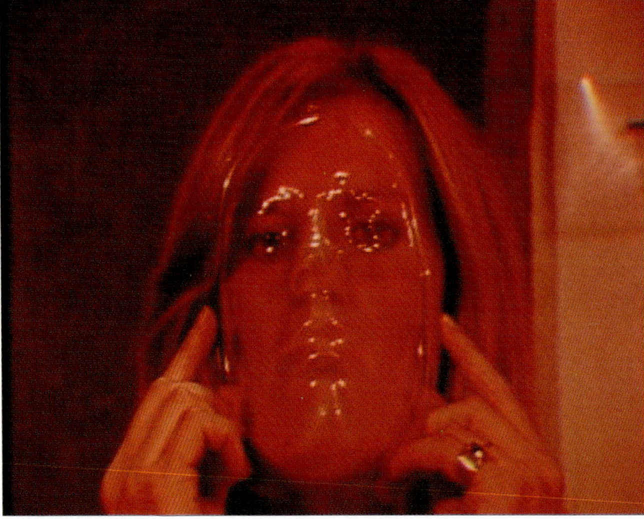

Figs. 4a, b. Federica Marangoni, *The Box of Life*, 1978. Courtesy of the artist.

tion and low contrast of Portapak video limited him to conceiving works that were not dependent on the visual for their impact, and the series of video pieces Viola produced in the late 1970s are either records of performances or symbolic representations, their 'look' not pertinent to their meaning and force.

Once we admit symbolism onto the stage of interpretation, Federica Marangoni's *The Box of Life* becomes compelling and moving. From the beginning the work points at *Thanatos* and femininity – a woman at the height of youth, contemplating her vulnerability and mortality. The elements of *The Box of Life* are molded wax, as are the clumps of beads that melt into a sea of

che, poiché il loro "aspetto" non è pertinente al loro significato e alla loro forza.

L'ammissione del simbolismo sul palcoscenico dell'interpretazione rende *The Box of Life* di Federica Marangoni potente ed emozionante. Fin dall'inizio, l'opera fa riferimento al *Thanatos* e alla femminilità – una donna in giovane età, contempla la sua vulnerabilità, la sua inevitabile mortalità. Gli elementi di *The Box of Life* sono di cera modellata, così come lo sono le masse di gocce che si sciolgono a formare un mare di sangue sotto le parti del corpo adesso deformati. La cera è morbida, flessibile e traslucente, e si possono facilmente attribuire queste qualità alle parti del corpo fatte di quel materiale.

Capire il lavoro significa vedere le azioni e gli oggetti come attestanti qualcosa che non può essere colto o concepito col pensiero razionale. "La morte non è un evento della vita", scrive Wittgenstein nel *Tractatus*, un libro il cui intento dichiarato è indicare, mostrare, ciò che giace oltre i limiti del linguaggio e che, per ovvie ragioni, non può essere espresso con esso. La propria morte si pone oltre la portata della rappresentazione, ma può essere riportata alla mente con gesti simbolici.

In *The Box of Life* la Marangoni manovra una torcia a gas per sciogliere i calchi di cera, strumento che viene largamente utilizzato dagli artigiani del vetro dell'isola di Murano. La produzione del vetro ha avuto un ruolo preponderante nello sviluppo e nella prosperità di Venezia dal Rinascimento e, come materiale artistico, appare in diversi modi nella pratica della Marangoni, riflettendo la sua intima connessione con la città. Nei suoi lavori il vetro è spesso simbolo di fragilità e vulnerabilità, malleabile, trasparente e riflettente, che perde la sua vitalità, se non la sua identità, sotto il calore (o la pressione): il vetro come una metafora di se stessi è quasi fin troppo perfetto. Le qualità del vetro sono impiegate in diversi modi. I progetti della Marangoni fanno spesso riferimento all'impoverimento o alla devastazio-

blood under the now deformed anatomical fragments. Wax is soft, pliable and translucent, and one easily attributes these qualities to the body parts that have been formed from the material. To understand the work is to find in the objects, and the actions that are performed on them, something which cannot be fully grasped within rational thought. "Death is not a event in life", Wittgenstein writes in the *Tractatus*, a book whose stated aim is to indicate – to show – that which lies beyond the limits of language, but, for obvious reasons, cannot be expressed *in* language. One's own death is beyond the reach of depiction: but it can be called to mind in symbolic gesture.

In *The Box of Life,* Marangoni maneuvers a gas torch to melt the wax casts, the very device used extensively by the glass artisans of the island of Murano. The glass industry had a major role in the development of the prosperity of Venice since the Renaissance, and, as an artistic material, glass appears in different ways throughout Marangoni's practice, reflecting her intimate connection with her city. In her works glass is often a symbol of fragility and vulnerability, malleable, transparent and reflective, losing at least its vitality if not its identity under heat (or pressure): as a metaphor of the self, glass is almost too perfect. The qualities of glass are put to a different end as well. Marangoni's projects often refer to the impoverished or ravaged of the world, and in these cases, the qualities of glass reflect her impatience at the lack of concerted, universal action for those in need, who are highly visible by means of contemporary technologies, yet beyond our reach, separated from us by a seemingly impenetrable barrier.

Marangoni's commitment to glass as raw material preceded her work with video and some of her works that incorporate glass do not depend on its symbolic aspect. From the 1970s until quite recently, glass, as the front surface of the TV monitor, was the prominent material feature of video. This facet of video presentation may even account for her attraction to the medium itself.

ne nel mondo, dove le qualità del vetro riflettono la sua impazienza per la mancanza di un'azione convenuta e universale a favore dei più bisognosi, che sono altamente visibili grazie alle tecnologie offerte ma comunque oltre la nostra portata, e separati da noi da una barriera che sembra impenetrabile.

L'impegno di Federica Marangoni a utilizzare il vetro quale materiale grezzo precede il suo lavoro col video, e alcuni dei suoi lavori che includono il vetro non dipendono dal suo aspetto simbolico. Negli anni Settanta il vetro era il materiale caratteristico principale del video in quanto costituiva il monitor delle TV. Questo aspetto della presentazione del video serve probabilmente a spiegare il suo interesse verso questo *medium*. Le opere più forti della Marangoni utilizzano neon e video come elementi di sculture o installazioni – in generale con il vetro stesso come materia di maggior risalto. Le immagini sullo schermo e le parole formate dal neon sono sia colori e motivi su vetro sia immagini o messaggi. Il suo *Glass Dream* del 1989, mette in primo piano le qualità materiali del vetro: due griglie formate da quindici monitor, tre linee orizzontali, cinque verticali, su due lati di una torre, ogni monitor a riprodurre un video dello schermo che si frantuma: un monumento di auto-distruzione, e alla base della torre un tappeto di vetri rotti, come se l'illusione fosse diventata realtà. È un'opera il cui soggetto costituisce la sua stessa base materiale.

L'enfasi sui materiali ci porta a parlare del lavoro dell'ultimo artista a cui ho fatto visita a Venezia. La videoarte di Claudio Ambrosini è in linea con le preoccupazioni artistiche internazionali del tempo. Gli anni Settanta testimoniarono la fine dell'ultimo modernismo, con la sua enfasi riduttiva sui suoi stessi materiali, col suo rifiuto di altri temi o referenze esterne, e la sua allergia all'idea di significato come qualcosa di separabile dal lavoro, come un uovo dal suo guscio o la polpa di un'arancia dalla sua buccia. Ambrosini ha definito così la sua posizione: "La videoarte dovrebbe essere

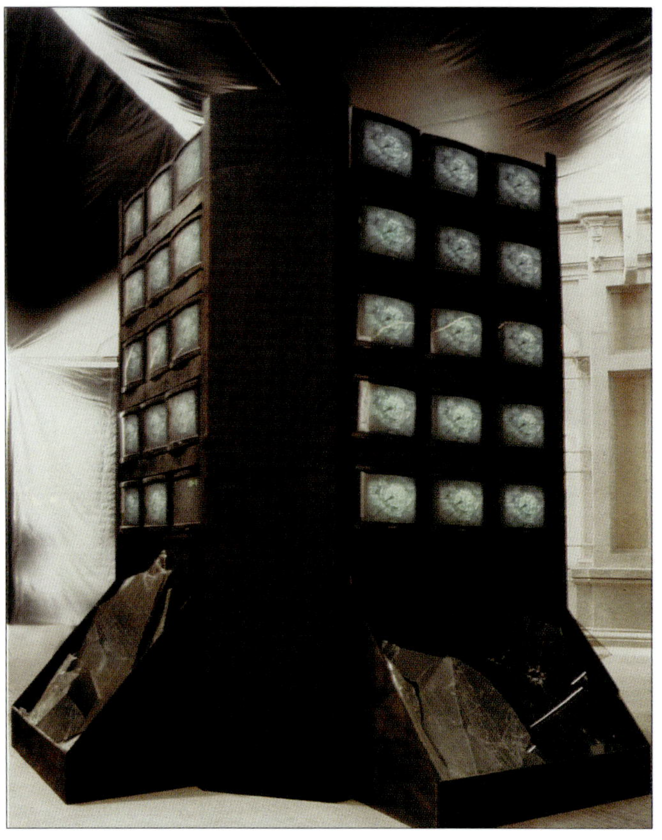

Marangoni's strongest works use neon and video as components of sculptural pieces or installations – generally with the glass itself as the most pronounced element. The on-screen images and the neon-molded words are colors and patterns in glass as much as they are pictures or messages. Her 1989 *Glass Dream* foregrounds material qualities of glass: two grids of fifteen moni-

Figs. 5a, b, c (facing page). Federica Marangoni, *Glass Dream*, 1989. Courtesy of the artist.

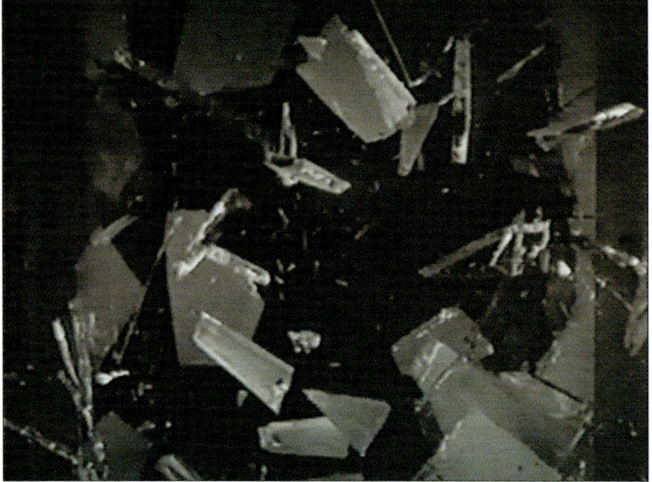

qualcosa che si può fare solo con attrezzatura video: ad esempio sfruttando il tempo reale; e allo stesso tempo dovrebbe spiegare la natura del *medium* che si sta usando. Ad esempio, non può essere fatto con una cinepresa". In altre parole, il suo approccio è esattamente in linea col tipo di arte che raggiunse l'apice negli anni Sessanta e Settanta in America e in Gran Bretagna. Hollis Frampton ad esempio, potrebbe aver fatto la stessa affermazione riguardo i suoi film prodotti tra il 1970 e il 1975. Nella stessa arena operavano artisti quali Joan Jonas, Stephen Partridge, Doug Hall, Peter Campus, e molti altri che appartenevano alla seconda ondata di video artisti.

Lo sfondo della scena unica di *Zoom* è un muro in due sfumature di grigio, che divide verticalmente lo schermo con l'artista posto al centro della cornice a bipartire lo schermo orizzontalmente. È un'immagine formale geometricamente precisa. Ambrosini segna i contorni della cornice, guardando direttamente davanti a sé dove, noi presumiamo, si trova un monitor messo lì per guidarlo. Il suo dito traccia quasi esattamente la destra dello schermo e la parte inferiore della cornice, ma soprattutto a sinistra e in alto il suo dito è abbastanza lontano rispetto alla cornice. Lo sfalsamento rimane quando la videocamera mette a fuoco l'artista, che in questo modo ci sta mostrando un'inadeguatezza, un difetto della tecnologia. Questo coincide con un'idea di cui mi aveva parlato Ambrosini: che un "difetto" della fisiologia dell'occhio o della vista in generale è ciò che permette al cinema di esistere del tutto. "L'occhio ha una sorta di pigrizia", mi ha detto. "Vediamo un movimento che non è nel materiale reale" (Io dubito che sia un difetto o una virtù, un *disturbo* o una *caratteristica* dell'occhio a rendere possibile l'esistenza del cinema – ma la validità del suo punto di vista è irrilevante per la comprensione del suo lavoro). In *Zoom*, l'artista sfrutta due proprietà innate del video: la sua facilità fondamentale nel registrare il movimento, e la sua capacità di trasmettere in tempo reale, ossia la possibi-

tors, three across, five down, on two faces of a tower, each monitor containing video of its screen shattering: a monument of self-destruction, with an arrangement of broken sheets of glass at the base of the tower, as if the illusion has become reality. It is a work whose subject is its own material basis.

The emphasis on materials brings us to the work of the last artist I visited in Venice. Claudio Ambrosini's video art is aligned with international artistic concerns of the time. The 1970s saw the final gasps of late modernism, with its reductive emphasis on its own materials, its avoidance of other subject-matter or external reference, and its allergy to the idea of 'meaning' as something separable from the work like an egg from its shell or the flesh of an orange from its skin. Ambrosini described his position as follows: 'Video art should be something that can be done only with video equipment: for instance, exploiting real time; and at the same time it should explain the nature of the medium you are using. It cannot be done with a film camera, for example'. In other words, his approach is exactly in line with the kind of art which came to a peak in the 60s and 70s in the USA and Britain. Hollis Frampton, for example, might have made the very same statement in reference to his films produced between 1970 and 1975. Joan Jonas, Stephen Partridge, Doug Hall, Peter Campus, and many others forming the second wave of video artists, operated in the same arena.

The background of the single scene of *Zoom* is a wall in two shades of grey, dividing the screen vertically, with the artist positioned at frame center to divide the screen horizontally. It is a geometrically precise, formal image. Ambrosini traces the border of the frame, looking directly forward, where we assume a monitor has been set up to guide him. His finger delineates screen right and the bottom of the frame almost exactly, but consistently on the left side and at the top his finger is quite far inside the frame. The offset remains as the camera zooms in on the figure. He is indicating an inaccuracy,

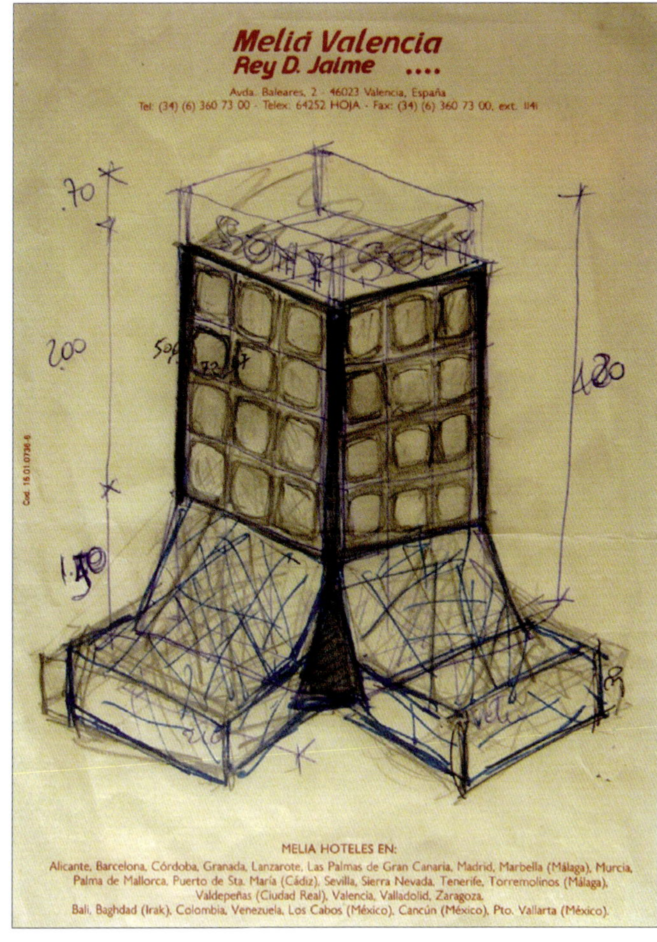

lità di proiettare un evento mentre lo si sta registrando.

Perché *Zoom* è un'opera d'arte e non un semplice test tecnico che potrebbe essere compiuto da un operatore televisivo che cerca di calibrare dei difetti nella sua

Fig. 6 (below). Claudio Ambrosini, *Zoom*, 1977. Courtesy of the artist & Archivio Cavallino, Venice.

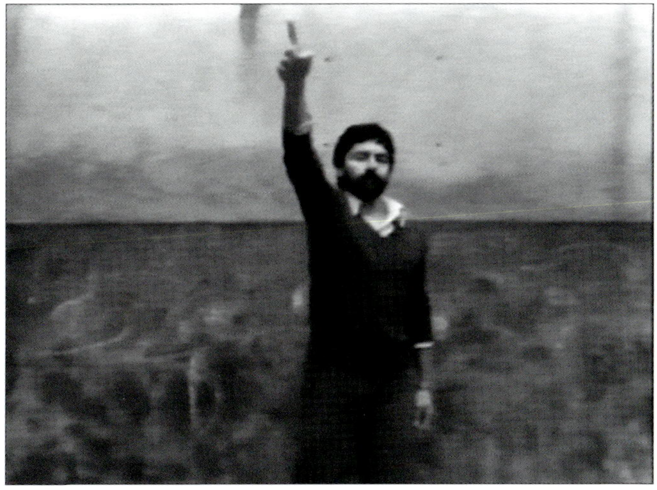

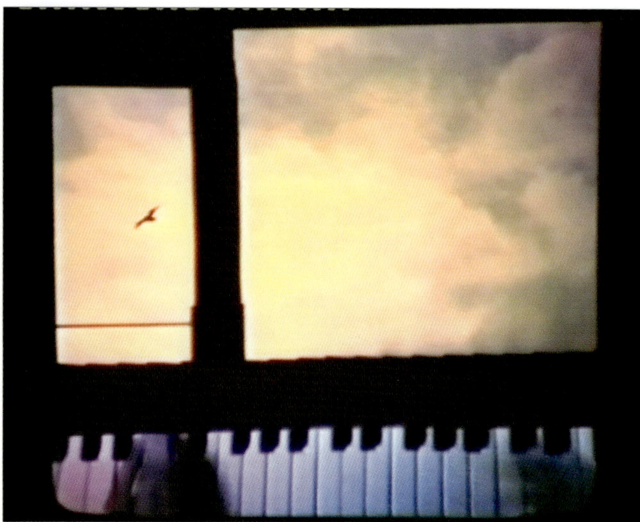

Fig. 7. Claudio Ambrosini, *Videosonata*, 1979. Courtesy of the artist & Archivio Cavallino, Venice.

a fault of the technology. This matches an idea Ambrosini expressed to me: that a 'defect' in the physiology of the eye or of vision in general is what enables cinema to exist at all. 'The eye has a kind of laziness' he said. 'We see movement that is not in the actual material'. (I would question whether it is a defect or a virtue, a *bug* or a *feature* of the eye that makes cinema possible – but the validity of his viewpoint is irrelevant to an understanding of his work). In *Zoom*, the artist exploits two properties inherent to video: its fundamental facility for recording movement, along with its capacity for real time playback, i.e. that while an event is being recorded it can be simultaneously screened.

Why is *Zoom* a work of art, and not a simple technical test that might be performed by a television technician wishing to calibrate flaws in his equipment? Like much of the advanced art of this period, which is on a primary level an investigation of properties of its own supporting medium, something is revealed that is quite separate from and, ironically, more interesting than the explicit intentions that brought the work into being. The figure of the artist in *Zoom* remains fixed in the center of the screen, stretching and reaching to the outer edges of the frame. The image resonates on the one hand with the well-known Leonardo da Vinci *Vitruvian Man*, extending his limbs to

attrezzatura? Come molta dell'arte più avanzata di questo periodo, che è, a livello primario, un'investigazione sulle proprietà del suo stesso *medium* di sostegno, *Zoom* ci rivela qualcosa che è decisamente staccato dalle intenzioni specifiche che hanno dato esistenza al lavoro e, ironicamente, più interessante. La sagoma dell'artista in *Zoom* rimane sempre al centro dello schermo, mentre allunga le braccia e tocca gli estremi esterni della cornice. L'immagine da una parte richiama il ben noto *Uomo vitruviano* di Leonardo da Vinci, che estende i suoi arti verso il perimetro di un cerchio e un quadrato, e dall'altra è una celebrazione del movimento quotidiano del corpo nel tempo, equivalente all'importanza data al movimento non specializzato, "ordinario" dalla danza d'avanguardia dell'epoca. Circoscrivendo i contorni della cornice video in tempo reale, Ambrosini mette in scena un'opera di danza moderna.

Claudio Ambrosini ha prodotto sedici video prima del 1980, in molti di questi egli stesso era soggetto o interprete, e molti su base musicale. Una serie di lavori è costituita dalle ricerche originate da aspetti specifici del video come *medium* e dispositivo: *Zoom* rientra in questa categoria. Un'altra serie è puramente musicale: in *Tocco 3* ad esempio, l'artista suona un goffo telefono a disco italiano come fosse uno strumento musicale. Altre opere di questo gruppo documentano performance con diversi radioregistratori a cassetta che catturano e ripropongono il rumore prodotto dall'artista mentre si muove in mezzo ai registratori. Un terzo gruppo è rappresentato dai lavori che cercano modi in cui simulare le operazioni video in altre forme.

Videosonata, che Ambrosini ha definito il suo "lavoro d'addio" (al video), è un esempio di quest'ultima categoria. Suggerisce un'analogia tra la tecnologia dell'immagine dello schermo video e la tecnica della tastiera. La mano dell'artista scorre sulla tastiera di un piano producendo una serie ripetuta di glissando, mentre accompagna una serie di diapositive fotografiche fatte dalla finestra

the perimeters of a circle and a square, and on the other, it is a celebration of everyday body movement in time, parallel to the investment in non-specialized, 'ordinary' movement in the concurrent advanced dance culture. Defining the edges of the video frame in real time, Ambrosini performs a work of modern dance.

Claudio Ambrosini produced 16 video works before 1980, many with himself as subject or performer, and many musically based. One set of works consists of investigations generated by specific aspects of video as medium and apparatus: *Zoom* is in this category. Another set is purely musical: *Tocco 3* [Touch 3] is an example, the artist playing a clumsy Italian dial telephone as a musical instrument. Other pieces in this group document performances with multiple cassette recorders capturing and replaying audio generated by the artist as he moves between them. A third group consists of works that seek ways to simulate the operations of video in other forms.

Videosonata, which Ambrosini called his 'farewell work' (i.e. to the video medium), is an example of the latter category. It suggests an analogy between the technology of the video display image and a keyboard technique. Accompanying a series of photographic slides taken from the window of his room in the Ghetto projected one at a time, he runs his hand along a piano keyboard producing a repeating series of glissandi. This action matches the function of the video monitor, a beam scanning across the treated glass screen to produce one horizontal line of the image after another 25 (PAL) or 30 (NTSC) times per second. Replicating the action of the scanning electron beam with his right hand on the piano keyboard, his left hand attempts to capture, musically, the quality of each individual image. In other words, the photographic slide show is used as a musical score. While one hand expresses the image in musical terms, the other converts the technological operation of video into a musical operation. Once again the piece is a metaphor for what the

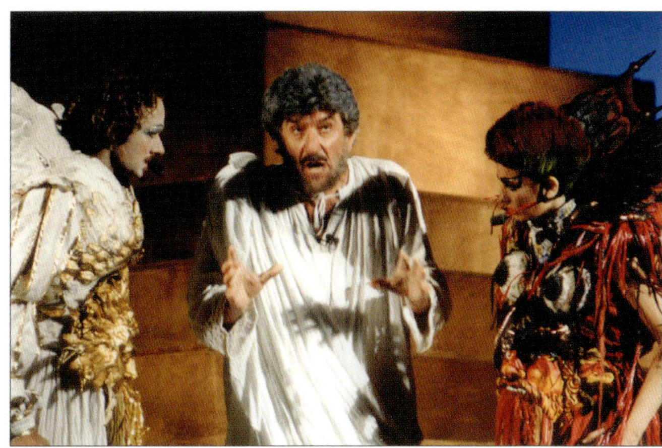

Fig. 8.
Il giudizio universale [Last Judgment], 1996
Opera buffa in one act for one actor, soprano and tenor, 15 instruments and live electronics.
Opera buffa in un atto per un attore, soprano, tenore, 15 strumenti e live electronics (85').
Ideation, book and music/ Ideazione, libretto e musica: Claudio Ambrosini (1989)
Commission/commision: Festival delle Nazioni di Città di Castello
First ex: 1 August 1996, Città di Castello, Festival delle Nazioni.
Actor/Attore: Gigi Proietti; Soprano: Sonia Visentin; Tenor/Tenore: Filippo Pina Castiglioni.
Ex novo Ensemble. Dir.: Diego Masson.
Courtesy of the artist.

della sua stanza nel ghetto e proiettate una alla volta. Questa azione corrisponde a quello che accade nel monitor video, un raggio che scorre lungo il vetro trattato dello schermo che produce una linea orizzontale dell'immagine dopo l'altra, 25 (PAL) o 30 (NTSC) volte al secondo. Mentre la sua mano destra replica l'azione del fascio elettronico che scorre, la sua mano sinistra cerca di catturare, musicalmente, la qualità di ogni singola immagine. In altre parole, lo spettacolo delle diapositive fotografiche è utilizzato come un libretto musicale. Mentre una mano esprime l'immagine in termini musicali, l'altra converte l'operazione tecnologica del video in un'operazione musicale. Ancora una volta l'opera è una metafora di quello che l'artista vede come un difetto fisiologico, perché le scansioni orizzontali che producono il video sono troppo veloci per essere percepite dal "pigro" occhio umano. Probabilmente questa interpretazione del video, come dipendente da un difetto della vista dell'uomo, è ciò che ha spinto Ambrosini ad abbandonare tale *me-*

artist sees as a physiological defect, the horizontal scans that produce video being too fast to be detectable by the 'lazy' human eye. Possibly this conception of video, as dependent on a flaw of human vision, is what led Ambrosini to abandon the medium. He returned to a form that has a substantial historical cultural base and tradition, and which depends on highly developed qualities of the human senses working in tandem. In the following 30 years Ambrosini devoted himself to composing music, including operas which have been performed internationally, taking on such major subjects as the Big Bang, Sex, and Religion.

* * *

My time in Venice came to an end in January 2013. I was glad to have found a way to incorporate my fascination with the architecture, art and atmosphere of this splendid city with the beginning of an understanding of how three artists, who had spent much of their working lives there, were able to balance the values embedded in the past with the concerns and technologies of the present.◆

Endnotes

1. *The Box of Life* (dur. 12 min) (available on http://vimeo.com/8945961; retrieved 2 December 2014) was shot on 16mm film directed by Gianluigi Poli. It was later transferred on open reel. See Lorenzo Magri (ed.), *Centro Video Arte: 1974–1994. Videoarte performance partecipazioni* (Ferrara: Gabriele Corbo, 1995), p. 27 n. 21.
2. 'Tate Shots: Bill Viola' in http://www.tate.org.uk/context-comment/video/tateshots-bill-viola (Accessed 11 November 2014).
3. 'Martyrs (Earth, Air, Fire, Water) – Bill Viola and Kira Perov' in https://www.youtube.com/watch?v=EsCx5FU9GnQ (Accessed 11 November 2014).
4. 'Bill Viola on St Paul's Cathedral commission: "It flummoxed me"', *Daily Telegraph*, 24 May 2014 in http://www.telegraph.co.uk/culture/art/10844409/Bill-Viola-on-St-Pauls-Cathedral-commission-It-flummoxed-me.html (Accessed 11 November 2014).
5. Finian O'Toole, 'The Rape of the Narrator', review of *A Girl is a Half-Formed Thing* by Eimear McBride, *New York Review of Books*, 11/20/14, p. 36.

dium. È tornato a una forma che ha una base storico-culturale sostanziale e una tradizione, e che è legata a qualità altamente sviluppate dei sensi dell'uomo che lavorano in tandem. Nei successivi trent'anni, Ambrosini si è dedicato a comporre musica, tra cui opere che sono state rappresentate in tutto il mondo, affrontando temi fondamentali quali il Big Bang, il sesso e la religione.

* * *

La mia esperienza a Venezia è finita a gennaio 2013. Sono felice di aver trovato un modo di unire la mia fascinazione per l'architettura, l'arte e l'atmosfera di questa splendida città ad una comprensione iniziale di come tre artisti, che vi hanno trascorso la maggior parte della loro vita lavorativa, sono stati capaci di equilibrare i valori radicati nel passato con gli interessi e le tecnologie del presente.◆

Note

1. *The Box of Life* (dur. 12 min) (disponibile all'indirizzo http://vimeo.com/8945961; ultimo accesso 2 dicembre 2014) è stato girato in 16mm e diretto da Gianluigi Poli. Successivamente fu trasferito in video. Si veda Lorenzo Magri (a cura di), *Centro Video Arte: 1974–1994. Videoarte performance partecipazioni* (Ferrara: Gabriele Corbo, 1995), p. 27 n. 21.
2. Traduzione tratta da Immanuel Kant, *Critica del giudizio*, a cura di A. Bosi, Torino, Utet, 1993, §§ 44–46, 49, pp. 278–281; 286–288 [N.d.T.].
3. 'Tate Shots: Bill Viola' in http://www.tate.org.uk/context-comment/video/tateshots-bill-viola (ultimo accesso 11 novembre 2014).
4. 'Martyrs (Earth, Air, Fire, Water) – Bill Viola and Kira Perov' in https://www.youtube.com/watch?v=EsCx5FU9GnQ (ultimo accesso 11 novembre 2014).
5. 'Bill Viola on St Paul's Cathedral commission: "It flummoxed me"', *Daily Telegraph*, 24 maggio 2014 in http://www.telegraph.co.uk/culture/art/10844409/Bill-Viola-on-St-Pauls-Cathedral-commission-It-flummoxed-me.html (ultimo accesso 11 novembre 2014).
6. Finian O'Toole, 'The Rape of the Narrator', recensione di *A Girl is a Half-Formed Thing* di Eimear McBride, *New York Review of Books*, 11/20/14, p. 36.

Chapter 9 / Capitolo 9
Some Notes on Luca Maria Patella's Videotapes | Alcune note sui videotape di Luca Maria Patella

Laura Leuzzi

'Without weight': this is the term that the Roman artist Luca Maria Patella coined in the Sixties to define his own production which, using non-traditional techniques, avoids a 'physical, moralistic, artistic', (and we can add cultural and political) 'weight', typical of traditional techniques.[1] Various works of his multiform production can be included within this concept: starting from the Sixties, his photographs, his slides and his movies and soon after, his videotapes, the latter of which are still scarcely known today.[2]

Patella is part of the group of Italian artists who, in 1970 were invited to experiment with the videocamera within the ambit of the pioneering *Gennaio 70* exhibition. Unfortunately however, all the videotapes produced for that occasion were lost shortly afterwards.[3] Renato Barilli, one of the curators of the exhibition, wrote about Patella's video *Preghiere marziane* [Martian Prayers]

"Senza peso": questa è la definizione che l'artista romano Luca Maria Patella ha coniato negli anni Sessanta per la sua produzione che, utilizzando tecniche non tradizionali, rifugge a un peso "fisico, moralistico, artistico", e si potrebbe aggiungere culturale e politico delle tecniche tradizionali[1]. Sotto tale concetto possono essere comprese diverse opere della sua multiforme produzione: a partire dagli anni Sessanta le fotografie, le diapositive e i film e poco successivamente i videotape, dei quali oggi assai poco è noto[2].

Patella, infatti, fa parte di quel gruppo di artisti italiani che nel 1970 vengono invitati a sperimentare la videocamera nell'ambito di quella pionieristica mostra che fu *Gennaio 70*, ma purtroppo tutti i nastri prodotti in quell'occasione andarono di lì a poco perduti[3].

In merito al video *Preghiere marziane* di Patella, che presentava alla mostra anche

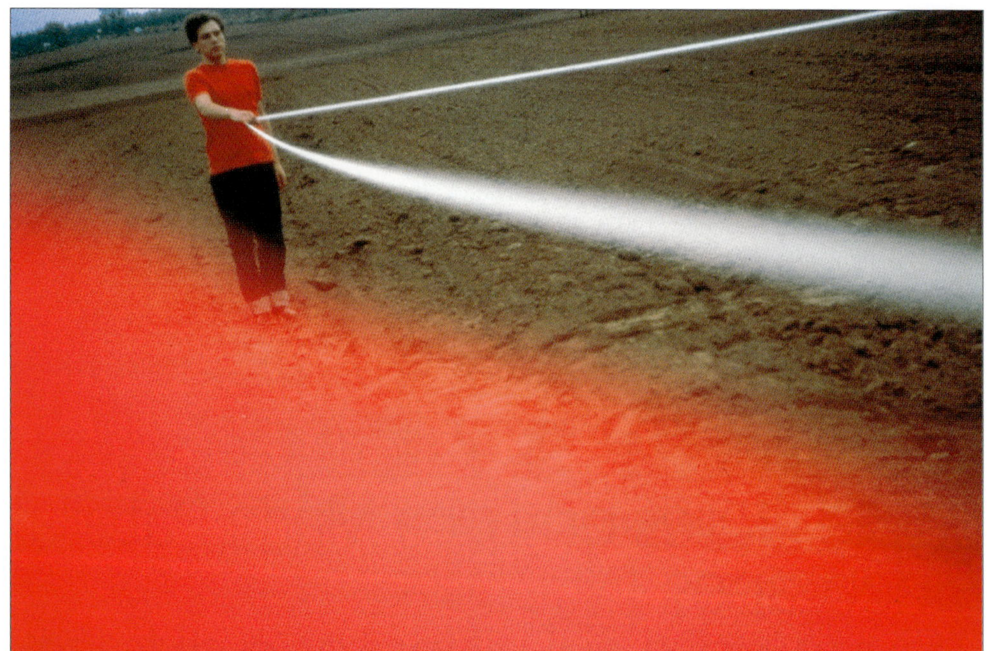

Fig. 1. Luca Maria Patella, *Terra Animata* [Animated Land] (1965), 1967, film-work and photo canvas. Luca Maria Patella, *Terra Animata* (1965), 1967, film-opera, e tela fotografica. © photo Luca Maria Patella.

(Patella also presented an installation with the same title for the occasion): 'Patella, as a technological wizard, led a member of the common people (Fabio Sargentini) to discover a [Martian] space invasion with him. The use of interiors, exteriors, zoomings, the skilled musical accompaniment, made it an invaluable technical tour de force'.[4]

Patella demonstrated a deep interest in the experimentation of different media and of their expressive possibilities. In the previous decade, he had already adopted the film-camera before embrasing the video camera, shooting such films as *Tre e basta* [Three is enough] (1965), the renowned *Terra Animata* [Animated Land] (1967, fig. 1) and *SKMP2* (1968), which featured Sargentini, Kounellis, Mattiacci, Pascali (who died shortly after), and Patella himself. In 1977, Maurizio Calvesi defined him as: 'a pioneer of research that is now widely practiced, but each one of his anticipations or priorities depends on the priority he grants to the mechanical medium, to his interest, namely the fact that it is deeply projected beyond the brush and the single copy ... towards mass media and in any case towards the world of reproduction and reproducibility ...'.[5] It was Maurizio Calvesi who in

un'installazione dallo stesso titolo, Renato Barilli, uno dei curatori dell'esposizione, scriveva: "Patella, nella veste di mago in versione tecnologica, ha condotto un rappresentante del volgo profano (Fabio Sargentini) a scoprire assieme a lui un'invasione spaziale. Il ricorso a interni, a esterni, a zoomate, a sapienti accompagnamenti musicali ha fatto di questo un prezioso *tour de force* tecnico"[4].

D'altronde, come si diceva, già nel decennio precedente, Patella aveva adottato la macchina fotografica prima e la cinepresa poi realizzando film come *Tre e basta* (1965) e i celebri *Terra Animata* (1967, fig. 1) e *SKMP2* (1968), in cui compaiono Sargentini, Kounellis, Mattiacci, Pascali (che morirà di lì a poco) e Patella stesso, dimostrando un interesse profondo nella sperimentazione dei diversi media e delle loro possibilità espressive.

Nel 1977 Maurizio Calvesi lo definisce: "un pioniere di ricerche oggi largamente praticate, ma ogni sua anticipazione o priorità dipende dalla priorità da lui accordata al mezzo meccanico, dal suo interesse, vale a dire, decisamente proiettato al di là del pennello e dell'esemplare unico [...] verso i mass media e comunque verso il mondo

the Sixties, invited Patella to organize an etching workshop for artists at the Calcografia Nazionale, of which he was then director. The Calcografia Nazionale which would house several exhibitions of Patella through the years, including the *Senza Peso* [Without Weight] exhibition (1967), during which his films and his slides would also be presented.

The artist states that he started using video before the diffusion of this *medium* in Italy, alongside the Swiss artist Gerald Minkoff (1937–2009).[6] In 1971, Patella participated, together with Minkoff, in the pioneering event of the VideObelisco – a section of Gaspero del Corso's L'Obelisco art gallery in Rome dedicated to experimentation of 'videotape', coordinated by the RAI journalist Francesco Carlo Crispolti.[7] During those years Patella's works were presented in different exhibitions in Italy and abroad and he also took part in 'encounters' dedicated to the medium of video, organized by CAYC – Centro de Arte y Comunicación in Buenos Aires, directed by Jorge Glusberg. These 'encounters' took place in different venues including: Ferrara, Italy (at the Galleria Civica d'Arte Moderna, Palazzo dei Diamanti, 1975), in Paris (Espace Cardin, 1975), in Buenos Aires (CAYC, 1975), in Antwerp (Internationaal Cultureel Centrum – ICC, 1976).

Patella has shown on different occasions a certain mistrust towards magnetic tape, because of the obsolescence and deterioration of some formats which meant that they couldn't be replayed any longer. However, thanks to the work of the research project REWIND*Italia*, it has been possible to recover three videotapes from the artist's private collection. Prior to this, the tapes[8] were not readable because they were showing some signs of deterioration, and they had not yet been transposed into digital or any other more recent format. The tapes were made readable again and transferred into digital format, through a special process, by REWIND archivist Adam Lockhart.[9]

The three reels transferred onto digital

della riproduzione e riproducibilità [...]"[5]. Proprio Maurizio Calvesi, d'altronde, negli anni Sessanta aveva chiamato Patella ad organizzare un laboratorio di incisione per gli artisti alla Calcografia Nazionale, di cui era allora direttore, e che ospiterà negli anni diverse sue esposizioni tra cui proprio la mostra *Senza peso* (1967), in cui verranno presentati i suoi film e le sue diapositive.

Racconta l'artista, peraltro, di aver iniziato a utilizzare il video ancora prima della diffusione del *medium* in Italia, con lo svizzero Gerald Minkoff (1937–2009)[6]. Insieme a Minkoff, Patella partecipa nel 1971 all'esperienza pioneristica del VideObelisco, sezione dedicata dalla galleria romana L'Obelisco di Gaspero del Corso alla sperimentazione del "videonastro" e coordinata dal giornalista Francesco Carlo Crispolti[7]. In quegli anni i suoi lavori vengono presentati in diverse rassegne in Italia e all'estero e Patella prende parte, inoltre, agli incontri dedicati al video organizzati dal CAYC – Centro de Arte y Comunicación di Buenos Aires allora diretto da Jorge Glusberg, incontri che si tennero tra le altre sedi a Ferrara (Galleria Civica d'Arte Moderna, Palazzo dei Diamanti, 1975), a Parigi (Espace Cardin, 1975), a Buenos Aires (CAYC, 1975), ad Anversa (Internationaal Cultureel Centrum – ICC, 1976).

In diverse occasioni Patella ha mostrato una certa sfiducia verso il nastro magnetico, poiché il superamento e il deterioramento di alcuni formati non ne consentivano più la lettura.

Grazie all'intervento del Progetto di ricerca REWIND*Italia*, è stato però possibile recuperare tre videotape conservati dall'artista, non più visibili poiché i nastri[8], che mostravano alcuni segni di decadimento, non era mai stati precedentemente riversati in digitale, o in formati più recenti.

I nastri sono stati resi nuovamente leggibili e quindi riversati su supporto digitale tramite un particolare procedimento dall'archivista di REWIND Adam Lockhart[9].

Le tre bobine conservate nella residenza dell'artista e trasmigrate in digitale da

format by REWIND*Italia*, now kept in the artist's own residence include: the first recovered tape, renamed by the artist *Grammatica dissolvente – Gazzùff! Avventure & cultura* [Dissolving Grammar – Gazzùff! Adventures and Culture], not dated (research has allowed the artist and I to date to 1974–75); then *Arte della conoscenza dialettica* [Art of Dialectical Knowledge] (B/W, EIAJ, 1/2 inch tape, open reel) dated 1974 and already included in the artist's videography; and finally *Viaggio in Luca* [Journey in Luca], video produced during Patella's exhibition at the ICC Internationaal Cultureel Centrum in Antwerp, and produced by the latter in 1976.[10]

Arte della conoscenza dialettica and *Grammatica dissolvente* have several common features: the first work seems to have been produced chronologically shortly before the other, but it is linked to similar linguistic and aesthetic concerns. Both works show several points of interest for our research, not only about Patella's artistic production, but also about the artistic experimentation on magnetic tape in the early Seventies.[11] The central element of the two videotapes is the use of different media (a feature that permeates all the artist's research) – video, film, photography, overhead projector, writing, publications (fig. 2),[12] performance – including the machine he invented for 'manual and musical varied fading'[13] – all of which alternate and merge in a complex and balanced relationship. Such concurrence of different media is a common feature among many authors of early video experimentation in Italy, including Claudio Ambrosini, Luigi Viola, Michele Sambin and many others.

Arte della conoscenza dialettica is a video performance shot in a studio, rented for the occasion, that becomes 'Luca Patella's workshop' and 'they', the spectators find themselves 'virtually' there, with the artist, through the video recording. The scene opens with the artist who sits in front of a desk and sees on a monitor the feedback of what he is recording: in this way he seeks

REWIND*Italia* sono: il primo tape recuperato, ridenominato dall'artista *Grammatica dissolvente – Gazzùff! Avventure & cultura*, senza data (ricerche hanno consentito all'artista e a chi scrive di datarlo al 1974–75); *Arte della conoscenza dialettica* (bobina aperta, formato EIAJ, 1/2 pollice, b/n), datato 1974 e già segnalato nella videografia dell'artista; *Viaggio in Luca*, video realizzato in occasione della mostra di Patella all'Internationaal Cultureel Centrum – ICC di Anversa e da quest'ultimo prodotto, nel 1976[10].

Arte della conoscenza dialettica e *Grammatica dissolvente* presentano numerosi tratti comuni: il primo sembra essere stato realizzato cronologicamente poco prima dell'altro ma è legato alle medesime ricerche linguistiche ed estetiche.

Entrambi mostrano numerosi punti di interesse per lo studio non solo della produzione artistica di Patella, ma anche della sperimentazione artistica del nastro magnetico nei primi anni Settanta[11]. Elemento centrale nei due nastri, infatti, è proprio la compresenza di vari media (caratteristica che permea tutta la sua ricerca): video, film, fotografia, lavagna luminosa, scrittura, pubblicazioni[12] (fig. 2), performance – senza scordare la macchina di sua invenzione per "dissolvenze variate manuali e musicali"[13] – si alternano e si fondono in un complesso rapporto di equilibrio. Tale compresenza di vari media, comunque, è caratteristica comune a molti autori della prima sperimentazione video in Italia, come Claudio Ambrosini, Luigi Viola, Michele Sambin e molti altri.

Arte della conoscenza dialettica è una videoperformance girata in uno studio, affittato per l'occasione, che diviene il "laboratorio di Luca Patella" e "loro", gli spettatori, si trovano "praticamente" lì, con l'artista, tramite la videoregistrazione. La scena si apre con l'artista che si siede davanti ad una scrivania e vede sul monitor il *feedback* di quello che sta registrando: in questo modo cerca il massimo controllo del *medium*. Il monitor resta poggiato sulla scrivania, con

maximum control of the medium. The monitor stays on the desk, with its screen towards the camera, therefore towards the spectator. The artist starts his lesson which, as he explains, will be partially translated by the workshop technicians, 'A' translating into German, and 'B' into English.[14] One of the two assistants also says out loud how much time has passed, about every 5 minutes. The whole lesson is studded with wordplays and repetitions, characteristic of the artist's poetry, that reveal the hidden and double meanings of the words: these nuances are often left out in the translations.

Going back to the video, after describing the elements that make up his 'workshop', the artist provides some suggestions about the 'Grammatica dissolvente' [Dissolving grammar] that he will be developing: a 'solving engrammar', a 'grammar that dissolves from phoneme to phoneme, from meaning to meaning, in a di-a-synchronic temporal vision and therefore transforms itself. Solving engrammar, a grammar that engrams itself and therefore melts heavy traditional concepts and contents'.

Afterwards he writes by hand the title of the work on a board, over which the camera zooms: '*Arte della conoscenza dialettica. psico socio politico arte lezioni laboratorio in Luca Patella 1970–1974*' [Art of Dialectical Knowledge. Psycho Socio Political Art Lessons Workshop in Luca Patella 1970–1974]. The artist moves around the room, quickly taking pictures of the environment and of himself (fig. 3). He then stops, once more, in front of the feedback monitor to check the image. He then generates the 'dissolving grammar'. This is a projection onto a wall, of a series of wordplays, based on the re-segmentation of sentences, on the addition of letters, and on the change of accent – all through the use of the already mentioned 'machine for manual and musical varied fadings', invented by himself. The apparatus composed of two projectors is revealed by the camera that then zooms to the screen. The machine had been built and used by the artist for 'projections in variable fadings' in

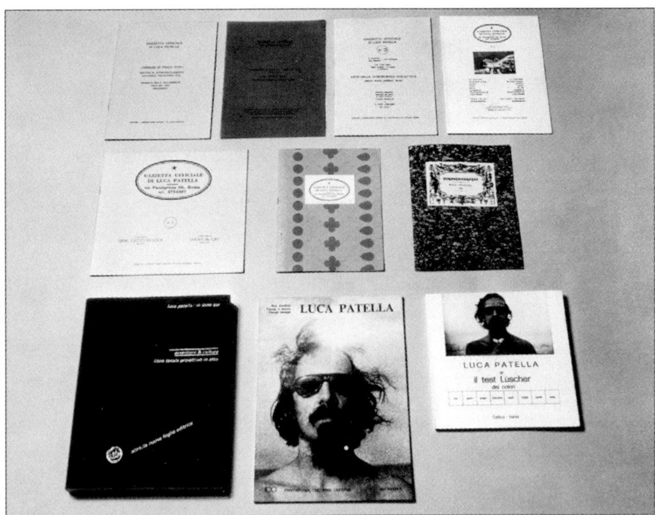

Fig. 2. Books and *Official Gazettes of Luca Patella*, 1970–76. Libri e "Gazzette ufficiali di Luca Patella", 1970–76. © photo Luca Maria Patella.

lo schermo verso la camera, verso lo spettatore.

L'artista inizia la sua lezione che, come spiega, sarà parzialmente tradotta dai tecnici di laboratorio A in tedesco, e B in inglese[14]. Uno dei due assistenti inoltre scandisce ad alta voce ogni c. 5 minuti il tempo trascorso.

Tutta la lezione è costellata da giochi di parole e ripetizioni, tipici della poetica dell'artista, che svelano significati nascosti e duplici nei lemmi: tali sfumature saranno spesso tralasciate nella traduzione.

Tornando al video, dopo aver descritto gli elementi che compongono il suo "laboratorio", Patella fornisce alcune suggestioni sulla "Grammatica dissolvente" che andrà a realizzare: una "engrammatica solvente", una "grammatica che dissolve da fonema a fonema, da significato a significato, in una visione temporale di-a-sin-cronica e quindi si trasforma. Engrammatica solvente, grammatica che si engramma e quindi scioglie concetti e contenuti pesanti tradizionali".

Quindi scrive manualmente il titolo dell'opera su una lavagna, su cui la camera zooma: "*Arte della conoscenza dialettica. psico socio politico arte lezioni laboratorio in Luca Patella 1970–1974*".

L'artista gira per la stanza scattando velocemente foto dell'ambiente e autofotografandosi (fig. 3).

Si ferma, poi, ancora una volta davanti

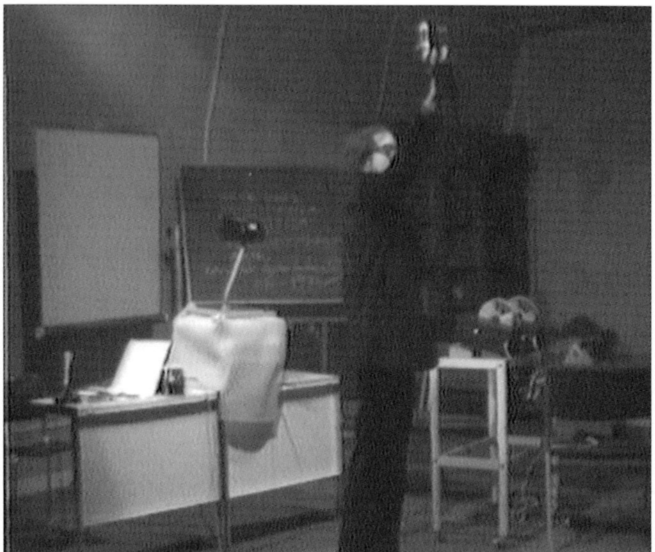

Fig. 3. Luca Maria Patella, *Arte della conoscenza dialettica* [Art of Dialectical Knowledge], 1974, still da video © photo Luca Maria Patella.

many performances, among which the one at the Galleria Nazionale d'Arte Moderna (1970), and especially during the test called by the artist *Analisi di Psico Vita* described in the eponymous Gazzetta.[15] The wordplays and images, dated 1971–72, were subsequently published in the *Prolegomeni allo atlante speciale di Luca Patella* [Prolegomena to Luca Patella's Special Atlas],[16] and they use dialectal expressions in a continuous mixture of registers, high and low, earthly and cosmic.

Having finished the *Grammatica* [Grammar], when he starts the 'lesson' again, Patella presents the project for a volume he is editing – the above mentioned *Prolegomeni allo Atlante speciale di Luca Patella*, which should have been published shortly after (but in fact we would have to wait until 1978 for the first edition published by Martano in Turin) and which would document his artistic research in the last few years. He then explains the 'un-translation' that leads 'ex trans', out, beyond the reality transformation. Meanwhile the video camera emphasises the main passages of the artist's speech through close-ups of the artist himself. The video continues with a series of notes, written by the artist on an overhead projector, drawn from the story of 'Sal and Tig', two characters, or better two 'psychological functions' that recur in different works

al monitor del *feedback* per controllare l'immagine.

Realizza quindi la "grammatica dissolvente", cioè la proiezione sul muro di una serie di giochi di parole, che si basano sulla risegmentazione delle frasi, sull'aggiunta di lettere, sul cambio di accento, tramite l'utilizzo di quella che egli stesso ha chiamato "macchina per dissolvenze variate manuali e musicali", di sua invenzione. Tale apparecchio composto di due "visori" viene mostrato peraltro bene dalla camera che poi zooma sullo schermo; la macchina era stata costruita e utilizzata dall'artista per "proiezioni in dissolvenza variabile" in tante performance, tra cui quella alla Galleria Nazionale d'Arte Moderna (1970), e in particolare nell'ambito di quel test da lui chiamato *Analisi di Psico Vita*, descritto nella omonima Gazzetta Ufficiale[15].

I giochi di parole e le immagini presentati, datati al 1971–72, sono stati pubblicati in seguito anche nei *Prolegomeni allo atlante speciale di Luca Patella*[16], e fanno largo uso di espressioni dialettali in una continua commistione di registri, alto e basso, terreno e cosmico.

Finita la *Grammatica*, quando riprende la 'lezione', Patella presenta il progetto per un volume che sta curando, il *Prolegomeni allo Atlante speciale di Luca Patella* già menzionato, che avrebbe dovuto essere pubblicato di lì a poco (in realtà dovremo attendere il 1978 per la prima edizione presso l'editore Martano di Torino) e che avrebbe documentato la sua ricerca artistica degli ultimi anni. Spiega poi l'"intraduzione", che conduce "ex trans", fuori, al di là nella trasformazione della realtà.

La videocamera, nel mentre, con primi piani sull'artista sottolinea i passaggi salienti del suo discorso.

Il videotape prosegue con una serie di appunti dell'artista scritti alla lavagna luminosa riprendendo la storia di "Sal e Tig", due personaggi o meglio due "funzioni psicologiche" che ricorrono in diverse opere dell'artista[17], esemplificata da una serie di grafici (fig. 4).

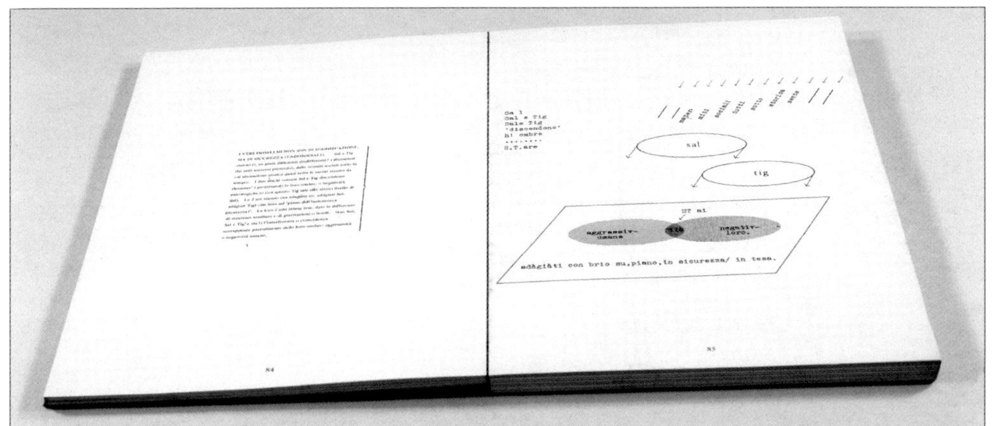

Fig. 4. Luca Maria Patella, graphic of Sal & Tig. Luca Maria Patella, grafico di Sal & Tig. © photo Luca Maria Patella.

of the artist,[17] illustrated by a series of graphic signs (fig. 4). The video closes with a series of considerations by the artist about the relationship between creativity and society.

Considering instead *Grammatica dissolvente*, this videotape presents a more concise and defined structure compared to *Arte della conoscenza dialettica,* which presents different traits that seem to have been decided on the spot. To make the analysis easier, the work can be split into 4 main sequences: the first in which, the video camera, records a film projected on a screen on the wall; the second in which the artist himself shows some documents; the third with the 'grammatica dissolvente' and the fourth with the writing on an overhead projector.

In the opening sequence the artist shoots some images drawn from a 1972 film, *Lu' capa tella*, never finished, which is projected on the wall of his house in Via Panisperna.[18] In front of the video camera lens, Patella's hand shows a copy of the first Gazzetta Ufficiale [Official Gazette] *Analisi di Psico Vita*, shaken by the wind, and in the background we see the sea and an island (fig. 5). The *Grafico ironico* [Ironic Graphic] appears then in the artist's hands, which reproduces exactly the concept of island in the scheme.[19]

An offstage voice says: 'Questa è la voce della Gazzetta Ufficiale di Luca Patella che inizia da mare. Questa è la voce della Gazzetta Ufficiale di Luca Patella che inizia ad amare. Questa è la voce della Gazzetta

Il video si chiude con una serie di considerazioni dell'artista sul rapporto tra creatività e società.

Passando invece a *Grammatica dissolvente*, il tape presenta una struttura più serrata e definita rispetto ad *Arte della conoscenza dialettica*, che denuncia invece diversi tratti apparentemente più decisi sul momento.

Per facilità di analisi, l'opera può essere divisa in 4 fondamentali sequenze: la prima in cui, con la videocamera, viene ripreso un film proiettato su uno schermo al muro; la seconda, che vede l'artista stesso mostrare alcuni documenti; la terza, con la "grammatica dissolvente" e la quarta, con la scrittura di appunti su lavagna luminosa.

Nella sequenza di apertura l'artista riprende alcune immagini tratte da un film del 1972, *Lu' capa tella*, mai ultimato, che viene proiettato sulla parete della sua abitazione di Via Panisperna[18]: davanti all'obiettivo della cinepresa la mano di Patella mostra una copia della prima Gazzetta Ufficiale *Analisi di Psico Vita* mossa dal vento, e sullo sfondo il mare e un'isola (fig. 5).

Nelle mani dell'artista compare poi il *Grafico ironico* del 1970, che riprende nello schema non a caso proprio il concetto di isola[19].

Una voce fuori campo dice: "Questa è la voce della Gazzetta Ufficiale di Luca Patella che inizia da mare. Questa è la voce della Gazzetta Ufficiale di Luca Patella che inizia ad amare. Questa è la voce della Gazzetta Ufficiale di Luca Patella". Viene

Ufficiale di Luca Patella' [This is the voice of Luca Patella's Gazzetta Ufficiale that comes from the sea. This is the voice of Luca Patella's Gazzetta Ufficiale that begins to love. This is the voice of Luca Patella's Gazzetta Ufficiale]. We are offered, in this way, a wordplay, a practice dear to the artist, that consists of the re-segmentation of the sentence, in a charade-like manner, and of the substitution, in some cases of some segments in images or objects (in this case the sea) so as to resemble, sometimes, rebus.[20] A practice that Barilli traced back to James Joyce's *Finnegans' Wake*,[21] yet that was also inspired by *The Life and Opinions of Tristram Shandy, Gentleman* by Laurence Sterne, that was transmitted in Patella's poetics through a careful reading of *Jacques le fataliste* (1765–1784) by the novelist and philosopher Diderot, who was studied by the artist and to whom he dedicated several works, including *DEN & DUCH dis-enameled* (more than 300 works by Patella dedicated to this subject were presented at Antwerp's MuHKA in 1990).

Returning to the wordplay between the words 'amare' [loving] and 'a mare' [to the sea], we can recall, as a suggestion, a pastel on photographic canvas, a work by Renato Mambor, *A+mare* [A+sea] from 1970 (60 x 76 x 4 cm, Rome, private collection) that proposes the same rebus-game.

The sound of the wind overlaps the projector's constant noise and a music track is slowly added that will accompany the remaining video and which has not been possible to identify at the moment (according to the artist, the track is drawn from a performance of Terry Riley at the Galleria L'Attico).

The scene continues and moves to Rome, near Santa Maria della Pace, and we can see Luca Patella who walks the streets, his gaze hidden by his sunglasses. The voice starts again saying: 'Questa è la voce della Gazzetta ufficiale di Luca Patella che continua in amaro. Mondo della storia, del lavoro e anche dell'intrallazzo borghese, contrapposto contro-apposta al mondo

proposto così un gioco di parole, pratica questa cara all'artista, che consiste nella risegmentazione della frase secondo una modalità sciaradistica, e nella sostituzione in alcuni casi di certi segmenti in immagini o oggetti (in questo caso il mare) così da avvicinarsi talvolta al rebus[20]. Una pratica, questa, ricondotta da Barilli al *Finnegans Wake* di James Joyce[21] ma anche ispirata a *Vita e opinioni di Tristram Shandy, gentiluomo* di Laurence Sterne, veicolato nella poetica di Patella da una lettura attenta di *Jacques le fataliste* (1765–1784) del Diderot romanziere, filosofo da lui molto studiato, a cui ha dedicato anche numerose opere tra cui *DEN & DUCH dis-enameled* (oltre 300 lavori esposti al MuHKA di Anversa nel 1990).

Tornando al gioco di parole tra "amare" e "a mare", si può ricordare a titolo suggestivo anche un pastello su tela fotografica di Renato Mambor *A+mare* del 1970 (60 x 76 x 4 cm, Roma, collezione privata) che propone il medesimo gioco-rebus.

Nel video di Patella, al costante rumore del proiettore si sovrappone il suono del vento e a mano a mano si aggiunge una traccia musicale, al momento non ancora identificata, che accompagnerà tutto il video (secondo quanto ricorda l'artista, la traccia è tratta da una performance di Terry Riley alla Galleria L'Attico).

La scena prosegue e si sposta a Roma, nei pressi di Santa Maria della Pace, e si vede Luca Patella che cammina per le strade, lo sguardo celato dagli occhiali neri. La voce riprende dicendo: "Questa è la voce della Gazzetta Ufficiale di Luca Patella che continua in amaro. Mondo della storia, del lavoro e anche dell'intrallazzo borghese, contrapposto contro-apposta al mondo creativo. Dialettica fra creatività e società", introducendo il tema del ruolo della cultura e dell'artista nella società, che verrà ripreso più avanti.

A quel punto, si profila sull'immagine l'ombra dell'artista e l'artificio della proiezione della pellicola è così definitivamente svelato: il proiettore viene spento e lo schermo

creativo. Dialettica fra creatività e società' [This is the voice of Luca Patella's Gazzetta Ufficiale that continues in bitter. World of history, of work and also of Borghese intrigue, opposing to opposing-on-purpose the creative world. Dialectic between creativity and society], introducing the theme of the role of culture and of the artist in society, that will be taken up later on in the piece.

At this point, the shadow of the artist is outlined against the image, and the artifice of the film projection is then completely unveiled: the projector is switched off and the screen stays mute. Such *mise en abîme* of the film, mediated by the magnetic tape, will be used subsequently, by other artists such as Luigi Viola which in his *Do you remember this movie?* (1979), produced by the Galleria del Cavallino, videotaped a home-movie style Super8 projected on the wall.

Patella's video camera then presents us with an interior of the studio in Via Panisperna. Patella's hand greatly enlarges the visual field, thanks to a lens that he used, and this reminds us of his particular interest for optics that we find in many photographic works of the artist, made with a *fish-eye lens*, with a constant reference to the study in Van Eyck's *Arnolfini Portrait* (1434) and to Parmigianino's *Autoritratto entro uno specchio convesso* [Self-portrait in a Convex Mirror] (1524 approx).

The second sequence starts where the artist enters the scene and shows booklets, documents, pictures, that describe his artistic research of those years, and he lets them noisily fall on the floor (fig. 6). Unfortunately it is not possible to read the writings and to see the details of the pictures, but among these works it has been possible to distinguish (also thanks to the artist's personal suggestions) respectively: the first Gazzetta, the already mentioned *Analisi di Psico-vita* (1972); two pictures that document some moments of the performances *Dal tramonto, dal tramare (Olalla)* [From Sunset, From Plotting (Olalla)] and *Prima Vera, Prima P'Arte* [First Truth, First P'Art] – both of which were carried out within the

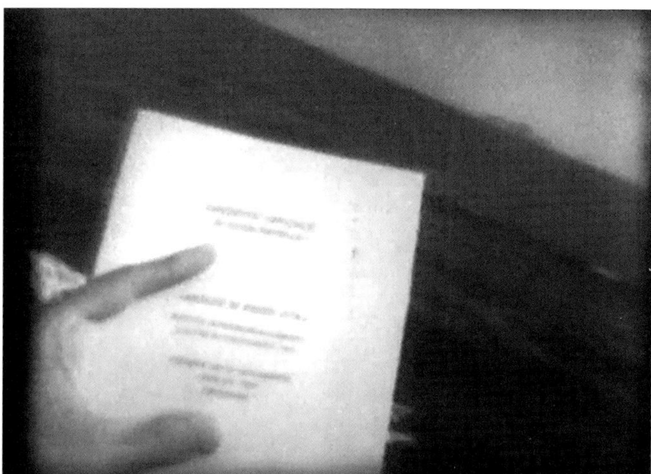

Fig. 5. Luca Maria Patella, *Grammatica dissolvente – Gazzùff! Avventure & cultura* [Dissolving Grammar – Gazzùff! Adventures and Culture], 1974–75. © Luca Maria Patella.

resta muto. Tale *mise en abîme* della pellicola, mediata dal nastro magnetico, verrà utilizzata successivamente, tra gli altri, anche da un artista come Luigi Viola, che nel suo *Do you remember this movie?* (1979), prodotto dalla Galleria del Cavallino, riprenderà in video un filmino familiare in Super8 proiettato sul muro.

Ritornando al videotape, la videocamera ci restituisce quindi un interno dello studio di Via Panisperna: una mano di Patella allarga molto il campo visivo, grazie a un obiettivo da lui inventato, e questo ricorda l'interesse per l'ottica che si ritrova in tante opere fotografiche elaborate con il *fish-eye*, con un riferimento costante allo studio del *Ritratto dei coniugi Arnolfini* di van Eyck (1434) e dell'*Autoritratto entro uno specchio convesso* del Parmigianino (c. 1524).

Ha inizio così la seconda sequenza in cui l'artista entra in scena e mostra opuscoli, documenti, fotografie che raccontano la sua ricerca artistica di quegli anni, lasciandoli poi cadere rumorosamente a terra (fig. 6). Non si riesce purtroppo a leggere le scritte e a vedere i dettagli delle fotografie, ma tra queste è stato comunque possibile distinguere, anche grazie ai preziosi suggerimenti dell'artista, rispettivamente: la prima Gazzetta, la già citata *Analisi di Psico Vita* (1972); due fotografie che documentano alcuni momenti dalle performance *Dal tramonto, dal tramare (Olalla)* e *Prima Vera, Prima P'Arte*, entrambe realizzate nell'ambito del ciclo *24*

series *24 ore su 24* [Twenty-four hours a day] (25–31 January 1975) at the Galleria L'Attico. He then shows the second Gazzetta dedicated to the book *Io sono qui* [I am here] (1972), and then another snapshot from the performance at the Attico where the artist writes under the light of a candelabrum 'surrounded by projected wide visions of natural events'.[22] Next, he shows an image of *Pietre volanti* [Flying Stones], the graph *Ogden e Richards dialettici, ribaltati nella prassi* [Ogden and Richards dialectic, capsized by praxis] (1972),[23] before showing another picture of the performance at the Galleria L'Attico called *Luca Patella e il Test Lüscher dei colori* [Luca Patella and Lüscher's colours Test] (1974). The photograph shows Patella giving Anna Paparatti the Lüscher Test – a personality test based on colours, which takes its name from its creator, the Swiss psychologist Max Lüscher. We can also see within this picture that two photographic canvases from *Terra Animata* (1965–67)[24] are hung in the room. Finally, Patella shows the third Gazzetta, *Arte della conoscenza dialettica* (1974). In this way a palimpsest of memory is created where the research and the works of the artist are stratified (from 1965 to early 1975), with constant references evoked by the images and his publications, that emphasize his scientific and psychological education.

The performance at the Attico dedicated to the Lüscher Test, in which Max Lüscher himself took part, refers to Luciano Giaccari's videotape, which documents the action and to the volume published by the gallery on that occasion,[25] recalling the different *media* through which Patella's research evolves in a succinct way.

The transition between this sequence and the following one is achieved with a very powerful expedient: the artist hits the floor with a hammer so that the video camera shakes and lines appear on screen.

The third part presents a more extensive *Grammatica dissolvente,* always with wordplays and images, dated 1971–72.[26] The visual element interposes suggestively with

ore su 24 (25–31 gennaio 1975) alla Galleria L'Attico; la seconda Gazzetta dedicata al libro *Io sono qui* (1972); seguono ancora uno scatto dalla performance de L'Attico in cui l'artista scrive alla luce di un candelabro "circondato da ampie visioni proiettate di eventi naturali"[22]; una immagine delle *Pietre volanti*; il grafico *Ogden e Richards dialettici, ribaltati nella prassi* (1972)[23]; una fotografia della performance, sempre alla Galleria L'Attico, dal titolo *Luca Patella e il Test Lüscher dei colori* (1974), in cui l'artista somministra ad Anna Paparatti il Test di Lüscher, un test di personalità basato sui colori che prende il nome dal suo ideatore, lo psicologo svizzero Max Lüscher, mentre in sala sono appese due tele fotografiche da *Terra Animata* (1965–67)[24]; e infine la terza Gazzetta *Arte della conoscenza dialettica* (1974). Si crea così un palinsesto della memoria in cui si stratificano le ricerche e le opere dell'artista (dal 1965 ai primi del 1975), con continui rimandi evocati dalle immagini e dalle pubblicazioni, che evidenziano anche la sua formazione scientifica e psicologica.

La performance a L'Attico dedicata al Test di Lüscher, a cui aveva preso parte lo stesso Max Lüscher, rimanda peraltro al videotape, realizzato da Luciano Giaccari, che documenta l'azione, e al volume che fu pubblicato per l'occasione dalla galleria[25], rievocando ancora una volta in modo sintetico i diversi media in cui si sviluppa la ricerca di Patella.

La transizione tra questa sequenza e quella successiva viene realizzata con un espediente molto incisivo: l'artista colpisce con un martello il pavimento, facendo tremare la videocamera e apparire delle righe sullo schermo.

La terza parte presenta una più estesa *Grammatica dissolvente* sempre con giochi di parole e immagini, datati al 1971–72[26]. All'elemento verbale si frammezza sempre suggestivamente quello visivo: alla parola "neve" segue in dissolvenza una fotografia dalla casa dei Patella a Montefolle (fig. 7a), innevata, scattata nel 1970, parte di una

the verbal one: to the word *snow* an image follows in a fading a photograph of Patella's snowy house in Montefolle (fig. 7a), taken in 1970, part of a series of photographs, of which a copy can be found also in the work *Aoóóo*[27] and another in *Firma in cielo d'Inverno* [Signature in a Winter Sky][28] of the same year. In the same way, two pictures of a feather follow the sentence 'più meditata – piume ditata' [more meditated – feathers fingerprint], once again in a rebus-like way (fig. 7b).[29] On the other hand, as already pointed out by Giuseppe Cannilla, such concurrence of visual and verbal elements was already present in the films of the Sixties and in *Indicazioni attive* [Active Directions] and *Sfere per amare* [Spheres for Loving]: 'Word and images are therefore strictly connected in a program of active and communicative orientation of their contents'.[30]

When the artist's shadow enters on camera, the overhead projector is switched on and a performance begins, where Patella writes, in quick cursive with a felt-tip pen, in a political and psychological way (psycho-socio-political), a series of reflections on the role of the artist and art in society, and the role of women in society. Sometimes with rapid gestures, he introduces letters and accents that produce wordplays once more, that confer a new meaning to the sentences. Meanwhile, in the background, two musical tracks alternate.

This action recalls many performances of the artist that took place at the Galleria Nazionale and at the Incontri Internazionali d'Arte in Rome in the early Seventies.[31]

The action finishes with the signature 'Luca' and the date, which, taking into consideration the term *post quem* given by the presence of some pictures from the performances at the Attico for *24 ore su 24*, can be read as '75. Precisely in that same year, the critic and filmmaker Jorge Glusberg wrote: 'Luca Maria Patella's videotape production (the actions of the *Gazzetta*) accompanies us in our European Video Encounters, together, for example, with Lea Lublin, Thenot and others, it is hardly com-

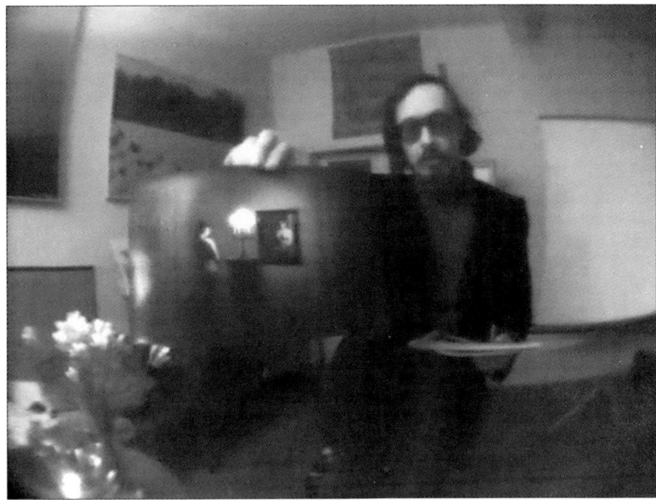

Fig. 6. Luca Maria Patella, *Grammatica dissolvente – Gazzùff! Avventure & cultura* [Dissolving Grammar – Gazzùff! Adventures and Culture], 1974–75. © Luca Maria Patella.

serie di cui un esemplare si ritrova anche nell'opera *Aoóóo*[27] e un altro in *Firma in cielo d'Inverno*[28] di quell'anno. Così alla frase "più meditata – piume ditata", seguono due fotografie di una piuma in una modalità che ricorda ancora il rebus[29] (fig. 7b).

D'altronde, come ha rilevato già Giuseppe Cannilla, tale compresenza di elementi visivi e verbali era già presente nei film degli anni Sessanta e in *Indicazioni attive* e *Sfere per amare*: "Parola ed immagini sono dunque strettamente collegate in un programma di finalizzazione attiva e comunicativa dei propri contenuti"[30].

Quando l'ombra dell'artista entra in campo, viene quindi accesa la lavagna luminosa e ha inizio una performance in cui Patella scrive con un pennarello in un veloce corsivo una serie di riflessioni sul ruolo dell'artista e dell'arte nella società e su quello della donna, in chiave politica e psicologica (psico-socio-politica): talvolta poi, con rapidi gesti, introduce lettere e accenti, producendo ancora una volta giochi di parole che conferiscono un nuovo senso alle frasi. Nel sottofondo due tracce sonore intanto si alternano.

Questa azione ricorda le tante performance dell'artista realizzate alla Galleria Nazionale e agli Incontri Internazionali d'Arte a Roma nei primi anni Settanta[31].

L'azione si chiude con la firma "Luca" e la data che, anche visto il termine *post quem*

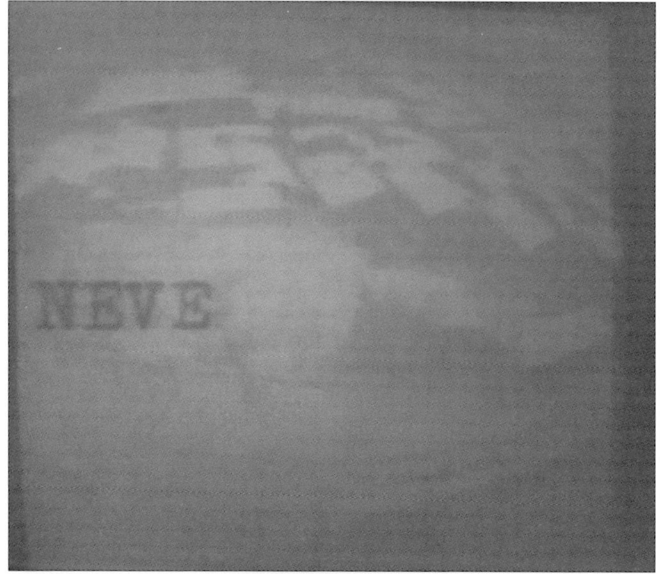

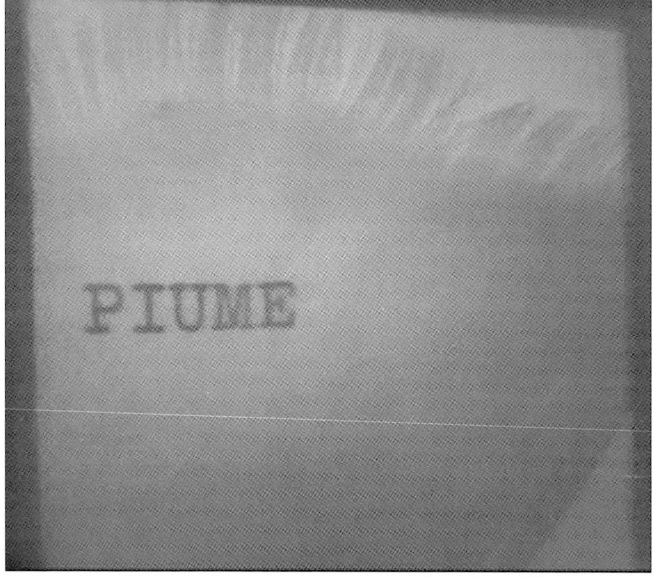

Fig. 7a, b. Luca Maria Patella, *Grammatica dissolvente – Gazzùff! Avventure & cultura* [Dissolving Grammar – Gazzùff! Adventures and Culture], 1975–74. © Luca Maria Patella.

parable and reducible to that of other Italian artists, often affected by bricolage, or some international artists'.[32]

At this point in our research, the tape did not seem ascribable to any of the video works accredited in Patella's published catalogues, either those of the Sixties, or to the most recent works,[33] and the artist has therefore decided to give it the title *Grammatica Dissolvente* [Dissolving Grammar], identifying what seems to be one of the central cores of the *tape.* With the subtitle *Gazzùff – Avventure & cultura*, he ironically recalls the many times mentioned Gazzette

dato dalla presenza di alcune foto dalle performance de L'Attico per la già menzionata *24 ore su 24*, può essere ricondotta al 1975. Proprio in quell'anno il critico e cineasta Jorge Glusberg scriveva: "La produzione in Videotape di Luca Maria Patella (gli interventi della "Gazzetta") che ci accompagna nei nostri Incontri Video europei, insieme, per esempio, a Lea Lublin, Thenot ed altri: è difficilmente rapportabile e riducibile a quella di altri artisti italiani, spesso affetti da bricolage; o di certi internazionali"[32].

All'attuale stato della ricerca però, il nastro sembra non essere riconducibile a nessuna delle opere video accreditate nei cataloghi di Patella, sia degli anni Sessanta, sia tra i più recenti[33], e l'artista ha quindi deciso di attribuirgli il titolo *Grammatica dissolvente*, identificando così quello che sembra essere uno dei nuclei centrali del tape. Con il sottotitolo *Gazzùff – Avventure & cultura*, richiama ironicamente le più volte menzionate Gazzette Ufficiali. *Avventure & cultura* è a sua volta il sottotitolo di *Io sono qui*, un curioso romanzo fantascientifico di Patella, edito nel 1975 ma elaborato tra il '70 e il '72[34]. Il tape sembra comunque riconducibile a quelle che lo stesso Patella ha definito "autodocumentazioni in atto", includendo la ripresa di azioni e performance, della *Gazzetta Ufficiale* e delle *Analisi proiettive*[35]. Il nastro deve quindi essere stato progettato e realizzato, senza montaggio, tra la fine del '74 e il principio del '75.

L'ultimo tape oggetto della nostra analisi è *Viaggio in Luca*, realizzato, come sopra menzionato, ad Anversa in occasione della personale dell'artista all'ICC nel 1976 e presente nella sua videografia[36]. Molto rovinato rispetto ai precedenti, necessita di ulteriori interventi per consentirne una migliore fruizione: l'audio in particolare risulta quasi incomprensibile in alcuni passaggi.

Il pezzo si apre con l'artista che scrive il titolo dell'opera, già individuato come motivo ricorrente nei suoi tape. Successivamente Patella raggiunge con la moglie Rosa Foschi l'ICC, che all'epoca aveva sede nel Palazzo reale di Anversa[37]: la videocamera

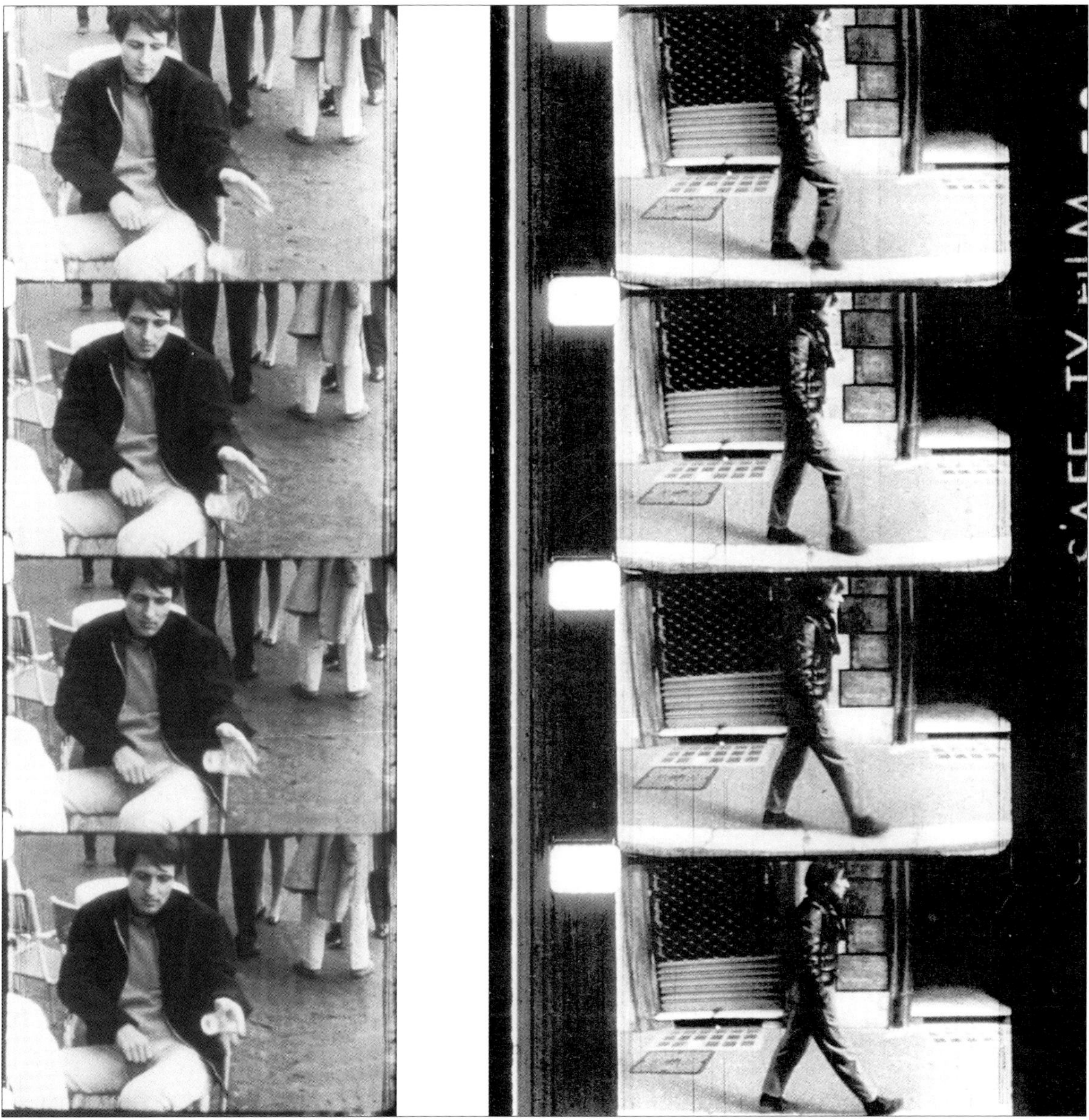

Ufficiali [Official Gazzettes]. *Avventure & cultura* is in return, the subtitle of *Io sono qui* [I am Here] a curious sci-fi novel by Patella published in 1975 but written between 1970 and 1972.[34] The videotape seems referable to those that Patella described as 'self-documentations in progress', including the shooting of actions and performances, of the *Gazzetta Ufficiale* and of the *Analisi proiettive* [Projective Analysis].[35] The tape was therefore planned and directed, without editing, between the end of 1974 and the beginning of 1975.

riprende gli splendidi spazi del XVIII sec e l'artista, che spiega i concetti politici, sociologici, psicologici ed artistici sottesi alla sua poetica in italiano e francese. Quindi esegue con la moglie l'azione del camminare in un ambiente proiettivo animato, con doppio proiettore: un'azione già ripresa dall'artista nel film 16mm *Materiale per camminare* con Carlo Cecchi del 1967 (fig. 8) e proposta alla X Quadriennale Nazionale d'Arte di Roma nel 1973[38]. Il videotape prosegue con l'artista che visita la mostra e racconta di opere con suggestioni e brevi spiegazioni.

Fig. 8.
Luca Maria Patella, *Materiale per camminare* [Material for Walking], 1967. © Luca Maria Patella.

The last tape that we will analyse is *Viaggio in Luca* created, as mentioned above, in Antwerp during the solo exhibition of the artist at the ICC Internationaal Cultureel Centrum in 1976 and listed in his videography.[36] Being quite damaged, compared to the previous videos, the latter requires further interventions to allow a better viewing: especially the audio, which is almost incomprehensible in some passages.

The piece starts with the artist writing the title of the work, a recurring theme/motif in his videotapes. Then he reaches, with his wife, Rosa Foschi, the ICC at the Royal Palace of Antwerp.[37] The video camera shoots the wonderful spaces of the 18th century and the artist who explains the political, sociological, psychological and artistic concepts implicit in his poetics, in Italian and French. Then, together with his wife he walks in an animated projective environment, with a double projector, an action already implemented by the artist in his 16mm film *Materiale per camminare* [Material for Walking] (1967, fig. 8) with Carlo Cecchi and presented by the artist at the X Quadriennale Nazionale d'Arte in Rome, in 1973.[38] The videotape continues with the artist visiting the exhibition and talking about some works with suggestions and brief explanations.

Finally the video finishes with the aforesaid performance *Dal tramonto, dal tramare (Olalla)*, already staged at Sargentini's Attico in 1975.

According to this analysis we can conclude that all three videos by Patella recovered by REWIND*Italia*, show a careful experimentation with videotape, on which the artist tried to exploit its technical specificity, not without, however, the difficulties linked to the rudimental nature of the medium. These works, far from being the mere documentation of acts, can be fully ascribed to the genre that Giaccari called 'video performance'. They are founded on the relationship which (thanks to the television camera), Patella forms with a virtual audience who, today, around forty years after the works

Infine il video si chiude con la sopramenzionata performance *Dal tramonto, dal tramare (Olalla)*, già p resentata all'Attico di Sargentini nel 1975.

Da questa analisi si può concludere che tutti e tre i video di Patella recuperati da REWIND*Italia* dimostrano un'attenta sperimentazione del videotape, di cui l'artista cerca, non senza qualche difficoltà dovuta alla rudimentalità del mezzo, di sfruttare le specificità tecniche. Le opere, così, lontane dall'essere mera documentazione di azioni, sono ascrivibili pienamente a quel genere definito da Giaccari come "videoperformance" e si basano sul legame che grazie alla telecamera Patella intesse con un pubblico virtuale, che, oggi, a circa quarant'anni dalla loro realizzazione, può finalmente riscoprire queste opere.

Purtroppo, dal confronto tra la videografia di Patella e i pochi video oggi disponibili e dalla testimonianza dell'artista, risulta chiaro che diversi lavori realizzati negli anni Settanta sembrano ancora mancare all'appello. Una situazione, questa, comune purtroppo a diversi artisti, e in particolare a quelli che producendo indipendentemente non sono stati coinvolti nelle campagne di salvaguardia e promozione dedicate ai grandi centri di produzione video, come art/tapes/22.

Si auspica, quindi, per un più completo studio della produzione su nastro magnetico di Patella e in generale degli anni Settanta e Ottanta in Italia, che possano seguire a questi altri recuperi di documenti video come testimonianze dell'intelligente e vivace sperimentazione italiana in quegli anni, ancora poco conosciuta in ambito internazionale.◆

Note

Questo saggio nasce dalla rielaborazione di due interventi *La videoarte come diversità culturale nell'audiovisivo contemporaneo. L'esperienza dei Programmi di ricerca "Rewind UK" e "REWIND Italia"* di S. Partridge, Anna Notaro e Laura Leuzzi, Convegno "Cinema & Diversità culturale", Roma, Teatro Palladium – Roma Tre, 30 novembre 2011; *I videotapes di Luca Maria*

were produced, can finally rediscover them. Unfortunately, comparing Patella's videography with the few videos available today, and also by talking to the artist, it is clear that many of the various works produced in the Seventies remain missing. The same thing has happened, unfortunately, with other artists, and especially with those who, producing independently, were not involved in the protection and promotion campaigns dedicated to the large video production centres, such as, for example, art/tapes/22.

It is desirable, therefore, in order to achieve a more comprehensive study of Patella's production on magnetic tape, and of the Seventies and Eighties in Italy in general, that other recoveries of video documents, which bear witness to the intelligent and lively Italian experimentation of those years, but still quite unknown at an international level, will follow the ones already carried out.◆

Endnotes

This essay is the result of the reworking of two papers, *La videoarte come diversità culturale nell'audiovisivo contemporaneo. L'esperienza dei Programmi di ricerca "REWIND UK" e "REWIND Italia (Video Art as Cultural Diversity in Contemporary Audio Visual Art. The Experience of the Research Programmes "REWIND UK" and "REWIND Italia")* by S. Partridge, Anna Notaro and Laura Leuzzi, Conference "Cinema & Diversità culturale (Cinema and Cultural Diversity)", Rome, Teatro Palladium – Roma Tre, 30 November 2011; *I videotapes di Luca Maria Patella (Luca Maria Patella's Videotapes)* by Laura Leuzzi, Rome, Macro Museo d'arte contemporanea (Museum of Contemporary Art) in Rome, 22 April 2012 and published on REWINDItalia's website (http://www.rewind.ac.uk/rewind/index.php/l-saggi).

A brief file drawn from this essay appeared in the box set Bruno Di Marino (ed.), *Lo sguardo espanso* (Rome: Rarovideo, 2013).

I would like to thank Rosa and Luca Patella for their help with my research, Muriel Olsen for her cooperation and Antonella Sbrilli, Stephen Partridge, Cinzia Cremona and Lisa Pedicino for the invaluable exchanges. I would like also to thank ArBiQ Archivio Biblioteca Quadriennale di Roma.

1. For a definition of 'without weight' media, see i.e. G. Cannilla and F. Di Castro (eds.), *Luca Patella: indicazioni per una ontologica*, exhibition

Patella di Laura Leuzzi, Roma, Macro Museo d'arte contemporanea di Roma, 22 aprile 2012 e pubblicato sul sito di REWINDItalia (http://www.rewind.ac.uk/rewind/index.php/l-saggi).

Tratta da questo saggio è comparsa una breve scheda nel cofanetto: Bruno Di Marino (a cura di), *Lo sguardo espanso* (Roma: Rarovideo, 2013). Ringrazio Rosa e Luca Patella per la disponibilità e l'aiuto nelle ricerche, Muriel Olsen per la collaborazione e Antonella Sbrilli, Stephen Partridge, Cinzia Cremona e Lisa Pedicino per i preziosi scambi. Ringrazio, inoltre, l'ArBiQ Archivio Biblioteca Quadriennale di Roma.

1. Per una definizione dei media "senza peso", si veda ad esempio Giuseppe Cannilla e Federica Di Castro (a cura di), *Luca Patella: indicazioni per una ontologica*, catalogo della mostra, (Roma, Calcografia Istituto Nazionale per la Grafica, 28 gennaio – 7 marzo 1993), (Roma-Milano: Jandi Sapi Editore, 1993).
2. Si veda Bruno Di Marino (a cura di), *Luca Patella. Con e senza peso* (Roma: 1994).
3. Renato Barilli, Maurizio Calvesi, Tommaso Trini (a cura di), *Gennaio 70, Terza biennale internazionale della giovane pittura. Comportamenti Progetti Mediazioni,* catalogo della mostra, Museo Civico di Bologna, 31 gennaio – 28 febbraio 1970, (Bologna: 1970).
4. Renato Barilli, 'Video-recording a Bologna', *Marcatré*, 58–59–60, Maggio 1970, p. 141, ripubblicato con il titolo *Il "video-recording"* nella raccolta Renato Barilli*, Informale, oggetto, comportamento. Volume secondo: la ricerca artistica negli anni '70* (Milano 1979; terza edizione, Milano: Feltrinelli 2006), vol. 2, pp. 85–95.
5. Maurizio Calvesi, 'L'utopia di Luca Patella', in *Luca Patella*, Quaderni-Università di Parma, Centro studi e archivio della comunicazione, Dipartimento Arte contemporanea, vol. 37 (Parma 1977), p. 8.
6. Intervista a Luca Maria Patella in Angela Madesani, *Le icone fluttuanti. Storia del cinema d'artista e della videoarte in Italia* (Milano: Paravia Bruno Mondadori Editori, 2002), p. 196.
7. Al VideObelisco Patella realizza due tape: *Co-azione*, per l'appunto in collaborazione con Minkoff, e *Piante parlanti*. Si veda la pagina con *Alberi Parlanti* in Francesco Carlo Crispolti (a cura di), VideObelisco. *Art video recording, AVR: video libro no. 1 improvvisazioni su videonastro...* (Roma: Galleria dell'Obelisco, 1971), senza numero di pagina.
8. Open reel, 1/2 pollice EIAJ-1, b/n.
9. Tale procedura è descritta nel dettaglio in Adam Lockhart, 'A Brief History of Video Time and Base', in Stephen Partridge & Sean Cubitt (a cura di), *British artists' video in the 1970s and 1980s* (New Barnet, Herts: John Libbey Publishing, 2012).
10. Si veda Luca Maria Patella, *Luca Patella: Reis doorheen – Voyage a travers – Voyage through* (Antwerpen: Antwerpen Internationaal Cultureel Centrum, 1976).

catalogue, (Roma, Calcografia Istituto Nazionale per la Grafica, 28 January – 7 March 1993) (Rome-Milan: Jandi Sapi Editore, 1993).

2. See Bruno Di Marino, *Luca Patella. Con e senza peso* (Roma: 1994).

3. Renato Barilli, Maurizio Calvesi, Tommaso Trini (eds.), *Gennaio 70, Terza biennale internazionale della giovane pittura. Comportamenti Progetti Mediazioni*, exhibition catalogue, Museo Civico di Bologna, 31 January – 28 February 1970 (Bologna: 1970).

4. Renato Barilli, 'Video-recording a Bologna', *Marcatré*, 58–59–60, May 1970, p. 141, republished with the title *Il 'video-recording'* in the collection *Informale, oggetto, comportamento. Volume secondo: la ricerca artistica negli anni '70*, (Milan: 1979; third edition, Milan: Feltrinelli, 2006), vol. 2, pp. 85–95.

5. Maurizio Calvesi, 'L'utopia di Luca Patella', in *Luca Patella*, Quaderni-Università di Parma, Centro studi e archivio della comunicazione, Dipartimento Arte contemporanea, vol. 37 (Parma 1977), p. 8.

6. A. Madesani, 'Interview with Luca Patella', in *Le icone fluttuanti. Storia del cinema d'artista e della videoarte in Italia* (Milan: Paravia Bruno Mondadori Editori, 2002), p. 196.

7. At the VideObelisco, Patella makes two videotapes: *Co-azione,* in collaboration with Minkoff and *Piante parlanti*. See the page about *Alberi Parlanti* in F.C. Crispolti, VideObelisco. *Art video recording, AVR: video libro no. 1 Improvvistations on Videotape*, exhibition catalogue (Rome: Galleria dell'Obelisco, 1971), no page number.

8. B/W, EIAJ-1, 1/2 inch tape, open reel.

9. This process is described in detail by Adam Lockhart, 'A Brief History of Video Time and Base', in Stephen Partridge & Sean Cubitt (eds.), *British artists' video in the 1970s and 1980s* (New Barnet, Herts: John Libbey Publishing, 2012) and in Lockhart's chapter *Parallel Time in selected Italian and UK Early Video Works* in this volume.

10. See Luca Patella, *Luca Patella: Reis doorheen – Voyage à travers – Voyage through* (Antwerp: Antwerpen Internationaal Cultureel Centrum: 1976).

11. The video was shown for the first time in its remastered version on the 30 November 2011 with the aforementioned paper called *La videoarte come diversità culturale nell'audiovisivo contemporaneo. L'esperienza dei Programmi di ricerca "REWIND UK" e "REWIND Italia"* by S. Partridge, Anna Notaro and Laura Leuzzi in the ambit of the Conference "Cinema & Diversità culturale", Rome, Teatro Palladium – Roma Tre, organized by Giorgio De Vincenti and Marco Maria Gazzano.

12. Especially Gazzette Ufficiali that since 1972, with *Analisi di Psico-vita [Analysis of Psycho-Life]*, continuously sums up his research and complements his actions and works.

13. The machine or apparatus is composed of two projectors allowing the transition from one slide

11. Il video è stato per la prima volta presentato nella versione rimasterizzata il 30 novembre 2011 nel già citato intervento dal titolo *La videoarte come diversità culturale nell'audiovisivo contemporaneo. L'esperienza dei Programmi di ricerca "REWIND UK" e "REWIND Italia"* di S. Partridge, Anna Notaro e Laura Leuzzi nell'ambito Convegno "Cinema & Diversità culturale", Roma, Teatro Palladium – Roma Tre, organizzato da Giorgio De Vincenti e Marco Maria Gazzano.

12. Specialmente quelle Gazzette Ufficiali che a partire dal 1972, con *Analisi di Psico Vita*, fanno costantemente il punto della sua ricerca e si pongono in modo complementare alle sue azioni e opere.

13. La macchina formata da due proiettori consentiva di modulare la transizione da una slide all'altra, con le due frasi, creando un effetto di dissolvenza, veloce o lento. Tale apparecchio, smembrato, è oggi conservato parzialmente a Roma nell'abitazione dell'artista e presso la Fondazione Morra a Napoli.

14. "B" è il giovane Massimo Bacigalupo, oggi tra i maggiori anglisti italiani.

15. Tali proiezioni vennero inoltre utilizzate da Patella in *Analisi proiettive in atto* e *Di mostra azioni*. Si veda Giuseppe Cannilla, 'Libri Totali, Muri e Alberi Parlanti', in Cannilla & Di Castro, *Luca Patella; indicazioni per una ontologica*, cit., p. 208.

16. Si cfr il capitolo 6 dal titolo *Grammatiche dissolventi, trasformazionali*, in cui l'artista ripropone gli stessi giochi di parole e riproduce il medesimo meccanismo di dissolvenza utilizzano la carta oleata. Luca Maria Patella, *Prolegomeni allo atlante speciale di Luca Patella* (Torino: Martano, 1978), "Emisfero Nord", pp. 78–95.

17. La storia di Sal e Tig è presentata in forma completa in *Io sono qui. Avventure & cultura*. Si veda Luca Maria Patella, *Indicazioni, a cenni sul libro di L. P. (1970–72) Io sono qui, Avventure & cultura: numero speciale della Gazzetta ufficiale di L. P. per la presentazione del libro suddetto alla 36. Biennale internazionale di Venezia* (Roma: Sargentini, 1972); e ancora Luca Maria Patella, *Io sono qui: avventure & cultura* (Pollenza: La nuova Foglio, 1975).

18. Durante le riprese furono scattate diverse fotografie (B/N e diacolor). Per un esempio cfr Patella, *Prolegomeni allo atlante speciale di Luca Patella*, "Emisfero Nord", pp. 50–52, in cui all'immagine è accompagnata un'"assonanza illustrativa", cioè "la nota del Tlack" prodotta dalla Gazzetta mossa dal vento; su questo gruppo di opere si veda la scheda di *Gazzetta sui mari*, 1972 (fotografia su carta, 18 x 24 cm) in Cannilla & Di Castro, *Luca Patella: indicazioni per una ontologica*, n. 100, pp. 94–95.

19. Patella, *Prolegomeni allo atlante speciale di Luca Patella*, "Emisfero Nord", cit., p. 148.

20. Per i giochi di parole in Luca Patella si rimanda alla scheda sull'artista in Antonella Sbrilli & Ada De Pirro (a cura di), *Ah, che rebus! Cinque secoli*

to the next to be modulated, in this case with two sentences, creating a dissolving effect, fast or slow. The apparatus, now dismembered, is partially preserved in Rome, in the artist's own home and at the Fondazione Morra in Naples.

14. 'B' was Massimo Bacigalupo as a young man. Today, he is one of Italy's most renowned anglists.
15. These projections were further used by Patella in *Analisi proiettive in atto e Di mostra azioni*. See Giuseppe Cannilla, 'Libri Totali, Muri e Alberi Parlanti', in Cannilla & Di Castro, *Luca Patella; indicazioni per una ontologica*, p. 208.
16. Cfr chapter 6 *Grammatiche dissolventi, trasformazionali,* where the artist proposes again the same wordplays and reproduces the same dissolving mechanism using wax paper. Luca Maria Patella, *Prolegomeni allo atlante speciale di Luca Patella* (Turin: Martano, 1978), "Emisfero Nord", pp. 78–95.
17. The story of Sal and Tig is presented in its entirety in *Io sono qui. Avventure & cultura*. See Luca Maria Patella, *Indicazioni, a cenni sul libro di L. P. (1970–72) Io sono qui, Avventure & cultura: numero speciale della Gazzetta ufficiale di L. P. per la presentazione del libro suddetto alla 36. Biennale internazionale di Venezia* (Rome: Sargentini, 1972); and Luca Maria Patella, *Io sono qui: avventure & cultura* (Pollenza: La nuova Foglio, 1975).
18. During the shooting, many pictures were taken (B/W and diacolor). For an example see Patella, *Prolegomeni allo atlante speciale di Luca Patella*, "Emisfero Nord", pp. 50–52, where the image is accompanied by an "illustrative assonance", that is "the Tlack note" produced by the noise of the Gazzetta shaken by the wind; in this group of works see the file *Gazzetta sui mari,* 1972 (photography on paper, 18 x 24 cm) in Cannilla & Di Castro, *Luca Patella: indicazioni per una ontologica*, n. 100, pp. 94–95.
19. Patella, *Prolegomeni allo atlante speciale di Luca Patella*, "Emisfero Nord", p. 148.
20. For the use of wordplay in Luca Patella, see the text on the artist in Antonella Sbrilli & Ada De Pirro (a cura di), *Ah, che rebus! Cinque secoli di enigmi fra arte e gioco in Italia*, catalogo della mostra, (Roma, Istituto Nazionale per la Grafica Palazzo Poli, 17 December 2010 – 8 March 2011), (Milan: Mazzotta, 2010), pp. 78–79.
21. See Barilli's introduction to Luca Patella, *Io sono qui. Avventure & cultura*, 1975.
22. For a comparison of the image, published in various volumes, see i.e: Cannilla & Di Castro, *Luca Patella: indicazioni per una ontologica*, n. 101, pp. 94–95 for an image and p. 206 for the quote.
23. The chart has been reproduced by the artist on photographic canvas. For a comparison see Daniela Lancioni (ed.), *Anni 70. Arte a Roma* (Iacobelli Editore: Rome, 2013), tav. 132, p. 218; *Luca Patella*, n. 93, p. 102; Cannilla & Di Castro, *Luca Patella: indicazioni per una ontologica*, n. 118, p. 105.
24. See *Luca Patella*, n. 107, p. 102. And for another

di enigmi fra arte e gioco in Italia, catalogo della mostra, Roma, Istituto Nazionale per la Grafica Palazzo Poli, 17 dicembre 2010 – 8 marzo 2011 (Milano: Mazzotta, 2010), pp. 78–79.

21. Si veda l'introduzione di Barilli a Luca Patella, *Io sono qui. Avventure & cultura* del 1975.
22. Per un confronto dell'immagine, pubblicata in diversi volumi, si veda ad esempio: Cannilla & Di Castro, *Luca Patella: indicazioni per una ontologica*, cit., per un'immagine n. 101, pp. 94–95 e per la citazione p. 206.
23. Il grafico è stato riprodotto dall'artista su tela fotografica. Per un cfr si veda Daniela Lancioni (a cura di), *Anni 70. Arte a Roma* (Roma: Iacobelli Editore, 2013), tav. 132, p. 218; *Luca Patella*, n. 93, p. 102; Cannilla & Di Castro, *Luca Patella: indicazioni per una ontologica*, cit., n. 118, p. 105.
24. Si veda *Luca Patella*, cit., n. 107, p. 102. E ancora per un altro scatto dalla medesima performance si veda Cannilla & Di Castro, *Luca Patella: indicazioni per una ontologica*, cit., n. 102, p. 96, scheda p. 206.
25. Luca Maria Patella, *Luca Patella e il Test Lüscher dei colori* (Roma: Galleria L'Attico, 1974).
26. Si cfr il capitolo 6 dal titolo *Grammatiche dissolventi, trasformazionali*, in cui l'artista ripropone gli stessi giochi di parole e riproduce il medesimo meccanismo di dissolvenza utilizzano la carta oleata. Patella, *Prolegomeni allo atlante speciale di Luca Patella*, "Emisfero Nord", cit., pp. 78–95.
27. Tale immagine è presente anche nella *Grammatica dissolvente* in Patella, *Prolegomeni allo atlante speciale di Luca Patella*, "Emisfero Nord", cit., p. 94.
28. Cannilla & Di Castro, *Luca Patella: indicazioni per una ontologica*, cit., n. 131, pp. 116, scheda p. 218.
29. Patella, *Prolegomeni*, "Emisfero Nord", cit., p. 98.
30. Cannilla, 'Libri Totali, Muri e Alberi Parlanti', in Cannilla & Di Castro, *Luca Patella: indicazioni per una ontologica*, cit., p. 208.
31. Si veda ad esempio *La polvere di proiezione iperconnotativa* documentata in Patella, *Prolegomeni allo atlante speciale di Luca Patella*, cit., p. 108.
32. Jorge Glusberg, *International Encounters on video* (Parigi: 1975).
33. Per cataloghi più estesi si veda ad esempio, *Luca Patella*, cit., p. 110 e ancora Di Marino, *Luca Patella. Con e senza peso*, pagine non numerate.
34. Si veda nota 17.
35. Intervista di Luca Patella in Madesani, *Icone fluttuanti*, cit., p. 196.
36. Si veda Di Marino, *Luca Patella. Con e senza peso*.
37. L'ICC fondato nel 1969, con sede nel Palais op de Meir, ha chiuso definitivamente nel 1998.
38. Cfr. *X Quadriennale Nazionale d'Arte. 3: La ricerca estetica dal 1960 al 1970* (Roma: Stefano De Luca Editore, 1973). L'azione, peraltro, è mostrata in un "video giornale" realizzato per la Quadriennale da Francesco Carlo Crispolti e Guido Cosulich. Il

snapshot from the same performance see Cannilla & Di Castro, *Luca Patella: indicazioni per una ontologica*, n. 102, p. 96, scheda p. 206.

25. Luca Maria Patella, *Luca Patella e il Test Lüscher dei colori* (Roma: Galleria L'Attico, 1974).
26. Cfr chapter 6 *Grammatiche dissolventi, trasformazionali,* where the artist proposes again the same wordplays and reproduces the same dissolving mechanism using wax paper. Patella, *Prolegomeni allo atlante speciale di Luca Patella*, "Emisfero Nord", p. 78–95.
27. The image also appears in *Grammatica dissolvente* in Patella, *Prolegomeni allo atlante speciale di Luca Patella*, "Emisfero Nord", p. 94.
28. Cannilla & Di Castro, *Luca Patella: indicazioni per una ontologica*, n. 131, p. 116, text p. 218.
29. Patella, *Prolegomeni allo atlante speciale di Luca Patella*, "Emisfero Nord", p. 98.
30. Cannilla, *Libri Totali, Muri e Alberi Parlanti*, in Cannilla & Di Castro, *Luca Patella: indicazioni per una ontologica*, p. 208.
31. See i.e. *La polvere di proiezione iperconnotativa* in Patella, *Prolegomeni allo atlante speciale di Luca Patella*, p. 108.
32. Jorge Glusberg, *International Encounters on video* (Paris 1975).
33. For more extensive catalogues see for example, Cannilla & Di Castro, *Luca Patella: indicazioni per una ontologica*, p. 110 and also Di Marino, *Luca Patella. Con e senza peso*, no page numbers.
34. See note 17.
35. Madesani, 'Intervista di Luca Patella', p. 196.
36. See Di Marino, *Luca Patella. Con e senza peso*.
37. The ICC, founded in 1969, based at the Palais op de Meir, closed definitely in 1998.
38. See *X Quadriennale Nazionale d'Arte. 3: La ricerca estetica dal 1960 al 1970* (Rome: Stefano De Luca Editore, 1973). The action is shown, moreover, in an original "video journal" produced for the Quadriennale by Francesco Carlo Crispolti and Guido Cosulich. The video was remastered in 2007 on the behalf of the Foundation by Pic Sound in Brusels and is preserved at ArBiQ Archivio Biblioteca Quadriennale di Roma.

video è stato rimasterizzato nel 2007 per conto della Fondazione dalla Pic Sound di Bruxelles ed è conservato presso l'ArBiQ Archivio Biblioteca Quadriennale di Roma.

Chapter 10 / Capitolo 10

Videoperformance in Italy in the '70s | La videoperformance in Italia negli anni Settanta

Cinzia Cremona

Authorship, Collaborations and International Contaminations

This chapter focuses on videoperformance practices and debates in the context of the international dialogues that took place in Italy in the '70s. It examines a set of art practices that combine video and performance in experimental, conceptual, documentary and political processes and approaches. Contradictory definitions of videoperformance are echoed in these diverse practices and contested claims of authorship, mirroring shifting perceptions of the mediation of video in relation to the event of performance.

The term videoperformance emerges around the same time in Italy and in the United States. It was adopted and defined by the artist, writer and curator Luciano Giaccari in Italy, and Liza Bear and Willoughby Sharp in the United States. Giaccari maintains that he elaborated his *Classificazione dei metodi di impiego del videotape in arte* [Classification of the methods of use of videotape in art] in 1972 in response to the

Autorialità, collaborazioni e contaminazioni internazionali

Questo capitolo analizza le pratiche artistiche della videoperformance nel contesto degli scambi internazionali che ebbero luogo in Italia negli anni Settanta, prendendo in esame modi diversi di integrare performance e video per scopi sperimentali, concettuali, documentaristici e politici. In quest'ambito, emergono opere che resistono alle definizioni, contraddicono problematicamente un'attribuzione a singoli autori, e rivelano un concetto instabile di mediazione nell'ambito delle relazioni possibili fra video e performance.

Il termine videoperformance emerge pressappoco nello stesso periodo sia in Italia che negli Stati Uniti. In Italia è stato adottato e definito dall'artista, scrittore e curatore Luciano Giaccari, e negli Stati Uniti da Liza Bear e Willoughby Sharp. Giaccari sostiene di aver elaborato la sua *Classificazione dei metodi di impiego del videotape in arte* nel 1972 in risposta alla "notevole confusione esistente sullo strumento [video],

'considerable confusion surrounding the [video] equipment, both on a theoretical and practical level'.[1] The American artist, writer and curator Willoughby Sharp started producing videoperformances himself in 1973[2] and curated the exhibition *Videoperformance* in 1974 at 112 Greene Street Gallery in New York City. *Avalanche* magazine Issue 9 acts as catalogue for this exhibition, and in her editorial Liza Bear describes the 'concept of the show' as the 'interface of video and live performance': 'the work implied a very close and multileveled rapport with audience consciousness. This made the performances very far removed from a self-referential display situation'.[3]

What Giaccari perceives as 'confusion' could also be read as the richness of experimentation, exploration and openness to new approaches that characterised the production of artworks in video in Italy in the '70s. Practitioners gravitated towards video from different artistic fields attracted by the possibilities of the new medium, and invited by producers, gallerists, curators and institutions. Artists, musicians, poets, filmmakers and directors interrogated artistic languages, mediums, forms and technologies within and outside centres of production and distribution, galleries, theatres, biennials and festivals. This generated fertile international exchanges of ideas and practices in specific supportive contexts. Although the majority of these centres of production and distribution of video remained outside of the mainstream circuits of the art market and disconnected from major museums, international conversations and collaborations among American, European and Japanese practitioners were facilitated by galleries, which supported the movement of artworks and artists across continents. From this perspective, Maria Gloria Bicocchi's art/tapes/22 stands out for its brave – although unsuccesful – attempt to create a sustainable commercial network that could contribute to the production of experimental works and support a salon-style environment for artists.

sia a livello teorico che pratico"[1]. L'artista, scrittore e curatore americano Willoughby Sharp ha iniziato a produrre videoperformance autonomamente nel 1973[2] e nel 1974 ha curato la mostra *Videoperformance* presso la 112 Greene Street Gallery a New York. Nel suo editoriale per il numero 9 della rivista "Avalanche", che fa da catalogo per questa mostra, Liza Bear descrive il "concetto della mostra" come "l'interfaccia del video e della performance: l'opera implicava una relazione molto stretta e sfaccettata con la coscienza del pubblico. Questo faceva sì che le performance fossero ben distanti da una situazione autoreferenziale"[3].

Quella che Giaccari percepisce come "confusione" potrebbe anche essere interpretata come ricchezza della sperimentazione, dell'esplorazione e dell'apertura a nuovi approcci, che caratterizzava la produzione di opere d'arte in video in Italia negli anni Settanta. I professionisti che gravitavano intorno al video provenivano da diversi campi artistici, attratti dalle possibilità del nuovo *medium*, e su invito di produttori, galleristi, curatori e istituzioni. Artisti, musicisti, poeti, *film-maker* e registi esploravano i linguaggi artistici, i mezzi, le forme e le tecnologie sia dentro che fuori i centri di produzione e distribuzione, le gallerie, i teatri, le biennali e i festival. Tutto ciò ha generato un fertile scambio internazionale di idee e pratiche artistiche in contesti che offrivano particolare sostegno. Nonostante la maggior parte di questi centri di produzione e distribuzione video rimanesse fuori dai circuiti commerciali del mercato d'arte e non fosse collegata ai maggiori musei, le conversazioni e collaborazioni internazionali tra professionisti americani, europei e giapponesi erano favorite dalle gallerie che sostenevano lo scambio di opere e di artisti tra i continenti. In quest'ottica, art/tapes/22 di Maria Gloria Bicocchi si distingue per il suo coraggioso – benché infruttuoso – tentativo di creare una rete commerciale sostenibile che potesse contribuire alla produzione di lavori sperimentali e mante-

Art/tapes/22 closed in 1976 due to financial difficulties, and its archive was acquired by the Biennale's Archivio Storico delle Arti Contemporanee (ASAC).

The survey *Gli art/tapes dell'ASAC* [ASAC's Art/tapes] held in Venice in 1977, organised by the Venice Biennale, offered an overview of the international exchanges and reciprocal influences in the preceding years. The event presented a selection of works in video illustrating some of the debates and approaches of the period. Fortysix pieces were screened in total, with the last day dedicated to a selection of six projects developed by collectives, which utilised video as a tool for documentation and social change.[4] Of the remaining works, the large majority were produced and distributed by art/tapes/22. Also, the selectors (Bicocchi herself and Fulvio Salvadori) appeared inclined to show works by artists from outside Italy: only a quarter of the videos screened were by Italian artists.[5] Nevertheless, this event included a good selection of videoperformances, and it attests to the importance of this body of works in the history and development of video art practices and debates. For example, outside of the direct sphere of influence of art/tapes/22, two works by Claudio Ambrosini and Michele Sambin produced at Galleria del Cavallino in Venice were screened.

Gli art/tapes dell'ASAC opened on 7 November 1977 with *Home Movies* by Vito Acconci, produced at art/tapes/22 in 1973. In this work, the artist shows images from his own body of work and speaks to camera about them. At regular intervals, he appears to address a hypothetical off-screen interlocutor and to comment on memories from a shared past. The viewer becomes implicated in a triangular interaction as the artist reveals to this other invisible presence that his artworks are based on events from his past intimate relationships. Acconci alternates between a first person account of his most personal motivations for developing performance, photographic series and

nere le caratteristiche di un ritrovo per gli artisti.

Quando art/tapes/22 ha chiuso, interrompendo la sua attività nel 1976 a causa di difficoltà economiche, il suo archivio è stato acquisito dall'Archivio Storico delle Arti Contemporanee della Biennale di Venezia. La rassegna *Gli art/tapes dell'ASAC* tenutasi a Venezia nel 1977 e organizzata dalla Biennale, offriva una panoramica sugli scambi internazionali e sulle influenze reciproche degli anni precedenti. L'evento presentava una selezione di opere video che illustravano alcuni dei dibattiti e degli approcci del periodo. Furono proiettate in tutto quarantasei opere, e l'ultima giornata era dedicata a una selezione di progetti sviluppati da collettivi che utilizzavano il video come strumento di documentazione e cambiamento sociale[4]. La maggior parte delle rimanenti opere era prodotta e distribuita da art/tapes/22. Inoltre i curatori (la stessa Bicocchi e Fulvio Salvadori) erano propensi a presentare opere di artisti stranieri: solo un quarto delle opere proiettate era di artisti italiani[5]. Tuttavia questo evento includeva una valida selezione di videoperformance e attestava l'importanza di questo *corpus* di opere nella storia e nello sviluppo dei dibattiti e delle pratiche della videoarte. Furono proiettati, ad esempio, due lavori di Claudio Ambrosini e Michele Sambin prodotti dalla Galleria del Cavallino a Venezia, che stavano quindi al di fuori della diretta sfera d'influenza di art/tapes/22.

Gli art/tapes dell'ASAC fu inaugurata il 7 novembre 1977 con *Home Movies* di Vito Acconci, prodotto ad art/tapes/22 nel 1973. In questo lavoro, l'artista mostra immagini del suo stesso *corpus* di opere e parla di queste rivolgendosi direttamente alla videocamera. Si ha l'impressione che, a intervalli regolari, l'artista si rivolga a un ipotetico interlocutore presente al suo fianco ed evochi i ricordi di un passato comune. Lo spettatore viene coinvolto in un'interazione triangolare quando l'artista rivela a quest'altra presenza invisibile che le sue opere d'arte si basano sulle sue relazioni intime del

video, and an intimate conversation in the second person made public on screen.

Acconci's works from this period explore ways of reaching out to viewers across camera and screen by performing *for video*. Performed in one take, without postproduction or editing, *Home Movies* maintains the quality of liveness[6] as it addresses viewers in the second person and in the present tense. At art/tapes/22, the artist experimented with a number of ways of combining performance and video, and produced four more works during his stay in Florence in 1973: *Theme Song*, *Come Back*, *Full Circle* and two versions of *Indirect Approaches*. All these videoperformances last around 33 minutes – the duration of the open-reel 1/2 inch tape. Alberto Pirelli, whose work *Riconoscere, il riconoscimento* [To recognize, the recognition] of 1974 was also included in the screening on the same day, was behind the camera to record each one of them. From this perspective, Acconci's videoperformances do not sit comfortably in Giaccari's classification, which is based on definitions of direct or indirect uses of video: when the operator behind the camera is also an artist, can we state with any certainty that there is no creative purpose on his part?

Home Movies defies the classification further by merging documentation of performance and performance to camera in a hybrid format that overthrows not only the distinction between direct and indirect use of video, but also the differentiation between videotape and videodocumentation. When he compiled the classification, Luciano Giaccari had already been travelling across Italy to document in video live performances, theatre, dance, music, festivals and exhibitions. It was partly this experience, conducted in parallel with his own artistic production, that lead him to attempt a taxonomy of the functions of video in relation to other practices. In fact, he hinges his classification on the distinction between *direct* and *indirect* uses of the *strumento* in relation to event and artistic creation. The word *strumento*, which is used in Italian to

passato. Acconci alterna un racconto in prima persona delle sue motivazioni più personali per lo sviluppo della performance, delle serie fotografiche e dei video, a una conversazione intima e in termini informali che si fa pubblica sullo schermo.

Le opere di Acconci risalenti a questo periodo esplorano modi di raggiungere gli spettatori attraverso la videocamera e lo schermo, con una performance *per il video*. Eseguita in una sola ripresa, senza postproduzione o montaggio, *Home Movies* mantiene le caratteristiche di un'opera dal vivo – della *liveness*[6] – rivolgendosi direttamente agli spettatori e parlando al presente. Ad art/tapes/22, l'artista aveva sperimentato diversi modi per abbinare performance e video, e ha prodotto altre quattro opere durante la sua permanenza a Firenze nel 1973: *Theme Song*, *Come Back*, *Full Circle* e due versioni di *Indirect Approaches*. Tutte queste videoperformance durano circa 33 minuti – la durata del nastro a bobina aperta da mezzo pollice – ed erano state registrate da Alberto Pirelli, la cui opera *Riconoscere, il riconoscimento* del 1974 fu proiettata nello stesso giorno. In quest'ottica, le videoperformance di Acconci non rientrano facilmente nella classificazione di Giaccari, che si basa sulla definizione di uso diretto o indiretto del video: è possibile affermare in tutta certezza che non ci sia alcun intento artistico da parte dell'autore, quando anche l'operatore dietro la videocamera è un artista?

Home Movies sfugge ulteriormente alla classificazione poiché mette insieme la documentazione di una performance e la performance di fronte alla videocamera in un formato ibrido che rovescia non solo la differenziazione tra uso diretto e indiretto del video, ma anche la differenza tra videotape e videodocumentazione. Quando ha redatto la classificazione, Luciano Giaccari aveva già viaggiato per tutta l'Italia per video-documentare performance dal vivo, teatro, danza, musica, festival e mostre. È stata in parte quest'esperienza, condotta in parallelo con la sua produzione artistica, che lo ha

indicate both a musical instrument and more generically a tool, is key to Giaccari's mindset:

> The classification of the methods of use [of video] was based on two fundamental hypotheses: in the first one, the artist has a *direct* relationship with the tool, which he uses with a creative purpose; in the second one, the artist has a *mediated* relationship with the tool, which is used by others on his creative work and with didactic aims, or with the purpose of documenting it.[7]

This convergence of meanings in the term *strumento* resonates with Giaccari's hypothesis that when the artist does not directly use the video equipment a different and *indirect* relationship with video can be theorised. From this perspective, the individual who holds the camera and materially controls the tools becomes the one who makes *direct* use of video in the work, although not a 'creative' use. In this case, the artist remains separate from the video equipment and this determines the *indirect*, or *mediated*, use of video.

In this framework, videoperformance is perceived by Giaccari as belonging to the first category of *direct* use of video, together with videotape and videoenvironment (in the classification, this last term is used interchangeably with videoinstallation). Videoperformance (also spelled video-performance) is described with videoenvironment as '... actions or set-ups created with the aid of live and/or pre-recorded close circuit television. In a videoperformance the artist is present, whilst in a videoinstallation the artist is absent'.[8]

This is further complicated by the following statement:

> Sometimes, performances carried out for the purpose of being video recorded are defined as videoperformances. In this instance, as long as it is not a case of videodocumentation, I would say that the work can be more appropriately categorised as a videotape, or to distinguish it from other kinds of video, I

spinto a tentare di creare una tassonomia delle funzioni del video in relazione ad altre pratiche. Di fatto la sua classificazione si impernia sulla distinzione tra l'uso *diretto* e *indiretto* dello strumento in relazione alla creazione e all'evento artistico: la parola *strumento*, utilizzata in italiano per indicare sia uno strumento musicale che uno strumento in generale, è fondamentale nell'impostazione di Giaccari.

> La classificazione dei metodi di impiego si basava su due ipotesi fondamentali: nella prima, l'artista ha un rapporto *diretto* con lo strumento, che usa per scopi creativi; nella seconda, l'artista ha un rapporto *mediato* con lo strumento, che viene usato da altri sulla sua opera creativa e con finalità prevalentemente documentative o didattiche[7].

Questa convergenza di significati nel termine strumento riecheggia l'ipotesi di Giaccari per cui si può teorizzare una relazione diversa e *indiretta* col video quando l'artista non usa direttamente l'apparecchiatura video. Secondo questa prospettiva, l'individuo che impugna la videocamera e che materialmente controlla gli strumenti, diventa colui che fa un uso *diretto* del video nel lavoro, anche se non ne fa un uso creativo. In questo caso l'artista rimane separato dall'apparecchiatura video e questo determina l'uso *indiretto* o *mediato* del video.

Da questo punto di vista, Giaccari percepisce la videoperformance come appartenente alla prima categoria di uso *diretto* del video, insieme al videotape e al videoambiente (nella classificazione, quest'ultimo termine è utilizzato in maniera intercambiabile con videoinstallazione). La videoperformance (scritto anche video-performance) insieme al videoambiente, sono descritti come "azioni o allestimenti creati con l'ausilio di circuiti chiusi televisivi in diretta e/o con nastri registrati. Nel caso della video-performance si ha la presenza dal vivo dell'artista, nella videoistallazione l'artista è assente"[8].

would define it as "performance in video".[9]

In this classification, the creative or non-creative purpose of the individual who controls the video equipment separates direct and indirect uses of the medium. As a matter of fact, the role of the operator who records the 'performance in video' might be more complex than Giaccari appears to acknowledge. In his definition of the category of videoperformance, Giaccari does not discuss the individual inevitably present behind the camera, and concentrates on the relationship between performance event and video equipment, which also encompasses the tape as the material support of the recorded image. Once established that the operator has no creative purpose, its function in the making of videotapes, videoperformances and videoenvironments is ignored. On the other hand, the role of the maker of videodocumentation is analysed in detail from the perspective of interpretation, mediation, technical ability, previous knowledge of the work of the artist, professionalism and collaboration. In short, Giaccari proposes that the maker of videodocumentation is the author of an autonomous and original making, who needs to know his tools and to be familiar with the work of the artist in order to capture it without interpreting it, and who creates a memory of the work on video. From this perspective, videodocumentation constitutes a particular form of collaboration between the performer and the person who carries out the documentation.

The unique perspective proposed by Giaccari places these different uses of video on the same level of importance in terms of its history and ontology. He describes videodocumentations as 'autonomous and original',[10] anticipating a debate on the relationship between performance and its documentation that is not only still relevant, but that has been re-ignited by the emergence of networked practices and digital performance. It matters to Giaccari that a

Quanto detto viene ulteriormente complicato dall'affermazione che segue:

> Viene alcune volte definita videoperformance una performance che sia eseguita per essere registrata televisivamente. In questo caso, sempre che non si tratti di una ipotesi di videodocumentazione, direi che tale lavoro vada più propriamente considerato come un videotape; se poi lo si volesse proprio distinguere da altri tipi di video allora semmai lo definirei "performance in video"[9].

In questa classificazione, lo scopo creativo o non-creativo della persona che controlla l'apparecchiatura video contraddistingue gli usi diretti e indiretti del *medium*. Di fatto, il ruolo dell'operatore che registra la "performance in video" potrebbe essere più complesso di quanto sembra riconoscere Giaccari. Nella sua definizione della categoria della videoperformance, Giaccari non mette in discussione l'inevitabile presenza di colui che è dietro la videocamera, e si concentra sulla relazione tra l'evento performativo e l'apparecchiatura video, che comprende anche il nastro in quanto materiale di supporto dell'immagine registrata. Una volta stabilito che l'operatore non ha propositi creativi, la sua funzione nella creazione di videotape, videoperformance e videoambienti, viene ignorata. Dall'altra parte, il ruolo di chi esegue la videodocumentazione viene analizzato in dettaglio dal punto di vista dell'interpretazione, della mediazione, dell'abilità tecnica, della conoscenza pregressa del lavoro dell'artista, della professionalità e della collaborazione. In breve, Giaccari propone che il realizzatore della videodocumentazione sia l'autore di un'opera autonoma e originale, che ha bisogno di conoscere i suoi strumenti e di avere familiarità col lavoro dell'artista per poterlo cogliere senza interpretarlo, e che crea una memoria video dell'opera. In quest'ottica, la videodocumentazione costituisce una forma particolare di collaborazione tra il *performer* e la persona che esegue la documentazione.

videodocumentation captures the event in real time, but he does not advocate any illusory concept of objectivity. He focuses on the fact that the resulting work will make the original artwork accessible to a wider audience without the filter of any personal or critical interpretation – as memory. This concept of video as memory hinges on the chronological gap between event and documentation, and on the sequential correspondence between the real time of the recording and that of the viewing. But it also proposes a specific form of collaboration between artist performing and *videodocumenter*, which will produce the *correct* videodocumentation. Despite this, in his classification Giaccari does not seem to question the single authorship of the artwork by one creative individual, even in the context of an emerging experimental field of practice sustained by collaborations and dialogue. The traditional view of the individual artist as source of the artwork remains untouched, although in the case of artist's videos that he produced himself, Giaccari attempts to compare video to film production and to assign parallel roles to the artist (scriptwriter) and himself (the director). This seems a missed opportunity to acknowledge that the early practices of video and videoperformance, based as they were on the complex interactions of video makers and performers, propose a different model of art production that inevitably emerges from contaminations and exchanges. It could be argued that Giaccari overlooks this complex aspect of the history of video, which intertwines financial and political elements with the emergence of theories and concepts, and continues to apply nineteenth century criteria to determine the authorship of emerging practices.

Acknowledging these dynamics directly, Cosetta Saba describes art/tapes/22 as 'an experimental "laboratory" dedicated to art in video conceived and experienced from a multifaceted perspective'.[11] Artists from a number of disciplines contributed to this merging of multiple approaches: paint-

La peculiare prospettiva proposta da Giaccari pone questi diversi usi del video sullo stesso livello di importanza in termini della loro storia e ontologia. Egli descrive la videodocumentazione come "autonoma e originale"[10], anticipando un dibattito sulla relazione tra la performance e la sua documentazione che non solo è ancora di notevole importanza, ma che è stato riacceso dall'emergere di pratiche in rete e dalla performance digitale. Per Giaccari è importante che una videodocumentazione catturi l'evento in tempo reale, ma egli non sostiene alcun concetto illusorio di oggettività. Egli si concentra sul fatto che l'opera che ne risulterà, renderà il lavoro originario accessibile a un pubblico più ampio *come memoria*, senza il filtro di alcuna interpretazione critica o personale. Questo concetto di video come memoria si impernia sull'intervallo cronologico tra l'evento e la documentazione, e sulla sequenziale corrispondenza tra il tempo reale della registrazione e quello della visione. Propone però anche una specifica forma di collaborazione tra l'artista che crea la performance e il *videodocumentatore* che ne produrrà la *corretta* videodocumentazione. Nonostante ciò, Giaccari nella sua classificazione non mette mai in dubbio che l'autore dell'opera d'arte sia il singolo individuo creativo, anche all'interno di un campo artistico sperimentale caratterizzato da collaborazioni e dialogo. La visione tradizionale dell'artista quale unica fonte dell'opera d'arte rimane intatta, anche se nel caso dei video d'artista prodotti dallo stesso Giaccari, egli tenta di paragonare il video alla produzione di film e di assegnare ruoli paralleli all'artista (sceneggiatore) e a sé stesso (il regista). Questa appare come un'opportunità mancata di riconoscere che nei primissimi anni le pratiche del video e della videoperformance, in quanto basate sulle complesse interazioni tra artisti che utilizzano questi due linguaggi, proponevano un diverso modello di produzione artistica che emergeva, inevitabilmente, dalle contaminazioni e dagli scambi. Si potrebbe dunque asserire che Giaccari non tiene conto di

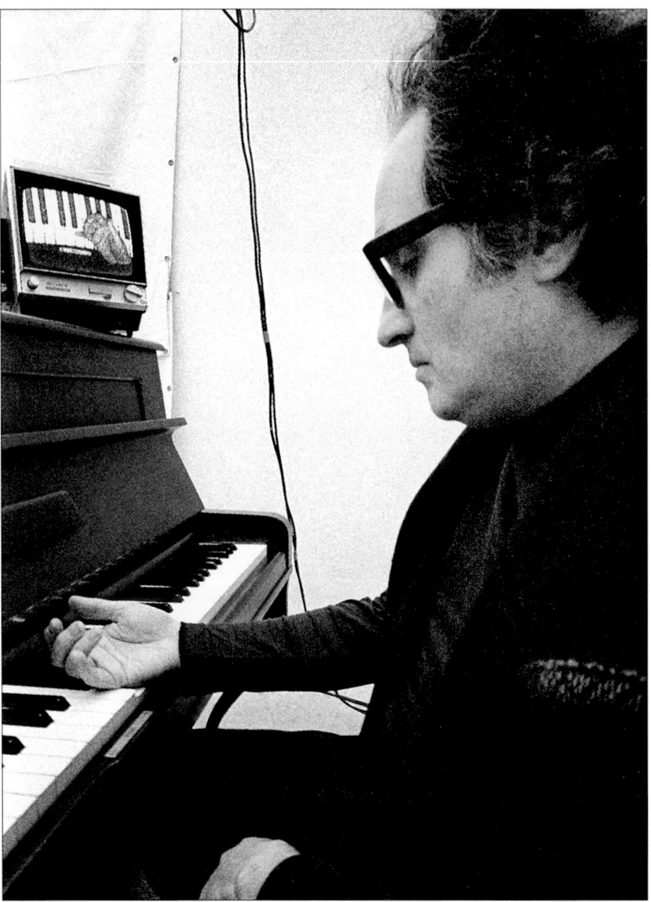

Fig. 1. Backstage from Giuseppe Chiari, *Il suono* [The Sound], 1974. Backstage da Giuseppe Chiari, *Il suono*, 1974. Photo © Copyright Archivio Gianni Melotti, Florence.

ing, poetry, conceptual art and music. On many occasions Maria Gloria Bicocchi stressed that the Fluxus musician and artist Giuseppe Chiari was instrumental in conceiving the idea of art/tapes/22 and in the productions of its early years.

In fact, Chiari's *Kunst ist einfach* [Art is simple] (fig. 1) was the first work produced here in 1973. In this videoperformance, Chiari synchronises the flow of the movement of the body with the flow of the notes from a piano and of the electronic image from the video camera. He systematically tests modes of interaction between gestures, sounds, audience, light and image.

This resonates with the work of Charlemagne Palestine, who also worked at art/tapes/22, but also with the videoperformances of Michele Sambin and Claudio Ambrosini, who both produced a number of works with Galleria del Cavallino in Venice. Maria Gloria Bicocchi has repeatedly high-

questo complesso aspetto della storia del video, che intreccia elementi politici ed economici con l'emergere di nuove teorie e nuovi concetti, e continua ad applicare criteri da diciannovesimo secolo alle questioni di attribuzione di pratiche emergenti.

Riferendosi direttamente a questi aspetti, Cosetta Saba descrive art/tapes/22 come "un 'laboratorio' sperimentale dedicato all'arte video pensato ed esperito secondo un punto di vista multiprospettico"[11]. Artisti provenienti da diverse discipline contribuirono a questa sinergia di molteplici approcci: pittura, poesia, arte concettuale e musica. Maria Gloria Bicocchi ha sottolineato in diverse occasioni che il musicista e artista Fluxus Giuseppe Chiari è stato strumentale al concepimento dell'idea di art/tapes/22 e alle produzioni dei suoi primi anni. Di fatto, *Kunst ist einfach* (fig. 1) di Chiari fu la prima opera lì prodotta nel 1973. In questa videoperformance Chiari sincronizza il flusso del movimento del corpo con quello delle note di un pianoforte e dell'immagine elettronica dalla videocamera. Egli controlla sistematicamente i modi d'interazione tra i gesti, i suoni, il pubblico, la luce e l'immagine. Ciò rievoca l'opera di Charlemagne Palestine, che lavorò anche con art/tapes/22, come pure le videoperformance di Michele Sambin e Claudio Ambrosini, che produssero diversi lavori con la Galleria del Cavallino a Venezia. Maria Gloria Bicocchi ha ripetutamente evidenziato l'atmosfera sociale e collaborativa che rendeva unico art/tapes/22 "[...] il lavoro fatto con gli artisti per produrre le loro opere in video è stato un 'lavoro' di attraversamento della mia stessa vita, spesso anche della loro vita, mai un progetto rigoroso, è stata un'operazione assolutamente orizzontale, un percorso creativo"[12]. Da questo punto di vista, molte opere prodotte in questo contesto erano il risultato di dialoghi, collaborazioni e molte ore di discussione.

Gli artisti americani che lavoravano con art/tapes/22 godevano inoltre della vigorosa promozione e distribuzione della galleria partner Sonnabend-Castelli, eclissando

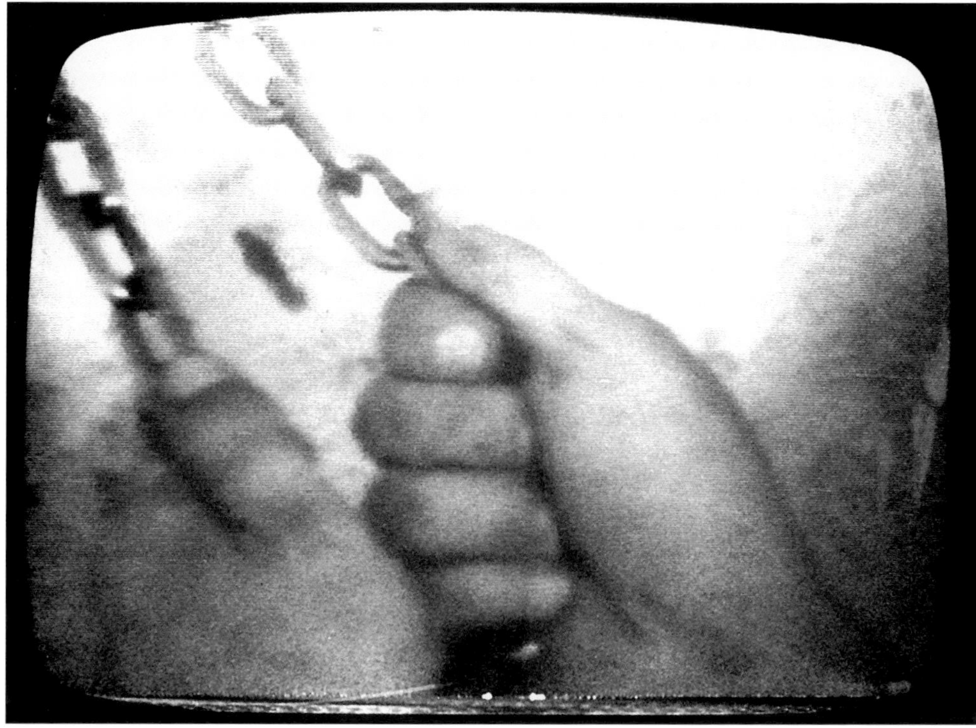

Fig. 2. Willoughby Sharp, *Break*, 1974. Photo © Copyright Archivio Gianni Melotti, Florence.

lighted the social and collaborative atmosphere that made art/tapes/22 unique: '...the work developed with artists to produce their pieces on video was the "labour" of crossing through my own life, and often their own lives, never a rigorous project, a completely horizontal operation, a creative journey'.[12] From this perspective, the works produced in this context benefited from dialogues and collaborations, as artists regularly worked on each other's projects without initial plans and spent many hours discussing them.

The American artists who worked with art/tapes/22 also benefited from the powerful promotion and distribution of the partner gallery Sonnabend-Castelli, which eclipsed the role and oeuvre of their Italian and European peers in those early years. An important consequence of this wider distribution and accessibility is that the videoperformances produced by American artists in this context dominate the history of the practice. For example, Vito Acconci returned to New York and continued to produce, discuss and write about videoperformance, and, based on the agreement that Bicocchi had stipulated, Sonnabend-Castelli shared

così il ruolo e l'opera dei loro pari italiani ed europei in quei primi anni. Una conseguenza importante di questa maggiore distribuzione e accessibilità è che la storia della videoperformance è dominata dai lavori prodotti da artisti americani in questo contesto. Vito Acconci, ad esempio, tornato a New York, ha continuato a produrre, discutere e scrivere di videoperformance e, in base al contratto stipulato con Maria Gloria Bicocchi, Sonnabend-Castelli ha condiviso i diritti sulla distribuzione dei suoi lavori. Nel frattempo molti artisti italiani sono tornati alle loro pratiche artistiche precedenti e considerano le loro opere video come degli esperimenti, degli interludi, o un modo per catturare una performance.

Uno scambio internazionale più interessante ha avuto luogo nel 1974 con Willoughby Sharp (fig. 2) che, oltre a scrivere e organizzare mostre, aveva già creato delle videoperformance negli Stati Uniti sotto l'effetto di sostanze allucinogene. Nella cascina dei Bicocchi a Santa Teresa, Sharp realizza la videoperformance *Break*, in cui appare seduto nudo circondato da fieno in un angolo del porcile, immerso in un'espe-

the rights to the distribution of his works. In the meantime, many Italian artists returned to their previous practices and considered their video work experiments, interludes, or a way to capture a performance.

A more interesting international exchange took place in 1974 with Willoughby Sharp (fig. 2), who had been creating videoperformances under the influence of hallucinogenic substances in the United States, as well as writing and curating. At Bicocchi's farmhouse in Santa Teresa, Sharp performed *Break* sitting naked in a corner of the pigsty surrounded by hay, seemingly immersed in a cathartic experience.

The work was shot for three monitors and is one of the few multi-screen videos produced at art/tapes/22. It would be impossible to trace the direct reciprocal influences between art/tapes/22's and Sharp's projects, but there is a distinct similarity between Sharp's experimental approach and Bicocchi's ways of facilitating a productive artistic environment. On the other hand, Sharp's view that videoperformance is the 'interface of video and live performance'[13] stands in direct contrast with Giaccari's attempt to submit practice to the order of a set of definitions: videoperformance emerges directly from the desire of many artists to reach their viewers in all ways afforded by art languages and technologies. Paradoxically, Sharp and Giaccari shared an interest in using video to collect artists' interviews to camera as *Videoviews* (Sharp) and *video-interviste* [video-interviews] (Giaccari).[14] From the perspective of international exchanges, though, Sharp's 1974 exhibition *Videoperformance* included works by Vito Acconci, Dennis Oppenheim, Richard Serra and Joseph Beuys, who also worked in Italy in the '70s, but no Italian artists.

Galleria del Cavallino in Venice developed a different set of international collaborations with Austrian and Yugoslavian organisations. Claudio Ambrosini and Michele Sambin, mentioned at the beginning of this chapter as included in the survey

rienza catartica. La ripresa, concepita per tre monitor, è uno dei pochi video multischermo prodotti ad art/tapes/22. Sarebbe impossibile delineare le dirette influenze reciproche tra i progetti di art/tapes/22 e quelli di Sharp, ma c'è una chiara somiglianza tra l'approccio sperimentale di Sharp e il modo in cui Maria Gloria Bicocchi favoriva un ambiente artistico produttivo. Dall'altra parte, l'idea di Sharp che la videoperformance sia "l'interfaccia del video e della performance dal vivo"[13], si pone in netto contrasto con il tentativo di Giaccari di sottoporre la pratica all'ordine di una serie di definizioni: la videoperformance nasce direttamente dal desiderio di molti artisti di mettersi in relazione con i propri spettatori sfruttando le diverse modalità dei linguaggi artistici e delle tecnologie. Paradossalmente, sia Sharp sia Giaccari utilizzarono il video anche per registrare interviste ad artisti: *Videoviews* (Sharp) e *video-interviste* (Giaccari)[14]. Nel contesto degli scambi internazionali, tuttavia, la mostra *Videoperformance* di Sharp del 1974, includeva lavori di Vito Acconci, Dennis Oppenheim, Richard Serra e Joseph Beuys, che avevano lavorato anche in Italia negli anni Settanta, ma non di artisti italiani.

La Galleria del Cavallino a Venezia sviluppò una diversa serie di collaborazioni internazionali con organizzazioni austriache e jugoslave. Claudio Ambrosini e Michele Sambin, citati all'inizio di questo capitolo perché inclusi nella rassegna *Gli Art/Tapes dell'ASAC* del 1977, sono due artisti italiani che hanno sviluppato una serie di esperimenti nei quali gli strumenti del video si combinano a strumenti musicali, registratori audio, attrezzature fotografiche e azioni. Il loro lavoro è in sintonia con le pratiche di molti celebri artisti americani e britannici quali Bruce Nauman e David Hall, e presenta la stessa qualità e lo stesso interesse. Inoltre Ambrosini e Sambin, hanno prodotto un *corpus* di opere che esplora numerosi aspetti della videoperformance – dall'autoritratto alle specifiche possibilità tecniche delle videocamere e dei registratori, fino alle documentazioni di performance dal vivo.

Gli Art/tapes dell'ASAC in 1977, are two Italian artists who developed a series of experiments in which video tools are combined with musical instruments, audio recorders, photographic equipment and gestures. Their work is attuned to the practices of many celebrated American and British artists such as Bruce Nauman and David Hall, and it is of the same quality and interest. Moreover, Ambrosini and Sambin produced a body of work that explores numerous aspects of videoperformance – from the self-portrait to the specific technical possibilities of video camera and recorder, and to documentations of live performances. Ambrosini's *Autobiografia* [Autobiography] of 1976 is a videoperformance that evokes a sense of claustrophobia and surveillance. In an enclosed space, the artist emphatically breathes in air from one part of the room and expels it in another, or breathes in air through a keyhole to expel it inside the room. In this work, he embodies the mechanisms of the 'closed circuit' closely associated with the production of video in Italy in the '70s, when, to differentiate it from broadcast television, video art practice was variously described as 'micro television' and 'televisione a circuito chiuso' [closed circuit television].

Ambrosini creates physical and conceptual closed circuits in which the relationship between musical instrument, body and video instrument is explored in its dynamics and poetics. The 1977 series of works *Tocco* [Touch] in particular transforms everyday objects into sources of sound animated by the touch of the hand and rendered unfamiliar with oblique camera angles. In *Tocco per carta* [Touch for paper], the camera looks down into a papercone that ends in Ambrosini's ear. As his hand rubs the paper, the monitor emits guttural sounds and an almost abstract monochrome variation of the light. The work is structured as a crescendo of speed and intensity of the touch, which could be read as a sexual innuendo. A similar pattern informs *Tocco per telefono* [Touch for telephone], in which the rotary dial of an

Autobiografia di Ambrosini del 1976 è una videoperformance che evoca un senso di claustrofobia e sorveglianza. In uno spazio chiuso, l'artista enfaticamente inspira aria da una parte della stanza e la espelle da un'altra parte, oppure inspira aria attraverso il buco di una serratura ed espira all'interno della stanza. In questo lavoro Ambrosini incarna i meccanismi del "circuito chiuso" strettamente associato alla produzione di video in Italia negli anni Settanta, quando per distinguersi dalle trasmissioni televisive, la pratica della videoarte viene variamente descritta come "micro televisione" e "televisione a circuito chiuso".

Ambrosini crea circuiti chiusi fisici e concettuali nei quali la relazione tra lo strumento musicale, il corpo e lo strumento video viene esplorata nelle sue dinamiche e nelle sue poetiche. La serie di lavori *Tocco* del 1977, in particolare, trasforma gli oggetti quotidiani in fonti di suoni animati dal tocco della mano e resi estranei grazie ad angoli di campo obliqui. In *Tocco per carta*, la videocamera è rivolta in basso a inquadrare l'interno di un cono di carta che termina nell'orecchio di Ambrosini. Quando la sua mano sfrega la carta, il monitor emette suoni gutturali e variazioni monocrome della luce quasi astratte. Il lavoro è strutturato come un crescendo di velocità e intensità del tocco, che potrebbe essere letto come un'allusione sessuale. Si ritrova una struttura simile in *Tocco per telefono*, dove la ruota di un telefono a disco viene girata sempre più velocemente, e *Tocco per chitarra* dove lo strumento musicale non viene suonato, ma accarezzato e sfregato. L'apparecchiatura video permette una prospettiva su questi gesti intimi che amplifica la vicinanza tra il corpo dell'artista e quello dello spettatore, creando una diversa intimità e un'accentuata prossimità resa possibile dalla mediazione della videocamera e dello schermo. Al contrario in *Kissing* e in *Perpetual Motion*, anche questi del 1977, l' apparecchiatura per la registrazione audio e video amplifica la distanza tra la performance e la sua ricezione interponendo strati di ri-mediazione

analogue telephone is turned faster and faster, and *Tocco per chitarra* [Touch for guitar], in which the musical instrument is not played, but caressed and rubbed. The video equipment affords a perspective on these intimate gestures that amplifies the proximity between the body of the artist and the body of the viewer, creating a different intimacy and heightened proximity made possible by the mediation of video camera and screen. Conversely, in *Kissing* and *Perpetual Motion*, also of 1977, audio and video recording equipment widen the distance between the performance and its reception by interposing layers of remediation[15] between sound and ear. Closer to documentations of live performances than works in their own right, these two pieces are a trace of the rigorous examinations conducted at Galleria del Cavallino. They are also a direct result of the cross-contamination of Ambrosini's and Sambin's practices and interests.

On the occasion of the *VIDEOEX* Festival in Zurich in 2014,[16] Ambrosini re-elaborated on one of his videoperformances from this period by playing live on a keyboard in dialogue with *Videosonata*, a work of 1979 (fig. 3).

In this piece, the screen is split horizontally into two sections: in the top, larger portion, the view through a window complements the piano keyboard of the bottom part, on which Ambrosini's hands move in response to the movements of the wind, and of birds and clouds passing by. The physical presence of the artist thirty-five years later added another layer of response and performance, and brought the work back to life. This event confirms the continuing relevance of the body of work produced in the '70s in Italy and of the debates surrounding early videoperformances: how does the video equipment mediate between performer and viewers? Is the dynamic between performer, video camera and screen self-referential or relational? How does the interfacing of video and performance transform and question both practices?

tra il suono e l'orecchio. Più vicine alla documentazione di performance dal vivo che lavori in senso proprio, queste due opere sono una traccia delle analisi rigorose condotte alla Galleria del Cavallino. Sono anche il risultato diretto delle contaminazioni reciproche delle pratiche e degli interessi di Ambrosini e Sambin[15].

In occasione del *VIDEOEX* Festival a Zurigo nel 2014[16], Ambrosini ha rielaborato una delle sue videoperformance di questo periodo suonando dal vivo su una tastiera in dialogo con *Videosonata*, un lavoro del 1979 (fig. 3). In quest'opera, lo schermo è diviso orizzontalmente in due parti: la vista attraverso una finestra in quella superiore, più ampia, è completata dalla tastiera del piano nella parte inferiore, sulla quale le mani di Ambrosini si muovono in risposta ai movimenti del vento, degli uccelli e delle nuvole che passano. La presenza fisica dell'artista, trentacinque anni dopo, ha aggiunto un altro livello di risposta e performance, e ha riportato in vita il lavoro. Questo evento conferma la continua importanza del *corpus* di opere prodotte negli anni Settanta in Italia e dei dibattiti che circondano le videoperformance dei primi anni: in che modo le apparecchiature video mediano tra *performer* e spettatori? La dinamica fra performance, video e spettatori è autoreferenziale o relazionale? In che modo l'interfacciarsi di video e performance trasforma e mette in discussione entrambe le pratiche?

Paolo Cardazzo, che ha diretto la Galleria del Cavallino con sua sorella Gabriella dal 1972, aveva dedicato spazio e strumenti esclusivamente alle pratiche sperimentali durante i videolaboratori, che si erano tenuti nel 1977, 1978 e 1979, creando un terreno fertile per indagini e progetti collaborativi. È in questo contesto che i due compositori e musicisti Ambrosini e Sambin condividevano ed espandevano il loro interesse per la decostruzione delle discipline e dei linguaggi artistici. L'obiettivo di Sambin era di "analizzare e decostruire la realtà, scardinarne i meccanismi per recuperare una consape-

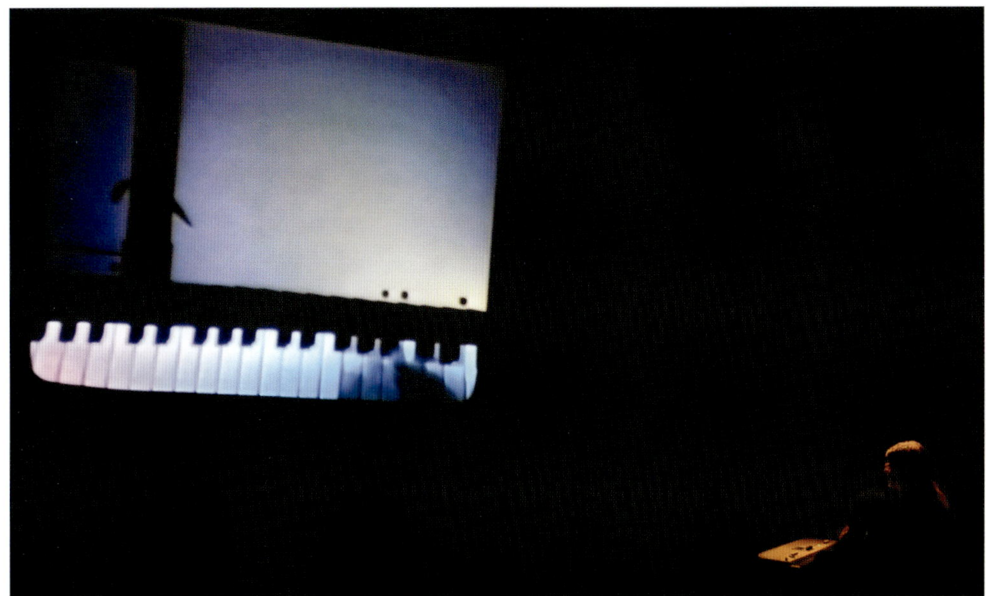

Fig. 3. Claudio Ambrosini performing live *Videosonata* (from *Giorni* [Days]) at *VIDEOEX* Festival, Kunstraum Walcheturm, Zurich, 2014. Claudio Ambrosini durante la performance live di *Videosonata* (da *Giorni*) al Festival *VIDEOEX*, Kunstraum Walcheturm, Zurigo, 2014. Courtesy of *VIDEOEX* International Experimental Film and Video Festival, Zurich.

Paolo Cardazzo, who ran the Galleria del Cavallino with his sister Gabriella from 1972, dedicated space and facilities exclusively to experimental practices during the *Videolaboratori* held in 1977, 1978 and 1979, creating a fertile ground for collaborative enquiries and projects. In this context, the two composers and musicians Ambrosini and Sambin shared and expanded their interest in deconstructing art languages and disciplines. Sambin aimed to 'analyse and deconstruct reality, unhinge its mechanisms to recover an awareness of reality itself'.[17] In a similar vein, Ambrosini did not set out to produce interdisciplinary outcomes, but to conduct the exploration of one concept or process 'through different stages and materials to realise multilayered works that can be assimilated and analysed from the perspective of different disciplines'.[18] Soon after completing his studies in electronic music in Venice, Sambin produced a number of works that involved playing musical instruments in front of video cameras to create delayed responses between the sounds emitted by the body and their electronic reproduction. These culminated in 1979 in *Duo per un musicista solo* [Duo for single player] (also known as *Duo...*, fig. 4), in which the artist makes himself part of a close-circuit loop by physically sitting be-

volezza della realtà stessa"[17]. In maniera analoga, Ambrosini non mirava alla produzione di risultati interdisciplinari, bensì alla conduzione di esplorazioni di un concetto o processo "attraverso stadi e materiali diversi e così alla realizzazione di lavori multiplanari unitari poi assimilabili e analizzabili secondo l'ottica di discipline diverse"[18]. Poco dopo aver terminato gli studi in musica elettronica a Venezia, Sambin ha prodotto diverse opere in cui degli strumenti musicali venivano suonati davanti alle videocamere per creare delle risposte differite tra i suoni emessi dal corpo e la loro riproduzione elettronica. Queste culminarono, nel 1979, in *Duo per musicista solo* (conosciuto anche come *Duo ...*, fig. 4) nel quale l'artista diventa parte di un loop a circuito chiuso sedendosi tra le videocamere e i monitor per illustrare il flusso di movimento dal suo corpo attraverso le lenti e lungo i cavi che collegano i due schermi video. Nella prima parte, Sambin si siede dietro due monitor suonando il violoncello e la sua immagine appare sullo schermo a sinistra. Il nastro viene riavvolto e la stessa sequenza registrata viene riprodotta sullo schermo a destra, mentre il musicista si siede nuovamente dietro i monitor, questa volta reggendo un sassofono, e ancora una volta la sua immagine appare in tempo reale sullo schermo a sinistra. Poiché le due per-

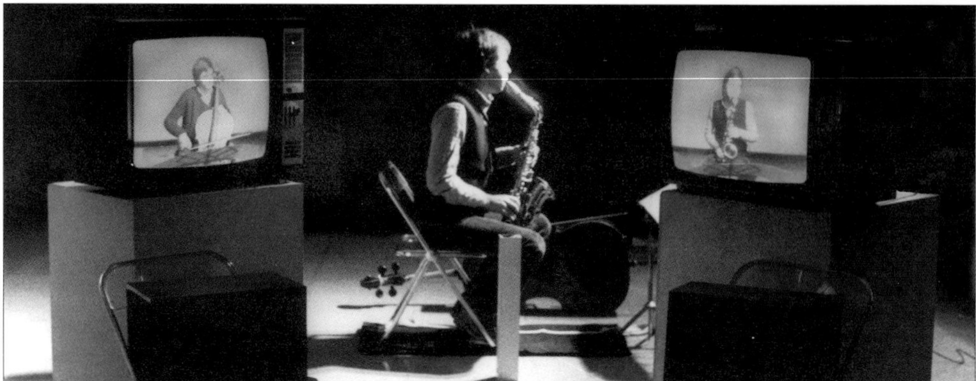

Fig. 4. Michele Sambin, *Duo...*, 1979. Courtesy of the artist & Archivio Cavallino, Venice.

tween video cameras and monitors to illustrate the flow of movement from his body via lenses and cables to two video screens.

In part one, Sambin sits behind two monitors playing the cello and his image appears on the left screen. The tape is rewound and the same recorded sequence plays on the right screen while the musician comes to sit behind the monitors again, this time holding a saxophone, and his image appears once more in real time on the left screen. As the two performances are now synchronised, the dialogue between the two different *times* can begin. This work unveils the mechanisms of performance and video production without renouncing humour and a touch of technological magic.

Both Ambrosini and Sambin also worked closely with a number of Yugoslavian artists during the Incontri di Motovun [Motovun Encounters], which became regular exchanges between Galleria del Cavallino and Ladislav Barišić's Galerija Likovna in Motovun (now in Croatia). Paolo Cardazzo had started this rich international programme in 1972, first focusing on painting, but soon including film and video. Cardazzo himself took part and in 1974 produced the work *Da zero a zero* [From Zero to Zero] with Peggy Stuffi. These themed *encounters* formed the basis of continuing professional relationships, and Yugoslavian artists Dalibor Martinis and Sanja Iveković were regularly included in screening programmes and touring exhibitions connected with Galleria del Cavallino. These encounters were held in the village of

formance sono ora sincronizzate, può iniziare il dialogo tra i due diversi *tempi*. L'opera svela i meccanismi della performance e della produzione video, senza rinunciare all'umorismo e a un tocco di magia tecnologica.

Ambrosini e Sambin hanno anche lavorato a stretto contatto con diversi artisti jugoslavi durante gli Incontri di Motovun, che divennero scambi annuali tra la Galleria del Cavallino e la galleria Likovna di Ladislav Barišić di Motovun (in Croazia). Paolo Cardazzo aveva dato vita a questo ricco programma internazionale nel 1972, concentrandosi dapprima sulla pittura, poi su film e video. Vi partecipò lui stesso come artista nel 1974 producendo il lavoro *Da zero a zero* con Peggy Stuffi. Questi *incontri* a tema gettarono le basi per scambi professionali continui, e gli artisti jugoslavi Dalibor Martinis e Sanja Iveković vennero regolarmente inclusi nei programmi delle proiezioni e nelle mostre itineranti legate alla Galleria del Cavallino. Questi incontri si tenevano nel villaggio di Motovun, dove gli artisti erano invitati a lavorare sul tema annuale, ma avevano anche il tempo e lo spazio per sviluppare lavori e ricerche individuali[19]. Varie videoperformance che possono essere considerate collaborative furono prodotte in questo contesto, incoraggiate senza dubbio dal dialogo continuo e dall'infrastruttura di sostegno. Si potrebbe affermare che l'atmosfera collaborativa degli Incontri di Motovun fosse particolarmente propizia per la creazione di opere da parte di diverse artiste, in particolare Sanja Iveković e Živa

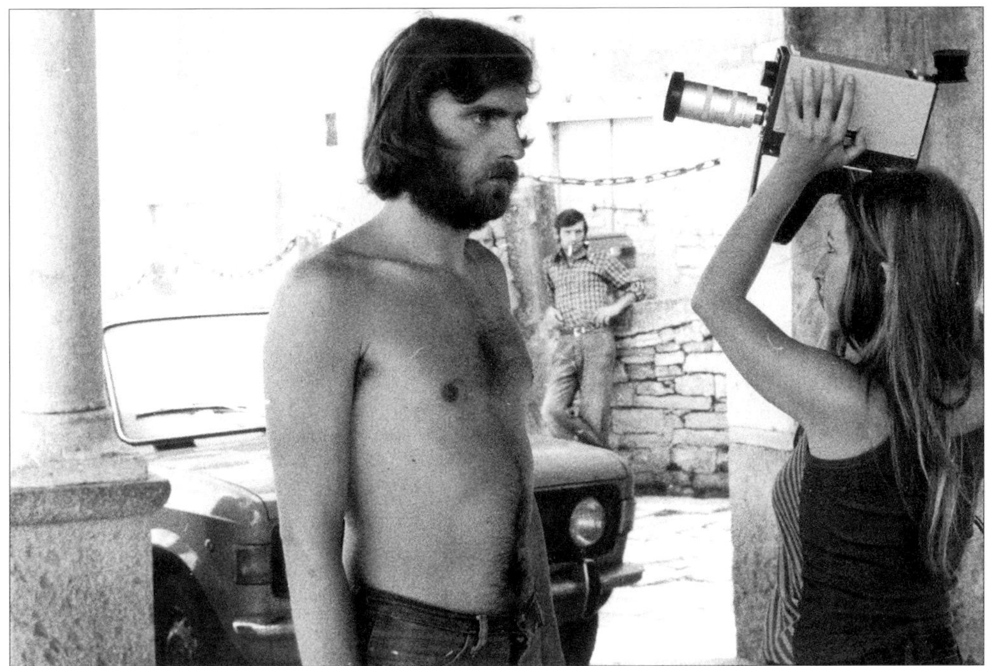

Fig. 5. Sanja Iveković, *Monument*, 1976. Courtesy of Archivio Cavallino, Venice.

Motovun, where artists were invited to work on the yearly theme, but also had time and space to advance their own practice and research.[19] A number of videoperformances that could be considered collaborative were produced in this context, undoubtedly encouraged by the continuous dialogue and supportive infrastructure. It could be argued that the collaborative atmosphere of the Incontri di Motovun was especially conducive to the work of a number of women, in particular Sanja Iveković and Živa Kraus. For example, in 1976, Iveković produced *Monument* (fig. 5) by circling the body of Dalibor Martinis with a video camera starting from his feet and moving upwards until she reached the top of his head.

The theme for the 1976 Incontro di Motovun was 'identity', and this offered Iveković the perfect opportunity to produce *Make up – Make down* and *Istruzioni N° 1* [Instructions No. 1] (fig. 6), in which she traces on her face lines and harrows reminiscent of plastic surgery and uses them as basis for her make up. Interestingly, this iconic work is as relevant at the beginning of the twenty-first century as it was in the '70s.

In fact, it remains difficult to trace the

Kraus. Ad esempio, nel 1976, Iveković produsse *Monument* (fig. 5) girando intorno al corpo di Dalibor Martinis con una videocamera, iniziando dai suoi piedi e spostandosi verso l'alto fino a raggiungere la testa. Il tema per l'Incontro di Motovun del 1976 era 'identità' e questo ha offerto a Iveković la perfetta opportunità di produrre *Make up – Make down* e *Istruzioni N° 1* (fig. 6), dove l'artista traccia sul suo volto delle linee e delle frecce che ricordano quelle della preparazione per la chirurgia plastica, e le usa come basi per il trucco. È interessante notare che questo iconico lavoro è tanto rilevante agli inizi del ventunesimo secolo, quanto lo era negli anni Settanta. Di fatto, è ancora difficile rilevare i ruoli, i contributi e i lavori di artiste donne, che furono estremamente attive in questo periodo, poiché è stato attribuito un peso inferiore alla loro importanza storica. Cardazzo ebbe un ruolo strumentale nel sostenere direttamente le artiste donne e nel 1977 la Galleria del Cavallino produsse anche l'opera di rilievo *Autoritratto in una stanza, documentario* (fig. 7) di Anna Valeria Borsari. In questa performance per videocamera, l'artista è sola in una grande stanza con Andrea Varisco, che cattura il lavoro in video. L'artista misura la

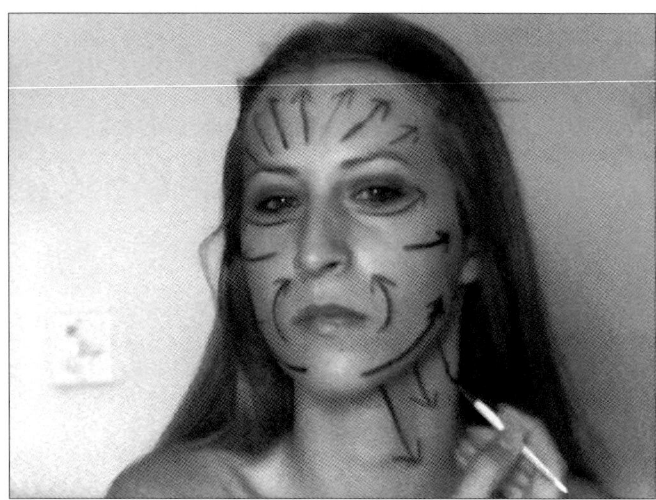

Fig. 6. Sanja Iveković, *Istruzioni N° 1* [Instructions No.1], 1976. Courtesy of Archivio Cavallino, Venice.

roles, contributions and works of female artists who are known to have been very active in this period, as their role in history seems to have been given less weight. Cardazzo was instrumental in supporting female artists directly and in 1977 Galleria del Cavallino also produced the seminal work by Anna Valeria Borsari *Autoritratto in una stanza, documentario* [Selfportrait in a Room, documentary] (fig. 7).

In this performance for the video camera, the artist is alone in a large room with Andrea Varisco, who captured her work on video. She measures the room with her limbs, and her weight with a mount of earth before exiting the gallery carrying the video camera herself and pointing it towards the open view of the Venetian canals. The gallery containing the earth and other traces of the performance was then opened to the public for a day, and thereafter the work was only accessible as video.

The experimentation promoted in Venice also animated the shared research in Motovun: Michele Sambin has stated that 'The videos produced [during the *Motovun Incontri*] emerge in a collaborative climate rich with stimulating intuitions, with happy encounters among differing artistic personalities. They are simple works produced with few tools, but full of creative force'.[20] For example, to realise *Un suono a testa* [A Sound Each] in 1976 (fig. 8), Sambin positioned Sanja Iveković, Enzo Pitacco, Lu-

stanza con i propri arti, e il suo peso con una montagna di terra, prima di lasciare la galleria portando con sé la videocamera e rivolgendola verso la visuale aperta dei canali veneziani. La galleria che conteneva la terra e le altre tracce della performance è stata poi aperta al pubblico per un giorno, e da allora l'opera può essere vista solo in video.

La sperimentazione promossa a Venezia animava anche la ricerca condivisa a Motovun: Michele Sambin ha affermato che "I video realizzati [durante gli *Incontri di Motovun*] nascono in un clima di collaborazione ricco di intuizioni stimolanti, di felici incontri tra diverse personalità artistiche. Sono opere semplici realizzate con pochi mezzi, ma piene di forza creativa"[20]. Nel 1976 ad esempio, per realizzare *Un suono a testa* (fig. 8), Sambin mise gli artisti Sanja Iveković, Enzo Pitacco, Luciano Celli, Luigi Viola, Dalibor Martinis, Marijan Susovski e Živa Kraus a formare una linea e spostò la videocamera da un volto all'altro. A ogni soggetto veniva assegnato il suono di uno strumento musicale che si combinava con gli altri in una sorta di conversazione, e alla fine tutti i suoni si mischiavano creando il caos. Le collaborazioni tra Sambin e Ambrosini propongono un simile senso di complicità, dialogo e influenze reciproche, soprattutto la performance *Muro del suono* del 1978, nella quale i due musicisti controllano dei registratori appesi al muro che emettono suoni differenti.

Anche se è impossibile ritracciare le conversazioni che hanno contribuito alle idee e alla realizzazione di ogni opera, è chiaro che gli artisti si aiutavano a vicenda eseguendo e registrando i propri lavori e quelli degli altri. Nell'ambiente collaborativo ed esplorativo della Galleria del Cavallino e di art/tapes/22, la differenza tra i ruoli di "tecnico" e "artista" non è mai chiara. Alla stessa maniera non sembra così facile, come suggerito da Giaccari, differenziare tra sceneggiatore e regista, paragonando le operazioni necessarie per la produzione di videoperformance a quelle di una troupe cinematografica. Silvia Bordini fa notare che

ciano Celli, Luigi Viola, Dalibor Martinis, Marijan Susovski and Živa Kraus in a line and moved the video camera from one face to the next.

Each subject is assigned the sound of a musical instrument, which first combines with the others in a sort of conversation and eventually they all merge into chaos. Sambin's collaborations with Ambrosini suggest a similar sense of complicity, dialogue and reciprocal influences, particularly the live performance *Muro del suono* [Sound Wall] of 1978 in which the two musicians control a number of cassette sound recorders hanging on the wall emitting different sounds.

Although it is impossible to trace the conversations that contributed to the ideas and realisation of each work, it is clear that artists performed and operated the video equipment in the production of each other's works. In the collaborative and exploratory environment of Galleria del Cavallino and art/tapes/22, the distinction between the roles of 'technician' and 'artist' is not always clear. Similarly, it would not be as easy as Giaccari suggests to differentiate between scriptwriter and director by comparing the operations involved in the production of videoperformance to those of a film crew. Silvia Bordini points out that

> Often, to further complicate its identity and identification, a video work is a collective work, produced by artists and technicians together, working in laboratories, using sophisticated technologies, but within relations and methods reminiscent of the medieval workshop.[21]

As discussed in this chapter, this is particularly true for videoperformance. The opportunity to analyse these practices and debates in light of the ubiquity of screen-based communication and artworks is also an opportunity to revise antiquated notions of authorship and ownership. The experience of art/tapes/22 demonstrates that the dynamics of art markets thrive on the pro-

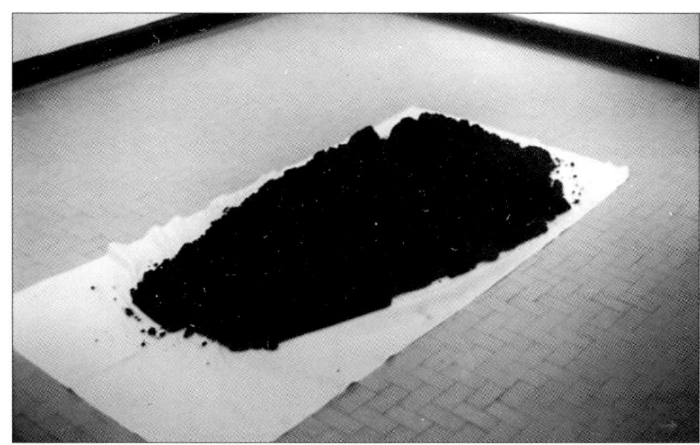

Fig. 7. Anna Valeria Borsari, *Autoritratto in una stanza, documentario* [Selfportrait in a Room, documentary], 1977. Courtesy of the artist & Archivio Cavallino, Venice.

> spesso, a complicare ulteriormente la sua identità e identificazione, l'opera video è un'opera collettiva, realizzata insieme da artisti e tecnici, che lavorano in laboratori, usano tecnologie sofisticate, ma con rapporti e metodi che richiamano quelli della bottega medievale[21].

Come esaminato in questo capitolo, questo è particolarmente vero per la videoperformance. L'opportunità di analizzare queste pratiche e questi dibattiti alla luce dell'ubiquità dello schermo come mezzo di comunicazione e *medium* per l'arte è anche un'opportunità per mettere in questione nozioni antiquate di attribuzione e proprietà dell'opera. L'esperienza di art/tapes/22 ha dimostrato che le dinamiche del mercato d'arte traggono profitto dalla promozione di un singolo artista con un consistente *corpus* di lavori che ripaghi le aspettative dei clienti e l'investimento monetario. Eppure, la forte eredità della videoperformance che emerge da quest'analisi della ricerca e della produzione italiana degli anni Settanta potrebbe avere una diversa risonanza nel contesto contemporaneo caratterizzato da reti di distribuzione online.

Il legame storico tra video, performance e tecnologie emergenti è stato riconosciuto in diversi ambienti: "Il video è penetrato nell'arte attraverso la performance, condividendo i suoi interessi per il tempo reale e il corpo, e sviluppandosi dal suo ruolo iniziale quale strumento per i documentari, fino a diventare un *medium* 'vivo'"[22]. La videoperformance ha ricoperto un ruolo importante

motion of a single artist with a consistent body of work that fulfils customers' expectations and monetary investment. Yet, the strong legacy of the practices of videoperformance emerging from this analysis of the Italian research and production of the '70s could have a different resonance in the current availability of online networks of distribution.

The historical link between video, performance and emerging technologies has been recognised in a variety of settings: 'Video had entered art through performance, sharing its concerns with real time and the body, and developing as a "live" medium from its initial role as a documentary tool'.[22] Videoperformance played an important part in the dialogue between artists who perceived video as a medium in its own right and explored its specificity, and those who understood video as offering direct unmediated access to spaces and events.[23] From this perspective, the international cross-contaminations, research and work that emerged in the Italian context of the '70s should have a prominent place in any historical analysis of video and performance art practices as a basis for present and future developments.◆

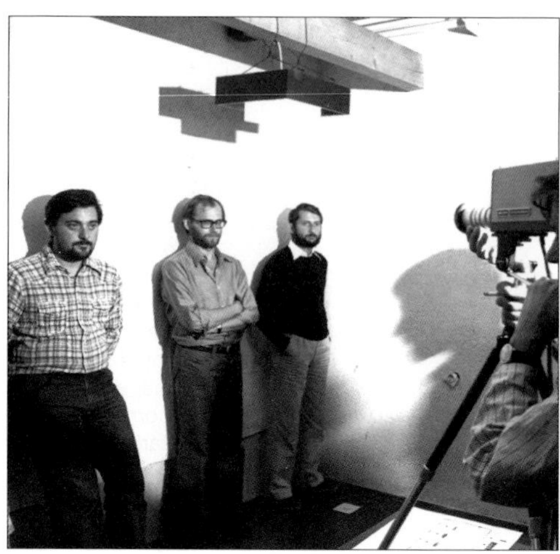

Fig. 8. During the shoot of *Un suono a testa* [A Sound Each] by Michele Sambin, Motovun, 1976. From left: Luigi Viola, Enzo Pitacco, Luciano Celli and Michele Sambin. Durante le riprese di *Un suono a testa* di Michele Sambin, Motovun, 1976. Da sinistra: Luigi Viola, Enzo Pitacco, Luciano Celli e Michele Sambin. Courtesy of the artist & Archivio Cavallino, Venice.

nel dialogo tra gli artisti che percepiscono il video come un *medium* a se e che ne hanno esplorato le specificità, e quegli artisti che hanno percepito il video come mezzo di accesso diretto e non mediato a spazi ed eventi[23]. In quest'ottica, l'incrociarsi di contaminazioni, ricerca e opere internazionali che emerge nel contesto italiano degli anni Settanta, dovrebbe avere un posto di rilievo, in quanto base per sviluppi presenti e futuri, in qualsiasi analisi storica delle pratiche artistiche del video e della performance.◆

Endnotes

1. Luciano Giaccari, 'La videoteca – la classificazione – la mostra', in M. Meneguzzo (ed.), *Memoria del video 1. La distanza della storia: Vent'anni di eventi video in Italia raccolti da Luciano Giaccari*, Milano: Padiglione d'Arte Contemporanea, 1987, p. 50. Translation by the author. See also: *Impact art video art 74: 8 jours video au Musée des arts decoratifs*. Lausanne: Groupe Impact, 1974.
2. The collection *Fragments from Willoughby Sharp's Videoperformances 1973–1974* is available at the Everett Needham Case Library of Colgate University in New York. It includes fragments from: *The Pain Factor* (Véhicule Art, Inc. Montreal, Canada, April 16, 1973) – *Great Body* (Oberlin College, Oberlin, Ohio, May 4, 1973) – *Tina, Come Back* (Univ. of California, Irvine, CA, Nov. 12, 1973) – *I Want to Stop Hating You, Terry* (California College of Arts & Crafts, Oakland, CA, Nov. 20, 1973) – *Willoughby, I Want You* (Univ. of British Columbia, Vancouver, B.C., Nov. 27, 1973) *NEED* (Vancouver School of Art, Vancouver, B.C., Nov. 28, 1973) – *I Want to Try*

Note

1. Luciano Giaccari, 'La videoteca – la classificazione – la mostra', in M. Meneguzzo (a cura di), *Memoria del video 1. La distanza della storia: Vent'anni di eventi video in Italia raccolti da Luciano Giaccari* (Milano: Padiglione d'Arte Contemporanea, 1987), p. 50. Si veda anche: *Impact art video art 74: 8 jours video au Musée des arts decoratifs* (Lausanne: Groupe Impact, 1974).
2. La collezione *Fragments from Willoughby Sharp's Videoperformances 1973–1974* è disponibile presso la Everett Needham Case Library della Colgate University a New York. Include frammenti da: *The Pain Factor* (Véhicule Art, Inc. Montreal, Canada, 16 aprile 1973) – *Great Body* (Oberlin College, Oberlin, Ohio, 4 maggio 1973) – *Tina, Come Back* (Univ. of California, Irvine, CA, 12 novembre 1973) – *I Want to Stop Hating You, Terry* (California College of Arts & Crafts, Oakland, CA, 20 novembre 1973) – *Willoughby, I Want You* (Univ. of British Columbia, Vancouver, B.C., 27 novembre 1973) *NEED* (Vancouver School of Art, Vancouver, B.C., 28 novembre 1973) – *I Want to Try to Love You, Kelly* (Mills College, Oakland, CA, 5 dicembre 1973) *FEEL!* (Chicago Art Institute, Chicago, Ill., 18 dicembre

to Love You, Kelly (Mills College, Oakland, CA, Dec. 5, 1973) *FEEL!* (Chicago Art Institute, Chicago, Ill., Dec. 18. 1973) *HELP!* (112 Greene St., New York City, Jan. 18, 1974).

3. Liza Bear and Willoughby Sharp, 'Video Performance', *Avalanche*, May/June 1974, p. 3.
4. Anna Benedetto, *Il laboratorio di produzione di video d'artista art/tapes/22: la storia, l'attività, la conservazione, la preservazione digitale, la valorizzazione*, unpublished dissertation, Università di Pisa, Master course in "CTPM", supervisor Sandra Lischi, 2008, pp.42–43. The projects included were: Videoartesperimentale, *Comunic/azione, oper/azione, combin/azione, super/azione* (30'); Società umanitaria, *La scuola in manicomio* (20'); Centro audiovisivi, *Parco di Cannaregio* (22'); Gruppo permanente di lavoro per l'informazione e i mezzi di comunicazione di massa, *Comunicazione aperta*, seminari sull'uso e la lettura della comunicazione audiovisiva, Copparo, Fusignano, Rossano, Vittorio Veneto (30'); Collettivo Lumière, *Una proposta di politica culturale* (50').

   See also: F. Salvadori, *Gli art/tapes dell'ASAC. Rassegna di videotapes d'arte su grande schermo, con una sezione di videointerventi di gruppi autonomi a cura di M. G. Bicocchi. Ca' Corner della Regina 7–12 novembre 1977* (Venice: La Biennale di Venezia, 1977).
5. This reflects the fact that art/tapes/22 worked in partnership with the American gallery Sonnabend-Castelli, but also the fact that Maria Gloria Bicocchi had acquired the rights to distribute works by European and American artists, including Marina Abramović, Joseph Beuys, Ketty La Rocca, Corinne Bronfman, David Hall and Dan Graham.
6. Philip Auslander, *Liveness: Performance in a Mediatized Culture* (London and New York: Routledge, 1999).
7. Luciano Giaccari, 'La videoteca – la classificazione – la mostra', pp. 50–51, emphasis in original. Translation by the author.
8. Luciano Giaccari, 'La videoteca – la classificazione – la mostra', p. 52. Translation by the author.
9. Luciano Giaccari, 'La videoteca – la classificazione – la mostra', p. 53. Translation by the author.
10. Luciano Giaccari, 'La videoteca – la classificazione – la mostra', p. 55. Translation by the author.
11. Cosetta G. Saba (ed.), *Arte in videotape: art/tapes/22, collezione ASAC – La Biennale di Venezia. Conservazione restauro valorizzazione* (Venice: ASAC Biennale di Venezia/Silvana Editoriale, 2007), p. 27. Translation by the author.
12. Cosetta G. Saba, Mirco Infanti, 'art/tapes/22. Conversazione con Maria Gloria Bicocchi', in Cosetta G. Saba, *Arte in videotape*, p. 180. Translation by the author. Also, for example, in the video dialogue realized by Laura Cherubini, critic and curator, and directed by Mario Gorni, founder of the centre for the contemporary arts

1973) *HELP!* (112 Greene St., New York City, 18 gennaio 1974).

3. Liza Bear e Willoughby Sharp, 'Video Performance', *Avalanche*, maggio/giugno 1974, p. 3.
4. Anna Benedetto, *Il laboratorio di produzione di video d'artista art/tapes/22: la storia, l'attività, la conservazione, la preservazione digitale, la valorizzazione*. Tesi di laurea, Università di Pisa, corso di laurea specialistica in "CTPM", Relatrice: Sandra Lischi, 2008, pp. 42–43. I progetti inclusi erano: Videoartesperimentale, *Comunic/azione, oper/azione, combin/azione, super/azione* (30'); Società umanitaria, *La scuola in manicomio* (20'); Centro audiovisivi, *Parco di Cannaregio* (22'); Gruppo permanente di lavoro per l'informazione e i mezzi di comunicazione di massa, *Comunicazione aperta*, seminari sull'uso e la lettura della comunicazione audiovisiva, Copparo, Fusignano, Rossano, Vittorio Veneto (30'); Collettivo Lumière, *Una proposta di politica culturale* (50').

   Si veda anche: F. Salvadori (a cura di), *Gli art/tapes dell'ASAC Rassegna di videotapes d'arte su grande schermo, con una sezione di videointerventi di gruppi autonomi a cura di M. G. Bicocchi. Ca' Corner della Regina 7–12 novembre 1977* (Venezia: La Biennale di Venezia 1977).
5. Questo riflette il fatto che art/tapes/22 lavorava in collaborazione con la galleria americana Sonnabend-Castelli, ma anche il fatto che Maria Gloria Bicocchi aveva acquisito i diritti di distribuzione di lavori di artisti americani ed europei, compresi Marina Abramović, Joseph Beuys, Ketty La Rocca, Corinne Bronfman, David Hall e Dan Graham.
6. Philip Auslander, *Liveness: Performance in a Mediatized Culture* (Londra e New York: Routledge, 1999).
7. Luciano Giaccari, 'La videoteca – la classificazione – la mostra', cit., pp. 50–51, corsivi nell'originale.
8. Luciano Giaccari, 'La videoteca – la classificazione – la mostra', cit., p. 52.
9. Luciano Giaccari, 'La videoteca – la classificazione – la mostra', cit., p. 53.
10. Luciano Giaccari, 'La videoteca – la classificazione – la mostra', cit., p. 55.
11. Cosetta G. Saba, (a cura di) *Arte in videotape: art/tapes/22, collezione ASAC – La Biennale di Venezia. Conservazione restauro valorizzazione* (Venezia: ASAC Biennale di Venezia/Silvana Editoriale, 2007), p. 27.
12. Cosetta G. Saba, Mirco Infanti, 'art/tapes/22. Conversazione con Maria Gloria Bicocchi', in Cosetta G. Saba, *Arte in videotape*, cit., p. 180. Per esempio, anche nel video dialogo realizzato da Laura Cherubini, critica e curatrice, e diretto da Mario Gorni, fondatore del centro per le arti contemporanee Careof di Milano, ma anche nella presentazione allo University Art Museum con la curatrice Alice Hutchinson per la mostra *Art/Tapes/22*, nella California State University a Long Beach. Si veda anche il testo Maria Gloria

Careof in Milano, but also in the gallery talk with the curator Alice Hutchinson for the exhibition *Art/Tapes/22* at the University Art Museum, California State University, Long Beach. In print, in Maria Gloria Bicocchi, *Tra Firenze e Santa Teresa dentro le quinte dell'arte ('73/'87), art/tapes/22* (Venice: Edizioni del Cavallino, 2003).

13. Liza Bear and Willoughby Sharp 'Video Performance', p. 3.
14. Sharp produced six *Videoviews*: *Bruce Nauman* (1970), *Joseph Beuys* (1972), *Vito Acconci* (1973), *Chris Burden* (1973), *Lowell Darling* (1974), and *Dennis Oppenheim* (1974). Giaccari interviewed to camera, among others John Cage and Nam June Paik.
15. See J. D. Bolter and R. Grusin, *Remediation: understanding new media*. (London: The MIT Press, 2000). In the authors' words, this is 'the formal logic by which new media refashion prior media forms' (p. 273). The term extends to indicate the process by which a mediator or an interface mediates an event that is already mediated. Bolter and Grusin theorize this phenomenon in light of 'our apparently insatiable desire for immediacy' (p. 5). They discuss the twinned processes of immediacy – or transparency – and hypermediacy as two interdependent practices that shape our current immersion in a world saturated by reproduced images so often mediated by screens. The logic of transparent immediacy manifests a desire for an interface 'that erases itself, so that the user is no longer aware of confronting a medium, but instead stands in *an immediate relationship to the contents* of that medium'. (p. 24, emphasis added).
16. Texts by Partridge and L. Leuzzi in *VIDEOEX International Experimental Film & Video Festival*, festival catalogue (Zurich: 2014), p. 65.
17. Quoted in Dino Marangon, *Videotapes del Cavallino* (Venice: Edizioni del Cavallino, 2004), p. 29. Translation by the author.
18. Quoted in Dino Marangon, *Videotapes del Cavallino*, p. 29. Translation by the author.
19. See Dino Marangon, *Videotapes del Cavallino*.
20. Quoted in Dino Marangon, *Videotapes del Cavallino*, p. 116. Translation by the author.
21. Silvia Bordini, 'Le Molte Dimore. La videoarte in Italia negli anni Settanta' in Paola Sega Serra Zanetti, Maria Grazia Tolomeo (eds.), *La coscienza luccicante. Dalla videoarte all'arte interattiva* (Rome: Gangemi, 1998). Translation by the author.
22. Chrissie Iles (ed), *Marina Abramović: objects performance video sound* (Oxford: Museum of Modern Art, 1995), p. 24. See also Chris Hill, 'Attention! Production! Audience! Performing video in its first decade, 1968–1978' in Chris Hill, *Video art and alternative media in the United States 1968–1980* (Chicago: Art Institute of Chicago and Video Data Bank, 1997).
23. Liza Bear and Willoughby Sharp 'Video Performance'.

Bicocchi, *Tra Firenze e Santa Teresa dentro le quinte dell'arte ('73/'87), art/tapes/22* (Venezia: Edizioni del Cavallino, 2003).

13. Liza Bear e Willoughby Sharp, *Video Performance*, cit., p. 3.
14. Sharp produsse sei *Videoviews*. *Bruce Nauman* (1970), *Joseph Beuys* (1972), *Vito Acconci* (1973), *Chris Burden* (1973), *Lowell Darling* (1974), e *Dennis Oppenheim* (1974). Giaccari intervistò in video, tra gli altri, anche John Cage e Nam June Paik.
15. Si veda J. D. Bolter and R. Grusin, *Remediation: understanding new media* (Londra: The MIT Press, 2000). Nelle parole dell'autore, questa è 'la logica formale secondo la quale i nuovi media riconfigurano forme dei media precedenti' (p. 273). Per estensione indica il processo per il quale un mediatore o un'interfaccia mediano un evento che è già mediato. Bolter e Grusin teorizzano questo fenomeno alla luce del 'nostro apparente insaziabile desiderio di immediatezza' (p. 5). Discutono i processi congiunti di immediatezza – o trasparenza – e ipermediatezza come due pratiche interdipendenti che danno forma alla nostra attuale immersione in un mondo saturo di immagini riprodotte, così spesso mediate dagli schermi. La logica dell'immediatezza trasparente manifesta il desiderio per un'interfaccia "che elimini sé stessa, cosicché il fruitore non è più consapevole di confrontarsi con un *medium* ma si trova, invece, in *un'immediata relazione coi contenuti* di quel *medium*" (p. 24, corsivi di chi scrive).
16. Testi di S. Partridge e L. Leuzzi in *VIDEOEX International Experimental Film & Video Festival*, catalogo del festival (Zurigo: 2014), p. 65.
17. Citato in Dino Marangon, *Videotapes del Cavallino* (Venezia: Edizioni del Cavallino, 2004), pp. 29.
18. Citato in Dino Marangon, *Videotapes del Cavallino*, cit., p. 29.
19. Si veda Dino Marangon, *Videotapes del Cavallino*, cit.
20. Citato in Dino Marangon, *Videotapes del Cavallino*, cit., p. 116.
21. Silvia Bordini, 'Le Molte Dimore. La videoarte in Italia negli anni Settanta' in Paola Sega Serra Zanetti, Maria Grazia Tolomeo (a cura di), *La coscienza luccicante. Dalla videoarte all'arte interattiva* (Roma: Gangemi, 1998).
22. Chrissie Iles (a cura di), *Marina Abramović: objects performance video sound* (Oxford: Museum of Modern Art, 1995), p. 24. Si veda anche: Chris Hill, 'Attention! Production! Audience! Performing video in its first decade, 1968–1978' in Chris Hill, *Video art and alternative media in the United States 1968–1980* (Chicago: Art Institute of Chicago and Video Data Bank, 1997).
23. Liza Bear e Willoughby Sharp, 'Video Performance', cit.

Chapter 11 / Capitolo 11

Glitch Aesthetics and Impossible Flights | Estetica del 'glitch' e voli impossibili

Sean Cubitt

In Luca Patella's *Viaggio in Luca* [Journey in Luca] the artist's voice is hard to decipher, the synch recording echoing in the palazzo where he walks, the tape hissing, and noise generated in the magnetic materials crowding around features of the voice – moments of dynamic change especially. Listening to the trilingual discourse as a native speaker of none of the languages – Italian, French and Dutch – the effect is like the images we see from time to time of handwritten documents and artworks, where we understand that this is writing, without being able to decipher the words or even determine which language it is written in. The limitations of reel-to-reel equipment's responses to low light and to an unforgiving acoustic space generate ambiguity and uncertainty. The passing of the years, and in all likelihood the process of rescuing the tape and transferring it to archival format, along with the specific conditions of viewing – on a 1440 x 900 laptop LCD screen backlit by LED – create another layer of artefacts, like the patina on an old painting. The control track which holds the frame steady against the aperture of the screen

Nell'opera *Viaggio* di Luca Patella, è difficile decifrare la voce dell'artista, la registrazione della sincronizzazione che echeggia nel palazzo in cui cammina, il sibilo del nastro e il rumore generato dai materiali magnetici affastellati intorno alle caratteristiche della voce – cambiano soprattutto i momenti della dinamica. Ad ascoltare il discorso trilingue – italiano, francese e olandese – senza essere madrelingua di nessuna delle lingue in questione, si ha lo stesso effetto di quando a volte si vedono immagini di opere d'arte e documenti scritti a mano, dove si capisce che si tratta di testo scritto, senza però riuscire a decifrarne le parole o a determinare la lingua in cui è scritto. I limiti delle reazioni dell'apparecchiatura su bobina alla scarsità di luce e a uno spazio acustico che non perdona generano ambiguità e incertezza. Il passare degli anni, e con ogni probabilità il procedimento eseguito per salvare il nastro e trasporlo in un formato archiviabile, insieme alle condizioni specifiche in cui viene visualizzato – sullo schermo LCD 1440 x 900 retroilluminato da LED di un laptop – creano un ulteriore strato di artificiale, come la pa-

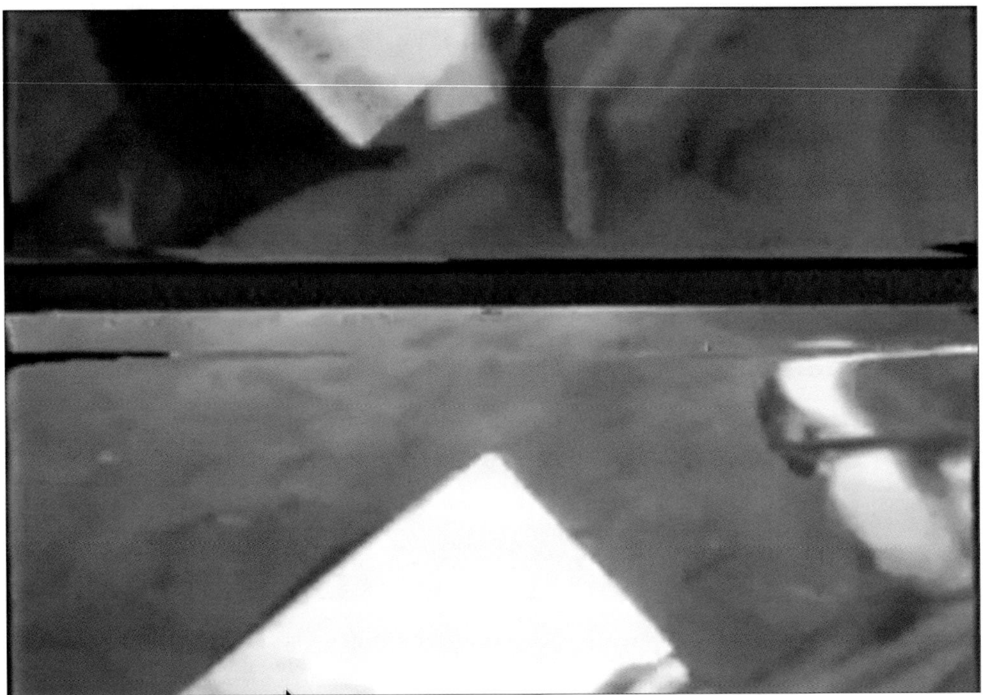

Fig. 1. Luca Maria Patella, *Viaggio in Luca* [Journey in Luca], 1976. © Luca Maria Patella.

has decayed, or was never very robust: even when the camera was clearly mounted on a tripod, the frame edge shudders and drifts. At the beginning of the tape especially – the section which would have been at the outside of the reel and therefore most subject to the abrasions of passing time – glitches travel over the screen, following the horizontal transport of the tape, and throughout audio and video glitches mark edits (fig. 1).

Early on in the piece, the camera catches Patella speaking in an ostensibly empty room in the palazzo, a room decorated with facing mirrors, the two protagonists standing on opposite sides. The camera tries to capture the mise-en-abyme, the endless retreat of the image into the infinite depths, but is far less sensitive than a human eye, and rapidly loses both clarity and depth in the reflection as it zooms in. Instead, it swivels upward in a continuous arc over the ceiling and down the opposing wall, matching the reflection with its original, but in the process revealing, in its exploration of this neo-classical space, the asymmetric geometry of symmetry, of architectural symmetry, and of the symmetry of opposing mirrors and their reflections. This

tina su un vecchio dipinto. La *control track* (CTL o traccia tachimetrica) che stabilizza il fotogramma contro l'apertura dello schermo si è rovinata, o non è mai stata molto efficiente: anche se la videocamera era chiaramente montata su un cavalletto, il bordo del fotogramma trema e si inclina. Soprattutto all'inizio del nastro – la parte che essendo all'esterno della bobina è stata quindi maggiormente soggetta all'abrasione del tempo – i *glitch* viaggiano sullo schermo, seguendo il movimento orizzontale del nastro, e contrassegnano il montaggio di tutto l'audio e il video (fig. 1).

All'inizio del pezzo, la videocamera cattura Patella che parla in una stanza ostentatamente vuota del palazzo, una stanza ornata da specchi posti uno di fronte all'altro, con i due protagonisti su lati opposti. La videocamera cerca di catturare la *mise-en-abîme*, il recedere senza fine dell'immagine nella profondità infinita, ma è molto meno sensibile dell'occhio umano, e perde rapidamente chiarezza e profondità nella riflessione man mano che zuma. Ruota allora verso l'alto in un arco continuo fino al soffitto e poi giù lungo il muro di fronte, facendo corrispondere l'immagine riflessa all'origi-

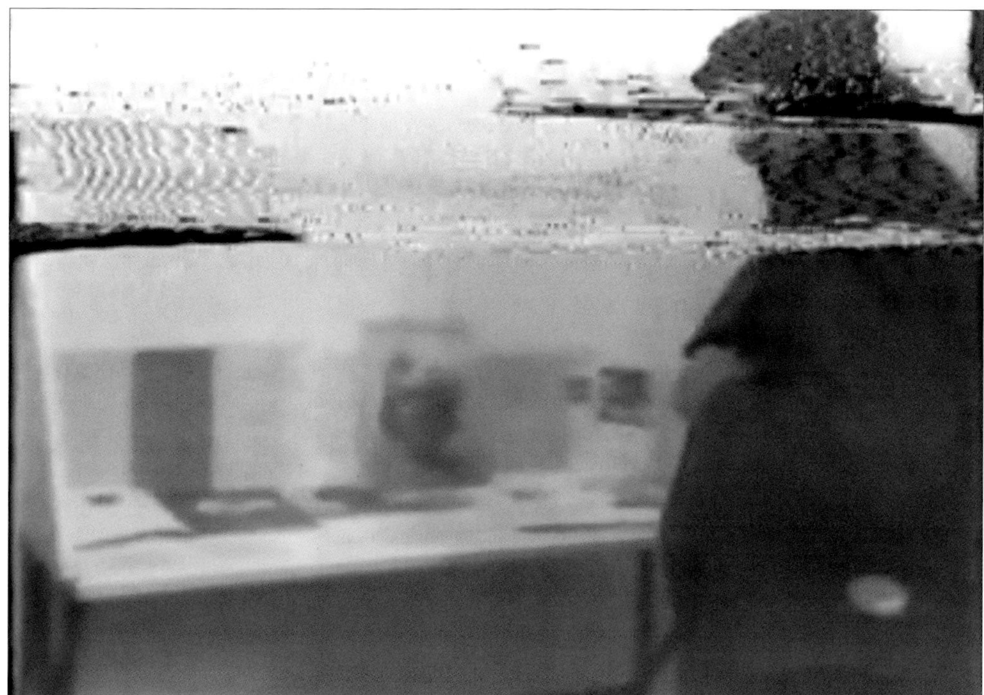

Fig. 2. Luca Maria Patella, *Viaggio in Luca* [Journey in Luca], 1976. © Luca Maria Patella.

motif of broken symmetries reappears in other tapes of the period, such as Lucio Pozzi's *Portrait of Maria Gloria* reviewed below. It is important, and we will return to it. For this first pass, let me just observe that the lost symmetry is in part a matter of the nature of mirrors: It does not much matter that a single mirror reflects only some of the light that passes into it; but opposing mirrors, as the light bounces between them, absorb more and more, revealing as they do the colour of the apparently clear glass, and dimming the 'signal' from the real into ever more distant virtual images. This loss of signal by the absorption of light is integral to video, which cannot capture every photon. Especially in those early cameras, the tube was far less efficient than today's chip-based equipment, requiring the typically over-lit scenarios still typical of television in the 2010s. Shot without such lighting rigs, Patella's self-portrait reveals its own machinery of concealment, the vanishing of the detail, the fading of the luminance, the impossibility of facing oneself or another in a mirror without loss, the already disintegrating quality of the speaking voice.

Which disintegrates further as he listens

nale, ma rivelando, durante questo processo, l'asimmetrica geometria della simmetria nella sua esplorazione di questo spazio neo-classico, della simmetria architettonica, e della simmetria degli specchi uno di fronte all'altro e dei loro riflessi. Questo motivo di simmetrie rotte riappare in altri videotape del periodo come ad esempio nell'opera *Portrait of Maria Gloria* di Lucio Pozzi, recensita di seguito. È importante, e ci ritorneremo su. Come primo passo, lasciatemi giusto osservare che la simmetria persa è in parte una questione di natura degli specchi: non è tanto importante che il singolo specchio rifletta solo parte della luce che passa, ma che gli specchi di fronte, quando la luce rimbalza da uno specchio all'altro, assorbono sempre di più, rivelando in questo modo il colore di ciò che è apparentemente vetro chiaro, e affievolendo il "segnale" dal reale verso immagini virtuali sempre più distanti. Questa perdita di segnale a causa dell'assorbimento della luce è parte integrante del video, che non può catturare ogni fotone. Specialmente in quelle prime videocamere, il tubo da ripresa era molto meno efficiente dei dispositivi odierni a chip e richiedeva quegli scenari tipica-

to a pre-recorded audio installation in the gallery. Running outside, the camera has trouble adjusting to the stark contrasts of light and shade, as it had a minute earlier descrying the difference between the artist's face and photographs of it in the *Gazzetta Ufficiale* work diary installed in a cabinet (fig. 2). Was that a shadow or a profile? How does a face fade into darkness when shot against a brightly backlit window? The hum recorded from the magnetic interference of the recording machine's own generation, and the smear of light from what might be three candles match the travelling horizontal scratch of glitches breaking up the interlace. The fairytale recited in Dutch over a decreasingly decipherable space with even less decipherable figures, caught in fragments of illumination among the gathered dark, ends in a moment of pure abstraction, out of focus, doubling a white shape until, abruptly, the quiet-spoken Netherlandish stops, a brief title comes up crediting C Coevaerts with Camera, passing to the Continental Video logo with video feedback, which itself gives way to a pulsing feedback video signal which again ceases of a sudden, simply gone, without sense of an ending.

There is a transition here from the realist ethos of the self-portrait genre, with a detour through the concept of self-promotion as artistic genre, towards a vanishing of the humanistic mode of vision and picturing, and into the realm of an electronic, inhuman or a-human way of seeing, for which the world and all its populations are the random signals of light and sound, a footfall as important as a word. The montage of statues of the mighty dead with their patron nymphs and muses and angels look on in stone, unmoving, condemned to their own perpetuity. Patella's *Viaggio* ends with his own disappearance, from the tape some minutes before the end, and from the very possibility of existence as representation in a world reducing to the dialogue between the artist and the half-autonomous tools he elects to work with.

mente sovraesposti ancora tipici della televisione nel primo decennio del 2000. L'autoritratto di Patella, registrato senza questi impianti d'illuminazione, rivela la sua stessa macchina di dissimulazione, lo svanire del dettaglio, la dissolvenza della luminanza, l'impossibilità di stare di fronte a se stessi o a qualcun altro allo specchio senza perdere qualcosa, la qualità della voce parlata che va già disintegrandosi.

Voce che si disintegra ulteriormente quando egli ascolta, nella galleria, un'installazione audio pre-registrata. All'aperto, la videocamera fa fatica ad adattarsi al duro contrasto di luce e ombra, così come faticava solo un minuto prima a distinguere la differenza tra il volto dell'artista e le sue fotografie nel diario di lavoro *Gazzetta Ufficiale* collocato in un armadietto (fig. 2). Era un'ombra o un profilo? Come fa un volto ripreso in controluce davanti a una finestra luminosa a dissolversi nel buio? Il mormorio registrato dall'interferenza magnetica delle apparecchiature di quella generazione, e la macchia di luce proveniente da quelle che potrebbero essere tre candele, accompagnano la strisciata orizzontale dei *glitch* rompendo l'intreccio. La favola narrata in olandese in uno spazio sempre meno decifrabile con figure ancora meno decifrabili, scorte durante frammenti di illuminazione nel buio intenso, termina in un momento di astrazione pura, sfuocata, raddoppiando una forma bianca fino a che, bruscamente, la calma parlata olandese si interrompe ed appare un breve titolo che accredita la videocamera a C Coevaerts, passando poi al logo della Continental Video con il *feedback video*, e che a sua volta lascia il posto a un segnale pulsante del *feedback video*, che di nuovo si interrompe all'improvviso, semplicemente scompare, senza dare l'impressione di un finale.

C'è qui una transizione dall'ethos realistico del genere dell'autoritratto, con una deviazione attraverso il concetto di autopromozione come genere artistico, verso la scomparsa della maniera umanistica di visione e rappresentazione, e dentro il campo

Is this the concept, made explicit in Patella's *Arte della conoscenza dialettica* of the '*grammatica dissolvente*'? A structured dissolution of structure that begins in video's asymmetric account of symmetry? In that work, Patella includes a demonstration of the breakdown of words, in the manner of the concrete poetry of the epoch, demonstrating the poetic code (as Jakobson would have said: the code which comments on the encoding) underlying the ostensible, and the surreal substrate of what we think of as banal clarity in verbal messages. He demonstrates these tropes on a slide projector, refilmed by the video camera as a performance translated (partially) into German and English by an unseen technician, from a screen which, alongside a part-obscured chalkboard, struggles into vision through the mediations of video processing. Typewritten words photographed, printed, projected, taped, mastered and screened – and now of course digitally re-mastered and re-screened, so that the punning 'IO SONO – IO SO NO' demonstrates not only the gap between expression and art that Patella expounds at the start of his performance but the implication in time that all time-based media must address, and which only becomes more intricate as the time between event-recording and viewing elongates. As the tape progresses, the impression of watching a filmed lecture becomes stronger. After a spell without translations, Patella introduces an overhead projector, with increasingly dense passages of technical prose on the arguments of linguistic science from Saussure to Ogden and Richards, passages which become less rather than more intelligible in the technician's struggle to render them in German or in English (rarely both). Patella's arguments now draw on semiotics – Umberto Eco's *Opera aperta* had appeared in 1962, drawing the Saussure and Richards traditions together in his analysis of the literary implications of de-linking sound, mark and meaning in language – with an admixture of political aesthetics and a hint of mysticism

di un modo di vedere elettronico, inumano o a-umano, per il quale il mondo e tutte le sue popolazioni sono i segnali fortuiti di luce e suono, e il rumore di un passo è tanto importante quanto una parola. Il montaggio con statue in pietra di defunti illustri e le loro ninfe, muse e angeli protettori, che osservano, immobili, condannate alla loro eternità. Il *Viaggio* di Patella termina con la sua scomparsa dal video alcuni minuti prima della fine e dalla stessa possibilità di esistere in quanto rappresentazione in un mondo che si riduce al dialogo tra l'artista e gli strumenti semi-autonomi con i quali egli sceglie di lavorare.

È questo il concetto reso esplicito dall'opera *Arte della conoscenza dialettica* della *"grammatica dissolvente"*? Una strutturata dissoluzione della struttura che inizia nell'asimmetrico resoconto della simmetria del video? In tale opera Patella include una dimostrazione della scomposizione delle parole, nella maniera della poesia concreta dell'epoca, illustrando il codice poetico (come avrebbe detto Jakobson, il codice commenta la codificazione) attraverso la sottolineatura dell'apparente, e il surreale sostrato di quella che riteniamo una banale chiarezza dei messaggi verbali. Patella ci mostra questi tropi con un proiettore per diapositive, ri-filmati dalla videocamera come una performance, (parzialmente) tradotta in tedesco e in inglese da un tecnico invisibile, su uno schermo che, insieme a una lavagna parzialmente oscurata, fa fatica a vedersi attraverso le mediazioni della lavorazione del video. Parole scritte a macchina, fotografate, stampate, proiettate, registrate su nastro, masterizzate e trasmesse – e ora, ovviamente, digitalmente rimasterizzate e ritrasmesse – così che il gioco di parole "IO SONO – IO SO NO", attesta non solo la divergenza tra espressione e arte che Patella espone all'inizio della sua performance, ma anche l'implicazione temporale verso la quale tutti i mezzi *time-based* vanno incontro, e che diventa sempre più intricata col prolungarsi del tempo che passa tra la registrazione dell'evento e

around the term 'creativity'. At the finale, Patella walks off set, and the video zooms in on the white-shrouded base of the overhead projector. It is a moment of calm irony: with that zoom, the work concludes by undercutting its own medium of meaningful discourse while at the same time demonstrating the effect it has been describing: the passage from representation and mechanistic-empirical realism into what Deleuze would soon be describing as the plane of immanence.

We might here recall that *patella* is the technical name for the kneecap, and evokes Christian Morgenstern's poem on the subject (the poem which inspired Alexander Kluge's film *Die Patriotin*, on the materiality and persistence of the historical past in a Germany seen from the standpoint of the preserved knee of a Stalingrad casualty):

> A knee is roaming through the world
> No more; it's just a knee
> It's not a tent; it's not a tree;
> It is a knee, no more.
>
> There was a man once in a war
> Got killed and killed and killed.
> Alone, unhurt, remained the knee
> Like a saint's relics, pure.
>
> Since then, it roams the whole world, lonely;
> It is a knee now only;
> It's not a tent; it's not a tree;
> Only a knee, no more
>
> (trans William Snodgrass)

It is too simple to call Patella 'a dislocated knee': but we should bear in mind Morgenstern's only apparent childlike game with language, a game like Joyce's in *Finnegans Wake*, the inspiration for Eco's semiotics. The blank incongruous canvas that ends *Untitled* and the random cut into video feedback that stops *Viaggio* tells us there is no Ithaca for this odyssey. Unlike Morgenstern, however, Patella does not believe in the pure quiddity of the sign. Morgenstern's knee persists: Patella disappears from his own creations, and they

la visione. Man mano che il video va avanti, diventa sempre più forte l'impressione di assistere a una lezione filmata. Dopo un intervallo senza traduzioni, Patella introduce uno schermo per la proiezione di lucidi, con passaggi sempre più densi di prosa tecnica sugli argomenti della scienza linguistica da Saussure a Ogden e Richards, passaggi che diventano sempre meno, anziché sempre più, intellegibili nello sforzo del tecnico di renderli in tedesco o in inglese (raramente in entrambe le lingue). Le argomentazioni di Patella attingono ora dalla semiotica – *Opera aperta* di Umberto Eco era apparsa nel 1962 mettendo insieme le tradizioni di Saussure e Richards, nella sua analisi delle conseguenze letterarie dello scollegamento di suono, segno e significato nel linguaggio – con una mescolanza di estetica politica e un pizzico di misticismo intorno al termine "creatività". Nel finale Patella esce dal set, e il video zuma sulla base del proiettore per lucidi avvolta nel bianco. È un momento di calma ironia; con quella zumata, il lavoro si chiude minando il suo stesso mezzo di discorso espressivo, e illustrando allo stesso tempo l'effetto che stava descrivendo: ovvero, il passaggio da rappresentazione e realismo empirico-meccanicistico, a quello che Deleuze avrebbe presto definito come il piano dell'immanenza.

Potremmo qui ricordare che la patella è il nome tecnico per la rotula, ed evoca la poesia di Christian Morgenstern su tale soggetto (la poesia che ha ispirato il film di Alexander Kluge *Die Patriotin* del 1979, sulla materialità e la persistenza del passato storico in una Germania vista dal punto di vista del ginocchio conservato di una delle vittime di Stalingrado):

> Un ginocchio vaga per il mondo
> Niente più, è solo un ginocchio
> Non è una tenda; non è un albero;
> È un ginocchio, niente più.
>
> Una volta c'era un uomo in guerra
> È stato ucciso e ucciso e ucciso
> Solo, illeso, è rimasto il ginocchio
> Come la reliquia di un santo, puro.

themselves are the instruments of his and their own disappearance.

Such fragility marks all archival work, but analog video is in itself a medium of ephemerality (perhaps even more so in its transfer to digital formats). It is not simply that, as frame replaces and erases frame, the individual frame itself is perpetually incomplete, the first interlaced scan fading before the second starts to refresh it. Nor is it simply a matter of the vast over-production of video footage – already over nine billion hours a year in 2000, a rate which has only increased subsequently, and far more than any archive could ever store, let alone any researcher view (I once worked out that if 60 million people – the population of the United Kingdom – watched for 8 hours a day, they could see everything produced in that one year). Too much to store, and production outstripping storage, while current business models require each individual to store their own copy of licensed commercial video files. Nor is it only a matter of the delicate combination of plastic tape and magnetic oxides, or of the loss of once familiar formats like reel-to-reel and U-matic. Patella has already begun to demonstrate that there is something intrinsically unstable about the analog video image, an instability that is its own dramatic addition to the aesthetic repertoire.

Federica Marangoni's *Il volo impossibile* [The Impossible Flight] (figs. 3a, 3b) of 1982 comprises four tapes built on one performance, in that relating to Patella's use of video as a performance medium. But Marangoni operates in a different register, opening away from the artist as persona or author towards an engagement with certain qualities of the world. The tape opens with a montage of still images of butterflies while a male voice recites a poem comprising a list of Latin classificatory names for the Lepidoptera. We cut to an installation view of four monitors at the back of a green floor on which are the cut-out shapes of butterflies. The sets are tuned to a dead channel, white noise on their speakers and snow on their

Da allora, vaga per il mondo intero, solo;
Adesso è solo un ginocchio;
Non è una tenda; non è un albero;
Solo un ginocchio, niente più[1]

È troppo semplice chiamare Patella "un ginocchio slogato": ma dovremmo tenere a mente il gioco, solo apparentemente da bambini, di Morgenstern col linguaggio, un gioco come quello di Joyce in *Finnegans Wake*, l'ispirazione per la semiotica di Eco. L'incongrua tela bianca con cui termina *Arte della conoscenza dialettica* e il taglio casuale nel *video feedback* con cui termina *Viaggio* ci dicono che non esiste un'Itaca per questa odissea. A differenza di Morgenstern, tuttavia, Patella non crede nella pura specificità del segno. Il ginocchio di Morgenstern persiste, Patella scompare dalle sue creazioni, e queste stesse sono gli strumenti della sua e della loro scomparsa.

Una tale fragilità impronta tutto il lavoro d'archivio, ma il video analogico è di per sé un mezzo dell'effimero (forse ancora di più nella sua trasposizione in formati digitali). Non è semplicemente questo, man mano che un fotogramma sostituisce e ne cancella un altro, lo stesso fotogramma individuale è perpetuamente incompleto, poiché la prima scansione intrecciata si dissolve prima che la seconda possa ricomparire. E non è nemmeno semplicemente una questione legata alla vasta sovrapproduzione di filmati – già più di nove miliardi di ore all'anno nel 2000, un indice che in seguito è solo cresciuto, e molto di più di quanto qualsiasi archivio possa raccogliere, o di quante riesca a vederne un ricercatore (una volta ho calcolato che se 60 milioni di persone – la popolazione della Gran Bretagna – guardassero questi video per 8 ore al giorno, riuscirebbero a vedere tutto il materiale prodotto in quell'anno). Troppo materiale da archiviare e una produzione che supera lo spazio d'archivio, mentre i modelli economici attuali richiedono che ogni individuo archivi la propria copia autorizzata dei file dei video commerciali. E non è nemmeno una questione legata alla delicata combinazione

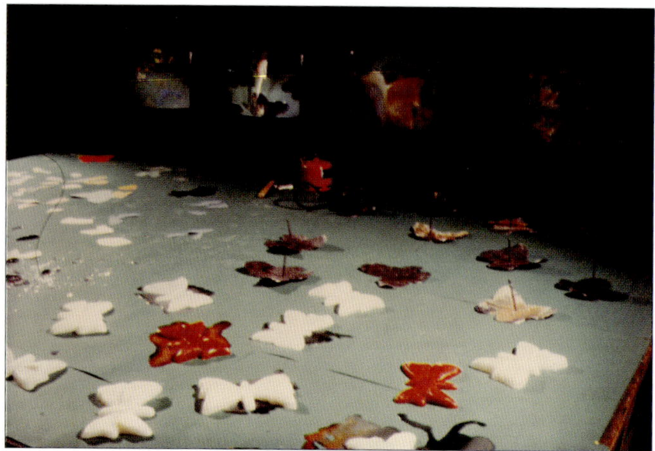

Fig. 3a, b. Federica Marangoni, *Il volo impossibile* [The Impossible Flight], 1982. Courtesy of the artist.

screens. Each screen rolls a darker band in stately progress through the random pixelation, product of the idiosyncratic relation between the refresh rates of each and the timing of the camera's scans. Re-taping from cathode ray tubes was always fraught,

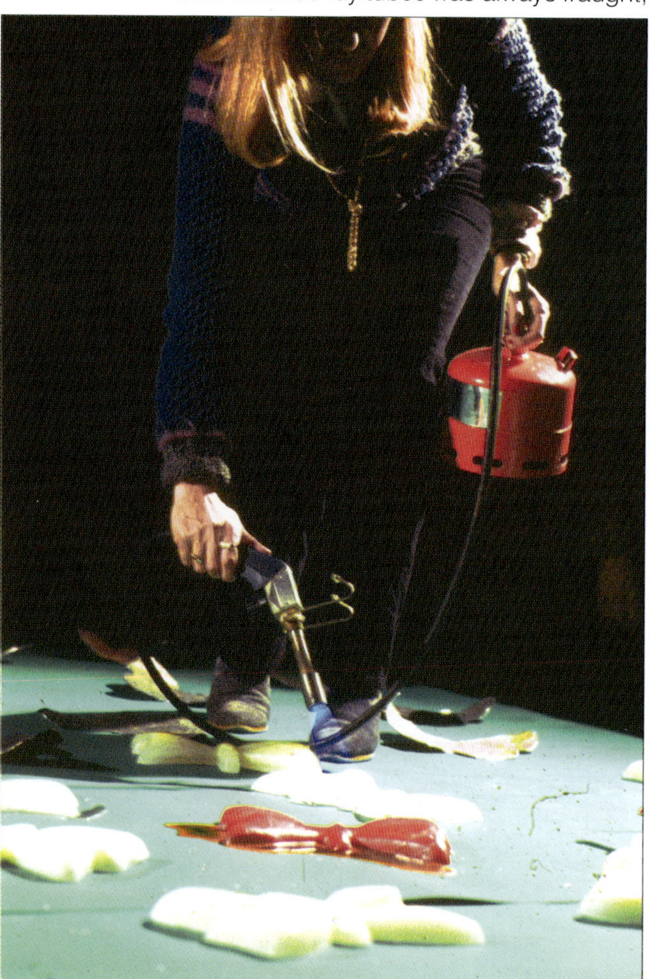

dei nastri di materiale plastico e ossidi magnetici, o della perdita di formati una volta familiari quali la bobina o l'U-matic. Patella ha già cominciato a dimostrare che c'è qualcosa di intrinsecamente instabile nell'immagine del video analogico, un'instabilità che è la sua stessa drammatica aggiunta al repertorio estetico.

Il volo impossibile (1982, figg. 3a-b) di Federica Marangoni è composto da quattro *tapes* messi insieme in una sola performance, e quindi collegato all'uso che Patella fa del video come strumento di performance. Ma la Marangoni opera con un registro diverso, muovendo dall'artista come persona o come autore verso un coinvolgimento con alcune qualità del mondo. Il nastro inizia con un montaggio di fermi immagine di farfalle, mentre una voce maschile recita una poesia composta da una lista di nomi latini per la classificazione della *Lepidoptera*. Passiamo poi alla visione di un'installazione con quattro monitor in fondo a un pavimento verde sul quale si trovano le forme ritagliate delle farfalle. Gli schermi sono sintonizzati su un canale morto, rumore bianco dalle loro casse e neve sugli schermi. Ogni schermo mostra una banda più scura che si fa largo con imponenza attraverso la pixellatura casuale, prodotto della relazione idiosincratica tra l'indice di aggiornamento di ogni pixel e la coordinazione delle scansioni della videocamera. Ri-registrare da tubi catodici è sempre stato difficile, ma qui non sembra tanto un *glitch* quanto più un incidente pianificato: un modo per porre l'accento sull'intrinseca temporalità dell'immagine video. Nascosta nel sibilo statico è un'altra tematica significativa, la connessione tra questo studio, completamente artificiale e costruito dall'uomo, e l'ambiente più ampio che produce il segnale rumoroso: alimentazione elettrica 'sporca', macchinari circostanti lasciati accesi che generano campi elettromagnetici, radiazione atmosferica e solare. Inquadrata solo nei suoi arti – braccia, mani e piedi – l'artista entra e inizia a tagliare le farfalle di carta con delle cesoie. Un primo piano fa apparire la scena come quella di un

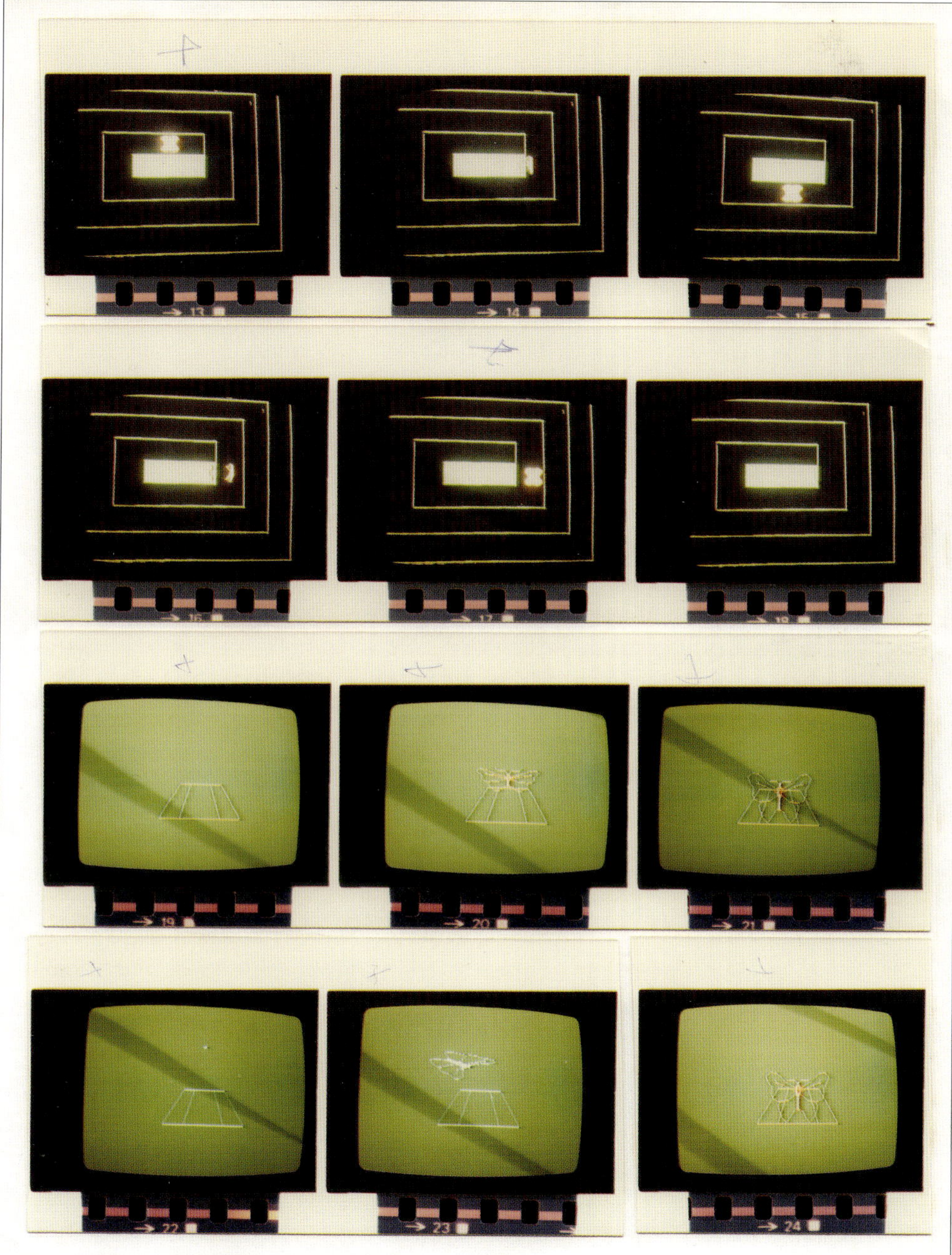

Fig. 4. Federica Marangoni, *Videogame*, 1981. Courtesy of the artist.

but here it seems less a glitch, more a planned accident: a way of marking the intrinsic temporality of the video image. Hidden in the hiss and static is a further emblematic theme, the connection between this thoroughly artificial, human-arranged studio and the wider environment that produces the noisy signal: 'dirty' electrical energy supply, surrounding unsuppressed devices generating electro-magnetic fields,

programma educativo per bambini, tutti colori primari e opere d'arte rudimentali, ma un terzo stacco ci mostra l'artista accovacciata accanto ai monitor; uno di questi trasmette, in sincronia con l'azione che vediamo dal vivo, l'immagine a colori di una TV a circuito chiuso della stessa azione vista dall'alto. L'artista raccoglie un martello e inizia a inchiodare delle farfalle di ceramica (o di metallo?) sul pavimento, come a voler

atmospheric and solar radiation. Seen only in her limbs – arms, hands and feet – the artist enters and begins to cut up the paper butterflies with shears. A close-up makes the scene look like a children's educational program, all primary colours and rudimentary craft, but a third cut takes us to a view with the artist crouching by the monitors, on one of which a colour closed-circuit television image of the action, seen from a high angle, plays in time with the actions we view. She collects a hammer and begins nailing ceramic (or metal?) butterflies to the floor, as if imitating the pin-mounts of naturalist collectors in the past. What does a butterfly collector do? Kill beauty on the wing in order to preserve it. Behind her a second monitor has begun to play an image sequence, but it is hard to make out: perhaps natural history footage, perhaps of insects? By the time we see it again, it will no longer show movement. She smashes glass-mirrored butterflies, and melts wax ones with a blowtorch. When she leaves, all four monitors show areas of the performance space, seen from above, but now each is still, and each shows the butterflies before their mutilation, an electronic butterfly garden without movement.

This piece shares its motif with Marangoni's 1981 piece, preserved as video documentation known as *Videogame* (fig. 4) but indicating that its title is also *Il volo impossibile*. Here again are radically simplified butterfly outlines, this time as 8-bit computer graphics, accompanied by a reconstructed soundtrack of early 1980s platform games or, in tune with the ecological element of the motif, with arcade shoot-em-ups from the same period. The fragility of the butterfly is apparent in the fragility of the tapes. Even though made a generation later, on 624 rather than 405 line definition, and with colour in place of monochrome, these early 1980s tapes indelicately refer to the delicacy of the medium, for here too are the scribbled interference patterns at the bottom of the screen where the control track has migrated into the visual; here too is an

riprodurre le bacheche per farfalle dei collezionisti naturalisti del passato. Che cosa fa un collezionista di farfalle? Uccide la bellezza sulle ali per poterla conservare. Dietro di lei un secondo monitor ha iniziato a riprodurre una sequenza di immagini, ma è difficile capire di cosa si tratti: forse un filmato di storia naturale, forse di insetti? Quando riusciamo a vedere nuovamente il monitor, non vi appare più nessun movimento. L'artista frantuma farfalle di vetro a specchio e ne scioglie alcune di cera con una fiamma ossidrica. Quando l'artista esce di scena tutti e quattro i monitor mostrano delle aree dello spazio della performance, viste dall'alto, ma immobili ora, e ognuno mostra le farfalle prima della loro mutilazione, un giardino di farfalle elettronico senza movimento.

Quest'opera condivide la stessa tematica con un'altra opera della Marangoni del 1981, conservata come documentazione video e nota come *Videogame* (fig. 4), ma con l'indicazione che il suo titolo è anche *Il volo impossibile*. Qui troviamo nuovamente delle sagome di farfalle semplificate al massimo, questa volta con la grafica computerizzata a 8-bit, accompagnata dalla ricreazione di una colonna sonora tipica dei videogiochi su piattaforma degli anni Ottanta o, in linea con l'elemento ecologico del tema, con giochi *arcade* sparatutto dello stesso periodo. La fragilità della farfalla è evidente attraverso la fragilità dei nastri stessi. Anche se prodotti una generazione più tardi, con una definizione a 624 linee invece che a 405, e a colori invece che monocromi, questi *tapes* dei primi anni Ottanta alludono indelicatamente alla delicatezza del mezzo, poiché anche qui ritroviamo i motivi delle interferenze scarabocchiate nella parte bassa dello schermo, dove la *control track* (CTL) è migrata nel visivo; anche qui c'è un mormorio generato dal segnale elettromagnetico dell'apparecchiatura per la registrazione; anche qui i *glitch* in movimento attraversano rapidamente e orizzontalmente il fotogramma; e anche qui, soprattutto, i *tapes* confermano, nel loro ri-registrare da altri schermi, l'ine-

audible hum from the recording equipment's electro-magnetic signal; here too travelling glitches sweep horizontally across the frame; and here too, most of all, the tapes confirm, in their re-recording from other screens, the inherent temporality of the video image, its fugitive nature, and the remarkable fact, for a recording medium, that every replay is subtly different from the previous one.

We should try to make sense of the content of the videos here, the transitions from political semiotics to proto-postmodernism; from the dialectics of class to the emergence of Green politics; from Operaismo to Autonomia; and (to cite Eco once more) from paleo-TV to neo-TV as Berlusconi's broadcast empire began with Canale 5 in 1980 and Italia Uno in 1982. The rigours of 1970s conceptualism loosened into the laissez-faire attitudes of 1980s accommodations with the market, even as politics finally migrated from the factory floor to the living room. But the socio-political thematics of the works in hand and their relation to broader aesthetic and cultural movements invariably shift emphasis to how video exemplified something other than itself; how it expressed the symptoms of something that is not and was not video. The important thing is that video art is first and foremost a material practice. Luca Patella had been extremely explicit in this regard; Federica Marangoni had no need by the time she began working in electronic imaging to make such an assertion, but it is utterly clear in her deliberate display of dead channel audiovisual noise that the medium is in and of itself a solid presence and a practice. There is currently a backlash among critics and curators, especially in North America, against the idea of medium-specificity. They believe that the old belief that painters should do painterly things with paint, and sculptors sculptural things with sculpture, is outmoded in an age, as Thierry de Duve once had it, of art made of '*n'importe quoi*', 'whatever'. They miss however the critical point: that today we can no longer speak of

rente temporalità dell'immagine video, la sua natura fuggitiva e il fatto notevole, per uno strumento di registrazione, che ogni riproduzione sia leggermente diversa da quella precedente.

Dovremmo ora provare a capire il senso del contenuto di questi video, le transizioni dalla semiotica politica al proto-modernismo, dalla dialettica di classe all'emergere della politica dei Verdi, dall'Operaismo all'Autonomia e (per citare ancora una volta Eco) dalla paleo-TV alla neo-TV con gli esordi dell'impero televisivo di Berlusconi nel 1980 con Canale 5 e Italia Uno nel 1982. L'intransigenza del concettualismo degli anni Settanta si è attenuata fino a sfociare nelle attitudini lassiste degli accordi con il mercato degli anni Ottanta, anche se la politica si spostava, infine, dalle fabbriche ai salotti. Ma le tematiche socio-politiche delle opere in esame e la loro relazione con i più ampi movimenti estetici e culturali, spostano invariabilmente l'enfasi su come il video semplificasse qualcosa di diverso da se stesso, su come esprimesse i sintomi di qualcosa che non è e non era video. La cosa importante è che la videoarte è anzitutto un processo materiale. Luca Patella era stato estremamente esplicito a riguardo; Federica Marangoni non aveva più bisogno di fare un'asserzione simile quando ha iniziato a lavorare con l'immagine elettronica, ma è assolutamente chiaro nella sua deliberata ostentazione del rumore audiovisivo di un canale morto, che il mezzo è in sé e per sé una pratica e una presenza solida . C'è oggigiorno una reazione negativa tra i critici e i curatori, specialmente nel Nordamerica, contro l'idea della specificità del mezzo. Questi ritengono che il vecchio credo per cui i pittori dovrebbero fare cose da pittori con la pittura, e gli scultori dovrebbero fare cose da scultori con la scultura, sia antiquato nell'era, come disse una volta Thierry de Duve, dell'arte fatta di "*n'importe quoi*", "qualunque cosa". Non colgono tuttavia il punto critico: che oggi non possiamo più parlare di pittura o scultura o video come un *unicum* di pratiche unificate, come face-

painting or sculpture or video as whole, unified practices, in the manner of Clement Greenberg in the 1960s. Then, there were standardised practices: film, for example, had remained unchanged in technical terms and in terms of the organisation and post-production, since the 1930s, with only a minor ruckus with the introduction of hand-held 16mm. But today every video – including many of those made in the 'amateur' sector for online distribution platforms like YouTube and Vimeo – is assembled in clusters of equipment and software which form rapidly obsolete idiolects, rather than the 'grammars' against which Patella railed.

This extreme medium specificity, specific to the individual work, and to the individual instance of replay, denies some Holy Cows of media theory as well as art criticism. Despite the visionary power and now canonical status of Walter Benjamin's *Work of Art in the Age of Mechanical Production*, there is no (or no longer) such a thing as an identical copy. Archivists seek out the individual edge numbering of filmstock to identify the specific individual qualities of each precious print of early silent or other important films. Videotapes have the same specificity as the different *tirages* of a print. Just as the printmaker's art is contingent on the absorbency of his paper and its moisture content, on the viscosity, consistency and hue of his ink, on the pressure and level of the press, and the number and duration of the impressions, so video duplication depends, as we have already seen displayed in these works, on the electromagnetic environment, both human and naturally occurring, on the manufacture, transport, handling and storage of master and duplicate tapes; on the nature and stability of the initiating signal and its connections to recording media; on the type and maintenance of the editing equipment and many other factors. Not only can a trained eye tell which suite a specific work has been cut on, but even which machine a given dupe has been run off on. The more complex the product, with stereo, colour, increasing

va Clement Greenberg negli anni '60. Allora, c'erano delle pratiche standardizzate: il film, ad esempio, era rimasto immutato dal punto di vista tecnico, dell'organizzazione e della post-produzione fin dagli anni '30, con solo un piccolo stravolgimento dopo l'introduzione della 16mm portatile. Ma oggi ogni video – compresi molti di quelli fatti nel settore "amatoriale" per la distribuzione online su piattaforme quali YouTube e Vimeo – viene messo insieme grazie a una serie di apparecchiature e software che formano idioletti rapidamente obsoleti, anziché quelle "grammatiche" contro le quali inveiva Patella.

Questa specificità estrema del mezzo, specifica del singolo lavoro e del momento individuale di riproduzione, smentisce alcuni mostri sacri della teoria dei media così come della critica d'arte. Nonostante il suo potere visionario, e lo status ormai raggiunto di testo canonico da parte di *L'opera d'arte nell'era della sua riproducibilità tecnica* di Walter Benjamin, non esiste (o non esiste più) il concetto di copia identica. Gli archivisti ricercano il codice individuale della pellicola cinematografica per identificare le qualità individuali specifiche di ogni preziosa stampa dei primi film muti o di altri film importanti. Le videocassette presentano la stessa specificità delle diverse tirature di una stampa. Proprio come l'arte dello stampatore è condizionata dall'assorbenza della carta utilizzata e dall'umidità del suo contenuto, dalla viscosità, dalla consistenza e dalla tinta dell'inchiostro, dalla pressione e dal livello della macchina da stampa, e dal numero e dalla durata delle impressioni, così la duplicazione del video dipende, come ci è già stato mostrato in questi lavori, dall'ambiente elettromagnetico, sia quello creato dall'uomo sia quello naturale, dalla lavorazione, dal trasporto, dal trattamento e dall'archiviazione del nastro originale e dei duplicati, dalla natura e dalla stabilità del segnale iniziale e dalle sue connessioni al mezzo di registrazione, dal tipo di attrezzatura utilizzata per il montaggio e dal livello della sua manutenzione, oltre che da molti

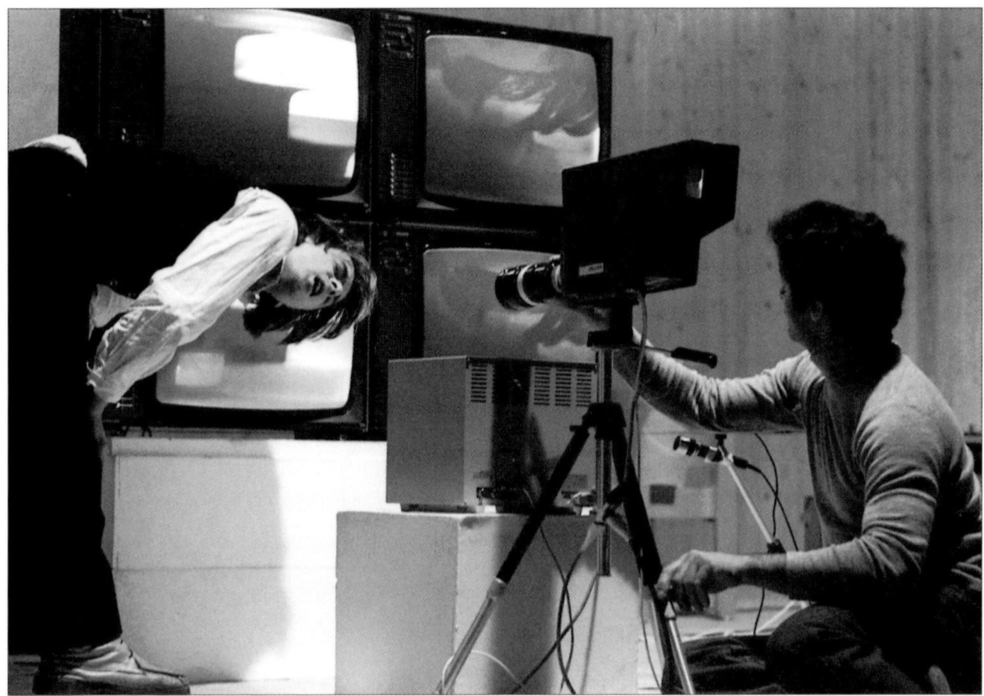

Fig. 5.
Michele Sambin, *VTR&I*, 1978. In the picture the artist with Giovanni Grandi.
Nella foto l'artista con Giovanni Grandi.
Courtesy of the artist.

resolution and the option on analog and digital effects, the more directly contingent it is. And the difference between monochrome and colour, or between 405 and 625 line resolution is as direct and material as the distinction between etching and mezzotint, or between intaglio and lithography.

This is why the glitches which migrate across so many of our archived videos are not simply faults which we might hope to get rid of through some form of digital interpolation, like the Diamant software now used by film archivists to extrapolate data from neighbouring undamaged frames in order to generate data for damaged areas in other frames. In performance works like Michele Sambin's *VTR&I* (fig. 5), the videoloop piece from 1978, of which he notes that it 'signalled a fundamental turn in my video research' that would shape much of his later practice, the tape we can view is a document of an unrepeatable performance, within which we can observe once more the presence of the rolling glitch as an integral compositional element, alongside the degradation of the live vocal as it is processed through the Videoloop process devised by Sambin.

altri fattori. Un occhio allenato può riconoscere non solo con quale suite è stato registrato un lavoro specifico, ma anche su quale macchina è stata duplicata una determinata copia. Più è complesso il prodotto, con stereo, colore, maggiore risoluzione e l'uso di effetti analogici e digitali, maggiori le possibilità di identificarlo. E la differenza tra monocromo e colori, o tra la risoluzione a 405 o a 625 linee è così diretta e materiale quanto la differenza tra incisione e mezzatinta, o tra intaglio e litografia.

È per questa ragione che i *glitch* che migrano attraverso tanti dei nostri video archiviati non sono solo dei difetti di cui possiamo sperare di liberarci attraverso qualche forma di interpolazione digitale, come il software Diamant ora utilizzato dagli archivisti di pellicole per estrapolare dati da fotogrammi contigui non danneggiati al fine di creare dati per aree danneggiate di altri fotogrammi. In performance come *VTR&I* (fig. 5) di Michele Sambin, l'opera in *videoloop* del 1978 della quale lo stesso autore dice "ha marcato una svolta fondamentale nella mia ricerca video", e che avrebbe informato molto del suo lavoro futuro, il nastro che possiamo vedere è la documentazione

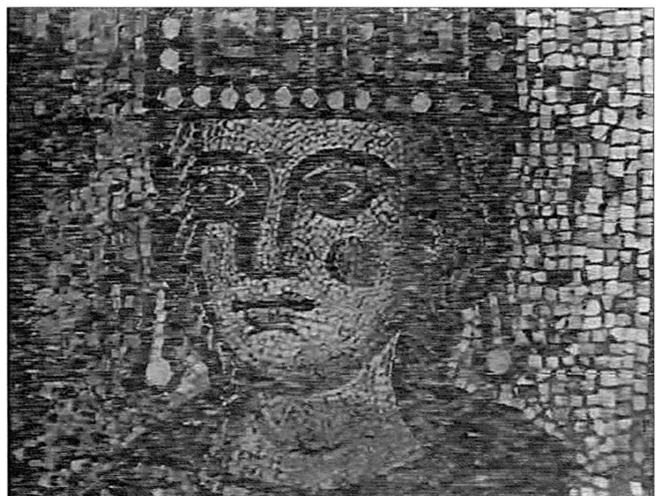

Fig. 6. Guido Sartorelli, *Analogie* [Analogies], 1978. Courtesy of the artist & Archivio Cavallino, Venice.

Guido Sartorelli's *Analogie* [Analogies] (fig. 6), also of 1978, strips a TV image of a Romanesque mosaic down to the raw noise of transmission, only to rebuild from the electronic mosaic of enervated phosphors a divisionist landscape, so drawing together the early and late moments of the European pictorial tradition through the new medium of television. The analogy, incidentally, would be even more powerful on later screens such as Sony's Trinitron, and even more on digital screens with their rigid grid of square pixels.

In both the Sambin and Sartorelli tapes, the equation of white noise and static, and the function of noise as carrier, are critical ideas, precursors to Michel Serres' encomium of the parasite, the leeching of signal on which the very existence of the signal depends.

In both these works however, in the form in which they are presented online, the vector prediction of the compression-decompression algorithms used to encode and decode the videos works in exactly the opposite direction to the Diamant algorithm, stripping out noise, defined as anything which changes between frames that is not obviously significant to the algorithm itself. In the older, cruder H261 codec, the codec selects start and stop keyframes based on large-scale, rapid change over the whole picture area. Between keyframes, the algo-

di una performance irripetibile, all'interno della quale possiamo osservare ancora una volta la presenza del passaggio del *glitch* quale elemento compositivo integrale, insieme alla degradazione delle voci dal vivo che avviene durante il processo del *videoloop* ideato da Sambin. *Analogie* (fig. 6) di Guido Sartorelli, anche questo del 1978, riduce un'immagine televisiva di un mosaico Romanico a crudo rumore di trasmissione, solo per poi ricostruire dal mosaico elettronico di fosfori indeboliti un panorama divisionista, mettendo così insieme i primi e gli ultimi momenti della tradizione pittorica europea attraverso il nuovo mezzo televisivo. L'analogia, fra l'altro, sarebbe ancora più potente su schermi di più tarda generazione quale il Trinitron della Sony, e ancora di più su schermi digitali con le loro griglie rigide di pixel quadrati. Tanto nei *tapes* di Sambin quanto in quelli di Sartorelli, l'equazione di rumore bianco e statico, e la funzione del rumore come vettore, sono idee fondamentali, precorritrici dell'encomio del parassita di Michel Serres, il "salasso" del segnale dal quale dipende l'esistenza stessa di quel segnale.

In entrambi questi lavori tuttavia, nella forma in cui sono presentati online, la predizione del vettore degli algoritmi di compressione-decompressione usati per codificare e decodificare i video opera in direzione completamente opposta rispetto all'algoritmo Diamant, rimuovendo il rumore, definito come qualsiasi cosa cambi tra i fotogrammi e che non sia palesemente significante per l'algoritmo stesso. Nel vecchio, più rudimentale codec H261, il codec seleziona un fotogramma chiave iniziale e uno finale basati su cambi rapidi e su larga scala, all'interno dell'intera superficie dell'immagine. Tra i fotogrammi chiave, l'algoritmo riduce al minimo la quantità di dati da trasmettere, ignorando piccoli cambiamenti in aree dell'immagine che appaiono altrimenti stabili: in effetti, questo rimuove molte tracce dei *glitch*, dando la falsa impressione di uniformità, smascherata tuttavia, a un'attenta ispezione di una riproduzione del nastro

rithm minimises the amount of data to be transmitted by ignoring small changes in areas of the image that appear otherwise to be stable: in effect, this removes much of the evidence of glitches, giving a false impression of smoothness belied, however, by close inspection of a full-screen render of the tape, when the resulting macroblocks become apparent as rasterised fields of single hue and value (something similar happens to the saturation and value with the YCbCr colour coding used in both H261 and the more modern but still vector-predictive H264 codec). Crudely put: web-friendly transmission smoothes out the glitches, and replaces them with artefacts of its own – from static and horizontal streaks to blocky zones and audio stutter.

While a number of digital video artists have moved into the field of glitch aesthetics, archivists still feel the need to imitate the web-ready codecs, interpreting noise as damage and seeking to erase or otherwise minimise it, in pursuit of an ideal, undamaged, clean recording. But as we have seen, noise was integral to the early video aesthetic, certainly through the 1970s into the early 1980s work of Federica Marangoni. And while, as a media historian, I regret every lost videotape and film, every damaged original that we can now only view in fragments, even so I rejoice aesthetically that certain damage functions in the spirit of the tapes themselves. After all, when we speak of artificial intelligence, we speak about the way certain mathematical and logical functions, once started on their evolution, require only data inputs – and sometimes not even that – to develop. Just so the chemical and electromagnetic intelligence of videotape – I mean here the physical tapes. Once we place these plastics and magnetic oxides together, they begin a life of their own, creating, over a period of decades, the fine embroidery of accident and contingency that amplifies the explicit grounding of the originals in electrostatic chaos. We move in and out of the ocean of noise, assembling our pictures and our ab-

a schermo intero, dove i macro blocchi risultanti diventano manifesti come campi percorsi da scansione di un solo colore e valore (qualcosa di simile accade alla saturazione e al valore con la codifica dei colori YCbCr usata in entrambi i codec, l'H261 e il più moderno, ma ancora a vettore predittivo, H264). In parole povere: la trasmissione compatibile col web attenua i *glitch*, e li sostituisce con propri artefatti – da linee statiche e orizzontali ad aree a blocchi e audio singhiozzante.

Mentre molti videoartisti digitali si sono spostati nel campo dell'estetica del *glitch*, gli archivisti sentono ancora il bisogno di imitare i codec del web, interpretando il rumore come danno e cercando di eliminarlo o al limite di ridurlo al minimo, alla ricerca di una registrazione ideale, intatta e pulita. Ma come abbiamo visto, il rumore era parte integrante dell'estetica dei primi video, sicuramente nei lavori di Federica Marangoni degli anni Settanta e dei primi anni Ottanta. E, mentre da storico dei media, mi rammarico per ogni videotape e pellicola perduti, per ogni originale danneggiato che possiamo solo vedere in frammenti, ciononostante mi rallegro dal punto di vista estetico che certi danni siano comunque funzionali allo spirito dei *tapes* stessi. Dopo tutto, quando parliamo di intelligenza artificiale, parliamo del modo in cui certe funzioni logiche e matematiche, una volta iniziata la propria evoluzione, necessitano solo dell'immissione di dati – e a volte nemmeno di quella – per svilupparsi. Lo stesso vale per l'intelligenza chimica ed elettromagnetica del videotape – e mi riferisco ai nastri in senso fisico. Una volta che mettiamo insieme queste plastiche e questi ossidi magnetici, questi iniziano ad avere una vita propria, creando, attraverso i decenni, il sottile ricamo di incidente e contingente che amplifica la base esplicita degli originali in caos elettrostatico. Entriamo e usciamo dall'oceano del rumore, assemblando le nostre immagini e le nostre astrazioni dal tumulto universale di informazione ed entropia. È qui ed è così che opera la formazione elettronica

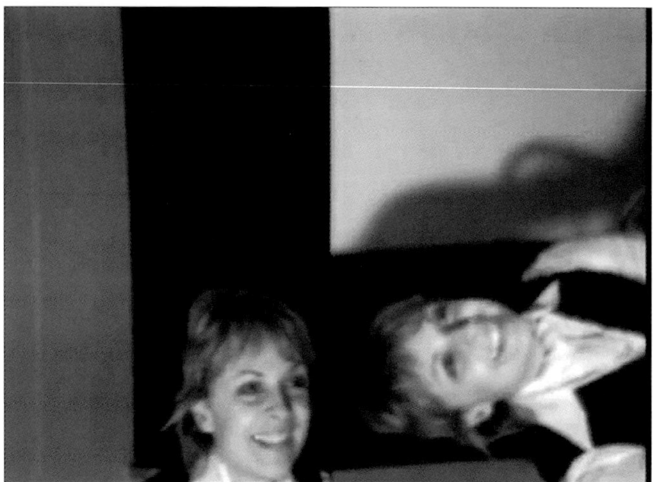

Fig. 7a (above), b (facing). Lucio Pozzi, *Portrait of Maria Gloria*, 1975. Courtesy of the artist.

stractions from the universal welter of information and entropy. This is where and how electronic imaging operates, and where and how electronic arts find their raw material. Of those raw materials, none is more precious than time, which for our field is measured in signal and decay.

It is for this reason that the symmetry-breaking that I mentioned at the start of this chapter becomes important. For physicists, the purest symmetry is not that of a mirror and its two images, but a perfectly entropic system where matter and energy are distributed evenly throughout the whole. Any form of structure, any clumping of matter or condensation of energy breaks that perfect symmetry, brings about crisis, precipitates change. Symmetry-breaking is the 'decision' in the garden of forking paths. In Lucio Pozzi's elegant short *Portrait of Maria Gloria* (figs. 7a-b), the frame is split into two areas, shot simultaneously from different angles, and mounted at roughly ninety degrees to one another.

Heir to the modesty of the Dutch interior, this portrait of a woman in an interior is in part a homage to the *animateur* of the Florence video scene, but is also a work which organises space, creates a tiny thirty-five seconds of order, as it were a nest of quiet among the stresses of the world. The gentle abstraction announced by the opening double shot of a door handle operates on the rest of the seven shots that follow,

delle immagini, ed è qui e così che le arti elettroniche trovano le loro materie prime. Tra queste materie prime, nessuna è più preziosa del tempo, che nel nostro campo viene misurato da segnale e decadimento.

È per questa ragione che la rottura della simmetria di cui ho parlato all'inizio di questo capitolo diventa importante. Per i fisici, la simmetria più pura non è quella di uno specchio e delle sue due immagini, bensì un sistema perfettamente entropico, dove materia ed energia sono distribuite omogeneamente su tutto. Qualsiasi forma di struttura, qualsiasi accumulo di materia o condensazione di energia, rompe quella simmetria perfetta, porta una crisi, precipita il cambiamento. La rottura della simmetria è la "decisione" nel giardino delle biforcazioni. Nell'elegante corto di Lucio Pozzi *Portrait of Maria Gloria* (figg. 7a-b), il fotogramma è diviso in due metà, riprese contemporaneamente da due angolazioni diverse e montate a circa 90° una dall'altra. Erede della modestia degli interni olandesi, questo ritratto di donna in un interno è in parte un omaggio all'*animatrice* della scena video fiorentina, ma è anche un'opera che organizza lo spazio, crea trentacinque brevi secondi di ordine, come fosse un nido di quiete in mezzo allo stress del mondo. La gentile astrazione annunciata in apertura con la doppia ripresa della maniglia di una porta opera nelle sette sequenze che seguono, quelle di Maria Gloria Bicocchi e quelle di fiori e di aree inanimate della casa. Ne emerge una relazione speciale con il mondo. Il realismo empirico è, nel senso estremo della parola, umanesimo: si riserva il diritto di definire realista solo il mondo come appare al nudo apparato sensorio dell'uomo, senza nessun aiuto. Il realismo nella videoarte ha già superato quella restrizione: esso assimila la visione tecnologica come modo di vedere autonomo, e così facendo, scopre che il mondo non è semplicemente lì e che l'artista è il suo servo, ma che il mondo ha bisogno di essere continuamente costruito. Trasmissioni e traduzioni non sono tradimenti: sono le mediazioni critiche attraverso il tempo della

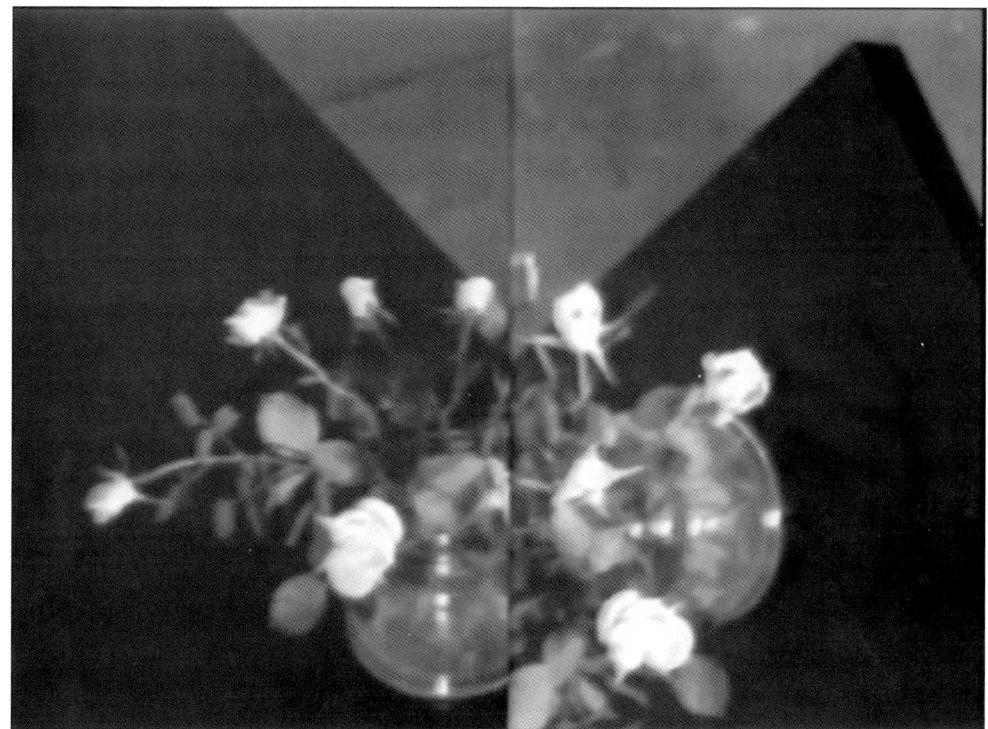

those of Maria Gloria Bicocchi and those of flowers and inanimate areas in the house. What emerges is a special relation to the world. Empiricist realism is, in the extreme sense of the world, a humanism: it reserves the right to name as realist only the world as it appears to the unaided human sensorium. Video realism has already overcome that restriction: it assimilates the technological vision as an autonomous mode of viewing, and in so doing, it realises that the world is not simply there, and the artist its servant, but that a world must always be constructed. Transmissions and translations are not betrayals: they are the critical mediations through time of matter and energy where the world bursts back into the human through the technological. We may mourn the ageing of our videos, but we should also praise the fine antennae with which they catch the signals from a living electromagnetic universe and integrate them into themselves as living artworks of the living order of time.◆

materia e dell'energia, dove il mondo scoppia nuovamente nell'umano attraverso la tecnologia. Possiamo piangere per l'invecchiamento dei nostri video, ma dovremmo anche elogiare le belle antenne con le quali questi catturano i segnali che gli arrivano da un universo elettromagnetico vivente e li integrano dentro se stessi come opere d'arte viventi dell'ordine vivente del tempo.◆

Note

1. Traduzione dalla versione inglese di William Snodgrass, N.d.T.

La videoarte alla ricerca di un nuovo linguaggio [Video Art in search of a New Language] was presented for the first time during the symposium *Il nuovo mondo dell'immagine elettronica* [The New World of Electronic Image), curated by Guido Aristarco and the *Cinema Nuovo* editorial staff (University of Turin, May 1982). It first appeared in *Cinema Nuovo* (vol. 33, n° 287, 1984) and later in the symposium proceedings: Guido & Teresa Aristarco (eds.), *Il nuovo mondo dell'immagine elettronica* (Dedalo, Bari 1985), pp.106–115. Recently it was re-published in Gazzano's essay's anthology *Kinēma. Il cinema sulle tracce del cinema. Dal film alle arti elettroniche, andata e ritorno* [Kinēma. Cinema on cinema's traces. From film to electronic arts, one way and back] (Rome: Exòrma, 2012).

In this essay, Marco Maria Gazzano examines the new challenges and potential of Video Art in the beginning of the 1980s, after the early experimentation of the medium in the 1970s, with particular attention paid to the Italian situation.

Chapter 12 / Capitolo 12

Video Art in Search of a New Language | La videoarte alla ricerca di un nuovo linguaggio

Marco Maria Gazzano

Officially born in 1965 with the launch of the portable video camera and videotape recorder, video art holds a prominent position among the aesthetic experiences of today. In search of its own linguistic foundations, its experimentations might prove to be innovative for the entire television language.

Nineteen sixty five in New York: this is the official date and birth place of that new artistic experience that it is by now known all over the world – by the English term – 'video art'. Its birth coincides with a business transaction more than with a technical discovery: the launch onto the market of the portable video camera and videotape recorder by Sony. Video art was widely developed among North-American artists (between 1970 and 1975, from New York to Canada, twice as many video works were produced than in all the rest of the world), it is strongly related to 'body-art', 'performance', and the different East-coast 'new waves', however, it is in debt to the Far East. In fact, it was a Korean artist settled in New York, Nam June

Millenovecentosessantacinque a New York: è questa la data ufficiale e il luogo di nascita di quella nuova esperienza artistica che ormai, in tutto il mondo, è conosciuta – con termine inglese – come "*video-art*". La sua nascita coincide con una operazione commerciale più che con una scoperta tecnica: l'immissione sul mercato, da parte della Sony, della telecamera portatile e del video-registratore. Largamente sviluppatasi tra gli artisti nordamericani (tra il 1970 e il 1975 si sono prodotte da New York al Canada due volte più opere video che in tutto il resto del mondo), fortemente imparentata con la "body-art", la "performance" e le varie "*new waves*" East-coast, la *video-art* è, tuttavia, in debito con l'Estremo Oriente. È stato infatti un artista coreano trapiantato a New York, Nam June Paik, a utilizzare per primo e con preveggenza, dopo anni di "sogni", la nuova tecnica giapponese di registrazione simultanea dell'immagine e del suono su nastro video-magnetico. Ed è a una sua dichiarazione programmatica, contempora-

Paik, who, with foresight and after years of 'dreams', first used the new Japanese technique of simultaneously recording image and sound on video-magnetic tape.

Art historian Pierre Restany dates the 'defining moment' of video art back to a keynote statement by the Korean artist, contemporaneous with his first video work (*Café Gogo*, USA 1965): 'As collage has overtaken oil painting, so the cathode-ray tube has replaced canvas.'

Since its beginning then, video art, that could be defined approximately as the artistic use of the analogical-electronic reproduction of reality, has had a closer relationship with the plastic arts (painting, sculpture) than with cinema and television. With the latter, video art, has always had a rather more than conflictual relationship, although they share entirely the same technologies. Not a single state or private television channel gave space in its schedule to art videos – apart from a Belgian one, with the programme *Videographie*, which started a couple of years ago now –, while nothing seems further, on the expressive level, than a television programme made from a video work. René Berger (probably the world's top authority in the field of video critique) goes as far as to suppose a crisis and a radical challenge of television as a medium, with video art playing its part. The artistic use of video technologies, in fact, undermines the imperative that the power of the broadcasting images system constitutes over the audience: the clearness, the sharpness, the 'credibility' and the recognisability of television image. In a word, according to Berger, video art denies television 'realism', it reveals its alleged 'objectivity' (and the alleged objectivity of any image). 'It reveals the fact that', he claims, 'television, which tends to let itself be considered and tends to be considered as the order of things itself, is an order based on a piece of technology and the social relationships that own it. By putting the stress on subjectivity, sometimes to the point of exasperation, video artists let us discover that the

nea alla registrazione della sua prima video-opera *(Café GoGo,* Usa 1965) che lo storico dell'arte Pierre Restany fa risalire l'"atto di battesimo" della *video-art*: "Come la tecnica del collage ha superato la pittura a olio, così il tubo catodico ha sostituito la tela".

Fin dall'inizio, dunque, l'arte video che, in prima approssimazione si potrebbe definire come uso artistico della riproduzione analogico-elettronica della realtà, ha avuto più stretti rapporti con le arti plastiche (pittura, scultura) che con il cinema e la tv. Con questa anzi la *video-art*, pur condividendone interamente la tecnologia, ha sempre tenuto rapporti più che conflittuali. Non una sola tv di Stato o privata – tranne quella belga col programma *Videographie* inaugurato un paio d'anni or sono – ha trovato nei suoi palinsesti spazio per i video d'arte, mentre nulla appare come più lontano, sul piano espressivo, di una trasmissione televisiva da un'opera video. René Berger (probabilmente la massima autorità mondiale nell'ambito della critica video) si spinge addirittura a ipotizzare, complice la *videoart*, una messa in crisi e una contestazione radicale della televisione in quanto *medium*. L'uso artistico delle tecnologie video, infatti, mina l'imperativo che costituisce presso il pubblico la forza del sistema di teletrasmissione delle immagini: la chiarezza, la nettezza, la "credibilità" e riconoscibilità dell'immagine televisiva. In una parola, secondo Berger, l'arte video nega "il realismo" della televisione, svela la sua presunta "oggettività" (e l'oggettività presunta di ogni immagine). "Essa svela il fatto", sostiene, "che la televisione, la quale tende a farsi considerare e a essere considerata come l'ordine stesso delle cose, è un ordine fondato su una tecnologia e sui rapporti sociali che la posseggono. Mettendo l'accento sulla soggettività, a volte fino all'esasperazione, gli artisti video ci fanno scoprire che l'autorità di cui è investita la televisione è solo questione di potere"[1].

Anche il cinema, nella sua accezione artistica è – storicamente – intervenuto sulla realtà, attraverso l'immagine in movimento.

authority with which television is invested is simply a matter of power'.[1]

Cinema too, in its artistic meaning has – historically – intervened upon reality, through the moving image. But if cinema examines the 'beyond' of phenomenal reality through the (always objective) choice of framing, through the shot angle and the editing, the artistic use – therefore specific on the 'possibilities' of the medium – of video intervenes 'directly' and exasperatedly on the 'nature' itself of the image. Naturalism negotiation (space, time, human figure) in cinema can be seen especially via the choices associated with editing and framing relations, and by spaces, figures and framing points of view. With the electronic-analogical treatment of image, the same expressive result can be obtained with a flexibility denied to cinema, making the image grainy, deforming it, mixing its colours, distorting more images and superimposing them.

Restany writes that video image features are 'speed, flexibility, synthesis, length'.[2] As a matter of fact, the video image can contain opposites. One can move from an absolutely defined and 'recognizable' image to another, that is completely the opposite, within the same frame. Some images are 'pulsating' and others are dense, almost solid, some are ethereal and ambiguous like water, and others icy and bright as glass. Infinitely long and infinitely short coexist within the time of a sequence. Cinema 'narrative' structure could hardly, for example, bear the very fast, detailed sequences of the video works of Laurie Anderson or those of Anthony Ramos, or the wonderful, slackened shots of Fabrizio Plessi or those of Marina Abramović-Ulay: this is normal for video. As for colours and music then, the electronic 'great game' offers the never-ending unknown 'possibilities' that charmed Michelangelo Antonioni. Ultimately video art enhances and tries to fully utilize – against television trivializations and underutilization – features that are specific to the electronic medium. It rather plays

Ma se "l'oltre" della realtà fenomenica è indagato dal cinema con la scelta (sempre soggettiva) dell'inquadratura, con l'angolazione e il montaggio, l'uso artistico – e quindi specifico sulle "possibilità" del mezzo – del video, interviene "direttamente" ed esasperatamente sulla "natura" stessa dell'immagine. La negazione del naturalismo (spazio, tempo, figura umana) nel cinema si coglie soprattutto con scelte di montaggio, di relazione fra inquadrature, e di spazi, figure, punti di vista nell'inquadratura. Con il trattamento elettronico-analogico dell'immagine il medesimo risultato espressivo si ottiene, con una flessibilità al cinema negata, sgranando l'immagine, deformandola, mescolandone i colori, distorcendo più immagini e sovrapponendole.

Restany scrive che caratteristiche dell'immagine video sono "la velocità, la flessibilità, la sintesi, la durata"[2]: di fatto l'immagine video riesce a contenere gli opposti. Si può passare da una immagine assolutamente definita e "riconoscibile" a un'altra che non lo è affatto nell'ambito della stessa inquadratura; certe immagini sono "pulsanti" e altre corpose, quasi solide; alcune eteree e ambigue come l'acqua e altre gelide e luminose come il vetro. L'infinitamente lungo e l'infinitamente breve nel tempo di una sequenza, coesistono. Difficilmente la struttura "narrativa" del cinema potrebbe, ad esempio, sopportare le rapidissime successioni di dettagli delle video opere di Laurie Anderson o di quelle di Anthony Ramos o gli stupendi, rallentati piani di Fabrizio Plessi o di Marina Abramović-Ulay: nel video è normale. Per i colori e le musiche poi, il "grande gioco" elettronico offre le infinite "possibilità" sconosciute che hanno affascinato Michelangelo Antonioni. La *video-art* in definitiva valorizza e cerca di utilizzare a fondo contro le banalizzazioni e sottoutilizzazioni televisive – le caratteristiche "specifiche" del mezzo elettronico; anzi, gioca proprio su quelli che la televisione ufficiale considera "errori" tecnici (granulosità, nebulosità, iper-colorazione, deformazione del rapporto spaziale tra le righe) e

precisely with those elements that official television considers technical 'errors' (granularity, nebulosity, hyper-colouration, deformations of the spatial relation between lines) and that wild commercialization of electronic image has turned into 'special effects'.

Therefore the theory that, often unconsciously, lays at the basis of video artists' works (while it is strongly present in arts critics, such as René Berger and Vittorio Fagone) is that video art – even more than cinema, or at least that part of cinema based on chemistry – can demonstrate that the authentic point of reference of an image (therefore of any image) is not 'reality' in its naturalistic sense, but the subjectivity and the 'culture' of every single artist or every, however unaware, image-maker. Obviously, this is not true for all video art. Mistaking the medium's flexibility with language ease, hordes of video makers have offered us, in these years, kilometres of boredom on video tape (it is the same Restany to admit it) or annoying visual trivialities traded for avant-garde. And not in a completely pacific way. The budding video critique, in fact, has to deal with the usual prejudices, against which the cinema critique also had to deal with in its time. Besides the usual accusation of being a 'low practice' within the artistic environment, one of the strongest, die-hard prejudices is the one that wants a 'universal' language of images. A statement even more dangerous since, as a matter of fact, video art is in some ways going back to the 'silent', to the 'pure' image, crossed with music or primeval sounds: a clearly post-sound experience (or post-spoken) but one that cinema could hardly accept.

However a 'universal' language of video does not exist, as it is easy to demonstrate approaching the texts in a non-superficial way. The several statements on supposedly 'female' features of the video and its congeniality to young people do not make any sense. To give an example, between the works of two women, both quite advanced in expressive research, the Mexican Pola

che la commercializzazione selvaggia dell'immagine elettronica sta riducendo ad "effetti speciali".

Perciò la tesi che, spesso inconsciamente, sta in fondo al lavoro dei video artisti (e invece, ben presente in critici d'arte come René Berger e Vittorio Fagone) è che la *video-art* – ancor più del cinema o, almeno, di quello fondato sulla chimica – è in grado di dimostrare che il referente autentico di una immagine (di ogni immagine, dunque) non è "la realtà" naturalisticamente intesa, ma la soggettività e la "cultura" di ogni singolo artista o di ogni, per quanto inconsapevole, costruttore di immagini. Naturalmente, non tutta la *video-art*. Scambiando la flessibilità del mezzo per facilità del linguaggio, orde di *video-makers* ci hanno proposto in questi anni chilometri di noia in video-nastro (è Restany stesso ad ammetterlo) o fastidiose banalità visuali barattate per avanguardia. Né del tutto pacificamente. La nascente critica video deve, infatti, fare i conti con i pregiudizi di sempre, contro i quali anche la critica cinematografica a suo tempo si è battuta. Oltre alla consueta accusa di "pratica bassa" in ambito artistico, uno dei pregiudizi più duri a morire è quello che vuole il linguaggio delle immagini "universale": affermazione tanto più pericolosa in quanto, in effetti, la *video-art* sta in qualche modo tornando al "muto", all'immagine "pura" intersecata a musica o suoni primordiali: una esperienza chiaramente post-sonora (o post-parlato) ma che difficilmente il cinema potrebbe ammettere.

Non esiste tuttavia un linguaggio "universale" del video, come è facilmente dimostrabile affrontando non superficialmente i testi; non hanno senso le affermazioni di molti sulle presunte specificità "femminili" del video o la sua congenialità ai "giovani". Tra le opere di due donne, ad esempio, ambedue molto avanti nella ricerca espressiva, la messicana Pola Weiss e la bruxellese Marie André ci sono divergenze linguistiche palesi, che rimandano a culture diverse. Così, a proposito del tempo inte-

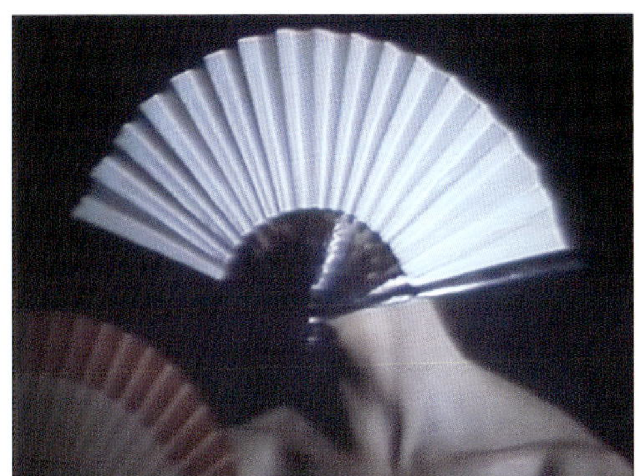

Fig. 1.
Fabrizio Plessi, *Water Fan*, 1982. Video Stills Courtesy of Carlo Ansaloni.

Weiss and the Belgian Marie André, there are clear linguistic differences that refer to different cultures. In the same way, talking about internal time – one of the most stimulating subjects for video artists – the huge differences between the images of the Italian Fabrizio Plessi and the French Robert Cahen, both deeply meaningful on the level of 'exploration' of the medium and both of great plasticity and formal rigour, are obvious.

On the other hand, a privileged relationship exists between video art and the plastic arts (painting, sculpture, physical theatre, dancing) determined by the peculiar feature of the electronic image, the fact that it is 'tactile'. Also the fact that it remembers the matter, as explained by McLuhan, and that makes it more immediately understandable to painters and sculptors rather than to filmmakers: a 'materiality' that the critique needs to take into account, also in its language. A privileged relation between video and musicians also exists and between video and contemporary avant-garde that are interested in the 'beyond' of reality through the study of the fragment, of the inauthentic, of the infinitely small or of the sensation. A relationship determined by that other feature, this time of electronic 'narration', that which René Berger describes as follows:

> To the analysis [and he means *psychoanalysis*] made by a rational subject through concepts, it replaces the construction of images, sounds, objects, movements that strike our sensitivity rather than our intelligibility, as if the artist,

riore – uno degli argomenti più stimolanti per i video artisti – sono evidenti le enormi differenze che stanno tra le immagini, entrambe profondamente significative sul piano della "esplorazione" del mezzo ed entrambe di grande plasticità e rigore formale, dell'italiano Fabrizio Plessi e del francese Robert Cahen.

Esiste invece un rapporto privilegiato della *video-art* con le arti plastiche (pittura, scultura, teatro gestuale, danza) determinato da quella caratteristica peculiare dell'immagine elettronica (il suo essere "tattile"), il suo ricordare la materia come spiegò McLuhan e che la rende più immediatamente comprensibile a pittori e scultori che ai cineasti: una "materialità" di cui, anche nel lessico, la critica deve tener conto. Esiste anche un rapporto privilegiato del video con i musicisti e con le avanguardie contemporanee che si interessano all'"oltre" della realtà attraverso lo studio del frammento, dell'inautentico, dell'infinitamente piccolo o della sensazione. Rapporto determinato da quell'altra caratteristica, questa volta della "narrazione" elettronica, che René Berger così descrive:

> Alla analisi [e intende *psicoanalisi*] fatta da un discorso razionale per mezzo di concetti, essa sostituisce costruzioni di immagini, di suoni, di oggetti, di movimenti che colpiscono la nostra sensibilità piuttosto che la nostra intellegibilità, come se l'artista, con il suo lavoro (e l'espressione "opera dell'artista" equivarrebbe così a "opera del sogno") ci facesse *vedere* ciò che l'analisi *si sforza* di concettualizzare[3].

È il motivo per cui Marie André parla, per i suoi video, di "flusso del desiderio" o Robert Cahen di "tempo del sogno"; ma è anche il motivo per cui, all'altro capo della produzione elettronica, nel mondo dell'industria, i produttori discografici che sono riusciti a controllare la musica rock e le sue filiazioni un tempo eversive, e i pubblicitari più attenti, stanno puntando tutte le loro

with his/her work (and the expression 'work of the artist' would correspond to 'work of the dream') would *show* us what the analysis *strives* to conceptualize.[3]

This is the reason why Marie André speaks, of 'desire flow' in her videos or Robert Cahen of 'time of the dream'; but this is also the reason why, at the other end of electronic production, in the industry world, record producers who succeeded in managing rock music and its once subversive derivations, and more careful advertisers, are staking all their cards on the pure sensoriality, on the rational unintelligibility allowed by video. When it boldly came out, between the end of the Sixties and the beginning of the Eighties, from the galleries circuit in which it had been confined to for more than a decade, video gained a space of its own in all aspects of image production, from the artistic to the industrial. It also has to be said that through video Europe is regaining its cultural space in respect to the US, even if the majority of its commercial uses (television advertising and especially video music) is surely limiting.

In 1983, in Italy alone, there have been at least ten video exhibitions, from Turin to Rome, from Salsomaggiore to Ravenna, from Milan to Bologna, and all, or almost all of them – apart from the one organized by the Crt in Milan – had the same fault. The fault of piling works upon works (usually hundreds of them) and of mixing up genres and research areas (video art, video music, amateur video, video as the main component of new gestural and 'multimedia' shows, video installations, videos produced by official television channels and so on), with the only result being to confuse people's ideas, forcing them into neurotic and inattentive fruition, as neurotic as television is and, ultimately, rendering a very bad service to the authors. There should be more selectivity to deal properly with this moving world, also on the part of the exhibitions' organizers. This fault was also present at the two most important European meetings on

carte sulla sensorialità pura, sulla inintelligibilità razionale che il video consente. Uscito con veemenza, tra la fine degli anni Settanta e l'inizio degli Ottanta, dal circuito delle gallerie d'arte nelle quali era stato confinato per più di un decennio, il video infatti si è conquistato un suo spazio in tutti gli ambiti della produzione dell'immagine, dall'artistico all'industriale. C'è anche da dire che attraverso il video l'Europa sta riconquistando un suo spazio culturale nei confronti degli Stati Uniti, anche se la preponderanza dei suoi usi commerciali (pubblicità televisiva e *video-music* soprattutto) certo è limitante.

Nel 1983 solo in Italia sono state almeno una decina le mostre video, da Torino a Roma, da Salsomaggiore a Ravenna, da Milano a Bologna e tutte o quasi – tranne quella organizzata dal Crt di Milano – con lo stesso difetto: di affastellare le opere alle opere (in genere centinaia) e di confondere i generi e le ricerche (*video-art*, *video-music*, video amatoriale, video come componente centrale dei nuovi spettacoli gestuali e "multimediali", video-installazioni, video prodotti dalle televisioni ufficiali e via di seguito), con l'unico risultato di confondere le idee, di costringere a una fruizione nevrotica e disattenta quanto è nevrotica la televisione stessa e, in definitiva, di rendere un pessimo servizio agli autori. Occorrerebbe più selettività per affrontare adeguatamente questo mondo in movimento anche da parte degli organizzatori di rassegne. Questo difetto è stato anche dei due più importanti incontri europei sulla materia: la rassegna di Locarno e quella, di cui quest'anno si è avuta la prima edizione, a Lubiana.

A Lubiana in particolare, troppi "generi" si son voluti far coesistere. Ed è stato un peccato perché le iniziative "collaterali" (ma non per importanza) alla rassegna video – le "installazioni" di Anthony Ramos, il seminario sull'immagine digitale dei due più creativi artisti statunitensi che si occupano di elettronica, Woody e Steina Vasulka, la psico-performance dei viennesi Ide Hintze e Emil Siemeister, il jazz visualizzato e svelato di Toni Rusconi, i video prodotti nell'ambito

the subject: the Locarno exhibition and that of Ljubljana, which had its first edition this year.

In Ljubljana especially, too many 'genres' attempted to coexist with one another. And it was a pity because the 'fringe' initiatives (but not for their importance) of the video exhibition deserved more attention – such as, Anthony Ramos' 'installations', the seminar on digital image by the two most creative US artists that deal with electronics, Woody and Steina Vasulka, the psycho-performance by the Viennese Ide Hintze and Emil Siemeister, Toni Rusconi's visualized and revealed jazz, the videos produced during the exhibition itself by artists from all over the world and above all the attempt – ambitious and brave – by the television channels of Ljubljana and Belgrade to overturn television stereotypes, providing the audience with 'programmes' about the exhibition using the same video art language. The *Locarno Video Festival* and the Ljubljana *Video Cankarjev Dom '83*, provided, nonetheless, a huge amount of material for reflection.

Reflection on the possibilities of the expressive treatment of video image, on its ambiguity, 'liquidity' and hyper-definition (*Water Fan, Up Down, Surf Control* by Fabrizio Plessi, Italy, 1982, fig. 1, 2, 3; *Nuage Noir* and *Juste le Temps* by Robert Cahen, France, 1982–1983; *City of Angels* by Marina Abramović-Ulay, USA, 1983; reflection on the new narration time allowed by video (*Galerie de Portraits, Come ti amo* by Marie André, Belgium, 1982–1983; *Grimoire Magnetique* by Joëlle de La Casinière, Belgium, 1983; *Tout près de la frontière* by Danielle Jaeggi, France, 1982); on the interactive relations between cinema and video (*Interference* by Luisa Cividin/Roberto Taroni, Italy, 1981–1982; *Passioni fredde* by Maurizio Camerani, Italy, 1983, figs. 4 a, b, c; *Pandemonium* by Saskia Lupini, Belgium, 1983); self-reflection on electronic image (*Machine Vision* by Steina Vasulka, USA, 1972/1980; *Light-Electricity and unified field theory* by Anthony Ramos, USA, 1983; *Le bruit de l'image* by Michel Bonnemaison, France,

stesso della manifestazione da artisti di tutto il mondo e soprattutto il tentativo, ambizioso e coraggioso, delle televisioni di Lubiana e di Belgrado di rovesciare gli stereotipi televisivi fornendo ai loro telespettatori "servizi" sulla manifestazione nel linguaggio della *video-art* – avrebbero meritato più attenzione. Il *Video Festival* di Locarno e *Video Cankarjev Dom '83* di Lubiana, comunque, hanno fornito una enorme quantità di materiale di riflessione.

Riflessione sulle possibilità nel trattamento espressivo dell'immagine video, sulla sua ambiguità, "liquidità" e iperdefinizione (*Water Fan*, *Up Down e Surf Control* di Fabrizio Plessi, Italia 1982; *Nuage Noir* e *Juste le Temps* di Robert Cahen, Francia 1982, 1983; *City of Angels,* di Marina Abramović-Ulay, Usa 1983; riflessione sul nuovo tempo della narrazione che il video consente *(Galerie de Portraits* e *Come ti amo* di Marie André, Belgio 1982, 1983; *Grimoire Magnétique* di Joëlle de La Casinière, Belgio 1983; *Tout près de la frontière* di Danielle Jaeggi, Francia 1982); sui rapporti interattivi tra cinema e video (*Interference* di Luisa Cividin/Roberto Taroni, Italia 1981–82; *Passioni fredde* di Maurizio Camerani, Italia 1983; *Pandemonium* di Saskia Lupini, Belgio 1983); autoriflessioni sull'immagine elettronica (*Machine Vision* di Steina Vasulka, Usa 1972–80; *Light-Electricity and unified field theory* di Anthony Ramos, Usa 1983; *Le bruit de l'image* di Michel Bonnemaison, Francia 1983); sulla "femminilità" e sulla "latinità" possibile dell'immagine *(Exoego 8*, *El eclipse* di Pola Weiss, Messico 1981–82); sui difficili quanto straordinariamente promettenti rapporti tra immagini elettronico-analogiche e elettronico-numeriche (dai lavori di due decenni di Woody e Steina Vasulka al delizioso *Blue Dance* del collettivo londinese After Image, 1983); su video e poesia *(Valeriascopia*, *Incatenata alla pellicola*, *Videopoesia* di Gianni Toti, Italia 1980, 1983); sui tentativi di rovesciare i moduli di narrazione televisiva (*La peinture cubiste* di Thierry Kuntzel/Philippe Grandrieux, Francia 1981; *Ruski Umetnicki Eksperiment* di Boris

Fig. 2. Fabrizio Plessi, *Up down*, 1982. Video Stills Courtesy of Carlo Ansaloni.

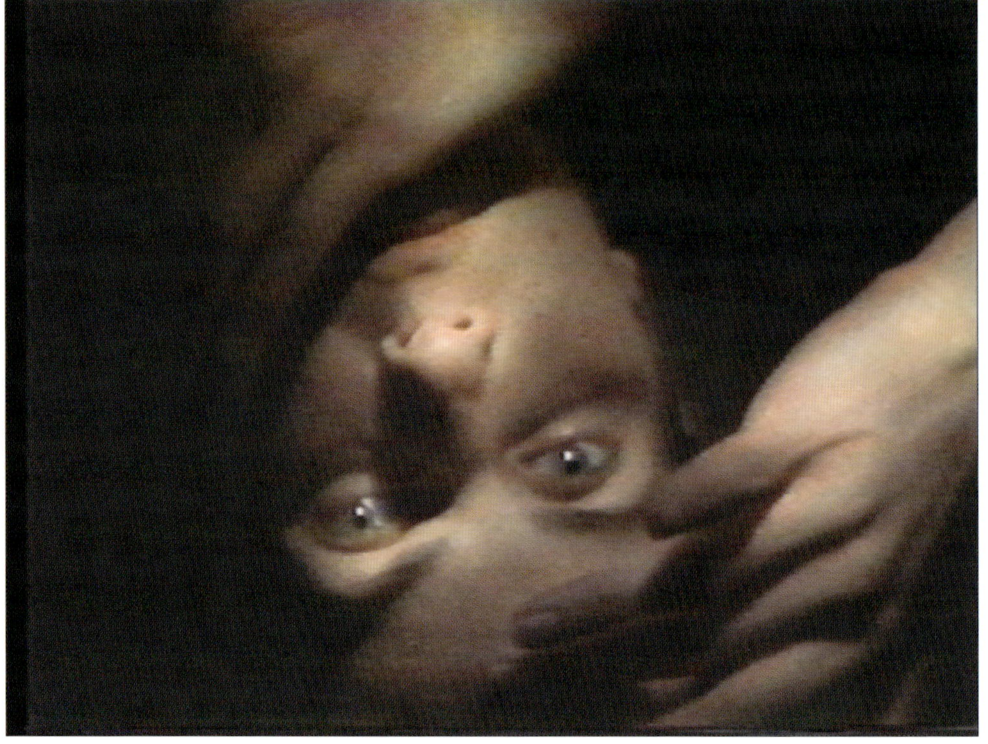

1983); on the possible 'femininity' and 'Latinity' in image (*Exoego 8, El eclipse* by Pola Weiss, Mexico, 1981–1982); on the difficult as much as extraordinarily promising relationships between electronic-analogic and electronic-numerical images (from the works developed during two decades by Woody and Steina Vasulka to the wonderful *Blue Dance* by London collective After Image, 1983); on video and poetry (*Valeriascopia, Incatenata alla pellicola, Videopoesia* Milković/Branimir Dimitrijević, Jugoslavia 1983).

Fig. 3. Fabrizio Plessi, *Surf Control*, 1982. Video Stills Courtesy of Carlo Ansaloni.

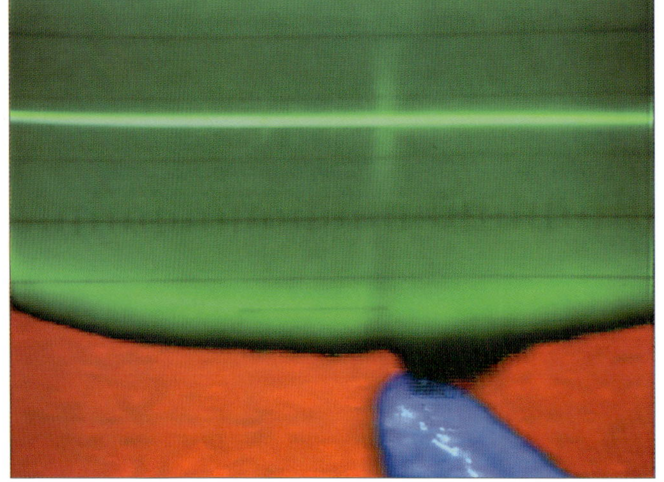

L'impressione generale tuttavia – confortata anche dall'opinione di un critico d'arte attento alla problematica del video come Vittorio Fagone – è che lo stadio attuale della ricerca video artistica sia ancora quello della ricerca linguistica. Gli artisti cercano le "parole" della nuova lingua, "colonizzano" il mezzo nell'accezione mcluhaniana, costruiscono frammenti estetici – ed anche stereotipi e manierismo – più che significati. Sono ancora alla ricerca di un tempo reale (dell'opera) e di un tempo metaforico ad essi congeniale, di uno "spazio" del video. Il montaggio elettronico, nella maggior parte dei casi, è ancora sottovalutato a scapito della ripresa e del trattamento dell'immagine: non ha saputo essere ancora, coscientemente, lucidamente, "sintassi" delle parole elettroniche. E, tuttavia, il significato profondo del video è, al di là degli artisti stessi, proprio nel suo essere un po' più "altro" da tutto ciò che è arte in questo momento. ◆

by Gianni Toti, Italy 1980–1983); about the attempts to overturn television narration registers (*La peinture cubiste* by Thierry Kuntzel/Philippe Grandrieux, France, 1981; *Ruski Umetnicki Eksperiment* by Boris Milković/Branimir Dimitrijević, Yugoslavia, 1983).

The general impression, however, – supported also by the opinion of an art critic close to the issue of video, such as Vittorio Fagone – is that the current stage of artistic video research is still that of linguistic research. Artists are still looking for the 'words' of the new language, they 'colonize' the medium in its McLuhanian acceptation, they build aesthetic fragments – and stereotypes and mannerism too – rather than meanings. They are still looking for a real time (of the art work) and a metaphorical time that they find congenial, for a 'space' for video. Electronic editing is still, mostly, undervalued at the expense of shooting and of image treatment: it has not yet managed to be consciously, clearly, 'syntax' of the electronic words. Nonetheless, the deep meaning of video lies, apart from the artists themselves, in its being a bit more 'other' from everything else that is art in this moment.◆

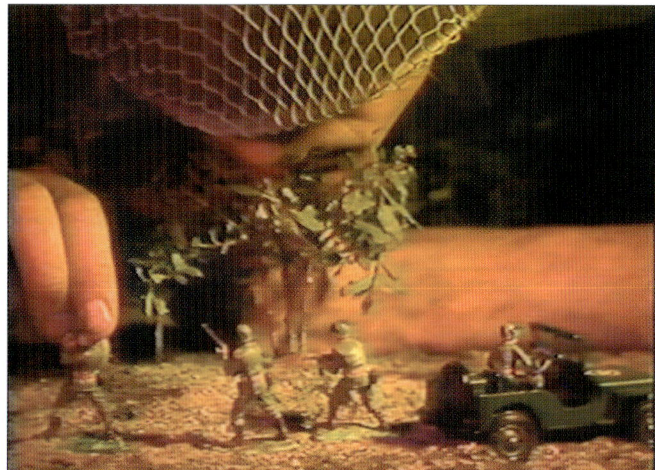

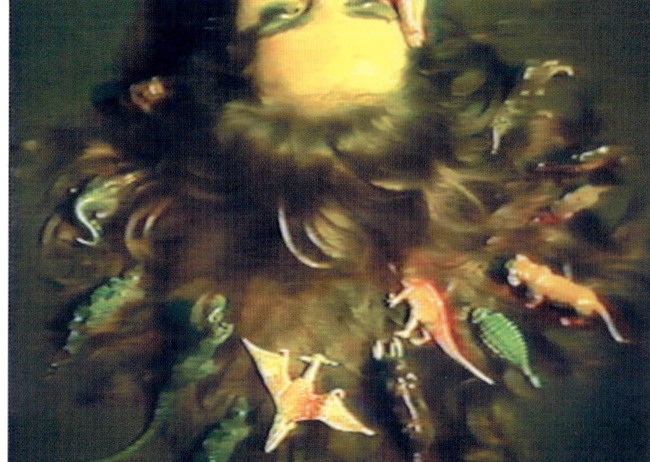

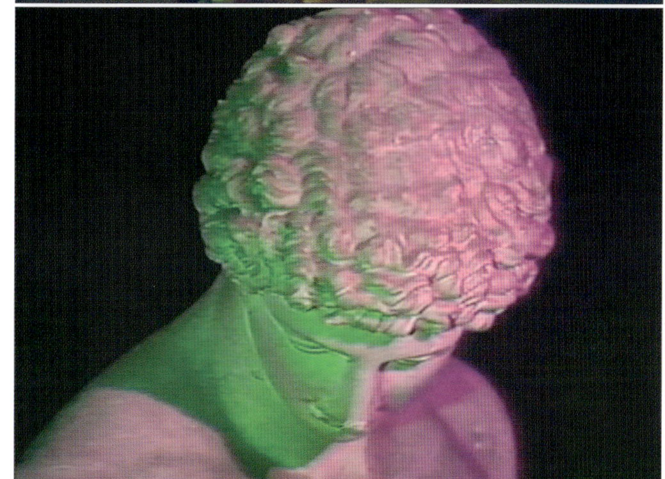

Fig. 2a, b, c. Maurizio Camerani, *Passioni Fredde*, 1983. Video Stills Courtesy of Carlo Ansaloni.

Endnotes

1. See René Berger, *L'art vidéo ou le défi de la création électronique* (1982), in *Video Art Creation*, C.R.E.A. Report # 5 (Paris: Unesco,1982).
2. See Pierre Restany in the festival catalogue: *Video Cankarjev* Dom 83 (Ljubljana: 1983).
3. Berger, *L'art vidéo ou le défi de la création électronique*.

Note

1. Cfr. René Berger, *L'art vidéo ou le défi de la création électronique* in AAVV, *Video Art Creation*, Rapporto C.R.E.A., n. 5 (Parigi: Unesco, 1982).
2. Cfr. Pierre Restany in catalogo della rassegna internazionale *Video Cankaryev Dom 83* (Lubiana: 1983).
3. Berger, *L'art vidéo ou le défi de la création électronique*, cit.

This interview with Paolo Rosa and Fabio Cirifino from Studio Azzurro, curated by Valentina Valentini, first appeared in the volume edited by Valentini: *Dialoghi tra film video televisione: Gábor Bódy, Michael Klier, Shigeko Kubota, Marcel Odenbach, Studio Azzurro* [Dialogues between Film Video and Television:...] (Palermo: Sellerio, 1990).

In the interview, Valentini discusses with Studio Azzurro various seminal topics including their early period and how they came to use video. It surveys some of their most renowned works on film and video, the impact of their work on the audience, the importance of music in their works, their sources of inspiration and their concepts and poetics.

Chapter 13 / Capitolo 13

Video's Broken Paths | I sentieri interrotti del video

Valentina Valentini

A Conversation with Paolo Rosa and Fabio Cirifino

The history, the experience

Valentina Valentini: *I believe it is important to reconstruct the cultural biographies of the individual experiences that are active (or were active) in the field of video - especially in the Italian scene, where the job of the historian who wants to follow the traces of video practice is made quite difficult by its erratic history. I am interested in understanding which paths led your group to choose video, for years now, as privileged expressive medium for your complex and diversified group activity.*

Paolo Rosa: I can talk about the path that led me to video, but it is just my personal experience, and as such, not shared with the rest of the Studio. The first step was the drastic break with visual arts, which occurred at the time the Laboratorio di Comunicazione Militante [Militant Communication Workshop] was established. It was a real

Una conversazione con Paolo Rosa e Fabio Cirifino

La storia, l'esperienza

Valentina Valentini: *Ritengo importante ricostruire – soprattutto nel panorama italiano, dove la pratica video ha una storia così discontinua da rendere difficile il compito allo storico che voglia ripercorrerne le tracce – le biografie culturali delle singole esperienze che sono attive (o lo sono state) nel campo video. Mi interessa cioè capire quali sentieri vi hanno portato a scegliere il video come mezzo espressivo privilegiato, ormai da anni, nella vostra attività di gruppo, che pure è complessa e variegata.*

Paolo Rosa: Posso parlare del percorso che mi ha condotto al video, ma si tratta della mia esperienza personale, e in quanto tale non comune a quella del resto dello Studio: il primo passo è stato una drastica rottura con le arti visive, avvenuta sin dal tempo della fondazione del Laboratorio di Comunicazione Militante. Fu una vera e pro-

break away because I had previously attended the Accademia di Belle Arti di Brera [Brera's Fine Arts Academy]. I even took part in an exhibition at the Biennale in 1976, called *Arte/Società* [*Art/Society*], with a strongly political work, with which we wanted to assert that it was time to rediscover art in the wider ambit of communication.

Political commitment was strong in the early Seventies. It was a time of great inner turmoil, which means that on one hand there was the desire to take to the streets, to leave one's studio, role, and specific knowledge. On the other hand there was the desire to continue with the artistic activity that was considered superstructural, and that had been slightly banished. I practiced my art almost in hiding in my studio on Corso Garibaldi.

I set up a group called Laboratorio di Comunicazione Militante, composed of four people: Pasculli, Columbu, Brunone and myself. We had known each other since the Academy, and some of us since high school. We already had a shared experience. Some years earlier we founded another group called G 28, within which we led research mostly linked to the specifics of art, frequenting traditional environments such as the Quadriennale in Rome and the Festival dei Due Mondi [Two Worlds Festival] in Spoleto, when this also included the visual arts. Afterwards, combining our political experience with our artistic experience, we created the Laboratorio di Comunicazione Militante. We faced enormous difficulties, because in those days making art and being involved in political militancy was almost contradictory.

Today I still have a very strong connection to that experience, because it was really incisive. The work presented at the Biennale was a study on what we called, at the time, the iconography 'of power', with a strong ideological tone, where we tried to understand what were the image stereotypes and deformations with which power was able to transmit very strong signals, the so-called

pria rottura perché ho frequentato l'Accademia di Belle Arti di Brera: partecipai perfino a una mostra alla Biennale del '76, che si chiamava *Arte/Società*, con un lavoro fortemente caratterizzato dal punto di vista politico, con il quale volevamo affermare che ormai bisognava ritrovare l'arte nell'ambito più ampio della comunicazione.

C'era un grosso impegno politico nei primi anni Settanta: era un periodo di grande travaglio interiore, nel senso che da una parte si aveva voglia di scendere in piazza, uscir fuori dal proprio studio, ruolo, sapere specifico. Dall'altra parte c'era il desiderio di continuare l'attività artistica che era considerata sovrastrutturale, ed era stata un po' messa al bando: io facevo l'artista quasi di nascosto nel mio studio in corso Garibaldi.

Avevo formato un gruppo che si chiamava Laboratorio di Comunicazione Militante, eravamo quattro persone: Pasculli, Columbu, Brunone e io; ci conoscevamo sin dall'Accademia e con alcuni addirittura dal liceo. Avevamo già un'esperienza in comune: anni prima avevamo fondato un altro gruppo che si chiamava G 28, all'interno del quale conducevano una ricerca maggiormente legata allo specifico artistico, frequentando ambiti tradizionali come la Quadriennale a Roma e il Festival dei Due Mondi a Spoleto, quando quest'ultimo si occupava anche di arti visive. In seguito, facendo confluire l'esperienza politica in quella artistica, abbiamo formato il Laboratorio di Comunicazione Militante. Affrontammo delle difficoltà enormi, perché allora fare arte e fare militanza politica era quasi contraddittorio.

Ancora oggi mantengo un legame fortissimo con quella esperienza, perché è stata molto incisiva. Il lavoro presentato alla Biennale era uno studio sull'iconografia che noi chiamavamo, allora, "del potere", con un taglio fortemente ideologico, dove si cercava di capire attraverso quali stereotipi e deformazioni dell'immagine il potere riuscisse a trasmettere dei segnali molto forti, le comunicazioni cosiddette 'deformate', che facevano opinione. Una mia ricerca di allo-

'deformed' communications, that then created opinion. One of my studies from that period, for example, consisted of composing 'still lifes' made of heaps of weapons found in the hideouts of the Red Brigades, an Italian terrorist group.

We managed to mount a great exhibition at the Rotonda della Besana, passing it off, thanks to Mario De Micheli, as a didactic exhibition on communication and the values of the Resistance. Two days before the opening, when the officials came to see the exhibition, already almost mounted, they found themselves in front of giant posters with sequences of images of members of the Red Brigades, the President of the Republic, criminals, and military arsenals. It had such a shocking impact that they wanted to prevent us from opening it, and only after difficult negotiation did we come to an agreement, but we had to take down about ten works. We wanted, in any case, to put on that exhibition right at that moment, because it acquired an extremely strong political influence within the artistic ambit. At the time we said, with extremely provocative intentions, that our leaders were the President of the Republic Giovanni Leone and Indro Montanelli.

Art, we thought, had enclosed itself in a sort of ghetto, in a concentric spiral that had, in some way, totally excluded it from the big social issues that, at the time, were also widely exasperated by ideology.

VV: *Which media did you use in the workshop? Did you choose new media- photography, cinema, video – and ban the old ones, like painting? Did you focus your attention on deconstructing the use of these media at the same time?*

PR: We mainly worked with photography, we made posters, some were slightly treated with very subtle pictorial interventions. We also used the very first videotapes, with ¼" tape, and the camera. The cinematographic experience was really important during our education.

ra, ad esempio, consisteva nel comporre 'nature morte' fatte di arsenali di armi ritrovate nei covi dei brigatisti.

Riuscimmo ad allestire una grande mostra alla Rotonda della Besana, facendola passare, attraverso Mario De Micheli, come una mostra didattica sulla comunicazione e sui valori nati dalla Resistenza. Due giorni prima dell'inaugurazione, quando i funzionari vennero a vedere la mostra già quasi allestita, si sono trovati davanti gigantografie con sequenze di immagini di brigatisti, del Presidente della Repubblica, di criminali, di arsenali militari. È stato un impatto così scioccante, che volevano impedirci di aprirla, e solo dopo una difficile trattativa siamo arrivati ad un accordo, ma abbiamo dovuto togliere una decina di lavori. Ci interessava, comunque, farla proprio in quel momento, perché, all'interno dell'ambito artistico, si caricava di un'impronta politica molto forte. Allora dicevamo, con intento estremamente provocatorio, che i nostri maestri erano il Presidente della Repubblica Leone e Indro Montanelli.

L'arte, secondo noi, si era chiusa in una sorta di ghetto, di spirale concentrica che l'aveva, in qualche modo, emarginata totalmente dai grandi problemi sociali che, allora, risultavano anche molto esasperati dall'ideologia.

VV: *Quali linguaggi utilizzavate nel laboratorio? Avevate scelto i nuovi media - la fotografia, il cinema, il video - e bandito i vecchi, come la pittura? C'era contemporaneamente un'attenzione alla decostruzione nell'uso di questi linguaggi?*

PR: Lavoravamo prevalentemente con la fotografia, facevamo gigantografie, alcune un po' trattate, con interventi pittorici molto contenuti. Usavamo anche i primissimi videotape, con il nastro da un quarto di pollice, e la cinepresa. L'esperienza cinematografica ha contato molto nel corso della nostra formazione.

Con il video analizzavamo il linguaggio del reportage televisivo di allora, legato

We used video to analyse the language related to the 'criminal' iconography that was used in television reports of the time, through a typology that went from the common criminal to the State criminal, the politician par excellence. It was important to use the camera in order to deconstruct, because we observed these television reports – public prosecutor Guido Viola's raids, with his gun, on the Red Brigade's hideouts – and we tried to propose them again, highlighting their detective features: a dramatization obtained with camera movements, incident lights, the headlight put in people's faces. The curious thing is that, in order to make my research on this topic more substantial, I went to speak to the Head of the Forensic Team in Milan, pretending that I was a detective story author and that I needed some technical details. The result of the conversation was a sort of interview on how they operated in the case of finding a body, or in situations of political disorder. Our theory was that the style of the images produced by the police and the carabinieri – the composition of the bullets on the asphalt – had an aesthetic order, which corresponded to a very precise formal logic. I had confirmation of this theory a few years ago, during a video course in which, totally by chance, two or three members of a forensic team took part, who explained to me that the carabinieri have a code of conduct that they must absolutely follow in these cases, in order to project a certain image on communication media. There was an image issue!

all'iconografia "criminale", in una tipologia che si estendeva dal criminale comune al criminale di Stato, il politico per eccellenza. Era importante usare la telecamera in funzione di decostruzione, perché osservavamo questi reportage televisivi – le irruzioni del magistrato Viola con la pistola nei covi dei brigatisti – e cercavamo di riproporli evidenziandone i tratti polizieschi: una drammatizzazione ottenuta con movimenti di camera, luci incidenti, il faro piazzato in faccia ad una persona. La cosa curiosa è che, per cercare di dare più sostanza a queste mie ricerche, andai a parlare con il capo della polizia scientifica di Milano, facendomi passare per uno scrittore di gialli che aveva bisogno di alcuni dati tecnici; il risultato della conversazione fu una sorta d'intervista su come loro agivano in alcuni casi di ritrovamento di cadavere, oppure in situazioni di ordine politico. La nostra ipotesi era che lo stile delle immagini prodotte da polizia e carabinieri – la composizione delle pallottole sull'asfalto – avesse un ordine estetico, cioè rispondesse ad una logica formale molto precisa. Ho avuto conferma di ciò pochi anni fa, durante un corso video a cui partecipavano, per puro caso, due o tre persone della polizia scientifica, che mi hanno spiegato che i carabinieri hanno un codice di comportamento, che in questi casi devono assolutamente sostenere, così da poter apparire sui mezzi di comunicazione con una certa immagine. C'era un problema d'immagine!

VV: *Did you consider artists like Richard Serra, Vito Acconci, Robert Morris, Bruce Nauman, Joseph Beuys, who covered the entire process going from art house film to performance recorded on camera in real time, to video tapes (sometimes signed and numbered) to installations as reference points, or – as was typical in those years – did you deliberately ignore their experiences, living the exaltation of those who, in order to reinvent the world, have to look away from it?*

VV: *Artisti come Richard Serra, Vito Acconci, Robert Morris, Bruce Nauman, Joseph Beuys, che hanno percorso l'intero processo che va dal film d'artista alla performance registrata dalla telecamera in tempo reale, ai videotape (firmati e numerati, a volte), fino alle installazioni, sono stati per voi dei punti di riferimento, oppure - tipico di quegli anni - ignoravate volutamente le loro esperienze, vivendo l'esaltazione di chi, per poter reinventare il mondo, deve distoglierne lo sguardo?*

PR: The last attitude you mentioned was predominant in our experience: Vito Acconci or the Arte Povera represented a parallel feature. Beuys was not yet one of our reference points in those years, but he would become one later. We had the feeling that in spite of it all, they still worked within a traditional mechanism such as that of museums and galleries, inside institutions that we defined 'intellectual traps'. Our reference, at that time, was the 'movement'. We considered it to be our real, not only conceptual, interlocutor, because we felt we were an integral part of it. We claimed, a bit naively, a social right to invent and make art, not only to consume it.

Based on this theory we carried out some activities that were interesting not only from an artistic point of view but also from a culture management perspective. We occupied a church in the centre of Brera, San Carpoforo, that had been closed for fifty years, and managed it for two and a half years, organizing theatre and visual art exhibitions, performances, concerts, trying to find a connection between this space that was managed by artists – by us first hand at the Laboratorio, but also by others – and a series of youth organisations that were very strong in the city at that time and which constituted a political reference or, at least, an alternative culture. The management of this space was extremely hard for us, and highlighted all the contradictions innate to our way of thinking; it was, however, a thrilling life-lesson.

Eventually the institutions even entrusted us with the regular management of the church, but we said: 'No, thanks. Enough, we cannot make it any more'. And we disbanded the group.

VV: *Looking back at that experience in hindsight, how do you explain that it merged with the practice of your most recent work, with your video works, after the hot years of militancy? What are the elements of continuity and those of break away?*

PR: Nella nostra esperienza predominava quest'ultimo atteggiamento: Vito Acconci o l'arte povera rappresentavano uno sguardo parallelo. Beuys in quel periodo non era ancora un punto di riferimento per noi, lo diventò solo più tardi. Avevamo la sensazione che nonostante tutto lavorassero ancora all'interno di un meccanismo tradizionale come quello dei musei e delle gallerie, dentro quelle istituzioni che noi definivamo "trappole intellettuali". Noi allora avevamo il "movimento" come riferimento; lo consideravamo nostro interlocutore realmente e non solo concettualmente, poiché ce ne sentivamo parte integrante. Rivendicavamo, un po' ingenuamente, un diritto sociale a inventare e produrre arte, non solo a consumarla.

Sulla base di questa tesi abbiamo portato avanti delle azioni interessanti non solo dal punto di vista artistico, ma anche da quello della gestione della cultura. Abbiamo occupato una chiesa al centro di Brera, San Carpoforo, che era chiusa da cinquant'anni, e l'abbiamo gestita per due anni e mezzo, organizzando manifestazioni teatrali e di arti visive, performance, concerti, cercando di trovare una relazione tra questo spazio, che era gestito da artisti – noi del Laboratorio in prima persona, ma anche altri – e una serie di realtà giovanili che in quel momento erano molto forti nella città, e costituivano un riferimento politico o, per lo meno, di cultura alternativa. La gestione di questo spazio è stata faticosissima per noi, e ha messo in evidenza tutte le contraddizioni insite in quel modo di pensare; è stata però anche una scuola entusiasmante.

Alla fine le istituzioni ci avevano perfino affidato regolarmente in gestione la chiesa, ma noi abbiamo detto: "No, grazie. Basta, non ce la facciamo più". E abbiamo sciolto il gruppo.

VV: *Guardando a distanza questa vostra esperienza, come si spiega che, dopo gli anni caldi della militanza, sia confluita nella pratica di lavoro più recente, nelle vostre opere video? Quali sono gli elementi di continuità e di frattura?*

PR: Apart from some non-secondary formal elements, what is left is the will to still give a sense to the work we are carrying out. This was a necessity that already manifested itself when we made our first video installations. I was never able to make a work just for the sake of it, without a 'social' investment and commitment, an expression that should not be taken in a dogmatic and ideological sense any longer. The work we recently undertook on instruments of control – weather satellite, infrared – fills me with enthusiasm, I think it has a very strong meaning. It might be that these are the remains of the Laboratorio di Comunicazione Militante experience, but they are remains to which I am very attached to, because they provide an ethical order, fundamental in my opinion, that unfortunately has been lost, in this decade where the current order is based on superficiality and emptiness.

PR: A parte certi elementi formali non secondari, quello che è rimasto è la volontà di dare comunque un senso al lavoro che stiamo facendo. È stata un'esigenza, questa, che si è manifestata anche nel momento in cui abbiamo realizzato le prime video-installazioni. Non sono mai riuscito a fare un lavoro finalizzato a se stesso, senza un investimento e un impegno di ordine "sociale", espressione che non va più intesa in senso dogmatico e ideologico. Il lavoro che abbiamo intrapreso recentemente sugli strumenti di controllo – Meteosat, infrarossi – mi riempie di entusiasmo, trovo che abbia un senso molto forte. Può darsi che sia un residuo dell'esperienza del Laboratorio di Comunicazione Militante, ma un residuo a cui sono molto attaccato, perché dà un ordine etico, per me fondamentale, e che si è perso, purtroppo, in questo decennio in cui, invece, l'ordine vigente è basato sulla superficialità e sul vuoto.

VV: *How did video become the core of Studio Azzurro's activity? And how was the current group founded?*

VV: *In che modo il video è diventato il nucleo centrale dell'attività di Studio Azzurro? E come è nato l'attuale gruppo?*

PR: Before video became the core of our activity, there was an intermediate passage between this last moment and the militant experience of the early years, during which we focused on cinema. Between 1979 and 1980 we made a film that partly preceded the video subject and partly concluded the previous experience. It was called *Facce di festa* [Party Faces]. It was a one hour-long film presented at Venice Film Festival in 1980.

The film was created at a time when, the age of street demonstrations was finished, all we did, for two or three years, was to go from one party to another. It was an attempt, probably, to reassemble small groups of people, not in the streets with a lot of people, but in smaller environments. It was just after the end of 1977. The buzzwords were: rediscover your body, your individuality... It seemed a classic retreat! Even if I do not know if that is the way we experienced it. On

PR: Prima che il video diventasse il nucleo centrale della nostra attività, c'è stato un passaggio intermedio tra quest'ultimo momento e l'esperienza militante degli inizi, in cui ci siamo occupati di cinema. Tra il '79 e l'80 abbiamo fatto un film che un po' presagiva il discorso del video e un po' concludeva l'esperienza precedente. Si chiamava *Facce di festa*. Era un film di un'ora che è stato presentato alla Mostra del Cinema di Venezia nel 1980.

Il film è nato in un momento in cui, finito il periodo delle manifestazioni di piazza, per due o tre anni non si faceva altro che passare da una festa all'altra. Fu un tentativo, probabilmente, di ricomporre dei piccoli gruppi di persone, non in piazza con tanta gente, ma in ambiti più ristretti. Era passato da poco il '77. Le parole d'ordine erano: riscoprire il corpo, la propria individualità... Sembrava una classica ritirata! Anche se non so se la vivessimo proprio così. Anzi,

the contrary, we lived it as a necessary rediscovery – as is now happening in Eastern countries.

Facce di festa was shot in five hours, by four film crews at the same time, during a private party that we had organized, with the aim of building the set for the film. We tried to select the guests according to their personalities, trying to build some portraits, using different points of view. There was a camera that moved around the party space, another was in one of the bathrooms, hidden behind a mirror, like in a 'candid camera' show – in a place were individuals moved from the socializing moment of the party to the private and individual, maybe to 'compose themselves'. Another camera was hidden in the kitchen, the place where the individuals expressed their primal needs; the last camera was in the basement where we dragged down, almost by force, some of the guests and we made a portrait of them – splendidly executed by Leonardo Sangiorgi – while asking them paradoxical questions, such as: 'To which part of your body do you associate your name?'. They were so astonished by our questions that their bodily expressions, their gestural expressiveness, were so spontaneous, so strong and communicative that they became much more interesting than any other conventional question we might have asked them. People's behaviour did inevitably take us by surprise, producing an estrangement effect in those we called the self-representations. These people inside the party room, the bathroom, the kitchen, the ones led to the basement, found themselves saying and doing things that they would have never said and done, like shouting their name, many times, from the top of their lungs, as if during a therapy session. In fact, to carry out this sort of 'behavioural workshop' we drew from bioenergetics techniques.

Observing from different points of view, we built a kind of fresco, a quite funny colour film, which I think was also meaningful, since it still maintains its freshness today.

era vissuta come una riscoperta – come sta avvenendo ora nei paesi dell'est – peraltro necessaria.

Facce di festa era stato girato in cinque ore, da quattro troupe cinematografiche contemporaneamente, all'interno di una festa privata che noi stessi avevamo organizzato, con lo scopo di costruire il set per il film. Cercammo di selezionare gli invitati per caratteri, tentando di costruire dei ritratti, utilizzando punti di vista diversi: c'era una cinepresa che girava nello spazio vero e proprio della festa, un'altra era stata sistemata in un bagno, nascosta dietro uno specchio, tipo "candid camera" – nel luogo dove l'individuo passa dal momento socializzante della festa a quello privato e individuale, magari per "ricostruirsi" -; un'altra cinepresa era nascosta nella cucina, il luogo dove l'individuo esprimeva i suoi bisogni primari; l'ultima l'avevamo collocata in cantina, dove trascinavamo giù, quasi a forza, alcune delle persone invitate e facevamo loro dei ritratti – condotti magnificamente da Leonardo Sangiorgi – ponendo delle domande paradossali, come: "a quale parte del corpo associ il tuo nome?". Rimanevano talmente sbigottiti da queste domande che le loro espressioni corporee, la loro gestualità, risultavano così spontanee, così forti e comunicative, che queste, alla fine, diventavano molto più interessanti di qualsiasi altra domanda convenzionale che gli avremmo potuto rivolgere. Spiazzavano immancabilmente i comportamenti delle persone, producevano in particolare un effetto di straniamento in quelle che noi chiamavamo le auto-rappresentazioni. Queste persone all'interno della sala, del bagno, della cucina, condotte in cantina, si trovavano a fare delle cose che non avrebbero assolutamente mai fatto e mai detto, come urlare il proprio nome, più volte, a squarciagola, come durante una seduta terapeutica. Difatti, per realizzare questa specie di "laboratorio comportamentale" avevamo attinto proprio alle tecniche della bioenergetica.

Attraverso un'osservazione da diversi punti di vista, abbiamo costruito come un

Andy Warhol was another source of inspiration for this film. I was strongly influenced by his works, but more by his films. I was struck by the accounts he would give about them. The beautiful book curated by Franco Ungari and Adriano Aprà, *Il cinema di Andy Warhol* [Andy Warhol's Cinema] (1978), was for me, in that exact moment, a sort of handbook, and it was a strong stimulus to imagine this work.

I read that Andy Warhol set his films in hotel rooms, with characters that belonged to the New York underground. Paradoxically, I was more influenced by my reading of Andy Warhol's cinema, than by actually viewing his films.

VV: *I am interested in the Andy Warhol topic, because it was a moment – theoretically established (also through the restoration, cataloguing and analysis work that is being carried out by the Film and Video Department of the Whitney Museum of American Art in New York) – of the passage from 'underground' cinema to video, and of the mix between old and new arts. That is to say, in Warhol's films we can find many elements then shared with the electronic image aesthetic. What was it that struck you about his films?*

PR: I was not struck so much by the linguistic aspect – I had watched some films, even if it was not easy to find them – but rather I was struck by the conceptual structure behind the film, the idea of reviewing reality from a point of view that was completely different from classic cinema's conventional point of view at the time. Therefore, the way of thinking of cinema proposed by Warhol represented a fundamental contribution, partly because I felt quite familiar with it, since it touched my past experiences as a visual artist, partly because earlier, when we were young, Leonardo Sangiorgi and I often experimented with cinema with an old 16mm [camera] that we used with great

affresco, un film a colori abbastanza divertente e, penso, anche significativo, visto che ancora oggi conserva una sua freschezza.

L'ispirazione per questo film venne anche da Andy Warhol; ero fortemente suggestionato dai suoi lavori, ma più che dai film stessi, dai racconti che lui ne faceva: il bellissimo libro curato da Franco Ungari e da Adriano Aprà, *Il cinema di Andy Warhol* (1978), in quel momento mi servì proprio come una specie di manuale, e costituì una forte sollecitazione per immaginare questo lavoro.

Leggevo che Andy Warhol ambientava i suoi film nelle camere di un albergo, con i personaggi del sottobosco newyorkese. Paradossalmente, ero più suggestionato dalle letture sul cinema di Andy Warhol, che da una visione vera e propria dei suoi film.

VV: *Mi interessa il discorso su Andy Warhol, perché è un momento - teoricamente accertato (anche attraverso il lavoro di restauro, catalogazione e analisi che sta portando avanti il Dipartimento di Film e Video dello Whitney Museum of American Art di New York) - di passaggio dal cinema "underground" al video e di mescolanza fra arti vecchie e nuove. Ovvero, nei film di Warhol si ritrovano molti aspetti condivisi poi con l'estetica dell'immagine elettronica. Cosa ti aveva colpito nei suoi film?*

PR: Non mi ha colpito tanto l'aspetto linguistico – avevo visto alcuni film, anche se non era facile trovarli – ma l'impianto concettuale che c'era dietro, l'idea di rivedere la realtà da un punto di vista completamente differente da quello convenzionale del cinema classico di quel periodo. Allora, un po' perché lo sentivo più familiare in quanto toccava le mie passate esperienze di artista visivo, un po' perché già precedentemente proprio con Leonardo Sangiorgi, nella nostra giovinezza, avevamo fatto spesso esperimenti di cinema con un vecchio 16 mm che usavamo con grande disinvoltura – graffiavamo la pellicola e la montavamo con un taglio molto underground –, il modo di

confidence – we would scratch the film and edit it with a really underground cut. But also because the American experience of the filmmaker constituted a legacy that we felt closer to than that of the traditional cinema, whose literary dimension did not belong to us, since we came from a visual culture. For us, writing a film-script meant putting together many images, many suggestions and not building a story in literary terms (a logic that permeates our current work also). I liked the work on the image of reality, on the idea and structure of image, definitely not that on the story. It was a process closer to visual arts.

VV: *Reconstructing the story of the authors who work (or worked) with video in Italy, we discover that, initially, the experience of militant cinema, of a direct and immediate communication, of the creative appropriation of the medium, was more productive and deep-rooted than the experience that developed within the visual arts, where we found artists who made only one video, like Giulio Paolini and Jannis Kounellis, with a very occasional and not very incisive relationship.*

How can we read, in your story, the path from militant cinema to video?

PR: After *Facce di festa,* I, personally, began to identify even more with cinema's problems (not yet with those of video) and I set up, with others, the initiative that is still called *Film-maker.* I managed to find many people who, during that time, made short films, experiments. All of them had the problem of how to show their work, so, as an occasion to show them, we established *Film-maker* in 1980. The Province of Milan gave us a million lire while Radio Popolare found a venue for us, a cinema, and advertised the initiative. It was an exhibition carried out with no money, thus with no promotion, other than that broadcasted by radio that, in any case, captured a selected audience. There were some really rambling films, with different

pensare il cinema che Warhol proponeva, rappresentò un contributo fondamentale. Anche perché l'esperienza americana del *film-maker* costituiva un patrimonio a noi molto più prossimo di quello cinematografico tradizionale, la cui dimensione letteraria non ci apparteneva, in quanto venivamo da una cultura visiva: per noi scrivere una sceneggiatura significava mettere insieme tante immagini, tante suggestioni e non costruire una storia in termini letterari (logica che informa anche il nostro lavoro attuale). Mi piaceva il lavoro sull'immagine della realtà, sull'idea e sulla struttura dell'immagine, non certo sulla storia. Era un procedere più vicino alle arti visive.

VV: *Ricostruendo la storia degli autori che in Italia lavorano (o hanno lavorato) con il video, si riscontra che, alle origini, è stata molto più produttiva e radicata l'esperienza del cinema militante, della comunicazione diretta e immediata, dell'appropriazione creativa dello strumento, rispetto a quella che si è sviluppata all'interno delle arti visive, dove troviamo artisti che hanno fatto un solo video, come Giulio Paolini e Jannis Kounellis, con un rapporto del tutto occasionale e poco incisivo.*

Come si legge nella vostra storia il percorso dal cinema militante al video?

PR: Dopo *Facce di festa*, personalmente, mi sono calato ancora di più nelle problematiche del cinema (non ancora in quelle del video) mettendo in piedi, con altri, l'iniziativa che si chiama ancora oggi *Film-maker*. Riuscii a scoprire molte persone che in quel periodo avevano fatto piccoli film, degli esperimenti. Avevano tutti il problema di farli vedere: così, come occasione per mostrarli, è nato, nel 1980, *Film-maker*: la Provincia di Milano ci diede un milione e Radio Popolare ci trovò il luogo, un cinema, e fece un po' di pubblicità all'iniziativa. Era una manifestazione realizzata senza soldi, quindi senza promozione, se non quella diffusa da una radio che, comunque, catalizzava un certo pubblico. C'erano dei film squinternatissimi,

formats, origins and tensions that, in spite of it all, managed to attract an incredibly large audience for three days and, what's more, to create an extraordinary atmosphere during the festival. The audience participation was important because it allowed *Film-maker* to walk on its legs in the first place and to become a festival of some importance and peculiarity in the Italian scene. In second place because it was the sign that there was an audience attentive to special experiences, that were not those of the big cinema, but works where the people in the audience could identify themselves, works that could have been shot by their neighbours or, even, by themselves. Hence, there was a lot of participation, experienced without criticism, but in an atmosphere of absolute identification. *Facce di festa* was a bit the icon of that situation, also because it was welcomed with great enthusiasm. It constituted a progressive cinematographic experience, devised and produced by a group of people, who established the first core of Studio Azzurro. The experience of the Laboratorio di Comunicazione Militante came to an end, and another one started. In the film there are photography and portrait. I involved Fabio Cirifino, Armando Bertacchi and Leonardo Sangiorgi, who were photographers.

Fabio Cirifino: I come from a secondary school education, I started working at a very young age in the photographic studio of Aldo Ballo – who was, at the time, one of the most important architecture photographers – where I stayed for seven years. It's there that I got my education. Together with other six people, who had also journeyed through militancy experiences, I founded a photographic studio in 1978 that initially only dealt with architecture, interior design, advertising photography. This constituted the beginning of the other branch of Studio Azzurro. After leaving Aldo Ballo, and before Studio Azzurro was formed, there was a period when I would go around galleries to take pictures of the artists (taking Ugo Mulas as example), an important experience because

di formati diversi, di origini e tensioni differenti, che, nonostante tutto, sono riusciti per tre giorni a richiamare un pubblico incredibilmente vasto e, soprattutto, a costruire un'atmosfera straordinaria durante il festival. La partecipazione del pubblico è stata importante perché, in primo luogo, ha permesso a *Film-maker* di camminare con le sue gambe e diventare un festival di una certa importanza e di una certa particolarità nel panorama italiano. In secondo luogo perché era il segnale che esisteva un pubblico attento a esperienze particolari, che non erano quelle del grande cinema, ma erano opere in cui queste persone si potevano riconoscere, che potevano aver girato i loro vicini di casa o, addirittura, loro stessi. Per cui c'era molta partecipazione, vissuta senza toni critici, ma in un clima di assoluta identificazione. *Facce di festa* è stato un po' il simbolo di questa situazione, anche perché fu accolto con grande entusiasmo. Ha costituito un'esperienza cinematografica progressiva, pensata e prodotta da una serie di persone, da cui è nato il primo nucleo dello Studio Azzurro. Conclude l'esperienza del Laboratorio di Comunicazione Militante e ne apre un'altra. Nel film ci sono la fotografia, il ritratto: avevo coinvolto Fabio Cirifino, Armando Bertacchi e Leonardo Sangiorgi, che erano fotografi.

Fabio Cirifino: Io vengo da una formazione scolastica media, ho iniziato a lavorare molto giovane nello studio fotografico di Aldo Ballo – che in quel momento era uno dei più importanti fotografi di architettura – dove sono rimasto per sette anni: lì mi sono formato. Insieme ad altre sei persone, che erano passate anche loro attraverso esperienze di militanza, nel '78 ho fondato uno studio fotografico che si occupava all'inizio solo di fotografie di architettura, arredamento, pubblicità. Questo ha costituito l'avvio dell'altro tronco di Studio Azzurro. Dopo aver lasciato Aldo Ballo, e quando ancora non si era formato Studio Azzurro, ci fu un periodo in cui giravo per gallerie per fotografare gli artisti (prendendo come modello Ugo Mulas), un'esperienza importante per-

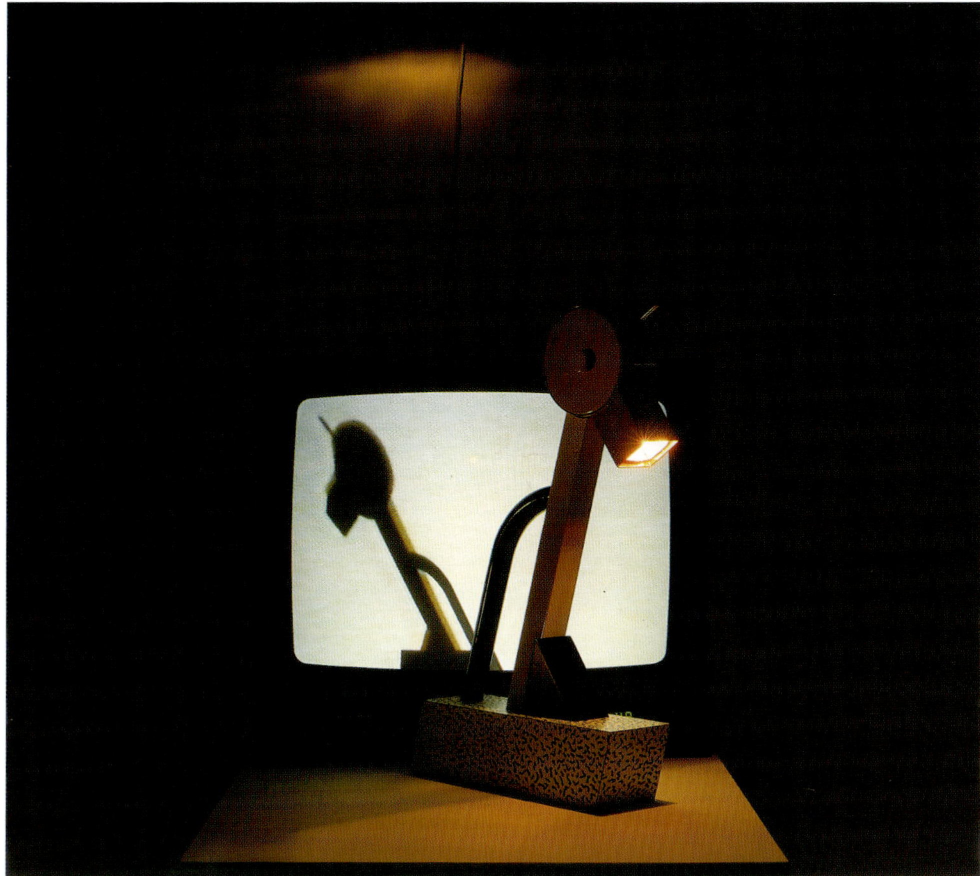

Fig. 1. Studio Azzurro, *Luci di inganni* [Deceptions Lights], 1982, variations on objects made by Memphis Group, Showroom ARC-74, Milan. Studio Azzurro, *Luci di inganni*, 1982, variazioni su oggetti realizzati dal gruppo Memphis, Showroom ARC-74, Milano. © Studio Azzurro Produzioni.

it gave me the chance to gain a very particular sensitivity.

I cannot precisely define how much my work as a photographer with artists, in architecture or interior design, influenced my subsequent work and how much it accounted for the founding of Studio Azzurro.

Our first video work – *Luci di inganni* [Deception Lights] (1982, fig. 1) – started as collaboration with the architects of the Memphis group. It was from a series of pictures taken for them that the idea of inventing something that could present these new objects to the audience, in an interesting and new way, came. So this is how we started, in quite a unaware way.

PR: I found the passage to video quite shocking. To some extent it was forceful, meaning that I had gained some prejudices concerning video – like all those who still make cinema – according to which cinema

ché mi ha offerto l'opportunità di acquisire una sensibilità molto particolare.

Non riesco a definire con precisione quanto il mio lavoro di fotografo con gli artisti, nell'architettura o nell'arredamento abbia influito sul lavoro successivo e quanto abbia inciso sulla nascita di Studio Azzurro.

Il nostro primo lavoro con il video – *Luci di inganni* (1982, fig. 1) – è nato come una collaborazione con gli architetti del gruppo Memphis. Da una serie di foto che erano state fatte per loro, nacque l'idea di inventare qualcosa che potesse presentare questi oggetti al pubblico in modo particolare e nuovo. Così, in maniera abbastanza incosciente, abbiamo iniziato.

PR: Il passaggio al video per me è stato scioccante: per certi versi è stata una forzatura, nel senso che riguardo al video avevo acquisito dei preconcetti – come tutti coloro che, ancora oggi, fanno cinema – per cui il

was a noble art while video had a secondary importance, even antithetical. In those years we identified ourselves so strongly with our cinematographic experience, that it moved us away from video. Some statements that we made at the time show that we did not have any connection with video and that we did not want to have any. Our first video work imposed itself as a liberating necessity. *Luci di inganni* was conceived in exactly five minutes, as a sort of playful outlet that had been suppressed for too long. In fact it is a very playful work as if, at last, we wanted to free ourselves from the burden of ideology. The outcome was, unexpectedly, such a joyful and happy work that we liked it so much that, when we verified that other people really enjoyed entering the images and watching the objects becoming animated too – the teapot with the steam, the vase of flowers – we fell into a deep crisis because we had done something completely antithetical to what was, until then, our position. My trouble was this: how could we explain that a work made almost for fun had had immediate success (it was also broadcast on TV during the program *Mister Fantasy*), while previous works, the result of hard suffering, met so many difficulties? After much reflection I understood that cinema had moved me away from the individual creative moment, and this constituted a limit for me, since I come from plastic arts and I therefore have a direct relationship with the material. Video reaffirmed a chance to manipulate, because it gave the chance to immediately create what one wanted to shape. So I got back the zest of my first experiences in the visual arts field, when I was a sculptor: the delight of touching the material.

The ideas, the poetics

VV: *You often spoke about the minimal essence of your work on images. I would like to understand if such term indicates that you belong to a specific artistic trend - precisely*

cinema sarebbe un'arte nobile mentre il video avrebbe un valore secondario, addirittura antitetico. Ci identificavamo con la nostra esperienza cinematografica di quegli anni in maniera così forte, che essa ci allontanava dal video. Alcune dichiarazioni che facemmo allora dimostrano che non avevamo alcuna relazione col video e che non volevamo averne. Il nostro primo lavoro col video si è imposto come un'esigenza liberatoria; *Luci di inganni* è stato progettato nel giro di cinque minuti esatti, come una sorta di sfogo ludico represso da tanto tempo; infatti è un lavoro molto giocoso come se, finalmente, ci fossimo voluti liberare dalla cappa dell'ideologia. È venuta fuori, inaspettatamente, una cosa così gioiosa e felice che ci è piaciuta tanto che, quando abbiamo verificato che anche alla gente piaceva moltissimo entrare dentro le immagini e guardare gli oggetti che si animavano – la teiera con il fumo, il vaso di fiori -, siamo entrati in profonda crisi, perché avevamo fatto una cosa del tutto antitetica rispetto a quelle che erano state fino ad allora le nostre posizioni. La mia tribolazione è stata questa: come si poteva spiegare che un lavoro fatto quasi per gioco avesse avuto un successo immediato (è stato anche trasmesso in televisione, durante il programma *Mister Fantasy*), mentre i lavori precedenti, frutto di sofferenza, avevano incontrato moltissime difficoltà? Dopo una lunga riflessione ho capito che il cinema mi aveva allontanato dal momento creativo individuale, e questo per me, che provengo dalle arti plastiche, e perciò da un rapporto diretto con la materia, ha costituito un limite. Il video riaffermava una possibilità manipolatoria, perché dava la possibilità di creare immediatamente quello che si voleva plasmare. Ho ritrovato così il gusto delle prime esperienze nel campo delle arti visive, quando facevo lo scultore: il godimento del toccare la materia.

Le idee, la poetica

VV: *Avete parlato spesso della natura minimale del vostro lavoro sulle immagini. Vorrei*

that of Minimal Art, that revolutionized visual arts starting in the Sixties (Robert Morris, Donald Judd) – or simply some aesthetic rules that imposed themselves on contemporary artistic practices, even beyond their origin as an avant-garde movement, such as the emphasis on the structure of single images and not on their disposition within narrative flows, the repetition and not the development, the 'dramatization' of visual arts, that invade space and are proposed as events, the value attributed to perceptive and contextual aspects, etc. What are the minimal elements in your work?

PR: I remember that, when we made the film *L'osservatorio nucleare del Sig. Nanof* [Mr Nanof's Nuclear Observatory] (1985), a journalist asked me: 'What are your cinematographic models?' I answered that it was minimal music, disturbing his conception according to which a person who makes cinema should have, at least, some typically cinematographic references. The kind of music, reiteration, atmosphere, modular structure that composers built in their score was the thing that, personally, really struck me. We knew music minimalism rather than minimalism of the visual arts.

Minimalism expresses itself on an extremely conceptual level, while we tend more towards simplicity, to some extent, trying so to escape from some stereotypes attached to the image of video and to the concept of video that would lead us straight to video-clip, that is to say to a wealth of narration and image, to an almost kaleidoscopic vision of the instrument: an apparatus useful to produce effects, rather than to produce concepts. As a reaction then, we just felt the need to start to narrate, lingering over some extremely small and simple things.

VV: *Peter Greenaway entrusted cinema with the task of saving both painting and literature. Jean-Luc Godard, with the series* Histoire du cinéma *entrusted video with the*

capire se tale termine designa l'appartenenza a una tendenza artistica ben precisa - quella appunto della Minimal Art, che a partire dagli anni '60 ha rivoluzionato le arti visive (Robert Morris, Donald Judd) - o soltanto delle norme estetiche che si sono imposte nelle pratiche artistiche contemporanee, anche al di là della loro origine di movimento d'avanguardia, come l'enfasi sulla struttura delle singole immagini e non sulla loro disposizione in flussi narrativi, l'iterazione e non lo svolgimento, la 'teatralizzazione' delle arti visive, che invadono lo spazio e si danno come evento, il valore attribuito agli aspetti percettivi e contestuali, etc. Cosa c'è di minimale nel vostro lavoro?

PR: Ricordo che, quando abbiamo fatto il film *L'osservatorio nucleare del Sig. Nanof* (1985), un giornalista mi domandò: "quali sono i vostri modelli cinematografici?". La musica minimale, risposi, spiazzando la sua concezione secondo cui uno che fa cinema dovrebbe avere comunque dei riferimenti tipicamente cinematografici. Quel tipo di musica, di reiterazione, di atmosfera, di modularità, che i compositori costruivano nella loro partitura, era la cosa che mi aveva personalmente molto suggestionato. Più che il minimalismo nelle arti visive, conoscevamo quello musicale.

Il minimalismo si articola su un piano estremamente concettuale, mentre noi tendiamo di più verso il semplice, per certi versi, cercando così di fuggire da certi stereotipi legati all'immagine del video e al concetto di video che ci potrebbero direttamente al video-clip, cioè ad una densità di racconto e d'immagine, ad una visione quasi caleidoscopica dello strumento: una macchina per produrre degli effetti, più che per produrre dei concetti. Allora l'esigenza, in reazione, è stata proprio quella di cominciare a raccontare fermandosi su delle cose estremamente piccole e semplici.

VV: *Peter Greenaway affida al cinema il compito di salvare sia la pittura che la letteratura, Jean-Luc Godard con la serie* Histoire du

memory of cinema. In your opinion, is there a hierarchy between old and new media? Do painting, literature, cinema, video live in an equal system within the contemporary artistic universe, or are old media doomed to disappear in comparison with technological media?

PR: First of all, I do not accept any kind of definition of 'art's death', unless we interpret it in a weaker version, for which we could say that art 'collapsed'. But the wider problem concerns the rapid and radical transformation of communication among people. In this context art's auratic sacredness played a restraining part. The permanence of a series of interests, also financial, within the system of art, led artistic research, once it abandoned its revolutionary tension, to adopt a defensive attitude inside a sort of golden and powerless reserve, aiming only at researching itself, in a centripetal motion, breaking the dynamic of communication with people.

On the other hand, the worsening of communication produced the opposite effect: the medias' power drove out any residue of originality, forming a planetary homologation, and creating a relationship with the audience, with people, of a numerical kind: percentages, *viewing figures, share.*

If we consider art as research, as experience in language and communication areas rather than as a stylistic exercise, we cannot but consider with concern the big distance that exists between these two worlds. If we observe the different speeds of these two paths, certainly one of them, but maybe also the other, leads to the impoverishment of its own and of the collective imagery, and so we cannot do without searching for a meaning, a necessity for our art making. In a public debate with Alessandro Mendini, in contrast with his statements I stated that art should recover an idea of purpose, freeing itself from ideological remnants. This does not mean that art is dead.

cinéma *affida al video la memoria del cinema. Secondo voi esiste una gerarchia tra vecchi e nuovi media: pittura, letteratura, cinema, video, vivono in un regime di parità nell'universo artistico contemporaneo, oppure i vecchi sono destinati a scomparire di fronte ai media tecnologici?*

PR: Innanzi tutto non accetto nessun tipo di definizione di "morte dell'arte", se non da intendersi in una versione più morbida, per cui si potrebbe dire che l'arte è 'collassata'. Ma il problema più ampio, riguarda la rapidità e la radicalità della trasformazione della comunicazione tra gli uomini; in questo contesto la sacralità auratica dell'arte ha giocato un ruolo frenante. Il permanere di una serie di interessi, anche economici, all'interno del sistema dell'arte, ha fatto sì che la ricerca artistica, abbandonata la tensione rivoluzionaria, si ritrovasse con un atteggiamento difensivo all'interno di una sorta di riserva dorata e impotente, tutta tesa a ricercare su se stessa, in un moto centripeto, rompendo quella dinamica di comunicazione con la gente.

D'altra parte, l'esasperazione della comunicazione produce un effetto opposto: la potenza degli strumenti stana qualsiasi residuo di originalità, forma una omologazione planetaria, crea una relazione con il pubblico, con la gente, di tipo numerico: percentuali, *audience, share.*

Se si considera l'arte non un esercizio di stile ma una ricerca, un'esperienza, nei territori del linguaggio e della comunicazione, non si può non considerare con preoccupazione la grande distanza tra questi due mondi: se si osserva la differenza di velocità di queste due traiettorie, di cui sicuramente una, ma forse anche l'altra, porta verso l'inaridimento del proprio immaginario e di quello collettivo, ecco che non si può fare a meno di ricercare un senso, una necessità del proprio fare arte. In una discussione pubblica con Alessandro Mendini, in contrapposizione alle sue asserzioni ho affermato che l'arte dovrebbe recuperare, liberandolo dai residui ideologici, un con-

On the contrary, I think that we are creating the conditions for a great turning point.

The end of dominating positivist thought makes me believe that the understanding of the world is not simply related to scientific discoveries, but that a lot depends on artistic expression media.

Traditional arts reveal themselves to be an extraordinary base of ideas and suggestions, a indispensable cultural background for any language that operates in the most direct contact with contemporary experience. I think that in this precise moment, art connected with technology – I am not saying it in order to celebrate it – is a phenomenon that should attract all artistic experience towards new contact with everyday experience. It should constitute a bridge between the two planets we were talking about earlier.

VV: *What is this everyday life? American neo-object artists, like Jeff Koons or Haim Steinbach, who exhibit objects they found at the supermarket (pots, hoovers, watches), are doing so in the name of an homage to reality compared to an art that is far from common people's experience, therefore they also claim a political weight. Actually, in doubling the world as it is (quite differently from Andy Warhol's pop works playful estrangement and tragedy), they do not work to create a new art, but to make it disappear...*

PR: People's experience, everyday experience, should become a heritage and not dissolve into nothing.

I am convinced that we are in front of a historical chance to recover a connection with everyday experience, because the homologation I was talking about earlier formed, as a consequence, a common code to which we can refer. A code formed passively, a bit like those language courses practiced in a subliminal way, that we cannot use yet. The expansion of television language created a new, unexplored and

cetto di funzione. Tutto ciò non vuol dire appunto che l'arte è morta: al contrario penso che si stiano creando le condizioni per una grande svolta.

La fine di un pensiero positivista dominante mi fa credere che la comprensione del mondo non sia più solo legata alle scoperte scientifiche, ma che invece molto dipenda dagli strumenti dell'espressione artistica.

Le arti tradizionali si rivelano una base formidabile di idee e suggestioni, un bagaglio culturale indispensabile a qualsiasi linguaggio che operi in più diretto contatto con il vissuto contemporaneo. Penso che in questo momento l'arte legata alla tecnologia – non lo dico affatto per celebrarla- sia un fenomeno che dovrebbe trascinare tutta l'esperienza artistica verso un contatto nuovo con l'esperienza del quotidiano. Dovrebbe costituire un ponte tra i due pianeti di cui si parlava prima.

VV: *Che cos'è questo quotidiano? Gli artisti americani neo-oggettuali, come Jeff Koons o Haim Steinbach, che espongono gli oggetti trovati al supermarket (pentole, aspirapolveri, orologi), lo fanno in nome di un omaggio alla realtà rispetto ad un'arte lontana dalle esperienze della gente comune, per cui rivendicano anche una valenza politica. In realtà, nel doppiare il mondo così com'è (ben diversamente dallo straniamento ludico e dalla tragicità delle opere pop di Andy Warhol), non lavorano per una nuova arte, ma per la sua sparizione...*

PR: L'esperienza della gente, l'esperienza di ogni giorno, deve trasformarsi in patrimonio e non dissolversi nel vuoto.

Sono convinto che ci troviamo di fronte a un'occasione storica per recuperare un collegamento con il quotidiano, perché nel suo risvolto, l'omologazione di cui parlavo ha formato un codice di base comune a cui riferirsi. Un codice formatosi passivamente, un po' come quei corsi di lingue praticati in modo subliminale, e che non sappiamo ancora utilizzare. L'espandersi del linguaggio televisivo ha creato un immaginario nuovo,

widespread imagery that played on the virtual simulated world, of which a lot has been said in the past years.

Let's take an elementary case: in *Luci di inganni* the spout of a teapot is close to the screen, some steam comes out from the spout, exactly in that spot, as if the tea was boiling: but while the teapot is real, the steam is electronically simulated. A simple thing that, however, has the power of hypnotically capturing people's attention. Why? The teapot is an everyday object, and so is the television set, but if we put them together in a certain way they give rise to a paradox, a symbolic act, far from reality. Perhaps someone thought, in their homes, of an extension of their domesticated world inside the screen, and not wrongly.

In another work, *Tempo di inganni* [Deceptions Time] (1984), there was a sundial that projected its shadow inside the screen. The end tip of the shadow was recorded and appeared as if the background against which it stood out rotated underneath it. The exact opposite of what happens when it is the shadow that, because of the earth's rotation, moves. A spatial disarray that takes us to a time capsizing, a game between the inside and the outside of the screen. A perceptive fluctuation that we made even more manifest starting with *Prologo* [Prologue] (1985), where it is the actor who enters this game of in and out, real and virtual.

Objects, space, time and man come to terms, on a daily basis, with a virtual reality, with the artificial nature of things, with their double as real as they are. And, in everyday life, especially technological instruments constitute these doubles: satellites, radar, computers, television. It is a world still to be explored, of which we try to tell something.

VV: *The strong impact that your work – especially video installations – produces on the spectator is given precisely by its non involvement against current television production, and not only by the presence of elements that seduce and possess attention*

inesplorato e diffuso, che fa leva su quel mondo virtuale, simulato, di cui tanto si è parlato in questi anni.

Prendiamo un caso elementare: in *Luci di inganni* il beccuccio di una teiera è accostato allo schermo e, proprio in quel punto, in corrispondenza del beccuccio, esce del fumo, come fosse quello del tè che sta bollendo: solo che, mentre la teiera è reale, il fumo è simulato elettronicamente. Una cosa semplice ma che ha il potere di catturare ipnoticamente l'attenzione della gente. Perché? La teiera è un oggetto quotidiano, e così il televisore, ma accostati in un certo modo danno luogo a un paradosso, un atto simbolico, lontano dalla realtà. Forse qualcuno avrà pensato, nella sua casa, a un prolungamento del proprio mondo domestico dentro lo schermo televisivo, e non a torto.

In un altro lavoro, *Tempo di inganni* (1984) c'era una meridiana che proiettava la sua ombra sino a dentro lo schermo; la parte terminale dell'ombra era registrata e appariva come se lo scenario su cui si stagliava, ruotasse sotto di essa: il contrario esatto di ciò che avviene normalmente quando è l'ombra che, a causa della rotazione della terra, si sposta. Un ribaltamento spaziale che ci porta ad un ribaltamento temporale, in un gioco tra il dentro e il fuori dello schermo. Una oscillazione percettiva che abbiamo reso ancor più evidente a partire da *Prologo* (1985), dove è addirittura l'attore ad entrare in questo gioco di dentro e fuori, reale e virtuale.

Gli oggetti, lo spazio, il tempo, l'uomo, fanno i conti oggi, quotidianamente, con una realtà virtuale, con una natura artificiale delle cose, con un loro doppio altrettanto vero. E, nella vita di tutti i giorni, sono soprattutto gli strumenti tecnologici a costruire questo sdoppiamento: i satelliti, i radar, i computer, la televisione. È un mondo tutto da esplorare, di cui noi cerchiamo di raccontare qualche cosa.

VV: *L'impatto forte che il vostro lavoro soprattutto le installazioni video produce sullo spet-*

provided especially by music and by image high definition...

PR: I asked myself: what is the process that makes people stay in front of a monitor that shows, for ten minutes, a falling drop of water, when they usually, in front of their TV, do not stand for an image that lasts more than ten seconds? They deal with TV in their everyday experience: if they watch a sequence longer than ten seconds, they change program, they degrade it. If I show a falling drop of water and its fall lasts for hours, with nothing else happening, how can a person who is used to television time be persuaded to stay ten minutes to watch that image? What changes? Spectators recover their own capacity to enter inside the images, their own expressive potential, so we go back to the original issue. While watching the recorded image of a stone, one can rediscover the meaning of a real stone.

We need to start again from little, minimal things. I do not believe, on the other hand, in the possibility of recovering segments of low culture – a practice quite widespread in the Eighties, with the restoration results that we all can see – because it is pseudo-popular, completely induced: contrary to the real popular culture, it does not have historical roots. In this sense, it cannot have any relationship with the spectators deep emotional potential, but it stays floating in a superficial layer, destined to be removed within a short time.

VV: *Natural elements are recurring visual themes in your video installations: water, trees, the river, stones... The image, on the monitor, captures the attention...it is as if it were real, one has the feeling of being in close contact with the phenomenon, so as to intimately perceive it, thanks to a technological prosthesis that allowed it to be fixed upon, since sight and hearing, naturally, would not be able to perceive it. It is an effect of reality simulation, which creates a virtual world but that produces real experience...*

tatore, è dato proprio dalla sua estraneità nei confronti della produzione televisiva corrente, oltre che dalla presenza di elementi di seduzione e captazione dell'attenzione, forniti soprattutto dalla musica e dall'alta definizione dell'immagine...

PR: Mi sono chiesto: qual è il processo che fa sì che una persona stia davanti ad un monitor, dove si vede cadere una goccia d'acqua per dieci minuti, quando è abituata, davanti al suo televisore, a non sopportare un'immagine che duri più di dieci secondi? Nella sua esperienza quotidiana ha a che fare con la televisione: se assiste a una sequenza più lunga di dieci secondi cambia canale, la brutalizza. Se mostro una goccia d'acqua che cade e la sua caduta continua per ore, senza che succeda niente, cosa induce una persona abituata ai tempi televisivi a rimanere dieci minuti a guardarla? Che cosa cambia? Lo spettatore recupera una propria capacità di entrare dentro le immagini, la propria potenzialità espressiva, si torna quindi al discorso di partenza: osservando l'immagine registrata di un sasso, si può riscoprire il senso di un sasso vero.

Occorre ripartire dalle cose piccole, minime. Non credo, invece, nella possibilità di recupero di segmenti della cultura bassa – pratica assai diffusa negli anni Ottanta, con i risultati di restaurazione che tutti stiamo vedendo -, perché è pseudopopolare, totalmente indotta: al contrario della vera cultura popolare, non possiede radici storiche. In questo senso non può avere nessuna relazione con la profonda carica emozionale dello spettatore, ma rimane a galleggiare in uno strato superficiale, destinata ad essere rimossa nel giro di breve tempo.

VV: *I temi visivi ricorrenti nelle vostre installazioni video sono elementi naturali: l'acqua, gli alberi, il fiume, le pietre... L'immagine, sui monitor, cattura l'attenzione... è come se fosse reale, si ha l'impressione di stare a contatto ravvicinato con il fenomeno, così da percepirlo intimamente, grazie alle protesi tecnologiche che hanno permesso di fissar-*

FC: Many themes in our work retrieve natural elements – the drop of water, fire – for which people who constantly watch TV have probably lost perception.

VV: *New electronic technologies provide the spectator with the possibility of undergoing the artistic experience, in a more literal way, because they strike the perception, in a direct and less mysterious way.*

PR: Talking of which, I want to quote a statement by an ex-terrorist of the Red Brigades, Enrico Fenzi, who, talking about the Peci murder, said 'I cannot say that I did not basically agree with the killing of Roberto Peci, because it appeared to be directly consequential to our reasoning at the time, but I became aware of the real brutality of the fact only after I saw the pictures and the short film that the terrorists shot of the execution. Those documents revealed to me a nature that I had not taken account of. They showed off the bestiality, the foolishness that the fact in itself did not allow us to read, a repugnant coldness for spectacle. From that moment on, my way of seeing things changed'. This is an emblematic statement: not being able to directly read reality if not through the experience made with technological media, that allow to see it with a value otherwise lost in a direct reading.

VV: *The value of energy, appropriated as a process, as a factualan ephemeral dimension, in a work that wants to trace a still active and exciting relationship with the world and nature, is a sought-after quality in contemporary art practice. Thus Marina Abramović and Ulay walk along the Chinese Wall on foot* (The Great Wall Walk, 1989), *Richard Long goes to Amazon looking for stones for his installations. How does the issue of the relationship between real-life experience and work of art appear to you?*

PR: I agree with Vittorio Storaro who, some time ago, claimed that film, besides being exposed to light, that creates the image, it is *lo, come invece l'occhio e l'orecchio, al naturale, non possono percepire. È un effetto di simulazione di realtà, che crea un mondo virtuale ma che produce esperienza reale…*

FC: Moltissimi motivi del nostro lavoro recuperano elementi naturali – la goccia d'acqua, il fuoco – dei quali, probabilmente, la gente che vede continuamente la televisione ha perso la percezione.

VV: *Le nuove tecnologie elettroniche offrono la possibilità allo spettatore di vivere più letteralmente l'esperienza artistica, perché colpiscono percettivamente, in modo diretto e meno misterioso.*

PR: A questo proposito, voglio citare una dichiarazione di un ex brigatista rosso, Fenzi, che a proposito dell'omicidio Peci, dice: "Non posso dire che non fossi sostanzialmente d'accordo sull'uccisione di Roberto Peci, perché si dimostrava direttamente consequenziale al nostro ragionamento di allora, ma mi sono accorto della vera efferatezza del fatto solo quando ho visto le fotografie e il filmato che i brigatisti girarono sull'esecuzione. Questi documenti mi hanno rivelato una natura che non avevo valutato, hanno messo in mostra una bestialità, un'insensatezza che il fatto in sé non ci aveva permesso di leggere, un cinismo ripugnante per la spettacolarizzazione. Da quel momento il mio modo di vedere è cambiato". Questa dichiarazione è esemplare: non riuscire più a leggere la realtà direttamente, ma attraverso l'esperienza fatta con i mezzi tecnologici, che permettono di vederli con una valenza che si perde nella lettura diretta.

VV: *Una qualità ricercata, nella pratica artistica contemporanea, è il valore dell'energia, incamerata come processualità, come dimensione "evenemenziale", in un'opera che vuole darsi come traccia di un rapporto con il mondo e la natura ancora attivo e emozionante. Ecco che Marina Abramović e Ulay*

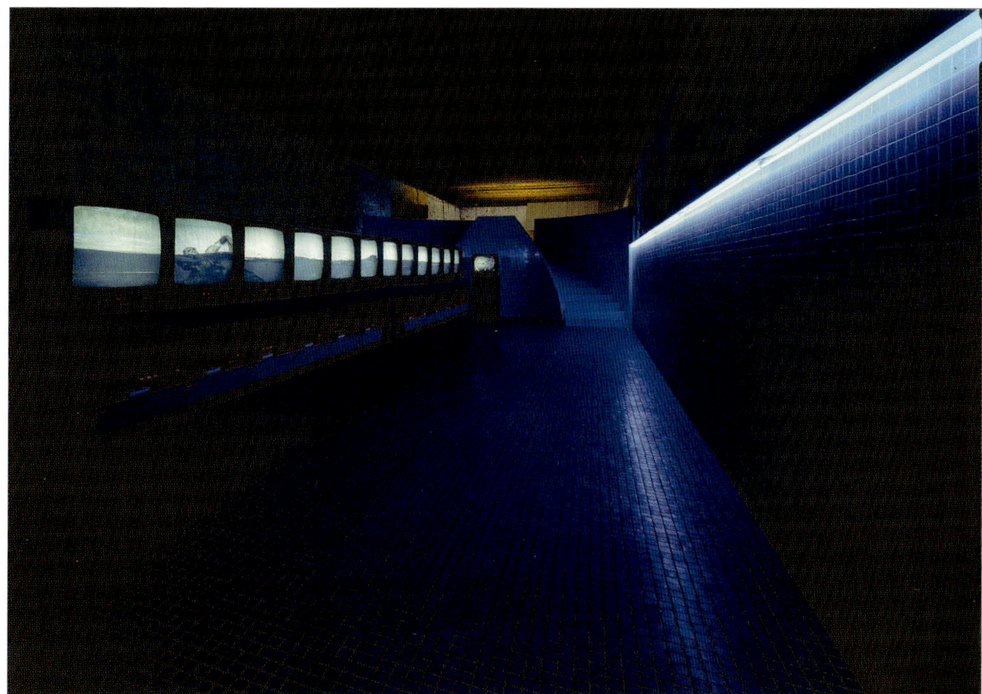

Fig. 2.
Studio Azzurro, *Il nuotatore (va troppo spesso ad Heidelberg)* [The Swimmer (he goes too often to Heidelberg)], 1984, Palazzo Fortuny, Venice. © Studio Azzurro Produzioni.

also exposed to the tension and energy employed to think and build the images, and it loyally recreates even the atmosphere that one breaths in those moments. There is a double exposition, one visible and one invisible. I quoted Storaro, but I could also refer to our works: *L'osservatorio nucleare del Sig. Nanof*, yet with all its disconnections, remains an important film, still shown in non-commercial circles, because it managed to also express the strong tension needed by a group of fifteen people, in order to make it. What happened during its construction remains exposed on the film. The other film, *La variabile Felsen* [Felsen's Variable] (1988), on the other hand, was not built on the base of a similarly strong experience, and this is evident in the film's coldness.

VV: *One of the fundamental problems is that the dialectic between subject and object, the interpersonal dialogue, are withdrawing, therefore art 'became only introspective', unable to transport the world, or it just simulates this world, artificially creating it...*

PR: It is about proposing the artificial experience, and not only the natural one.

percorrono a piedi la muraglia cinese (The Great Wall Walk, *1989), Richard Long va in Amazzonia per cercare le pietre per le sue installazioni. Come si pone per voi il problema del rapporto fra esperienza vissuta e opera?*

PR: Mi trovo d'accordo con Vittorio Storaro che, qualche tempo fa, sosteneva che la pellicola, oltre a rimanere impressionata dalla luce, grazie alla quale si forma l'immagine, viene impressionata anche dalla tensione, dall'energia che vengono spese per pensare e costruire le immagini, riportando fedelmente perfino l'atmosfera che si respira in quei momenti: si verifica una doppia impressione, una visibile, l'altra invisibile. Ho citato Storaro, ma potrei riferirmi anche ai nostri lavori: *L'osservatorio nucleare del Sig. Nanof,* con tutte le sue sconnessioni, rimane un film importante che gira ancora nei circuiti non commerciali, perché è riuscito ad esprimere anche la forte tensione che è occorsa a un gruppo di quindici persone per realizzarlo. Tutto quello che è avvenuto nel momento della sua costruzione è rimasto impresso sulla pellicola. L'altro film, *La variabile Felsen* (1988), invece, non è stato

We created two works in this direction, works on which our reflection is still open, they are two installations that go under the chapter *Osservazioni sulla natura* [Observations on Nature] (1988–89). We were driven by the suggestion of building and at the same time reading the video installation, as privileged observers, as if we did not make the work ourselves, but we only discovered it. *Primo scavo* [First Excavation], set in the Park of the Locarno Festival, was a performance that saw us acting, with two butoh dancers, the part of two archaeologists, to discover and study timeless remains that, with its circularity, created a relationship with the subsoil.

In *Rilievo della parte emersa* [Emerging Part Relief] we found, in the middle of a square, emerging from the tarmac, a triangular construction that looked much like a volcano, except for the fact that besides erupting lava, it had the characteristic of sucking nearby architecture and men inside it, dragging them down to the subsoil.

Our idea was not to go to the desert looking for, even through self-suggestion, the formation of a mirage – something that Bill Viola did very well – we wanted to build an artificial mirage, not in the desert but in a square, and we wanted to be struck more as spectators, rather than as authors, in some kind of 'alienating exercise'.

We should test ourselves not only against the strong suggestion of the natural landscape, that often appears in our videos, but also against the suggestion for the artificial, since the artificial is now part of the natural – and our most recent attempts go in this direction.

VV: *Video installations expose their being at the same time as a work that lasts in time and an event bound to be consumed rapidly. Their environmental and interactive specificity is not just a prerogative of video, but it was a strong point, during the Seventies, of both theatre and visual arts. What survived and what decayed of the environmental theory?*

costruito sulla base di un'esperienza altrettanto forte e questa freddezza la dimostra tutta.

VV: *Uno dei problemi fondamentali è che la dialettica fra soggetto e oggetto, il dialogo interpersonale, si stanno ritraendo, per cui l'arte si limita a "fare introspezione", incapace di trasportare il mondo, oppure simula questo mondo, lo crea artificialmente...*

PR: Si tratta di proporre l'esperienza dell'artificiale, non solo del naturale. In questa direzione abbiamo realizzato due lavori, sui quali la nostra riflessione è tuttora aperta, sono due installazioni che vanno sotto il capitolo *Osservazioni sulla natura* (1988–89). Siamo stati spinti dalla suggestione di costruire la videoinstallazione e contemporaneamente di leggerla, nel ruolo di osservatori privilegiati, come se non avessimo fatto noi il lavoro, ma l'avessimo solamente scoperto. *Primo scavo,* nel Parco del Festival di Locarno, era una performance che ci vedeva in scena, accanto alla presenza dei due danzatori *butoh*, come archeologi, per scoprire e studiare un residuo senza tempo, che, con la sua circolarità, crea una relazione con il sottosuolo.

In *Rilievo della parte emersa* troviamo nel centro di una piazza, emersa dall'asfalto, una costruzione triangolare che assomiglia decisamente a un vulcano, salvo che, oltre a eruttare materia, ha la proprietà di risucchiare architetture circostanti e uomini, trascinandoli nel sottosuolo.

L'idea era non di andare in un deserto e cercare, anche attraverso l'autosuggestione, che si formasse un miraggio – come ha fatto benissimo Bill Viola – : noi volevamo costruire un miraggio artificiale, non in un deserto ma in una piazza, e volevamo rimanerne colpiti, più che come autori, come spettatori, in una specie di "esercizio straniante".

Bisognerebbe cimentarsi – e verso questa direzione vanno i nostri più recenti tentativi – oltre che con la forte suggestione del paesaggio naturale, che compare molto

PR: With the term 'video-setting' we defined a work that had a very strong dialectic relationship with the space where it was set and that could not be easily moved from there. This limit inevitably led us to conceive the work specifically for the place that would host it, and therefore, little by little, we produced a shift from the work towards the unique event, that cannot be repeated. We have had these kinds of experiences. I do not feel this limit is a completely positive condition, or better, I would like to find again a strong dialectic relationship with spaces; but I am also interested in the possibility of moving things and giving them a longer life.

Il nuotatore [The Swimmer] (1984, fig. 2), for example, is finally, after four years, living a second life: we took it to Cologne, to Berlin, now we will show it in Nice and in Cavaillon, in France.

We have to go back to the term 'video-setting'. Since our first work we chose it to differentiate from the terms 'video installation' and 'video-sculpture', widespread in the visual arts environment. We reaffirmed a sort of originality of the video experience. In this sense we were not interested in completely complying with a discipline, on the contrary, making the most of the particular versatility of the media we used, we tried to move across different disciplines, facing, however, a very serious difficulty of circulation. Being 'undisciplined' implied costs and inconveniences. 'Video-setting', additionally, meant for us to produce the context of a tale, to create its setting. *Vedute* [Views] (1985, figs. 3a-b), was the most efficient example: the scenery developed inside a room in Palazzo Fortuny, in Venice, extending itself also outside the museum, through the twelve control cameras that shot some places live. We wanted to build the scene of a tale that interactively lived with the spectator, and I think that in that context our work was successful, but it was very difficult and we never managed to find the right conditions to present it again in a suitable way; this was a cause of regret because it was one of our most significant works.

spesso nei nostri video, anche con la suggestione per l'artificiale, in quanto l'artificiale fa ormai parte del naturale.

VV: *Le installazioni video espongono il loro essere, nel contempo, sia opera che dura nel tempo, che evento, destinato a consumarsi rapidamente. La loro specificità, ambientale ed interattiva, non è appannaggio solo del video, ma è stato un punto di forza, negli anni Settanta, sia del teatro che delle arti visive. Cosa sopravvive e cosa è decaduto dell'ipotesi ambientale?*

PR: Con il termine "video-ambientazione" avevamo definito un'opera che avesse una fortissima relazione dialettica con lo spazio in cui era collocata e che non potesse essere facilmente spostata. Inevitabilmente questo limite induce a concepire appositamente l'opera per il luogo che la ospiterà e quindi, pian piano, si produce uno slittamento dall'opera verso l'evento unico, che non si ripete. Abbiamo avuto esperienze di questo tipo. Non vivo questo limite come una condizione del tutto positiva, o meglio, mi piacerebbe ritrovare una forte dialetticità con gli spazi; ma mi interessa anche la possibilità di spostare le cose e farle vivere più a lungo.

Il Nuotatore (1984, fig. 2) ad esempio, finalmente, dopo quattro anni, sta vivendo una seconda vita: lo abbiamo portato a Colonia, a Berlino, adesso lo mostriamo a Nizza e a Cavaillon, in Francia.

Occorre tornare al termine "video-ambientazione". Già dal primo lavoro l'abbiamo scelto per differenziarci dai termini "video-installazione" e "video-scultura", diffusi nell'ambito delle arti visive. Era un ribadire una certa originalità dell'esperienza video. In questo senso non ci interessava aderire appieno ad una disciplina, anzi, sfruttando la particolare versatilità degli strumenti che usavamo, cercavamo di attraversare le diverse discipline, dovendo però affrontare una difficoltà di circuitazione molto seria. Essere "indisciplinati" comporta dei costi e dei disagi. "Video-ambientazione",

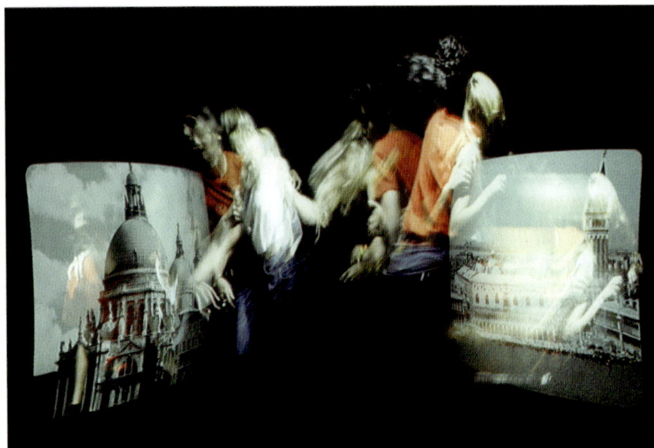

Figs. 3a, b. Studio Azzurro, *Vedute (quel tale non sta mai fermo)* [Views (that bloke never stays still)], 1985, Palazzo Fortuny, Venice. © Studio Azzurro Produzioni.

VV: *It seems to me that your work is set out for a divergence between artwork and event, rather than for a co-existence, in the sense that the interventions that are created in relation to theatre, and now also to musical work, are real shows...*

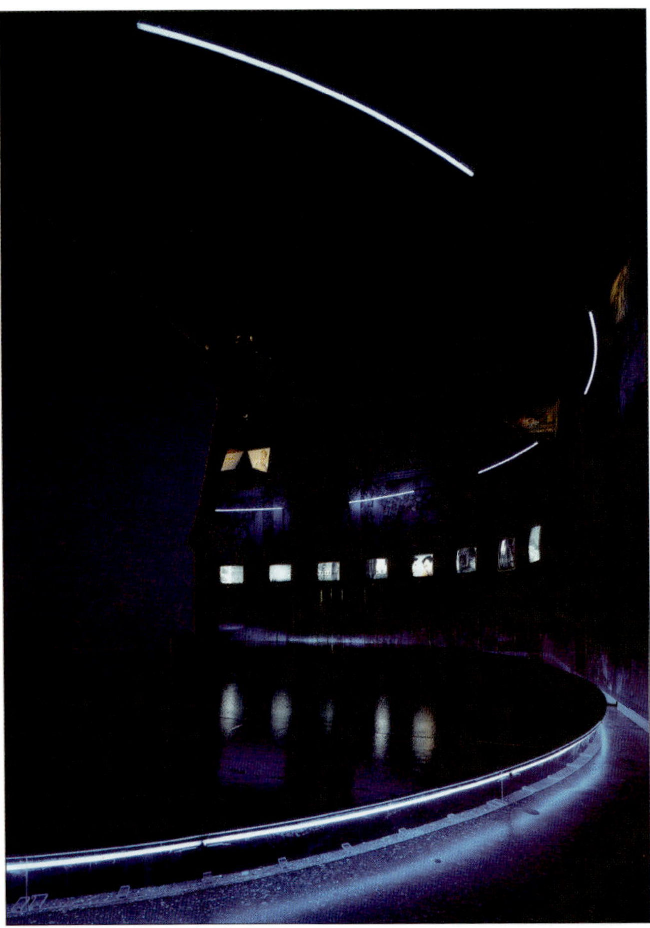

inoltre, voleva dire per noi realizzare il contesto di un racconto, ambientarlo. *Vedute* (1985, figg. 3a, 3b), è l'esempio più efficace: lo scenario si sviluppava all'interno di una sala di Palazzo Fortuny, a Venezia, prolungandosi anche all'esterno del museo attraverso le dodici camere di controllo che riprendevano in diretta alcuni luoghi. Volevamo costruire lo scenario di un racconto che viveva interattivamente con lo spettatore, e penso che in quel contesto l'operazione sia riuscita, ma era molto complessa e non siamo più riusciti a trovare le condizioni per riproporla in modo adeguato; questo ci ha causato dispiacere, poiché si tratta di uno dei nostri lavori fondamentali.

VV: *Mi sembra che il vostro lavoro si stia indirizzando verso una divaricazione fra opera ed evento, anziché verso una coesistenza, nel senso che gli interventi che nascono in rapporto al teatro, e ora anche all'opera musicale, sono veri e propri spettacoli...*

PR: Gli ultimi lavori, da questo punto di vista, formalmente sono più "opere": paradossalmente, però, hanno richiamato in sé ancor più l'impossibilità di esserlo. *Rilievo* o *Primo scavo* sono talmente inseriti nel paesaggio che è difficilissimo, poi, riproporli altrove. Il rischio che stiamo correndo in questa fase è di formalizzazione: all'inizio le nostre opere video avevano un proprio modulo: *Il nuotatore* era costituito da dieci monitor messi insieme, ma solamente per sottolineare il passaggio dell'immagine dall'uno all'altro. In *Vedute* erano dieci monitor collocati senza nessuna costruzione scultorea. Negli ultimi lavori, invece, stiamo andando verso delle forme che sono più scultoree, come il semicerchio affondato, il triangolone che emerge dall'asfalto o la croce, che realizzeremo per Taormina Arte Video (si veda www.videodautore.it).

VV: *Una critica che si muove al vostro lavoro è di essere spettacolare, intendendo con questo termine sia il dispendio tecnologico,*

PR: From this point of view, our last works are formally more 'artworks', but, paradoxically, they recall for themselves the impossibility of being so. *Rilievo* or *Primo scavo* are so integrated with the setting that it is really difficult, then, to present them again somewhere else. The risk we are taking at this stage is formalization. Initially our video works had a module of their own: *Il nuotatore* was composed of ten monitors put together but only in order to highlight the image's passage from one to the other. In *Vedute*, there were ten monitors placed without any sculptural construction. In our last works, instead, we moved towards shapes that are more sculptural, like the sunken semi-circle, the big triangle that emerges from the tarmac or the cross, that we will create for Taormina Arte Video (see www.videodautore.it).

VV: *A criticism often made about your work is that it is spectacular, referring with this term, both to the technological expenditure, the high definition of your works, and also to their seductive character, the magic of your tricks.*

PR: First of all, I would make a distinction: spectacle is a genetic element of the media's nature, magic depends on the rite one builds around it. We do not ignore the former, even if it is not part of our precise aesthetic program. Especially if we consider the seductive, hypnotic aspect, of a switched on monitor or the catalysing quality that can have many television sets within the same environment or, without incurring a mythology of the technique, the wonder that spectacle induces, a curiosity connected to innovation. These are the elements I am interested in, I am a lot less interested in the part of language built on technological potential: the range of effects, music-video typical speed, advert reduction. I think they are cold operations where the experiential moment is completely sacrificed. Talking about movement's speed, on which we worked in the five versions of *Storie per corse* [Stories for Races] (1985–86), we

l'alta definizione delle vostre opere, sia il loro carattere seduttivo, la magia dei trucchi.

PR: Innanzitutto, farei una distinzione: la spettacolarità è una componente genetica nella natura dello strumento, la magia dipende dal rito che gli si costruisce intorno. Noi non ignoriamo la prima, pur non facendo essa parte di un nostro preciso programma estetico. Soprattutto se si considera l'aspetto seduttivo, ipnotico, che ha in sé un monitor che si accende o l'aspetto catalizzante che possono avere più televisori in uno stesso ambiente, oppure, e senza incorrere in una mitologia della tecnica, la meraviglia che essa induce, una curiosità legata all'innovazione. Queste sono componenti che m'interessano; meno, molto meno, quella parte di linguaggio costruito sulle potenzialità tecnologiche: l'effettistica, la velocità tipica del video musicale, la contrazione dello spot pubblicitario. Le trovo operazioni gelide, in cui viene completamente sacrificato il momento esperienziale. A proposito della velocità del movimento, su cui abbiamo lavorato nelle cinque versioni di *Storie per corse* (1985–86), dicevamo: "cerchiamo nel movimento anche ciò che lo produce".

Il punto più interessante è l'aspetto magico, quasi alchemico, che si può ottenere con l'elettronica. Nel 1986, nella presentazione di *Vedute,* avevo scritto che lo schermo può calamitare talmente il desiderio, la tensione esorcistica di chi lo guarda, che la TV sembra caricarsi di magia e interattività tali da permettere una sua associazione alla funzione delle espressioni emozionanti della cultura primitiva. Sto cercando di articolare meglio questa intuizione a partire da un'opera che stiamo preparando per il Festival di Arte Elettronica di Linz, *Kepler's Traum;* il soggetto, infatti, evidenzia le connessioni che esistevano tra il sapere scientifico e quello magico ed alchemico nel periodo tra il '500 ed il '600, nel quale visse Keplero. Connessioni fondamentali. Non hanno prodotto, forse, una rivoluzione come quella copernicana? Nel suo sogno, Keplero riesce a travestire le sue teorie di

said: 'we also look for what it is that produces the movement'.

The most important point is the magic, almost alchemical, aspect that can be obtained with electronics. In 1986, in the presentation of *Vedute,* I wrote that the screen could attract the desire, the exorcistic tension of the viewer, so much that TV seems loaded with such magic and interactivity that it could be associated with the function of the emotional expressions of primitive culture. I am trying to better articulate this intuition starting from a work that we are preparing for the Electronic Art Festival in Linz, *Kepler's Traum* [Kepler's Dream]. Its subject, in fact, highlights the connections that existed between scientific knowledge and magical and alchemical knowledge in the period between 1500 and 1600, when Kepler lived. Fundamental connections. Did they not produce, perhaps, a revolution like the Copernican one? In his dream, Kepler managed to disguise his theories with Copernican references, and his traces of alchemical references, with such a completely fantastic tale that he managed to escape the Inquisition.

Working on the show setting, that will be focused on the image of earth as seen by a weather satellite, Fabio and I got close, many times, to the magical feeling of technological image, we noticed its alchemical components.

In this last phase of our work, our interest shifted towards ways of seeing the 'extremes' of technology, – satellite, infrared, microscope – a shift that certainly arises from the need to assert that our research is not only on television, but also about a more complex technological system. In our most recent works, still at the planning phase, we point out these forms of technology use, 'for the vision', of systems that are less known, less remarkable, but maybe more important. I strongly believe that the real research on vision and communication technological media, is not as much on television, but rather in their military use where, more sophisticated levels are certainly reached. We

riferimenti copernicani e le tracce di riferimenti alchemici, con un racconto totalmente fantastico, sfuggendo così all' Inquisizione.

Lavorando sulla messa in scena dello spettacolo, che sarà incentrata sull'immagine della terra letta da un satellite Meteosat, io e Fabio ci siamo più volte accostati alla sensazione di magicità dell'immagine tecnologica, ne abbiamo rilevato le componenti alchemiche.

In quest'ultima fase del nostro lavoro, c'è uno spostamento d'interesse verso i modi di vedere "estremi" della tecnologia – il satellite, l'infrarosso, il microscopio – che certamente nasce dall'esigenza di affermare che operiamo una ricerca non solo sulla televisione, ma su un sistema tecnologico più complesso. Nei lavori più recenti, in fase ancora di progettazione, si mette l'accento su queste forme di utilizzo della tecnologia, "per la visione", di sistemi meno conosciuti, meno appariscenti ma, forse, più importanti. Ho la convinzione che la vera ricerca sui mezzi tecnologici del vedere e del comunicare non sia tanto nella televisione, quanto negli utilizzi militari dove, certamente, si raggiungono i livelli più sofisticati. Riflettiamo da lungo tempo su questo punto, così che la nostra attenzione verso questi sistemi, che ha avuto inizio con le camere di controllo di *Vedute,* è giunta alla camera di controllo più estrema del satellite meteorologico, fino a spingersi a quelle camere che addirittura vedono quello che noi non possiamo vedere, con i raggi infrarossi.

Abbiamo realizzato recentemente uno studio teatrale con la collaborazione di Moni Ovadia e di Piero Milesi proprio con le camere agli infrarossi, utilizzando un testo del poeta greco contemporaneo Ghiannis Ritsos. Racconta dello sconforto di un cicerone del parco archeologico di Delfi per il fatto che i turisti non hanno più occhi per vedere l'intensa bellezza delle statue. In *Delfi* (1990), a parte una sottile linea di luce praticata dall'attore in proscenio, tutto il palcoscenico era immerso in un buio profondo e impenetrabile. Abbiamo cercato di resti-

have pondered over this issue for a long time, so that our attention towards these systems, that began with the [surveillance] cameras in *Vedute,* has reached the most extreme control camera, the weather satellite, and it moved even beyond, until those cameras that can see what we cannot see with infrared rays.

We have recently carried out a theatre study in collaboration with Moni Ovadia and Piero Milesi with infrared cameras, using a text from the contemporary Greek poet Ghiannis Ritsos. The project deals with a guide's discouragement, while working in Delphi's archaeological park, because tourists no longer have the ability to see with their eyes the statues' intense beauty. In *Delfi* [Delphi] (1990), apart from a thin line of light made by the actor on the proscenium, all the stage was immersed in a deep and inscrutable darkness. We tried to give back those eyes, through two television sets turned towards the audience and connected with two infrared television cameras that inspected the darkness with synchronous movements, like those of the eyes, revealing a complex scene, composed of several statues and findings. This experience, although just a study, enriched by the fine music of Piero Milesi, provided us with excellent suggestions in order to carry on in this direction.

VV: *The use of music in your work is one of the decisive elements: what is its role in regards to the spectator?*

PR: Music has been used in various ways. Since the first works until *Il nuotatore,* we would simply use soundtracks taken from the existent repertoire. From *Il nuotatore* onwards we have always contacted musicians: first Peter Gordon, who made the music for *Il nuotatore,* and then Piero Milesi. We also used sounds, effects, some times speech.

In our most recent shows, music is assuming an even more relevant importance. We could talk about musical theatre, with an interesting analysis among composition,

tuire gli occhi per vedere, attraverso due televisori rivolti verso il pubblico e collegati a due telecamere agli infrarossi, che ispezionavano il buio con movimenti sincroni, come quelli degli occhi, rivelando una scena complessa, formata da numerose statue e reperti. Pur essendo solo uno studio, quest'esperienza, arricchita dalle belle musiche di Piero Milesi, ci ha fornito ottime indicazioni per proseguire in questa direzione.

VV: *L'uso della musica nel vostro lavoro è una delle componenti spettacolari determinanti: quale funzione ha rispetto allo spettatore?*

PR: L'uso della musica è stato vario: dai primi lavori fino a *Il nuotatore,* la musica è stata semplicemente un utilizzo di colonne sonore prese dal repertorio esistente. Da *Il nuotatore* in poi abbiamo sempre contattato dei musicisti: prima Peter Gordon, che ha fatto la musica de *Il nuotatore,* poi proprio Piero Milesi. Abbiamo utilizzato anche suoni, effetti, a volte il parlato.

Nei nostri spettacoli più recenti la musica sta assumendo un peso ancor più rilevante: si potrebbe parlare di teatro musicale, con un approfondimento interessante tra composizione, ritmi musicali e composizione strutturale dello spettacolo. Il lavoro che stiamo facendo con Battistelli, *Kepler's Traum,* nasce da un confronto tra le nostre idee e le sue visioni musicali: sta avvenendo un po' quello che è avvenuto con il teatro di Giorgio Barberio Corsetti, dove il suo impianto teatrale si doveva confrontare e amalgamare con la nostra esperienza. Per questa ragione, con una certa libertà, si interveniva l'uno nel campo dell'altro, sino quasi a mescolarsi. Allo stesso modo, per quest'ultimo lavoro non si tratta di un libretto musicato e poi messo in scena dal regista, ma di un'operazione che nasce con questa particolarità.

VV: *Il momento esplosivo legato alla rottura delle neo-avanguardie ha coinciso con*

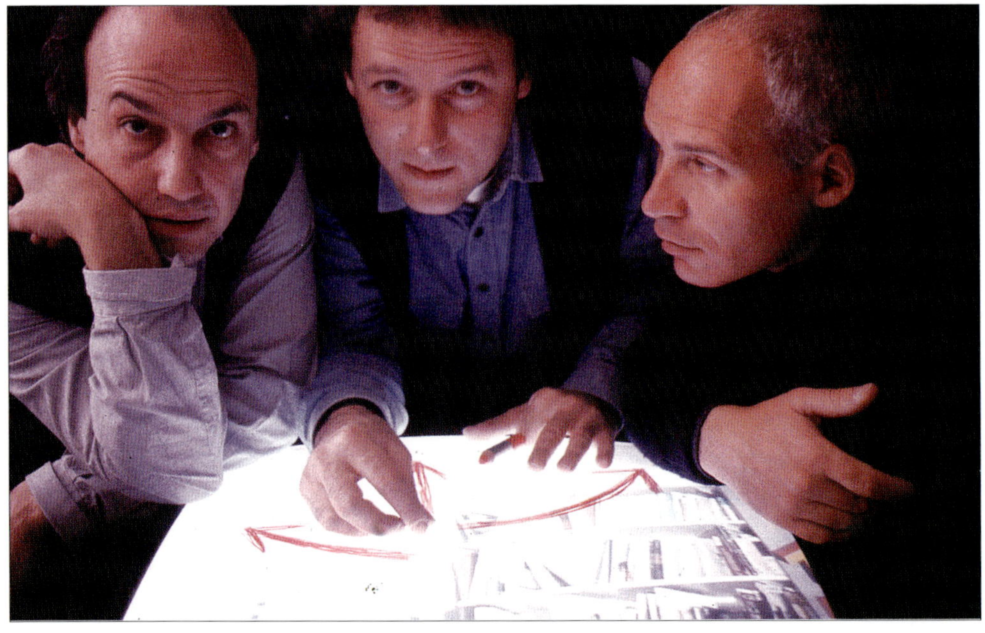

Fig. 4. Studio Azzurro, self-timer, 1982. Studio Azzurro, autoscatto, 1982. © Studio Azzurro Produzioni.

musical rhythms and the structural composition of the show. The work we are making with Battistelli, *Kepler's Traum,* originates from the comparison between our ideas and his musical vision. It is partly happening what happened with Giorgio Barberio Corsetti's theatre, where his theatrical structure had to compare and amalgamate with our experience. For this reason we intervene in each other's fields, with a certain freedom, until almost merging the two fields. In the same way, this last work, is not a libretto set to music and than staged by the director, but an operation that is created from this peculiarity.

VV: *The explosive moment associated with the break with the neo-avant-garde coincided with the exaltation of multimedia, of an interdisciplinary character, while the current implosive moment required a return to disciplinary order... Why it is so vexing that your work is often qualified as multimedia?*

PR: In the past years there has been a re-attraction and a reintegration inside a specific discipline by those artists who had overdone things. This is a defensive reaction, regarding identity loss and the straying beyond the limits of unknown fields, a reac-

l'esaltazione della multimedialità, dell'interdisciplinarità, mentre l'attuale momento implosivo ha richiesto un ritorno all'ordine disciplinare... Perché infastidisce tanto la qualifica di multimediale che si dà spesso al vostro lavoro?

PR: In questi ultimi anni si è verificata una ri-attrazione e una reintegrazione all'interno di una specifica disciplina da parte di coloro che avevano oltrepassato il limite. È una reazione di difesa, riguardo alla perdita d'identità e allo sconfinare in campi sconosciuti, di difficile lettura per la cultura ufficiale e tradizionale. Noi operiamo in un campo intermedio, che è stato molto confuso negli anni passati con il discorso sulle contaminazioni e le interferenze – termini che non mi sono mai piaciuti molto – che agiscono in uno spazio cosiddetto multimediale. Sono definizioni molto limitanti rispetto a un qualcosa che si sta costruendo, di cui non conosciamo probabilmente bene la natura, ma che esprimono l'esigenza di utilizzare un linguaggio che non è più tradizionale, che ha a che fare con la tecnologia, e porterà ad una nuova dimensione del vedere e del praticare l'arte. Sento che è una situazione molto perturbata, molto caotica, che sta generando qualcosa: in fisica i fenomeni si

tion that official and traditional culture find difficult to read. We operate in an intermediate field, which in the past few years has often been confused with the issue of contamination and interference – terms that I have never really liked – that act in a so-called multimedia space. These are very limiting definitions referred to something that we are still building, whose nature, probably, we do not know very well, but that expresses the need to use a no longer traditional language, that deals with technology and that will lead to a new dimension in seeing and practicing art. I feel that is a very turbulent, very chaotic situation that is generating something. In physics this turbulence generates phenomenon.

We noticed that our audience have some sort of difficulty in identifying with our specific work, it takes them some effort to read our works, and we also have to face the difficulty of finding productive referents, therefore we once worked with a museum, once with a theatre, once with a local authority. There is, finally, the difficulty of introducing us as a group and not as single authors: this is a central aspect in our poetics, a way of working that characterizes us and that we cannot set aside. I see the works we are preparing in this period as traversed by a unique line, maybe difficult to read from the outside. Using cinema, video, rather than visual arts or theatre, does not create any problem for the recognisability of my role. There is the necessity to express oneself sometimes in a way and sometimes in another, which can probably appear dispersive. But even if there are many types of media, there is only one idea.

VV: *While in the Seventies – I think about Robert Longo – there was the juxtaposition of different languages for the sake of spectacle and sensationalism, today's multimedia comes from authors who experimented with different media. In Greenaway's cinema we can find literature, painting, video. It is a multimediality that has a richness of experiences nowadays necessary, where a domi-*

generano proprio attraverso queste turbolenze.

Notiamo una certa difficoltà nell'identificazione del nostro specifico, una fatica nella lettura dei nostri lavori da parte degli spettatori, e dobbiamo inoltre scontrarci con la difficoltà di trovare dei referenti produttivi, per cui una volta lavoriamo con un museo, un'altra con un teatro, un'altra con un ente locale. Infine, c'è la difficoltà di presentarci come gruppo, e non come singoli autori: un aspetto centrale questo della nostra poetica, un modo di lavorare che ci contraddistingue e da cui non possiamo prescindere. I lavori che stiamo preparando in questo periodo li vedo come attraversati da una linea unica, difficile forse da leggersi all'esterno. Usare il cinema, il video, piuttosto che le arti visive o il teatro, non crea nessun problema dal punto di vista della riconoscibilità del mio ruolo: c'è l'esigenza, a volte, di esprimersi in una maniera e, a volte, in un'altra, che potrà forse apparire dispersiva. Ma se gli strumenti sono tanti, la concezione è unica.

VV: *Mentre negli anni Settanta - penso a Robert Longo - c'era giustapposizione dei diversi linguaggi in funzione spettacolare e sensazionalistica, la multimedialità di oggi viene da autori che hanno sperimentato più media: nel cinema di Greenaway c'è la letteratura, la pittura, il video; è una multimedialità che ha una ricchezza di esperienze oggi necessaria, in cui c'è un* medium *dominante che testualizza gli altri media e da cui, reciprocamente, si lascia modellizzare...*

PR: Non sono così sicuro di questa ipotesi, anche se devo dire che per noi oggi il discorso del video è dominante rispetto al cinema. Sento che c'è un concetto catalizzatore, mentre non esiste del tutto un mezzo che catalizzi tutte le esperienze fatte con altri linguaggi.

C'è sempre una sfasatura in questo discorso. Non riporto in modo automatico l'esperienza video in quella cinematografica: *L'osservatorio nucleare del Sig. Nanof,*

nant medium contextualizes other media, that mutually model each other...

PR: I am not so sure of this theory, even if I have to say that for us, today, the video issue is dominant compared to cinema. I feel that there is a catalytic concept, while a medium that can completely catalyse all the experiences made with other languages does not exist.

There is always confusion in regards to this theme. My cinema experience does not automatically refer to my video experience: *L'osservatorio nucleare del Sig. Nanof,* from a formal point of view, has around ten carefully planned device movements within it that came from our experience in Volterra at the exhibition *Tempo di inganni.*

VV: *New media weakness, paradoxically, is the other side of their power: they ambivalently fix reality and cancel it. They cancel memory and substitute it. Do you aim at permanence, to have your works last, or at the television model of use?*

PR: Art that lasts is art that disappears. Our work leaves traces. This trace frees us from the oppression of a fetish. I cannot imagine a permanent video installation. The trace guarantees the activation of interest and the participation of those who find it, who skim the fake aura and bring a new one: the aura of history and time. Is a statue in a museum not just a trace, perhaps, of its original state? I am convinced that we need to confront art almost in the same way in which, in African art, artistic expression would act as ritual objects, but at the same time, with use, they were subject to a time transformation. At the Musée National des Arts Africains et Océaniens, in Paris, there are fine wooden statues, completely covered in nails, that undertook with their, also magic, use, a completely different form from the original of which only a trace is left.◆

Conversation recorded in Milan on the 11 April 1990.

da un punto di vista formale, ha al suo interno una decina di movimenti di macchina molto studiati, che ci venivano dall'esperienza fatta a Volterra con la mostra *Tempo di inganni.*

VV: *La fragilità dei nuovi media, paradossalmente, è l'altra faccia del loro potere: ambivalentemente fissano il reale, e lo cancellano: cancellano la memoria e si sostituiscono a essa. Aspirate alla permanenza, a far durare le vostre opere, o al modello del consumo televisivo?*

PR: L'arte che dura è l'arte che sparisce. Il nostro lavoro lascia delle tracce. La traccia ci libera dall'oppressione del feticcio: non riesco ad immaginare una video-installazione permanente. La traccia garantisce l'attivazione dell'interesse e della partecipazione di chi la trova, screma la finta aura e ne porta una nuova: quella della storia e del tempo. Una statua in un museo non è, forse, una traccia del suo stato originale? Sono convinto che bisogna rapportarsi all'arte quasi allo stesso modo in cui, nell'arte africana, le espressioni artistiche si caricavano parallelamente della funzione di oggetti d'uso rituale e, con l'uso, subivano una trasformazione nel tempo. Al Musée National des Arts Africains et Océaniens, a Parigi, ci sono delle bellissime statue lignee completamente rivestite di chiodi, che hanno assunto nell'uso, anche magico, una forma completamente diversa da quella originale, di cui è rimasta solamente la traccia.◆

Conversazione registrata a Milano l'11 aprile 1990.

Chapter 14 / Capitolo 14

Time, Body, Medium | Tempo, corpo, medium

Bruno Di Marino

Some Notes on the Continuity and Discontinuity Between Artists' Cinema and Video in Italy in the Seventies

This contribution – which takes shape in three notes as research hypothesis that will be further worked on – deals with the issue of the passage from cinema to videotape in Italy, between the late Sixties and the early Seventies, taking as an example some artists who worked with film at first, making experimental films, and then who started using the first video *portapak*. The issue about the change of media is obviously not secondary, because with the passage from one medium to the other, essential aspects change, and also the conceptual approach of the artists radically changes, affecting their style choices. Some of these artists, however, especially those who work in the performing environment, deal with this passage in terms of continuity; others perform a resolute fracture between cinema and electronics, according to a logic of discontinuity that stresses the specificity of the two mediums. The historical-critical

Alcune note sulla continuità e discontinuità tra cinema e video d'artista in Italia negli anni Settanta

Questo contributo – che si delinea in tre note, come una ipotesi di ricerca su cui ulteriormente lavorare – affronta la questione del passaggio dal cinema al videotape in Italia, tra la fine degli anni Sessanta e l'inizio degli anni Settanta, prendendo ad esempio alcuni artisti che hanno lavorato prima con la pellicola realizzando film sperimentali e poi hanno cominciato a utilizzare i primi portapak. La questione del cambio di supporto non è naturalmente secondaria, poiché nel passaggio da un *medium* all'altro, mutano dei fattori fondamentali e cambia radicalmente l'approccio anche concettuale degli artisti, che si riflette poi nelle scelte stilistiche. Alcuni di essi, tuttavia, soprattutto coloro che lavorano nell'ambito della performance, affrontano il passaggio in termini di continuità; altri operano una decisa frattura tra il cinema e l'elettronica, secondo una logica di discontinuità che sottolinea la specificità dei

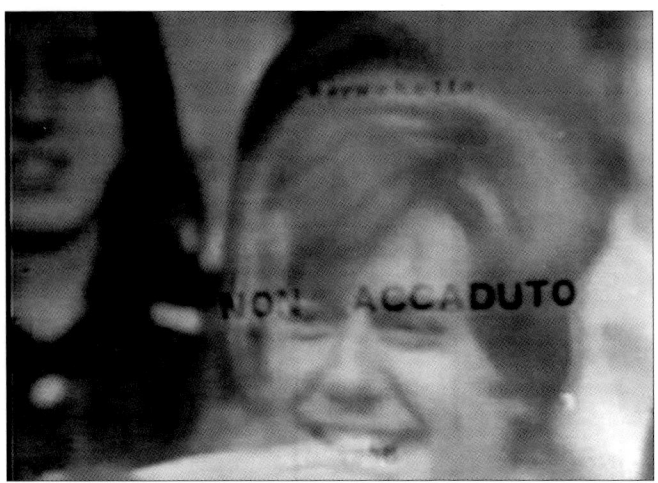

Fig. 1a, b. Gianfranco Baruchello, *Non accaduto* [Not Happened], 1968. Courtesy of Archivio Di Marino.

research points its attention mainly towards those artists who, in a different manner, integrate inside their artistic project, more types of media together, like Mario Schifano, who reaches a perfect synthesis among television image, film image, photographic image and pictorial image.

1.

The appearance of videotape in Italy dates back to 1970, but the works were merely documentative and, in any case, technology still did not allow the electronic medium to be used in a specifically creative way.[1] For instance, before the diffusion of the VRM editing system, it was very complex to edit sequences in video, unless working 'by eye' and therefore it is clear that the aesthetic of the sequence shot was privileged and that caesuras and breaks were limited. Image resolution quality and different 'time pressure' (lets call it that) between electronic image and film image apart, this specificity of the editing is certainly substantial between the two devices. Art house cinema, also, often uses 'in-camera editing' and it uses, for example, simple manual techniques such as multiple exposure, simply achieved by rewinding the film and exposing it several times in order to obtain casual and natural crossed fading, but in that case it is a choice not due to technical problems but aesthetic: to create a fluid, direct, spontane-

due *medium*. Quest'indagine storico-critica rivolge maggiormente la sua attenzione verso quegli artisti che, in modo diverso, integrano all'interno del loro progetto artistico, più media insieme, come Mario Schifano, che raggiunge una perfetta sintesi tra immagine televisiva, immagine filmica, immagine fotografica e immagine pittorica.

1.

La comparsa del videotape in Italia risale al 1970, ma si tratta comunque di lavori di carattere documentativo e, del resto, la tecnologia non permette ancora di utilizzare il *medium* elettronico in modo particolarmente creativo[1]. Per esempio prima della diffusione del sistema di montaggio RVM è complicato montare sequenze in video, se non lavorando "ad occhio", e di conseguenza viene privilegiata l'estetica del piano-sequenza e vengono limitate cesure e stacchi. A parte la qualità di risoluzione dell'immagine e la differente "pressione temporale" (chiamiamola così) tra l'immagine elettronica e quella filmica, questa specificità relativa al montaggio è sicuramente sostanziale tra i due dispositivi. Certo, anche il cinema d'artista è spesso "montato in macchina" e fa uso, per esempio, di procedimenti artigianali quali l'esposizione multipla, ottenuta semplicemente riavvolgendo la pellicola e impressionandola diverse volte in modo da ottenere dissolvenze incrociate casuali e naturali, ma si tratta di una scelta dettata non da problematiche tecniche, bensì estetiche: creare una scrittura filmica fluida, diretta, spontanea, casuale, imperfetta, dunque non frutto di calcolo e riflessione.

Le differenze tra i due *medium* non sono solo tecniche, bensì di impostazione, cioè di carattere concettuale, all'interno della poetica e dell'estetica di un singolo artista. In questo senso, a seconda anche dell'atteggiamento, le distinzioni si fanno più sfumate, dal momento che – tra gli anni Sessanta e Settanta – tanto la fotografia, quanto il cinema e il video, concorrono al superamento dell'arte di pura rappresenta-

ous, imperfect – not calculated, nor an outcome of reflection – filmic writing.

The differences between the two mediums are not only technical, but also conceptual, because of their importance within the poetic and the aesthetic of every single artist. In this sense, also according to the attitude, the differences become more nuanced, since – between the Sixties and the Seventies – photography, like cinema and video concur to overtake art as pure representation, emphasizing the art/communication interface.

Video experimentation, however, can be seen on the one hand in continuity with research cinema, on the other hand in complete discontinuity with it. In the case of performing artists, we are presented with an aesthetic of continuity. So much that, taking as example the case of Ontani, one cannot crosscheck many differences between his videotapes and his short super8 films (of which original copies do not exist, deteriorated by several replays). It is different is the case of Baruchello because it would not have been possible to conceive in video the movies he produced on film between 1964 and 1970, even if they are some sort of 'actions'. When during the Seventies, the artist (with Grifi's aid) shot several hours of interviews with French philosophers, and collected them in a video under the title, *A partire dal dolce* [Beginning with Sweet] (1979–80), the electronic medium had already assumed the form of 'art house reportage' or, if we prefer, of video-essay. Perhaps the long sequence with which *Non accaduto* [Not Happened] (1968, figs. 1a, 1b) is built, almost an installation that shows us a dress on a hanger, element of presence-absence (object presence and body absence), could almost mark the passage from the age of cinema to the age of video. At the beginning and at the end of this film, not by chance, the artist put soundless images 'stolen' from a contemporary TV broadcast, to enhance the sense of alienation of the mediated reality, as it is the jacket that he filmed through the glass. However,

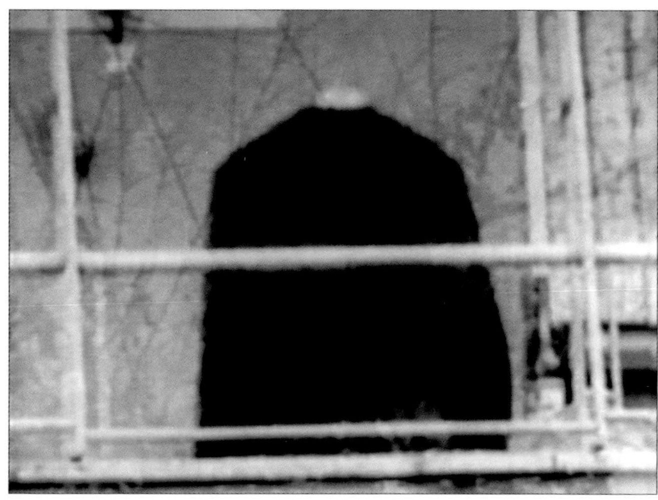

zione, accentuando l'interfaccia arte/comunicazione.

La sperimentazione video può, tuttavia, da un lato essere vista in continuità, dall'altro in totale discontinuità con il cinema di ricerca. Nel caso di artisti performativi ci troviamo di fronte a un'estetica della continuità. Prendendo ad esempio il caso di Ontani, tra i suoi videotape e i suoi brevi super 8 (di cui oggi non esistono più gli originali, usurati da continue proiezioni) non si riscontrano molte differenze. Diverso è però il caso di Baruchello i cui film realizzati in pellicola tra il 1964 e il 1970, pur essendo in gran parte "azioni", sarebbe stato impossibile concepirli in video. Quando negli anni Settanta l'artista – con la complicità di Grifi – gira numerose ore di interviste con i filosofi francesi, raccolte poi nel video *A partire dal dolce* (1979–80) – il *medium* elettronico ha già assunto la forma del "reportage d'artista" o, se vogliamo, del video-saggio. Forse il piano-sequenza su cui è costruito *Non accaduto* (1968, figg. 1a, 1b), quasi un'installazione che ci mostra un abito appeso a una stampella, elemento di presenza-assenza (presenza oggettuale e assenza corporea), potrebbe quasi segnare un passaggio dall'era del cinema a quella del video: all'inizio e alla fine di questo lavoro, non a caso, l'artista ha inserito, senza audio, le immagini "rubate" da una trasmissione televisiva dell'epoca, per amplificare il senso di straniamento di una realtà mediata, esatta-

the dreamlike and lunar *Tre lettere a Raymond Roussel* [Three Letters for Raymond Roussel,1970] is the work that represents some sort of involuntary homage by the artist for the television flow.

A mixed line of continuity/discontinuity between film and video exists for Luca Patella also, who did not manage to use videotape as much as he would have liked or could. If his behavioural short films, with Carlo Cecchi's strolls along the streets of Rome's centre, drifts or experiments of restrained *flanerie*, could have likewise been video recorded – even if with a complete alteration of the time aura – films such as *SKMP2* (1968) or *Vedo vado* [I see I go] (1969), arise not only from cinema as a medium of pure recording or conceptual measuring of space, but from cinema as a device of space and time alteration, through effects at that time achievable only with the camera, such as stop-motion, pixallation or flash-forward. The video recently recovered and remastered within the project REWIND *Italia*, *Grammatica dissolvente – Gazzùff! Avventure & cultura* [Dissolving Grammar. Gazzùff – Adventures & Culture] (dating to around the mid Seventies, fig. 2), is an hybrid, because it partly incorporates cinematographic shooting in the electronic *texture* and partly applies the same cinema technical-stylistic mark (fish eye) to the camera, assimilating, in fact, one medium into the other, according to his 'without weight' theory, a notion that refers to the media (photography, cinema, etc.) that he not only used, but often innovated and renewed, substituting a signic, impressionist or expressionist art, still attached, in fact, to the 'weight' of the nineteenth-century tradition. But 'without weight' also refers to the *expanded* nature of the visual device and to the incapacity to classify these experimentations (that belong to different categories), by surpassing them.

Along the same lines as Patella, but more inclined towards discontinuity, is the Padua native, Michele Sambin, who shot films from 1968 until 1978, and then moved

mente come la giacca filmata voyeuristicamente attraverso il vetro. Ancora di più è l'onirico e il lunare *Tre lettere a Raymond Roussel* (1970), a costituire una sorta di omaggio involontario al flusso televisivo da parte dell'artista.

Anche per Luca Patella, che non arriva a utilizzare il videotape quanto vorrebbe e potrebbe, esiste una linea mista di continuità/discontinuità tra film e video. Se i suoi cortometraggi comportamentali, con le passeggiate, derive o esperimenti di *flânerie* controllata di Carlo Cecchi per le strade del centro di Roma (*Intorno fuori*, *Materiale per camminare*) sarebbero potute essere egualmente registrati in video – pur con una totale modificazione dell'aura temporale –, film come *SKMP2* (1968) o *Vedo, vado!* (1969), nascono non solo dal cinema come *medium* di pura registrazione o misurazione concettuale dello spazio, ma dal cinema come dispositivo di alterazione dello spazio-tempo, grazie a effetti all'epoca possibili solo mediante la cinepresa, quali *stop-motion*, *pixillation* o accelerazione. Lo stesso video ritrovato di recente, e rimasterizzato nell'ambito del progetto REWIND*Italia*, *Grammatica dissolvente – Gazzùff! Avventure & cultura* (databile verso la metà degli anni Settanta, fig. 2) è un ibrido, poiché in parte ingloba la ripresa cinematografica nella *texture* elettronica, in parte applica la medesima marcatura tecnico-stilistica del cinema (il *fish-eye*) alla videocamera, assimilando di fatto un *medium* all'altro, secondo la sua teoria del "senza peso", nozione che si riferisce ai media (fotografia, cinema, ecc.) da lui non solo utilizzati ma spesso innovati e rinnovati, in sostituzione di un'arte segnica, impressionista o espressionista, ancora legata appunto al "peso" della tradizione ottocentesca. Ma "senza peso" si riferisce anche alla natura *expanded* della macchina visiva e all'incapacità di classificare queste sperimentazioni (appartenenti a più categorie), travalicandole.

Sulla linea di Patella, ma più sbilanciato sul versante della discontinuità è il padovano Michele Sambin, che realizza film dal

to videotape. Watching again the artist's super8 and 16mm films, most of which are short films, we search immediately for a parallel with his video production, but we realize that – even if there are some points of contact, such as for example the relationship between image and sound or the technique of multiple exposure that recalls the rewinding of the magnetic tape and therefore the loop – in actual fact the artist from Padua is too wary to delve into the nature of the two different media to make them interchangeable. Therefore, if on the one hand cinema is for Sambin the necessary prologue to electronic art, a gym to think through moving images, on the other hand it remains an experience enclosed in itself.

In his imagery, for example the electronic device is explored as time paradigm, a device that generates waste, fractures, chronological intervals, recording and simultaneously cancelling closed circuit device, through a link between two video recorders, a video camera and some monitors. The results are excellent works that, probably, do not compare to any other work in Italy, such as *Il tempo consuma* [Time Consumes] (1978) or *Anche le mani invecchiano* [Hands Age Too] (1979, fig. 3). Sambin, in short, finds in the electronic medium the main expressive instrument of his research, which in those years – even before the performing dimension in preparation of his later theatre activity – involves a strong connection with music.

The filmic device works in a completely different way: let's think of the multiple exposure that forms the fulcrum of *Tob & Lia* (1973) and of *Film a strisce (La petit morte)* [Stripey Film - La petit morte] (1976, fig. 4). In the first work the film, re-exposed different times in the *chassis*, virtually overexposes two bodies, of a dog and of a little girl, spatially separated, creating a playfully erotic human-animal metamorphosis, which loosely recalls the visions of infant sexuality, pure and expanded showed to us by Brakhage in films, such as *Scenes from under Childhood*. In the second work there

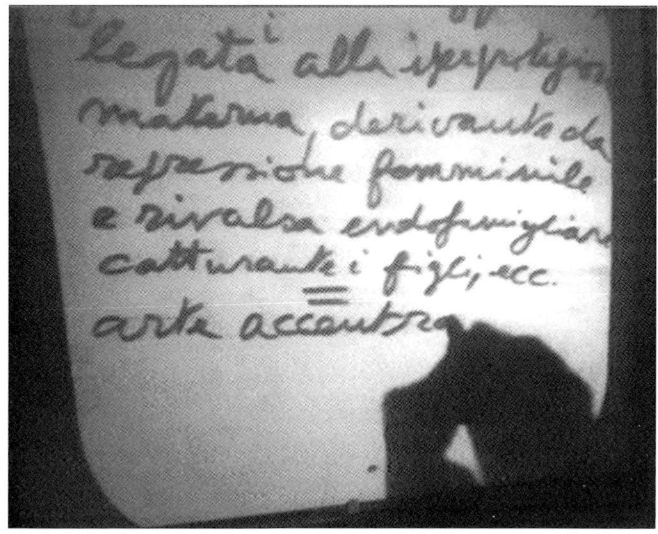

Fig. 2. Luca Maria Patella, *Grammatica dissolvente – Gazzùff! Avventure & cultura*, 1974–75. © Luca Maria Patella.

1968 al 1978, per poi passare al videotape. Nel rivedere i film in super 8 e 16mm dell'artista, in gran parte di breve durata, si cerca subito un parallelo con la sua produzione video, ma ci si rende conto che – pur essendoci alcuni punti di contatto, come ad esempio il rapporto tra immagine e suono oppure la tecnica dell'esposizione multipla che ricorda il ravvolgimento del nastro magnetico e quindi il *loop* – di fatto l'artista padovano è troppo attento ad approfondire la natura dei due diversi media per renderli intercambiabili. Se quindi da un lato il cinema per Sambin non può che essere una necessaria premessa all'arte elettronica, una palestra per pensare mediante immagini in movimento, dall'altro rimane un'esperienza in sé conclusa.

Nel suo immaginario, per esempio, il dispositivo elettronico è esplorato in quanto paradigma temporale, macchina che genera scarti, faglie, intervalli cronologici, apparato a circuito chiuso di registrazione e simultaneamente di cancellazione, attraverso un collegamento tra due videoregistratori, una telecamera e dei monitor. Il risultato sono eccellenti lavori che, probabilmente, non hanno equivalenti in Italia, quali *Il tempo consuma* (1978) o *Anche le mani invecchiano* (1979, fig. 3). Sambin insomma trova nel medium elettronico lo strumento espressivo principale della sua ricerca, che in quegli anni – ancor prima della dimensione perfor-

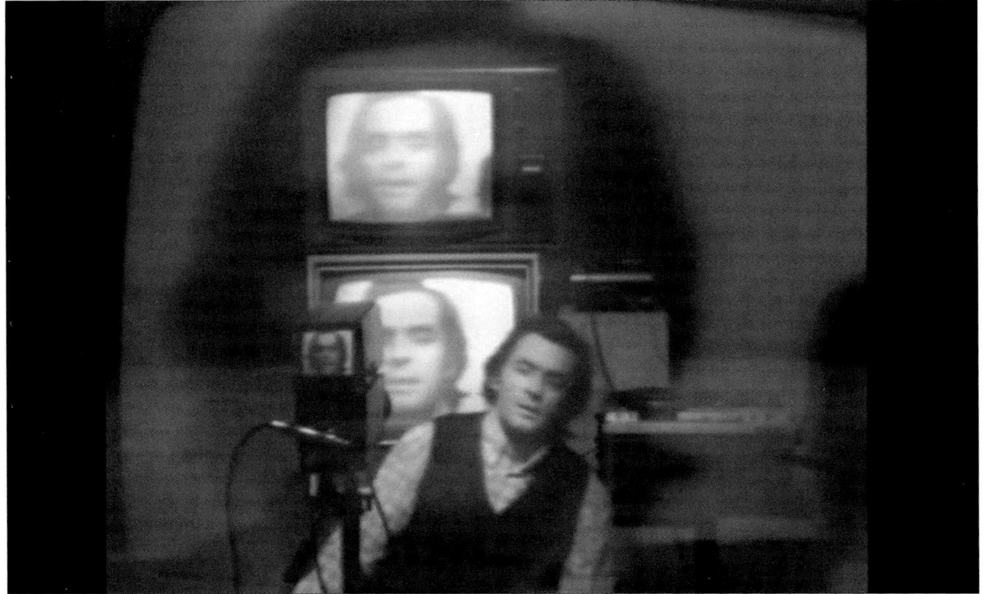

Fig. 3. Michele Sambin, *Anche le mani invecchiano* [Hands Age Too], 1978. Courtesy the artist & Archivio Cavallino, Venice.

are no bodies, but fragments of landscape: the 16mm camera produces portions of visible, a 'fissured' reality, that is reduced to a series of pattern screens that settle until they create a bright and abstract *texture*.

2.

The aesthetic use of television is by now spread internationally, it is enough to think of Nam June Paik or of Gerry Schum (the German video gallery owner and author of two important anthologies, such as *Identifications* and *Land Art*). In Italy the appearance of portapack undertook the task of producing counter-information. We need to stress that in that period, even in experimental cinema, the aesthetic and the political represented two poles that overlap and complement each other. Alberto Grifi, filmmaker first and then video maker, for example, embraces the militant use of video starting from *Anna* (1972–75, fig. 5), the first videofilm of the history, that played a principal role in the context of Italian independent cinema. Just like Sambin, Grifi also clearly understands videotape linguistic specificity, and that it is better to make the most of it, abandoning the experimentalism of films, such as *Transfert per kamera verso Virulentia* (1966–67) or *Le avventure di Giordano*

mativa, propedeutica alla successiva attività teatrale – implica un forte legame con la musica.

Il dispositivo filmico opera in modo del tutto diverso: pensiamo all'esposizione multipla che costruisce il fulcro di *Tob & Lia* (1973) e di *Film a strisce* (*La petit morte*, 1976, fig. 4). Nel primo caso la pellicola re-impressionata più volte nello *chassis* sovrappone virtualmente due corpi, quello del cane e della bambina, separati spazialmente, originando una metamorfosi umano-animale giocosamente erotica, che ricorda un po' le visioni della sessualità infantile, pura ed espansa, regalateci da Brakhage in film come *Scenes from under Childhood*. Nel secondo caso non vi sono corpi ma frammenti di paesaggio: la cinepresa 16mm a molla produce porzioni di visibile, una realtà "fessurizzata", cioè ridotta a una serie di mascherini che si sedimentano fino a creare una *texture* luminosa e astratta.

2.

Malgrado a livello internazionale si sia ormai diffuso l'utilizzo estetico della televisione, pensiamo solo a Nam June Paik o a Gerry Schum (il videogallerista tedesco autore di due importanti "antologie" come *Identifications* e *Land Art*), in Italia l'apparizione del

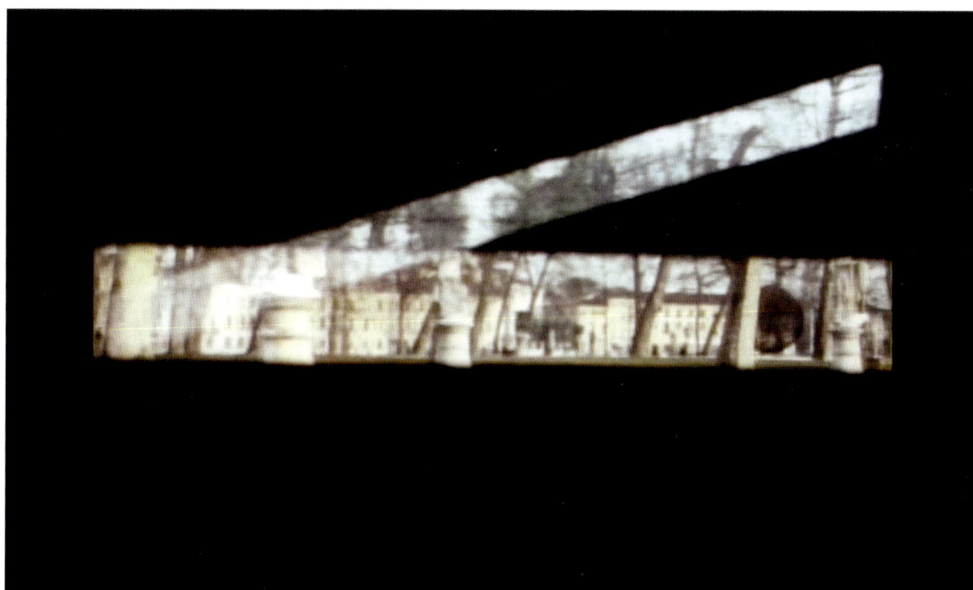

Fig. 4. Michele Sambin, *Film a strisce (La petit morte)* [Stripey Film – La petit morte], 1976. Courtesy the artist.

Falzoni [Giordano Falzoni's Adventures] (1971), in favour of a narrative documentation, that, however allows video experimentation to rapidly progress.

This happens in the experience of other filmmakers active in the Roman circle, such as Alfredo Leonardi or Guido Lombardi and Anna Lajolo, who abandon film in favour of video, reinforcing the political tendency of their audio-visual works. The activity of Videobase, a group founded by the three authors, on the one hand carries on a project started, above all, with the films marked by the letters 'C' and 'D', that focused on characters such as the humble car park attendant or the wise farmer, exponents of the urban and rural societies, victims of the development without progress denounced in those years by Pasolini. On the other hand it opens a season closer to reportage or inquiry (*Policlinico in lotta* [Struggle at the Polyclinic] or *Carcere in Italia* [Prison in Italy], both dated 1973), that involves, in many cases a new relationship between the author and the theme addressed, as happens in *L'isola dell'isola* [The Island's Island] (1974–77) where the people of the island of San Pietro are invited to comment on the video production and therefore to intervene in the editing phase of the material.

Fabrizio Plessi too worked in the Seven-

portapak assume il compito di produrre controinformazione. C'è da sottolineare quanto in quel periodo, anche nel cinema sperimentale, l'estetico e il politico siano due poli che si sovrappongono e si completano. L'impiego militante del video è ad esempio adottato da Alberto Grifi, *film-maker* prima e *video-maker* dopo, a cominciare da *Anna* (1972–75, fig. 5), primo videofilm della storia, che ha svolto un ruolo centrale nel contesto del cinema indipendente italiano. Come Sambin anche Grifi comprende bene la specificità linguistica del videotape, che conviene sfruttare abbandonando lo sperimentalismo di film quali *Transfert per kamera verso Virulentia* (1966–67) o *Le avventure di Giordano Falzoni* (1971), a favore di una documentazione in forma narrativa che, tuttavia, fa compiere alla sperimentazione video passi in avanti.

Ciò avviene nell'esperienza di altri *film-maker* attivi nell'ambito romano, quali Alfredo Leonardi, Guido Lombardi e Anna Lajolo, che abbandonano la pellicola a favore del video rafforzando la tendenza politica delle loro opere audiovisive. L'attività di Videobase, collettivo fondato dai tre autori, da un lato prosegue un discorso iniziato soprattutto con i film contrassegnati dalle lettere alfabetiche "C" e "D", incentrati su alcuni personaggi, come l'umile posteggia-

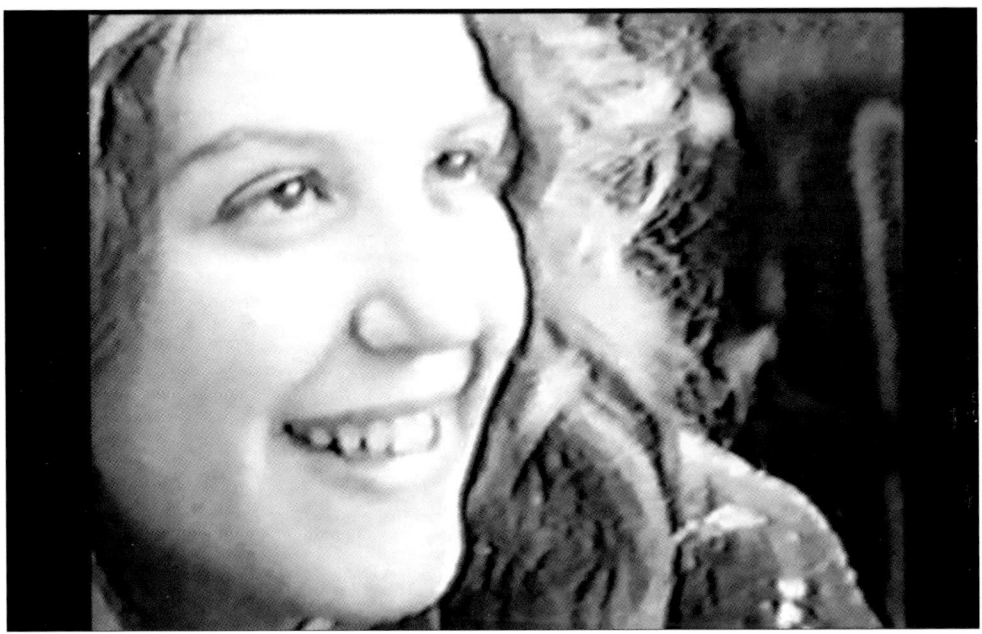

Fig. 5. Alberto Grifi, Massimo Sarchielli, *Anna*, 1972–75. Courtesy of Associazione Culturale Alberto Grifi.

ties and Eighties under the sign of an absolute continuity between cinema/video/ photography (since his works, based on the liquid element, have a performance style); he shot super8 and 16mm and videotapes – produced by the Palazzo dei Diamanti in Ferrara, starting with *Travel* (1974). In one of the art house cinema catalogues edited by Fagone in 1977, Plessi stated, not without reason: 'I do not believe in the specific medium, but in a piratical use of it, because I think that every experience is valid if it becomes useful to understand a language. I create emulsified canvases based on films sequences, photo sequences drawn from videotapes, I take pictures of, and I film, pictures already taken, I take pictures and snapshots that are films clips. How can we organize, circumscribe, label all these things? ... I believe more and more in different media that oppose or even better, overlap, alternate, contrast, identify within a unique language, maybe still raw, maybe still cloudy, but alive and vital'.[2]

3.

Taking a step back, video aesthetic had already appeared in art house cinema in the

tore o il saggio contadino, esponenti della società urbana e della civiltà rurale, vittime di quello sviluppo senza progresso denunciato all'epoca da Pasolini; dall'altro inaugura una stagione più vicina al reportage o all'inchiesta (*Policlinico in lotta* o *Carcere in Italia*, del 1973), che prevede in molti casi un rapporto nuovo tra autore e soggetto trattato, come accade per *L'isola dell'isola* (1974–77) in cui gli abitanti dell'isola di San Pietro sono chiamati a commentare il girato e, quindi, a intervenire nella fase di edizione del materiale stesso.

Sotto il segno dell'assoluta continuità tra cinema/video/foto (essendo di carattere performativo i suoi interventi, basati sull'elemento liquido) lavora anche Fabrizio Plessi negli anni Settanta e Ottanta, girando super 8, 16mm e videotape – prodotti dal Palazzo dei Diamanti di Ferrara, – a partire da *Travel* (1974). Su uno dei cataloghi del cinema d'artista curato da Fagone nel 1977, Plessi dichiarava, non senza qualche ragione: "Non credo nel mezzo specifico, ma nella utilizzazione piratesca del mezzo poiché penso che qualsiasi esperienza è valida se diventa utile per chiarire un linguaggio. Faccio tele emulsionate tratte da sequenze di film, foto sequenze tratte da video tapes, fotografo e filmo dalle fotografie già fatte,

late Sixties as a fragment drawn from the television context. The film that better expresses the pervasiveness of the cathode image is *Scusate il disturbo* [Apologies for the Interruption] (1968) by Giorgio Turi, another filmmaker – such as Leonardi, Lombardi, Lajolo, Baruchello, Patella others – adhering to CCI Cooperativa del Cinema Indipendente that was created between Naples and Rome around 1967 and wound up in 1970 after its propulsive drive had run out ... This – not famous – short film was made by 16mm shooting of the domestic television screen, whose transmissions become gradually distorted by a frequency disturbance, until they completely disintegrate. It is a sort of *Blob*[3] ante litteram with clips drawn from news, adverts, films and cartoons about the threat represented by mass media, which orientate our taste and mystify reality. Some years later, the Venetian artist Paolo Gioli, made another interesting film about the hand-to-hand struggle between cinema and video, *Immagini disturbate da un violento parassita* [Images disrupted by a violent parasite] (1970), where, opening a series of windows he makes the two devices meet, showing in a malleable way, how electronic image has by now absorbed film image. Gioli worked on the interference between film and magnetic tape also in his only videotape produced until now, *Volto inciso* [Etched Face] (1984, figs. 6a, 6b, 6c),[4] was commissioned for an exhibition on the Etruscans. This time he inserted as an additional element, sculptures on which both television clips and filmed human faces are projected and/or inlaid: overlapping the ancient sculptured heads, the moving images make them alive and throbbing and the same Etrurian archaeological finds acquire the completely modern function of screens, according to a logic of cut-off, inlay and collage that we find in the artist's aesthetic, even where the pictorial element joins the photographic one, which in turn was gathered from film (this happens in the silk screen series of the *schermi-schermi* [screens-screens]).

faccio fotografie e polaroid che sono spezzoni di film. Come si può ordinare, circoscrivere, incasellare tutto ciò? [...] Credo sempre più ai diversi media che si oppongono, o meglio, sovrappongono, si alternano, si contrastano, si identificano in un unico linguaggio, forse ancora grezzo, forse ancora nebuloso, ma vivo e vitale[2]".

3.

Facendo un passo indietro, l'estetica video è già presente nel cinema d'artista della fine degli anni Sessanta sotto forma di frammento prelevato dal contesto televisivo. Il film che meglio esprime la pervasività dell'immagine catodica è *Scusate il disturbo* (1968) di Giorgio Turi, altro *film-maker* – come Leonardi, Lombardi, Lajolo, Baruchello, Patella e altri – aderente alla CCI, la Cooperativa del Cinema Indipendente che nasce tra Napoli e Roma intorno al 1967 e si scioglierà dopo aver esaurito la sua spinta propulsiva nel 1970. Questo cortometraggio – poco conosciuto – è basato su riprese in 16mm del teleschermo casalingo le cui trasmissioni diventano gradualmente distorte da un disturbo di frequenza, fino alla completa disintegrazione. È una sorta di *Blob* ante litteram[3] con spezzoni di telegiornali, pubblicità, film e cartoni animati, sulla minaccia rappresentata dai mass media che orientano il gusto e mistificano la realtà. Qualche anno dopo, l'artista veneto Paolo Gioli, realizza un altro interessante film sul corpo a corpo tra cinema e video, *Immagini disturbate da un intenso parassita* (1970), in cui, aprendo una serie di finestre, fa convivere insieme due dispositivi, sottolineando plasticamente come l'immagine elettronica abbia ormai fagocitato quella filmica. Anche nell'unico videotape realizzato da Gioli fino ad oggi, *Volto inciso* (1984, figg. 6a, 6b, 6c)[4], commissionatogli per una mostra sugli etruschi, l'artista-cineasta lavora sull'interferenza tra pellicola e nastro magnetico; stavolta inserisce come elemento aggiuntivo sculture sulle quali vengono proiettate e/o intarsiate sia spezzoni televisivi, sia volti

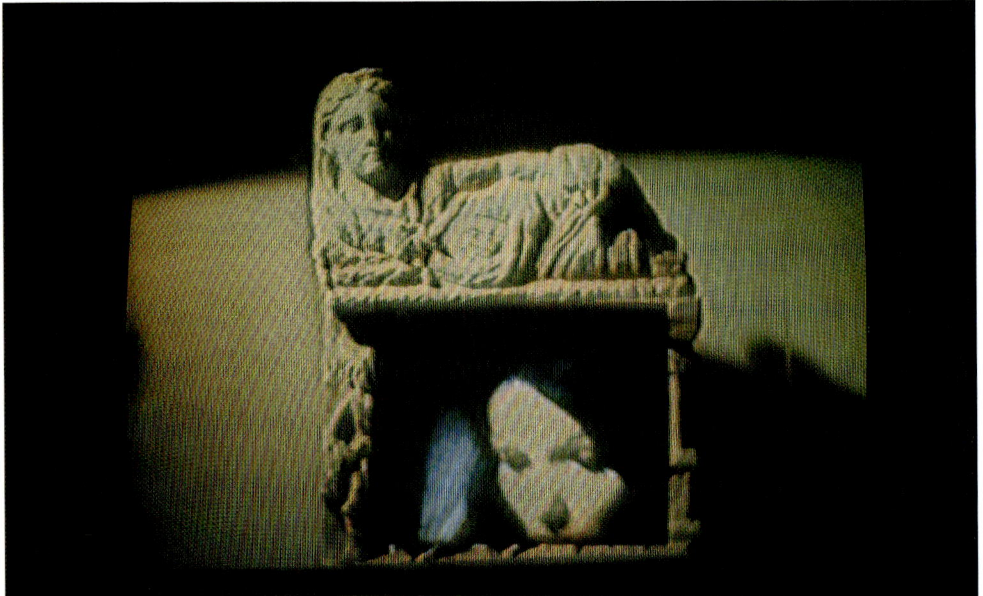

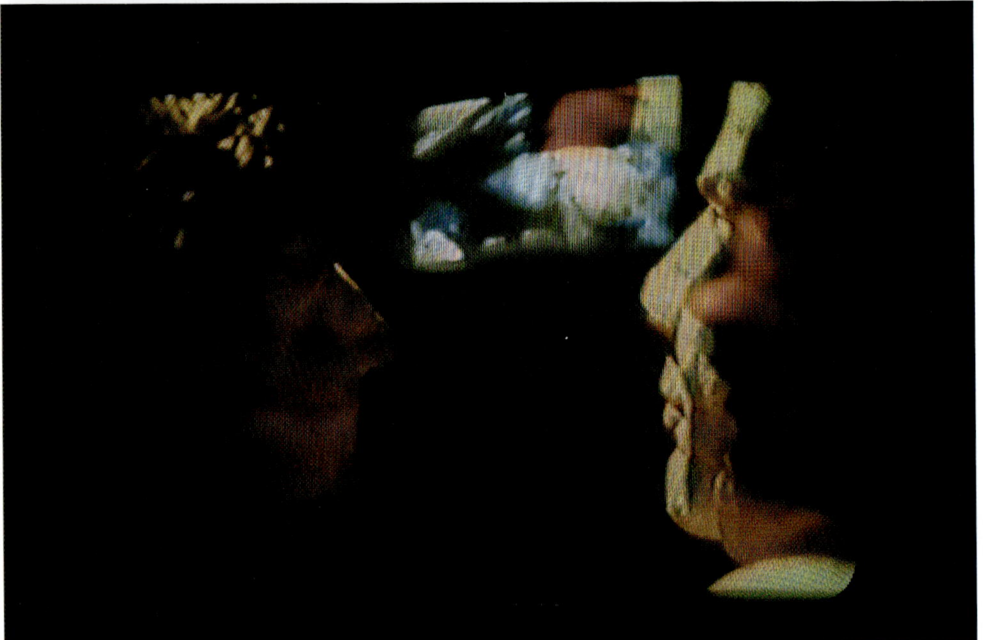

Fig. 6a, b, c. Paolo Gioli, *Volto inciso* [Etched Face], 1984. Courtesy of Archivio Di Marino.

Schermo schermo [Screen · screen] (1976) is also the title of one of Gioli's less known Super 8 films. It is composed of inlays, which were not made during the development and print phases or in camera. These inlays were made by filming a TV monitor with an applied paper rectangle on which Gioli projects another image with an apparatus. In this way he creates live a continuous passage between positive and negative. In this case too, Gioli invents – with

umani filmati: sovrapposti alle antiche teste scolpite, le immagini in movimento le rendono vive e palpitanti e gli stessi reperti etruschi, acquistano la funzione, tutta moderna, di schermi, secondo una logica di ritaglio, intarsio e collage che ritroviamo nell'estetica dell'artista, anche laddove il pittorico si congiunge con il fotografico a sua volta desunto dal filmico (pensiamo alla serie serigrafica degli *schermi-schermi*).

Schermo schermo (1976) è anche il titolo di

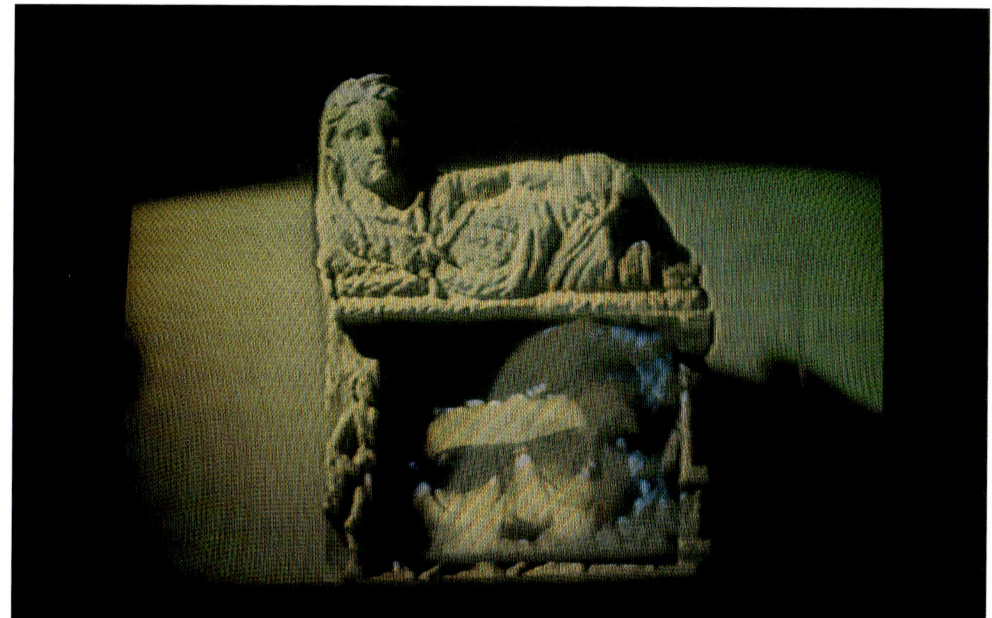

great originality – a video-film device for making his moving compositions.

Along the lines of a perfect synthesis among television image, film image, photographic image and pictorial image, enters also Mario Schifano, whose inter-media expressive style spanned from the mid-Sixties until the Nineties. His films, just like his life, are permeated by the idea of living surrounded by, or to be more precise, immersed in, television screens. Both the short films and the feature films that compose his famous trilogy, constituted by *Satellite*, *Umano non umano* [Not Human Human] (fig. 7), *Trapianto consunzione e morte di Franco Brocani* [Franco Brocani's Transplant Consumption and Death] (1968–70), are enhanced by the television screens – characterized by a continuous scanning line, produced by the different speed between television set and camera – that present images of the war in Vietnam or other political and social events – bursting into the flow of everyday life. Taking pictures from the television screen leaving the round frame, then transferring and colour retouching the compositions on the canvas, becomes a procedure adopted by Schifano already in those years, and it then becomes more articulated, problematic, sophisti-

un super 8 poco conosciuto di Gioli, interamente composto da intarsi, non ottenuti in fase di sviluppo e stampa o in macchina, ma filmando lo schermo televisivo, su cui viene applicato un rettangolo di carta sul quale Gioli, a sua volta, proietta un'altra immagine con un apparecchio, creando dal vivo un passaggio continuo da positivo a negativo. Anche in questo caso l'artista inventa, con grande originalità, un dispositivo videocinegrafico per realizzare le sue composizioni in movimento.

Sulla linea di una perfetta sintesi tra immagine televisiva, immagine filmica, immagine fotografica e immagine pittorica, si inserisce anche Mario Schifano, la cui cifra espressiva intermediale si propaga dalla metà degli anni Sessanta fino agli anni Novanta. I suoi film, così come la sua reale esistenza, sono impregnati dall'idea di vivere circondato da (o meglio immerso in) schermi televisivi. Sia i cortometraggi, sia i lungometraggi che compongono la sua famosa trilogia, costituita da *Satellite*, *Umano non umano* (fig. 7), *Trapianto consunzione e morte di Franco Brocani* (1968–70) sono scanditi dalle schermate della tv – caratterizzate da una continua linea di scansione, causata dalla differente velocità tra televisore e cinepresa –, immagini della guerra del

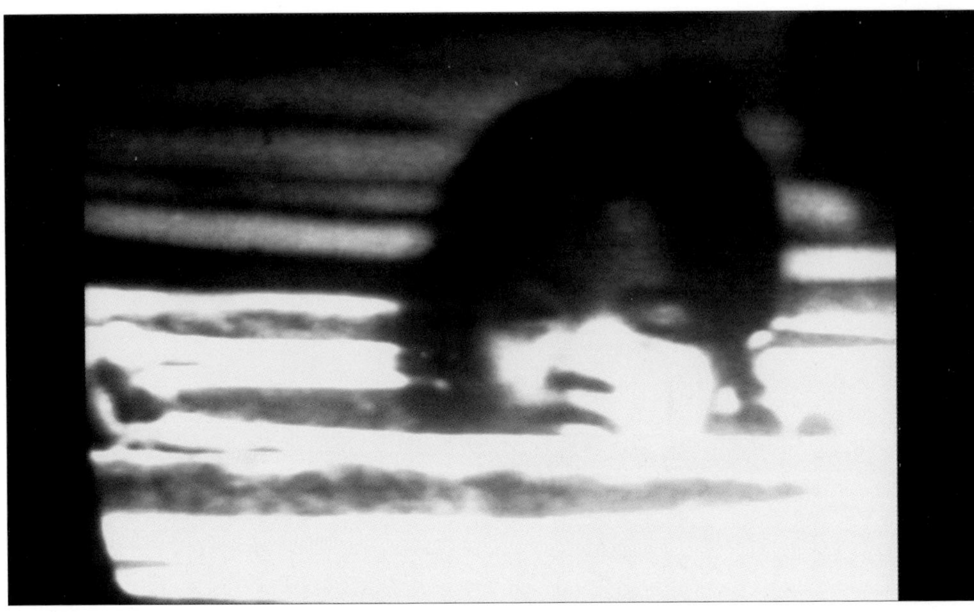

Fig. 7. Mario Schifano, *Umano non umano* [Not Human Human], 1972. Courtesy of Archivio Di Marino.

cated, with the addition of Polaroid. His video-filmic moving images are strongly pictorial and constitute a particular chemical-electronic modality of painting with light and colour. In fact they become the progression of the slide decal projected on canvas, used by him, by Warhol and by other artists. According to this aesthetic, even if he did not use the portapack at the time, therefore he did not produce videotape in a strict sense (if not around the Eighties, when cameras were common in homes), Schifano, in his own way, creates videos, or even better, he directly overtakes the film/video pair, bringing back these two experiences – as Patella, Plessi and others did but in a different way – towards a system of media integration.

Filming the little screen is a very spread practice in the experimental cinema of those years; if we think as for example at another artist and Schifano's friend and companion, Franco Angeli, that in *Schermi* [Screens] (fig. 8) shoots lines of TV monitors, overlapping them with multiple exposures, creating a liquid texture and enhancing their oneiric aura. After all the crossfading between the images is Angeli's paintings' signature style: we can think at his famous '*garze*' [gauzes] that characterize his canvas, a peculiar device to soften the vision creating suggestive and symbolic allusions.

Vietnam o di altri eventi politici e sociali che irrompono nel flusso della vita quotidiana. Fotografare dallo schermo televisivo lasciando la cornice arrotondata, trasferendo poi su tela e ritoccando cromaticamente le composizioni, è un procedimento adottato da Schifano già in quegli anni, che poi diviene sempre più complesso e sofisticato, con l'aggiunta della polaroid. Le sue immagini in movimento video-filmiche sono marcatamente pittoriche e costituiscono una particolare modalità, chimico-elettronica, di dipingere con la luce e con il colore. In fondo costituiscono una prosecuzione del ricalco di diapositive proiettate su tela, utilizzato da lui così come da Warhol e da altri artisti. Secondo questa estetica, pur non adoperando il portapak all'epoca, non producendo cioè videotape in senso stretto (se non verso gli anni Ottanta, quando ormai le videocamere si sono diffuse a livello casalingo), Schifano a suo modo fa video o, meglio, supera direttamente il binomio film/video, riconducendo queste esperienze – come hanno fatto in modo diverso Patella, Plessi e altri – verso un sistema di integrazione mediale.

Filmare il piccolo schermo è naturalmente una pratica assai diffusa nel cinema sperimentale di quegli anni, pensiamo anche a un altro artista amico e sodale di

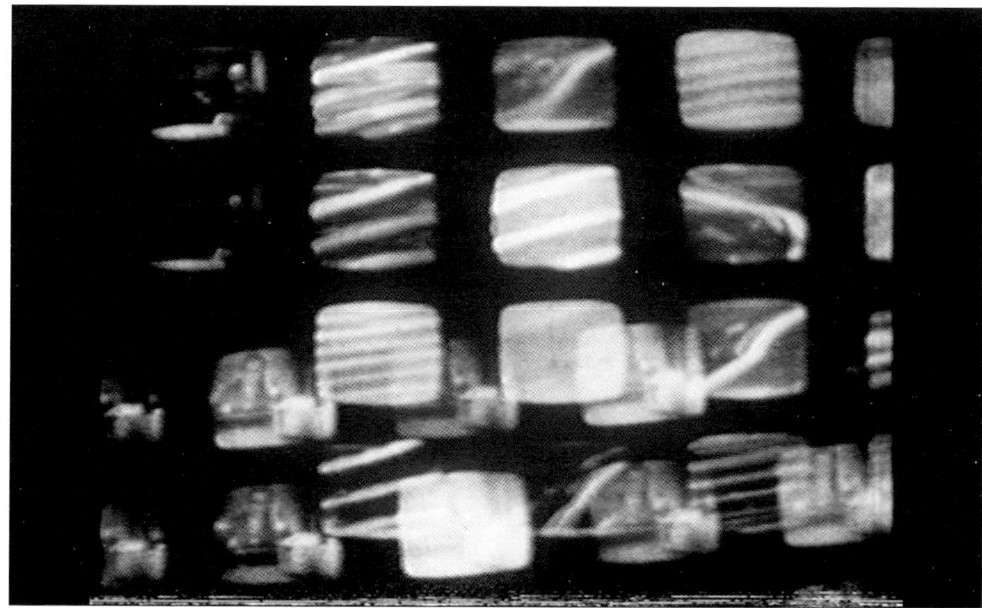

Fig. 8. Franco Angeli, *Schermi* [Screens], 1968. Courtesy of Archivio Di Marino.

Among the other 'historic' Italian artists that alternated the use of video and that of cinema in the Seventies and Eighties, it is important to remember Yervant Gianikian and Angela Ricci Lucchi, who, after displaying a video-environment at the Biennale over ten years ago, fully entered the art system, but who also produced in the Eighties different video works according to the logic of continuity in comparison to their *found-footage film*; but also Ugo Nespolo who, in the Seventies, shot several hours, still unreleased, with the portapack, but these works were documentative and not creative, and he started to use video in continuity with his experimental aesthetic only around 2000, when the differences of status between the two mediums were growing thinner.

To conclude, this contribution, that clearly, cannot, and does not try to be exhaustive, I wanted to underline some key points that would need further study, not only in light of the works known today, but especially in relation to other films and other videos of that time that could be found in the future, so as to manage to complete the essential reconstruction (first historical and then critic) of a crucial moment in the relationship between art and technology that

Schifano, Franco Angeli, che in *Schermi* (1968, fig. 8) riprende file di monitor televisivi sovrapponendoli tra loro attraverso esposizioni multiple, ottenendo una *texture* liquida e accentuandone la loro aura onirica. La dissolvenza incrociata tra le immagini è del resto la cifra stilistica dell'Angeli pittore: pensiamo alle famose "garze" che caratterizzano le sue tele, un dispositivo piuttosto singolare per sfumare la visione creando effetti suggestivi ma anche allusioni simboliche.

Tra gli altri artisti italiani "storici", che hanno alternato negli anni Settanta e Ottanta l'uso del video a quello del cinema, bisogna ricordare Yervant Gianikian e Angela Ricci Lucchi che, dopo un videoambiente alla Biennale di oltre dieci anni fa, sono entrati a pieno titolo nel sistema dell'arte, ma che hanno realizzato negli anni Ottanta diversi lavori in video secondo la logica della continuità rispetto ai loro *found-footage film*; nonché Ugo Nespolo, che ha girato diverse ore tuttora inedite con il portapak negli anni Settanta, di carattere documentativo e non creativo, cominciando poi ad utilizzare il video in continuità con la sua estetica sperimentale solo intorno al 2000, quando ormai le differenze di statuto tra i due *medium* andavano assottigliandosi.

happened in Italy and in an international context more generally.◆

Endnotes

1. In 1970 Luigi Ontani shot the colour video called *La favola impropriata* [The Distorted Fairy Tale], therefore we can perhaps say that, at least in Italy, this is a primacy, since all the other art house videotapes of that decade were usually B/W.
2. Fabrizio Plessi, in Vittorio Fagone (ed.), *Arte e cinema. Per un catalogo di cinema d'artista in Italia 1966–1977* (Venice: Marsilio, 1977), p. 78.
3. *Blob* is a television program by RAI, started 25 years ago, that consists of the re-editing of clips broadcasted the previous day by private and state networks [Note of the Translator].
4. Gioli actually made another extra-film work in 2002, *Volto telato* [Linen Face], digital re-editing of shots carried out with the photo finish technique. Apart from these two experiments, the artist from Rovigo continues to be 'resistant' to digital recording technology, and he still uses 16mm.

Per concludere, questo contributo non può e non vuole essere esaustivo, ma solo indicare alcuni punti chiave che andrebbero ulteriormente approfonditi non solo alla luce dei materiali finora conosciuti, ma soprattutto in relazione con gli altri film e video di quel periodo che potrebbero essere ritrovati in futuro, in modo da completare l'indispensabile ricostruzione (prima storica, poi critica) di un momento cruciale del rapporto tra arte e tecnologia avvenuto in Italia e, più in generale, nel contesto internazionale.◆

Note

1. Luigi Ontani nel 1970 realizza il video dal titolo *La favola impropriata* addirittura a colori, dunque possiamo forse dire che, almeno in Italia, si tratta di un primato, dal momento che tutti gli altri videotape d'artista del decennio sono generalmente in bianco e nero.
2. Fabrizio Plessi, in Vittorio Fagone (a cura di), *Arte e cinema. Per un catalogo di cinema d'artista in Italia 1966–1977* (Venezia: Marsilio, 1977), p. 78.
3. *Blob* è una trasmissione della Rai, nata 25 anni fa, che consiste nel rimontaggio di spezzoni trasmessi il giorno prima dai network pubblici e privati.
4. In realtà nel 2002 Gioli ha realizzato un altro lavoro extrafilmico, ovvero *Volto telato*, rimontaggio in digitale di scatti effettuati con il procedimento del fotofinish. A parte questi due esperimenti l'artista rodigino continua a essere "resistente" alla tecnologia di registrazione digitale, adoperando tuttora il 16mm.

Chapter 15 / Capitolo 15

Parallel Time in Selected Italian and UK Early Video Works | Tempi paralleli in una selezione di opere dei primi anni del video in Italia e Gran Bretagna

Adam Lockhart

'Life is short, and Art long; the crisis fleeting; experience perilous, and decision difficult.'[1] The ancient Greek physician Hippocrates aphorism could well be a kind of an epitaph to the idea of 'Time Based Art'. David Critchley, in a section of his video artwork *Pieces I Never Did*, 1979, which was shown at *Video '79* in 1979,[2] utters the first part of this. The piece consists of series of performances being described by a narrator (Critchley), where he says he 'never got round to doing it' or 'didn't do it' and then subsequently we see the performance being carried out, but not perhaps exactly in the way it is originally described.

Performance and particularly performance to the camera is a common theme amongst both UK and Italian video art. Another piece by Critchley called *Instruction Limitation* is similar to *Videomusic* by Claudio Ambrosini (fig. 1), both, interestingly, were made in 1977 and both in black

"La vita è breve, l'arte è lunga, l'occasione è fugace, l'esperienza è fallace, il giudizio è difficile"[1]. L'aforisma di Ippocrate, medico della Grecia antica, potrebbe rappresentare una sorta di epitaffio all'idea di "*Time Based Art*". David Critchley, in una sezione della sua opera video *Pieces I Never Did*, 1979, che fu presentata a *Video '79* nel 1979[2], ne declama la prima parte. L'opera è composta da una serie di performance raccontate da un narratore (Critchley) che dice "non sono ancora riuscito a farlo" o "non l'ho fatto", successivamente vediamo la messa in scena della performance, ma forse, non esattamente nella maniera in cui è stata descritta originariamente.

La performance, e in particolare la performance di fronte alla videocamera, è un tema ricorrente sia nella videoarte britannica sia in quella italiana. Un altro video di Critchley intitolato *Instruction Limitation* è si-

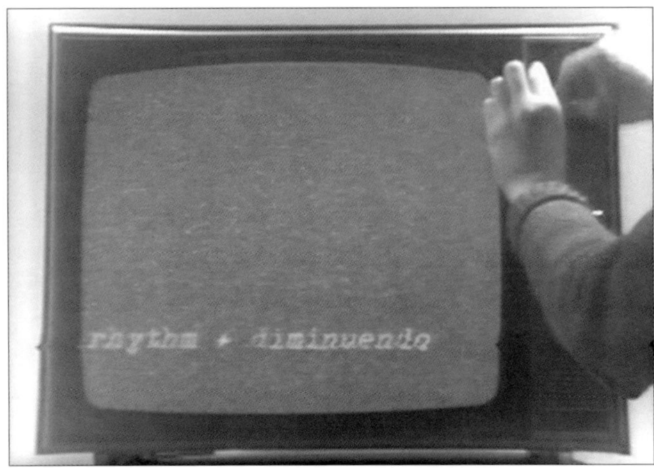

Fig. 1. Claudio Ambrosini, *Videomusic*, 1977. Courtesy of the artist & Archivio Cavallino, Venice.

and white. In Ambrosini's piece, we see a TV monitor with 4 sliders, which control things like volume, brightness and contrast. The image on the screen is white noise with no definable picture. Ambrosini's background as a musician is clearly realised in this work, as he seeks to use the TV as a musical instrument. The piece is split into 2 'movements' – 'Overture' and 'Do It Yourself'. The score or instructions are layered on top of the video via a video mixer, operated by Paolo Cardazzo, with a video recording made previously of slides from a slide projector. It starts with 'The Instrument, How to Play It' then follows a series of instructions like 'Single Motion', 'Multiple or Contrary Motion' and 'Asynchronous Parallel Motion'. Ambrosini performs each of these on the 4 sliders, making the image change and volume change differently depending on the instructions. The piece then moves on to using musical terms such as crescendo and diminuendo, piano pianissimo and 'sfz' meaning forced. Then we are shown various rhythm patterns and also timbre, where he covers and cups the loudspeaker with his hand to change the 'colour' of the sound. Once all of these instructions have been carried out we are brought into the second movement where the words 'Do it Yourself' appear and the camera zooms into the image of white noise on the monitor, cropping out the frame, prompting, it is assumed, for the viewer do the same on the monitor they are viewing themselves.

mile a *Videomusic* di Claudio Ambrosini (fig. 1), ed è interessante notare che entrambi furono realizzati nel 1977 ed entrambi in bianco e nero. Nell'opera di Ambrosini vediamo il monitor di una televisione con quattro comandi a scorrimento che controllano il volume, la luminosità e il contrasto. Ciò che appare sullo schermo è rumore bianco senza un'immagine definita. La formazione da musicista di Ambrosini trova piena realizzazione in questo lavoro in cui l'artista cerca di utilizzare la TV come strumento musicale. L'opera è divisa in due "movimenti" – "Overture" e "*Do It Yourself*" [Fai-da-te]. Attraverso un mixer video, Paolo Cardazzo sovrappone al video le partizioni e istruzioni registrate in precedenza dalla proiezione di alcune diapositive. Si inizia con "*The Instrument, How to Play It*" [Lo strumento, come suonarlo], poi seguono una serie di istruzioni tipo "*Single Motion*" [Movimento singolo], "*Multiple or Contrary Motion*" [Movimento multiplo o contrario] e "*Asynchronous Parallel Motion*" [Movimento parallelo asincronico]. Ambrosini esegue ognuna di queste azioni con i quattro comandi, facendo sì che l'immagine e il volume cambino a seconda delle istruzioni. L'opera prosegue poi utilizzando termini musicali quali crescendo e diminuendo, piano pianissimo e "sfz", che significa sforzando. Ci vengono, quindi, mostrati diversi schemi ritmici e di timbri diversi, con l'artista che copre l'altoparlante o lo ripara con la mano a coppa per modificare il "colore" del suono. Quando tutte queste istruzioni sono state eseguite veniamo condotti nel secondo movimento, dove appaiono le parole "*Do it Yourself*" e la videocamera mette a fuoco l'immagine del rumore bianco sul monitor, tagliando fuori la cornice, spingendo, si presume, i visitatori a fare lo stesso con i monitor che stanno osservando.

In *Instruction Limitation* (fig. 2) Critchley raggiunge lo stesso risultato partendo dalla prospettiva della performance piuttosto che da quella musicale:

Instruction Limitation mi ha aiutato a

In Critchley's *Instruction, Limitation* (fig. 2), he comes at this from a performance art angle rather than a musical one:

> 'Instruction Limitation'... it helped me go through all the things you could do with a Sony edit deck and a camera technically so that the camera is pointing at me talking with a screen here and I'm giving myself instructions, pull the slow motion button, click twist, but just literally working through one by one all the bits of stuff you could do [with it]...[3]

The piece begins with an image of a monitor displaying white noise with a microphone pointing at it. A video deck connected to this monitor is started with a previous recording of Critchley's face with the same microphone pointing at him. He then starts to give out a series of instructions to change various parameters on the monitor and the video deck playing him back. An unseen Critchley carries out these instructions in a similar fashion to Ambrosini. For example:

> Turn the contrast on the monitor up, as high as it will go... and down again, Turn the vertical hold so it goes out of hold... then turn it back again, When I make a gesture with my hand, turn the control switch on the deck to pause for 5 seconds and then forward [again]...

In each of these actions, Critchley's face and/or voice is distorted creating something different from what was there before – lighter, darker, slower, faster, completely still, louder, quieter, scrolling or twisted. A self portrait being manipulated over time by outside forces that the artist has requested but ultimately has no control over, even though he is the one carrying out the manipulations. At the end of the piece the instruction is to turn off the deck, then it's power, then the monitor, and then camera and deck that is being used to record the performance, therefore ending the piece.

The Fluxus movement in the preceding decade probably inspired both of these works, either intentionally or unintentionally.

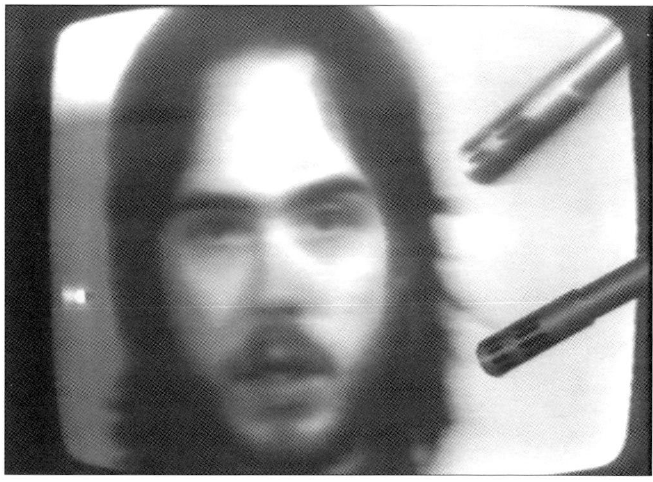

Fig. 2. David Critchley, *Instruction, Limitation*, 1977. Courtesy of the artist.

> sperimentare tutte le cose che si potevano fare tecnicamente con un *deck* per il montaggio della Sony e una videocamera, così da permettermi di rivolgere la videocamera verso di me mentre parlavo con uno schermo qui, mentre davo istruzioni a me stesso, premi il pulsante *rallenti,* clicca su gira, ma letteralmente sperimentando ogni piccola cosa che si potesse fare [con il *deck*] ...[3]

L'opera si apre con l'immagine di un monitor che mostra del rumore bianco e di un microfono rivolto verso di esso. Un'unità video connessa a questo monitor viene accesa e ha inizio una registrazione precedentemente realizzata del volto di Critchley con lo stesso microfono rivolto verso di lui. L'artista comincia allora a dare una serie di istruzioni per cambiare diversi parametri sul monitor e sull'unità video che lo riproduce. Un Critchley invisibile svolge queste istruzioni in maniera simile ad Ambrosini. Ad esempio:

> Aumenta il contrasto nel monitor, fino al massimo... poi abbassalo nuovamente, gira la manopola dell'immagine verticale così da mandare l'immagine fuori tenuta... poi girala nuovamente, quando faccio un cenno con la mano, gira l'interruttore di controllo del videoregistratore su pausa per 5 minuti e poi manda nuovamente avanti [ancora] ...

In ognuna di queste azioni il volto e/o la voce di Critchley vengono distorti, creando

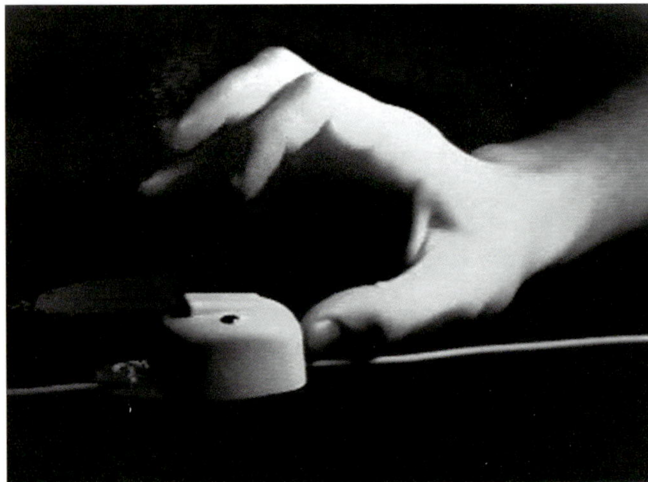

Fig. 3 (left).
Claudio Ambrosini, *Light Solfeggio*, 1977.
Courtesy of the artist & Archivio Cavallino, Venice.

qualcosa di diverso rispetto a quello che c'era prima: più chiaro, più scuro, più lento, più veloce, completamente immobile, a volume più alto, più basso, a scorrimento o distorto. L'autoritratto viene manipolato nel tempo da forze esterne che l'artista ha ricercato, ma sulle quali, alla fine, non ha nessun controllo anche se è lui quello che sta eseguendo le manipolazioni. Alla fine dell'opera l'istruzione è di spegnere il videoregistratore, poi la sua alimentazione elettrica, poi il monitor e poi la videocamera che si sta impiegando per registrare la performance, ponendo così fine, di fatto, alla performance stessa.

Fig. 4 (below).
David Hall, *This is a TV Receiver*, 1976.
Courtesy of Debi Hall.

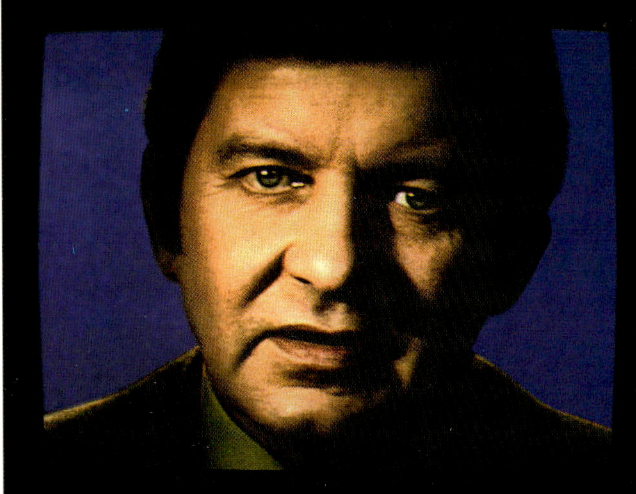

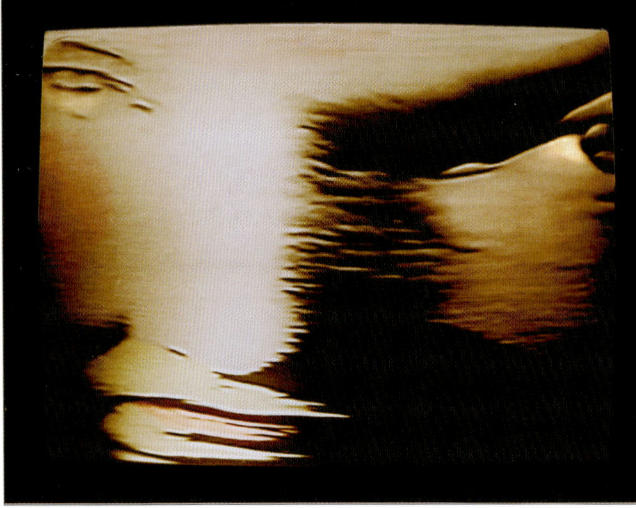

Con ogni probabilità entrambi questi video erano stati ispirati, intenzionalmente o involontariamente, dai lavori del movimento Fluxus del decennio precedente. La filosofia di Fluxus sull'uso delle istruzioni, delle performance fisiche di azioni concertate, delle attività mondane, delle musiche basate su fonti di suoni non musicali, della partecipazione del pubblico e della ripetizione ha contribuito a queste opere[4].

Anche un altro video di Ambrosini, *Light Solfeggio* (fig. 3) prodotto nello stesso periodo di *Videomusic* durante il primo videolaboratorio del 1977 alla Galleria del Cavallino a Venezia, riprende sicuramente il modello tipico delle opere del movimento Fluxus. Il video ...

> ... mostra una serie di primi piani della mano dell'artista che, al buio, batte il tempo su un piccolo interruttore. Il ritmo dato dal rumore dell'interruttore, che si accende e si spegne, è accompagnato dall'alternanza di luce e buio[15].

Ossia, l'interruttore è collegato alla lampada.

Il libro d'artista *Water Yam,* pubblicato nel 1963 dall'artista Fluxus George Brecht, è composto da una serie di cartoline con diverse partiture o eventi fluxus da interpretare e contiene un'opera intitolata *Three Lamp Events*. "Off. On., On. Off., Lampa-

The Fluxus philosophy in the use of instruction, physical performances of scored actions, mundane activities, music based on non-musical sound sources, humour, audience participation and repetition all feed into these works.[4]

Another Ambrosini piece, *Light Solfeggio* [Light Music Theory] (fig. 3) made at the same time as *Videomusic* during the first video workshop in 1977 at Galleria del Cavallino in Venice, certainly fits the Fluxus mould. The work …

> … shows a close up of the hand of the artist who beats time on a small switch in the dark. The rhythm given by the sound of the switch, going on and off, is accompanied by the alternation of light and darkness.[5]

i.e. the switch is connected to the lamp.

The artist's book *Water Yam* published in 1963 by Fluxus artist George Brecht, consists of a series of cards with different fluxus scores or events to be performed, the book contains a piece called *Three Lamp Events*. "Off. On., On. Off., Lamp".[6] Ambrosini, with his own piece, has furthered this with his retention of the 'click' sound of the switch, the use of various rhythmical patterns, and the focus of the switch itself rather than the lamp. The rhythmical score can be seen at the bottom of the screen for each section.

As seen in *Instruction Limitation* many of Critchley's work involves pointing the camera at a monitor, which is playing back a previous recording, usually of himself and then re-recording, therefore creating multiple generational versions of the subject. This process can be repeated as many times as is required. He used this idea in his video works *Trialogue* (1977), *Zeno Reaches Zero* (1975) and *Memory 1 & 2* (1977). Critchley claims that he used this technique only due to the fact that he didn't have access to more sophisticated editing equipment at the time.[7]

Another UK artist, David Hall, used this re-recording multi-generation idea in *This is a Video Monitor* (1974) and its follow up

da"[6]. Ambrosini, col suo lavoro ha enfatizzato questo aspetto, con la conservazione del "click" dell'interruttore, l'uso di vari schemi ritmici e il focus sull'interruttore stesso, piuttosto che sulla lampada. La partitura ritmica si può vedere in fondo allo schermo per ogni sezione.

Come visto in *Instruction Limitation* molti dei lavori di Critchley comportano l'uso di una videocamera rivolta verso un monitor che trasmette una registrazione precedente, solitamente di se stesso, che quindi ri-registra, creando così molteplici versioni del soggetto. Questa procedura può essere ripetuta tante volte quante necessario. Critchley, che ha sfruttato quest'idea nei suoi video *Trialogue* (1977), *Zeno Reaches Zero* (1975) e *Memory 1 & 2* (1997), sostiene di aver utilizzato questa tecnica semplicemente perché allora non poteva disporre di apparecchiature più sofisticate per il montaggio[7].

Un altro artista britannico, David Hall, ha utilizzato quest'idea di ri-registrazione con molteplici versioni in *This is a Video Monitor* (1974) e il suo seguito *This is a Television Receiver* (1976, fig. 4). In entrambe queste opere i soggetti, rispettivamente il volto di una donna e quello di un uomo, recitano un monologo spiegando la 'scatola' nella quale si trovano, ossia il televisore, e chiarendo che loro sono l'immagine di un uomo o di una donna, ma che non sono un uomo o una donna. Chiariscono anche che c'è il suono della voce di un uomo o di una donna, ma che non è la voce di un uomo o di una donna.

> Questo è un ricevitore televisivo, che è una scatola.
>
> La struttura è di legno, metallo o plastica.
>
> Da una parte, molto probabilmente quella che state guardando, c'è una grande apertura rettangolare.
>
> Quest'apertura è occupata da una superficie di vetro curva che emette luce …[8] – da *This is a Television Receiver*

Alla fine del monologo, questo è ripro-

piece *This is a Television Receiver* (1976, fig. 4). In each of these, the subject, a woman and a man's face respectively, narrate a monologue explaining the 'box' they are in, i.e. the TV or monitor and that they are the image of a man or a woman but that they are not a man or a woman. They also explain there is the sound of a man or woman's voice but it is not a man or woman's voice.

> This is a Television Receiver, which is a box.
>
> The shell is of wood, metal or plastic.
>
> On one side, most likely the one you are looking at, there is a large rectangular opening.
>
> This opening is filled with a curved glass surface which is emitting light ...[8] – From *This is a Television Receiver*

At the end of the monologue it is played through again, but this time it has been re-shot by pointing a camera at the screen, making the image and audio slightly distorted from the original. This process is repeated until the image and sound are completely unintelligible and reduced to merely abstract lights and audio. A review of *This is a Video Monitor* highlights this: '... illusion, disintegrates through successive re-printing, the form itself conveys the futility of media belief. Reality is not eliminated it is de-mystified'.[9] It is even more interesting that in *This is a Television Receiver* the subject, Richard Baker, was a well-known newsreader at the time, one who should be trusted, but as we can see his message is being distorted and changed over time.

In 1977, in conjunction with the British Council, the Galleria del Cavallino in Venice hosted *Video Tapes by British Artists* (fig. 5), which featured Hall's *This is a Video Monitor*. It also featured work by David Critchley, Stephen Partridge, Brian Hoey, Tamara Krikorian & Stuart Marshall.[10]

Hall continued with this idea of distorted reality in *Interplay* and *Interplay 2* (fig. 6), the second being a re-make of the first. He made these works while in residence at the

dotto nuovamente per intero, ma stavolta è stato ri-filmato con la videocamera rivolta verso lo schermo, rendendo l'immagine e l'audio leggermente distorti rispetto all'originale. Questo procedimento viene ripetuto fino a che l'immagine e il suono sono completamente inintelligibili e ridotti a luci e audio meramente astratti. Una recensione di *This is an Video Monitor* evidenzia che "[...] l'illusione si disintegra attraverso le successive riproduzioni, la forma stessa trasmette la futilità della credenza nei media. La realtà non viene eliminata, viene demistificata"[9]. Ancora più interessante è che in *This is a Television Receiver* il soggetto, Richard Baker, fosse un conduttore di telegiornali famoso all'epoca, una persona che dovrebbe essere presa sul serio, ma come possiamo vedere il suo messaggio viene distorto e cambiato nel corso del tempo.

Nel 1977 la Galleria del Cavallino a Venezia, in collaborazione con il British Council, ospitò *Video Tapes by British Artists* (fig. 5) in cui viene incluso *This is a Video Monitor* di Hall. La rassegna presentava anche opere di David Critchley, Stephen Partridge, Brian Hoey, Tamara Krikorian e Stuart Marshall[10].

Hall ha proseguito con la sua idea di realtà distorta in *Interplay* e *Interplay 2* (fig. 6), dove il secondo era un rifacimento del primo. Creò questi due lavori mentre stava svolgendo una residenza d'artista presso la Galleria del Cavallino nel 1977. Il video inizia con una visione sfuocata, attraverso una finestra, di una calle secondaria di Venezia nella quale si vedono delle persone che svolgono le proprie faccende quotidiane. In sottofondo sentiamo *Blue Skies* di Frank Sinatra, e alla fine della canzone, quando sentiamo il presentatore parlare, scopriamo che a trasmetterla è una radio italiana. L'opera continua con l'immagine che di tanto in tanto diventa in bianco e nero, l'audio che a tratti stride mentre l'immagine è fissa sulla scena della calle. La "rivelazione" più importante ha luogo alla fine quando la videocamera zuma all'indietro per rivelarci che fino ad ora abbiamo guardato la scena

Galleria del Cavallino, in 1977. It begins with a blurred view of a Venetian back street through a window where people are seen going about their daily business. In the background we hear *Blue Skies* by Frank Sinatra being played. This is revealed as being an Italian radio broadcast at the end of the song, when we hear the presenters talking. The piece continuous with the image occasionally going white and black, the sound squealing every so often whilst still fixed on the street scene. At the end, the main 'reveal' takes places when the camera zooms out to reveal that we have been watching a video monitor with a radio beside it with the street scene pre-recorded. A hand, presumably Hall's, then manipulates the monitor and radio to produce the same effects we saw earlier in the piece.

'Il tempo consuma le immagini, il tempo consuma i suoni' [Time consumes images, time consumes sound] is the monotone words that are spoken by Michele Sambin in his 1979 piece *Il tempo consuma…* [The Time consumes…] (fig. 7). The piece involves 2 video decks and a loop of reel to reel videotape. One deck is for playing back and the other is for recording. The recording deck is connected to a video camera that is pointing at Sambin with a monitor behind him, which is connected to the playback deck. The output from the camera and recording deck is seen on a monitor placed above his head, out of view from the camera. The tape loop is connected between the recording deck and the playback deck. The loop has a duration of approximate 30secs. There is a further camera and recorder that are recording the proceedings showing all the apparatus involved and how it is all working. This is the view we see at the beginning. When the loop is started Sambin moves his head back and forth in front of the camera, the movement representing time, like the pendulum of a clock or metronome and then he starts to repeat the lines mentioned previously over and over. His image and voice eventually appear in the monitor behind him so there are now two versions of

videotapes
by british artists

dal 28 gennaio al 3 febbraio 1977
durante la 835ª mostra-laboratorio

GALLERIA DEL CAVALLINO - SAN MARCO 1725 - VENEZIA

Fig. 5. *British Film and Video* exhibition catalogue, Galleria del Cavallino, Venice, 1977.

della calle pre-registrata su un monitor video con accanto una radio. Una mano, presumibilmente quella di Hall, manipola allora il monitor e la radio per produrre gli stessi effetti che abbiamo visto prima nell'opera.

"Il tempo consuma le immagini, il tempo consuma i suoni" sono le monotone parole ripetute da Michele Sambin nel suo lavoro del 1979 *Il tempo consuma …* (fig. 7). L'opera prevede l'uso di due videoregistratori e di un loop di un nastro a bobina aperta [*open reel*]: uno è per la riproduzione e uno per la registrazione. L'unità di registrazione

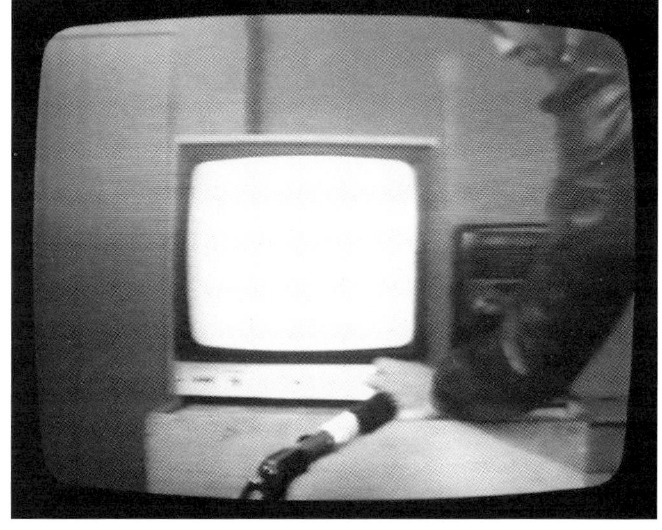

Fig. 6. David Hall, *Interplay 2*, 1977. Courtesy of Debi Hall.

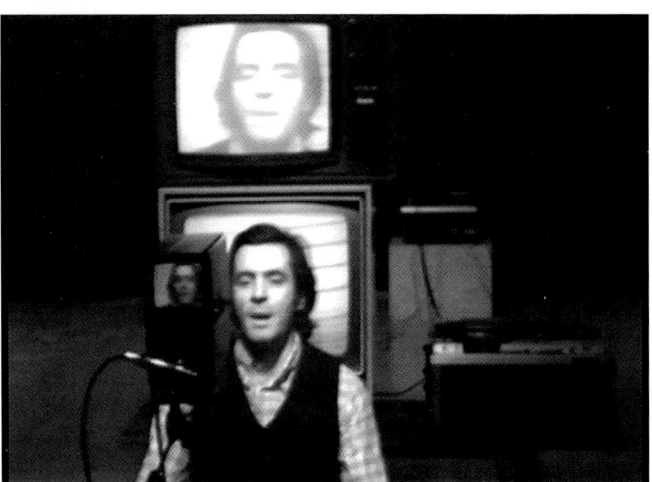

Fig. 7. Michele Sambin, *Il tempo consuma* [The Time consumes], 1978. Courtesy of the artist & Archivio Cavallino, Venice.

him, out of synch with one another. When the loop passes again, the camera records the real Sambin and the version of him behind, so in the next loop there are 3 versions. This process continues until further 'Sambins' appear, but with the oldest generation becoming more and more distorted. The shot then fades into the image produced directly from the camera and we no longer see the workings, but only the various heads moving. This continues for a while and then we realise that all the images and sound are gradually distorting more and more producing an effect similar to David Hall's *This is a Video Monitor*. Eventually, it degrades to the point of abstraction and the shot goes back to the apparatus setting and Sambin is no longer there, apparently 'consumed' as his words throughout had predicted.

Il tempo consuma… is reminiscent of *State of Division* (1978, fig. 8) by the British artist Mick Hartney, in this piece Hartney, himself the subject again, is seen moving back and forth in front of the camera in a pendulum fashion, but in this case it is the camera that moves and not the subject. The premise is also different as Hartney explains:

> The basic idea behind *State of Division* was that a videotape would be found on a bus and played by the finder. It would be found to contain the rambling statement of a character aware of himself only as a video recording.[11]

è connessa a una videocamera rivolta verso Sambin che ha dietro di sé un monitor collegato a quella in lettura. L'output della videocamera e dell'unità di registrazione si vede su un monitor posizionato sopra la sua testa, al di fuori del campo visuale della videocamera. Il loop del nastro, che ha una durata di circa 30 secondi, è connesso tra l'unità di registrazione e quella di lettura. Ci sono poi un'altra videocamera e un altro registratore che registrano le operazioni mostrando le apparecchiature utilizzate e il funzionamento del tutto. Questo è ciò che vediamo all'inizio. Quando il loop inizia, Sambin muove la testa avanti e indietro di fronte alla videocamera, il movimento rappresenta così il tempo, come il pendolo di un orologio o di un metronomo, poi l'artista comincia a ripetere all'infinito i versi menzionati in precedenza. La sua immagine e la sua voce, alla fine, appaiono nel monitor alle sue spalle, così che abbiamo ora due versioni dell'artista, fuori sincronia una con l'altra. Quando il loop passa nuovamente, la videocamera registra il vero Sambin e la versione di sé alle sue spalle, quindi nel loop successivo ci sono tre versioni. Questo processo continua finché non appaiono altri Sambin, mentre la versione più vecchia diventa sempre più distorta. La ripresa allora si dissolve nell'immagine prodotta direttamente dalla videocamera e non vediamo più i meccanismi, ma solo le varie teste che si muovono. Il video procede così per un po', dopodiché ci si accorge che tutte le immagini e il suono si distorcono gradualmente sempre di più, producendo un effetto simile a quello di *This is a Video Monitor* di David Hall. Alla fine si deteriora fino all'astrazione e la ripresa ritorna sullo sfondo dell'apparecchiatura e Sambin scompare, apparentemente "consumato", come avevano profeticamente predetto le sue parole per tutto il tempo.

Il tempo consuma … ricorda *State of Division* (1978, fig. 8) dell'artista britannico Mick Hartney. In tale opera si vede Hartney, ancora una volta soggetto del lavoro, che si muove avanti e indietro di fronte alla video-

The persona trapped in the recording, leaving a message for someone is, in effect, timeless, even though the pendulum motion suggests the passage of time to the viewer. The message is made up of two separate recordings mixed together of issues Hartney had faced during a period of clinical depression, from which he had since recovered.

A video loop was used by UK artist Stephen Partridge in his piece *Delineations* (figs. 9a, 9b) in 1977 when it was exhibited at Ayton Basement in Newcastle-upon-Tyne. It ...

> ...involved the use of two tape loops, one audio the other video, stretched around the circumference of two identical and adjacent rooms. On the audio tape I made a recording of my journey around the space at the tape speed of 7 1/2 ips,[12] pointing out items of interest and indicating my position in the room. On the videotape I recorded a similar journey around the other space at the tape speed of 15ips. Both loops were played back on respectively two VTRs and two [audio] tape players. The soundtrack would often contradict ...[13]

... due to the audio being out of synch, making him appear in different places at once in image and sound. In this case the piece didn't eventually distort into infinity – the physical tapes destroyed themselves, due to their constant unprotected path around the room.

On the subject of tapes destroying themselves, this is the case with many early videotapes, that over time have degraded to the point of no return. This can, in certain cases, be reversed and they can be recovered with reasonable results. In comparison to different climates in the UK and Italy, the former being generally colder and damper and the latter warmer and drier, it seems to have made no difference to 'sticky shed' syndrome affecting the tapes. If an artist had not migrated his/her tapes onto the latest format, a process itself, which can cause generational degradation, then the original format is the only option for recovery. This

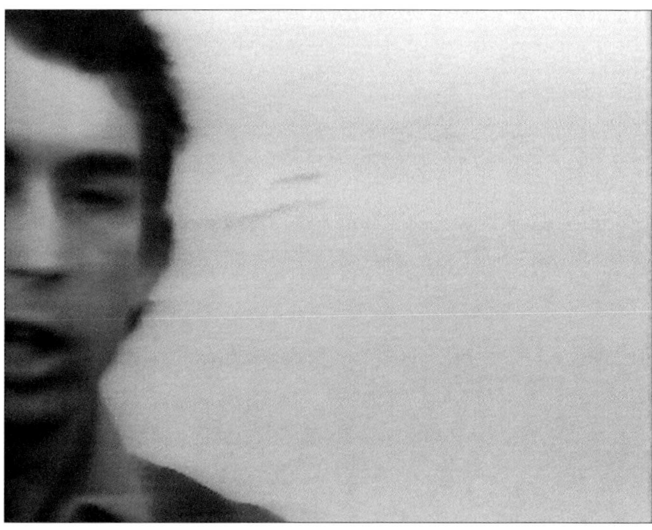

Fig. 8.
Mick Hartney, *State of Division*, 1979.

camera come fosse un pendolo, ma in questo caso è la videocamera che si muove e non il soggetto. Anche la premessa è diversa, come spiega Hartney:

> L'idea di base dietro a *State of Division* era quella di un videotape trovato su un autobus e visto da chiunque l'avesse trovato. Si sarebbe scoperto che conteneva le affermazioni sconclusionate di un personaggio che ha coscienza di se stesso solo in quanto registrazione video[11].

La *persona* intrappolata nella registrazione, nel lasciare un messaggio per qualcuno, è di fatto al di fuori del tempo, anche se il movimento del pendolo suggerisce allo spettatore il passare del tempo. Il messaggio è composto dalla fusione di due diverse registrazioni, mischiate, di problemi che Hartney aveva dovuto affrontare durante un periodo di depressione clinica dalla quale, al momento della creazione del lavoro, era già guarito.

L'artista britannico Stephen Partridge ha utilizzato un *video loop* nel suo lavoro *Delineations* (figg. 9a, 9b) nel 1977, anno in cui fu mostrato all'Ayton Basement a Newcastle-upon-Tyne. L'opera ...

> ... prevedeva l'utilizzo di due circuiti di nastro, uno audio e l'altro video, allungati lungo la circonferenza di due stanze identiche adiacenti. Sul nastro audio avevo registrato il mio percorso intorno

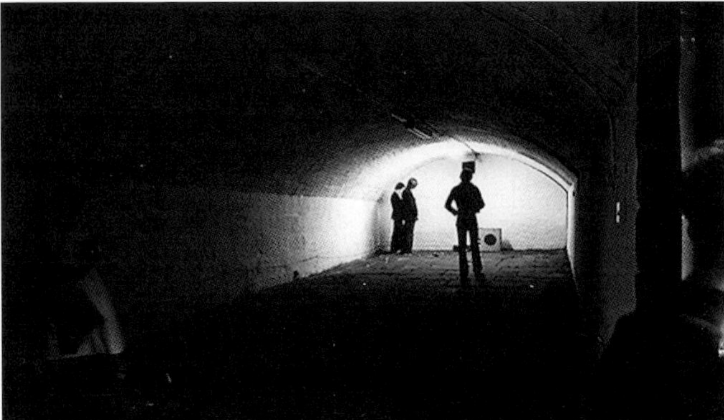

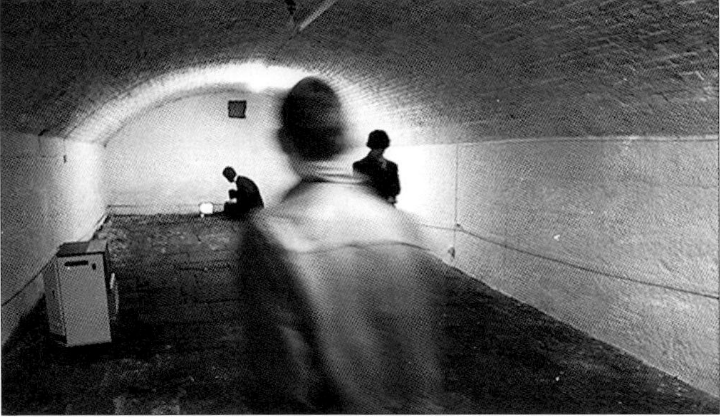

Fig. 9a, b. Stephen Partridge, *Delineations*, 1977. Courtesy of the artist.

was the case with three tapes by Luca Patella that were recovered by the REWIND/*Italia* project in the REWIND preservation laboratory by the author. They were *Grammatica dissolvente – Gazzùff! Avventure & cultura* [Dissolving Grammar – Gazzùff! Adventures and Culture] about 1974–75, *Arte della conoscenza dialettica* [Art of Dialectical Knowledge], 1974 and *Viaggio in Luca* [Journey in Luca], 1976.[14] 'Sticky shed', where moisture ingress over time affects the adhesive that binds the oxide layer to the plastic tape, causing the layers to separate, had affected all of these. Playing back without proper treatment causes the tape to stick and shed its oxide – hence the name. In this condition the tapes were unplayable.

All three of Patella's tapes were on ½" EIAJ format open reel tapes. They were placed in a special incubator and heat-treated for around 48 hours at 56 degrees Celsius. The process removed the moisture and, in effect, fixed the tapes long enough to allow them to be digitised. During the digitisation process the video signal was passed through a synchroniser, which con-

> alla stanza alla velocità del nastro di 7½ ips[12], segnalando oggetti interessanti e indicando la mia posizione nella stanza. Nel nastro video avevo invece registrato un simile tragitto nell'altro spazio alla velocità di 15ips. Entrambi i loop erano riprodotti rispettivamente su due VTR e due lettori [audio]. La colonna sonora creava spesso una contraddizione ...[13]

... a causa dell'audio non sincronizzato, che faceva apparire l'artista in diversi posti nello stesso momento sia come immagine che come audio. In questo caso l'opera non era distorta all'infinito – i *tape* si deterioravano a causa del costante passaggio non protetto intorno alla stanza.

Parlando di *tape* che si deteriorano, questo è ciò che succedeva a molti dei primi nastri, che col tempo si sono rovinati fino a un punto di non ritorno. In alcuni casi si può ovviare a tale deterioramento e i video possono essere recuperati con risultati ragionevoli. Le differenze climatiche tra Gran Bretagna e Italia, la prima più fredda e più umida, e la seconda più calda e più asciutta, non sembrano aver fatto nessuna differenza per quanto riguarda la sindrome "dell'incollamento" [in inglese *sticky shed syndrome*] che colpisce i nastri. A meno che un artista non abbia trasposto i suoi video in formati più recenti, una procedura che di per sé può causare degradazione, allora il formato originale è l'unica opzione per il recupero. È stato così per i tre nastri di Luca Patella recuperati dal progetto REWIND*Italia* nel laboratorio di conservazione di REWIND dall'autore di questo saggio. I tre *tape* sono *Gazzùff! Grammatica dissolvente. Avventure & cultura* del 1974–75 ca., *Arte della conoscenza dialettica* del 1974 e *Viaggio in Luca* del 1976[14]. "L'incollamento", per cui le infiltrazioni di umidità, col tempo, danneggiano l'adesivo che unisce lo strato di ossido al nastro di plastica, facendo sì che si separino gli strati, li aveva colpiti tutti e tre. La riproduzione senza i dovuti trattamenti causa l'incollamento del nastro e la perdita dell'ossido – da qui il nome. I nastri, in quelle condizioni, erano inutilizzabili.

tains a sophisticated time base corrector. This removes any timing errors, instability, skew errors and other distortions. After digitisation, the audio levels were raised and slight contrast adjustments were made. The original, with no adjustments, was also retained. In the end the quality of the tapes was very good despite not being played for many years. Interestingly, in the soundtrack to *Gazzùff!*, there are recurring sounds that are very similar to *Gedenkminute*, 1973, by the German band 'Neu!'.[15] *Gedenkminute* translates to 'minute's silence'. In this case the silence was 40 years, but still only temporary.

In her notes for British artist Elaine Shemilt's *Doppelgänger* (1979–81, fig. 10), Laura Leuzzi compares *Doppelgänger* to *Make up – Make Down* (1976 & 1978) by Sanja Iveković and Federica Marangoni's *The Box of Life*, 1978 (fig. 11).[16]

Each of these works evoke the idea of the mask, whether physical or psychological. In Shemilt's work, we see the artist sitting at a mirror applying make up to herself and then she starts to apply the make up to her reflection in the mirror instead. Therefore blurring the boundaries between herself and her doppelganger or 'mask'. Throughout we hear the musings of a psychiatrist talking about schizophrenia further emphasising the idea of split personalities. In the make up scenes we see the artist wearing plain clothes interspersed with images of her dressed up and images of her naked, the 'mask' removed and her vulnerability exposed. At the end of the piece we are left with the doppelganger image in the mirror alone leaving the viewer to wonder which persona is the 'real' one.

Iveković's *Make up – Make Down* was first produced by the Galleria del Cavallino in 1976 during the Forth Encounter in Motovun (now Croatia) and was later re-made in colour in 1978.[17] It features a continuous shot of the artist's upper body, cleavage and hands with her face out of view. We then see her applying make up to the unseen face.

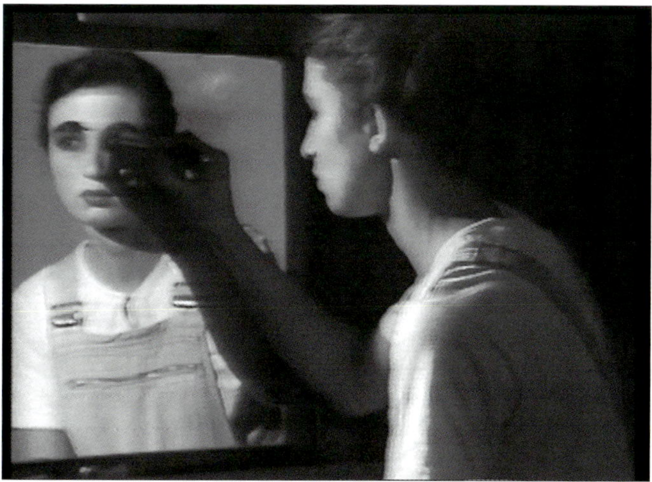

Fig. 10. Elaine Shemilt, *Doppelgänger*, 1979–81. Courtesy of the artist.

Tutti e tre i *tape* di Patella, che erano a bobina aperta in formato ½" EIAJ, sono stati messi in una speciale incubatrice e sottoposti a trattamento termico per circa 48 ore a 56° Celsius. Questo procedimento ha tolto l'umidità e, di fatto, aggiustato i nastri abbastanza a lungo da permettere la loro digitalizzazione. Durante il processo di digitalizzazione il segnale video è passato attraverso un sincronizzatore, che comprende un *time base corrector*. Questo rimuove qualsiasi errore di sincronizzazione, instabilità, errori di allineamento e altre alterazioni. Dopo la digitalizzazione, i livelli dell'audio erano troppo alti e sono stati apportati dei leggeri aggiustamenti al contrasto. Si è tenuta anche una copia dell'originale senza aggiustamenti. Alla fine la qualità dei nastri

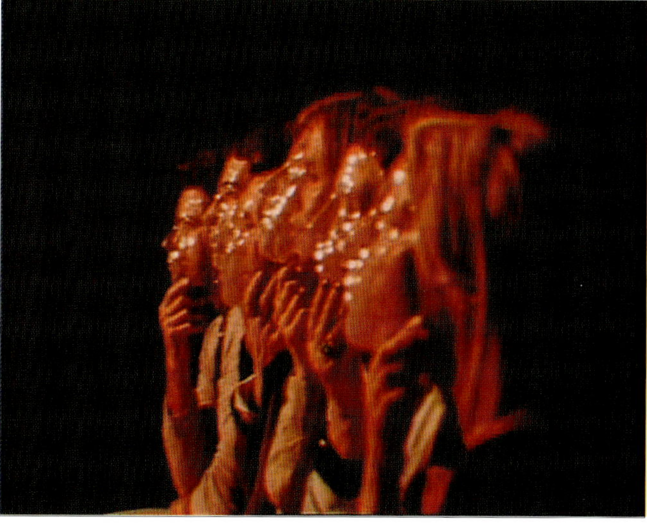

Fig. 11. Federica Marangoni, *The Box of Life*, 1978. Courtesy of the artist.

> ...she rehearses intimate, sensual gestures – opening and closing a tube of concealer, rolling a lipstick up and down in its case, fussing with mascara, and running her finger over the tip of an eyeliner pencil ... The crux of *Make Up – Make Down...* is the exposure of society's unrealistic vision of femininity – a perfect image designed according to the trends, icons, and fashions found in the pages of glossy magazines and on television.[18]

The Box of Life by, Federica Marangoni was produced by Centro Video Arte di Palazzo dei Diamanti in Ferrara. It was not shot on video, but on 16mm. The piece starts with Marangoni taking out wax body masks of different parts of the human body including the face, from a cupboard entitled *The Box of Life*, this may be a reference to Pandora's box from Greek mythology, where Pandora releases all the evils of the world that are contained within the box. These masks are placed on a table and are melted with a blow torch, almost like the masks have to be purged and destroyed. Marangoni states that the piece represents "... an image of the violence and the inevitable condition in which Man lies, that is at the same time a message of life".[19] After the melting we see the artist and others (which include the director of the Centre Lola Bonora, and the technical engineer Carlo Ansaloni) wearing, transparent masks, they are sitting in a row like guests at a funeral. The bizarre scene is reminiscent of interrogation scenes in the TV programme *The Prisoner*, 1967–68,[20] which also deals with issues of personality, notions of reality and deception. Then, at the end of the piece we are shown the words 'D'altronde sono sempre gli altri che muoiono' [Besides, it's always the others who die]. These are the words written (in French) on Marcel Duchamp's gravestone. Intriguingly, Duchamp also had an alter ego, which could be seen as a doppelgänger or 'mask' where he dressed as a woman called Rrose Sélavy, a pun on the French for 'Eros, that's life' (*Éros c'est la vie*).[21]

In 1988, Channel 4 TV in Britain com-

era molto buona nonostante non fossero stati usati da molti anni. È interessante notare che nella colonna sonora di *Gazzùff!* ... si ritrovano dei suoni ricorrenti molto simili a *Gedenkminute* del 1973, del gruppo tedesco 'Neu!'[15]. *Gedenkminute* significa "un minuto di silenzio". In questo caso il silenzio è durato quaranta anni, ma solo temporaneamente.

Nelle sue note su *Doppelgänger* dell'artista britannica Elaine Shemilt (1979–81, fig. 10), Laura Leuzzi mette a confronto quest'opera con *Make up – Make Down* (1976 e 1978) di Sanja Iveković e *The Box of Life* (1978, fig. 11) di Federica Marangoni.[16] Ognuno di questi lavori richiama l'idea della maschera, fisica o psicologica. Nel lavoro della Shemilt, vediamo l'artista che siede davanti a uno specchio e si trucca, poi comincia a mettere il trucco alla sua immagine riflessa nello specchio. Così facendo confonde i confini tra sé stessa e la sua sosia o "maschera". Durante tutta la scena sentiamo le riflessioni di uno psichiatra che parla di schizofrenia, enfatizzando ulteriormente la nozione di personalità multiple. Nelle scene del trucco la visione dell'artista che indossa degli abiti semplici viene affiancata da immagini sparse della stessa mascherata e nuda, la maschera rimossa e la sua vulnerabilità esposta. Alla fine dell'opera rimane l'immagine della sosia allo specchio, lasciando lo spettatore a interrogarsi su quale sia la persona "reale".

Make up – Make Down della Iveković è stato prodotto inizialmente dalla Galleria del Cavallino nel 1976 durante il Quarto incontro a Motovun [in italiano Montona] (ora Croazia) e fu rigirato più tardi a colori, nel 1978[17]. L'opera presenta una ripresa continua del torso dell'artista, con la scollatura, le mani e il volto fuori dalla nostra visione. L'artista trucca poi il volto invisibile.

> [...] prova dei gesti intimi, sensuali – apre e chiude un tubetto di correttore, fa salire e scendere il rossetto all'interno del suo stick, agita il mascara, e fa scorrere il dito sulla punta di una matita per eyeliner ... Il nodo cruciale di *Make Up – Make Down*

missioned the artist Ian Breakwell to create a TV series, produced by Anna Ridley as a follow up to his previously aired *Ian Breakwell's Continuous Diary*, 1984. This was called *Public Face Private Eye*. In this he delves deeper into the issues and idea of the alter-ego, using the 'mask' metaphor. Particularly in the last episode *Mask to Mask'*. Similarly, also produced by Anna Ridley and commissioned by Channel 4, is Rose Garrard's *Tumbled Frame*, 1984. In these she deals with issues of feminism through the idea of the 'frame', the object d'art and the notion of the previously mentioned Pandora's box, which is a theme throughout many of her other works.

Much like British producer Anna Ridley, the Italian artist and producer Mario Sasso was involved in television for many years. He started working with RAI in the 1950s, bringing an artist's slant to the organisation while working on creative educational programmes. He was then involved in making title sequences featuring traditional animation and later computer graphics. He also commissioned many artists to create pieces for television. In parallel with his television work, he continued to work as an artist in his own right, mainly as a painter. He used these influences in the video piece *La Gioconda Paintbox* [The Paintbox Gioconda] (1986, fig. 12). In this he used the ubiquitous 'Quantel Paintbox', a computer video graphics workstation, to manipulate the image of Leonardo's *Mona Lisa*, transforming the image through various historical artistic styles from the Renaissance to present day.[22] The Paintbox fitted in well with Sasso, in that it was operated on a tablet and allowed the operator to 'paint' on the screen in a more traditional manner than was possible before.

1001 Colours Andy Never Thought Of (1989, fig. 13), by the British artist George Barber is a similar piece, which also uses an iconic image. In this video work, Barber manipulates an image from Andy Warhol's *Marilyn Monroe* (1962) screen-print series. Using computer software, Barber cycles

... è l'esposizione della visione irreale della femminilità da parte della società – un'immagine progettata perfettamente secondo le tendenze, le icone e le mode che si trovano nelle pagine di riviste patinate e in televisione[18].

The Box of Life di Federica Marangoni è stato prodotto dal Centro Video Arte del Palazzo dei Diamanti a Ferrara. Non fu registrato in video ma su 16mm. L'opera inizia con Marangoni che tira fuori dei calchi in cera di diverse parti del corpo, compreso il volto, da un armadietto chiamato *The Box of Life*; questo potrebbe essere un riferimento al mito greco del vaso di Pandora, nel quale questa libera tutti i mali del mondo che sono contenuti nel vaso. Questi calchi vengono posti su un tavolo e sciolti con un cannello, come se le varie parti dovessero essere epurate e distrutte. Marangoni afferma che l'opera rappresenta "...un'immagine della violenza e della condizione inevitabile in cui si trova l'Uomo, che è allo stesso tempo un messaggio di vita"[19]. Dopo che i pezzi vengono sciolti, vediamo l'artista e altre persone (compresa Lola Bonora, la direttrice del Centro, e l'ingegnere tecnico Carlo Ansaloni) che, è interessante notarlo, indossano delle maschere trasparenti e sono seduti in fila come persone ad un funerale. La scena bizzarra ricorda una delle scene con degli interrogatori nel programma TV del 1967–68 *The Prisoner*[20] che affronta questioni di personalità, nozioni di realtà e inganno. Poi, alla fine del lavoro ci vengono mostrate le parole "D'altronde sono sempre gli altri che muoiono". Queste sono le parole scritte (in francese) sulla lapide di Marcel Duchamp. È intrigante il fatto che anche Duchamp aveva un *alter ego*, che poteva essere visto come sosia o "maschera", quando vestiva i panni di una donna chiamata Rose Sélavy, un gioco di parole in francese che sta per "Eros, è la vita" (*Éros c'est la vie*)[21].

In Gran Bretagna Channel 4 commissionò nel 1988 all'artista Ian Breakwell di creare una serie TV, prodotta da Anna Ridley come seguito a *Ian Breakwell's Continuous Diary,* trasmesso precedentemente nel

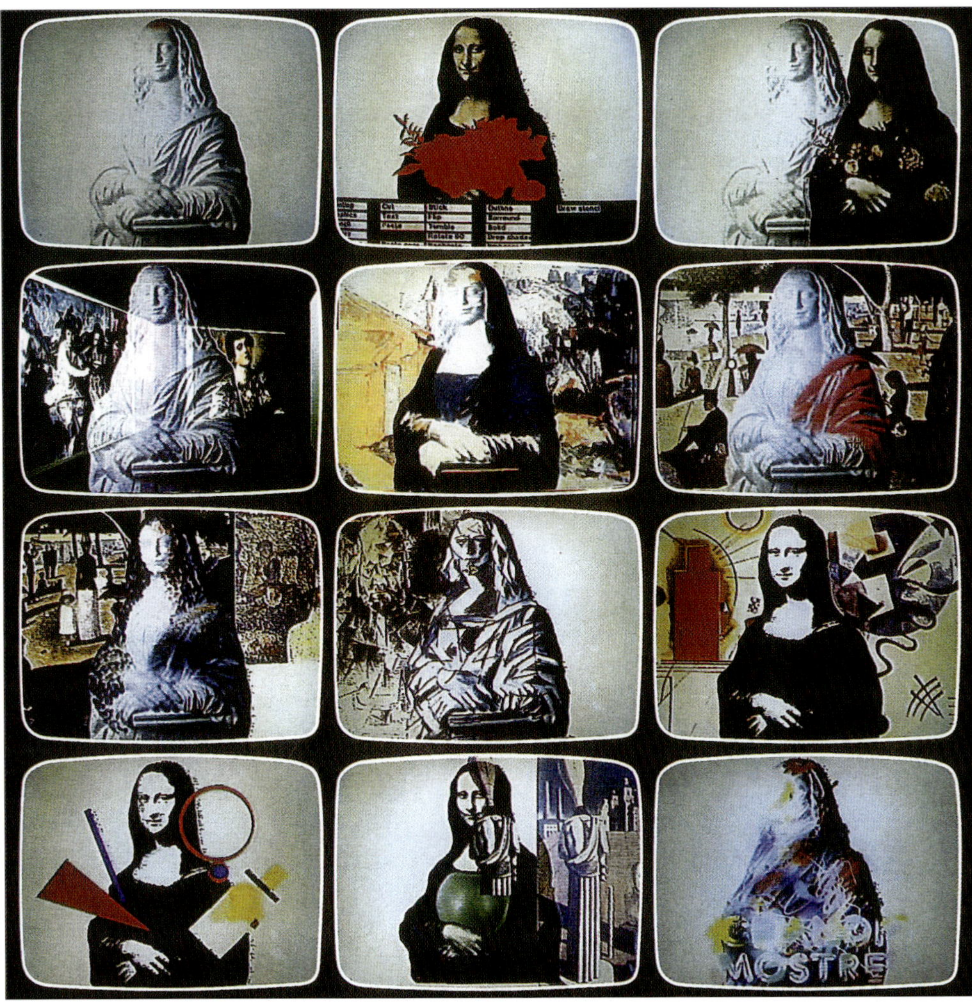

Fig. 12. Mario Sasso, *La Gioconda Paintbox* [The Paintbox Gioconda], 1986. Courtesy of the artist.

through the whole spectrum of colours available in the computer's palette, applying them to different areas of the image, therefore creating many more versions of the Marilyn Monroe imagery that Warhol didn't create via traditional printing. Both of these works 'broke down' the original, transforming them into something else but still keeping the original intention of the artist intact.

The artist John Latham worked with Anna Ridley to produce a series of works in 1984 for Channel 4 Television in the UK. One of these pieces was *Dave's Bike* (fig. 14). This used a collage of satellite, aerial photography and maps from London combined with colourful abstract geometrical shapes, generated using the Quantel Paintbox. Each shape is present for one frame but during playback the eye interprets these abstrac-

1984. La nuova serie s'intitolava *Public Face Private Eye*. In quest'opera, l'artista scava più a fondo le questioni e l'idea di *alter ego*, utilizzando la "maschera" come metafora. In particolare nell'ultimo episodio *Mask to Mask*. Allo stesso modo, anche *Tumbled Frame* di Rose Garrard, del 1984 è prodotto da Anna Ridley e commissionato da Channel 4. In quest'opera l'artista affronta dei problemi legati al femminismo attraverso l'idea della cornice e la nozione, menzionata precedentemente, del vaso di Pandora, che è un tema che permea molti dei suoi lavori.

L'artista e produttore italiano Mario Sasso, così come la produttrice britannica Anna Ridley, ha lavorato in televisione per molti anni. Ha iniziato a lavorare alla RAI negli anni Cinquanta, apportando una prospettiva artistica all'organizzazione mentre lavorava a

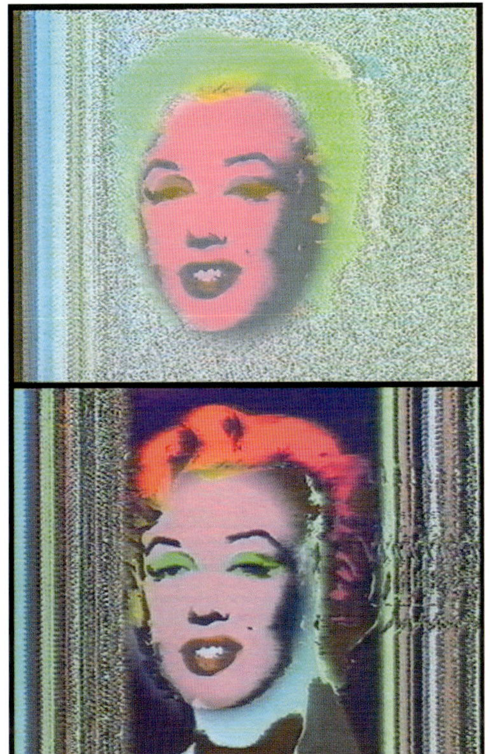

Fig. 13.
George Barber, *1001 Colours Andy Never Thought Of*, 1989. Courtesy of the artist.

tions as appearing to overlap each other. A colourised aerial image of a man on bicycle appears at the end that one can assume to be 'Dave'. Another Mario Sasso piece called *Footprint* (1990, fig. 15), which he created as a title sequence for the newly formed Italian Satellite channel RAISat,[23] is quite similar. Both works use satellite imagery and both feature soundtracks by well-known musicians. Sasso's features Nicola Sani and Latham's features David Cunningham. The difference in Sasso's piece is that the aerial images he used of various locations morphed into artworks by artists who lived in that particular location, using visual aspects of the landscape to complete the morphing process, deconstructing itself into another piece.

In conclusion, the opening lines of this essay 'Life is short, and Art long' may well resonate, but as we have seen in the case of video art, this may not always be the case. Whether from the UK or Italy, the works we have looked at destroy themselves, physically, meta-physically, intentionally, un-intentionally or philosophically. However, in

programmi creativi educativi. Allora era coinvolto nella creazione delle sigle di apertura dei programmi che utilizzavano prima l'animazione classica e poi quella in computergrafica. Commissionò anche ad altri artisti diverse opere per la televisione. In parallelo con la sua attività televisiva, ha continuato a lavorare come artista in senso stretto, principalmente come pittore, integrando tutte queste influenze nell'opera video *La Gioconda Paintbox* (1986, fig. 12). In quest'opera l'artista ha utilizzato l'onnipresente "Quantel Paintbox", una workstation per grafica video computerizzata, con la quale ha manipolato l'immagine della *Monna Lisa* di Leonardo, trasformandola attraverso l'utilizzo di vari stili artistici storici dal Rinascimento ai giorni nostri[22]. Sasso aveva un'affinità elettiva con il Paintbox, poiché esso veniva utilizzato con un *tablet* e permetteva all'operatore di 'dipingere' lo schermo in maniera più tradizionale di quanto fosse possibile prima. *1001 Colours Andy Never Thought Of* (1989, fig. 13) dell'artista britannico George Barber è un'opera simile che sfrutta un'altra immagine iconica. Nella sua opera video, Barber manipola un'immagine dalla serie di serigrafie *Marilyn Monroe* di Andy Warhol. Avvalendosi di un software informatico, Barber spazia all'interno dell'intero spettro di colori disponibili nella tavolozza del computer, utilizzandoli in diverse aree dell'immagine, creando così molte altre versioni dell'immagine iconica di Marilyn Monroe che Warhol non aveva creato utilizzando la stampa tradizionale. Sia l'opera di Sasso sia quella di Barber "scompongono" gli originali trasformandoli in qualcosa d'altro, ma mantenendo intatta l'intenzione originale dell'artista.

Nel 1984 l'artista John Latham lavorò con Anna Ridley alla produzione di una serie di lavori per il canale britannico Channel 4. Uno di questi era *Dave's Bike* (fig. 14), che utilizzava un collage composto da fotografie aeree e satellitari e mappe di Londra, accostate a colorate forme geometriche astratte, generate usando il Quantel Paintbox. Ogni forma è visibile per un fotogramma, ma

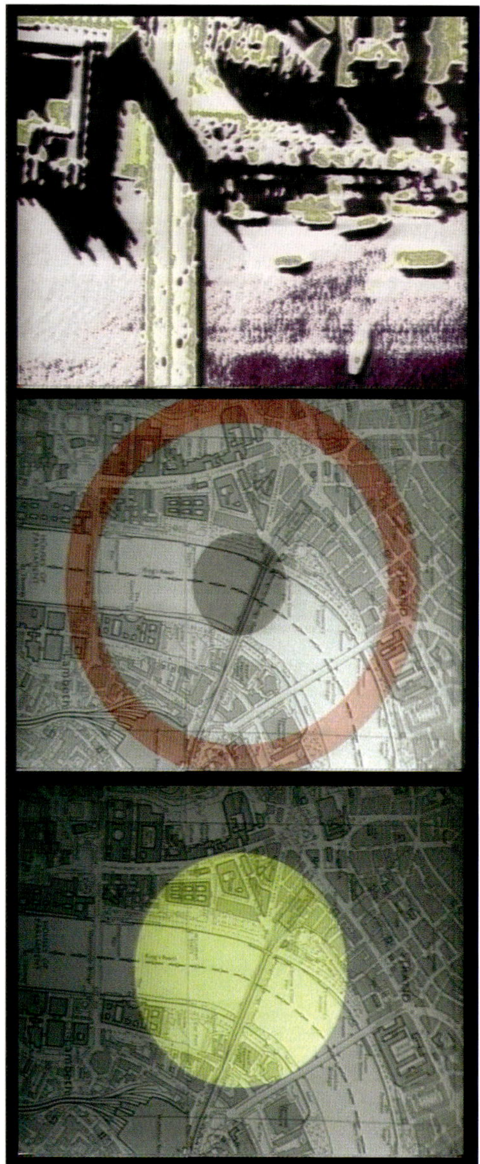

Fig. 14. John Latham, *Dave's Bike*, 1984. Courtesy of Anna Ridley (Annalogue).

the same way, they and their personalities still live on whether in idea or reality. Life is long, art short.◆

Endnotes

1. Hippocrates. *The Genuine Works of Hippocrates, Translated by Francis Adams*, Williams & Wilkens Company, US, 1939, p. 292.
2. Alessandro Silj (ed.), *Video '79. Video – the first decade. Dieci anni di videotape* (Rome: Kane, 1979).
3. 'Interview with David Critchley by Dr Jackie Hatfield', in *REWIND|Artists Video in the 70s & 80s*, 2004, p. 4. http://www.rewind.ac.uk/documents/David%20Critchley/DC503.pdf. (Accessed 11 November 2014).

durante il *playback* l'occhio interpreta queste astrazioni come se si sovrapponessero una all'altra. Alla fine appare l'immagine aerea colorata di un uomo in bici, che si può supporre sia "Dave". Un'altra opera molto simile è *Footprints* (1990, fig. 15) di Mario Sasso, creata come sigla per il nuovo canale satellitare italiano RaiSat[23]. Entrambi i lavori utilizzano immagini satellitari ed entrambi si avvalgono di colonne sonore di musicisti famosi. La colonna sonora dell'opera di Sasso è di Nicola Sani e quella di Latham è di David Cunningham. La differenza nell'opera di Sasso sta nel fatto che l'immagine si de-costruiva per andarne a creare una completamente nuova: le immagini aeree dei diversi luoghi da lui utilizzate, infatti, si trasformavano nelle opere d'arte di artisti che avevano vissuto in quelle stesse zone, integrando elementi visivi del paesaggio per completare il processo di *morphing*.

In conclusione, le righe d'apertura di questo saggio "*Life is short, and Art long*", potrebbero avere un'eco, ma come abbiamo visto, nel caso della videoarte, potrebbe non essere sempre così. I lavori che abbiamo osservato, sia quelli britannici sia quelli italiani, si deteriorano, fisicamente, meta-fisicamente, intenzionalmente o inintenzionalmente o filosoficamente. Tuttavia, nella stessa maniera, loro e le loro personalità, vivono ancora attraverso le idee o la realtà. La vita è lunga, l'arte è corta.◆

Note

1. Hippocrates. *The Genuine Works of Hippocrates, Trad. Francis Adams,* Williams & Wilkens Company, US, 1939, p. 292.
2. Alessandro Silj (a cura di), *Video '79. Video – the first decade. Dieci anni di videotape* (Roma: Kane, 1979).
3. *Intervista a David Critchley condotta da Dr Jackie Hatfield*, REWIND|Artists Video in the 70s & 80s, 2004, p. 4. http://www.rewind.ac.uk/documents/David%20Critchley/DC503.pdf. (ultimo accesso 11 novembre 2014).
4. Michael Corris, *Fluxus*, Grove Art Online, Oxford University Press, UK, 1998. http://www.oxfordartonline.com. (ultimo accesso 11 novembre 2014).
5. Testi di S. Partridge e L. Leuzzi in *VIDEOEX*

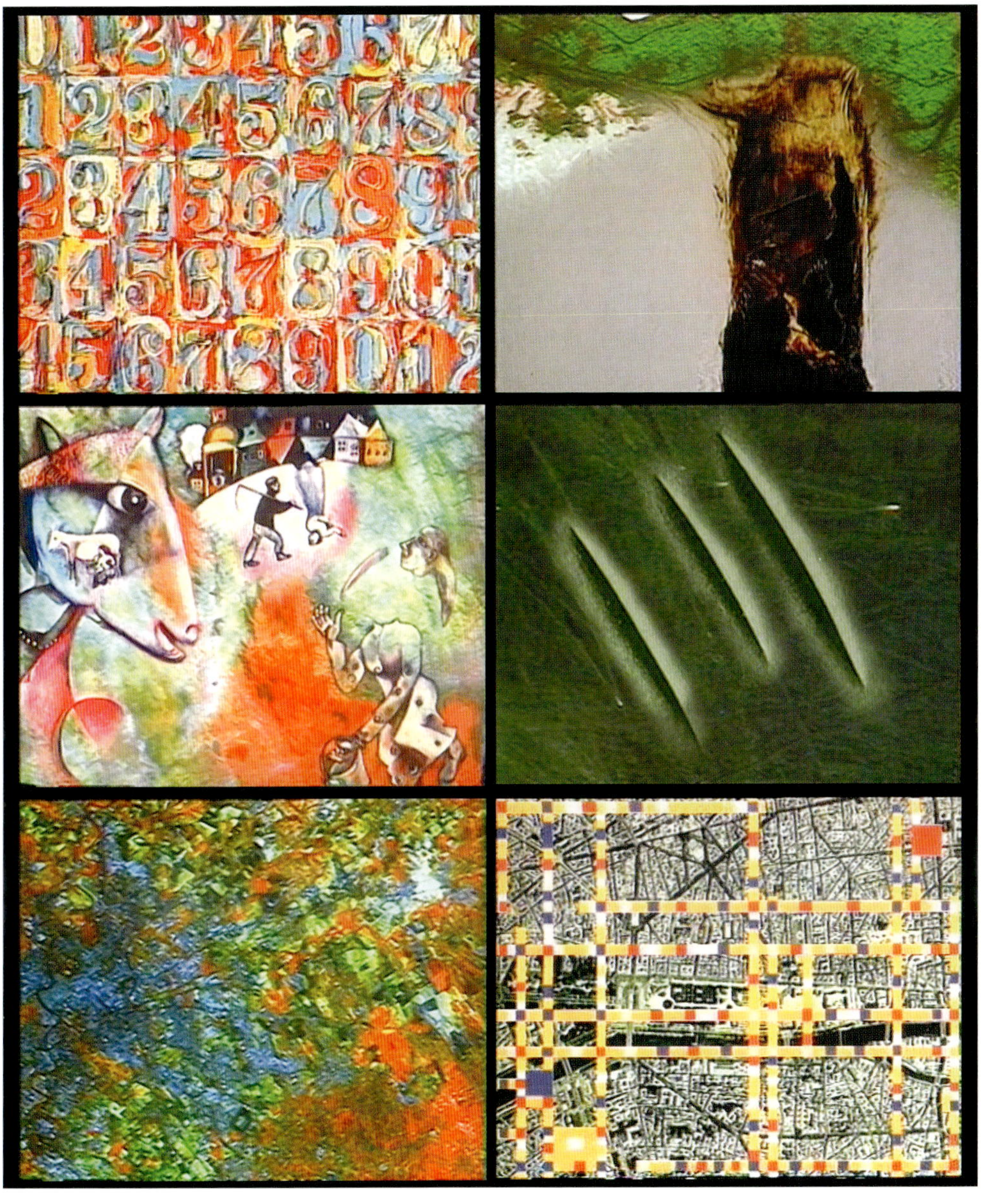

Fig. 15.
Mario Sasso, *Footprint*, 1990. Courtesy of the artist.

4. Michael Corris, *Fluxus,* Grove Art Online, Oxford University Press, UK, 1998. http://www.oxfordartonline.com. (Accessed 11 November 2014).
5. Texts by S. Partridge and L. Leuzzi in *VIDEOEX International Experimental Film & Video Festival*, festival catalogue (Zurich: 2014), p. 65.
6. George Brecht, *Water Yam* (New York: Fluxus Editions, 1963).
7. 'Interview with David Critchley by Dr Jackie Hatfield', p. 4. http://www.rewind.ac.uk/documents/David%20Critchley/DC503.pdf
8. Original script for *This is a Television Receiver*, 1976, http://www.rewind.ac.uk/documents/David%20Hall/DH130.pdf

International Experimental Film & Video Festival, festival catalogue (Zurigo: 2014), p. 65.

6. George Brecht, *Water Yam* (New York: Fluxus Editions, 1963).
7. 'Intervista a David Critchley condotta dalla Dott.ssa Jackie Hatfield', *REWIND|Artists Video in the 70s & 80s*, 2004, p. 4. http://www.rewind.ac.uk/documents/David%20Critchley/DC503.pdf.
8. Sceneggiatura originale per *This is a Television Receiver*, 1976, http://www.rewind.ac.uk/documents/David%20Hall/DH130.pdf
9. Gideon Bachmann, *Knokke's Film Festival: Almost an Island*, The Times, Gran Bretagna, 8 gennaio 1975.
10. *Videotapes by British Artists*, catalogo della

9. Gideon Bachmann, *Knokke's Film Festival: Almost an Island*, The Times, UK, 8 January 1975.
10. *Videotapes by British Artists,* exhibition catalogue (Venice: Galleria del Cavallino, 1977). http://www.rewind.ac.uk/documents/Tamara%20Krikorian/TKR020.pdf
11. Note by Mick Hartney in *REWIND|Artists' Video in the 70s & 80s*, 2008 http://www.rewind.ac.uk (Accessed 11 November 2014).
12. Inches per second.
13. *Delineations Notes* by Stephen Partridge, for *REWIND|Artists' Video in the 70s & 80s*. http://www.rewind.ac.uk (Accessed 11 November 2014).
14. These works are discussed in detail in Leuzzi's chapter *Some notes on Luca Maria Patella's videotapes*.
15. Full title *Gedenkminute (für A + K)* appears on *Neu! 2* released 1973.
16. Laura Leuzzi, 'Notes on Doppelgänger', in *REWIND|Artists' Video in the 70s & 80s*, 2012. http://www.rewind.ac.uk/documents/Elaine%20Shemilt/ES001.pdf (Accessed 11 November 2014).
17. Dino Marangon, *Videotapes del Cavallino* (Venice: Edizioni del Cavallino, 2004) pp. 135–136, 142.
18. Exhibition notes from *Sanja Iveković. Sweet Violence* curated by Jason Persse, Museum of Modern Art New York, 2011. http://www.moma.org/interactives/exhibitions/2011/sanjaivekovic/#make-up-make-down (Accessed 11 November 2014).
19. Texts by Partridge and Leuzzi in *VIDEOEX International Experimental Film & Video Festival*, p. 75.
20. Patrick McGoohan, (Writer/Director), *The Prisoner*, ITC Entertainment, UK, 1967–68.
21. Calvin Tomkins, *Duchamp: A Biography* (London: Chatto & Windus,1996), p. 231.
22. See Annalisa Filonzi (ed.), *Videoglaz: Mario Sasso e l'immagine elettronica* (Rome: Volume!, 2008), pp. 34, 129. For an overview of Mario Sasso's work at RAI see also Laura Leuzzi, 'Interventions, Productions and Collaborations: the relationship between RAI and visual artists', *Journal of Italian Cinema and Media Studies*, vol. 3, issue 1–2, Spring 2015, pp. 155–170.
23. See Marco Maria Gazzano (ed.), *Mario Sasso, architetture elettroniche. La Città, la Televisione*, exhibition catalogue, Lingotto, Turin 1994 (Rome: Sedac/Carte Segrete, 1994); and see also Marco Maria Gazzano,'RaiSat. Un'esperienza di interazione tra artisti, nuove tecnologie e programmazione progettuale della televisione pubblica italiana' in Silvia Bordini (ed.), *Videoarte & Arte. Tracce per una storia* (Rome: Lithos, 1995), pp. 108–129 republished in Marco Maria Gazzano Gazzano, *Kinēma. Il cinema sulle tracce del cinema dal film alle arti elettroniche, andata e ritorno* (Rome: Exòrma, 2012) , pp. 220–242.

mostra (Venezia: Galleria del Cavallino, 1977) disponibile su http://www.rewind.ac.uk/documents/Tamara%20Krikorian/TKR020.pdf (ultimo accesso 23 febbraio 2015).

11. Nota di Mick Hartney in *REWIND|Artists' Video in the 70s & 80s*, 2008 http://www.rewind.ac.uk (ultimo accesso 11 novembre 2014).
12. Pollici al secondo.
13. *Delineations Notes* di Stephen Partridge, per *REWIND|Artists' Video in the 70s & 80s*, 2008 http://www.rewind.ac.uk (ultimo accesso 11 novembre 2014).
14. Questi lavori sono discussi in dettaglio nel capitolo di Laura Leuzzi *Alcune note sui videotape di Luca Maria Patella*.
15. La traccia integrale di *Gedenkminute (für A + K)* appare su *Neu! 2* pubblicato nel 1973.
16. Laura Leuzzi, 'Notes on Doppelgänger', in *REWIND|Artists' Video in the 70s & 80s*, 2012. http://www.rewind.ac.uk/documents/Elaine%20Shemilt/ES001.pdf (ultimo accesso 11 novembre 2014).
17. Dino Marangon, *Videotapes del Cavallino* (Venezia: Edizioni del Cavallino, 2004) pp. 135–136, 142.
18. Note della mostra *Sanja Iveković Sweet Violence* curata da Jason Persse, Museum of Modern Art New York, 2011. http://www.moma.org/interactives/exhibitions/2011/sanjaivekovic/#make-up-make-down (ultimo accesso 11 novembre 2014).
19. Testi di S. Partridge e L. Leuzzi in *VIDEOEX International Experimental Film & Video Festival*, cit., p. 75.
20. Patrick McGoohan (Scrittore/Regista), *The Prisoner*, ITC Entertainment, Gran Bretagna, 1967–68
21. Calvin Tomkins, *Duchamp: A Biography* (Londra: Chatto & Windus, 1996), p. 231.
22. Si veda Annalisa Filonzi (a cura di), *Videoglaz: Mario Sasso e l'immagine elettronica* (Roma: Volume!, 2008), pp. 34, 129. Per una panoramica del lavoro di Mario Sasso alla Rai si veda inoltre Laura Leuzzi, 'Interventions, Productions and Collaborations: the relationship between RAI and visual artists', *Journal of Italian Cinema and Media Studies*, vol. 3, nn. 1–2, Primavera 2015, pp. 155–170.
23. Si veda Marco Maria Gazzano, (a cura di), *Mario Sasso, architetture elettroniche. La Città, la Televisione*, catalogo della mostra, Lingotto, Torino 1994 (Roma: Sedac/Carte Segrete, 1994); si veda anche Marco Maria Gazzano, 'RaiSat. Un'esperienza di interazione tra artisti, nuove tecnologie e programmazione progettuale della televisione pubblica italiana' in Silvia Bordini (a cura di), *Videoarte & Arte. Tracce per una storia* (Roma: Lithos, 1995), p. 108–129 ri-pubblicato in Marco Maria Gazzano Gazzano, *Kinēma. Il cinema sulle tracce del cinema dal film alle arti elettroniche, andata e ritorno* (Roma: Exòrma, 2012) , pp. 220–242.

Chapter 16 / Capitolo 16

Perceptions of a Real Event | Percezioni di un evento reale

Emile Shemilt

Tensions Between the Seen and the Unseen in Performance and its Video Documentation

In 1969, the American artist Vito Acconci exhibited *Blinks*, a work of 12 black and white photographs taken of an empty street in Greenwich Village, New York. The photographs were hung in a 4/3-grid formation, and below them, in vinyl lettering on the gallery wall, was Acconci's statement:

> Holding a camera, aimed away from me and ready to shoot, while walking a continuous line down a city street. Try not to blink. Each time I blink: snap a photo.[1]

It is apparent that each photograph depicts a further progression along the street from its previous image in the grid. Acconci himself does not appear in the images (the work being photographs taken *by* Acconci, rather than being *of* Acconci), and neither is there a visible, attending audience. Typically, a viewer may expect photographs taken during a performance to depict the action as it takes place. However, with *Blinks*, no such documentation exists – essentially rendering the performance 'un-

Tensioni tra il visibile e l'invisibile nella performance e nella sua videodocumentazione

Nel 1969, l'artista americano Vito Acconci presentò *Blinks*, un'opera costituita da 12 fotografie in bianco e nero, che ritraggono una strada vuota del Greenwich Village a New York. Le foto erano disposte a formare una griglia 4x3 al di sotto della quale, in una scritta sul muro della galleria con lettere di vinile, c'era la dichiarazione di Acconci:

> Tengo la macchina fotografica rivolta verso l'esterno e pronta a scattare, camminando senza interruzione lungo una strada di città. Provo a non battere le palpebre. Ogni volta che batto le palpebre, scatto una foto[1].

È evidente che ogni fotografia rappresenta un'ulteriore progressione lungo la strada, rispetto all'immagine che la precede nella griglia. Acconci non appare nelle immagini (poiché l'opera è costituita da foto scattate *da* Acconci, piuttosto che da foto *di* Acconci), e non c'è nemmeno un pubblico visibile che partecipa. Lo spettatore, nor-

seen'. Instead, Acconci provides the viewer with a series of photographs that were created *within* the performance. They are essentially artefacts, which in another context, could easily have been treated as incidental or subsidiary accompaniments to the main event. Yet, with *Blinks*, Acconci's placement of these 'artefacts' alongside the descriptive text is a challenge to the viewer's perception of the work. Because there is no traditional form of documentation, the agency of the performance's reconstruction is left, ultimately to the viewer's imagination, and this may even raise doubts over the performance's authenticity. This also leads to a sense of tension as to how the artwork exists, bringing into question whether the work should be understood as a performance, or whether it should actually be perceived as a series of photographs that evoke the *sense* of a performance.

In 1974, in Motovun – a small hilltop village, in Istria, Croatia – the Italian gallerist Paolo Cardazzo and artist Peggy Stuffi, created the videopiece *Da zero a zero* [From zero to zero]. It is a 7-minute black-and-white recording of a woman (Stuffi), with her back to camera and only her legs framed within shot, as she walks along a stone path. At every 64th step, she places a numbered card on the ground, the cards beginning at 0 and ending at 9. At various points on her journey, the stonework of the path ends and reappears, interrupted by moments of urban dirt-track and rubble. At times, and only slightly visible in the corner of the frame, is an edge to the stone-path and what appears to be a sheer-drop. The artist continues this ritual of placing the numbered cards on the ground until on her 64th step after placing the card numbered '9'; at which point she returns upon the site where she placed her first card, numbered '0'. The work implies a sense of space, but the limited view from the tightly framed shot, constrains the viewer's experience, and it is left to their imagination to contemplate that space.

With this work, unlike Acconci's *Blinks*, photographs were taken to document the

malmente, potrebbe aspettarsi che le fotografie scattate durante una performance descrivano l'azione durante il suo svolgimento. Tuttavia, con *Blinks*, non esiste una documentazione simile – e la performance diventa, sostanzialmente, "invisibile". Acconci invece fornisce allo spettatore una serie di fotografie che sono state create *dentro* la performance. Sono essenzialmente degli artefatti, che in un altro contesto avrebbero potuto facilmente essere trattati come accompagnamenti casuali o supplementari all'evento principale. Con *Blinks*, invece, la disposizione scelta da Acconci per questi "artefatti", insieme al testo descrittivo, mette in discussione la percezione dell'opera da parte degli spettatori. Poiché non c'è una forma tradizionale di rappresentazione, l'effetto della ricostruzione della performance viene lasciato, in ultima istanza, all'immaginazione dello spettatore e questo può addirittura sollevare dubbi sull'autenticità della performance stessa. Ciò porta anche a una sorta di tensione sulla ragion d'essere di tale opera, sollevando il dubbio se il lavoro debba essere inteso come performance o se debba piuttosto essere percepito come una serie di fotografie che rievocano il *senso* di una performance.

Nel 1974, a Motovun [in italiano Montona] – un piccolo villaggio in cima a una collina, in Istria, Croazia – il gallerista italiano Paolo Cardazzo e l'artista Peggy Stuffi crearono l'opera video *Da zero a zero.* Si tratta di una registrazione di 7 minuti in bianco e nero di una donna (la Stuffi), con le spalle rivolte alla telecamera e della quale vengono riprese solo le gambe, che cammina su un sentiero di pietre. Ogni 64 passi la donna posiziona a terra una carta numerata da 0 a 9. In vari punti del suo percorso la pavimentazione del sentiero s'interrompe per poi ricomparire, inframmezzata da brani di strada sterrata urbana e calcinacci. In alcuni momenti, e appena visibile all'angolo dell'inquadratura, appare un'estremità del sentiero di pietre e quello che sembra essere uno strapiombo. L'artista continua con questo rituale del collocare le carte numera-

performance as it took place, but significantly the documentation also captured Paolo Cardazzo operating the video camera. Although *Da zero a zero* is a very different piece of work from *Blinks*, it still provokes a similar line of thought, which questions how the 'artwork' exists. The deliberate framing of the performance within the video recording denies the viewer access to the faces of the performers as well as limiting their view of the surrounding area. This creates a tension between what is seen and what is unseen of the performance, and it also draws focus towards the work as a video image in its own right.

Two years later, in 1976, the artist Živa Kraus explored the same territory as *Da zero a zero* with another video-work *The Motovun Tape*. In this performance, a woman's hand caresses one of Motovun's stone walls, her fingers outlining the cracks between the stonework and brushing against the small plants that appear in between. As with *Da zero a zero*, the work is framed in close-up and only the hand and the passing stones underneath it are visible. Off-camera, a dog barks and a cockerel crows, but they remain unseen. *The Motovun Tape* is a piece that primarily transmits a feeling of sensuality. We can imagine what the stones would feel like if we too were to caress the wall, but again, the tightly framed shot restricts the viewer's experience, and we are left to imagine the space beyond the wall.

In the mid-1970s, when *The Motovun Tape* and *Da zero a zero* were both produced, Motovun, and the Istrian Peninsula in which it lies, constituted a part of Yugoslavia. However, it had been very recently ruled by Italy. After the fall of the Austro-Hungarian Empire after the First World War, the Empire's territories were divided and Istria became a part of the Italian State in 1919. The rise of Fascism in Italy saw an enforced 'Italianisation' on the Slavic communities within Istria, which was then violently opposed by local antifascist resistance groups, leading to waves of mass-killings on both sides. Ultimately the Tito troops as-

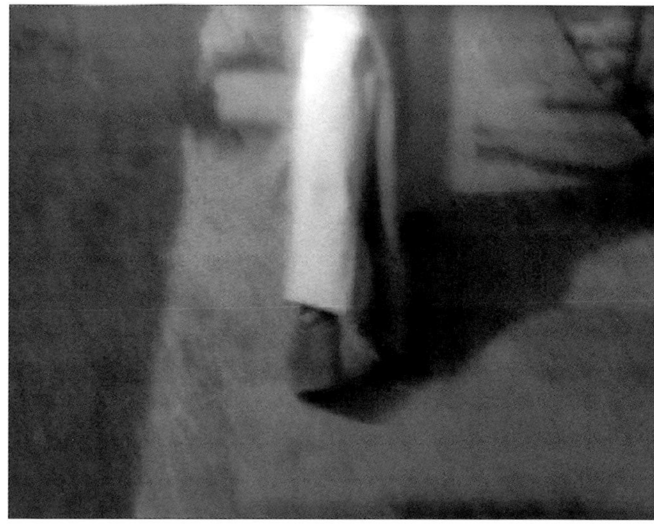

Fig. 1. Paolo Cardazzo & Peggy Stuffi, *Da zero a zero*, 1974. Courtesy of Archivio Cavallino, Venice.

te per terra ogni 64 passi; dopo aver posizionato il cartoncino numero "9" ritorna al punto in cui aveva messo il primo cartoncino "0". Il lavoro implica un senso di spazio, ma la visuale limitata, dall'inquadratura molto stretta, limita l'esperienza dello spettatore che deve lasciare la contemplazione di quello spazio alla propria immaginazione.

Per questo lavoro, a differenza di *Blinks* di Acconci, sono state scattate delle fotografie per documentare la performance mentre essa si svolgeva, catturando in maniera significativa Paolo Cardazzo che utilizza la videocamera. Sebbene *Da zero a zero* sia un lavoro molto differente da *Blinks*, si muove ancora sulla stessa linea di pensiero, mettendo in discussione l'esistenza dell'"opera d'arte". La deliberata inquadratura della performance all'interno della registrazione video, impedisce allo spettatore di vedere i volti degli interpreti e limita anche la vista della zona circostante. Ciò crea una tensione tra il visibile e l'invisibile della performance, e richiama l'attenzione verso il lavoro in quanto immagine video a tutti gli effetti.

Due anni più tardi, nel 1976, l'artista Živa Kraus esplorò lo stesso territorio di *Da zero a zero* con un'altra opera video *The Motovun Tape*. In questa performance, la mano di una donna accarezza le mura di pietra della città di Motovun, e le dita tracciano i contorni delle crepe della muratura e

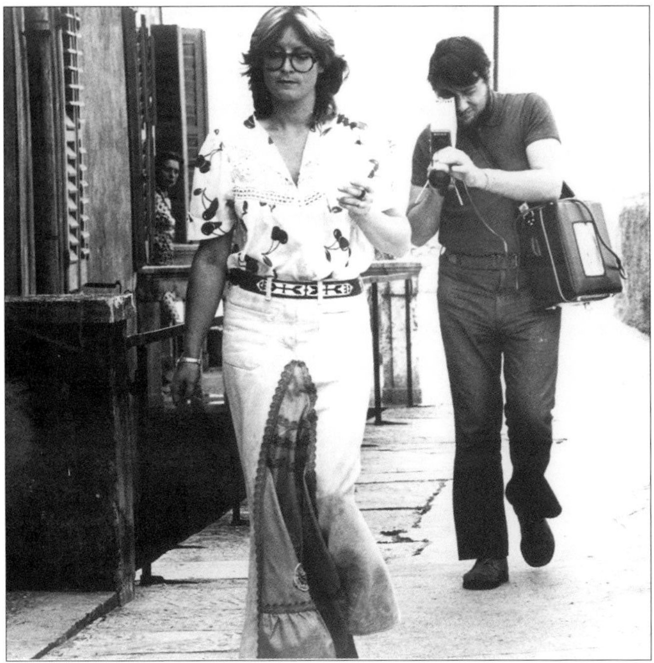

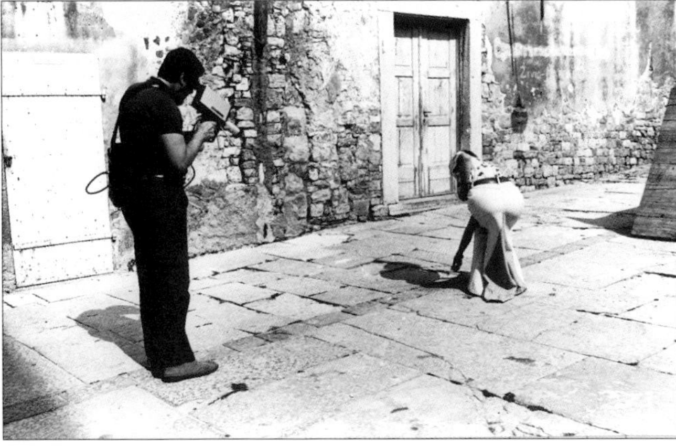

Fig. 2a, b. Paolo Cardazzo and Peggy Stuffi videotaping *Da zero a zero* [From Zero to Zero], 1974, Motovun. Paolo Cardazzo e Peggy Stuffi mentre registrano in video *Da zero a zero*, 1974, Motovun. Courtesy of Archivio Cavallino, Venice.

sumed control of Istria after the Second World War, and formally integrated it into what was then Yugoslavia. Today however, and despite being a Croatian territory, at least a fifth of Motovun's 600 or so population, still use Italian as their first language. Both *Da zero a zero* and *The Motovun Tape* speak of this history and cultural heritage of conflicted identity and the legacy of war. In both performances, Cardazzo/Stuffi and Kraus physically traced objects within the village – making a transient connection with the materiality of a place where various states of rule have also changed in quick succession. For the viewer however, this connection is set at a distance by the video

sfiorano le piccole piantine che ne spuntano fuori. Come in *Da zero a zero*, l'inquadratura dell'opera è in primo piano e si vedono solamente la mano e le pietre che passano. Fuori campo, un cane abbaia e un gallo canta, rimanendo tuttavia invisibili. *The Motovun Tape* è un'opera che trasmette primariamente una sensazione di sensualità. Riusciamo a immaginare la sensazione che proveremmo nel toccare le pietre se anche noi dovessimo accarezzare il muro, ma di nuovo, un'inquadratura troppo stretta restringe l'esperienza dello spettatore, e ci permette solo di immaginare lo spazio di là dal muro.

A metà degli anni Settanta, quando furono prodotti sia *The Motovun Tape* sia *Da zero a zero,* Motovun e la penisola istriana nella quale si trova, facevano parte dell'allora Jugoslavia. Tuttavia l'Istria era stata negli anni più recenti parte del territorio italiano. Dopo la caduta dell'Impero austro-ungarico alla fine della prima guerra mondiale, i territori dell'impero vennero, infatti, divisi e l'Istria divenne territorio italiano nel 1919. L'ascesa del fascismo in Italia portò a un'"italianizzazione" forzata delle comunità slave in Istria, che fu contrastata violentemente all'epoca dalla resistenza anti-fascista locale, portando a ondate di uccisioni di massa da entrambe le parti. Alla fine, le truppe di Tito assunsero il controllo dell'Istria dopo la seconda guerra mondiale, integrandola formalmente in quella che era allora la Jugoslavia. A ogni modo oggi, nonostante sia territorio croato, almeno un quinto dei 600 abitanti di Motovun usa ancora l'italiano come prima lingua. Entrambe le opere *Da zero a zero* e *The Motovun Tape* parlano di questa storia e di questa eredità culturale, di identità conflittuale e del retaggio della guerra. In entrambe le performance, Cardazzo/Stuffi e la Kraus hanno tracciato fisicamente degli oggetti all'interno del villaggio – creando una connessione transitoria con la materialità di un posto dove anche diversi tipi di governo si sono succeduti rapidamente. Per lo spettatore tuttavia, questa connessione è resa distante

recordings. The close-up framing and the exclusion of any establishing shots, generate tensions between the imagined performance and the reality of the limited visual information. Just as there is a division between the materiality of the village and the immaterial associations one may bring to it, there is also a tension between understanding the works as performances and perceiving them as aesthetic works of video art. It is a balance between what is material and what is immaterial, between what is present and what is absent, and between what is seen and what is unseen.

In Renato Barilli's text, *Video-recording a Bologna* [Video recording in Bologna], he describes this balance between a performance and its documentation as a form of hypocrisy.[2] Indicating 'ambiguity' in the use of an instrument 'that we cannot easily define as just subsidiary or actually fundamental to the aesthetic experience'. Barilli makes the case that theatre actors ignore the technical format documenting their performance – concentrating only on the 'act' and their 'direct meeting with the audience'. The technical instruments for documentation (photography, film, video etc.) are 'neutral and detached'. But with reference to creation of artworks, Barilli goes on to argue that video, 'amongst all these instruments that we have described as external and slightly hypocrite', had in particular, the capacity to 'claim its own excellence'.[3] At the time this article's publication in 1970, (only a few years before *Da zero a zero* and *The Motovun Tape* were produced) video was still a very new medium and recording on location with technologies such as the Sony Portapak was still a relatively cumbersome affair. In the early days of video art, access to post-production editing decks was limited so many works would have to be 'cut' in camera. It meant that there was a continual sense of flow with a video recording, something that a viewer wouldn't necessarily experience with a work on celluloid film for example, which may well have been selectively cut and spliced together by an artist at a later date. The idea

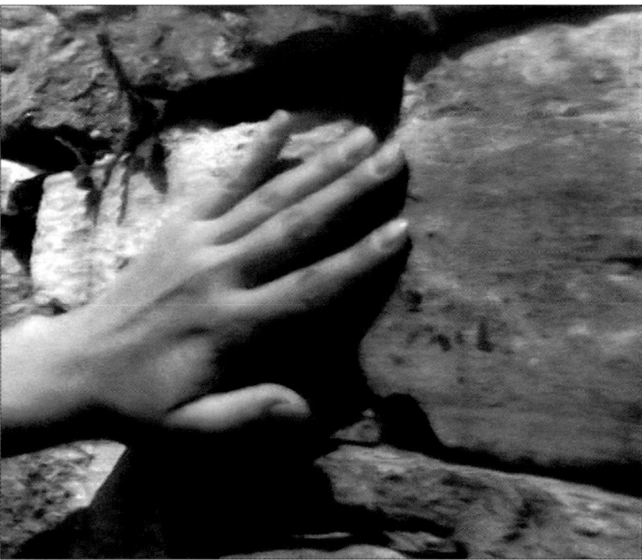

Fig. 3. Živa Kraus, *The Motovun Tape*, 1976. Courtesy of the artist and Archivio Cavallino, Venice.

dalle registrazioni video. L'inquadratura in primo piano e l'esclusione di qualsiasi ripresa di riferimento, generano tensioni tra la performance immaginata e la realtà delle limitate informazioni visive. Esattamente come esiste una divisione tra la materialità del villaggio e le associazioni immateriali che gli si potrebbero attribuire, c'è anche una tensione tra la comprensione dei lavori in quanto performance e la loro percezione quali opere estetiche di videoarte. È un equilibrio tra ciò che è materiale e ciò che è immateriale, tra ciò che è presente e ciò che è assente, e tra ciò che è visibile e ciò che è invisibile.

Nel testo di Renato Barilli, *Video-recording a Bologna*, si descrive questo equilibrio tra una performance e la sua documentazione come una forma di ipocrisia[2]. Rilevando un'"ambiguità" nell'uso di strumenti "non si sa fino a qual punto semplicemente sussidiari dell'esperienza estetica, o costitutivi di essa". Barilli porta avanti l'idea che gli attori teatrali ignorano il formato tecnico con cui viene documentata la loro performance – concentrandosi solo sull'"atto" e sul "loro incontro diretto con il pubblico". Gli strumenti tecnici per la documentazione (fotografia, film, video, ecc.) sono "neutri e distaccati". In riferimento alla creazione di opere d'arte, però, Barilli va oltre, sostenendo che il video "tra tutti questi mezzi relati-

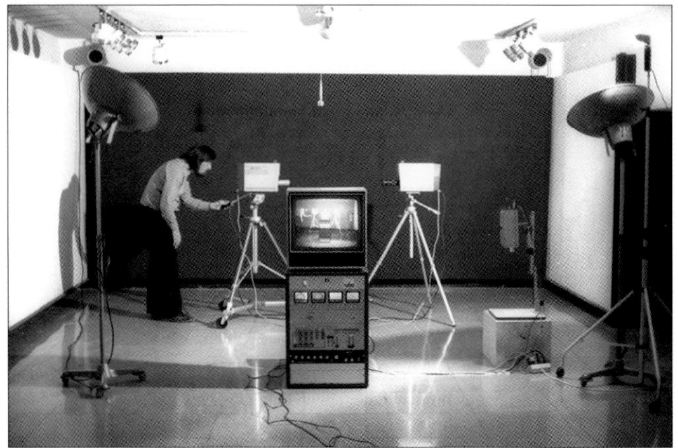

Fig. 4. Luigi Viola on the set of *Video As No Video*, 1978. Luigi Viola sul set di *Video As No Video*, 1978. Courtesy of the artist & Archivio Cavallino, Venice.

was that this created a closer sense of connectedness between the viewer and the viewed – a kind of artificial 'liveness', to which viewers would already be accustomed with television. It is a sense of flow that is evocative of continual change and renewal – something which also continued to affect the history of Motovun during the Yugoslav Wars, 20 years after *Da Zero a zero* and *The Motovun Tape* were created.

A further sense of 'liveness' to which Barilli attributes video's excellence was in its instant camera-to-monitor feedback loop – a revolutionary tool that distinguished video production from celluloid film's necessary development period in a laboratory. This allowed a performer to see his or herself 'live' as the recording was taking place. For Barilli, both of these inherent qualities of video production made video art a much more authentic experience for both the artist and the viewer:

> The relative neutrality and transparency of the mirroring instrument is protected by the almost complete abolition of the aesthetic intervention of a director. Video recording maintains its meek nature, which allows one to fix the flow of life in some kind of everlasting present, uninterrupted by time gaps or other editing difficulties.[4]

It this sense, video technology was not seen simply as a useful tool for capturing and reliving performances, but that it actually had the capacity to push the perform-

vamente esterni e leggermente ipocriti", in particolare, "ha dei numeri per vantare una sua eccellenza". Quando questo articolo venne pubblicato nel 1970 (solo qualche anno prima della produzione di *Da zero a zero* e *The Motovun* Tape), il video era ancora un *medium* decisamente nuovo, e registrare *in loco* con tecnologie come il Portapak della Sony era ancora un'impresa alquanto scomoda. Agli inizi della videoarte, l'accesso ai *deck* di post-produzione e montaggio era limitato, perciò numerosi lavori venivano "montati" in camera. Questo significava che c'era un senso di flusso continuo in una registrazione video, qualcosa che, ad esempio, uno spettatore non avrebbe necessariamente sperimentato con un lavoro su pellicola di celluloide montato con tutta probabilità selettivamente da un artista in un secondo momento. L'idea era che questo creasse una sensazione più vicina di connessione tra colui che vede e ciò che viene visto – una sorta di "*liveness*" ("vivezza") artificiale alla quale gli spettatori erano già abituati attraverso la televisione. È la sensazione di un fluire che evoca cambi continui e rinnovamento – qualcosa che continuò anche a influenzare la storia di Motovun durante le guerre nella ex-Jugoslavia, venti anni dopo la creazione di *Da zero a zero* e *The Motovun Tape*[3].

Un altro elemento di "*liveness*" al quale Barilli attribuisce l'eccellenza del video è il suo *feedback* loop istantaneo tra telecamera e monitor – uno strumento rivoluzionario che differenziava la produzione dei video rispetto a quella dei film di celluloide con il loro necessario periodo di sviluppo in laboratorio. Questo permetteva a qualsiasi interprete di vedersi "dal vivo" mentre stava avvenendo la registrazione. Per Barilli, entrambe queste qualità intrinseche della produzione video, rendevano la videoarte un'esperienza molto più autentica sia per l'artista che per lo spettatore:

> Risulta tutelata, insomma, una relativa neutralità e trasparenza del mezzo rispecchiante, con quasi totale abolizione

ance-to-camera genre.[5] This recognition came at a time when there were also varying debates as to video's autonomy as an art-form in its own right. There was a desire to explore the materiality of the medium, something that would distinguish it visibly and conceptually from its cinematic counterparts. Emphasizing the aesthetic experience of moving image for example, J. Dudley Andrew described cinematic-media-as-art in terms of looking at something through a glass window, before turning that window until light begins to reflect off its surface. At which point, the glass 'distorts what is beyond while revealing its own properties. Suddenly [the viewer] becomes aware of the frame, of the glass, of its texture, of the kinds of light it allows to pass, and so on'.[6] In a similar sense, Luigi Viola poses autonomy in video with his work *Video As No Video*, produced in 1978, by concentrating the viewer's experience upon the glass lens of a video camera. The work takes the concept of performance-as-video back towards Acconci's *Blinks*, by again denying the viewer access to the event. However, Viola further inverts the hierarchy between performance and documentation to such an extent that the event or performance barely exists, let alone goes unseen. The viewer's only point of access is the extreme close-up of a video camera's glass lens. Reflected in the glass are studio lights but they are refracted and distorted. The footage appears to be cut and refocused several times, as the light conditions change and the refractions are repositioned. In the centre of the image, is a faint apparition of a figure, but as with the lights, his shape is refracted and his movements are distorted. The piece only lasts two and half minutes and it is hard to perceive what the figure is actually doing, although his outstretched arms and legs are reminiscent of Da Vinci's *Vitruvian Man*, and each time the camera's focal point changes, the figure's scale and reach is also altered. The work also has a highly distorted audio-track. It is faintly musical but certain clicks, peaking or drops in

dell'intervento estetico di un regista. Il *video-recording* mantiene fino in fondo un carattere di docilità a fissare il flusso di vita in una sorta di eterno presente non rotto da salti temporali e da altre complicazioni di montaggio[4].

In questa prospettiva, la tecnologia video non era vista semplicemente come uno strumento utile solo a catturare e rivivere delle performance, ma che aveva effettivamente anche la capacità di fungere da stimolo al genere della performance su videocamera. Questo riconoscimento avvenne in un momento in cui si sviluppavano anche vari dibattiti sull'autonomia del video in quanto forma d'arte in sé. C'era il desiderio di esplorare la materialità del *medium*, qualcosa che lo avrebbe distinto visivamente e concettualmente dalle sue controparti cinematografiche. Enfatizzandone l'esperienza estetica, ad esempio, J. Dudley Andrew ha descritto la *cinematic-media-as-art* [medium-cinematografico-come-arte] come il guardare a qualcosa attraverso una finestra, prima di girare quella finestra fino a che la luce inizi a riflettersi dalla sua superficie. A quel punto il vetro "distorce ciò che sta dietro mentre rivela le sue proprietà intrinseche. Improvvisamente [lo spettatore] diventa consapevole della cornice, del vetro, della sua consistenza, dei tipi di luce che lascia filtrare e così via"[5]. In modo simile, Luigi Viola solleva la questione dell'autonomia del video con il suo lavoro *Video As No Video*, prodotto nel 1978, concentrando l'esperienza dello spettatore sulla lente di vetro di una telecamera. L'opera si rifà al concetto di performance come video presente in *Blinks* di Acconci, negando nuovamente allo spettatore l'accesso all'evento. Tuttavia Viola inverte ulteriormente la gerarchia tra performance e documentazione, fino al punto che non solo l'evento o la performance sono invisibili, ma quasi non esistono. L'unico punto di accesso per lo spettatore è il primo piano espanso della lente di vetro di una telecamera. Riflesse sul vetro, sono le luci dello studio che vengono rifratte e distorte. Il filmato sembra essere

Fig. 5. Luigi Viola, *Video As No Video*, 1978. Courtesy of the artist & Archivio Cavallino, Venice.

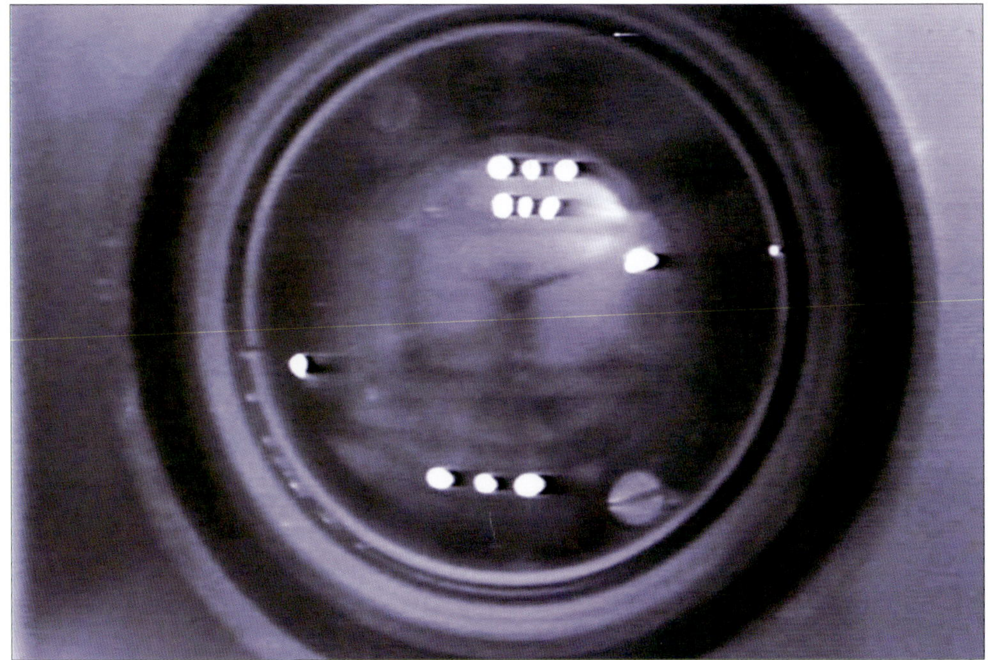

the audio, suggest that this sound is incidental background noise, and that the camera's in-built microphone has been used simply to the record the sound of its own mechanism. Halfway through the work however, this audio-track is punctuated by a recorded statement (which in Italian can be translated as): 'The lack of action in the video is not the denial of video, but the sign and manifestation of the necessary presence of nothing'.[7] For Viola, the work *is* the video. He describes it as:

> ... an analysis of the nature of this means of communication. The absence of an action on the video does not mean the negation of the video; on the contrary, the less freedom is granted to the image, the greater freedom is granted to the imagination. An attempt to probe into the body of the video to discovery its soul.[8]

With *Video As no Video*, all external or suggestive meaning is withdrawn, tension between performer and documentation is reduced, and focus is pulled entirely towards the medium. The question, as to whether documentation is subsidiary to the real event, is subverted – because the real

montato e rimesso a fuoco svariate volte, poiché le condizioni della luce cambiano e le rifrazioni vengono riposizionate. Al centro dell'immagine, appare una sagoma fioca, ma poiché ci sono le luci, la sua forma è rifratta e i suoi movimenti distorti. L'opera dura solo due minuti e mezzo ed è difficile capire cosa stia facendo realmente la sagoma, anche se le sue braccia e gambe allungate ricordano l'"*Uomo vitruviano*" di Da Vinci e ogni volta che cambia il fuoco della videocamera viene alterata anche la grandezza e l'estensione della figura. L'opera ha anche una traccia sonora fortemente distorta. È lievemente musicale ma alcuni tintinnii, picchi o abbassamenti dell'audio suggeriscono che questo suono sia un rumore casuale di sottofondo, e che il microfono integrato nella telecamera sia stato utilizzato semplicemente per registrare il suono del suo stesso meccanismo. A metà opera, tuttavia, viene introdotta in questa traccia sonora una dichiarazione registrata: "L'assenza di un'azione nel video non è la negazione del video, ma è come il segno e la manifestazione della presenza necessaria del nulla"[6]. Per Viola, l'opera è il video. Egli la descrive come[7]:

event *is* the video medium, and by extension, video's place in an art history canon. We are no longer trying to find meaning in the performance but concentrating on the independent aesthetic and ideology of the video medium, something that would otherwise be overlooked as merely a means of access.

In each of these works discussed there is tension between what is seen and unseen, principally of the performances, but also of what might be considered the 'real' event.

To broaden J. Dudley Andrew's analogy, if a traditional function of documentation is to be a simple window through which facts are presented, the role of the documentation in these works is to subvert our sense of this window. If the real events for *The Motovun Tape* and *Da zero a zero* are actually Motovun's history, and the real event for *Video as No Video* is the independent aesthetic and ideology of the video medium, then the role of documentation is fulfilled – albeit in an indirect manner – because it is through the documentation that we gain access to these unseen real events. ◆

Endnotes

1. Vito Acconci, *Blinks,* 1969, black and white photographs and vinyl lettering.
2. Renato Barilli, 'Video-recording a Bologna', *Marcatré*, n. 58–60, May 1970. For the republication and translation into English of the essay see Chapter 1.
3. *Ibid*. For the quote translated into English see p. 23.
4. *Ibid*. For the quote translated into English see p. 25.
5. The debate around this was very complex. Cinzia Cremona discusses this debate within this volume, in her chapter: 'Video performance in Italy in the 1970s – Authorships, Collaborations and International Contaminations'.
6. J. Dudley-Andrew, *The Major Film Theories: An Introduction* (London, Oxford, New York: Oxford University Press, 1976), p. 31.
7. Luigi Viola, *Video As No Video*, 1978, videotape, master U-matic 3/4", 02:32
8. Quote from Luigi Viola, *84. Video as No video*

> ...un'indagine sulla natura del mezzo. L'assenza di un'azione nel video non significa la sua negazione, al contrario, quanto minore spazio è concesso al movimento dell'immagine, tanto più largo è il movimento dell'immaginario. Un tentativo di scavare dentro il corpo del video alla ricerca della sua anima[8].

Con *Video As No Video*, tutti i significati esterni o suggestivi vengono ritrattati, la tensione tra interprete e documentazione è ridotta, e l'attenzione è completamente rivolta al *medium*. La domanda se la documentazione sia o meno supplementare all'evento reale viene sovvertita poiché l'evento reale è il *medium* video, e per estensione lo è il suo ruolo nei canoni della storia dell'arte. Non stiamo più mirando a cercare il significato della performance, ma ci stiamo concentrando sull'estetica indipendente e sull'ideologia del *medium* video, qualcosa che verrebbe altrimenti trascurato in quanto mero mezzo d'accesso.

In ognuna delle opere esaminate c'è la tensione tra il visibile e l'invisibile, principalmente nelle performance, ma anche con quello che può essere considerato l'evento "reale".

Per ampliare l'analogia di J. Dudley Andrew, se la funzione tradizionale della documentazione è di fare da semplice finestra attraverso la quale vengono presentati i fatti, il ruolo della documentazione in queste opere è di sovvertire la nostra percezione di questa finestra. Se gli eventi reali per *The Motovun Tape* e *Da zero a zero* sono realmente la storia di Motovun, e l'evento reale per *Video as No Video* è l'estetica indipendente e l'ideologia del *medium* video, allora il ruolo della documentazione è adempiuto – anche se in maniera indiretta – perché è attraverso la documentazione che riusciamo ad accedere a quegli invisibili eventi reali. ◆

Note

1. Vito Acconci, *Blinks*, 1969, fotografie in b/n e lettere di vinile.

(1978), in Dino Marangon, *Videotapes del Cavallino* (Venice: Edizioni del Cavallino, 2004), p. 144, translated into English and included in texts by S. Partridge and L. Leuzzi in *VIDEOEX International Experimental Film & Video Festival*, festival catalogue (Zurich: 2014), p. 73.

2. Renato Barilli, 'Video-recording a Bologna', *Marcatré*, n. 58–60, Maggio 1970.
3. *Ibid.*
4. *Ibid.*
5. J. Dudley-Andrew, *The Major Film Theories: An Introduction* (Londra, Oxford, New York: Oxford University Press, 1976), p. 31.
6. Luigi Viola, *Video As No Video*, 1978, videotape, master U-matic 3/4", 02:32
7. Il dibattito intorno all'argomento era veramente complicato. Cinzia Cremona analizza questo dibattito all'interno di questo volume nel capitolo: 'La videoperformance in Italia negli anni Settanta. – Autorialità, collaborazioni e contaminazioni internazionali'.
8. Citazione da Luigi Viola, *84. Video as No video (1978)*, in Dino Marangon, *Videotapes del Cavallino* (Venezia: Edizioni del Cavallino, 2004), p. 144, tradotto in inglese e contenuto nei testi di S. Partridge e L. Leuzzi in *VIDEOEX International Experimental Film & Video Festival*, catalogo del festival (Zurigo: 2014), p. 73.

Fra cinema e poetronica (e oltre): le scritture di Gianni Toti [Between Cinema and Poetronic (and Beyond): The Writings of Gianni Toti] by Sandra Lischi, first appeared in Mazzino Montinari (ed.), *Catalogo 43esima Mostra Internazionale del Nuovo Cinema* [43rd Pesaro Film Festival Catalogue] (Rome: Fondazione Pesaro Nuovo Cinema, 2007, pp. 94–98). It was later included in the volume: S.Lischi, S.Moretti (eds.), *Gianni Toti o della poetronica* [Gianni Toti or about Poetronic] (Pisa: Edizioni ETS- La Casa Totiana, 2012, pp. 169–173).

In this text, dedicated to the artist, poet, journalist and film and video-maker Gianni Toti, (died in 2007), Lischi examines the seminal relationship of Gianni Toti's 'video poem-works' (as he named them) with Cinema, with particular attention paid to his sources of inspiration, such as Dziga Vertov and Ejzenštein.

Chapter 17 / Capitolo 17

Between Cinema and Poetronic (and Beyond) | Fra cinema e poetronica (e oltre)

Sandra Lischi

The Writings of Gianni Toti

Jean-Paul Fargier's recollection of Gianni Toti in the *Cahiers du Cinéma* (March 2007) began evoking a sequence from *SqueeZangeZaúm* (1988) where the virtual prow of the Potemkin battleship rips the white screen, as if heading for the audience. At the RAI in Turin, Toti managed to experiment, with the help of his *montautori* [editauthors, a crasis of the words 'editors' and 'authors'] and his *chimeramen* ['chimeramen', a crasis of the words 'chimera' and 'cameramen'], with electronic effects equipment and to carry out Ejzenštejn's idea using video: he would have liked a real laceration of the screen caused by the image of the advancing prow at the end of his film. 'La Cuirassé Poètemkine' is how Toti renamed the film in his video-poem that pays homage to the artistic and political utopias of the Twentieth century, as well as to Chlébnikov's transmental language, and to Majakovskij's poetry. Film fragments follow one another, intertwining with music: Toti revised them,

Le scritture di Gianni Toti

Nel suo ricordo di Gianni Toti sui "Cahiers du Cinéma" (marzo 2007) Jean-Paul Fargier esordisce con la rievocazione di una sequenza di *SqueeZangeZaúm* (1988): la prua virtuale della corazzata Potemkin che squarcia lo schermo bianco, come a dirigersi verso gli spettatori. Alla Rai di Torino, aiutato dai suoi "montautori" e dai suoi "chimeramen", Toti aveva sperimentato le strumentazioni per gli effetti elettronici e realizzato in video l'idea di Ejzenštejn, che avrebbe voluto alla fine del suo film una lacerazione reale dello schermo da parte dell'immagine della prua che avanza. "La Cuirassé Poètemkine", così Toti aveva rinominato il film in quel suo videopoema che è un omaggio alle utopie artistiche e politiche del Novecento, al linguaggio transmentale di Chlébnikov, alla poesia di Majakovskij. Frammenti di film si susseguono, intrecciandosi alle musiche: Toti li rielaborava proprio come faceva con le parole, per creare significati (sognificati, diceva) nuovi, nuove associazioni di memo-

just as he used to do with words, in order to create new meanings (*sognificati* [dreameanings], he said), new associations of memory and imagination. 'He made new things using the old ones' – writes Fargier – 'with raving associations, insertions, overlapping layers, fragments interlacement'. Furthermore ...

> ... his texts swarmed with *portmanteau* words, thrown out in Italian, French, Spanish, Russian, English, with his post-Joyce polyglot voice, inspired by trans-linguism, as he rolled his syllables like a declaimer on stage, detaching one syllable from the other so as to allow the flavour of the origin of each one to be better sampled, often taking them from different languages. His model was Chlébnikov's 'zaúm': the futuristic converter, a melting pot of all languages fused together to create an unheard-of way of speaking, the only one worthy of expressing the novelty of the revolutionary times.[1]

All of Toti's artistic creation and reflection is covered by the mark of cinema, starting from the battle for the great cinema of poetry, during the post-WWII cultural debate. Toti told me during a conversation:

> Myself and a few others – a small minority, in fact – were against all the exaltation, the neo-realistic rhetoric present in cinema and in other fields... We did other things, just by refusing it and leaving the field... We thought that the cinema celebrated all over the world was reactionary against the great cinema of poetry... for that verist and naturalist cinema, people like Ejzenštejn did not exist.[2]

A friend of Cesare Zavattini – with whom he worked at the *Cinegiornaliberi* [Freecinenews] – Toti never stopped polemicizing with the idea of cinema seen as 'prose machine' (so he would say), incapable of articulating, of elaborating, of poetically transforming reality into an 'other' language or, even worse, subdued to the needs of political propaganda, tempted by the unfavourable recall of the message. It is enlight-

ria e di immaginazione. "Faceva cose nuove con le vecchie – scrive ancora Fargier. Con associazioni forsennate, innesti, sovrapposizioni di strati, intreccio di frammenti". Del resto,

> nei suoi testi brulicano parole-valigia lanciate in italiano, in francese, in spagnolo, in russo, in inglese, con la sua voce di poliglotta post-joyciano ispirato dal trans-linguismo, arrotolando le sillabe come un declamatore sulle scene, staccandole l'una dall'altra per far meglio gustare l'origine di ognuna, spesso prelevandole da lingue diverse. Il suo modello era lo "zaúm" di Chlébnikov: la marmitta futurista, il *melting-pot* di tutti i linguaggi fusi per creare un parlare inaudito, il solo degno di esprimere la novità dei tempi rivoluzionari[1].

Quella del cinema è una traccia che percorre tutta la riflessione e la creazione artistica di Toti. A partire dalla battaglia per il grande cinema di poesia, nel dibattito culturale del dopoguerra.

> Io e alcuni altri – una minoranza, effettivamente – eravamo contrari a tutta l'esaltazione, la retorica neorealista nel cinema e negli altri campi ... Noi, proprio con un rifiuto e un'uscita di campo, facevamo altre cose ... Il cinema celebrato in tutto il mondo per noi era retrivo nei confronti del grande cinema di poesia ... per quel cinema verista, naturalista, gli Ejzenštejn non esistevano,

mi aveva detto in una conversazione (Roma, 1997)[2]. Amico di Zavattini – con cui aveva collaborato per i *Cinegiornaliberi* – non cessava di polemizzare con un cinema inteso come "macchina da prosa" (così diceva), incapace di articolare, elaborare, trasformare poeticamente la realtà in linguaggio "altro" o, peggio ancora, piegato a esigenze di propaganda politica, tentato dall'infausto richiamo del messaggio. È illuminante rileggere oggi i suoi contributi per la rivista "Cinema & Film", come quello su Ejzenštejn e Vertov (1967)[3] in cui si dialoga con le problematiche della cine-verità e del cine-occhio. Vi si intravedono, tra le righe,

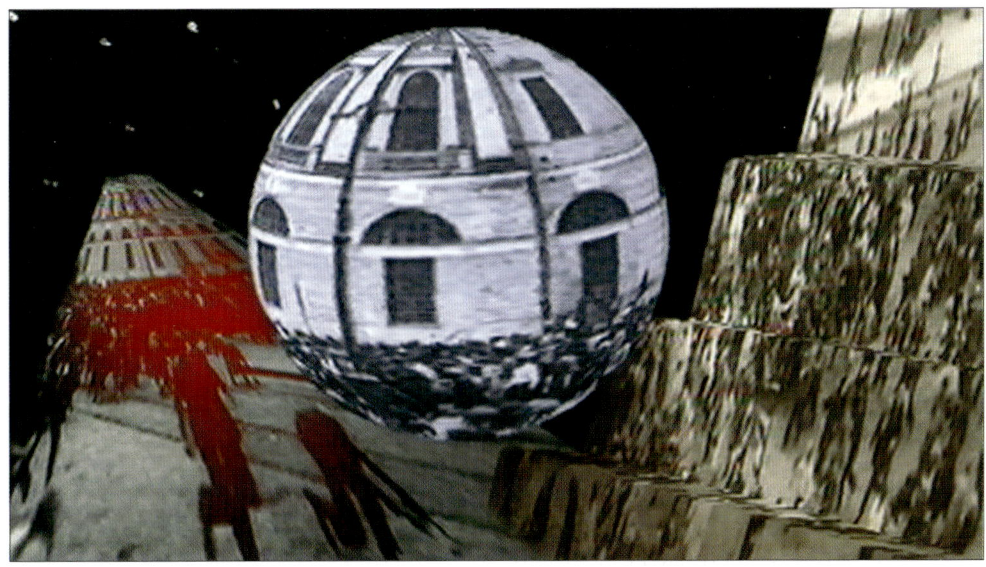

Fig. 1.
Gianni Toti,
Planetopolis,
1994.
Courtesy of La
Casa Totiana.

ening to reread Toti's contributions to the journal *Cinema & Film*, such as the piece on Ejzenštejn and Vertov (1967)[3] that addressed the issues of cinema-truth and cinema-eye. Reading between the lines, we can make out affirmations similar to those that Toti would later make, in the Eighties and Nineties, about the presumed electronic super-eye. In 1967, he wrote

> being 'sight masters' is not enough, we need to create things to be seen, things that do not exist in the visual truth of the human and cinematographic eye, unless the mythopoeic author intervenes to show you what he built in order to tell you about life as watched with most perfect apparatuses that are agile, and intelligently and even artistically manoeuvred.

In 1994, Toti dedicated *Planetopolis* to Dziga Vertov, and quoted Vertov in his own work by using fragmented images from *The Man With a Movie Camera*. This project consisting of a gigantic 'video-poem-artwork' was inspired by a Symposium on the film director held in Moscow in 1992. *SqueeZangeZaúm* is a video work rich in homages to cinema: from classic cinema (i.e John Ford) to animation cinema, and historical avant-garde cinema. An act of love for a century of screen representations and utopias, those who made us all *spettrattori*,

affermazioni simili a quelle che Toti farà poi, negli anni Ottanta e Novanta, sul presunto super-occhio elettronico. "Non basta essere maestri della vista" scriveva nel 1967,

> bisogna creare le cose da vedere e che non ci sono nella verità visuale dell'occhio umano e dell'occhio cinematografico se non interviene l'autore mitopoietico a farti conoscere ciò che lui ha costruito per dirti la vita guardata con gli strumenti più perfezionati, agili e intelligentemente e persino artisticamente manovrati.

A Dziga Vertov aveva dedicato, nel 1994, *Planetopolis*: a lui, la "trottola volteggiante", citato in immagini con frammenti de *L'uomo con la macchina da presa;* il progetto stesso di questa gigantesca "video-poem-opera" aveva preso le mosse da un Simposio sul cineasta, a Mosca, nel 1992.

E *SqueeZangeZaúm* è un'opera video intessuta di omaggi al cinema: quello classico (John Ford), quello d'animazione, quello delle avanguardie storiche. Atto d'amore nei confronti di un secolo di rappresentazioni e utopie schermiche, quelle che ci hanno reso tutti "spettratori", spettatori di ombre, di spettri, di sogni. Un cinema che si trasforma, proprio nel senso dello *zaúm*, del linguaggio transmentale di Velimir Chlébnikov. Torna indietro, si ripete, gioca con se stesso, si avvita su altre immagini, percorre altre forme, ricrea didascalie e titoli, come acca-

'spectrators', spectators of shadows, spectres, dreams. A cinema that transformed itself, specifically in the sense of the *zaúm,* the transmental language of Velimir Chlébnikov. [The work] went back, repeated itself, played with itself, attached itself to other images, moved along other forms, recreated subtitles and titles, as it would then happen in all of Toti's 'poetronic' production. I remember, during *Planetopolis* post-production, the image treatment of *October* by Ejzenštejn, with the crowd being pushed back, the flags coloured in red over the black and white; the sequences by Pelescian, Medvedkin, Vertov, Ruttmann, but also the scientific documentaries and sequences by Lang, Pennebaker and Marker...

On the other hand, perhaps his most touching video work – which drew several authors and critics towards electronic arts (as recently said during an homage to Toti at the Clermont-Ferrand Festival) – is *Incatenata alla pellicola* [Chained to the Film], 1982 (part of the *Trilogia majakovskijana* [Majakovskijan Trilogy] for Sperimentazione RAI). This film fragment, approximately two minutes long, was saved from deterioration and given to Toti by his friend Lili Brik, Majakovskij's partner for many years, and came from the Nikandr Turkin film of 1918: Majakovskij and Lili Brik performed in it, staging the story of a ballet dancer who came out from the screen for the love of a 'real' young man. Thanks to the intuition of the possibility of video metamorphosis and time dilation and of its spatial and chromatic alterations, and thanks also to the recited words, the magnification of details and gestures, to repetitions, enchantments, traditional melancholy ('melancosmoly', Toti would say), the fragment (re)becomes a complete work that interprets, in an hour, the hopes and the delusions of an entire generation of passionate word and art revolutionaries and gives new light and new life to a memory splinter that would have otherwise been doomed to disappear.

These works are, in a poetic, evocative

drà poi in tutta la produzione "poetronica" di Toti. Ricordo, durante la post-produzione di *Planetopolis,* il trattamento di immagini di *Ottobre* di Ejzenštejn, con la folla mandata all'indietro, le bandiere colorate in rosso sul bianco e nero; le sequenze di Pelescian, di Medvedkin, di Vertov, di Ruttmann ma anche di documentari scientifici; di Lang, Pennebaker, Marker...

Del resto, forse la sua opera video più toccante, quella che ha conquistato alle arti elettroniche vari autori e vari critici (come si è detto recentemente al festival di Clermont-Ferrand, durante un omaggio a Toti) è *Incatenata alla pellicola* del 1982 (una delle parti della *Trilogia majakovskijana* per la Sperimentazione Rai).

Quel frammento di pellicola, di due minuti, salvato dalla distruzione e donato a Toti dall'amica Lili Brik, compagna per tanti anni di Majakovskij, veniva dal film di Nikandr Turkin del 1918: vi recitavano i due, mettendo in scena la storia di una ballerina che esce dallo schermo per amore del giovane "reale". Grazie all'intuizione delle possibilità di metamorfosi e dilatazione temporale e delle alterazioni spaziali e cromatiche del video, grazie alle parole recitate, alle citazioni poetiche, all'ingrandimento di dettagli e gesti, a ripetizioni, incantamenti, malinconie storiche (malincosmie, come diceva Toti), il frammento (ri)diventa opera compiuta, interpreta nell'arco di un'ora le speranze e le delusioni di un'intera generazione di appassionati rivoluzionari della parola e dell'arte, porta alla luce e a nuova vita una scheggia di memoria altrimenti destinata alla scomparsa.

In modo poetico, evocativo, talora enigmatico, queste opere sono anche un percorso di riflessione politica, offrono materia di dubbio e pensiero sull'ascesa e il declino (o il provvisorio silenzio) del comunismo, che Toti aveva rinominato coSmunismo per sottolinearne la vocazione planetaria, a venire, al di là di questa o quella frettolosa e malintesa applicazione.

Il cinema Gianni Toti non lo aveva solo amato, commentato, studiato, utilizzato nei

and sometimes enigmatic way, also a path of political reflection. They offer food for thought on the rise and fall (or the provisional silence) of Communism, that Toti renamed *coSmunismo* [CoSmmunism], in order to underline Communism's global vocation to go beyond one or another hurried and misunderstood application.

Gianni Toti had not only loved, commented, studied and used cinema, in his videos; at some point he had also made cinema, both as an actor (for Faccini, the Straubs, Gutiérrez Alea and others) and as scene and script writer of many texts that remained at a project level, with two actually produced as films: *E di Shaùl e dei sicari sulle vie da Damasco* [And of Shaùl and of the hired assassins on the streets of Damascus] (1973) and *Alice nel paese delle cartaviglie* [Alice in Paperland] (1980), which had an associated book and musical 45 rpm 7" vinyl disc.

It is interesting, today, to reread the debates (especially those on *Shaùl,* edited by Roberto Perpignani and performed by George Wilson) in some journals of the time from *Cineforum*,[4] *Rivista del Cinematografo* [The Cinema Journal], *Cinema Nuovo* [New Cinema] and *Cinema 60*. It was a film that turned the idea of cinema dealing with history on its head and was built on time jumps, provocations (the opening titles halfway though the film),and effects. It suggests that video is more versatile and malleable than film, and more inclined, thanks to its vibratile and punctiform nature, to be better adapted to the 'bends' of language. In one of these articles Toti said

> I think of films as 'books of sound and visual images', that might therefore need forewords, afterwords, interventions on the structure, indications that will help the reader-spectator to form his/her own 'reading or de-reading or unreading keys' ...

Writer of all writings, Toti helped us there to understand how his creative itinerary was not about 'moving' from one media

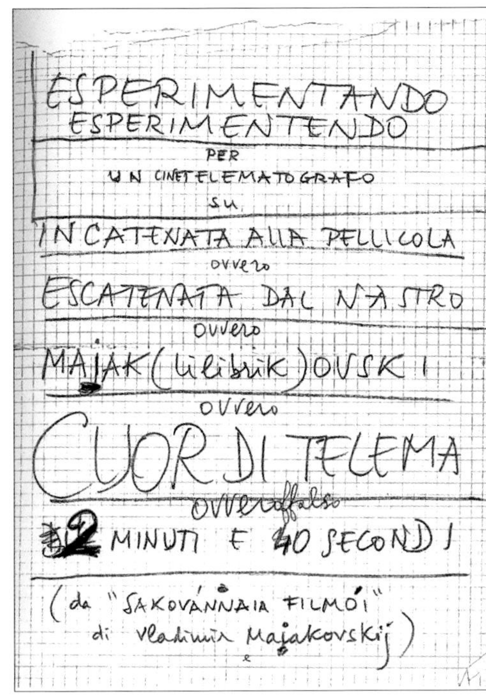

Fig. 2. Gianni Toti's notes on *Incatenata alla pellicola* [Chained to the film], 1983 and the "Trilogia majakovskijana" [Majakovskijan Trilogy]. Appunti di Gianni Toti su *Incatenata alla pellicola*, 1983 e la "Trilogia majakovskijana". Courtesy of La Casa Totiana.

video. A un certo punto lo aveva anche fatto, sia come attore (per Faccini, gli Straub, Gutiérrez Alea e altri), sia come soggettista e sceneggiatore di molti testi che sono rimasti allo stadio di progetto, sia con due film realizzati: *E di Shaùl e dei sicari sulle vie da Damasco* (1973) e *Alice nel paese delle cartaviglie* (operazione cui sono correlati anche un libro e un 45 giri musicale) del 1980.

È interessante rileggere oggi i dibattiti (soprattutto su *Shaùl,* montato da Roberto Perpignani e interpretato da George Wilson) su riviste di quel periodo, da "Cineforum"[4] alla "Rivista del Cinematografo" a "Cinema Nuovo" e a "Cinema 60". Si tratta di un film che capovolge l'idea di "cinema storico" e che si costruisce con salti temporali, provocazioni (i titoli di testa a metà del film), effetti, come a chiamare il video, più versatile e malleabile della pellicola, più disposto per la sua natura vibratile e puntiforme alle "piegature" del linguaggio.

> Penso ai film (dice Toti in uno di questi articoli) come a "libri di immagini sonore e visive", che possono quindi aver bisogno di prefazioni, di post-fazioni, di interventi sulla tessitura, indicazioni utili al lettore-spettatore perché si fabbrichi da

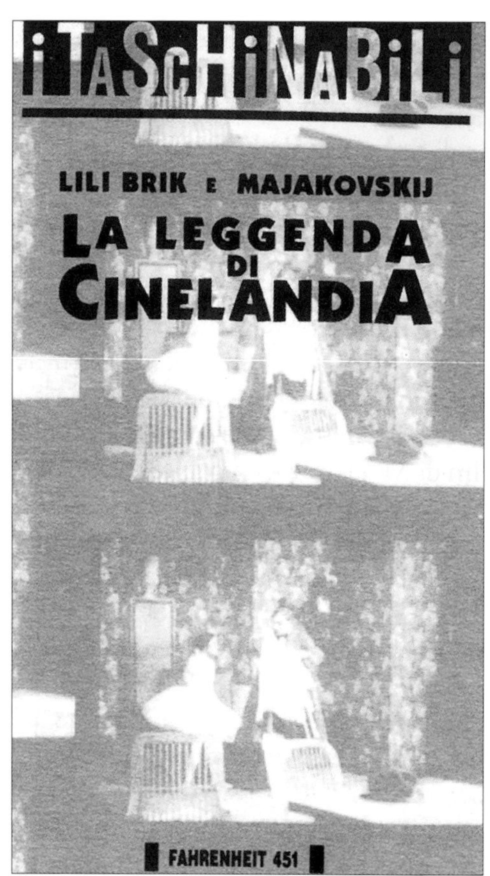

Fig. 3. Cover of "Taschinabile" by Gianni Toti dedicated to *Incatenata alla pellicola* [Chained to the film] (Fahrenheit, Roma 1994). La copertina del "Taschinabile" di Gianni Toti dedicato alle vicende di *Incatenata alla pellicola* (Fahrenheit, Roma 1994). Courtesy of La Casa Totiana.

to another, nor from one writing to another (which maybe more technically evolved). The page – literally and metaphorically – was only one: white paper and glimmer of the screen, cinematographic projection surface and monitor screen. During the Eighties Toti became a master of electronic experimentation. He was internationally known, and a prizewinner, celebrated (more abroad than in Italy, it has to be said) amongst the most radical and learned pioneers on the video scene. Language subversion returned in his 'poetronic' art, cinema (a medium 'completely born' according to Toti) returned as a module of the video issue, but he also created new, never before seen, figures, adventures of shapes, formats and creations – also in digital format – that possess a great sensory, intellectual and emotional impact.

If we read the critical analysis of his literary and poetic work (such as the very shrewd ones by Giuseppe Zagarrio)[5], we

solo le sue "chiavi di lettura" o di "slettura", o di "illettura"... .

Scrittore di tutte le scritture, Toti ci fa capire qui come nel suo itinerario creativo non si tratti di "passare" da un mezzo a un altro, da una scrittura a un'altra (magari più evoluta tecnicamente). La pagina – letteralmente e metaforicamente – è una sola, foglio bianco e chiarore dello schermo, superficie di proiezione cinematografica e quadro del monitor. Negli anni Ottanta Gianni Toti diventa un maestro della sperimentazione in elettronica, internazionalmente conosciuto, premiato, celebrato (più all'estero che in Italia, va detto) fra i pionieri più radicali e più colti del panorama video. Torna nella "poetronica" la sovversione dei linguaggi, torna il cinema (*medium* ormai "completamente nato" secondo Toti) come modulo del discorso in video, ma nascono anche figure mai viste prima, avventure di forme, impaginazioni e creazioni – anche in digitale – di straordinario impatto sensoriale, intellettuale ed emotivo.

Se leggiamo le analisi critiche del suo lavoro letterario e poetico (come quelle, acutissime, di Giuseppe Zagarrio[5]) riconosciamo le "figure retoriche" totiane, le sue invenzioni, i suoi capovolgimenti di linguaggio, le sue decostruzioni, anche nelle immagini video: così come il suo respiro planetario e cosmico, la sua "ironia antroposociologica", il suo sguardo sul futuro possibile e poesibile. Come ha ben dimostrato Silvia Moretti (quanti giovani intorno all'opera di Gianni Toti, quanta attenzione e passione riscuote il suo lavoro negli studenti che vi si accostano o che l'hanno conosciuto di persona), si tratta di uno schermo-video-pagina da percorrere con la scrittura, sfogliare, attraversare, "in una continuità di reciproco nutrimento tra l'arte scrittoria e visiva"[6]. Del resto, i suoi video-poemi sono affollati di lettere e parole danzanti e vive, animate (futuristicamente), divenute immagini o contenitori di immagini; il cinema stesso, prelevato per "frasi", diventa un elemento del discorso: commuove un pic-

can recognize Toti's 'figures of speech', his inventions, his language reversal, and his deconstructions also in his video images. In those video images we can also find his cosmic and worldwide breath, his 'anthropo-sociological irony', his look on a possible and poetryble future. As properly demonstrated by Silvia Moretti (there were so many young people around Toti's work, his work earned so much attention and passion from the students who approached it and who met him in person) it was a screen-video-page to go through with writing, to browse, to cross, 'in a continuity of mutual nourishing between writing and visual art'.[6] On the other hand, his video-poems were crowded with dancing, live letters and words, which were (futuristically) animated, and which became images or containers of images. Cinema itself, gathered in 'sentences', became part of the speech. We are moved by a little wrapped up Gramsci, filmed in Moscow (in *Gramsciategui ou les poesimistes*). We are moved by Lili, the ballet dancer who misses the white canvas of the screen, the soldier on their horses who do not go back, the advancing masses that do not advance any more ... Page, cinema, video? Word, writing, music?

Perhaps Gianni Toti's most important lesson, inseparable from the severity and the freshness of the precise exam he conducted of the several arts he intersected (and of which he was a theorist, formulating concepts and inventing terminology), lies specifically in this poetic and this artistic practice of the coexistence and 'total' acceptance of the languages of different media and arts. And he does this with fertile, passionate coexistence – in his art and in his life experience – of many alive and 'dead' languages, of many literary masterpieces of all time, of many, different musical suggestions and theatre, film, scientific and philosophical knowledge. But also with many crossed countries, known and unknown people met and never forgotten, extraordinary adventures and battles: human, poetic, politic, intellectual. The partisan Vania, the

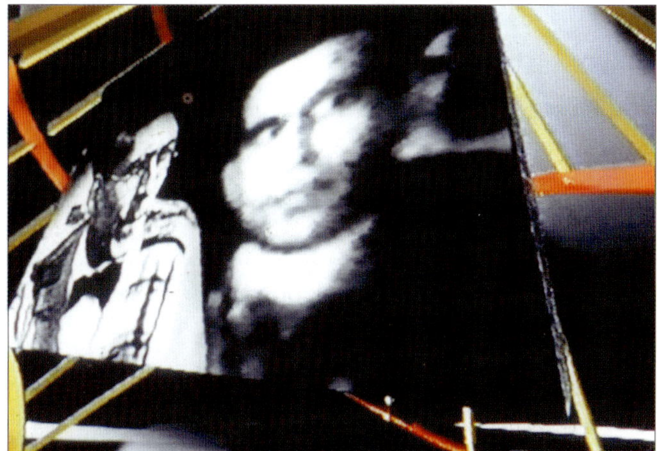

Fig. 4. Gianni Toti, *Gramsciategui ou les poesimistes*, 1999. Courtesy of La Casa Totiana.

colo Gramsci infagottato, filmato a Mosca (in *Gramsciategui ou les poesimistes*), commuove la ballerina Lili che ha nostalgia della tela bianca dello schermo, i soldati a cavallo che tornano indietro, le masse avanzanti che non avanzano più ... Pagina, cinema, video? Parola, scrittura, musica?

Forse la lezione più alta di Gianni Toti, inscindibile dal rigore e dalla freschezza che assumeva in lui l'esame puntuale delle varie arti che ha attraversato (e di cui è stato anche un teorico, formulando concetti e coniando terminologie), sta proprio in questa poetica e in questa pratica artistica della compresenza e dell'assunzione "totale" dei linguaggi. Che fa del resto tutt'uno con la feconda, appassionata convivenza – nella sua arte e nella sua esperienza di vita – di tante lingue vive e "morte", di tanti capolavori letterari di tutti i tempi, di tante e diverse suggestioni musicali, conoscenze teatrali, filmiche, scientifiche, filosofiche. Ma anche di tanti paesi attraversati, persone note e ignote, incontrate e mai dimenticate, avventure straordinarie, straordinarie battaglie:

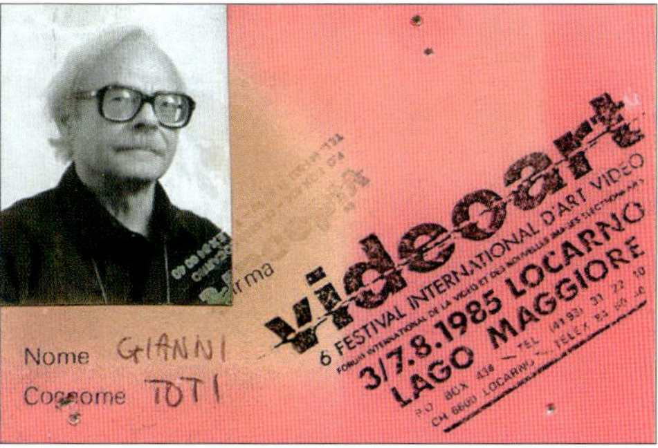

Fig. 5. Photo Passport from Locarno Videoart Festival, 1985. Fototessera del Festival di Videoart di Locarno, 1985. Courtesy of La Casa Totiana.

militant of the paroletariato [a 'worder', a crasis of 'word' and 'worker'], would happily sing the lines of the Indian Atahualpa Jupanqui's song which he included in *Planetopolis*: 'Be man first, then poet'. His work will need to be read again, thought again and 'written again' with this idea in mind too. And lived again. In different and new ways, but always producing and thinking and writing and filming and inventing and creating without surrendering to the easy, the obvious, the well known. And still writing and creating and thinking and filming and producing and ... ◆

Endnotes

1. J.P. Fargier, 'Total Toti, roi du Telema', *Cahiers du Cinéma*, March 2007.
2. Gianni Toti, conversation (unpublished) with Sandra Lischi, Rome 1997.
3. Gianni Toti, 'La "produttività" dei materiali in Ejzenštejn e Dziga Vertov', *Cinema & Film*, 1967, n. 3, pp. 281–287.
4. R. Escobar (ed.), 'Incontro-dibattito con Gianni Toti', *Cineforum*, August–September 1974, n. 135–136, pp. 693–707.
5. Giuseppe Zagarrio, 'Gianni Toti', in Gianni Grana (ed.), *Novecento. Gli scrittori e la cultura letteraria nella società italiana*, (Milan: Marzorati, 1979), vol. X.
6. Silvia Moretti, *Tra letteratura e videoarte. I salti poligrafici di Gianni Toti*, report (unpublished), Scuola Normale Superiore, Pisa 2006. For a deeper view on Gianni Toti's work see *Gianni Toti o della poetronica*, edited by Sandra Lischi and Silvia Moretti, ETS: Pisa, 2012.

umane, poetiche, politiche, intellettuali. Il partigiano Vania, il militante del "paroletariato", volentieri cantava quei versi dell'indio Atahualpa Jupanqui, che aveva inserito anche in *Planetopolis*: "Prima esser uomo, poi poeta". Anche in questa direzione andrà riletta e ripensata e "riscritta" la sua opera. E rivissuta. In modi diversi e nuovi ma sempre producendo e ragionando e scrivendo e filmando e inventando e creando senza mai arrendersi al facile, all'ovvio, al noto. E ancora scrivendo e creando e ragionando e filmando e producendo e.... ◆

Note

1. J.P. Fargier, 'Total Toti, roi du Telema', *Cahiers du Cinéma*, Marzo 2007.
2. Gianni Toti, conversazione (inedita) con Sandra Lischi, Roma 1997.
3. Gianni Toti, 'La "produttività" dei materiali in Ejzenštejn e Dziga Vertov', *Cinema & Film*, 1967, n. 3, pp. 281–287.
4. R. Escobar (a cura di), 'Incontro-dibattito con Gianni Toti', *Cineforum*, agosto-settembre 1974, n. 135–136, pp. 693–707.
5. Giuseppe Zagarrio, 'Gianni Toti', in Gianni Grana (a cura di), *Novecento. Gli scrittori e la cultura letteraria nella società italiana*, (Milano: Marzorati, 1979), vol. X.
6. Silvia Moretti, *Tra letteratura e videoarte. I salti poligrafici di Gianni Toti*, relazione (inedita), Scuola Normale Superiore, Pisa 2006.

Memoria d el vide o: presente continuo [Memory of Video: continuous present] by Vittorio Fagone was first published in *Memoria del video: vent'anni di eventi video in Italia raccolti da Luciano Giaccari*, volume 2: *Presente continuo* [Memory of Video: Twenty Years of Video Events Collected by Luciano Giaccari, volume 2: Continuous Present] (Milan: Nuova Prearo, 1988), edited by Fagone himself. The volume was published for an exposition at Padiglione d'Arte Contemporanea (PAC) in Milan, between 4 October and 31 December 1988.

The essay examines and explains the seminal importance of Giaccari's Video Library, classification and video practice contextualizing it in the Italian and international contemporary scenario.

Chapter 18 / Capitolo 18

Memory of Video: Continuous Present | Memoria del video: presente continuo

Vittorio Fagone

I. A matter of time

The issue surrounding video as an experimental area of research and of critical and creative consideration in the late Eighties risks being considered of secondary importance and, what is worst, becoming an excuse for naïve, as much as gross, misrepresentation, if it is not established appropriately.

We will try to be more precise. Many of the critics, who lived through the Sixties and Seventies, paid more attention to the pages of *Artforum* rather than personally experiencing the things that were happening within the international and Italian experimental area, and the younger ones, who invent those years based on the accounts given by Italian commercial art journals, which are surely not unbiased, think that a 'golden age' of video art existed, and that this was permanently sealed by the deceleration of the avant-garde of the mid-Seventies.

The captious reasoning is straightforward. Video art started when, in the visual art world, the pull towards a dematerialization of the art work became stronger; when

I. Questione di tempo

La questione del video come area sperimentale di ricerca e di riflessione critica e creativa, alla fine degli anni Ottanta, se non viene posta correttamente, rischia di essere considerata secondaria e, quel che è peggio, risulta pretesto di travisamenti tanto ingenui quanto grossolani.

Cerchiamo di essere subito espliciti. Molti dei critici che hanno vissuto gli anni Sessanta e Settanta più attenti alle pagine di "Artforum" che ad informarsi di persona di quello che di vivo accadeva nell'area sperimentale, internazionale e italiana, e quelli, più giovani che se li inventano dai resoconti non disinteressati delle riviste d'arte commerciali del nostro paese, pensano che è esistita un'età d'oro dell'arte video e che questa è definitivamente suggellata nella decelerazione delle avanguardie della metà degli anni Settanta.

Il ragionamento, capzioso, è semplice. L'arte video nasce quando si fanno forti nel mondo delle arti visuali le tensioni a una smaterializzazione dell'opera; quando più urgenti si rivelano le pulsioni a incrociare i

the urge to combine the open languages of performing arts with the mute and conceptualized figures of fine arts became more pressing; when it was necessary to leave a remainder and trace of events otherwise doomed to disappear or to lose their essential time continuity; when, finally, the use of a new medium could be beneficial to provide a status of novelty. Following this logic, as with all other research movements belonging to the first and the second avant-garde, the life of video burnt out between the Sixties and the Seventies, and those who got on or lingered on that train, risked being prisoners of a 'lost station', like in one of Dino Buzzati's tales.

This misunderstanding was rationally corrected in *Artforum*, where Barbara London, curator of the Film and Video section of New York's Museum of Modern Art, was able to make an inventory of independent video in autumn 1980, as perceived specifically by the American side. She was also able to count some substantial defections, the first being that of Peter Campus, who moved on to photography, with results that are in no way insignificant.

Barbara London was persuaded that the late Seventies saw the end of an era for video, yet she was cautious in wording the title of her piece *Independent Video: The First Fifteen Years*. Neither Futurism nor Surrealism had a full lifespan of fifteen years. And, as far as credible, I have no doubt that the subsequent ten years of video were not any less interesting. If Barbara London had not moved to Tokyo to study the newest transmutations of video-graphic research within the more complex electronic art, I am sure she would not find it difficult to admit this. She also belonged to the multitude of mobile critics, exceptional in our country, who travelled through the extremely lively international universe of video, also in the last years around 1985, and who know how carefully she recorded confirmations, changes and innovations.

There is no doubt that video changed in the late Seventies. However it did not disap-

linguaggi aperti delle arti performative e le mute e concettualizzate figure delle arti belle; quando è necessario lasciare deposito e traccia di eventi destinati altrimenti a sparire o a perdere la loro fondamentale continuità temporale; quando, infine, l'utilizzazione di un nuovo strumento può valere a dare patenti di novità. In questa logica, come tutti gli altri movimenti di ricerca della prima e della seconda avanguardia, la vita del video si spegne tra gli anni Sessanta e Settanta, e chi sale o s'attarda su quel treno rischia di restare prigioniero di una "stazione perduta" come in un racconto di Buzzati.

Il malinteso ha una sua ragionata dichiarazione proprio su "Artforum" dove Barbara London, curatrice della sezione Film e Video del Museum of Modern Art di New York, può nell'autunno del 1980, fare un inventario del video indipendente, letto soprattutto dal versante americano, e contare anche alcune defezioni vistose, prima fra tutte quella di Peter Campus, passato, con risultati certo non disprezzabili, alla fotografia. Barbara London è convinta che alla fine degli anni Settanta si chiude per il video un'epoca; però è attenta a indicare nel titolo del suo articolo *I primi quindici anni del video*. Neppure il futurismo, neppure il surrealismo hanno avuto quindici anni di vita piena. E, per quanto possa risultare credibile, non ho dubbi che gli altri dieci anni a seguire del video non sono stati meno interessanti. Se Barbara London non si fosse spostata a Tokyo a studiare le trasmutazioni recenti della ricerca videografica nella più complessa arte elettronica sono certo che non avrebbe difficoltà ad ammetterlo. Anche lei appartiene alla schiera di critici non sedentari, rara nel nostro Bel Paese, e chi ha girato il vivacissimo universo internazionale del video anche in questi anni intorno al 1985, sa con quanta attenzione ha saputo registrare conferme, mutamenti e innovazioni. Il video alla fine degli anni Settanta ha subito una mutazione, non v'è dubbio. Ma non è certo scomparso, anzi. Varrà la pena cercare di fornire una sommaria spiegazione. La brusca, ma non imprevista, decele-

pear, quite the opposite. It is worth trying to provide a concise explanation. The sudden, but not unforeseen, deceleration of the avant-garde research emphasized, within the visual arts world, the proclaimed 'factuality' of new expressionists, artists of 'little pleasures', save a few exceptions, who can be counted on the fingers of one hand in the international scene. The most significant backlash of this situation, exaggerated in Italy because of its traditional narrowness of horizons and a deep rooted herd instinct, was the loss of visual arts driving centrality – an essential phenomenon for the history of research culture throughout all of the post-war Western world, and over which, writers such as William Burroughs and, in Italy, Elio Vittorini, shed tears of motivated jealousy. Both writers still thought in the Sixties that visual arts were fifty years ahead of literature. Who could say such a thing today, without being accused of being unreasonably delirious?

The vital research scene in the late Seventies held a space that probably did not belong to any of the conventional disciplines any longer, since they had been extended and updated. It represented the multimedia field where the non-regressive, and not exhausted, expressions of new theatre performing, of new media, of those languages that assumed immateriality as a characterising mark, converged.

It was a wide and lively area that had a strong regime of exchange and of constructive redefinitions, towards a language that had shifty, but at the same time definite, mobility and articulations. Perhaps it did not please traders of objects of (supposed) strong capitalistic accumulation, die hard fetishists (abundant but of dubious faith), or lazy exegetes, or old-style 'beautiful souls', but this was the language of our time, where technology is not the devil, but a new instrument that can help us to discover and draw new spectres.

Video, in this perspective, did not come to a halt, but kept growing.

Talk of a continuous present is not

razione delle ricerche di avanguardia ha portato in primo piano nel mondo delle arti visuali la "fattualità" gridata dei nuovi espressionisti, artisti di "piccoli piaceri", salvo eccezioni che, sulla scena internazionale, stanno agevolmente nelle dita di una mano. Il contraccolpo più vistoso di questa situazione, in Italia drammatizzata per tradizionale angustia di orizzonti e ben radicato istinto gregario, è stato la perdita della centralità trainante dell'area delle arti visuali, un fenomeno essenziale per la storia della cultura di ricerca di tutto il mondo occidentale nel dopo guerra su cui hanno versato lacrime di motivata gelosia scrittori come William Burroughs e, in Italia Elio Vittorini. Per i due scrittori ancora sino agli anni Sessanta, le arti visuali viaggiavano con cinquant'anni di anticipo sulla letteratura. Chi oggi potrebbe dire una frase del genere senza essere accusato di un irragionevole delirio? Lo scenario vivo della ricerca dalla fine degli anni Settanta occupa uno spazio che forse non appartiene più a nessuna delle discipline convenzionali per quanto dilatate e aggiornate. È il campo multimediale dove convergono le espressioni non regressive, e non esaurite, della nuova performatività teatrale, dei nuovi media, dei linguaggi che assumono l'immaterialità come segno caratterizzante. È un'area viva e larga che ha un forte regime di scambio e di costruttive ridefinizioni nel senso di un linguaggio che ha mobilità e articolazioni sfuggenti e nello stesso tempo certe. Può non piacere ai mercanti di oggetti di forte (presunta) accumulazione capitalistica, ai feticisti ad oltranza (numerosi ma di dubbia fede), agli esegeti pigri, alle "anime belle" di vecchio stile, ma che è il linguaggio del nostro tempo dove la tecnologia non è il demonio ma un nuovo strumento per scoprire e disegnare i nuovi fantasmi. Il video, in questa prospettiva, non ha avuto arresti ma crescite. Parlare di un presente continuo non è un gioco di parole, un calembour più o meno elegante. È una realtà di cui un lavoro senza pause, senza strappi e senza limitanti paratie come quello di Luciano Giaccari, ormai disposto

wordplay, a more or less elegant *calembour*. Luciano Giaccari's incessant work, free from tears and limiting bulkheads – by now extended across twenty years – provides evidence and proof of such reality.

II. Ambits, techniques and methods

Every reliable international history of research would emphasize the precociousness and clarity with which Luciano Giaccari, and his wife Maud, entered the world of video.

We can consult, for example, the detailed chronicle by Dany Bloch (*Art et vidéo 1960/1980*, Locarno, 1983) '*En Italie, Luciano Giaccari avait presenté en 1967 des bandes videos au Studio 970/2 de Varese*'. At this point dates are important.

The legendary Gerry Schum moved his gallery from Berlin to Dusseldorf in 1969 trying to launch his first video production on the art circle. The Berlin activity was still, in this first phase, a TV Gallery. Maria Gloria Bicocchi set up her own activity in Florence, with Bill Viola, in 1972. At the same time, 1971, the Centro Video Arte started in Ferrara.

The turning point years between the Sixties and the Seventies, were fervent, and video activity was able to catch their euphoria, the inquisitive nature, the strong focus. However, access to the new technique was not easy. The time imprisoned by the new medium is a mirror time, without bends, where technologic automatism could provide, indefinitely, not only the figures' outline and presence, but also their length. This was the new dimension of the real time.

For those who explored body languages, video is an extraordinary instrument: it allows to transfer the virtuality of the visual image into the performing action. Video is means and medium for a new original language expression.

Giaccari tried, from the beginning and in concordance with the most advanced European situations, to avoid a limited use

nell'arco di un ventennio, può fornire testimonianze e prova.

II. Ambiti, tecniche e metodi

Non c'è storia seria della ricerca video in campo internazionale che non sottolinei la precocità e la chiarezza con la quale Luciano Giaccari, e con lui la moglie Maud, entra nel mondo del video.

Andiamo a consultare, ad esempio, la dettagliata cronistoria di Dany Bloch (*Art et vidéo 1960/1980*, Locarno, 1983) "*En Italie, Luciano Giaccari avait presenté en 1967 des bandes vidéos au Studio 970/2 de Varese*". Le date, a questo punto, sono importanti.

Il mitico Gerry Schum trasferisce la sua galleria da Berlino a Düsseldorf nel 1969 tentando di immettere nel circuito dell'arte la prima produzione video. L'attività berlinese è, nella prima fase, ancora una TV Galleria. Maria Gloria Bicocchi avvia la sua attività a Firenze, con Bill Viola, nel 1972. Nello stesso periodo, 1971, parte il Centro Video Arte di Ferrara.

Sono, come si è detto, anni di effervescenza quelli nella svolta tra gli anni Sessanta e Settanta e l'attività video non può che raccoglierne l'euforia, il carattere inquisitivo, la forte concentrazione. L'accesso alla nuova tecnica non è tuttavia semplice. Il tempo che il nuovo mezzo imprigiona è un tempo specchio, senza curve, dove l'automatismo tecnologico è in grado di fornire, indefinitivamente, non solo il contorno e la presenza delle figure ma la loro durata. È la dimensione nuova del tempo reale.

Per chi esplora i linguaggi del corpo, il video è strumento straordinario: permette di trasferire nell'azione performativa la virtualità dell'immagine visuale. Il video è tramite e *medium* di una nuova originale espressione linguistica.

Sin dai primi anni, in concordanza con le più avanzate situazioni europee, Giaccari cerca di non restringere l'uso del video alla produzione di *tapes* come opere originali. D'altra parte, nel confronto con altre esperienze americane e tedesche, si deve dire

of video simply aimed at creating tapes as original artworks. On the other hand, compared to other American and German experiences, it has to be said that Italian artists' rare and episodic attempts in the field of video are to be considered as excursions, more or less successful, that rarely constituted a constant and recognisable research profile. These attempts exist however. They have been collected with care, participation and competence, and they provide valuable material for study, as well as being indisputable evidence of the adherence to a certain international atmosphere.

Giaccari was really keen to grasp the reach of the new medium from different sides. Video was not merely a new language area that broadened the complex space of visual arts in the late Sixties, but it was more subtly a reflective place for all contemporary artistic experience. Therefore, it was not only a moment of diffusion, as TV could have done (yet never actually did) but an active possibility of transfers in a language medium that is not idle, but in fact reflective. Video also offered the possibility, if used intelligently and shrewdly, to investigate on the reasons, besides the expressions, of the artists' poetic. Some of the interviews collected in this exposition constitute some of the most significant traces and directions of a path belonging to today's Italian artistic culture, a rare collection of invaluable live portraits.

Giaccari built his work during the years with devotion and timeliness. His collection of events is not complete (neither could it be) but acutely selective. And it is not limited, it is worth reminding, to the boundaries of visual arts. Theatre and dance, music, poetry, find space in it and an emphasis that is not secondary to other forms of art. The beginnings of the new spectacularity, clearly a multimedia and typically Italian phenomenon, are documented with good timing and with lively attention towards the proposals that caught, from the language of the new electronic media, suggestions, views and unseen situations.

che le prove degli artisti italiani nel campo dei *tapes*, rare ed episodiche, vanno considerate escursioni, più o meno felici, che raramente compongono un profilo costante e riconoscibile di ricerca. Queste prove tuttavia esistono; sono state raccolte con attenzione, partecipazione e competenza, e forniscono un materiale prezioso di studio oltre che testimonianze sicure dell'adesione a un certo clima internazionale.

Giaccari è molto attento a cogliere la portata del nuovo mezzo su diversi versanti. Il video non è solo una nuova area linguistica che allarga il complesso spazio delle arti visuali alla fine degli anni Sessanta, ma è più sottilmente un luogo riflessivo di tutta l'esperienza artistica contemporanea. Non quindi solo momento di diffusione, come la TV avrebbe potuto fare (e non ha poi mai fatto) ma una attiva possibilità di trasferimenti in un *medium* linguistico non inerte, anzi riflessivo. Il video offre anche la possibilità, se usato con intelligenza e perspicacia, di indagare sulle ragioni, oltre che sulle espressioni, della poetica degli artisti. Alcune delle interviste raccolte in questa esposizione costituiscono tracce e indicazioni di percorso tra le più significative che la cultura artistica italiana oggi possiede, rara collezione di preziosi ritratti dal vivo.

Giaccari ha costruito questo lavoro con assiduità negli anni e con tempestività. La sua raccolta di avvenimenti non è completa (né potrebbe esserlo) ma acutamente selettiva. E non è chiusa, va ripetuto, al confine delle arti visuali. Il teatro e la danza, la musica, la poesia vi hanno spazio e rilievo non inferiore. Gli avvii della nuova spettacolarità, fenomeno di netto segno multimediale e tipicamente italiano, vi sono documentati con tempismo e con un'attenzione viva alle proposte che catturano dal linguaggio dei nuovi mezzi elettronici suggestioni, viste e situazioni inedite.

È da questo versante che il lavoro di Giaccari non può essere considerato di pura e semplice archiviazione, ma di lettura intelligente e consapevole sempre affidata alle risorse del nuovo *medium*. Un momento

It is from this perspective that the work of Giaccari cannot be considered as sheer and simple archival work, but an intelligent and aware reading, always entrusted to the resources of the new medium. A moment, then, that is at the same time reflective and informed, which deserves today to be considered among the eccentric and vital places where the paths of Italian and international research, its experimental and innovative layout are recognizable and held in the continuous stability of the memory of video.

III. Classification

The need to rationalize this complex research and production strategy was felt by Giaccari already at the beginning of his activity and it led him to the definition of a reasoned classification of the uses of video that is worth commenting on, at least on its salient points, as an indicative key of the entire work and of its possible perspectives.

The 'Giaccari Classification', published on different occasions, underlined, as a preliminary remark, the impossibility of a 'thaumaturgic use' of video as a passport to an innovative modernity, (a naive belief that was largely widespread when Sony's Portapak, the first portable camera, arrived on the market) and also the need for a proper use of the technique of the new medium. I have claimed on several occasions that many of the productions of the artists of the Sixties and Seventies in Italy did not have a structural sense and could not stand the comparison with the more acknowledged international productions, since they did not have the elementary technical support base.

Giaccari expresses the same peremptory judgement. I believe it is worthwhile to keep it in mind to avoid all misunderstandings and, impossible, enthusiasm. The essential distinction proposed by Giaccari concerned the direct and mediated use of video. The direct use is, traditionally, entrusted to 'tape'. Tape, as artist's produc-

quindi riflessivo e nello stesso tempo partecipe che merita oggi di essere considerato tra i luoghi eccentrici e vitali dove i percorsi della ricerca italiana e internazionale, i suoi tracciati sperimentali e innovativi sono riconoscibili e trattenuti nella stabilità continua della memoria del video.

III. Classificazione

L'esigenza di razionalizzare questa strategia complessa di ricerca e di produzione è stata avvertita da Giaccari già all'inizio della attività e lo porta alla definizione di una ragionata classificazione degli usi del video che merita di essere commentata, almeno nei suoi punti salienti, come chiave indicativa dell'intero lavoro e delle sue possibili prospettive.

La "classificazione Giaccari", più volte pubblicata, tiene a sottolineare come premessa l'impossibilità di un "uso taumaturgico" del video come passaporto per la modernità innovativa (convinzione ingenua largamente diffusa all'inizio della commercializzazione del portapak della Sony, prima telecamera portatile) e insieme la necessità di un uso proprio della tecnica del nuovo mezzo. Ho più volte sostenuto che molte delle produzioni degli artisti degli anni Sessanta e Settanta in Italia non hanno senso strutturale e non possono sostenere il confronto con le più riconosciute produzioni internazionali in quanto non hanno l'elementare base tecnica di sostegno.

Giaccari formula uno stesso giudizio perentorio. Credo convenga tenerne conto a scanso di equivoci e di, impossibili, entusiasmi. La distinzione fondamentale che Giaccari propone riguarda l'uso diretto e l'uso mediato del video. L'uso diretto è tradizionalmente affidato al *tape*. Produzione d'artista, il *tape* non è riuscito a entrare nel mercato dell'arte, nonostante numerosi tentativi, perché intrinsecamente legato a altri modelli produttivi oltre che linguistico-espressivi. Giaccari considera la crisi del videotape nel campo delle arti visuali come dovuta a una difficoltà a esprimere in quel

tion, did not manage to enter the art market, despite several attempts, because it was intrinsically associated to other productive and language-expressive models. Giaccari considered the videotape crisis in the visual arts field as being due to its difficulty to express, within that context, a specificity of its own. I have already mentioned my interpretative keys of the phenomenon.

The fact is that Giaccari was more interested in mediated video. Video, in this arrangement, is a careful reading of the observed artistic phenomena. As already discussed, it represented the insertion on a grid that, originally, facilitated its understanding and multiplied the possibilities of fruition. Giaccari was keen to stress that this operation involved the need to govern a series of gaps: first being the 'morphological', or better, linguistic, gap, between different media. The second is the perceptive gap: the distance between the spectator and the artwork appeared extended. If these two gaps are not governed, the documenting operation – but maybe we could talk of duplication – may end up being wiped out. The identity of whoever intervenes to duplicate comes, then, to be defined by two different directions: the understanding of the artwork and the technical mastery of the recording devices. The video-documentation, focus of all of Giaccari's work, had, it has to be said, a resource of its own: the capacity to go beyond its own specificity in the images, and, especially, in the time of reality up to the subtlest ambiguity.

The modalities of this complex operative procedure must be kept distinct, according to Giaccari, from other resources and possibilities of the new medium. He could, in this way, present a video-critique and a video-didactic, video-reportage. The relationship with performance, where video could be an external medium or an internal mirror, an authentic meter of the action time and a 'control panel', appeared more complex.

The horizon outlined by this classification, published for the first time by Giaccari

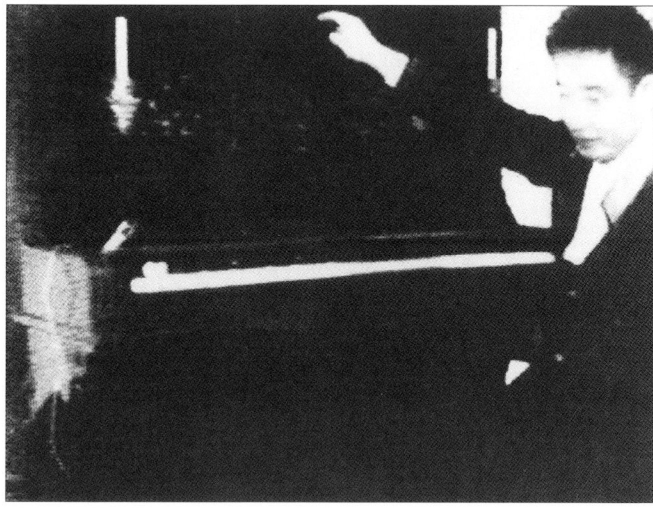

Fig. 1. Luciano Giaccari, video from Nam June Paik's performance at Galleria L'Attico, Rome, 1975. Luciano Giaccari, video della performance di Nam June Paik alla Galleria L'Attico, Roma, 1975. Courtesy of Archivio Videoteca Giaccari.

contesto, una specificità propria. Ho detto prima quali sono le mie chiavi interpretative del fenomeno.

Il fatto è che a Giaccari interessa più il video mediato. Il video in questa disposizione è lettura attenta dei fenomeni artistici osservati. Come si è già accennato un'inserzione di un reticolo che originalmente, ne agevola la comprensione e ne moltiplica la possibilità di fruizione. Giaccari è attento a sottolineare che l'operazione comporta la necessità di governare una serie di scarti: prima di tutti, lo scarto "morfologico", e che può forse meglio definirsi linguistico, tra media diversi. Il secondo è lo scarto appercettivo: la distanza tra lo spettatore e l'opera risulta dilatata. Se non si governano questi due scarti, l'operazione di documentazione – ma forse si potrebbe dire di duplicazione – può risultare azzerata. L'identità di chi interviene a duplicare viene così a essere definita nelle due direzioni della comprensione dell'opera e della padronanza tecnica dei mezzi di registrazione. La videodocumentazione, centro di tutto il lavoro di Giaccari, ha, va detto, una risorsa tutta sua: la capacità di essere oltre la propria specificità nelle immagini, e soprattutto, nel tempo della realtà sino al limite dell'ambiguità più sottile.

Le modalità di questo processo operativo complesso vanno tenute distinte, secondo Giaccari, da altre risorse e possibilità

in 1973 and subsequently reshaped several times, suffered undoubtedly from the dominance, at that time, of the immaterial line of contemporary art and from its cross-disciplinary expansion. This classification can today be considered useful if we think of the multimedia horizon that overflows conventional classifications and that even organizes new media within a new circuit.

However it seems to me that the main interest of this classification is to be found in its two operative profiles: the first is concerned with the filing and ordering criteria of the materials of the video library; the second is a clear statement of the methods of intervention, especially in the field of documentation, that is, it needs to be clarified, always an active and intelligent operation of disclosure, and not mere passive recording.

IV. Materials

Presences such as that of John Cage and Joseph Beuys, seen in their lucid and natural affability, represented 'pieces' that, on their own made this section of the exhibition of the materials of Giaccari's Video Library stimulating and significant. But [the classification] offered many other interesting collected 'texts' and the skilful recordings. The documentation of the Music and Dance Festival in the USA held at the Attico in Rome in 1972 is surely invaluable. The musical performances by Philip Glass, Steve Reich or Palestine are among some other moments of great interest. Nam June Paik in one of his ironic video-performances in Rome in 1975, was almost an unseen piece. The great international avant-garde theatre and the Italian emerging one (from Magazzini to Falso Movimento) had a prominent position and demonstrated the circularity, but also the continuity of the gathered experiences compared within Giaccari's Video Library. Italian experiences of video, from Fabro to Merz, from Vaccari to Mattiacci, from Vettor Pisani to Trotta are emblematic of a season experienced, from this point of view, with dissipating and

del nuovo *medium*. Egli può così prospettare una videocritica e una videodidattica, il videoreportage. Più complesso appare il rapporto con la performance dove il video può essere tramite esterno o specchio interno, autentico misuratore del tempo di azione e "quadro di controllo".

L'orizzonte delineato da questa classificazione, pubblicata per la prima volta da Giaccari nel 1973 e successivamente più volte rimodellata, risente senza dubbio della dominanza a quel punto, della linea immateriale dell'arte contemporanea, della sua espansione transdisciplinare. Oggi essa può valere utilmente se si considera l'orizzonte multimediale che deborda dalle classificazioni convenzionali e che dispone addirittura i nuovi media in un nuovo circuito.

Pare a me tuttavia che il maggiore interesse di questa classificazione vada colto nel senso di due profili operativi: il primo riguarda il criterio di archiviazione e di ordinamento dei materiali della videoteca; il secondo è una dichiarazione precisa delle metodiche di intervento soprattutto nel campo della documentazione che, è da chiarire, è sempre un'operazione, intelligente e attiva, di svelamento, non passiva registrazione.

IV. Materiali

Presenze come quelle di John Cage e Joseph Beuys, colti nella loro affabilità lucida e naturale, rappresentano "pezzi" che da soli rendono stimolante e intrascurabile questa sezione dell'esposizione dei materiali della Videoteca Giaccari. Ma sono molti i "testi" interessanti qui raccolti e le sapienti registrazioni. Sicuramente preziosa è la documentazione relativa al Festival di Musica e Danza in USA tenuto all'Attico a Roma nel 1972. Le performances musicali di Philip Glass, Steve Reich o di Palestine sono altri momenti di grande interesse. Nam June Paik in una delle sue ironiche videoperformances a Roma nel 1975, quasi un inedito.

Il grande teatro internazionale d'avanguardia e quello emergente in Italia (da Ma-

dreamy curiosity. If we then look at Clemente's or Germanà's attempts we do not have to discover the reason but rather the need for a consequent and salvific 'materialization'.

All these materials travelled in a fast time and it is appropriate to refer to the coordinates of those years, not only the aesthetic ones, but also the socio-political ones, in order to have a full and unmistakeable interpretation. Surely many of the senses and the urges of our most recent years, when post-modernism was read as a planetary revolution, are here seen with such a timeliness and a naturalness, already by the mid-Seventies, so as to induce some reflection on the infinite game of manner and mannerism.

V. Current issues and possibilities

Luciano Giaccari has certainly spent his 'intellectual capital' well, constituted by his twenty years of activity in the field of the production of videos connected to the art world in its different experimental expressions. The critical and selective archive that he could, and was able, to collect constitutes a heritage that can be considered

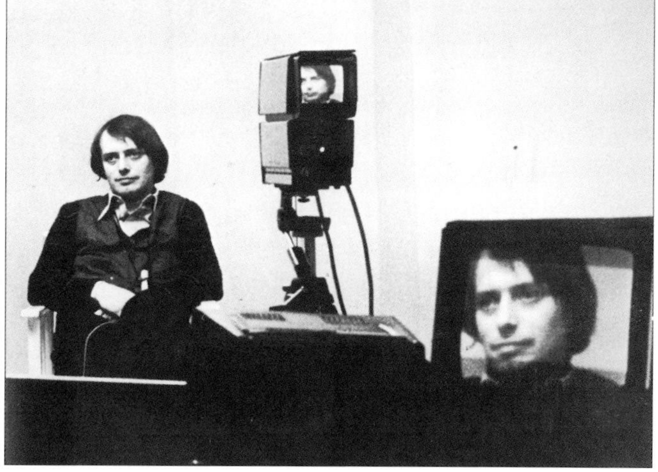

Fig. 2. Luciano Fabro, *In questo modo vorrei fare l'autobiografia* [In this Way I would like to make the autobiography], 1972, backstage. Courtesy of Archivio Videoteca Giaccari.

gazzini a Falso Movimento) hanno un posto di rilievo e dimostrano la circolarità, ma anche la continuità delle esperienze raccolte e messe a confronto dalla Videoteca Giaccari. Le esperienze italiane di video diretto da Fabro a Merz, da Vaccari a Mattiacci, da Vettor Pisani a Trotta sono molto indicative di una stagione vissuta, da questo versante, con dissipante e svagata curiosità. Se si guardano poi le prove di Clemente o Germanà c'è da scoprire non la ragione ma la necessità di una conseguente e salvifica "materializzazione".

Tutti questi materiali viaggiano in un tempo veloce e alle coordinate di quel tempo, non solo estetiche ma anche sociopoli-

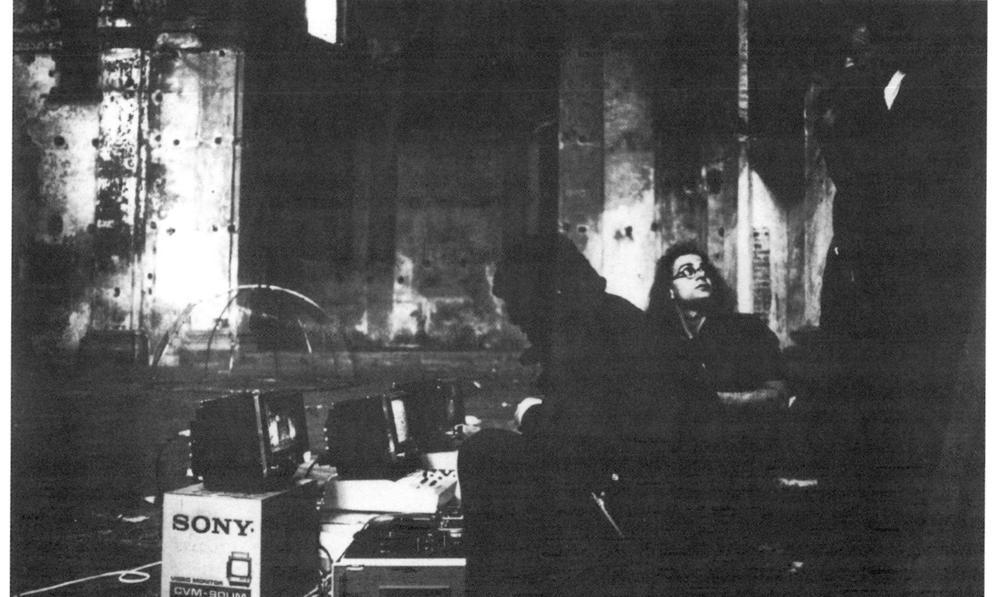

Fig. 3. Backstage from *Igloo* by Mario Merz, Ex Chiesa di S. Capoforo, Milan 1973. Set riprese di *Igloo* di Mario Merz, Ex Chiesa di S. Carpoforo, Milano 1973. Courtesy of Archivio Videoteca Giaccari.

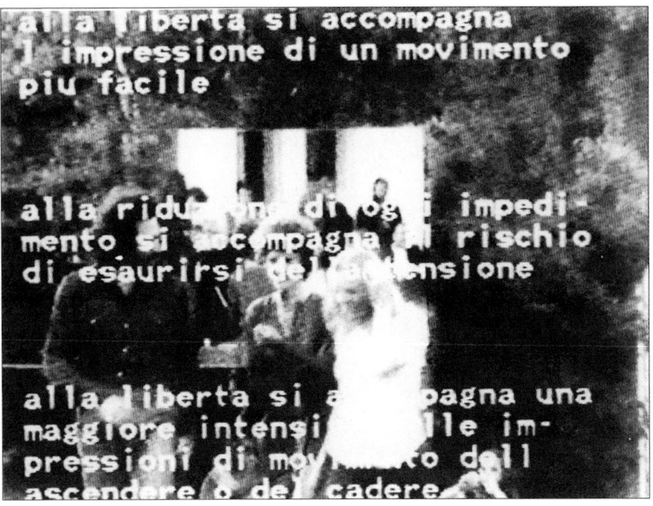

Fig. 4. Francesco Clemente, *La libertà ottiene l'impressione di un movimento più facile* [Liberty gets the impression of an easier movement], 1974. Courtesy of Archivio Videoteca Giaccari.

unique in our country, comparable only, and maybe not in a lower position, to the video material stored in the Historical Archive of the Biennale of Venice. Critical collections of such dimensions and width are today prerogative of big American and German museums.

Giaccari carried on his work being unprotected by political flags, by a market that had other things to promote and sell (even if the exceptions are immediately obvious in this exposition).

I hope that, in the same way these videos have been so lucidly and selectively collected, and by now ordered, they will be able to keep gathering in homogeneous spaces. It is necessary to increment and make accessible this kind of heritage. History of art is, in our time, linked to the 'immaterial' documents more than any other testimony. Taking a train on the Nord [rail line] to get to Varese can be, all in all, easier than having to push one's way though the crowd of Beaubourg and search for the famous 'third floor' or having to go to New York. We cannot exclude that the result here, fifty minutes from Milan, can be more directly favourable.◆

tiche, sarà bene fare riferimento per una lettura piena e senza equivoci. Certo molti dei sensi e delle pulsioni degli anni nostri ultimi, quelli in cui il postmoderno è stato letto come una rivoluzione planetaria, sono qui dentro avvertiti con una tempestività e una naturalezza tali, alla metà degli anni Settanta già, da indurre a qualche riflessione sul gioco infinito delle maniere e dei manierismi.

V. Attualità e prospettive

I vent'anni di attività nel campo della produzione del video legato al mondo dell'arte nelle sue diverse espressioni sperimentali costituiscono, senza dubbio, un "capitale intellettuale" che Luciano Giaccari ha bene speso. L'archivio ragionato e selettivo che egli ha potuto, e saputo, raccogliere costituisce un patrimonio che, nel nostro paese, può considerarsi unico, confrontabile solo, e forse non per difetto, con il materiale video che conserva l'Archivio Storico della Biennale di Venezia. Raccolte ragionate di queste dimensioni e vastità sono oggi appannaggio dei grandi musei americani e tedeschi.

Giaccari ha realizzato tutto questo non protetto da insegne politiche, da un mercato che aveva ben altro da promuovere e da vendere (anche se le eccezioni sono in questa esposizione subito evidenti).

Io mi auguro che così come sono stati raccolti, con lucidità e senso selettivo e ormai ordinati, questi video possano continuare ad addensarsi in spazi omogenei. È necessario che un patrimonio di questo tipo venga incrementato e reso accessibile. La storia dell'arte del nostro tempo è legata a questi documenti "immateriali" più che a qualsiasi altra testimonianza. Prendere la Nord ed arrivare a Varese può essere, tutto sommato, più facile che spingersi nella calca di Beaubourg e cercare il famoso "terzo piano" o dovere arrivare a New York. Non è escluso che il risultato qui a cinquanta minuti da Milano, possa essere più direttamente vantaggioso.◆

The Chronology of Video Art in Italy (1952–1992)

Laura Leuzzi and Valentino Catricalà

The Chronology of Video Art in Italy, 1952–1992, curated by Valentino Catricalà and Laura Leuzzi, was first published in Marco Maria Gazzano's Kinēma. Il cinema sulle tracce del cinema: dal film alle arti elettroniche, andata e ritorno [Kinēma. Cinema on cinema's traces. From film to electronic arts, one way and back] (Rome: Exorma, 2012). Revised and amended, it is presented for the first time in English in this publication.

1952

Videotapes / Creative Television Programs / Video Installations / Video Theatre

Lucio Fontana, with the signatories of the *Manifesto del Movimento Spaziale per la Televisione* [Manifesto of the Spatial Movement for Television], made an experimental television programme in which, according to historical sources, some works illuminated by Wood's light were shot in the studios of RAI Radiotelevisione Italiana in Milan. Unfortunately we only have written testimonies of such experiment.

Publications

Manifesto del Movimento Spaziale per la Televisione [Manifesto of the Spatial Movement for Television] signed by Anton Giulio Ambrosini, Alberto Burri, Roberto Crippa, Mario Deluigi, Bruno De Toffoli, Gianni Dova, Enrico Donati, Lucio Fontana, Gian Carozzi, Virgilio Guidi, Beniamino Joppolo, Guido La Regina, Milena Milani, Berto Morucchio, Cesare Peverelli, Tancredi Parmeggiani and Vinicio Vianello.

1955

Publications

Carlo Ludovico Ragghianti wrote *La televisione come fatto artistico* [Television as an Artistic Fact], commissioned by Silvio Pozzani for the journal *Mercurio*, issue 8, 1955, pp.1–6. Republished in Carlo Ludovico Ragghianti, *Arti della visione. I. Cinema* [Arts of Vision. I. Cinema] (Turin: Einaudi, 1975), pp. 379–392.

1957

Publications

Edizioni dell'Ateneo SNC published the text curated by the television director Angelo D'Alessandro, *Lo spettacolo televisivo* [Television Show], which contains a part dedicated to the artistic possibilities of television. Appearing in the volume, for the first time in Italy, is the translation of the text by Jean Epstein *Le possibilità creative della televisione* [Creative Possibilities of Television].

1958

Videotapes / Creative Television Programs / Video Installations / Video Theatre

In November, Luciano Berio invited John Cage to Milan at the Studio Fonologia Musicale at RAI. Cage made *Fontana mix per nastro magnetico* [Fontana Mix for Magnetic Tape], *Aria per voce sola* [Aria for Solo Voice], the *Sound of Venice* audio tapes, and he wrote *Variation 1* for an undefined number of performers and any type of instrument and *Music Walk* for piano.

The artist Pino Pascali started to work on television adverts and innovative theme songs for several companies and especially for RAI (which he would continue to do until 1968, the year in which he died).

1959

Videotapes / Creative Television Programs / Video Installations / Video Theatre

During his stay in Italy, John Cage took part, as a well-known musician, in the TV show presented by Mike Buongiorno *Lascia o Raddoppia* [Leave It or Double It] for five weeks. In one of the episodes, Cage presented two musical performances at the beginning of the show, *Sounds of Venice* and *Water Walk*, with a 'band' consisting of a piano, two radios, a blender, a watering can, a gong and a kettle.

1960

Videotapes / Creative Television Programs / Video Installations / Video Theatre

Mario Sasso shot his first television theme song on film for the programme *Non è mai troppo tardi* [It is Never Too Late] by Alberto Manzi.

1963

Research Centres / Foundations / Galleries / Artists collectives

Pietro Grossi established, self funded, the studio Fonologia Musicale of Florence 'S 2F M': one of the first centres in the world to look at electronic music and numerical images, including video art.

1964

Research Centres / Foundations / Galleries / Artists collectives

The CRAUS (Centro di Ricerche Attività Umane Superiori) [Research Centre for Superior Human Activities] was created under the direction of Carmelo Genovese. The Centre – anticipated by research that dates back to 1958 – mainly based its work on the study of creative and aesthetic possibilities of electronic technologies, especially computerized graphics. The Centre's activities ceased in 1998.

1967

Publications

The triple issue 34/35/36 of the journal *Marcatré*, published by Lerici Editore and edited by Eugenio Battisti, presented a complete translation of the round table on *Expanded Cinema*, published for the first time at the end of 1966 in a special issue of the journal *Film Culture*. Ken Dewey, Henry Geldzahler, John Gruen, Stan Vanderbeek and Robert Whitman took part in the debate. The *Expanded Arts Diagram* by George Maciunas was presented in the same issue, formerly published in *Fluxufest Sale*, New York 1966.

1968

Exhibitions / Conferences / Festivals

The artists and architects Giancarlo De Carlo, Alberto Rosselli, Vittoriano Viganò, Marco Zanuso, Albe Steiner and Marcello Vittorini devised the exhibition *Il Grande Numero* [The Big Number] in Milan, at the 14th Triennale, in which they created installations, moving sound, light and images as new materials and elements of the architecture of the future, instead of drawings on the walls or objects on pedestals. The opening – that was supposed to take place at the Palazzo dell'Arte on the 30th of May – never took place, neither did the exhibition, because of the students'occupation.

Videotapes / Creative Television Programs / Video Installations / Video Theatre

Luciano Giaccari came up with the project *Televisione come memoria* [Television as Memory]. He documented *24 ore di No-Stop Theatre* [24 hours of No-Stop Theatre] on video, an exhibition organized by Giaccari himself in Varese and equipped with 24 monitors, which every hour broadcasted live events and recordings of the events that were happening.

Zavattini started the *Cinegiornaliliberi* [Freecinenews] following his previous experience of the *Cinegiornale per la pace* [Cinenews for Peace] (1963). The collaboration with Gianni Toti was important in this initiative.

In May, Tadeusz Rósewicz's *Cartoteca* [Paper Archive] was recorded on audio magnetic tape for RAI. Sound editing and direction was by Carlo Quartucci. From 1968 to 1969, Quartucci, in collaboration with Roberto Lerici and Primo Levi, also made other "magnetic tapes" for RAI, among which *Intervista aziendale* [Company Interview], *Pranzo di famiglia* [Family Lunch], *Il lavoro teatrale* [Theatre Work], *La separazione* [The Separation], *Nessuno ha il diritto di ignorare Dada* [No One Has the Right to Ignore Dada]. In 1969, the show-discs by Roberto Lerici, Carlo Quartucci and Giorgio Gaslini *Arialu* and *Cavalcando il drago* [Riding the Dragon] were also released on vinyl. In 1970, Carlo Quartucci made his most important radio magnetic tape *I mirabili fatti e le terribili avventure del grande Pantraguele* [The Admirable Facts and the Terrible Adventures of the Great Pantraguele], in ten episodes with music by Sergio Liberovici.

Research Centres / Foundations / Galleries / Artists collectives

Created by Carlo Ludovico Ragghianti, the Università Internazionale dell'Arte [International University of Arts] was established in Florence. It was a private centre for documentation, research and production on the didactics of contemporary arts, which, in the following years would also include film and video.

Isabella and Alberto Pivi created the Gallery L'Agrifoglio for the exhibition of plastic and visual arts, which would open up to new media in the Eighties.

RAI founded the 'Servizio programmi sperimentali' [Experimental Programmes Service, that in 1976 became the 'Settore ricerca e sperimentazioni programme' –Programmes Research and Experimentations Sector] a sector of the company entirely dedicated to the research and experimentation of television language. It was within this context that artists such as Gianni Toti, Mario Martone and Ugo Gregoretti, among others, created some of their first works.

1969

Videotapes / Creative Television Programs / Video Installations / Video Theatre

Davide Boriani and Gabriele De Vecchi, in collaboration with the group Vid.N, created the environment with closed circuit video *Che cos'è l'arte?* [What is Art?] for the Biennale dei Giovani [Young

Artists Biennale] at the Palazzo della Permanente (Milan). The work questioned its audience about the concept of art. The video environment would be repeated at the Biennale d'Arte Città di Milano in 1974.

Publications

Guido Aristarco commissioned Carlo Lizzani to write the theoretical essay *La quarta età dell'immagine in movimento* [The Fourth Age of the Moving Image] published in issue 202 of the journal *Cinema Nuovo* [New Cinema], Nov–Dec 1969. The essay was entirely dedicated to the new expressive possibilities that electronic technology offered to cinema.

Research Centres / Foundations / Galleries / Artists collectives

Based on an idea by Wladimiro Dorigo, the Audiovisual Workshop of the ASAC [Historical Archive of Contemporary Arts] of Venice Biennale was created, in order to video document exhibitions, artistic, theatrical, musical and dance performances promoted by the Body. Angelo Bacci was employed as managing technician of the Workshop.

The two main collectives of kinetic and programmed art were established: Gruppo T (where T stands for 'time') and the Gruppo N. The members of Gruppo T were Giovanni Anceschi, Davide Boriani, Gabriele De Vecchi, Gianni Colombo and Grazia Varisco; those of the Gruppo N are Alberto Biasi, Ennio Chiggio, Toni Costa, Edoardo Landi, Manfredo Massironi. They would be joined by authors (including Enzo Mari, Piero Fogliati, Getullo Alviani and Bruno Munari, to name the Italians) who would use light, the first electronic calculators and geometry with the aim, as stated by Colombo, of a "calculated reach of a visual instability". These experiences would also influence the developments of electronic plastic and visual arts in Italy.

1970

Exhibitions / Conferences / Festivals

From the 31st January to the 28th February, the *Gennaio 70. Terza biennale internazionale della giovane pittura. Comportamenti, progetti, mediazioni* [January 70. Third International Biennale of Young Painting. Behaviours, Projects, Mediations], curated by Renato Barilli, Maurizio Calvesi and Tommaso Trini, was held at the Museo Civico in Bologna. For the Biennale, seventeen videos were produced by as many Italian artists (Giovanni Anselmo, Alighiero Boetti, Gilberto Zorio, Pier Paolo Calzolari, Mario Merz, Marisa Merz, Giuseppe Penone, Michelangelo Pistoletto, Emilio Prini, Jannis Kounellis, Luca Maria Patella, Claudio Cintoli, Eliseo Mattiacci, Mario Ceroli, Luciano Fabbro, Gianni Colombo, Gino De Dominicis). Catalogue with the same name.

In May, Tommaso Trini, in the wake of *Gennaio 70*, organized in Milan *Eurodomus 3. Il Telemuseo* [Eurodomus 3. The Telemuseum], with (plastic) works by Vincenzo Agnetti, Gianni Colombo, Gino Marotta, Fabio Mauri, Michelangelo Pistoletto, Pierre Restany and Trini himself.

The Galleria del Cavallino in Venice, owned by Paolo and Gabriella Cardazzo, made a survey on video magnetic tape for the exhibition *Anticipazioni memorative* [Memory Previews] (23 June – 8 July).

At the 35th Biennale in Venice, in the *Relax and Play* section, Curt Heigl fitted out a rough control room with a closed circuit TV system based on the use of 4 cameras dispersed in the Gardens and in the city, connected to 4 control monitors through 4 control positions and 14 wide screen television sets. Visitors could zoom and listen the comments of the external audience.

Videotapes / Creative Television Programs / Video Installations / Video Theatre

Wolf Vostell made *Impianto TV a circuito chiuso, riprese della calle in zona Garibaldi* [Closed Circuits Television Set, Shots of the Calle in the Garibaldi area] at the 35° Biennale Internazionale d'Arte, *Ricerca e Progettazione* [35th International Biennale of Art, Research and Planning].

Don Chisciotte [Don Quixote], among the first examples of creative television, was broadcast on the 10th of April. The script adaption was by Roberto Lerici, the stage design by Giulio Paolini, the music by Giorgio Gaslini and the direction by Carlo Quartucci. Written by Carlo Quartucci and Roberto Lerici.

Luigi Ontani made the colour video *La favola impropriata* [The Distorted Fairy Tale].

Pietro Grossi created the first event in Italy of musical telematics, connecting the Fondazione Manzù in Rimini and the CNUCE in Pisa via a telephone cable.

Publications

The journal *Cinema Nuovo* edited by Guido Aristarco distributed a questionnaire on the importance and on the possible future of videotapes inside the Italian industry and publishing world. The answers of all the main Italian publishers and television and cinema producers were published in the journal from November 1969 to April 1970 in the feature *Inchiesta sul videotape* [Enquiry on Videotape]: the essay by Carlo Lizzani *La quarta età dell'immagine in movimento* [The Fourth Age of Image in Movement] introduced the issue.

Maurizio Calvesi described the use of videotape in the exhibition *Gennaio 70* in the article *Schermi T.V. al posto dei quadri* [TV Screens Instead of Paintings], which appeared in the Espresso on the 15th March 1970.

Renato Barilli published the essay *Video-recording a Bologna* [Video-recording in Bologna] in *Marcatré* (issue 58–60, May–June), dedicated to the experimentation with the video during *Gennaio 70*.

1971

Exhibitions / Conferences / Festivals

In Rome, Gasparo del Corso's Galleria dell'Obelisco organized VideObelisco AVR (Art Video Re-

cording), a section dedicated to the experimentation of the video medium made available to the artists, curated by RAI journalist Francesco Carlo Crispolti. Artists included: Vincenzo Agnetti, Franco Berdini, Gianni Colombo, Cristoforo, Filippo Panseca, Luca Maria Patella, Attilio Pierelli, Giovanni Valentini. The catalogue that documents the activity of VideObelisco includes texts on the works, a 'mini-vocabulary' of video and an essential bibliography on the topic. See Francesco Carlo Crispolti (ed.), *Videolibro No. 1* (Rome: Galleria dell'Obelisco, 1971).

Giaccari opened the Video Salette [Video Rooms] at the Milan gallery Diagramma, managed by Luciano Inga Pin. Some interviews were shot with a videotape recorder, with a circuit directly connected to a monitor, and were immediately broadcast.

Videotapes / Creative Television Programs / Video Installations / Video Theatre

Luciano Giaccari documented the performance *Print Out* by Allan Kaprow in Milan with video.

Luciano Giaccari made *Suspence/Tempo* [Suspence/Time] (6'15'', 1/2 Sony CV 2100 ACE, b/w).

In the ambit of the VideObelisco AVR, Luca Maria Patella made *Co-azione* [Co-action] (Philips 1/2") in collaboration with the Swiss video-maker Gerard Minkoff.

Publications

Tommaso Trini, *Di videotape in videotappa* [From Video-Tape to Video-Stop], *Domus*, February 1971.

Research Centres / Foundations / Galleries / Artists collectives

The Videobase Collective, made up by Anna Lajolo, Alfredo Leonardi and Guido Lombardi, was founded.

Gruppo OB was founded in Milan, consisting of Giuseppe Becca, Gianantonio Graziani, Antonio Marangoni, which would make several video works.

1972

Exhibitions / Conferences / Festivals

The conference *Per una nuova politica nel settore degli audiovisivi* [For a New Policy in the Audiovisuals Sector] took place on the 13th and 14th April at the CGIL trade union school of Ariccia, during which some issues pertaining to the creative use of videotape were discussed.

In June, Gerry Schum presented some 'video objects' at the Central Pavilion of the 36th Venice Biennale (Room 32). Stationed in a camper outside the Giardini di Castello he also produced some video works with different artists, among whom Ketty La Rocca. Angelo Bacci, employed by the Biennale, worked as Schum's worker and assistant.

The exhibition *Filmperformances*, curated by Achille Bonito Oliva, and with the coordination of Bruno Corà, took place from the 24th of June to the 9th of July, at the Museo Civico in Spoleto, in the context of the 15th Festival dei Due Mondi. Films and videos by Italian and foreign artists were presented. The event was organized by Incontri Internazionali d'Arte [International Art Encounters].

The *Festival di Musica e Danza in USA* [Festival of Music and Dance in the USA], took place at the Galleria L'Attico in Rome. During the festival, internationally famous artists such as Philip Glass, Steve Reich and Charlemagne Palestine performed. The performances were documented on video by Luciano Giaccari.

Circuito Chiuso-Aperto. VI Rassegna d'arte contemporanea [[Closed-Open Circuit. 6th Exhibition of Contemporary Art] curated by Italo Mussa and Francesco Carlo Crispolti took place at the Palazzo Comunale di Acireale. The exhibition followed in the wake of VideObelisco AVR. Catalogue: Italo Mussa & Francesco Crispolti (eds.), *Circuito Chiuso Aperto. VI Rassegna di Arte Contemporanea* (Acireale: 1972).

The exhibition *Video nella strada* [Video on the Street] by Luciano Giaccari was held at the Gallery Il Naviglio in Venice.

The exhibition *Tv: Mezzo aperto* [TV: Open Medium], curated by Lola Bonora took place from the 7th to the 16th of April, at the Palazzo dei Diamanti of Ferrara.

One of the first video performances by the Gruppo OB was presented in Milan, in the ambit of the exhibition *Schifanoia-TV: mezzo aperto/opera chiusa* [Schifanoia-TV: open medium/closed work].

Videotapes / Creative Television Programs / Video Installations / Video Theatre

Happening by Enrico Rossetti and Paquito del Bosco was broadcast on the Second Programme. The television happening *Il televisore che piange* [The Crying Television] by Fabio Mauri was broadcast within this context.

Giuseppe Chiari with Luciano Giaccari made the video-performance *Happening sulla tv* [Happening on TV] (4'30'', 1/2, Sony CV 2100 ACE).

Ugo La Pietra designed the *Videocomunicatore* [Video-communicator] for the Triennale in Milan: a series of wooden booths spread all over the city in which anyone could record a video message and view the previous ones.

Publications

Luciano Giaccari came up with the journal *Videocritica* [Video Critique] and, in the same period, he compiled the *Classificazione dei metodi di impiego del videotape in arte* [Classification of the Methods of Use of Videotape in Art], published also in the US by Bolaffi.

Research Centres / Foundations / Galleries / Artists collectives

The Collective Cinema Militante of Turin – established in 1968 – decided to start a new operative phase through the use of videotape.

Art/tapes/22 was founded in Florence, devised and managed by Maria Gloria Bicocchi. Art/tapes/22 would become an international hub for video experimentation. The activities of art/tapes/22 would cease in 1976.

The Centro Video Arte of Palazzo dei Diamanti in Ferrara was founded. Created by Lola Bonora, with the technical collaboration of Carlo Ansaloni,

the Centre would become one of the main hubs for the production and distribution of video art in Italy.

The CSC-Centro di Sonologia Computazionale dell'Università di Padova [CSC-Centre of Computational Sound of the University of Padua] was founded in Padua under the guidance of Graziano Tisato: an international centre of study and research on electronic sound.

1973

Exhibitions / Conferences / Festivals

A video section curated by Francesco Carlo Crispolti, in collaboration with Guido Cosulich, was opened in the ambit of the 10th Quadriennale in Rome to document the exhibition and the artist and curator's interventions. Catalogue: *X Quadriennale Nazionale d'Arte. La ricerca estetica dal 1960 al 1970* [10th National Art Quadriennale The aesthetic research from 1960 to 1970], Rome, Palazzo delle Esposizioni, 22nd May – 30th June 1973 (Rome: Stefano De Luca Editore, 1973).

In June, art/tapes/22 took part in the Kunstmesse in Cologne in the stand of the Neapolitan gallery owner Lucio Amelio, presenting some videotapes.

On that occasion Maria Gloria Bicocchi met Ileana Sonnabend with whom she made an agreement: art/tapes/22 would work with the artists of the Sonnabend and Castelli Galleries for five years, at the end of which the American owners of the gallery would become financial partners of the Florentine production centre. Unfortunately such collaboration would never happen because of the early closure of art/tapes/22.

The exhibition *Contemporanea* [Contemporary] took place in Rome (Rome, Villa Borghese subterranean parking, 30th November 1973 – February 1974), organized by Incontri Internazionali d'Arte, devised by Achille Bonito Oliva. Its different sections were curated by individual experts. Some art house videotapes were shown in the 'Art' section, curated by Bonito Oliva himself, with the collaboration of Luciano Giaccari. The cinema section, curated by Paolo Bertetto, included instead, a sector dedicated to art house films.

L'altro video. Incontro sul videotape [The Other Video. Encounter on Videotape], round table at the *IX Mostra internazionale del Nuovo Cinema di Pesaro [*International Exhibition of New Cinema of Pesaro] curated by Adriano Aprà. The *Quaderno Informativo* [Information Journal] with the same name (issue 44, curated by Aprà himself) also contained, besides some testimonies on Italian video-activism, the publication of abstracts of *Expanded Cinema* by Gene Youngblood (Dutton, New York 1970), of *Guerrilla Television* by Michael Shamberg and Raindance Corporation (Hot, Rinehart and Winston, 1971), *Video Obscura* by Douglas Davis (from *Artforum*, April 1972).

Videotapes / Creative Television Programs / Video Installations / Video Theatre

The first of five episodes of *Moby Dick* by Carlo Quartucci was broadcast on 7th of March at 21:30 on the second channel of RAI. The programme had been shot in the studios in Turin in the September–November 1972 period.

art/tapes/22 produced the videos *Kunst ist einfach* (20' 07'', open reel, b/w, mono) by Giuseppe Chiari, *Documentario n°2* [Documentary #2] by Vincenzo Agnetti and *No title* (25', open reel, b/w, mute) by Jannis Kounellis.

Fabrizio Plessi made his first videotape called *Acquabiografico* [Waterbiographic] (30', Sony 1/2" open reel European Standard, Mono) at the Centro Video Arte of Palazzo dei Diamanti of Ferrara.

The Giaccari Video Library in Varese produced the video performances *Apocalisse* [Apocalypse] (1'55'', open reel 1/2", Sony AV 3670 CE, b/w) by Mimmo Germanà and *Igloo* (4'45'', open reel 1/2", Sony CV 2100 ACE, b/w) by Mario Merz. Shots Luciano Giaccari.

Franco Vaccari made *Il mendicante elettronico* [The Electronic Beggar].

Publications

Publication by Feltrinelli of *Senza chiedere permesso* [Without Asking for Permission] by Roberto Faenza. First theoretical essay entirely dedicated to the political use of magnetic tape.

Research Centres / Foundations / Galleries / Artists collectives

I Magazzini in Florence were founded under the direction of Federico Tiezzi, Marion D'Amburgo, Sandro Lombardi. Research, video and theatre.

1974

Exhibitions / Conferences / Festivals

Maria Gloria Bicocchi and David Ross organized and curated the travelling exhibition *Americans in Florence: Europeans in Florence*, dedicated to the video works produced by art/tapes/22. The exhibition was presented at the Long Beach Museum of Art (California), the Musée Contemporain in Paris and the Palais des Beaux Arts in Bruxelles at the same time.

The exhibition *Fotomedia*, curated by Daniela Palazzoli, took place from the 10th of March to the 28th of April at the Museum am Ostwall in Dortmund. This was one of the first exhibitions that presented an anthology of Italian video artists abroad. The exhibition would be re-displayed in Milan the following year at the Rotonda della Besana. See the catalogues: *Fotomedia. Die Erfahrungen italienischer Kunstler im Umgang mit Foto und Video: Agnetti* (Dortmund, Museum am Ostwall, 1974); *Fotomedia 12 Artists Who Work with Photography and Videotape 18 Artists Who Work with Videotape, (Milan, Rotonda di via Besana, 24 March – 13 April 1975), (Milan 1975)*.

The exhibition *Nuovi media-film e videotape* [New media-films and videotapes] took place in Milan from the 27th to the 30th of May, at the Centro Formentini in Brera. The exhibition was divided in four sections: *Musica e danza in USA* [Music and Dance in the USA], curated by Germano Celant, *Appunti sul mezzo* [Notes on the Medium] curated by Jole De Sanna, *Videotape e video arte* [Videotape and Video Art] curated by Daniela Palazzoli,

Usi e abusi del corpo nella Body-Art [Uses and Abuses of the Body in Body-Art] curated by Lea Vergine.

Some videotapes by art/tapes/22 and a video performance by Joan Jonas, staged by Luciano Giaccari, were presented in June, in the ambit of the international exhibition *Project '74* at the Kunsthalle of the Kölnischer Kunstverein.

During the Festival Internazionale del Film sull'Arte e di Biografie d'Artisti di Asolo [International Art Film and Artists' Biographies Festival of Asolo] *Travel* by Fabrizio Plessi was awarded a special prize.

The Galleria del Cavallino participates to the annual Incontri di Motovun [Motovun Encounters, Istria] dedicated to the theme *Progetto di intervento urbano* [Project of Urban Intervention], in which Italian and Jugoslavian artists took part. For this event Paolo Cardazzo made *Da zero a zero* [From Zero to Zero] in collaboration with Peggy Stuffi.

Incontri video '74 [Video Encounters '74], curated by Achille Bonito Oliva and Graziella Lonardi was organized at the Art Encounters.

Debates, openings and encounters with artists and critics were recorded at the gallery Spazioarte in Rome, managed by Valerio Eletti with Mauro Marafante and Luigi Belli, and then later broadcast on monitors in the gallery.

The *International Open Encounter on Video* began, organized by CAYC (Centro de Arte y Comunicación) whose president was Jorge Glusberg. Among the editions: the first took place in November 1974 at the Institute of Contemporary Art in London; the second in February 1975 at the Espace Cardin in Paris; the third from the 25th to the 29th of May 1975 at the Centro Video Arte at Palazzo dei Diamanti of Ferrara; the fourth in October and November 1975 in Buenos Aires; the fifth in February 1976 at the ICC in Antwerp.

Videotapes / Creative Television Programs / Video Installations / Video Theatre

Segare l'acqua [Cutting Water] and *Travel* by Fabrizio Plessi were produced at the Palazzo dei Diamanti of Ferrara.

The painter Eugenio Carmi and the musician Angelo Paccagnini made the abstract work *C'era una volta un re che aveva tre figlie bellissime* [Once Upon a Time a King had Three Beautiful Daughters] for RAI.

Claudio Cintoli made *Il filo d'Arianna* [Arianna's Thread] (25', Sony European Standard, mono, ½" open reel), with shots by Lola Bonora, Carlo Ansaloni, Giovanni Grandi, produced by the Palazzo dei Diamanti of Ferrara.

art/tapes/22 produced: *Il suono* [The Sound] (14', b/w, sound) by Giuseppe Chiari, *Unisono* (1', b/w, from 16mm film) by Giulio Paolini and *Ciò che parla sempre in silenzio è il corpo* [What Always Speaks in Silence is the Body] (open reel, b/w, mute) by Alighiero Boetti and *Concerto al buio* [Concert in the Dark] (24', b/w, sound) and *Videotape* (4', b/w, sound) by Gino de Dominicis, *Tous les animaux* [All the Animals] (10', b/w, sound) by Pier Paolo Calzolari and *The Missing Poem* (16', b/w, sound) by Maurizio Nannucci.

La Galleria del Cavallino produced *Da zero a zero* [From Zero to Zero] (7' 26", b/w, European standard, sound) by Paolo Cardazzo and Peggy Stuffi, and *Tempo spazio superficie* [Time Space Surface] (4' 32", b/w, European standard, sound) by Guido Sartorelli.

Luca Maria Patella made the video *Arte della conoscenza dialettica* [Art of Dialectic Knowledge] (Sony, 1/2") and Luciano Giaccari video documented one of his undertakings at the Attico in Rome, *Luca Maria Patella e il test Lüscher dei colori* [Luca Maria Patella and Lüscher's Colours Test] (Sony 1/2").

The video installation by the Gruppo OB *25.000 Hz. Variazioni per una volta a crociera* [Variations for a Cross Vault] that compared video recording with live intervention was staged in Pavia, in the exhibition rooms of the Collegio Cairoli.

Research Centres / Foundations / Galleries / Artists collectives

The Galleria del Cavallino in Venice, owned by Paolo and Gabriella Cardazzo, started the production of videotape works, with the technical contribution of Andrea Varisco as operator and of Paolo Cardazzo himself. The end of this undertaking is usually dated to 1981.

1975

Exhibitions / Conferences / Festivals

On the 22nd February the exhibition *Videotapes* opened at the Galleria del Cavallino with tapes produced by the same gallery (Paolo Cardazzo and Peggy Stuffi, Paolo Patelli, Michele Sambin, Guido Sartorelli) and works by art/tapes/22.

The exhibition *Artevideo e Multivision* [Artvideo and Multivision] opened in March at the Rotonda della Besana in Milan. The director of the first edition was Giulio Carlo Argan and the curator was Tommaso Trini, with the collaboration of Jole De Sanna.

art/tapes/22 and the Galleria del Cavallino shared a stand at the Fiera in Bologna where they presented the videos produced up to that point.

Some events dedicated to videotape *Video-Arte in Europa* [Video Art in Europe] (15th April), *Video-Arte in America* [Video Art in America] (16th April), *Analisi ed estetica del videotape* [Analysis and Aesthetics of Videotape] (19th April) took place at Incontri Internazionali d'Arte in Rome. Achille Bonito Oliva, Renato Barilli, Maria Gloria Bicocchi, Luciano Giaccari, Vittorio Fagone and Italo Mussa participated in the latter.

Videotapes / Creative Television Programs / Video Installations / Video Theatre

Alberto Grifi and Massimo Sarchielli presented the film *Anna* at the Biennale in Venice, the shooting of which, on film first and then on magnetic tape, had started in 1972. Thanks to a kinescope assembled by Grifi (that he called '*vidigrafo*') , it was possible to transpose the material previously shot in video on 1/4" open reel tape to 16mm.

The Centro Video Arte at Palazzo dei Diamanti in Ferrara made the videotapes *Liquid piece* (Sony 1/2" open reel European Standard, mono, b/w) by

Fabrizio Plessi and *Proporzione alla memoria* [Proportion to the Memory] by Guido Sartorelli (10', European Standard, mono, ½" open reel, b/w).

art/tapes/22 produced *Di come il fuoco rigenera la candela* [On How Fire Regenerates a Candle] (30', b/w , mute), *Tempo medio per un videotape* [Average Time for a Videotape] (13', b/w, mute), *The navel-less singer* (6', b/w, sound) by Sandro Chia.

The Galleria del Cavallino produced the videos *Spartito per cello* [Cello Score] (13' 57", open reel 1/2", b/w, sound) by Michele Sambin and *Filarete* (8' 14", open reel 1/2", b/w, sound) by Guido Sartorelli.

In Venice, the artist Luigi Viola, with the newly established C.A.V. (Centro Audiovisivi Venezia), made (self managed) the video poems: *Cancellazioni* [Cancellations] and *Diario pubblico e segreto* [Public and Secret Diary], among the first Italian examples of video performance and *public art*.

Between 1974 and 1975, Luca Maria Patella carried out a video performance recently re-entitled *Grammatica dissolvente – Gazzùff! Avventure & cultura* [Dissolving Grammar – Gazzùff! Adventures & Culture].

The artist Luciano Romoli carried out *Registrazione di un segnale video per la costruzione di una struttura grafica* [Recording of a Video Signal for the Construction of a Graphic Structure] and *Struttura grafica di un segnale video digitalizzato* [Graphic Structure of a Digital Video Signal], among the first artistic experiments with computers.

Research Centres / Foundations / Galleries / Artists collectives

Arturo Quintavalle ran the Centro Studi e Archivio della Comunicazione [Communication Research Centre and Archive] in Parma dedicated to the research among art, communication and electronic technologies.

1976

Exhibitions / Conferences / Festivals

The Galleria del Cavallino participated in the Encounter held in Motovun dedicated to the theme of identity.

Videotapes / Creative Television Programs / Video Installations / Video Theatre

Videoincontro [Video Susret – Video Encounter] took place at the Galleria Suvremene Umjetnosti in Zagreb. Paolo Cardazzo participated with the videotapes by the Galleria del Cavallino, Maria Gloria Bicocchi with those of art/tapes/22 and Lola Bonora with those of the Palazzo dei Diamanti.

In the ambit of the Encounter in Motovun the following, among others, were produced: *The Motovun Tape* (4' 18", open reel, b/w, sound) by Živa Kraus, *Make up make down* (9' 15", open reel 1/2", b/w) by Sanja Iveković, *Un suono a testa* [A Sound Each] (7' 45", open reel 1/2", b/w, sound), *Concerto per clarino* [Clarion Concert] and *VTR* (3' 01", open reel, b/w, sound) and *Oihcceps* (1' 17", open reel 1/2", b/w, sound) by Michele Sambin, *Hair Cut* (2' 37", open reel 1/2", b/w, sound) and *De Photographia* (30", open reel 1/2", b/w, sound) by Claudio Ambrosini, *Taking place* (1' 33", open reel 1/2", b/w, sound), *Identity as identification* (2' 16", open reel 1/2", b/w, sound), *Who is Luigi Viola* (9' 15", open reel 1/2", b/w, sound) and *Fall and Loss of a Dear Family* (1' 04", open reel 1/2", b/w, sound) by Luigi Viola.

Research Centres / Foundations / Galleries / Artists collectives

art/tapes/22 closed and the Venice Biennale, directed at the time by Carlo Ripa di Meana, acquired its video works (produced and distributed) and its archive.

Giorgio Barberio Corsetti set up, in Rome, the theatre company La Gaia Scienza (in collaboration with Guidarello Pontani, Marco Solari, Alessandra Vanzi) committed to the experimentation between theatre and video.

Laboratorio di Comunicazione Militante [Workshop of Militant Communication], to which Tullio Brunone, Giovanni Columbu, Claudio Guenzani, Ettore Pasculli and Paolo Rosa belonged, was established.

1977

Exhibitions / Conferences / Festivals

First edition of *Il gergo inquieto* [The Restless Jargon] (second edition in 1979; third edition in 1983), curated by Ester de Miro; an international study conference with an exhibition on experimental cinema, where several art house videos were presented.

Vittorio Fagone curated the exhibition *Arte e Cinema 1965–77* [Art and Cinema 1965–77] at the Centro Internazionale di Brera [Brera International Art Centre]. Works on film were included especially, but art house videos including those of Fabrizio Plessi, were also present. Catalogue with the same name, Marsilio, Venice 1977.

Maria Gloria Bicocchi worked for Venice Biennale as video manager: she curated the exhibition *Gli Art Tape dell'ASAC* [ASAC's Art Tapes] (7th – 12th November 1977), the seminar *Artisti e videotape* [Artists and Videotapes] (1 and 16 October 1977) and the course *Teoria e pratica del videotape* [Theory and practice of the videotape] (26th October – 5th November) where the media scholar Marshall McLuhan was also invited for the first time in Italy. Videos by Michele Sambin (*Looking for listening*), Richard Kriesche and Jean Otth were produced on that occasion.

Retrospective by the Giaccari Video library at the Galleria Comunale di Arte Moderna in Bologna.

The *Settimana internazionale della performance* [International Week of Performance] took place in Bologna between 1st and 6th of June, curated by Renato Barilli, in which 49 Italian and international artists participated, including some with video performances.

The Galleria del Cavallino curated and staged *Video by British Artists* in Venice (28th January – 3rd February).

Videotapes / Creative Television Programs / Video Installations / Video Theatre

On the 27th and 28th of October *Bene! Quattro diversi modi di morire in versi* [Good! Four Different Ways to die in Verses]. *Blok-Majakovskij-Esènin-Pasternak* by Carmelo Bene was broadcast by RAI 2. Roberto Lerici adapted the text and the music was by Vittorio Gelmetti. The programme was shot in 1974.

Venice Biennale – ASAC produced *Ritratto* [Portrait] by Claudio Ambrosini.

The Centro Video Arte at Palazzo dei Diamanti of Ferrara produced the videos *Discussione sulla struttura e sulla sovrastruttura* [Discussion on Structure and Superstructure] by Giuseppe Chiari and the video documentation of *Porci in alto non è il caso!* [There's no need for pigs at the top!] by Luca Maria Patella.

The Galleria del Cavallino produced *Senza Titolo* [Untitled] (7' 26", open reel 1/2", b/w, sound) by Paolo Fassetta and *Autoritratto in una stanza* [Self Portrait in a Room] by Anna Valeria Borsari.

In the context of the *Settimana internazionale della performance*, Christina Kubisch and Fabrizio Plessi presented *Two and two. Terra aria fuoco acqua* [Earth Air Fire Water), a concert / Video/ performance.

1978

Exhibitions / Conferences / Festivals

The second *Video laboratorio* [Video Workshop] at the Galleria del Cavallino took place from the 16 of January to the 22 of February. Guido Sartorelli curated the exhibition *Nuovi Media* [New Media] at the Bevilacqua La Masa in Venice (4th – 20th May).

Milano 1980: un programma per le arti visive. Incontri, installazioni, interventi [Milan 1980: a Programme for Visual Arts. Encounters, Installations, Interventions], an exhibition organized by Milan City Council took place from the 11th of April to the 9th of May 1978 at the Palazzo Reale. The Centro Video Arte at Palazzo dei Diamanti of Ferrara organized the tape exhibition *Per una videoteca pubblica* [For a Public Video Library], curated by Lola Bonora, that included, among the others: *Abc video* by Carlo Ansaloni, Lola Bonora and Maurizio Cosua, *Il volto urbano* [The Urban Face] by Empio Malara, Gianni Drago, Armando Marocco and Vittorio Gobbi, the video performance *VTR & I* and the video installation *Ripercorrersi* [Retracing Oneself Again] by Michele Sambin.

The *Venerezia – Revenice* exhibition curated by Pierre Restany, organized by New York University and the Centro Internazionale delle Arti e del Costume [International Centre of Arts and Costume] took place at Palazzo Grassi from the 7th to the 9th of July. The following were presented, among others: *The Box of Life* by Federica Marangoni and *Tempo liquido* [Liquid Time] by Christina Kubisch and Fabrizio Plessi. Catalogue: *Venerezia – Revenice. Ambienti sperimentali: enviromental conference*, Tipografia Sociale Artegrafica Cittadella (Padua: 1978).

Salso Film & TV Festival was founded in Salsomaggiore, by an idea of Adriano Aprà. An international exhibition of films and television productions, under the direction of Sergio Zavoli. In that same year Aprà would also organize a conference on Film Time TV Time during the Cinema Encounters in Monticelli Terme.

The Convegno internazionale XXX Prix Italia *Le arti visuali e il ruolo della televisione* [International Conference XXX Prix Italy *TV and Visual Arts*], organized by the secretary Alvise Zorzi, with contributions from, among others, Douglas Davis, René Berger, Gillo Dorfles, Vittorio Fagone, Alberto Boatto, Eugenio Carmi, Luca Maria Patella and Lola Bonora, was held on the 12th and 13th of September.

The Festival dei Popoli [People's Festival] was founded in Florence under the direction of Franco Lucchesi; the festival announced a competition for independent videos and films every year.

The Galleria del Cavallino participated in the video exhibition *London Video Art* at the AIR Gallery in London (organised by London Video Arts) with works by Claudio Ambrosini, Michele Sambin, Guido Sartorelli, Piccolo Sillani, Luigi Viola, Dalibor Martinis, Sanja Iveković and Goran Trbuljak.

Videotapes / Creative Television Programs / Video Installations / Video Theatre

The Galleria del Cavallino produced the videos *Video as no Video* (2' 52", U-matic 3/4", colour, sound) by Luigi Viola, *Il tempo* [The Time] (1' 24", U-matic 3/4", b/w, sound) by Paolo Fassetta, and *Analogie* [Analogies] (1' 53", U-matic 3/4", b/w, sound) by Guido Sartorelli, all with photography by Andrea Varisco.

Publications

Release of *Extra Media. Esperienze attuali di comunicazione estetica* [Extra Media. Actual Experiences of Aesthetic Communication], by Enrico Crispolti (Turin: Studio Forma, 1978), dedicated to the artistic developments of the new communication technologies.

1979

Exhibitions / Conferences / Festivals

The first edition of Video Roma Festival entitled *Video '79* was held in May, curated by Alessandro Silj at the Museo del Folklore Romano, under the sponsorship of the Department of Culture of Rome City Council and in collaboration with RAI. 340 Italian and international works, including art house videos, documentaries and counter information videos, were presented. Video Roma Festival would have three editions (1979, 1980, 1982/83). Catalogue curated by A. Silj, *Video '79. Video-the first decade. Dieci anni di videotape* (Rome: Kane, 1979).

Performance e videotape [Performance and Videotape] was held on the 22nd and 23rd of June at the Galleria Comunale d'arte Moderna of Ancona, organized by Palazzo dei Diamanti of Ferrara, curated by Lola Bonora.

The gallery owner from Locarno, Rinaldo Bianda, founder of the Galleria Flaviana, opened, with the scientific collaboration of René Berger, Angiola Churchill, Vittorio Fagone and Dany Bloch, the

Locarno VideoArt Festival 'Forum des nouvelles images et de la culture émergente'. The edition of August 1980 was the first of more than twenty that would be the most relevant and long-lived event in Europe for electronic arts. The competitive exhibition that saw the participation of the most important artists in the world was supported by side exhibitions, video sculpture exhibitions, international television productions, in particular by Paik, Living Theatre, Fred Forest and Gianni Toti. The international conference was curated since its first edition by René Berger and Marco Maria Gazzano curated the Theoretical Observatories from 1993. VideoArt Festival edited a series of books and catalogues and gave life to the video artistic production studios Facs, directed by Lorenzo Bianda. From 1982 the Festival, in association with UNESCO, the Council of Europe and the Swiss Confederation, awarded the 'Laser d'or' prize to the masters of moving electronic image, from Paik to Antonioni. Marco Maria Gazzano directed the Festival at different times from 1984. From 1985 the Festival, in collaboration with the Lombardy and Piedmont Regions reached the Italian banks of Lago Maggiore under the management of Matilde Pugnetti. From 1990 Robert Cahen was the President of the international jury. Lorenzo Bianda was the archive manager from the first editions and also the author of the Festival registered trademark and Ines Bianda was its general organizer. The last edition was held in 2001.

The exhibition *Video Show Ferrara 1979*, organized by Lola Bonora in collaboration with Galleria del Cavallino, with videotapes by American, Canadian and Italian artists (including Fabrizio Plessi, Michele Sambin, Guido Sartorelli and Luigi Viola) was held between the 9th and the 11th of November at the Sala Polivalente in Ferrara.

Videotapes / Creative Television Programs / Video Installations / Video Theatre

The Galleria del Cavallino produced *Il tempo consuma* [Time Consumes] (5', U-matic, b/w) and *Duo per un musicista solo* [Duet for a Single Player] by Michele Sambin, *Focus* (4', Umatic, b/w) by Mario Sillani, *Videosonata* (8', U-matic, colour) by Claudio Ambrosini, *Tempo quadrato* [Square Time] (3', U-matic, b/w) by Guido Sartorelli.

On the 5th October Claudio Ambrosini presented *Solo tutti* [Only Everyone] at the Venice Biennale, composition for "instruments, audio and video circuit with listening director" (28' 59").

The Centro Video Arte at Palazzo dei Diamanti of Ferrara produced *The Box of Life* (18', 16 mm) by Federica Marangoni, directed by Gianluigi Poli.

Publications

La TV come canale d'una nuova espressività [TV as Channel of a New Expressivity], by Gillo Dorfles, in International Conference Proceedings *XXX Prix Italia Le arti visuali e il ruolo della televisione* [TV and Visual Arts] (Milan 1978), curated by Alvise Zorzi, (Rome: Eri/Edizioni RAI Radiotelevisione Italiana, 1979).

Research Centres / Foundations / Galleries / Artists collectives

Palazzo Fortuny began its enterprise in Venice. From 1983 it began to include video, dedicating an entire section to it. The direction of the video section was entrusted to Sandro Mescola, Silvio Fuso (video curator) and Maria Grazia Mattei (scientific advice).

Mario Martone set up the theatre group Falso Movimento after his experience with Nobili di Rosa. Such change was due to the arrival, in the group of Angelo Curti and Pasquale Mari, besides the formerly present Andrea Renzi, Francesca La Rocca, Augusto Melisburgo, Federica Della Ratta Rinaldi. Research video and theatre.

1980

Exhibitions / Conferences / Festivals

Video arte a Palazzo dei Diamanti 1973/1979 [Video Art at Palazzo dei Diamanti 1973/1979] took place in April, an anthology exhibition about the experience of the Centro Video Arte at Palazzo dei Diamanti of Ferrara curated by Janus.

The first edition of the exhibition *Film-Maker* opened in Milan under the direction of Silvano Cavatorta, Gianfilippo Pedone, Stefano Losurdo, Studio Equatore Milan.

Vittorio Fagone was the curator of the exhibition *Camere incantate. Video cinema fotografia e arte negli anni '70* [Enchanted Rooms. Video Cinema Photography and Art in the Seventies], held in Milan, at the Palazzo Reale, between the 15th May and the 15th June.

Videotapes / Creative Television Programs / Video Installations / Video Theatre

The artist Luciano Romoli carried out the video installation *Spazio di scena, teatro di luce per presentazione d'immagini dinamiche associate al suono* [Scene Space, Light Theatre for the Presentation of Dynamic Images Associated with Sound].

Gianni Toti made his first video works: *Videopoesia* [Video Poem] and *Nebulosa testuale* [Textual Nebula].

Gianfranco Baruchello made the video *A partire dal dolce* [Beginning with Sweet] (Sony open reel, b/w), photography by Alberto Grifi.

Michele Sambin made the video *Anche le mani invecchiano* [Hands Age Too] (2' 30'', U-matic, b/w).

Publication of the volume: Sirio Luginbühl, Paolo Cardazzo, *Videotape. Arte, tecnica e storia* [Videotape. Art, Technique and History] (Padua: Mastrogiacomo, 1980).

Research Centres / Foundations / Galleries / Artists collectives

Foundation of the label Tape Connection for the distribution of video art, curated by Maia Borelli.

Carlo Quartucci and Carla Tatò founded *La Zattera di Babele* [Babel's Raft] in Rome, on the tracks of their experience of Laboratorio di Camion (started in 1969).

Studio Convertino was established in Milan under the direction of Mario Convertino. Video, software and research on audiovisual communication.

1981

Exhibitions / Conferences / Festivals

The exhibition *Ultimi segnali. Arti, teatro, città* [Last Signals. Arts, Theatre, City] opened in Rome, promoted and curated by Luciano Giaccari with the support of Giuseppe Bartolucci and Vittorio Fagone. The three evenings were mainly dedicated to research theatre.

From the 14th February to the 15th April, Vittorio Fagone within the wider exhibition *Linee della ricerca artistica in Italia, 1960–1980* [Lines of Artistic Research in Italy, 1960–1980], curated by Nello Ponente at the Palazzo delle Esposizioni in Rome, organized an exhibition dedicated to art crossing in video and cinema. Catalogue: Nello Ponente (ed.), *Linee della ricerca artistica in Italia, 1960–1980* (Rome: De Luca, 1981).

Videotapes / Creative Television Programs / Video Installations / Video Theatre

Guido Sartorelli made *Nascita sviluppo e morte dell'illusione* [Birth, Development and death of Illusion] (3', U-matic, colour), produced by the Galleria del Cavallino.

Federica Marangoni carried out the work *Videogame* at the Centro Video Arte of Palazzo dei Diamanti of Ferrara.

Guido Vanzetti made *Pixnocchio*, first computer animation experiment in Italy.

Roberto Lucca Taroni and Luisa Cividin began to work with video creating *Interference* (16', b/w and colour).

Research Centres / Foundations / Galleries / Artists collectives

Giovanni Minerba and Ottavio Mai founded the association L'altra Comunicazione [The Other Communication] in Turin, for the cultural promotion of video art.

Ferruccio Marotti founded the Videoteca Centro Teatro Ateneo [Video Library University Theatre Centre], at the La Sapienza University in Rome, dedicated to the production, conservation and promotion of audiovisuals mostly connected to, predominantly live, shows.

1982

Exhibitions / Conferences / Festivals

A selection of videotapes by the Cavallino were presented at the ICA (Institute of Contemporary Art) in London on the 6th April, within the video exhibition *Italian Video and performance from Galleria del Cavallino* in the ambit of *Video Screenings*.

The Conference *Il nuovo mondo dell'immagine elettronica: ricerca, spettacolo, professionalità* [The New World of Electronic Image: Research, Show, Professionalism], directed by Guido Aristarco and with scientific secretariat by Liborio Termine, Franco Prono, Toni Verità and Marco Maria Gazzano, was organized in May at the University of Turin. First European Conference organized by a university and entirely dedicated to the issues of cinema in electronics and of video. Papers on cinema and video art by Andrea Balzola, Vittorio Fagone and Marco Maria Gazzano. After the conference the first *Professional Course on Audiovisual and New Technologies* was created, organized by the University of Turin, RAI and Turin City Council, in the years 1982–1985.

U-Tape '82, a competition-exhibition on Italian video art production, under the direction of Lola Bonora, was held at the Centro Video Arte of Palazzo dei Diamanti of Ferrara, from the 29th to the 31st October. *U-Tape* would have many editions up until 1990.

Adriano Aprà promoted, at the Salso Film & TV Festival, a 'video conference' and a 'VideoFilm-Festival' about the *Prossimo cinema italiano* [The Next Italian Cinema], funding three hours of creative video endorsed by Giuseppe Bertolucci, Fiorella Infascelli, Marco Tullio Giordana, Daniele Costantini, Tomaso Sherman, Casbah Production and Victor Cavallo.

The exhibition *Arte italiana, 1960–1982* [Italian Art 1960–1982] opened in October, first at the ICA and then at the Hayward Gallery in London, where the videos of the Giaccari video library and the project *Televisione come memoria* [*Television as Memory*] were presented.

Differenza Video [Video Difference] curated by Mario Costa and Pasquale Trisorio was held at the Studio Trisorio in Naples from the 15th to the 19th November; it was divided in various sections: video reports, video performances, video-linguistic operations, video formal operations, talking electronics. Catalogue with foreword by Mario Costa.

The screening series *L'arte per la televisione* [Art for Television] curated by the Galleria del Cavallino of Venice and by the Galleria Tommaseo of Trieste, in collaboration with the Centro Video Arte of Ferrara was held from the 24th to the 27th November. Debate with Gillo Dorfles, Lola Bonora and Paolo Cardazzo.

L'immagine elettronica [Electronic Image] opened, promoted by the Mostra Internazionale del Cinema Libero [International Exhibition of Free Cinema] of Porretta Terme, directed by Vittorio Boarini in collaboration with RAI, the Ente Autonomo Gestione Cinema [Independent Body for Cinema Management] and the Venice Biennale; the travelling exhibition would move to Bologna (1982–87), to Venice (1988) and to Ferrara (1989–90).

In Turin, at the International Festival of Young Cinema a selection of works by young video artists was presented within the two sections: *Spazio Aperto* [Open Space] and *Spazio Italia* [Italy Space]. Devised by Gianni Rondolino, directed by Alberto Barbera, Stefano Della Casa and Roberto Turigliatto.

The first *Convegno Nazionale Attività Grafiche e Musicali con il Personal Computer* [National Conference of Graphic and Music Activities with PCs], directed by Carmelo Genovese opened in Barcellona Pozzo di Gotto (Messina). The conference was dedicated to the graphic and video graphic art with the use of electronic technologies. Various editions of the conference would continue until the early Nineties.

Anteprima per il Cinema Indipendente Italiano

[Preview for Italian Independent Cinema] opened in Bellaria-Igea Marina (Rimini), an exhibition and film competition for independent auteur films and videos. Morando Morandini, Enrico Ghezzi, Gianni Volpi and Gianfranco Miro Gori composed the direction.

Vittorio Fagone was nominated curator of the Spazio Multimediale del Comune di Volterra, starting an intense undertaking in the world of video art.

Videotapes / Creative Television Programs / Video Installations / Video Theatre

Fabrizio Plessi made, at the Centro Video Arte del Palazzo dei Diamanti of Ferrara, the videos *Liquid piece* (15', U-Matic, Pal Mono), *Water Fan* (12', U-Matic, Pal Mono) and *Surf Control* (10', U-Matic, col. Pal, Mono).

Federica Marangoni made the video performance *Il volo impossibile* [*The Impossible Flight*] (6', U-matic, colour; Padua, Museo degli Eremitani, curated by Centro Video Arte of Ferrara).

Mario Martone made *Nessundove* [NoNowhere] and *Tango Glaciale* [Glacial Tango] (a RAI and Falso Movimento production) performed by Tomàs Arana, Licia Maglietta, Andrea Renzi.

Theo Eshetu created the videotapes *The Portrait Part One (in three parts*, 9'), *Tube Style* (10'), *Thunder and Lightning* (20'), and *Axum* (18') in Rome.

Studio Azzurro staged the video environment *Luci di inganni* [Deceptions Lights] in the Showroom ARC-74 in Milan.

Maurizio Bonora made the video *Il risveglio del fossile* [The Fossil's Awakening].

Publications

Toni Verità (ed.), *Il cinema elettronico* [The Electronic Cinema] (Florence: Liberoscambio, 1982).

Research Centres / Foundations / Galleries / Artists collectives

Paolo Rosa, Fabio Cirifino and Leonardo Sangiorgi created the Studio Azzurro collective in Milan.

Softvideo was founded in Rome, under the direction of Elio Andalò Vimercati. An association of regional companies for the promotion of video works and cultural initiatives such as, the International Festival of Cinema and Television Eurovisioni, among others.

Mario Martone came up with the Teatri Uniti collective [United Theatres] in Naples, dedicated to research theatre and video.

Mediterranean Video was founded in Naples under the direction of Tony Ponticiello. A company dedicated to the promotion of the artistic video culture.

In 1982, Theo Eshetu, with Michele Avantario and Carlo de Bernardi, founded Casbah Production.

The theatre company Krypton, directed by Giancarlo Cauteruccio, was established in Florence, for a research theatre that experimented within the world of new audiovisual technologies.

Under the direction of Giovanni della Rossa a study research centre on synthesised images was founded in Milan.

1983

Exhibitions / Conferences / Festivals

The *Magnetica* [Magnetic] video workshop directed by Tommaso Trini took place between the 7th and the 14th April, at the Galleria d'Arte Moderna of Bologna. One of the three sections, curated by Dede Auregli, was dedicated to *Videotape in Italy*. The Centro Video Arte of Ferrara presented a selection of videos.

From the 28th to the 30th November, the first edition of the Festival Arte Elettronica [Electronic Art Festival] was opened at the Palazzo Ducale of Camerino under the direction of Vittorio Fagone, Gianni Blumthaler and Francesco Orsolini. The event included exhibitions, conferences, shows and round tables on video, visual arts, electronic music, theatre and cinema. The last edition was held in 1988.

Videotapes / Creative Television Programs / Video Installations / Video Theatre

Federica Marangoni presented the video installation *MAXI TV* at the Sala Polivalente of the Palazzo dei Diamanti.

The Centro Video Arte at Palazzo dei Diamanti of Ferrara produced *Di giorno, di notte* [By Day, By Night] and *Pensieri domestici* [House Thoughts] (5') by Maurizio Camerani (11') and *Metropolitan traces* (7') and *Immagine immagina* [Image Imagine] (5') by Giorgio Cattani. The video photography was by Carlo Ansaloni, while Lola Bonora was art director.

Theo Eshetu began to work on *Till Death Us Do Part*, composed of six videos that he would finish in 1986. The six videos would be presented in a video wall in 1987 at the Galleria Massimo Riposati, during the *Monitors* exhibition.

Publications

Publication of the book, *Il gergo inquieto. Le parole degli ospiti. Discussione sul cinema sperimentale italiano (1977) ed Europeo (1979)* [Restless Jargon. Guests' Words. Discussion on Experimental Italian – 1977 – and European – 1979 – Cinema] curated by Ester De Miro (Genoa: Bonini, 1983), a volume that included the proceedings of the two conferences. Conference previously organized within the exhibition *Il gergo inquieto*.

La nuova immagine del mondo [World's New Image] curated by Lorenzo Vitalone, (Bologna: 1983), with essays by Gianni Toti, Nam June Paik, Jean-Luc Godard, Michel Chion and Paul Virilio, among others. The volume gathers the proceedings of the first edition of *L'immagine elettronica* [Electronic Image].

Research Centres / Foundations / Galleries / Artists collectives

Marco Poma, Andrea Gianotti and Girolamo Modenato founded the Metamorphosis collective.

1984

Exhibitions / Conferences / Festivals

The first edition of Video Sound Poetry Festival, an international exhibition dedicated to video poetry, opened at the Centro Video Arte of Palazzo dei

Diamanti of Ferrara, under the direction of Enzo Minarelli and Lola Bonora.

Videotapes / Creative Television Programs / Video Installations / Video Theatre

From the 7th to the 14th July an entire section of the Festival of Montecatini Terme – organized by FEDIC and by the Council – entitled *Video Scotch Trophy,* was dedicated to the creative use of video for the first time.

Giacomo Verde made *Fine fine millennio* [Millennium End's End] (3/4 Umatic, 10') and *Gabrio casa sua* [Gabrio his House] (VHS, 4').

Mario Martone made the video theatre work for TV *Studi su immagini di Napoli* [Studies on Images of Naples] (a production by Blu Video-Napoli TV), performed by Marina Vergiani and Andrea Renzi.

Enzo Minarelli made *Chorus* and *Wow Flutter Stop*, two video poetry works.

The Studio Azzurro collective carried out the video installation *Il nuotatore (va troppo spesso ad Heidelberg)* [The Swimmer (He Goes too Often To Heidelberg)].

The Giovanotti Mondani Meccanici carried out their first work *Frigidaire* (computer-strip).

Research Centres / Foundations / Galleries / Artists collectives

Maia Giacobbe Borelli started The Tape Connection in Rome, for the promotion and distribution of video art.

The Correnti Magnetiche collective, made up of Mario Canali, Flavia Alman, Francesca Barilli, Giovanna Beltrami, Angelica Nascimento, Riccardo Sinigaglia and Tommaso Leddi was founded in Milan.

The Il Pulsante leggero association was founded in Rome under the direction of Rinaldo Funari. A research, cultural promotion and exhibition organization centre, for electronic arts.

Antonio Glessi and Andrea Zingoni set up the collective Giovanotti Mondani Meccanici in Florence, which carried out video works, video installations and computer animation.

Salvo Cuccia founded Arte Visiva Elettronica in Palermo, for video art promotion. In 1987 he founded Avalon, a cooperative company for the production of independent video and cinema.

Ciak '84 was established in Rome, directed by Massimiliano Milesi, for the production and exhibition of video art, electronic arts and research theatre.

1985

Exhibitions / Conferences / Festivals

Carlo Quartucci, Carla Tatò, Mino Blunda and Rudi Fuchs opened, with the collaboration of Marco Maria Gazzano, *Le Giornate delle Arti di Erice (Sicilia occidentale)* [Erice's Art Days (Western Sicily)], an international meeting of artists within the context of an inter-art project (theatre, cinema, video, photography, dance, performance, plastic arts, painting, installations, etc.).

Franco Quadri opened *Riccione TTVV – Teatro, Televisione, Video* [Theatre, Television, Video], an international exhibit of theatre on TV and auteur video.

In June, Marco Maria Gazzano – in the context of the third edition of *Teleconfronto. Mostra internazionale del telefilm* [Telecomparison. International Exhibition of TV Series] (1983–1988), directed by Ivano Cipriani, Nedo Ivaldi and Antonino Cascino, presided over by Ernesto G. Laura – organized, in Chianciano Terme, the *Prima Esposizione Video* [First Video Exhibition], an exhibit entirely dedicated to video art with selections from 25 European and North American Centres and festivals. Gazzano curated the first complete video graphic exhibition of Nam June Paik's works in Italy and the International Conference on the subject.

Between the 20th and the 25th of May, Mario Costa curated *Artmedia. Rassegna Internazionale di Estetica del Video e della Comunicazione* [Artmedia. International Review of Video and Communication Aesthetics] at the University of Salerno, that included, besides the exhibition, an international conference and a seminar on the aesthetic use of communication technologies. Italian and foreign critics and video artists (including Federica Marangoni, Guido Sartorelli and Luigi Viola) took part. In 1983, Mario Costa, professor of sociology in Salerno, was among the founders of the International Group for Research into Comunication Aesthetics, along with Fred Forrest and Horacio Zabala. In that period he conceived the *Manifesto per un'estetica della comunicazione* [Manifesto for an Aesthetic of Communication] with Forrest.

Carlo Infante opened the exhibition *Scenari dell'Immateriale* [Sceneries of the Immaterial] in Narni, an international review of video theatre with the competition *Le scritture del visibile/Progetti video* [Scriptures of Visible/Video Projects].

Sandra Lischi devised the festival and exhibition *Ondavideo* [Videowave] whose first edition opened in May in Pisa, promoted by the Department of Art History of the University of Pisa. The exhibition included an international exhibition of auteur video and an international conference. The festival still takes place today.

Under the direction of Lola Bonora the first edition of Video Set opened, which included an international exposition of video-sculpture and video installations, an international round table among artists, audience and scholars and an historical retrospective on electronic arts. The exhibition would have four editions, the last one in 1989.

The exhibition *Videoarbitrio* [Videowill] curated by the Department of Culture of Imola City Council took place at the Teatro Comunale of Imola from the 1st to the 3rd of March.

The exhibition *MACHINA*, devised by Paolo Portoghesi, dedicated to the break through of new technologies in the world of performance and artistic communication was held at the Teatro Stabile of Turin from the 24th May to the 2nd June.

Videotapes / Creative Television Programs / Video Installations / Video Theatre

The Giovanotti Mondani Meccanici created the computer video installation *In-A-Gadda-Da-Vida*.

Fabrizio Plessi made the video installation *Mare di marmo* [Marble Sea].

Publications

Guido and Teresa Aristarco curated the volume *Il nuovo mondo dell'immagine elettronica* [The New World of Electronic Image] (Bari: Dedalo, 1985), with contributions from Guido Aristarco, Michelangelo Antonioni, Francis Ford Coppola, Stanley Kubrick, Gillo Dorfles, Corrado Maltese, Alexander Kluge, Janus, Marco Maria Gazzano, Andrea Balzola, Franco Prono, among others.

Marco Salotti curated a special feature dedicated to video and entitled *L'altro video* [The Other Video] for the journal *Segnocinema* (issue 18, year 5, May), with contributions by Marco Salotti, Gianni Canova, Marco Giusti, Enzo Cirone, Fusjiko Nakaya. The essay by Enzo Cirone in particular, was one of the first attempts to historicize video art.

Vittorio Fagone (ed.), *Plessi Video Going* (Milan: Electa, 1985), with essays by Vittorio Fagone, Massimo Cacciari, Lola Bonora, Gillo Dorfles, Pierre Restany, among others. The catalogue documented the first anthology exhibition on Fabrizio Plessi.

La montagna gialla [The Yellow Mountain] by Carlo Quartucci, La Zattera di Babele, Rome-Trapani 1985.

The essay *Video art. La riproducibilità elettronica* [Video Art. Electronic reproducibility]by Emanuela Piovano was published in the journal *Il nuovo spettatore* [The New Spectator] (year 6, issue 10), edited by Gianni Rondolino and Paolo Gobetti, published by the Cooperative, 28th December.

Research Centres / Foundations / Galleries / Artists collectives

Alberto Signetto opened the cinema and television production company Rosebud Company in Turin, for the promotion of cinema, TV, video and computer art.

Minnie Ferrara set up the agency Indigena in Milan, for the promotion and distribution of cinema and video.

The Studio Bocchi was established, directed by Sandro Bocchi, for the exhibition of plastic arts, video and video sculpture.

Goffredo Haus founded the LIM-Laboratorio Informatica Musicale in Milan, a research and production centre on the relationship between music and IT, on audiovisual and multimedia performance.

1986

Exhibitions / Conferences / Festivals

The exhibition *I New Media e le Arti* [New Media and Arts], curated by Filiberto Menna and Lamberto Pignotti took place at the Lavatoio Contumaciale – Centro d'informazione Culturale – directed by the artist Tomaso Binga/Bianca Menna on the 22nd of February, the 23rd of March and the 19th of April. Gianni Blumthaler, Achille Bonito Oliva, Maia Borelli, Pier Luigi Capucci, Enrico Cocuccioni, Gianni Fontana, Mario Sasso participated, among others.

From the 9th to the 20th April, Carlo Infante curated the video theatre exhibition *Occhi Elettronici sul Pianeta Terra* [Electronic Eyes on Planet Earth], at the Palazzo Comunale of Priverno (Latina).

The video poetry exhibition *Elektronpoiesis* curated by Gianni Fontana and Alfonso Cardamone took place at the Palazzo dell'Amministrazione Provinciale in Frosinone from the 24th May to the 8th June.

Valentina Valentini devised the *Rassegna internazionale del Video d'Autore* [International Exhibition of Auteur Video] within the Festival Taormina Arte [Taormina Art Festival]. The first edition, organized by the Tape Connection, with the artistic direction of Valentina Valentini, was held on the 18th, 19th and 20th August, at the Villa Comunale. The special programmes were coordinated by Vittorio Fagone, who curated the *Videoarte* [Video Art] section, where the video *Travel* by Fabrizio Plessi and a selection of videos by the Galleria del Cavallino produced in 1978 and 1979, lasting 30', were presented. The exhibition in Taormina took place every year until 1995.

The 42nd Venice Biennale *Arte e scienza* [Art and Science], curated by Maurizio Calvesi, dedicated a section to video art and computer art.

In November the international conference *Cinema: dietro e dentro l'immagine elettronica* [Cinema: Behind and Inside Electronic Image] was organized at the University La Sapienza in Rome, directed by Guido Aristarco and with scientific secretariat by Marco Maria Gazzano, Dario Evola and Teresa Aristarco. During the event, Gene Youngblood presented his first paper in Italy and Marco Maria Gazzano curated the first Italian exhibition on the video graphic works of Woody and Steina Vasulka.

Roberto Piperno, Roberto Pomettini, Antonio Thiery, Mario Di Mauro and Carlo Infante directed the first edition of the biennial exhibition *TiVideo* in Rome.

Maia Giacobbe Borelli curated the exhibition *Tre Volte Video* [Three Times Video] in Rome, where an anthology of the video artistic productions of three countries was presented: Canada, Italy and United States.

Videotapes / Creative Television Programs / Video Installations / Video Theatre

The composer Pietro Grossi extended his computer experimenations to image, coining the word *Homeart*.

Theo Eshetu made *Questa è vita* [This is Life] (11', White Light and Artevideo production).

Mario Sasso carried out *La Gioconda Paintbox* [The Paintbox Gioconda]. The work, presented at Venice Biennale, would become the theme song of the RaiUno feature *Grandi Mostre* [Great Exhibitions].

Research Centres / Foundations / Galleries / Artists collectives

The artist Theo Eshetu founded White Light Video production in Rome, for the production of video works and video installations.

1987

Exhibitions / Conferences / Festivals

Renato Barilli curated the exhibition *Arte e computer* [Art and Computer] at the Rotonda della Besana in Milan, dedicated to the creative possibilities of IT language. *Arte e computer* [Art and Computer], catalogue curated by Renato Barilli, Bessanotta/Electa, Milan 1987.

Artronica, an exposition of video sculptures and video installations, was organized in May–June by the Bari City Council, under the scientific management of Lola Bonora and Anna d'Elia.

The exhibition *Le Americhe nel sistema mondiale. Video, videoinstallazione e satellite-arte a confronto tra Americhe ed Europa* [Americas in the World System. Video, Video Installation and Satellit- Art in Comparison Between Americas and Europe] was organized, under the scientific management of Ivano Cipriani, from August to September. Some solo exhibitions by Gianni Toti and by Steina and Woody Vasulka, in collaboration with Marco Maria Gazzano, were presented during the event.

The first edition of Eurovisioni. Festival Internazionale di Cinema e Televisione [Eurovisions. International Festival of Cinema and TV] opened, which saw the collaboration between the founding group of Softvideo, RAI, Eutelsat and the European Institutes of Culture in Rome. Giacomo Mazzone came up with the idea for the Festival and was its general Secretary. The festival had different directors through the years: Robert Stephane until 1989, Jérome Clément in 1990, Pierre Lescure in 1991, Michael J. Solomon in 1992; Stefano Rolando from 1993 to 1994, Krzysztof Zanussi from 1995 to 1997, Luciana Castellina from 1998 to 2000, Bernarde Miyet from 2001 to 2003, Henry Ingberg from 2004 to 2008, Xavier Gouyou Beauchamps from 2009 to 2012. The event is still active today.

The exhibition *Videoteca Italia Incontro Nazionale dei Festival Video e Tv* [Video library Italy. National Encounter of Video Festival and TV], organized by IRCOF (Istituto di Ricerca sulla Comunicazione, l'Orientamento e la Formazione – Institute of Research for Communication, Orientation and Training) and by Tape Connection with Lazio Region and the Centro Cinematografico Audiovisivo [Audiovisual Cinema Centre], under the direction of Enzo Ciarravano, Maia Giacobbe Borelli, Alessandro Giancola and Paola Maccaroni, took place in Rome on the 4th and 5th December. The exhibition gathered a selection of works from twelve of the main Italian festivals of video and television.

Videotapes / Creative Television Programs / Video Installations / Video Theatre

Alba D'Urbano began to work on *Rosa Binaria* [Binary Rose], which she would finish in 1993.

The Studio Azzurro collective made *La camera astratta* [The Abstract Room], a video environment with performance.

Krypton made the video installation, *Un punto di vista speciale* [A Special Point of View] for the *Artronica* exhibition.

Publications

Verso Temiscira. Viaggio intorno alla Pentesilea di Heinrich von Kleist [Towards Temiscira. A journey Around Heinrich von Kleist's Pentesileia], edited by Marco Maria Gazzano (Milan: Ubulibri, 1987).

Philosopher Mario Costa curated *L'estetica della comunicazione* (Aesthetics of Communication), Artmedia/Palladio, Salerno 1987, with texts by Mario Costa, Philippe Quéau and Derrick de Kerckhove, among others.

Valentina Valentini curated for Bulzoni (Rome) the work *Teatro in immagine* [Theatre in Image] in two volumes, entitled *Eventi performativi e nuovi media* [Performing Events and New Media] and *Audiovisivi per il teatro* [Audiovisuals for Theatre].

Research Centres / Foundations / Galleries / Artists collectives

The Consulta Nazionale del Video [National Video Consultation] was established. It was a collaboration among the representatives of video artistic promotion in Italy (including distribution companies, specialized festivals and exhibitions, production centres, etc.) with the aim of enhancing video artistic distribution in Italy. The scientific management was by Maia Borelli, Ninì Candalino, Antonio Caronia, Dario Evola, Marco Maria Gazzano, Alessandro Giancola, Carlo Infante, Fabio Malagnini, Maria Grazia Mattei, Giacomo Mazzone and Francesca Scalzo.

Dominique Smerzu and Marina Marino set up Advanced Visions in Rome for the promotion of video art. They organized the international exhibition of video art *Monitors '87. Spagna Germania Italia* [Monitors '87. Spain Germany Italy], in collaboration with The Tape Connection.

1988

Exhibitions / Conferences / Festivals

Florence Film Festival promoted the first edition of *UnderFlorence*, an exhibition of independent videos and films.

Marco Maria Gazzano curated the section *Videoarte e arti elettroniche* [Video Art and Electronic Arts] in Rome during the Festival Cinema e Arte [Cinema and Art Festival], directed by Sergio Trasatti, president of the Ente dello Spettacolo. The event took place until 1991.

In Florence, during the Festa de l'Unitá/Spazio Donna from the 26th August to the 3rd September, Sveva Fedeli and Carlotta Fonzi organized the international exhibition of women's video works *La luce in ombra arte ed elettronica* [Light in Shadow Art and Electronics].

Vittorio Fagone curated Mario Sasso's solo exhibition *Pictogrammi/ Videogrammi* [Pictograms/ Videograms] at the Galleria Massimo Riposati in Rome where the pictorial and video art works of the artist were presented.

Videotapes / Creative Television Programs / Video Installations / Video Theatre

Fausto Bertasa made the video *Viaggio programmato* [Planned Journey].

Riccardo Caporossi made *Trucco* [Trick] (10' 09'',

colour) in collaboration with Claudio Remondi, co-produced by Pow (Narni), Softvideo (Rome) and Etabeta (Rome). Performers in the video were Caporossi and Remondi.

Publications

Rosanna Albertini and Sandra Lischi curated *Metamorfosi della visione. Saggi sul pensiero elettronico* [Vision Metamorphosis. Essays on electronic thought] (Pisa: Ets, 1988), with essays by Gene Youngblood, Roberto Faenza, Anne-Marie Duguet, Wolf Vostell, René Bloch, Gianni Toti, Woody and Steina Vasulka, Edmond Couchot, Adriano Aprà and Robert Cahen, among others.

Valentina Valentini curated the catalogue of the III Rassegna Internazionale del Video d'Autore [3rd Internazional Exhibition of Auteur Video] *Cominciamenti* [Beginnings]. *Gerry Schum/Art-Tapes-22/Lafontaine/Pirri/Eitetsu Hayashi*, De Luca, Rome 1988.

The essay by Marco Maria Gazzano *La «videoarte» alla ricerca di un mercato* [Video art searching for a market] was published in *Cinema d'oggi* [Cinema Today] (year 23, issue 22, 14 December) – ANICA (Associazione Nazionale Industrie Cinematografiche Audiovisive e Multimediali) [National Association of Cinema Audiovisual and Multimedia Industries] historical journal.

Valentina Valentini curated the volume *La camera astratta. Tre spettacoli tra teatro e video* [The Abstract Room Three Shows Between Theatre and Video] (Milan: Ubulibri,1988).

1989

Exhibitions / Conferences / Festivals

The International Conference *Immagini in movimento. Memoria e cultura* [Moving Images Memory and Culture], dedicated to the archiving, restoration and conservation of moving images and audiovisuals, was organized at the National Central Library in Rome between the 20th and the 23rd June. The proceedings of the conference would be published by La meridiana in 1990.

The Conference *Aesthetronica in Nuce*, organized by the Consortium Casa degli Artisti 'G. Vittone' took place on the 25th, 26th, 27th August.

Videotapes / Creative Television Programs / Video Installations / Video Theatre

Studio Azzurro carried out the video musical work *Alexander Nevskij Video*.

Theo Eshetu made *Nativity* (15', White Light Production, Bruno Ceccobelli) first part of the *Creation Trilogy*, finished in 2004.

Publications

Corrado Maltese in *Per una storia dell'immagine* [For a History of Image] (Bagatto, Rome) dedicated two chapters to the art techniques connected to new technologies: *Dall'immagine elettronica a quella numerica: per il meglio e per il peggio* [From Electronic to Numerical Image: for the Best and for the Worst] and *Linguaggio analogico e linguaggio digitale* [Analogic language and digital language].

Alberto Abruzzese, Agata Piromallo Gambardella (eds.), *Videoculture di fine secolo*, (Naples: Liguori, 1989).

Research Centres / Foundations / Galleries / Artists collectives

Marco Maria Gazzano, with Agnese Fontana, founded the Association Kinēma in Rome, for the promotion of contemporary audiovisual and electronic arts.

1990

Exhibitions / Conferences / Festivals

The Tape Connection and the journal *Farevideo* organized Video Maker. Festival della Creatività Elettronica [Video Maker. Festival of Electronic Creativity] in Milan, inside the spaces of the Fiera in Milan.

The first edition of *INVIDEO. Mostra internazionale di video d'arte e di ricerca* [International Exhibition of Art and Research Video], opened in Milan under the direction of Romano Fattorossi, Felice Pesoli and Roberto Provenzano, with a selection of videos from the 1980s from Europe and United States. The festival still takes place today.

The first edition of *Poliset* was held at the Centro Video Arte of Ferrara. The last edition was held in 1993.

Marco Maria Gazzano opened *Cinema dal mosaico Europa* [Cinema from the European Mosaic] in Rome, an international exhibition on the audiovisual and cultural European identity with specialized exhibitions and conferences. Kinēma organized the event in collaboration with the European Ministry and Parliament.

The artist Giacomo Verde created the Project *Teleracconto* [Teletale] for multimedia activity on the relationship between theatre stage, performance and video, focused on the education of arts and image.

Francesco Maselli and Stefania Brai curated the Study Conference in Rome, organized by ANAC and sponsored by the cultural association and journal *Gulliver*, entitled *Le tecnologie di domani, per quale cinema del futuro?* [Tomorrow's Technologies, for Which Future Cinema?].

Videotapes / Creative Television Programs / Video Installations / Video Theatre

Giacomo Verde made *Stati d'animo* [Moods] (3') computer graphic animation based on the triptych with the same name by Boccioni.

Alba D'Urbano created the first work of the series 'video/computer installations' entitled *Esposizione impraticabile* [Impracticable Exposition].

Caterina Davinio made the first work of the series of "*digital animation work*" entitled *Amori occasionali* [Occasional Loves].

Federica Marangoni created the video installation *Air*.

Mario Sasso made *Footprint* (3' 15'') with music by Nicola Sani. The videotape was awarded the Golden Nika at the Festival Arts Electronica of Linz.

Tullio Brunone presented the video installation *Asimmetrie – Il movimento – Pendolo* [Asymmetries – 2nd Movement – Pendulum] at the VideoArt

Festival in Locarno. Ida Gerosa made *Paesaggio* [Landscape] and *Bosco* [Wood].

Publications

Mario Costa published *L'estetica dei media. Tecnologie e produzione artistica* [Media Aesthetics. Artistic Technologies and Production] (Cavallino di Lecce: Capone, 1990).

Vittorio Fagone published the book *L'immagine video* [Video Image] (Milan: Feltrinelli, 1990).

Gianni Toti and Marco Maria Gazzano curated *Immagine & Pubblico. Video* [Image and Audience. Video], a special issue of the journal *Immagine & Pubblico* [Image and Audience] by the Ente Autonomo Gestione Cinema of Rome (issue 2/3, April–September).

Research Centres / Foundations / Galleries / Artists collectives

Alessandro Giancola founded the Videodesigners European Association in Rome.

1991

Exhibitions / Conferences / Festivals

From the 4th to the 28th of July, Marco Maria Gazzano curated, at the Festa de l'Unità in Rome (Isola Tiberina) the exhibition *Videartclub. Le arti elettroniche in Italia per una nuova televisione* [Videartclub. Electronic Arts in Italy for a New Television], an exhibition that lasted a month, during which a different author or production centre was presented every day. A daily feature of the newspaper L'Unità followed the event. Many exponents of the Italian video artistic landscape who had been active since the Sixties, took part in the event, stimulating many authors to start using video.

In November, CRAUS, assisted by some scholars, curated travelling exhibitions and symposiums entitled *Technologic Art.* In Rome the events were held at the Vascello Theatre and at the Fahrenhet 451 Bookstore. The exhibition would move to Sicily, to Barcellona Pozzo di Gotto and to Catania, and finally, in December to Pistoia. During the exhibition some sections of *Special Locarno 91* curated by Maria Grazia Mattei and of *Videopanoramica d'autore* [Auteur Videopanoramic] curated by Marco Maria Gazzano, were presented.

Videotapes / Creative Television Programs / Video Installations / Video Theatre

The Giovanotti Mondani Meccanici carried out the interactive video installation *Buddha vision.*

Publications

Gianni Toti and Marco Maria Gazzano curated *Immagine & Pubblico. Arti elettroniche* [Image and Audience. Electronic Arts], a special issue of the journal *Immagine & Pubblico* by the Ente Autonomo Gestione Cinema of Rome (year 9, issue 1, January–March).

Sandra Lischi was the author of the volume dedicated to the French video artist Robert Cahen, entitled *Il respiro del tempo. Cinema e video di Robert Cahen* [Time's Breath. Robert Cahen's Cinema and Video] (Pisa: ETS, 1991).

1992

Exhibitions / Conferences / Festivals

ARTEL. Media Elettronici nell'arte visuale in Italia [ARTEL. Electronic Media in Visual Arts in Italy], promoted by the Department of Culture of the City Council, took place from the 9th May to the 14th June at the Galleria Comunale of Cagliari. Anna Maria Montaldo and Concetta Maria Laddomada curated the project. The exhibition included, besides video projections, solo exhibitions by Maurizio Camerani, Correnti Magnetiche, Federica Marangoni, Giacomo Verde, Fabrizio Plessi, Mario Sasso, Giovanotti Mondani Meccanici, Giorgio Cattani.

Marco Maria Gazzano devised and directed the programme *Proxima* in 13 episodes, produced by RaiSat, on the "future of audiovisual languages and communication".

From the 1st to the 29th November Marco Maria Gazzano curated the first solo exhibition in Italy dedicated to the video art pioneer Nam June Paik at the Palazzo delle Esposizioni in Rome. Catalogue with the same name with texts by Marco Maria Gazzano, Achille Bonito Oliva, Vittorio Fagone, among the others.

Videotapes / Creative Television Programs / Video Installations / Video Theatre

Caterina Davinio made *Centomila modi di... perdere la testa*, in *computer animation* [A Hundred Thousand Ways to ... Lose Your Head].

Federica Marangoni made three videotapes entitled *Chaos Breaking Glass*, *Demolition*, *Traffic* and the video installation *Flag*.

Theo Eshetu made *Travelling Light – ritratto di Lindsay Kemp* [Travelling Light – Lindsay Kemp's Portrait] (58', White Light /AV Arts Production), a hybrid between a video art work and a television biography.

Publications

Photo reportage on *Corriere della Sera 7* (supplement to *Corriere della Sera*) entirely dedicated to video art, with photography by Roberto Cavallini and text by Riccardo Barletta.

The Contributors

Renato Barilli is an Emeritus Professor at the University of Bologna, where he taught aesthetics, art history and phenomenology of styles. In the 1960s, he was part of the literary neo-vanguard as a member of Gruppo 63. He is the author of several essays and articles on various topics, and a selection of his texts on the visual arts has been published in *Informale Oggetto Comportamento* (Milan: Feltrinelli, 1979, third edition 2006).

Barilli has published several books on aesthetics, including *Corso di estetica* (Bologna: Il Mulino, 1989, 1995; English translation: *A Course on Aesthetics*, Minnesota University Press, 1993) and *La retorica* (first published in 1979; Lupetti, 2011; English translation: *Rethoric*, Minnesota University Press, 1989); on literary criticism, including *La narrativa italiana in età moderna. Dal Boccaccio al Verga* e *La narrativa europea in età moderna. Da Defoe a Tolstoj* (Milan: Bompiani, 2005, 2010)*, La narrativa europea in età contemporanea. Cechov, Joyce, Proust, Woolf, Musil* (Milan: Mursia, 2014); monographs on Pascoli, Kafka, and Robbe-Grillet and on art criticism, including *Arte contemporanea* (Milan: Feltrinelli 1984, 2005), *Arte e cultura materiale in Occidente. Dall'arcaismo greco alle avanguardie storiche* (Turin: Bollati Boringhieri, 2011).

Barilli's books on the visual arts include: *Dall'oggetto al comportamento* (Rome: Ellegi, 1971), *L'alba del contemporaneo* (Milan: Feltrinelli, 1996; II ed. 2008) *Maniera moderna e manierismo* (Milan: Feltrinelli, 2004), *Prima e dopo il Duemila* (Milan: Feltrinelli, 2006), *Storia dell'arte contemporanea in Italia* (Turin: Bollati Boringhieri, 2007). His *Scienza della cultura e fenomenologia degli stili* (Bologna: Bononia Univ. Press, 2007) was published in English by McGill University Press in 2012 and also in Spanish by Universidad de Antiochia. He has also collaborated on numerous newspapers and magazines.

Barilli has curated several international exhibitions in Italy and abroad, In collaboration with G. Bartorelli, A. Borgogelli, P. Granata, S. Grandi, F. Naldi, he has curated the annual *Videoart Yearbook,* since 2006. His memoirs, *Autoritratto a stampa,* have been published by Lupetti in 2010.

Maria Gloria Bicocchi is a curator, author and animateur of early video art. She was born in Florence, and is the daughter of the artist, painter, compositor and poet Primo Conti and Munda Cripps. In 1973, from her apartment in Florence, in via Ricasoli 22, with the support of her husband Giancarlo Bicocchi, she created art/tapes/22 – a private initiative for the production of artists' videotapes. Over three years of activity, art/tapes/22 produced videotapes by Italian, European and American artists such as Vito Acconci, Alighiero Boetti, Daniel Buren, Pierpaolo Calzolari, Giuseppe Chiari, Douglas Davis, Gino de Dominicis, David Hall, Jannis Kounellis, Ketty La Rocca, Maurizio Nannucci, Giulio Paolini and Bill Viola.

In 1975, Bicocchi co-curated with David Ross the exhibit *Americans in Florence. Europeans in Florence*, that opened at the same time at the Long Beach Museum of Art (California), at the Musée d'Art Contemporain in Paris and at the Palais des Beaux Arts in Brussels. In the summer of 1976, art/tapes/22's adventure came to an end for economic reasons. The tapes were ceded to the Venice Biennale, which at the time was directed by Carlo Ripa di Meana. Later, Maria Gloria Bicocchi moved to Venice and for a brief time worked at the Biennale on the videotapes collection, which were deposited at ASAC the Archive of Contemporary Arts. She organised and curated various activities, including the seminar *Artisti e videotape* (1st–16th October 1977), the course *Teoria e tecnica del videotape* (26th October – 5th November 1977) and the screening *Gli art/tapes dell' ASAC* (7th–12th November 1977). Bicocchi's collaboration with the Venice Biennale ended soon after that. Since then, she has participated in various events and conferences recalling her experience with art/tapes/22 and promoting early experimental video art.

In 2003, Bicocchi published *Tra Firenze e Santa Teresa dentro le quinte dell'arte ('73/'87): art/tapes/22* with Paolo Cardazzo's Edizioni del Cavallino. In 2009, the studio and Daniel Buren's installation from art/tapes/22 were recreated in an exhibit (that included twenty art/tapes/22 videos), curated by Alice Hutchinson at University Art Museum in Long Beach. For the occasion, an extended English version of Bicocchi's book (*art/tapes/22 Video Tape Production*) was published with the support of Getty Foundation.

She has recently published the novel *Mannahatta. L'isola delle colline* (2011).

At present Maria Gloria Bicocchi lives in Procida.

Lola Bonora is an art critic and curator. In 1972, she established the Centro Video Arte of Palazzo dei Diamanti in the Galleria d'Arte Moderna e Contemporanea of Ferrara. She directed the Centre until 1994, when she retired. Her collaborators included Carlo Ansaloni as assistant director and Giovanni Grandi as technical engineer.

During her direction of the Centre, several seminal artists' tapes were produced, as well as video recordings of performances and events, and edu-

cational videos. Artists who collaborated with the Centre include: Maurizio Bonora, Maurizio Camerani, Giorgio Cattani, Claudio Cintoli, Giuliano Giuman, Christina Kubisch, Federica Marangoni, Enzo Minarelli, Cristiana Moldi Ravenna, Fabrizio Plessi, Gretta Sarfaty, Guido Sartorelli.

Bonora participated directly in the creation of the artists' tapes and also made some as the author (such as *Respectable People*, 1977). During the 1970s and 1980s, she also curated, organized and coordinated many events, festivals, screenings and exhibitions dedicated to Italian and international video art, promoted by Centro Video Arte. Selected events include: *U-tape*, from 1982 to 1990; *Videoset*, an annual exhibition of video sculptures from 1985 to 1990, later substituted by *Poliset*, which ended in 1993; *L'immagine elettronica* from 1984 to 1988 in Bologna, and from 1989 to 1991 in Ferrara. As director of the Centre, she also collaborated with New York University (1981–1997), organizing video art courses for their Graduate Program's students.

In 2004, Bonora curated the group exhibition *Andata e ritorno. Artiste contemporanee tra Europa e America* for the 11th edition of Biennale Donna in Ferrara, in 2008 the 13th edition of Biennale Donna in Palazzo Massari (Ferrara) and 2012 the 15th edition with Silvia Cinelli.

Silvia Bordini is Full Professor of History of Contemporary History of the Art Techniques at Sapienza University of Rome.

After a series of studies about the history of cities and architecture from the 17th and 18th centuries, Bordini has dedicated herself to the study of specific themes from the art of 14th century, publishing the volume *Storia del Panorama. La visione totale nella pittura del XIX secolo* (Rome: Officina 1984), *L'Ottocento* (Rome: Carocci, 2002), and *Il Dizionario di Belle Arti di Eugène Delacroix*, (Padova: Il prato, 2009).

Bordini's works pay particular attention to the relationship between art and technique; she has written several essays on the topic, including: *Materia e immagine. Fonti sulle tecniche della pittura* (Rome: Leonardo-De Luca, 1991), *L'occhio, la mano e la macchina. Pratiche artistiche dell'Ottocento* (Rome: Lithos, 1999), *Arte contemporanea e tecniche. Materiali, procedimenti, sperimentazioni* (Rome: Carocci, 2007).

In this field, Bonora has undertaken research into the history of experimentations of new artistic languages, which use electronic and digital technologies (*Videoarte & arte. Tracce per unastoria*, Lithos, Rome, 1995, *Arte elettronica*, Giunti Florence, 2004, *Appunti sul paesaggio nell'arte mediale*, postmediabooks Milan, 2010) and on the connections between painting and photography (recent contributions include: *L'arte con la fotografia. Esperienze in Italia negli anni 60 e 70*, in *Arte in Italia dopo la fotografia. 1850–2000*, exhibition catalogue edited by M.A. Fusco and M.V. Marini Clarelli, National Gallery of Rome, Rome, 2011–2012, Electa, Milan 2011).

Bonora has curated international exhibitions, including: *Mario Sasso: le città continue* (Ferrara, Gallerie Civiche d'Arte Moderna e Contemporanea, 2000); *Arte elettronica. Metamorfosi e metafore* (Ferrara, Palazzo Massari, 2001), *Ida Gerosa. La via* (Rome, Sapienza, MLAC, 2002); *Brigata ES: artista volante non identificato* (2003); *Fiori di Luce. Fra natura e artificio. Jacopo Benci, Mariagrazia Pontorno, Silvia Stucky* (Castel Giuliano, Palazzo Patrizi, 2007); *Silvia Stucky: il sussurro del mondo* (Rome, Sapienza, MLAC, 2008); *Zeitkammer – La stanza del tempo. Nora Ciottoli, Diana Danelli, Elena Parati (ticon3)* (Velturno, 2009); *Mario Sasso – Còllant* (Roma: Mara Coccia, 2012).

Bonora has developed a deep interest for specific aspects of the relationship between the natural and the artificial (including in *Immaginate un'isola. Di plastica*, in AAVV, *Arte e politica. Studi per Antonio Pinelli*, Mandragora, Florence 2013): not only for the landscape, but mostly for the transformations of territory and human habitat from an ecosophical perspective, which is also linked to her practice as a photographer.

In 2012, a study day in her honor was held at Sapienza University of Rome; the proceedings were published in a volume edited by C. Zambianchi and F. Gallo, *L'immagine tra materiale e virtuale: contributi in onore di Silvia Bordini* (Rome: Campisano, 2013).

She lives and works in Rome.

Paolo Cardazzo (1936–2011) was a gallerist based in Venice.

The first son of the renowned collector, publisher and gallerist Carlo Cardazzo (1908–1963), Paolo Cardazzo, after technical studies, enrolled at the Istituto Universitario di Architettura di Venezia, earning a degree in 1965. In 1966, he took over, with his sister Gabriella, the Cavallino Gallery (established by his father Carlo in 1942). At the end of the 1960s, Paolo Cardazzo also took over the Edizioni del Cavallino (founded in 1935) and inaugurated new book series including *Libri-Oggetto* (1969), *Cataloghi di esposizione* (1988), *Biblioteca del disegno* (1992) e *Cinema, Televisione e Musica* (2007). In 1976, Cardazzo became involved in video art and began producing artworks by several artists including himself, Luigi Viola, Claudio Ambrosini, Pier Paolo Fassetta, Michele Sambin, Mario Sillani, Guido Sartorelli many others.

In the 1970s, Cardazzo also participated in several Motovun Encounters (in Croatia) where he also produced video artworks with artists from Italy and the former Yugoslavia. He dedicated himself to the promotion and distribution of video art in Italy and internationally.

Cavallino gallery closed *de facto* in 1994 and left its venue in Frezzeria. It then moved to a *palazzo* in Santa Maria Formosa (originally the deposit of the gallery) where some exhibitions were sporadically organised, including its last, the 1040th exhibition in 2003.

Paolo Cardazzo recovered the Cavallino archive (including early video artworks), which today is preserved in the *palazzo* at Santa Maria Formosa. The Cavallino Archive includes documents, pho-

tographs and videos ordered chronologically, starting in the 1930s until the end of 1990s. Recently the Cavallino archive was recognised by Regione Veneto as an archive of local interest. In the future, when a digitization program will be accomplished, it will be granted more prominent recognition.

Valentino Catricalà is a theoretician and a curator, who is specialised in analyzing the relationships of artists and filmmakers with new technologies and media. On this topic, he has written essays and articles in books and has participated to International Symposiums. Catricalà has organised and curated exhibits and screenings. He is the artistic director of the Media Art Festival of Rome (first edition 2015, Centrale Montemartini, Rome) and is director of the 'Experimental Section' of the International Festival of Short Films *Corti and Cigarettes* (since 2008, Auditorium Conciliazione, Rome). He created and curated the TV program *Entr'acte intermediale. Rubrica di videoarte e cinema sperimentale* (Teleambiente, 2012). Catricalà received a PhD from the Department of Philosophy, Communication and Performing Arts – University of Roma Tre in 2014. He is presently post-doctoral research fellow at Department of Philosophy, Communication and Performing Arts – Roma Tre and a Research Fellow at Fondazione Mondo Digitale.

Cinzia Cremona is an artist and researcher. Her videoperformances, focusing on relationships and intimate interactions, form an original body of work that extends into networked practice and on-line performance. Her work has been exhibited in Europe, the USA, Russia and Japan. She received a PhD from University of Westminster, London, in 2014.

Cremona is course leader of the MA Contemporary Art and Professional Practice and for the MA Art, Design and the Book at the Colchester School of Art.

As an active member of the research cluster Critical Practice based at Chelsea College of Art and Design, University of the Arts London, Cremona has been involved in developing practice-based research strategies focused on shared knowledge production, expanded performative events, participatory art practices, and alternative collaborative methodologies.

Cremona co-curated the annual moving image and performance exhibition *Visions in the Nunnery* at the Nunnery Gallery, London, between 2007 and 2010, as well as organizing related events, discussions and symposia, and publishing reviews and essays.

Sean Cubitt is co-Head of the Department of Media and Communications and Professor of Film and Television at Goldsmiths University of London, Honorary Professor of the University of Dundee and Professorial Fellow of the University of Melbourne. His publications include *Timeshift: On Video Culture* (London and New York: Comedia/Routledge, 1991), *Videography: Video Media as Art and Culture* (London: Communications and Culture/Macmillan, 1993, published simultaneously in New York by St Martin's Press), *Digital Aesthetics* (London and New York: Theory, Culture & Society/ Sage, 1998), *Simulation and Social Theory* (London and New York: Theory, Culture & Society/Sage, 2001), *The Cinema Effect* (Cambridge MA: MIT Press, 2004), *EcoMedia* (Amsterdam: Contemporary Cinema series, Rodopi, 2005), *The Practice of Light: A Genealogy of Visual Technology from Prints to Pixels* (Cambridge MA: MIT Press, 2014). He has co-edited several books including: *Re:live: Media Art Histories* (with P. Thomas) (Cambridge MA: MIT Press, 2013), *REWIND /British Artists' Video in the 1970s and 1980s* (with S. Partridge) (John Libbey, 2012), *The Ecocinema Reader: Theory and Practice* (with S. Monani, S. Rust) (Routledge/American Film Institute, 2012).

He is the series editor for Leonardo Books at MIT Press and is on the editorial board of a number of journals including *Screen*, *Cultural Politics*, *Animation*, *International Journal of Cultural Studies*, *Visual Communications*, *Time and Society*, *fibreculture*, *MIRAJ* and *The New Review of Film and Television Studies*.

Bruno Di Marino's research focuses on experimental video, new media and the relationship between cinema and other art practices (visual arts, design, architecture, photography and theather). Di Marino teaches Theory of Mass Media at the Accademia di Belle Arti of Frosinone (near Rome). As a critic he writes for several magazines. He is author of several essays and articles on video, new media, visual art and cinema. He is consultant for Rarovideo editions and editor of the DVD series *Interferenze*. He has curated several festival screenings and exhibitions including*: Animania. 100 anni di esperimenti nel cinema d'animazione* (Pesaro 1998, catalogue published by Il Castoro), and *Elettroshock – 30 anni di video in Italia* with Lara Nicoli (Rome 2001, catalogue published by Castelvecchi), that was also presented in Canada, Spagna, France, Germany and China, *Lo sguardo espanso: cinema d'artista italiano, 1912–2012,* with M. Meneguzzo and B. La Porta (Catanzaro, 2012–13, catalogue published by Silvana). He is author of several books including: *Sguardo inconscio azione: cinema sperimentale e underground a Roma, 1965–1975* (Rome: Lithos, 1999), *L'ultimo fotogramma: i finali nel cinema* (Rome: Editori riuniti, 2001), *Interferenze dello sguardo: la sperimentazione audiovisiva tra analogico e digitale* (Rome: Bulzoni, 2002), *Pose in movimento: fotografia e cinema* (Turin: Bollati Boringhieri, 2009), *Film oggetto design: la messa in scena delle cose* (Milan: Postmediabooks, 2011), *Hard media: la pornografia nelle arti visive, nel cinema e nel web* (Milan: Johan & Levi). He is also TV author and consultant for documentaries on video art, cinema and new media.

Simonetta Fadda is a video artist, author and translator. As an artist, she has exhibited internationally including: Biennale d'Art Contemporain d'Enghien les Bains in Paris (2002), Aktionsforum Praterinsel in Munich (2003), Quadriennale di

Roma, Turin (2004), Mach mit! Museum in Berlin (2007), Mambo Bologna (2008), MAN Nuoro (2008).

Fadda is the author of *Definzione Zero, origini della videoarte tra politica e comunicazione* (Genoa: Costa & Nolan, 1999, second edition, Milan: Costa & Nolan, 2005). She is co-editor with P. L. Capucci of the Italian edition of *Expanded Cinema* by Gene Youngblood (Bologna: CLUEB, 2013).

Vittorio Fagone is an art and design historian, critic and curator. He taught contemporary art and new media at the Department of Specialisation in History of Art at the University of Siena and, until 2003, Museology at the Faculty of Civil Architecture at the Milan Polytechnic University. He taught History of Contemporary Art and was Director at the Nuova Accademia di Belle Arti in Milan from 1996 to 2002, and held courses and seminars in the History of Art specialisation departments of the University of Parma, in the University of Turin and Palermo. He was visiting professor at the Art Department of the New York University.

In 1980, Fagone was part of the funding scientific committee that included René Berger, Rinaldo Bianda, Angiola Churchill and Dany Bloch, of the first edition of the VideoArt Festival 'Forum des nouvelles images et de la culture émergente' in Locarno. He was part of the Festival scientific committee until its last edition in 2000.

In 1982, Fagone became director of the Spazio Multimediale in Volterra (Tuscany) where he began to curate several events about video and electronic art. In 1983 he directed with Gianni Blumthaler, Mario Sasso and Francesco Orsolini the first edition of Festival Arte Elettronica organised by University of Camerino.

From 1994 to 2000, Fagone was director of Galleria d'Arte moderna e contemporanea dell'Accademia Carrara in Bergamo. From 2000 to 2008 he was director of the Fondazione Ragghianti in Lucca.

Fagone has curated several exhibitions, festivals and events dedicated to the relationship between visual arts, media and new technologies including: *Arte e Cinema 1965–77* (Milan, Centro Internazionale di Brera, 1977; catalogue published by Marsilio); Biennale di Venezia (1978 and 1980); *Camere incantate, espansione dell'immagine* (Milan, Palazzo Reale, 1980); *Annitrenta, arte e cultura in Italia* (Milan, Palazzo Reale, 1982); *Arte italiana* (Hayward Gallery, London, 1983); documenta, Kassel (1987), *Infoart*, Kwangiu (1995), *VideoArt Festival*, Locarno (from 1981 to 2000), Festival Arte Elettronica, Camerino (1986–1988), Artec, Nagoya (1989–1991).

Fagone edited several volumes including: *La fugace vita dei fotogrammi* (Padova: Mastrogiacomo-Images 70, 1978); *Artistic Creation and Video Art,* with R. Berger and A. Churchill (UNESCO, 1983); *L'immagine video. Arti visuali e nuovi media elettronici* (Milan: Feltrinelli 1990; 2nd edition 2007); *Casa d'arte Nespolo* (Milan: Mazzotta, 1995); I Colombo, Joe Colombo and Gianni Colombo (Milan: Mazzotta, 1995); *Videoinstallazioni ambienti e eventi multimediali, 1985–1999: il contributo di Cannobio al VideoArt Festival di Locarno-Lago Maggiore* (Milan: Mazzotta, 2000); Plessi video-going (Milan, 1985; catalogue published by Electa); *Memoria del video 2: vent'anni di eventi video in Italia raccolti da Luciano Giaccari* (Milan, PAC Padiglione d'Arte Contamporanea, 1988); *Mario Sasso. Pictogrammi/ Videogrammi* (Rome, Galleria Massimo Riposati, 1988); *Sassu, dal 1930 a Corrente* (Bergamo, 1995 catalogue published by ed. Charta), *L'art vidéo 1980–1999: Vingt ans du Videoart Festival, Locarno* – with Ines Bianda, Marco Maria Gazzano – (Milan: Mazzotta, 2000); *L'arte all'ordine del giorno. Figure e idee in Italia da Carrà a Birolli* (Milan: Feltrinelli, 2001); *Utopie quotidiane: l'uomo e i suoi sogni nell'arte dal 1960 a oggi,* with Angela Madesani (Milan, 2002–2003, catalogue published by Silvana Editoriale); *Michael Snow: cinema, installazioni video e arti visuali* (Lucca, Fondazione Ragghianti studi sull'arte, 2007); *Ugo La Pietra: pittura segnica, la nuova territorialità, il sistema disequilibrante, riconversione progettuale, recupero e reinvenzione, interno/esterno* (Milan, Fondazione Mudima, 2008); *Joe Colombo,* with I. Favata (Milan: 24 Ore Cultura, 2011); 'Di Sciascia e dello scrivere per immagini' in *Todomodo* (Olschki Editore, 2012). He is Honorary President of the Association Internationale pour la Vidéo dans les Arts et la Culture (AIVAC–UNESCO).

Don Foresta is a research artist and theoretician in art using new technologies as creative tools. He is a specialist in art and science whose principal work in the field, *Mondes Multiples* was published in French in 1991. A second edition in English is currently being prepared.

He has been working for over 35 years developing the network as an artistic tool and is presently coordinating a permanent very high band-width network for artistic, educational and cultural experimentation, MARCEL, that has 300 confirmed members in 22 countries, many of whom are connected permanently over a multicasting platform. He began the network while invited artist/professor at the National Studio of Contemporary Art, Le Fresnoy, Lille, France and completed it under a UK Arts & Humanities Research Council fellowship at the Wimbledon School of Art in London.

His first on-line exchange in 1981 was between the Centre for Advanced Visual Studies at MIT where he was a fellow and the American Centre in Paris where he was director of the Media Art program. He was a commissioner to the 42nd Venice Biennial in 1986 where he built one of the first computer networks between artists, an effort he has expanded as the technology has grown.

Foresta is a graduate of the University of Buffalo, the Johns Hopkins School of Advanced International Studies and holds a doctorate degree from the Sorbonne in Information Science. He has both US and French nationalities and was named 'Chevalie' of the Order of Arts and Lettres by the French Ministry of Culture.

Marco Maria Gazzano is a scholar, historian, critic and curator of new media art, video art and cinema. He is Associate Professor at Roma Tre University – Department of Philosophy, Communication and Performing Arts. He has taught at University of Turin, Sapienza University of Rome, Urbino Carlo Bo. He is President of Associazione Culturale Kinēma. He was representative for Italy European Community's MEDIA1 programme for the promotion of the cinema in small countries and regions. He is member of the Faculty of the PhD in Cinema and Visual Arts at Roma Tre University (Italy) and of the PhD in Multimedia and Design at Universidad de Caldas (Manizales, Colombia).

Gazzano has curated several international conferences, festivals, screenings and exhibitions on media art, video art, cinema and electronic arts, including: *Il Novecento di Nam June Paik. Arti elettroniche, cinema e media verso il XXI secolo* (Rome 1992, catalogue published by Carte Segrete); *Retrospectiva de la Videografia de Nam June Paik 1963–93* (Madrid 1994, catalogue published by Museo Nacional Centro de Arte Reina Sofia); *Mario Sasso. Architetture elettroniche. La Città, la Televisione* (Turin 1994, catalogue published by Sedac Edizioni); *Steina e Woody Vasulka. Video, media e nuove immagini nell'arte contemporanea* (Rome 1995, catalogue published by Fahrenheit 451); *VideoArt '66 '96. Il Tempo, la Luce, la Materia* (Lugano, CH, 1996, catalogue published by Museo Cantonale Arte Contemporanea, presented in Rome in 1997); *Rassegna Internazionale di Arti elettroniche e intermediali* (Pesaro 2006, catalogue published by Roma Tre University and City of Pesaro); International Conferences at Roma Tre University about Cinema and its relationship with other Arts (Rome 2003–2013).

From 1984 to 1996, Gazzano was director of the *Videoart Festival* in Locarno (CH) and from 1997 to 2001 of *Arte & Comunicazione. Biennale internazionale delle arti elettroniche, della televisione di qualità, dell'editoria multimediale* in Rome and of the Satellite TV Channel *ArsTv Network* (1999–2003) in collaboration with Eutelsat and the European Commission.

Gazzano is the author and editor of several publications on moving image including: *Il cinema dalla fotografia al computer: linguaggi, dispositivi, estetiche e storie moderne* (Urbino: Quattro Venti, 1999); *Kinēma. Il cinema sulle tracce del cinema: dal film alle arti elettroniche, andata e ritorno* (Rome: Exorma, 2012); *Edison studio: il silent film e l'elettronica in relazione intermediale* (Rome: Exorma, 2012); *Territori del cinema italiano: produzione, diffusione, alfabetizzazione* (with V. Zagarrio and S. Parigi) (Udine: 2013). He has also edited the monographic issue of the journal of the Centro Sperimentale di Cinematografia of Rome *Bianco e Nero* on *Cinema, Electronic Arts and Intermediality* (nn. 444/445) (Rome: Carocci, September 2006), and has curated the monographic issue of *Imago. Studi di Cinema e Media* of University of Roma Tre on *Cinema & Energia. Prospettive interdisciplinari tra scienze, estetiche e tecnologie* with E. Carocci (nn. 7–8) (Rome: Bulzoni, 2013).

Luciano Giaccari (1934–2015) was an artist, a curator and author.

In the mid 1960s, Giaccari established with his wife G. C. Maud, 970/2 Studio in Varese to organise and promote events, installations and performances. These include: *24 Ore di No Stop Theatre*, *Opere di Fumo*, *interVENTO*, *Esperimento di Nuovo Teatro*. During the *24 ore* Giaccari used video for the first time developing the video documentation project *Televisione come memoria.*

In 1971, Giaccari made his first video *Tempo-Suspence*, which was presented at Anne Marie Verna Gallery in Zurich (CH), and recorded on video, Allan Kaprow's Print Out in Milan for Restany's exhibition *Nouveau Realisme* at Rotonda della Besana. These events marked the creation of Videoteca Giaccari, which aimed to collect and preserve Giaccari's production including artists' video, video documentations, video interviews, video theatre and dance. In 1971, Giaccari also inaugurated his first video room (videosaletta) at Luciano Inga Pin's Il Diagramma Gallery. In 1972–73 he elaborated the Classifications of methods of use of video in art, which later, was also published in the USA.

In the following years, Giaccari produced several artists' videos including: Dennis Oppenheim, Giuseppe Chiari, Luciano Fabro, Urs Lüthi, Hidetoshi Nagasawa, Antonio Trotta, Germano Olivotto, Eliseo Mattiacci, Vettor Pisani, Mimmo Germanà, Antonio Dias, Mario Merz, Richard Serra, Braco Dimitrijevic, Helmut Schober, Chiara Dynis and Fausto Bertasa. He also produced video poetry works with Tomaso Kemeny and Massimo Kaufman, Luigi Grazioli and Marco Cingolan.

Giaccari is the author of essays and papers and has presented his work internationally in conferences and cultural events. He has curated the video section of several exhibitions including: *Contemporanea* (Rome, Villa Borghese Parking, 1973), *Arte italiana 1960–1982* (London, Hayward Gallery, 1982), *Ubi Fluxus Ibi motus* (Venice Biennale, 1990), *Dadaismo e dadaismi* (Verona, Palazzo Forti, 1997), *Disidentico* (Palermo, Palazzo Branciforte, 1998) and presented his videos at *Identitè italienne* (Paris, Centre Georges Pompidou, 1981).

Selected solo exhibitions from late 1980s and early 1990s include: Padiglione d'Arte Contemporanea in Milan (between December 1987 and January 1988; October–December 1988) and Galleria Comunale, Cagliari (February – March 1990).

At the Venice Biennale in 1993, Giaccari presented the MUel – Electronic Museum a network based museum project to display his videolibrary works in international museums. The catalogues from those events are included in the cycle *Memoria del video: vent'anni di eventi video in Italia raccolti da Luciano Giaccari*. MUel was installed first in the Masnago Castle in 1995, later in Villa Toeplitz in 2003–4. Today the archive is preserved at Videoteca Giaccari in via Del Cairo 4, in Varese.

In 2014, Geneva's Modern Art Museum dedicated a large retrospective to Giaccari's video productions and installations.

Mirco Infanti was born in Pordenone in 1978, After studing as a chemical expert in Pordenone, Infanti followed his passion for Cinema and Visual Arts and earned a degree in Arts, Music and Entertainment from University of Udine with a thesis on the interferences between Western and Eastern animated image.

Infanti then enrolled in the specialisation course in Economy and Management of Arts and Cultural Activities at Ca' Foscari University in Venice. He collaborates with various municipalities and associations in the management of projects, especially for youngsters.

Laura Leuzzi is an art historian and curator. She is research Fellow on the AHRC funded research project REWIND*Italia* Artists' Video in Italy in 70s and 80s (Duncan of Jordanstone College of Art & Design, University of Dundee) and PDRA on the AHRC funded research project EWVA – European Women's Video Art in the 70s and 80s (DJCAD, UoD). She completed her PhD at Sapienza Università di Roma in 2011. The author of articles and texts in exhibition catalogues, Leuzzi's research is particularly focused on the relationship between words and image in visual art and new media.

In 2008, Leuzzi curated the exhibition *Artefacta e le Biennali del mondo* (Mestre, Centro Culturale Candiani), on *Artefacta* project, a web platform on the video documentation of the 52nd Venice Art Biennale. In 2009 and 2010, she co-curated the performance's reenactment cycle *(dieciluglioduemilaotto)* along with Emanuele Sbardella. Recently, Leuzzi curated along with Lisa Pedicino the video project on cultural integration *Unter de Himmel vo Züri* presented at Expotranskultur 2014, GZ Affoltern (Zurich).

Sandra Lischi is Full Professor at University of Pisa where she teaches television, video art and multimedia, and is the Chairman of the courses in 'Performance Arts and Communication'.

In 1985, Lischi created *Ondavideo – Suoni e immagini del futuro*, a series of cultural activities on videoart still active in Pisa, and co-directs *Invideo-mostra internazionale di video d'arte e di ricerca* in Milan (active since 1990).

From the 1970s, she has published numerous books, essay, articles and catalogues on electronic arts, curated exhibits and collaborated with international institutions and centre for screenings, conferences, research and teaching projects. Her research also deals with experimental and independent cinema, and non-narrative productions. Her publications include: *Metamorfosi della visione* (with Rosanna Albertini) (ETS, Pisa, 1988, second edition 2000), *Il respiro del tempo. Cinema e video di Robert Cahen* (Pisa: ETS, 1991, new edition with dvd included, 2009, french edition by CICV Montbéliard-Belfort), *cine ma video* (Pisa: ETS, 1996), *A occhio nudo-la scuola video di documentazione sociale I Cammelli* (with Pucci Piazza) (Turin: Lindau, 1997), *Visioni elettroniche. L'oltre del cinema e l'arte del video* (Rome: Fondazione Scuola nazionale di cinema, Venice: Marsilio, 2001), *Un video al Castello* (Pisa: Nistri-Lischi, 2002), *Il linguaggio del video* (Rome: Carocci, 2005), *Gianni Toti, o della poetronica* (with Silvia Moretti) (Pisa: ETS, 2012), *Michele Sambin: performance tra musica, pittura e video* (with Lisa Parolo) (Padua: CLEUP, 2014). Lischi has collaborated with the video artist Gianni Toti at the CICV-Centre de Recherche Pierre Schaeffer di Montbéliard-Belfort, and has realized a video portrait of this artist, *PlaneToti-Notes*, France-Italy 1997. She collaborates with the Association 'La Casa Totiana', Rome.

Adam Lockhart is Archivist for Duncan of Jordanstone College of Art & Design (University of Dundee), which includes the research projects REWIND| Artists' Video in the 70s and 80s, REWIND*Italia* and Demarco Digital Archive. Lockhart has established himself as a leading specialist in archiving and conservation of artists' video. He also worked on the research project 'Narrative Exploration in Expanded Cinema' at Central St Martins College of Art & Design, London. He is a member of the Future Histories of the Moving Image Research Network. He has acted as curator, co-curator and consultant for a number of screenings and exhibitions at places such as Tate Modern, Tate Britain, BFI Southbank, Dundee Contemporary Arts, Scottish National Galleries of Modern Art, Stills Edinburgh, Streetlevel Photoworks Glasgow and DOCVA in Milan. Lockhart has given lectures at various institutions including Edinburgh College of Art, University of Sunderland, FACT in Liverpool, University of Westminster and University of Central Lancashire. He is also involved in creating and producing sound including avant-garde and alternative music. He has an Honours Degree in Mechanical Engineering.

Stephen Partridge is an artist, academic researcher and the principal investigator on the AHRC funded research projects REWIND | Artists' Video in the 70s and 80s and REWIND*Italia* Artists' Video in Italy in 70s and 80s (Duncan of Jordanstone College of Art & Design, University of Dundee). He is presently Co-Investigator on AHRC funded research project EWVA – European Women's Video Art in the 70s and 80s (DJCAD, UoD).

Partridge was in the landmark video shows of the 1970s including *The Video Show* at the Serpentine in 1975, the *Installation Show* at the Tate gallery in 1976, The Paris Biennale in 1977 and the Kitchen in New York in 1979. During the 1980s and 1990s, he exhibited widely and produced innovative broadcast projects for Channel 4 and the BBC (*Television Interventions* and *Not Necessarily*). He has also curated a number of influential video shows: *Video Art 78* in Coventry; *UK TV*, New York; *National Review of Live Art,* 1988–90; *19:4:90 Television Interventions*; and the touring tape packages *Made in Scotland I*, *II*, *Semblances*, *Passages*. He has co-edited with S. Cubitt *REWIND | British Artists' Video in 1970s and 1980s* (John Libbey, 2012). Partridge has lectured since 1975 in a number of art colleges, and established the School of Television & Imaging at DJCAD. He is presently Professor of Media Art and Dean of Research at DJCAD.

Cosetta G. Saba is Associate Professor of Film Studies at the University of Udine, where she teaches Film Analysis and Audiovisual Practices in Media Art. Saba's research is especially fo-

cused on the relationships between cinema, video, infographics and the Net. She is the author of several publications; including: *Alfred Hitchcock: La finestra sul cortile* (Turin: Lindau, 2001), *Carmelo Bene* (Milan: Il Castoro, 1999, II edition 2005), *Lo sguardo che insegue: strumenti per l'analisi delle forme audiovisive pubblicitarie (spot, trailer, videoclip e rich media)* (Milan: Lupetti, 2006), *Archivio cinema arte* (Milan: Mimesis, 2013).

Saba has edited several publications including: *Cinema video internet: tecnologie e avanguardia in Italia dal futurismo alla net.art* (Bologna: CLUEB, 2006), *Unstable cinema: film and contemporary visual arts* (Pasian di Prato: Campanotto, 2007), *Arte in videotape: art/tapes/22, collezione ASAC – La Biennale di Venezia: conservazione, restauro, valorizzazione* (Cinisello Balsamo-Milan: Silvana, 2007), *Nostalgia delle falene: follia, cinema, archivio* (Trieste: Errata Corrige, 2009), *Matthew Barney: polimorfismo multimodalità neobarocco* (with N. Dusi) (Cinisello Balsamo-Milan: Silvana, 2012), *Preserving and Exhibiting Media Art: Challenges and Perspectives* (with J. Noordegraaf, V. Hediger, B. Le Maître) (Amsterdam University Press, 2013), *On Media Art Anthology* (Trieste: Errata Corrige, 2013), *Archivio, Cinema e Arte* (Milan: Mimesis, 2013), *Cinema and art as archive : form, medium, memory* (with F. Federici) (Mimesis international, 2014).

Emile Shemilt is an artist, writer and curator. He was the Research Assistant for REWIND, British Artists' Video in the 1970s and 1980s. In 2014, Shemilt was awarded a Leverhulme Early Career Research Fellowship with Duncan of Jordanstone College of Art and Design, University of Dundee. In 2015, he was awarded a Royal Society of Edinburgh Caledonian European Research Fellowship for research undertaken in association with Roma Tre University. Shemilt is currently leading the research project 'Celluloid Film Futures', a study of European artists' celluloid film practice and its future sustainability. Shemilt studied at the Ruskin School of Drawing and Fine Art, University of Oxford and received his PhD from the University of Dundee in 2011.

Studio Azzurro is an artistic studio from Milan that focuses its research on the expressive potential of new Information Technologies. Studio Azzurro was established in 1982 by Paolo Rosa (visual arts and film), Fabio Cirifino (photography) and Leonardo Sangiorgi (graphics).

For over thirty years, Studio Azzurro has experimented with video, video-environments, sensitive and interactive environments, theatrical performances and films. In addition to experimental work, the group's activities are also tied in with more formative experiences such as the designing of museums and theme exhibitions whose cultural value has been recognised at all levels. In both cases, Studio Azzurro has taken care to create communicative environments that require an active and significant participation on behalf of the spectator who is part of the narrative structure, inspired by a use of multi-textual approach and a continuous shift between virtual and real elements.

Among the works made for museums are: *Museo Audiovisivo della Resistenza (Audio-Visual Resistance Movement Museum)*, featuring partisans' stories from the Tusco-Emilian Apennine; *Museo Laboratorio della Mente* [Laboratory-Museum of the Mind] in Rome, facing the issue of mental trouble and the consequent forms of seclusion; the three-year project *La Fortezza delle Emozioni* [Fortress of Emotions] about the history of Austrian-Hungarian fortress Belvedere-Gschwent.

Ceaseless experimentation has made it possible to set up important temporary exhibitions where the viewer can personally take part in the experience. From *Meditazioni Mediterraneo* [Mediterranean Meditations], a collection of interactive installations about Mediterranean identity stemming from two years of travel and research, to *Fabrizio De André – The Exhibition*, which allows the visitor to construct a personal image of the artist. Among the latest works, the exhibition *Fare gli italiani* [Making Italians], created for the 150th anniversary of the Italian Unification.

It is important to mention Studio Azzurro's recent participation in the 55th International Art Exhibition of La Biennale di Venezia (2013). *In principio (e poi) – In the Beginning (and Then)* – is the installation made for the Holy See on the occasion of Studio Azzurro's partaking in the Venice Biennale, for the first time ever. This four-part interactive video installation is inspired by the Creation from the first chapters of the Book of Genesis. It explores the themes of origin and of mankind's relationship with space and time through personal narratives.

In 2013 Paolo Rosa passed away.

Valentina Valentini is Associate Professor of Performing Arts and New Media at the Art History and Performing Arts Department at Sapienza, University of Rome. She is Director of the Centro Teatro Ateneo, research centre of performing arts, Sapienza University of Roma. Her research focuses into the relationship between theatre, art and new technologies.

Valentini is the author and editor of numerous publications including: *Drammaturgie sonore. Teatri del secondo Novecento* (Rome: Bulzoni, 2013), *Studio Azzurro teatro* (Rome: Contrasto, 2012) *TV/ARTS/TV, The Television Shot by Artists* (Barcelona: La fabrica Editorial, 2010), *La Camera astratta. Tre spettacoli fra video e teatro di Studio Azzurro e Giorgio Barberio Corsetti* (Milan: Ubulibri, 1988). She edited the first monograph on Bill Viola, *Bill Viola: vedere con la mente e con il cuore* (Milan: Gangemi, 1993) and Studio Azzurro, *Studio Azzurro. Percorsi fra video, cinema e teatro* (Milan: Electa, 1995). Her book *Mondi, corpi, materie teatro del secondo Novecento*, (Milan: Mondadori, 2007) has been translated into English with the title *Worlds Bodies Matters. Theatre of The Late Twentieth Century* (Performance Research Books, 2014).

From 1986 to 1995, Valentini was the artistic director of the international video art festival Taormina

Arte's *Rassegna Internazionale del Video d'Autore*, for which she has annually edited a publication on the relationship between film, video, television and the media arts, including: *Cominciamenti* (Rome: De Luca, 1988), *Vedute tra film video televisione* (Palermo: Sellerio, 1992), see website: www.videodautore.it

Valentini's essays have been published by numerous national and international journals, including *Biblioteca Teatrale*, *The Drama Review*, *Theaterschrift*, *FilmCritica*, *Bianco e Nero*, *Drammaturgia*, *Performance Arts Journal*, and *Performance Research*. She lives in Rome.

Grahame Weinbren's interests are centred on the moving image: his practice includes single channel cinema works, gallery and museum installations and performances, and writings about artists' cinema, media art, and the philosophical implications of emerging technologies. He is the senior editor of the *Millennium Film Journal* and a member of the graduate faculty of the School of Visual Arts in New York City.

Bibliography

Americans in Florence: Europeans in Florence, exhibition catalogue, Long Beach Museum of Art, California: 1974.

Amaducci, A., *Banda anomala: un profilo della videoarte monocanale in Italia*, Turin: Lindau, 2003.

Amaducci, A., *Videoarte: storia, autori, linguaggi,* Turin: Kaplan, 2014.

Aprà, A., 'Fra cinema e televisione', in *Il Patologo*, Milan: Ubulibri, 1986.

Aristarco, G. & T. (eds.), *Il nuovo mondo dell'immagine elettronica*, Bari: Dedalo, 1985.

Auslander, P., *Liveness: Performance in a Mediatized Culture*, London and New York: Routledge, 1999.

Bacci, A., *Dalla fabbrica alla Biennale e ritorno...*, Venice: Supernova, 2011.

Balzola, A., Monteverdi, A.M. (eds.), *Le arti multimediali digitali*, Milan: Garzanti, 2004.

Barbero, L. M., Vettese, A., Bertola, C., *Omaggio a Vedova: dialogo con Baselitz: uno sguardo internazionale dalla collezione video art/tapes/22 dell'ASAC (Archivio Storico delle Arti Contemporanee) della Biennale di Venezia,* Venice: Marsilio, 2007.

Barilli, R., Calvesi, M., Trini, T. (eds.), *Gennaio 70, Terza biennale internazionale della giovane pittura. Comportamenti Progetti Mediazioni*, exhibition catalogue, Museo Civico di Bologna, 31 January–28 February 1970, Bologna: 1970.

Barilli, R., 'Videorecording a Bologna', *Marcatré*, 58–60, 1970.

Barilli, R., *Informale oggetto comportamento*, Milan: Feltrinelli, 1979

Bear, L. and Sharp, W., 'Video Performance', *Avalanche*, Issue 9, May/June 1974.

Bicocchi, M. G., *Tra Firenze e Santa Teresa dentro le quinte dell'arte ('73/'87), art/tapes/22*, Venice: Edizioni del Cavallino, 2003.

Bolter, J. D. and R. Grusin, *Remediation: Understanding New Media*, London: The MIT Press, 2000.

Bonito Oliva, A. (ed.), *Contemporanea*, Rome: Centro Di, 1974.

Bonito Oliva, A., Subrizi, C. (eds.), *Baruchello: certe idee,* exhibition catalogue, Rome, Galleria Nazionale d'arte Moderna, 21 December 2011 – 4 March 2012, Milan: Electa, 2011.

Bordini, S. (ed.), *Videoarte & arte. Tracce per una storia*, Rome: Lithos, 1995.

Bordini, S. (ed.), *L'arte elettronica. Metamorfosi e metafore*, Ferrara, Gallerie d'Arte Moderna e Contemporanea, 2001.

Bordini, S. (ed.), 'Videoarte in Italia', *Ricerche di Storia dell'arte*, 88, Rome: Carocci, 2006.

Caldura, R. (ed.), *Una generazione intermedia: percorsi artistici a Venezia negli anni '70,* Venice: 2007

Calvesi, M., 'Schermi T.V. al posto dei quadri', *L'Espresso*, 15 March 1970.

Calvesi, M., *Avanguardia di massa*, Milan: Garzanti, 1978.

Celant, G., *Offmedia. Nuove tecniche artistiche: video disco libro*, Bari: Dedalo, 1977.

Costa, M. (ed.), *Artmedia. Rassegna internazionale di estetica del video e della comunicazione,* Salerno: Poligraf, 1985.

Crispolti, E., *Extra-media: esperienze attuali di comunicazione estetica*, Turin: Studio Forma, 1978.

Crispolti, F. C., VideObelisco: *Art video recording, AVR,* Rome: Galleria dell'obelisco, 1971.

Cubitt, S., Partridge, S. (eds.), *REWIND | British Artists' Video in the 1970s & 1980s*, New Barnet, Herts: John Libbey Publishing, 2012.

Di Marino, B., Nicoli, L. (eds.), *Elettroshock. 30 anni di video in Italia*, Rome: Castelvecchi, 2001.

Di Marino, B. (ed.), *Luca M. Patella. Con & senza peso. Film e video*, Rome: Museo Laboratorio di Arte Contemporanea, Univerità La Sapienza, 1994.

Dudley-Andrew, J.,*The Major Film Theories: An Introduction*, London, Oxford, New York: Oxford University Press, 1976.

Fadda, S., *Definizione zero. Origini della videoarte fra politica e comunicazione*, Genoa: Costa & Nolan, 1999; second edition 2005.

Fagone, V. (ed.), *Arte e cinema. Per un catalogo di cinema d'artista in Italia 1966–1977*, Venice: Marsilio, 1977.

Fagone, V., *L'immagine video. Arti visuali e nuovi media elettronici*, Milan: Feltrinelli, 1990.

Fagone, V., *Memoria del video. 2. Presente continuo*, Milan: Nuova Prearo 1990.

Fagone, V. (ed.), *L'Art Vidéo 1980–1999,* Milano: Mazzotta, 1999.

Francalanci, E. L., 'V.T. is not T.V', in *Videotapes,* Venice: Galleria del Cavallino, 1975.

Fadini, E., Quartucci, C. (eds.), *Viaggio nel Camion dentro l'avanguardia*, Turin: Cooperativa Editoriale Studio Forma, 1976.

Gazzano, M. M., *Kinēma. Il cinema sulle tracce del cinema: dal film alle arti elettroniche, andata e ritorno*, Rome: Exorma, 2012.

Gazzano, M. M., Quadri F. (eds.), *Carlo Quartucci.*

Verso Temiscira. Viaggio intorno alla Pentesilea di Heinrich von Kleist, Milano: Ubulibri, 1988.

Gazzano, M. M., Toti, G. (eds.), *Immagine e Pubblico*, special issue on video art, supplement at issue n.2–3, April–September 1990.

Gazzano, M. M., Toti, G. (eds.), *Immagine e Pubblico*, special issue on video art, 1, January–March 1991.

Gazzano, M. M. (ed.), *Mario Sasso. Architetture elettroniche. La città. La televisione,* Roma: Sedac, 1994.

Gazzano, M. M. (ed.), *Il "cinema" dalla fotografia al computer. Linguaggi, dispositivi, estetiche e storie Moderne*, Urbino: QuattroVenti, 1999.

Giaccari, L., 'Veni, Video. Vici?', *BolaffiArte*, 49, April–May, 1975.

C. Hill, 'Attention! Production! Audience! Performing Video in Its First Decade, 1968–1978', in Hill, C., *Video Art and Alternative Media in the United States 1968–1980*, Chicago: Art Institute of Chicago and Video Data Bank, 1997.

Hutchinson, A., *Art/tapes/22: Video Tape Production*, Long Beach: University Art Museum, 2009.

Iles, C. (ed.), *Marina Abramović: objects performance video sound*, Oxford: Museum of Modern Art, 1995.

Janus (ed.), *Videoarte a Palazzo dei Diamanti,1973–79*, Turin: 1980.

Janus (ed.), *Pour un art vidéo: experience de la videotheque de Ferrare*, exhibition catalogue Paris, Musée National d'Art Moderne, Centre Culturel Georges Pompidou, May – June 1982, Paris: Galleria Civica d'Arte Moderna, Centro Videoarte-Sala Polivalente, 1982.

Leuzzi, L., 'Interventions, Productions and Collaborations: the relationship between RAI and visual artists', *Journal of Italian Cinema and Media Studies*, vol. 3, issue 1–2, Spring 2015, pp. 155–170.

Lischi, S., *Televisione* in *Informare contro-informare per*, Rome: Armando, 1976.

Lischi, S., Albertini R. (eds.), *Metamorfosi della visione*, Pisa: ETS, 1987.

Lischi, S. *Cine ma video*, Pisa: ETS, 1996.

Lischi, S., *Il linguaggio del video*, Rome: Carocci, 2005.

Lischi, S., Moretti, S. (eds.), *Gianni Toti, o della poetronica*, Pisa: ETS, 2012.

Lischi, S., Parolo, L. (eds.), *Michele Sambin. Performance tra musica, pittura e video*, Padua: Cleup, 2014.

Luginbühl, S., Cardazzo, P., *Videotapes. Arte, tecniche e storia*, Padua: Mastrogiacomo, 1980.

Madesani, A., *Le icone fluttuanti : storia del cinema d'artista e della videoarte in Italia,* Milan: Bruno Mondadori, 2002.

Magri, L. (ed.), *Centro Video Arte 1974–1994. Videoarte, performance, partecipazioni*, Ferrara: Gabriele Corbo editore, 1994.

Marangon, D., *Videotapes del Cavallino*, Venice: Edizioni del Cavallino, 2004.

Marziani, G., La Porta, A. (eds.), *Corpo elettronico: videoarte italiana tra materia, segno e sogno,* exhibition catalogue, Catanzaro, Complesso monumentale del San Giovanni, 11 February – 25 April 2012, Milan: Prearo, 2012.

Meigh-Andrews, C., *A History of Video Art: the Development of Form and Function*, New York: Bloomsbury, 2014.

Meneguzzo, M. (ed.), *Memoria del video 1. La distanza della storia: Vent'anni di eventi video in Italia raccolti da Luciano Giaccari*, Milan: Padiglione d'Arte Contemporanea, 1987.

Montaldo, A. M., Atzori, P. (eds.), *Artel. Media elettronici nell'arte visuale in Italia*, Nuoro: Ilisso, 1995.

Palazzoli, D., *Fotografia cinema videotape. L'uso artistico dei nuovi media*, Milan: Fratelli Fabbri, 1976.

Palazzoli, D. (ed.), *Fotomedia: 12 artisti che operano con la fotografia e il videotape ...*, exhibition catalogue, Milan: Tip. Vera, 1975.

Patella, L.M., *I Media (ieri e oggi). Art e Non Art!*, Rome: Museo Laboratorio di Arte Contemporanea/FPM Edizioni, 1999.

*Rai/Prix Italia, Milano 1978: Atti del Convegno su Le arti visuali e il ruolo della televisione,*Turin: ERI-Edizioni RAI Radiotelevisione italiana, 1979.

Saba, C.G. (ed.), *Arte in videotape: art/tapes/22, collezione ASAC – La Biennale di Venezia. Conservazione restauro valorizzazione*, Milan/Cinisello Balsamo: Silvana Editoriale, 2007.

Sartorelli, G., Toniato, T. (ed.), *Nuovi Media*, Venice: 1978.

Sega Serra Zanetti, P., Tolomeo, M.G. (eds.), *La coscienza luccicante. Dalla videoarte all'arte interattiva*, Rome: Gangemi, 1998.

Settimana internazionale della performance: 1–6 giugno 1977, Bologna: Galleria comunale d'arte moderna, 1977.

Silj, A. (ed.), *Video '79. Video-the first decade. Dieci anni di videotape*, Roma: Kane, 1979.

Silj, A. (ed.), *Video Roma 82/83*, Roma: 1982.

Sossai, M., *Artevideo: storie e culture del video d'artista in Italia*, Milan: Silvana, 2002.

Third International Open Encounter on Video, Ferrara, Galleria civica d'arte moderna, 25–29 May 1975, Buenos Aires: Centro de Arte y Communicación, 1975.

Taiuti, L., *Corpi sognanti: l'arte nell'epoca delle tecnologie digitali*, Milan: Feltrinelli, 2007.

Valentini, V. (ed.), *Cominciamenti, Taormina Arte 1988, III Rassegna Internazionale del Video d'Autore*, Rome: De Luca, 1988.

Valentini, V. (ed.), *Teatro in immagine. I Audiovisivi per il teatro; II Eventi performativi e nuovi media,* Rome: Bulzoni, 1987.

Valentini, V., *Dialoghi tra film video televisione: Gábor Bódy, Michael Klier, Shigeko Kubota, Marcel Odenbach, Studio Azzurro,* Palermo: Sellerio, 1990.

Valentini, V., *Le storie del video*, Rome: Bulzoni, 2003.

VIDEOEX International Experimental Film & Video Festival, festival catalogue, Zurich: 2014.

Index

This Index includes people and the main producers of Italian video art. Numbers in [...] refer to the Italian text and references in bold relate to text in the Introductions.

A

Abramović, Marina 9 [8], 52 [52], 62 [62], 66 n. 37 [66 n. 37], 89 fig. 1, 102 [102], 129 [129], 201 n. 5 [201 n. 5], 223 [223], 227 [227], 248 [248]

Acconci, Vito 9 [8], 52 [52], 101 [101], 108 [108], 109 fig. 2, 122 n. 1 [122 n. 1], 125 [125], 144 [144], 185 [185], 186 [186], 191 [191], 192 [192], 234 [234], 235 [235], 291-292 [291-292-293], 297 [297]

After Image 228 [227]

Agnetti, Vincenzo 52 [52], 56 [56], 102 [102], 108 [108], 110 [110], 112 fig. 3, 129 [129], 132 fig. 8

Ambrosini, Antongiulio 39 [39], 64 n. 6 [64 n. 6], 125 [125], 133 n. 2 [133-134 n. 2]

Ambrosini, Claudio 128 fig. 4, 129 [129], 149-150 [149], 155 [155], 161-164 [159-164], 168 [168], 185 [185], 190 [190], 192-196 [192-196], 199 [198], 273-277 [274-277]

Amelio, Lucio 108 [108]

André, Marie 225-227 [224-225, 227]

Andrew, Dudley J. 297 [297], 299 [299]

Angeli, Franco 270 [271], 271 fig. 8

Ansaloni, Carlo 52 [51], 284 [285]

Anselmino, Luciano 90 fig. 2

Anselmo, Giovanni 32 [32], 43 [42], 47 [46], 65 n. 12 [65 n. 12], 146 n. 7 [147 n. 7]

Antin, Eleanor 9 [8]

Antonioni, Michelangelo 93 [92], 223 [223]

Aprà, Adriano 238 [238]

Archivio Storico delle Arti Contemporanee (ASAC) **95**, 103 [103], 114 [114], 122 n. 3 [122 n. 3], 185 [185], 193 [192], 318 [318]

Aristarco, Guido **221**

art/tapes/22 25, 52-53 [52], 61 [60-61], 95-122, **123**, 125 [125], 126 fig. 1, 133 n. 4 [133 n. 4], 139 [139], 141-142 [141-142], 146 n. 14 [146 n. 14], 179 [178], 184-186 [184 -186], 189-192 [190-192], 199 [198-199], 201 n. 5 [201 n. 5]

Artaud, Antonin 100 [100]

B

Bacci, Edmondo 125 [125]

Bacigalupo, Massimo 180 n. 14 [180 n. 14]

Baker, Richard 278 [278]

Baldelli, Pio 111 [111]

Baldessari, John 9 [8]

Balla, Giacomo 56 [56]

Ballo, Aldo 240 [240]

Barber, George 285 [287]

Barilli, Renato 11 [10], 21, 42 [42] 46 [45], 48 [47], 58 [58], 138 [138], 146 n. 7 [145 n. 7], 165 [166], 172 [172], 295-296 [295-296]

Barišic, Ladislav 196 [196]

Baruchello, Gianfranco 260 fig. 1, 261 [261], 267 [267]

Battcock, Gregory 52 [52]

Bear, Liza 183-184 [183-184]

Benjamin, Walter 214 [214]

Berdini, Franco 56 [56]

Berger, René 95 [95], 222 [222], 224-225 [224-225]

Bertacchi, Armando 240 [240]

Beuys, Joseph 9 [8], 43 [43], 52 [52], 65 n. 14 [65 n. 14], 144 [144], 192 [192], 201 n. 5 [201 n. 5], 234-235 [234-235], 316 [316]

Bicocchi, Giancarlo 104 [104], 120 [120]

Bicocchi, Maria Gloria 9-10 [9], 52 [52], 95-122 [95-122], **123**, 125 [125], 139 [139], 185 [185], 190-192 [190-192], 201 n. 5 [201 n. 5], 218 [218], 312 [312]

Bignardi, Umberto 146 n. 9 [145 n. 9]

Blair, Linda 153 [154]

Bloch, Dany 312 [312]

Bodeving, Leonie 92 fig. 5

Boetti, Alighiero 26-27 [26-27], 43 [42], 46 [46], 65 n. 12 [65 n. 12], 115 [115], 146 n. 7 [145 n. 7]

Boezem, Marinus 65 n. 13 [65 n. 13]

Boltanski, Christian 9 [8], 122 n. 1 [122 n. 1]

Bolter, Jay David 202 n. 15 [202 n. 15]

Bonito Oliva, Achille 50 [49], 111 [111]

Bonnemaison, Michel 227 [227]

Bonora, Lola 6 [6], 10 [9], 51 [50], 87-94 [87-94], 117 [117], **123**, 126 [126], 141 [141], 284 [285]

Bordini, Silvia **35**, 11 [11], 199 [198]

Borsari, Anna Valeria 198 [197], 199 fig. 7

Bortoluzzi, Ferruccio 125 [125]

Brakhage, Stan 125 [125], 264 [263]
Breakwell, Ian 285 [285]
Brecht, George 276 [276]
Brik, Lili 304 [304]
Bronfman, Corinne 201 n. 5 [201 n. 5]
Bruch, Klaus wom 66 n. 37 [66 n. 37]
Brunone, Tullio 232 [232]
Burden, Chris 9 [8], 52 [52], 125 [126]
Buren, Daniel 9 [8], 98- 99 [98-99]
Burri, Alberto 39 [39], 64 n. 6[64 n. 6]
Bussotti, Sylvano 66 n. 37 [66 n. 37]

C

Cage, John 13 [13], 202 n. 14 [202 n. 14], 316 [316]
Cahen, Robert 62 [62], 225-226 [225], 227 [227]
Calvesi, Maurizio **21**, 42 [42], 45-46 [44-45], 138 [138], 146 n. 7 [145 n. 7] 166-167 [166-167]
Calzolari, Pier Paolo 27 [27], 43 [42], 47 [46], 65 n. 12 [65 n. 12], 146 n. 7 [145 n. 7]
Camerani Maurizio 227 [227], 229 figs. 2a, b, c
Campus, Peter 120 [120], 122 n. 1 [122 n. 1], 161 [160], 310 [310]
Cannilla, Giuseppe 175 [175]
Cardazzo Gabriella 6 [6], 123 [123], 139 [139], 195 [194]
Cardazzo, Carlo 125 [125]
Cardazzo, Paolo 6 [6], 10 [9], 51 [50], 108 [108], 123-133 [123-133], 138-139 [138-139], 142 [142], 195 [194], 196 [196], 274 [274], 292-293 [292-293], 294 figs. 2 a, b
Castelli, Leo 108 [108], 116 [116], 121-122 n. 1 [121-122 n. 1], 141 [141]
Cattani, Giorgio 66 n. 37 [66 n. 37]
Catricalà, Valentino 15 [15]
Cecchi, Carlo 178 [177], 262 [262]
Celant, Germano 49 [49], 66 n. 28 [66 n. 28], 104 [104], 111 [111]
Celli, Luciano 16 [16], 128 fig. 4, 129 [129], 198-199 [198], 200 fig. 8.
Centro Video Arte of Palazzo dei Diamanti, Ferrara 10 [9], **35**, 51 [50], 59 [59], 66 n. 36 [66 n. 36], **123**, 126 [126], 284 [285], 312 [312]
Ceroli, Mario 27[27], 43 [42], 47 [46], 65 n. 12, 1, 146 n. 7 [145 n. 7]
Cherubini, Laura 201 n. 12 [201 n. 12]
Chiari, Giuseppe 52 [52], 66 n. 37 [66 n. 37], 108 [108], 110 [110], 144 [144], 190 [190]
Chlébnikov, Velimir 301-302 [301-302], 304 [303]
Churchill, Angiola 52 [52]
Cigala, Alessandra 96 [96], 98 [98]
Cintoli, Claudio 34 [34], 43 [42], 47 [46], 65 n. 12 [65 n. 12], 66 n. 37 [66 n. 37], 146 n. 7 [145 n. 7]
Cirifino, Fabio 11 [10], **231**, 240- 258 [240-258]
Cividin, Luisa 227 [227]
Clemente, Francesco 317 [317], 318 fig. 4
Collavini, Veronica 55 [53]
Collettivo Cinema Militante 146 n. 6 [145 n. 6]
Colombo, Gianni 33 [33], 43 [42]
Columbu, Giovanni 232 [232]
Conti, Primo 109 [109]
Cooperativa del Cinema Indipendente 146 n. 6 [145 n. 6], 267 [267]
Corá, Bruno 111 [111], 120 [120]
Corazzari, Lello 107 [107]
Corsetti, Giorgio Barberio 50 [50], 256 [255]
Costalonga, Franco 123 [123]
Cosulich, Guido 182 n. 38 [181 n. 38]
Cremona, Cinzia 10 [9], 299 n. 5 [300 n. 7]
Crippa, Roberto 39 [39], 64 n. 6 [64 n. 6]
Crispolti, Enrico 38 [38]
Crispolti, Francesco Carlo 50-51 [49-50], 55-56 [54-55], 60 [60], 167 [167], 182 n. 38 [181 n. 38]
Critchley, David 273 [273], 275 [274], 277 [277], 278 [278]
Cubitt, Sean 10 [9]
Cunningham, David 287 [288]

D

Dadamaino 136 [136]
Davis, Douglas 52 [52] , 62 [62], 129 [129]
De Chirico, Giorgio 109 [109]
De Dominicis, Gino 31-32 [31-32], 43 [42], 47 [46], 52 [52], 65 n. 12 [65 n. 12]
De La Casinière, Joëlle 227 [227]
De Maria, Walter 65 n. 13
De Micheli, Mario 233 [233]
De Toffoli, Bruno 39 [39], 64 n. 6 [64 n. 6]
De Vincenti, Giorgio 180 n. 11 [180 n. 11]
Del Bosco, Paquito 13 [13]
Del Corso, Gaspero 138 [138], 140 [139], 167 [167]
Deleuze, Gilles 208 [208]
Deluigi, Mario 39 [39], 64 n. 6 [64 n. 6], 125 [125], 132 n. 2 [133 n. 2]
Demarco, Richard 6 [6]
Derrida, Jacques 100 [100]
Di Marino, Bruno 11 [10]
Diaghilev, Sergei 56 [56]
Dibbets, Jean 65 n. 13 [65 n. 13]
Dimitrijević, Branimir 229 [228]
Donati, Enrico 39 [39], 64 n. 6 [64 n. 6]
Dorigo, Wladimiro 104 [104]
Dova, Gianni 39 [39], 64 n. 6 [64 n. 6]
Duchamp, Marcel 284 [285], 149 [148]

E

Eco, Umberto 207 [208]

Ejzenštejn, Sergej Michajlovic 301-303 [301-302]
Emiliani, Andrea 138 [138], 146 n. 7 [145 n. 7]
Emshwiller, Ed 9 [8], 66 n. 37 [66 n. 37]
Eshetu, Theo 14 [14]

F
Fabro, Luciano 30-31 [30-31], 43 [42], 47 [46], 65 n. 12 [65 n. 12], 144 [144], 146 n. 7 [145 n. 7]
Faccini, Luigi 305 [305]
Fadda, Simonetta 11 [11], **135**
Faenza, Roberto 119 [119]
Fagone, Vittorio 10 [10], 50 [49], 52 [52], 136 [136], 224 [224], 229 [228], 266 [266], **309**
Falso Movimento 316 [317]
Fargier, Jean-Paul 301-302 [301-302]
Fassetta, Paolo 129 [129]
Ferrarotti, Franco 115 [115]
Flanagan, Barry 65 n. 13 [65 n. 13]
Fluxus 36 [36], 190 [190], 275-277 [276]
Fontana, Lucio 35-42 [35-42], 64 nn. 4, 6 [64 nn. 4, 6]
Fornari, Nuccio 107 [107]
Foschi, Rosa 177 [176]
Fox, Terry 9 [8], 66 n. 37 [66 n. 37]
Francalanci, Ernesto 60 [60], 133 n. 4 [133 n. 4]
Fulgenzi, Toni 123 [123]

G
Galleria del Cavallino 6 [6], 10 [9-10], **35**, 51 [50], 123-133 [123-133], 139 [139], 173 [173], 185 [185], 191 [190], 192 [192], 194-195 [194], 196 [196], 198-199 [197-198], 277-279 [276, 278], 283 [284]
Gallo, Francesca 55 [54]
Garrad, Rose 285 [286]
Gazzano, Marco Maria 10 [11], 15 [15], 180 n. 11 [180 n. 11], **221**
Genette, Gerard 98 [98]
Germanà, Mimmo 317 [317]
Giaccari, Luciano 10 [10], 50 [49], 58-59 [57-59], 60 [61], 69-86 [69-86], 117 [117], **135**, 139 [139], 140 Figs. 1a, b, 141-144 [141-144], 145 n. 2, 146 n. 16, 174 [174], 178 [178], 183-184 [183-184], 186-189 [186-189], 192 [192], 198-199 [198], 309-318 [309-318]
Giancarozzi 39 [39], 64 n. 6 [64 n. 6]
Gilardi, Piero 66 n. 37 [66 n. 37]
Gianikian, Yervant 271 [271]
Gioli, Paolo 272 n. 4 [272 n.4], 267 [267], 268 [269]
Giorgi, Andrea 107 [107]
Glass, Philip 316 [316]
Glusberg, Jorge 52 [52], 167 [167], 175 [176]
Godard, Jean-Luc 62 [62], 243 [243]
Gordon, Peter 255 [255]
Gorni, Mario 201 n. 12 [201 n. 12]
Graham, Dan 120 [120], 201 n. 5 [201 n. 5]
Grandi, Giovanni 215 fig. 5
Grandrieux, Philippe 228 [227]
Greenaway, Peter 243 [243], 257 [257]
Greenberg, Clement 214 [214]
Gregotti, Vittorio 104 [104]
Grifi, Alberto 60 [59], 61 [62], 261 [261], 264 [265], 266 fig. 5
Gruppo Memphis 241 [241]
Gruppo T 47 [47]
Grusin, Richard 202 n. 15 [202 n. 15]
Guidi, Virgilio 39 [39], 64 n. 6 [64 n. 6]
Gutiérrez Alea, Tomás 305 [305]

H
Hall, David 9 [8], 12 [11], 113 fig. 4, 193 [192], 201 n. 5 [201 n. 5], 276 fig. 4, 277 [278], 279 fig. 6, 280 [280]
Hall, Doug 161 [160]
Hartney, Mick 280-281 [280-281]
Heizer, Mike 65 n. 13 [65 n. 13]
Hintze, Ide 277 [276]
Hoey, Brian 278 [278]
Hubaut, Joël 91 fig. 3
Hutchinson, Alice 10 [10], 201 n. 12 [201 n. 12]

I
Iimura, Taka Ito 101 [102], 102 fig. 3.
Infanti, Mirko 10 [9], **96**
Inga Pin, Luciano 138 [138]
Ivekovič, Sanja 127 [127], 129 [129], 196-198 [196-198], 283 [284]

J
Jakobson, Roman 207 [207]
Jaeggi, Danielle 227 [227]
Jonas, Joan 52 [52], 122 n. 1 [122 n. 1], 161 [160]
Joppolo, Beniamino 37 [37], 39 [39], 64 nn. 3 ,6[64 nn. 3, 6]
Joyce, James 172 [172], 208 [209]
Judd, Donald 243 [243]

K
Kahlen, Wolf 53 fig. 5
Kaisserlian, Giorgio 37 [37], 64 n. 3 [64 n. 3]
Kaprow, Allan 9 [8], 112 [112], 116 [116], 143 [142]
Kluge, Alexander 208 [208]
Koons, Jeff 245 [245]
Kosuth, Joseph 102 [102]
Kounellis, Jannis 9 [8], 33 [33], 43 [42], 47 [46], 52 [52], 65 n. 12, 96-98 [96-98], 102 [102], 108 [108], 110-111 [110-111],

115 [115], 120 [120], 146 n. 7 [145 n. 7], 166 [166] 239 [239]
Kraus, Živa 197 [197] 199 [198], 293-294 [293-294], 295 fig. 3
Krauss, Rosalind 101 [101]
Krikorian, Tamara 278 [278]
Kubisch, Christina 9 [8], 66 n. 37 [66 n. 37]
Kubota, Shigeko 9 [8], 66 n. 37 [66 n. 37]
Kuntzel, Thierry 228 [227]

L

La Biennale di Venezia [Venice Biennale] 6 [6], 67 n. 48 [67 n. 48], 88 [88], 122 n. 3 [122 n. 3], 142 [142], 185 [185], 318 [318]
La Gaia Scienza 82 Fig. 12
La Regina, Guido 39 [39], 64 n. 6 [64 n. 6]
La Rocca, Ketty 201 n. 5 [201 n. 5]
Laboratorio di Comunicazione Militante 60 [59], 231-232 [231-232], 236 [236], 240 [240]
Lafontaine, Marie-Jo 9 [8], 66 n. 37 [66 n. 37]
Lajolo, Anna 265 [265], 267 [267]
Lambert, François 139 [139]
Lang, Fritz 304 [304]
Latham, John 286-287 [287-288], fig. 14 288
Leonardi, Alfredo 146 n. 9 [145 n. 9], 265 [265], 267 [267]
Les Levine 125 [125]
Leuzzi, Laura 10-11 [9-10], 15 [15], **95**, 179 [178], 180 n. 11 [180 n. 11], 283 [284]
Lischi, Sandra 11 [10], **301**
Lombardi, Guido 265 [265], 267 [267]
Lonardi, Graziella 50 [49], 111 [111]
London, Barbara 310 [310]
Long, Richard 65 n. 13 [65 n. 13], 248 [249]
Longo, Robert 257 [257]
Lonzi, Carla 41 [41]
Lublin, Lea 175 [176]
Luginbühl, Sirio 123 [123], 129 [130]
Lupini, Saskia 227 [227]
Lüscher, Max 174 [174]
Lüthi, Urs 52 [52]

M

Magazzini Criminali 84 [84], 316 [316-317]
Magri, Lorenzo **87**
Mambor, Renato 172 [172]
Mann, Andy 112 [112]
Marangon, Dino **123**
Marangoni, Federica 149-150 [148-149], 155 [155], 158-160 [158-159], 209 [210], 210 fig. 3a, b, 211 fig. 4, 212-213 [212-213], 217 [217], 283 [284-285]
Marchiori, Giuseppe 125 [125]
Marconi, Giorgio 139 [138]
Marinetti, Filippo Tommaso 56 [56]
Marker, Chris 304 [304]
Marotta, Gino 49 [49], 66 n. 27 [66 n. 27]
Marshall, Stuart 278 [278]
Martano, Giuliano 139 [138]
Martinis, Dalibor 9 [8], 66 n. 37 [66 n. 37], 127 [127], 129 [129], 130 fig. 6, 196 -197 [196-197], 199 [198]
Masnata, Pino 56 [56]
Mattiacci, Eliseo 31 [31], 43 [42], 47 [46], 65 n. 12 [65 n. 12], 144 [144], 146 n. 7 [145 n. 7], 166 [166], 316 [317]
Maud, G. C. 312 [312]
Mauri, Fabio 13-14 [13], 49 [49], 51 [50], 51 figs. 2a, b, c, 66 n. 27 [66 n. 27]
McLuhan, Marshall 11 [11], 46 [45], 114 [114], 115 [115], 122 n. 3 [122 n. 3], 225 [225], 229 [228]
Meatball 62 [63]
Medvedkin, Aleksandr Ivanovich 304 [304]
Meigh-Andrews, Chris 6 [6]
Mendini, Alessandro 244 [244]
Merz, Mario 26-27 [26-27], 43 [42] 46 [46], 65 n. 12 [65 n. 12], 144 [144], 146 n. 7 [145 n.7], 316 [317], 317 fig. 7
Merz, Marisa 27 [27], 43 [42], 47 [46], 65 n. 12 [65 n. 12], 146 n. 7 [145 n.7]
Milani, Milena 37 [37], 39 [39], 64 nn. 3 & 6 [64 n. 3 e 6]
Milesi, Piero 255 [254-255]
Milković, Boris 228-229 [227-228]
Minarelli, Enzo 93 fig. 7
Minkoff, Gerald 57 [57], 167 [167], 180 n. 7 [179 n. 7]
Morandi, Gino 125 [125]
Moretti, Silvia 307 [306]
Morgenstern, Christian 208 [208-209]
Morris, Robert 122 n. 1 [122 n. 1]
Morucchio, Berto 39 [39], 64 n. 6 [64 n. 6], 125 [125]
Mulas, Ugo 240 [240]
Muntadas, Antoni 61 [62]
Mussa, Italo 51 [50]

N

Nagasawa, Hidetoshi 136 [136]
Nauman, Bruce 62 [62], 193 [192], 234 [234]
Nespolo, Ugo 271 [271]
Newman, Terry-Anne 6 [6]
Nono, Luigi 93 [92]

O

Oberto, Anna & Martino 136 [136]
Ogden, Charles Kay 207 [208]
Ontani, Luigi 261 [261], 272 n.1 [272 n. 1]

Oppenheim, Dennis 65 n. 13 [65 n. 13], 125 [125], 144 [144], 192 [192]
Ovadia, Moni 255 [254]

P
Paci, Enzo 124 [124]
Paik, Nam June 3 [3], 9 [8], 48 [47], 66 n. 37 [66 n. 37], 70 [70], 93 [91],144 [144], 202 n. 14 [202 n. 14], 221-222 [221], 264 [264], 315 fig. 1, 316 [316]
Palazzoli, Daniela 49 [49], 66 n. 28 [66 n. 28]
Palestine, Charlemagne 62 [62], 121 [121], 190 [190], 316 [316]
Pane, Gina 144 [144]
Panseca, Filippo 56 [56]
Paolini, Giulio 52 [52], 54 fig. 6, 96 [96], 98 [98], 110 [110], 115 [115], 239 [239]
Paparatti, Anna 174 [174]
Partridge, Stephen 8 fig. 1, 10 [9], **95**, 161 [160], 179 [178], 180 n. 11 [180 n. 11], 278 [278], 281 [281], 282 figs 2 a, b
Pascali, Pino 166 [166]
Pasculli, Ettore 232 [232]
Patella, Luca Maria 11 [10], 30 [30], 43 [42], 44 fig. 1, 47 [46], 56 [56], 57 [57], 65 n. 12 [65 n. 12], 146 n. 7 [145 n. 7], 165-182 [165-182], 203-209 [203-204, 206-210], 205 fig. 2, 213-214 [213-214], 262 [262], 263 fig. 2, 267 [267], 270 [270], 282 [282-283]
Patelli, Paolo 123 [123]
Pennebaker, D. A. 304 [304]
Penone, Giuseppe 28 [28], 43 [42], 47 [46], 65 n. 12 [65 n. 12], 146 n. 7 [145 n. 7]
Perov, Kira 155 [155]
Perpignani, Roberto 305 [305]
Perusini, Romano 123 [123]
Peverelli, Cesare 39 [39], 64 n. 6 [64 n. 6]
Picasso, Pablo 109 [109]
Pierelli, Attilio 56 [56]
Pinnock, Lesley 108 [108]
Pirelli, Alberto 107 [107], 186 [186]
Pisani, Vettor 144 [144], 316 [317]
Pistoletto, Michelangelo 28 [28], 43 [42], 47 [46], 65 n. 12 [65 n. 12], 146 n. 7 [145 n. 7]
Pitacco, Enzo 128 fig. 4, 198 [198], 200 fig. 8
Pizzin, Luciana 157 [157]
Pizzinato, Armando 125 [125]
Plessi, Fabrizio 51 [50], 52 [52], 93 [92], 92 fig. 6, 136-137 [136-137], 223 [223], 225 [225], 227 [227], 228 figs. 2-3, 266 [266], 270 [270]
Poli, Giovanni 125 [125]
Pomodoro, Arnaldo 136 [136]
Pozzi, Lucio 112 [112], 205 [205], 218 [218].
Prini, Emilio 30 [30], 43 [42], 47 [46], 65 n. 12 [65 n. 12], 146 n. 7 [145 n. 7]

R
Rainer, Arnulf 102 [102], 103 fig. 4, 122 n. 1 [122 n. 1]
Rambaldi, Carlo 93 [92]
Ramos, Anthony 223 [223], 227 [226-227]
Reich, Steve 316 [316]
Reinhardt, Ad 120 [120].
Restany, Pierre 52 [52], 66 n. 27 [66 n. 27], 143 [143], 222-224 [222-224]
Ricci Lucchi, Angela 271 [271]
Rice, Horward 116 [116]
Richards, I. A. 207 [208]
Richter, Hans 125 [125]
Ridley, Anna 285-286 [285-287]
Riley, Terry 172 [172]
Ripa di Meana, Carlo 104 [104], 114 [114]
Rist, Pipilotti 66 n. 37 [66 n. 37]
Ritsos, Ghiannis 255 [254]
Rizzardini, Gino 125 [125]
Rolak, Sonia 6 [6]
Ronconi, Luca 104 [104]
Rosa, Paolo 11 [10], 231-258
Rosenbach, Ulrike 9 [8], 66 n. 37, 93 [92]
Ross, David 112-113 [112-113], 116 [116]
Rossetti, Enrico 13 [13], 51 [50]
Rossi, Luigi 108 [108]
Rusconi, Toni 227 [226]
Russolo, Luigi 56 [56]
Ruttmann, Walter 304 [304]

S
Saba, Cosetta G. 10 [9], **95**, 189 [190]
Salvadori, Fulvio 185 [185]
Sambin, Michele 53 fig. 4, 128 fig. 4, 129 [129], 130 fig. 5, 168 [168], 185 [185], 190 [190], 192-193 [192-193], 195-196 [195-196], 198-199 [198], 200 fig. 8., 215-216 [215-216], 262-264 [263, 265], 264 fig. 3, 265 fig. 4, 279-280 [279-280]
Sangiorgi, Leonardo 237-238 [237-238], 240 [240]
Sani, Nicola 287 [288]
Sarchielli, Massimo 266 fig. 5.
Sargentini, Fabio 31 [31], 34 [34], 50 [49], 138-139 [138-139], 166 [166], 178 [178]
Sartorelli, Guido 127 fig. 2, 128 figs. 3a, b, 129 [129], 216 [216], 216 fig. 6
Sasso, Mario 14 [14], 285 [286-287], 286 fig. 12, 287 [288], 289 fig. 15
Saussure, Ferdinand de 207 [208]
Schifano, Mario 136 [136], 260 [260], 269-270 [269-271]
Schum, Gerry 43-44 [43], 51 [50], 56 [55], 65 nn. 13 & 15 [65 nn. 13 & 15], 70 [70], 99 [99],101 [101], 106 [106], 117 [117], 264 [264], 312 [312]

Schwartz, Buky 93 [91]
Serota, Nicolas 7 [7], 19 n. 5 [19 n. 5]
Serra, Richard 122 n. 1 [122 n. 1], 144 [144], 192 [192], 234 [234]
Serres, Michel 216 [216],
Sharp, Willoughby 183-184 [183-184], 192 [191], 191 fig. 2
Shaw, Jeffrey 9 [8], 66 n. 37 [66 n. 37], 93 [91], 94 fig. 8
Shemilt, Elaine 6 [6], 283 [284], 283 fig. 10,
Shemilt, Emile 10 [10]
Siemeister, Emil 227 [226]
Silj, Alessandro 50 [50], 61-63 [61-63]
Sillani Djerrahian, Mario 'Piccolo' 128 fig. 4, 129 [129], 133 fig. 9
Simonetti, Gianni Emilio 31 [31], 43 [42], 65 n. 12
Smithson, Robert 65 n. 13 [65 n. 13], 122 n. 1 [122 n. 1]
Sonnabend, Ileana 109 [109], 121-122 n. 1 [121-122 n. 1], 141 [141]
Stein, Christian 139 [138]
Steinbach, Haim 245 [245]
Storaro, Vittorio 248-249 [249]
Stravinsky, Igor 109 [109]
Studio 970/2 **35**, 58 [58], 69 [69], 70 fig. 1 a, b, 72 fig. 2., 312 [312]
Studio Azzurro 11 [10], 231 -258 [231-258]
Stuffi, Peggy 126 [126], 127 fig. 2, 196 [196], 292 [292], 293 fig. 1, 294 [294]
Susovski, Marijan 127 [127], 199 [198]

T

Tancredi 39 [39], 64 n. 6 [64 n. 6]
Taiuti, Lorenzo 6 [6]
Taroni, Roberto 227 [227]
Thakahashi, Shu 57 [57].
Thenot, Jean-Paul 175 [176]
Thompson, Fred 125 [125]
Todosijevic, Raša 61 [62]
Toniato, Toni 125 [125]
Toselli, Franco 138 [138]
Toti, Gianni 11 [10], 66 n. 37 [66 n. 37], 228 [227], 301-308 [301-308]
Trbuljak, Goran 127 [127]
Trini, Tommaso **21**, 42 [42], 49 [48], 138 [138], 146 n. 7 [145 n. 7]
Trotta, Antonio 76 fig. 5, 316 [317]
Turi, Giorgio 11-13 [11-12], 267 [267]
Turkin, Nikandr 304 [304]

U

Ulay 9 [8], 66 n. 37 [66 n. 37], 89 fig. 1, 223 [223], 227 [227], 28 [248]
Ungari, Franco 238 [238]

V

Vaccari, Franco 123 [123], 136 [136], 316 [317]
Valente, Donatella 12 [11]
Valentini Giovanni 56 [56]
Valentini, Valentina 11 [10], 96 [96], 98 [98], **232**
Vanderbeek, Stan 125 [125].
Varisco, Andrea 128 fig. 4, 128 [129], 147 [147], 198 [197]
Vasulka, Steina 3 [3], 93 [91], 227-228 [226-227]
Vasulka, Woody 3 [3], 93 [91], 227-228 [226-227]
the Vasulkas (Steina & Woody) 62 [62]
Vedova, Emilio 91 fig. 4
Vergine, Lea 49 [49]
Veronesi, Luigi 93 [92]
Vertov, Dziga **301**, 303-304 [302-304]
Vianello, Vinicio 39 [39], 64 n. 6 [64 n. 6]
Videobase 60 [59], 62 [63], 265 [265]
Videoteca Giaccari [Giaccari's Video Library] 6 [6], 69-86 [69-86], 309-318 [309-318]
Viola, Bill 9 [8], 52-53 [52], 62 [62], 93 [91], 96-97 [96-97], 103 [103], 107 [107], 111-112 [111-112], 125 [125], 141 [141], 146 n. 14 [146 n. 14]
Viola, Luigi 6 [6], 128 fig. 4, 129 [129], 147 [147], 148 fig. 1, 149-150 [149], 155-157 [155-157], 168 [168], 173 [173], 199 [198], 200 fig. 8, 296 fig. 4, 297 [297], 298 fig. 5
Vostell, Wolf 3 [3], 93 [91], 144 [144]

W

Wahrol, Andy 90 fig. 2, 125 [125], 238 [238-239], 245 [245], 270 [270], 285- 286 [287]
Wearing, Gillian 19 n. 5 [19 n. 5]
Weibel, Peter 9 [8], 66 n. 37 [66 n. 37]
Weinbren, Grahame 10-11 [9-11]
Weiss, Pola 224-225 [224], 228 [227]
Wilson, George 305 [305]
Wittgenstein, Ludwig 153 [153], 159 [158]

Y

Yamaguchi, Katsuhiro 57 [57]
Youngblood, Gene 2 [2]

Z

Zagarrio, Giuseppe 306 [306]
Zavattini, Cesare 302 [302]
Zorio, Gilberto 28 [28], 43 [42], 47 [46], 65 n. 12 [65 n. 12], 146 n. 7 [145 n. 7]